GÉNÉALOGIE

DE LA MAISON

DE MONTESQUIOU-FEZENSAC.

GÉNÉALOGIE

DE LA MAISON

DE MONTESQUIOU-FEZENSAC,

SUIVIE DE SES PREUVES.

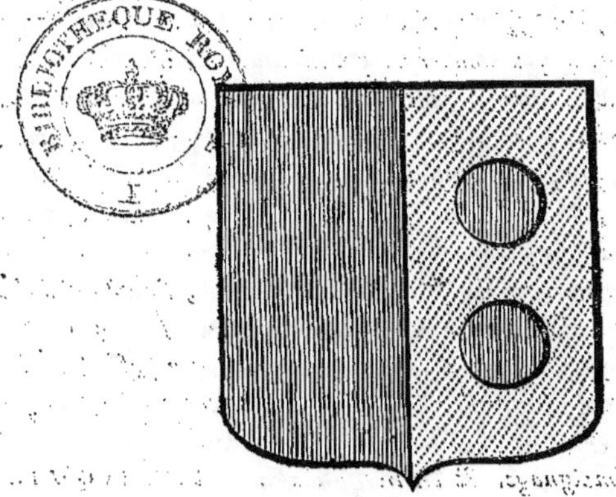

*Parti au 1ᵉʳ. de gueules plein , & au 2ᵈ. d'or à 2. tourteaux
de gueules , posés l'un sur l'autre. La Branche des Seigneurs
d'Artagnan ne porte que le 2ᵈ. parti.*

A PARIS,

DE L'IMPRIMERIE DE VALADE,

rue des Noyers.

M. DCC. LXXXIV.

AVERTISSEMENT.

Le Public a paru defirer que la Maifon DE MONTESQUIOU *mît fous fes yeux les Preuves de fa Généalogie ; elle n'a pas voulu faire cette production, tant que des Adverfaires fans qualité fe font prétendus en droit de l'exiger ; elle fe devoit à elle-même, elle devoit encore plus à toute la Nobleffe de ne pas donner un pareil exemple. L'Arrêt qui a été rendu, a prouvé que fes principes étoient conformes au Droit Public & aux Loix du Royaume : mais cette communication de fes titres qu'elle n'a point faite alors, qu'elle n'a point dû faire ; elle n'a jamais prétendu la refufer au Public, & le refpect qu'elle a pour fon opinion ne lui permet pas de la différer plus long-tems.*

Le mérite des autorités employées dans cette Preuve, l'authenticité des monumens, enfin l'état & la valeur de chacun des titres font atteftés par les Hommes les plus verfés dans ce genre d'étude. Tout a paffé foûs leurs yeux dans le plus grand détail. La févérité de leur critique, leur intégrité reconnue, & la jufte confiance que le Public leur accorde, dépofent affez en faveur de leur témoignage. Si la Maifon DE MONTESQUIOU *en avoit connu de plus impofant, c'eft celui-là qu'elle auroit invoqué.*

Nota. La partie Hiftorique eft intitulée : ABRÉGÉ, parce qu'elle ne contient pas la Généalogie de toutes les Branches de la Maifon, & qu'on s'eft contenté d'y indiquer celles qui font éteintes, ou fur le point de s'éteindre.

ABRÉGÉ

DE LA GÉNÉALOGIE

DE LA MAISON

DE MONTESQUIOU-FEZENSAC,

SUIVI DE SES PREUVES.

LA MAISON DE MONTESQUIOU est issue des Comtes de Fezensac : c'est une vérité prouvée dans cet Ouvrage. Avant de donner la Généalogie de cette Maison depuis environ 1070. époque à laquelle elle a pris le nom de la principale des Terres qui ont formé son partage, on a cru devoir donner celle des Comtes de Fezensac ses auteurs , & faire connoître leur origine & leurs possessions.

Le Comté de Fezensac, dont celui d'Armagnac est un démembrement, est borné à l'orient par la Seigneurie de l'Isle & le Vicomté de Gimois ; au midi par les Comtés de Comminges & d'Astarac ; au couchant & au nord par le Comté de Bigorre & la Gascogne proprement dite. Ses principales Places sont les Villes d'Auch & de Vic-Fezensac. (1)

(1) Notitia utriusque Vasconiæ , Authore Arnaldo Oihenarto , in-4. Parisiis. p. 489. & Histoire des Grands Officiers de la Couronne, par le P. Anselme , continuée par le P. Ange, Augustins Déchaussés , in-fol. T. 2, p. 613.

A

Les Comtes de Fezenſac prenoient quelquefois le titre de Comtes d'Auch; Oihenart, (1) D. de Brugeles, (2) & l'Abbé de Longuerue (3) en ont fait la remarque : on en verra ici la Preuve. Ils ne prenoient même ſouvent que celui de Comtes, ſuivant l'uſage aſſez ordinaire aux perſonnes de ce rang dans les 10e. 11e. & 12e. ſiecles, de n'exprimer les noms de leurs poſſeſſions que dans les actes paſſés hors de leurs territoires.

La Généalogie de ces Comtes, ainſi que celles des Ducs & Comtes de Gaſcogne, deſquels ils ſont iſſus, & les premiers degrés de celles des Comtes d'Armagnac & d'Aſtarac, qui ont une origine commune avec eux, ont été compoſées, ſuivant le témoignage d'Oihenart, (4) dès le commencement du 12e. ſiecle (*ineunte XII. ſeculo.*) Cet ouvrage eſt inſéré à la tête d'un Cartulaire original de l'Egliſe d'Auch, écrit dans le 13e. ſiecle. Il a été publié par divers Auteurs, ſçavoir, en 1727. par deux ſçavans Bénédictins; (5) en 1746. par D. de Brugeles, autre Bénédictin du Grand Ordre; (6) & en 1781. par D. Bouquet, auſſi Bénédictin. (7) Enfin Oihenart qu'on vient de citer (8) & le Célébre M. de Marca (9) apprennent que le même ouvrage ſe trouve auſſi dans le Cartulaire du Chapitre de Leſcar, & dans le Tréſor des Titres de la Maiſon d'Alençon, à la Chambre des Comptes de Paris. Quelque reſpectables que ſoient ces autorités, on ne s'en eſt pas contenté, & c'eſt l'original même de ce monument qu'on a imprimé dans les Preuves de la préſente Généalogie. (10)

Cette Généalogie des Comtes de Fezenſac a ſervi de baſe à celles que divers Sçavans ont données de ces Comtes; ſçavoir, le même Oihenart, (11) le P. Ange, continuateur

(1) Notitia Vaſconiæ. p. 489.

(2) Chroniques d'Auch. p. 27.

(3) Deſcription Géographique & Hiſtorique de la France. in-fol. Paris 1719. prem. partie. p. 195.

(4) Notitia Vaſconiæ. p. 420.

(5) Voyage littéraire de deux Bénédictins de la Congrégation de S. Maur, in-4. Paris 1727. 1. partie. p. 40. & 41.

(6) Chroniques Eccléſiaſtiques du Diocéſe d'Auch, par D. de Brugeles, Camérier & Doyen de Simore, au Diocéſe d'Auch. Preuves de la troiſieme partie. p. 81. & 82.

(7) Recueil des Hiſtoriens de France. in-fol. T. 12. p. 385. & 386.

(8) Notitia Vaſconiæ. p. 420.

(9) Hiſtoire de Béarn. in-fol. Paris. 1640. p. 198. 202. & 205.

(10) Preuves. p. 1. & 2.

(11) Notitia Vaſconiæ. pag. 498. & ſuiv.

3

du P. Anſelme, (1) M. Chazot-de Nantigny (2) & D. de Brugeles. (3)

(1) Hiſtoire des Grands Officiers. T. 2. p. 613. & 614.
(2) Généalogies Hiſtoriques des Maiſons Souveraines. in-4. 1738. T. 3. p. 45. & 47.
(3) Chroniques d'Auch. 3. partie. p. 514. & ſuiv.
On a joint diverſes Chartes tirées des ouvrages de pluſieurs Sçavans , tels que M. de Marca , D. Mabillon , les Auteurs du *Gallia Chriſtiana* & autres.

On obſerve que la Généalogie qu'on publie aujourd'hui, a été compoſée ſur les actes Originaux tirés des Archives de la Maiſon de Monteſquiou, & ſur les Originaux des Archives & des Cartulaires d'Egliſes Cathédrales & d'Abbayes, ſeules ſources où les Grandes Maiſons trouvent les Preuves de leur ancienneté.

Les Comtes de Fezenſac ont pour Tige GARSIE-SANCHE dit le Courbé, Duc de Gaſcogne, lequel eut trois fils entre leſquels il partagea ſon Duché ; (4) il donna à SANCHE-GARSIE, l'aîné, la Grande Gaſcogne ; à GUILLAUME-GARSIE, le 2ᵉ., le Comté de Fezenſac, qui comprenoit auſſi l'Armagnac ; & à ARNAUD-GARSIE le 3ᵉ., le Comté d'Aſtarac. La ſuite de la Généalogie des Ducs de Gaſcogne & celle des Comtes d'Aſtarac, eſt rapportée dans l'Hiſtoire des Grands Officiers. T. 2. p. 611. & ſuiv. & 615. & ſuiv.

(4) Preuv. p. 1. & ii

I.

GUILLAUME-GARSIE premier Comte héréditaire de Fezenſac, par le partage que ſon pere fit de la Gaſcogne entre lui & ſes freres, (5) donna à l'Egliſe Métropolitaine d'Auch, celle de St. Jean d'Eſpais, & d'autres biens ſitués dans le Païs d'Euze. (6) La Charte de ce bienfait qu'il fit dreſſer lui même, vers l'an 926., le qualifie Comte de Fezenſac. Raymond Comte de Rouergue & Marquis de Gothie, lui légua, par ſon teſtament de l'année 960., ou du commencement de la ſuivante, l'uſufruit de deux aleus, dont il aſſura

(5) Ibid.
(6) Preuv. p. 3.

A ij

la propriété aux Monasteres de S^t. Pierre de Condom & de
S^t. Orens d'Auch. (1) Guillaume-Garsie eut d'une femme
dont le nom est ignoré, trois fils; il partagea son Comté
entre les deux aînés. Ces trois fils furent,

1. OTHON ou ODON, surnommé *Falta*, qui suit; il eut le
Comté de Fezensac proprement dit.

2. BERNARD de Fezensac, dit le Louche, lequel eut en
partage, à titre de Comté, le Païs d'Armagnac, démembré du
Fezensac. (2) Il est la Tige des COMTES D'ARMAGNAC, qui
ont joué un si grand rôle dans notre Histoire, & dont la
Généalogie est rapportée dans celle *des Grands Officiers de la
Couronne*, T. 3. p. 411. & suiv.

3. FREDELON. Il est nommé avec ses freres & qualifié
Comte, ainsi qu'eux, dans une Charte de l'Eglise d'Auch,
postérieure à l'année 960. (3)

I I.

OTHON ou ODON, surnommé *Falta*, Comte de Fezensac,
par son partage, (4) donna à l'Eglise Métropolitaine d'Auch,
après l'année 960., celles de S^t. Jean & de S^t. Martin de
Berdale. L'acte de ce don est daté du Regne du Roy
Lothaire, du sien & de ceux de ses freres. (5) (*Regnante
tres fratres Germanos Oddone Comite, Bernardo Comite,
Fredelone Comite, Rege Lothario Francorum.*) Il accorda
d'autres bienfaits à la même Eglise, suivant des Actes cités
par l'Auteur du *Gallia Christiana*, où il est qualifié Comte
de Fezensac. (6)

Femme *N.* de laquelle il eut: (7)

ꝝ

I I I.

BERNARD - OTHON , Comte de Fezenſac , ſurnommé
Mancius-Tinea , & peut-être auſſi le Louche , ainſi que
Bernard Comte d'Armagnac, ſon oncle , comme l'a remarqué
Oihenart; (1) fonda vers l'année 970. dans la Cité d'Euze , (1) Notitia Vaſco-
niæ. p. 490.
Premier Siége des Archevêques d'Auch, l'Abbaye de S^t.
Gervais & S^t. Protais, depuis nommée S^t. Lupère ou S^t.
Lubere. (2) La ferveur Monaſtique s'y étant éteinte , (2) Preuves. p. 5.
Aimery II , Comte de Fezenſac , arriere petit-fils (*pronepos*)
du fondateur , s'en empara , & après l'avoir gardée pendant
quelque tems, il la donna à l'Abbaye de Cluny ; (3) & (3) Ibidem.
depuis ce tems , elle devint ſimple Prieuré ſous le nom d'Euze.
BERNARD-OTHON eut un fils (4) & une fille, ſçavoir , (4) Pr. p. 2.

   1. AIMERY I. Comte de Fezenſac, qui ſuit,

   2. N. de Fezenſac, mariée à Arnaud de Préneron, auquel
elle porta en dot la Terre de Tremblade. (5) (5) Pr. p. 6.

I V.

AIMERY I. du nom , Comte de Fezenſac, fut excommu-
nié , vers la fin du 10e. ſiecle , par Garſie Archevêque
d'Auch , pour s'être emparé du Domaine de Vic, appartenant
à ſon Egliſe. La Charte (6) dont on apprend ce fait , le (6) Ibidem.
qualifie Comte de Fezenſac. Il ſigna avec Garſie - Arnaud
Comte de Bigorre , Bernard Comte d'Armagnac , & Bernard Comte de Pardiac, la Charte de fondation de l'Abbaye
de S^t. Pé de Generez, au Dioceſe de Tarbes, faite vers l'année
1030. par Sanche - Guillaume , Duc de Gaſcogne ; (7) fut (7) Ibidem.

témoin avec le Pape Benoît VIII. Garſie Archevêque d'Auch; Pierre Evêque de Toulouſe , & Roger Comte de Cominges, de celle de la donation faite, vers l'année 1034. par Guillaume Comte d'Aſtarac , du Monaſtère de Peſſan à l'Abbay ede Simorre. (1) Il eſt encore qualifié Comte de Fezenſac dans ces deux Chartes. Il avoit acquis de Sanche-Guillaume, Duc de Gaſcogne, la terre de Cauſac, que Guillaume, ſon fils aîné, vendit, vers 1050. à l'Abbé de Condom. (2)

Femme *N.*

1. GUILLAUME , ſurnommé Aſtanove , Comte de Fezenſac, qui eut pour fils AIMERY, ſurnommé Forton , auſſi Comte de Fezenſac. Ils ont continué la Branche des Comtes de Fezenſac , rapportés dans l'Hiſtoire des Grands Officiers de la Couronne. T. 2. p. 614 & dont les Preuves ſont ici imprimées. (3)

2. RAYMOND-AIMERY de Fezenſac , Seigneur de MONTESQUIOU , qui ſuit.

V.

RAYMOND-AIMERY de Fezenſac eut en partage la Ville de Montefquiou-d'Angles & pluſieurs autres Terres (4) ſituées au Comté de Fezenſac ; (5) il en forma la Baronnie de Montefquiou, (6) dont les poſſeſſeurs ſont Chanoines d'honneur de l'Egliſe Métropolitaine d'Auch (7) & Barons d'Armagnac; (8) il en prit le nom (9) qui eſt paſſé à ſes Deſcendans.

Avant de préſenter l'enſemble des Preuves qui lient la Maiſon de Montefquiou aux Comtes de Fezenſac, on place ici une Table généalogique ; dans laquelle ſont rapportés

---

(1) Preuves. p. 6.

(2) Pr. p. 7.

(3) Pr. p. 2. 3. 4. 5. 6. 7. 8. 9. 10. 11. 12. 13. 14. 15. 215. 216. 217. 218. 219. 220. & 221.

(4) Chroniques d'Auch. p. 514.
(5) Pr. p. 28. 41. & alibi.
(6) Chroniques d'Auch. p. 514.
(7) Gallia Chriſtiana, édit. recent. T. 1. p. 971. E. Chroniques d'Auch. p. 10.
Pr. p. 237. & alibi.
(8) Preuv. p. 241. & alibi.
(9) Pr. p. 11.

le pere, le frere, le fils & le neveu de Raimond-Aimery,
Ier. Seigneur de Montesquiou, afin que le Lecteur puisse
faire plus aisément à chaque sujet, l'application des titres
qui le concernent;

AIMERY I. Comte de Fezensac.

GUILLAUME-ASTANOVE, Comte de Fezensac.	RAYMOND-AIMERY, Seigneur de Montesquiou.
AIMERY, surnommé Forton, Comte de Fezensac.	ARSIEU, Seigneur de Montesquiou.

On lit dans un Manuscrit original de plus de 400. ans d'ancienneté, (1) qui est inféré à la suite d'un Cartulaire aussi
original de la Métropole d'Auch, (2) que le Seigneur
de Montesquiou étoit issu de Guillaume-Garsie, Comte de
Fezensac. Ce Manuscrit nomme tous les Sujets qui forment la
chaîne entre ce Guillaume-Garsie & Raymond-Aimery, Seigneur de Montesquiou, Tige certaine de la Maison de Montesquiou, comme il sera prouvé ci-après; & il ajoute que
cet Aimery, Comte de Fezensac (c'est l'arriere petit-fils de
Guillaume-Garsie premier Comte de Fezensac,) eut deux fils,
GUILLAUME-ASTANOVE & RAYMOND-AIMERY; que GUIL-
LAUME-ASTANOVE fut pere d'AIMERY surnommé FORTON;
que RAYMOND-AIMERY eut pour fils ARSIEU DE MONTES-
QUIOU, & qu'AIMERY-FORTON & ARSIEU étoient Cousins. (3) (*Aymericus genuit Guilhelmum-Astanovam ... &*
Ramundum-Aymerici ..... qui scilicet Ramundus-Aymerici
genuit Arsivum de Montesquivo ..... Guilhelmus-Astanova
genuit Aymericum qui Forto nominatus est & fuit Cognatus

(1) Preuves. p. 2.
(2) Ibidem.

(3) Ibidem.

prediḋi Arfivi de Montefquivo.) On doit remarquer que la Généalogie rapportée dans ce Manufcrit , eſt autoriſée des mêmes aĉtes qu'on employe aujourd'hui pour la prouver ; on y cite l'ancienne Généalogie des Comtes de Fezen- fac (1) & deux Chartes du Cartulaire d'Auch , ſous les N°s. 37. & 58. dont on va donner les Extraits.

La 1re. (2) contient une donation faite par Arſieu de Montefquiou , de l'Egliſe de S. Laurent de Fremozens , à la Métropole d'Auch , ſous l'Epiſcopat de Guillaume de Mon- taut , qui gouverna cette Egliſe depuis 1068. juſqu'en 1096. & il s'y dit fils de Raymond-Aimery , qui étoit frere du Comte Guillaume-Aſtanove. (*Ego Arſivus de Montefquivo , filius vide- licet Raimundi-Eimerici fratris Comitis Guillelmi-Aſtanove , dedi , &c.*) Cette Charte ſera encore mentionnée ci après.

La 2de. (3) eſt une Sentence arbitrale prononcée , vers l'année 1145. ſur le Réglement des Limites des Paroiſſes de la Métropole d'Auch & de S^t. Orens de la même Ville , dont la déſignation fut faite par l'Archevêque Guillaume d'Andoufiele & par les Chanoines , en préſence de pluſieurs vieillards. Il y eſt dit qu'Arſieu de Montefquiou , Couſin de Forton , Comte de Fezenſac , (*Arſivus Senex de Montefquiu , Cognatus Fortonis Comitis Fedeciacenſis*) avoit poſſédé un domaine noble ſitué dans ces Limites.

On convient que le *Cognatus* déſigne en ce ſiecle un couſin paternel ou maternel , un beau-frere & même un parent ou allié plus éloigné ; mais le ſens dans lequel il eſt employé ici , eſt déterminé par les deux autres pieces qu'on vient de rapporter , dans leſquelles Aimery-Forton & Arſieu de Montefquiou ſont dits fils des deux freres , & par conſéquent Couſins germains paternels. Une autre période du même aĉte fortifie

encore

(1) Pr.ſuv. p. 2. & 3.

(2) Pr. p. 9.

(3) Pr. p. 15.

encore la Preuve de la defcendance d'Arſieu de Montefquiou, des Comtes de Fezenſac. Elle apprend que c'étoit par droit héréditaire des Comtes (*Jure hereditario Conſulum*) (1) qu'il poffédoit le domaine mentionné ci-deſſus.

Ces deux Chartes, ainſi que l'Extrait de l'ancien Manuſcrit cité ci-devant, ont déja été employées en Preuves de cette defcendance, par le Pere Montgaillard, Jéſuite, mort en 1626. dans une Généalogie de la Maiſon de Montefquiou, compoſée par lui. La premiere de ces Chartes & l'Extrait du même Manuſcrit ont été auſſi inſérés dans les Preuves de Nobleſſe, faites le 17. Août 1713. par Louis de Montefquiou, Prince de Rache, (oncle de M. le Marquis de Montefquiou,) devant MM. les Marquis de Crequy-Hemont & de Bournel-Monchy & le Baron du Pire, Commiſſaires des Etats d'Artois. (2) Ces deux mêmes Chartes ont auſſi été employées, pour le même objet, dans les Preuves de Nobleſſe faites le 27. avril 1724., par Joſeph de Montefquiou, Comte d'Arta-gnan, (grand oncle à la mode de Bretagne du même Marquis de Montefquiou,) pour être reçu Chevalier de l'Ordre du St. Efprit, devant MM. les Maréchaux de Tallard & d'Hu-xelles. (3) Enfin tel a été ſur l'origine de la Maiſon de Montef-quiou le ſentiment uniforme du Pere Montgaillard, comme on vient de le dire, d'Oihenart, l'un des plus ſçavans & des plus judicieux Auteurs de ſon tems, (4) de l'Abbé le Labou-reur, (5) de M. René - Charles d'Hozier, Juge d'Armes de France, mort en 1732. (6) de M. de Clairambault, Généalogiſte des Ordres du Roi, mort en 1740. (7) & autres.

On doit ajouter ici que la mémoire ſur l'identité d'origine des Maiſons d'Armagnac & de Montefquiou, s'étoit perpétuée dans celle des Comtes d'Armagnac plus

B

Notes marginales :

(1) Preuves, p. 15.

Le Pere Montgaillard a recueilli les Antiquités Eccléſiaſtiques & Prophanes de toute la Gaſcogne, ſa Patrie. Voyez les Chroniques d'Auch, p. 308. 447. & 515.

(2) Pr. p. 134.

(3) Pr. p. 145. 1644 & 165.

(4) Pr. p. 9.

(5) Cabinet de l'Ordre du S. Efprit, vol. 54. des Généal. fol. 17.

(6) Généalogie de la Maiſon de Montefquiou; par lui dreſſée & dépoſée parmi ſes Manuſcrits à la Bibliotheque du Roi

(7) Pr. p. 7.

de 4. ſiecles après leur ſéparation. Jean IV. Comte d'Arma-gnac, qualifioit Arſieu V. Seigneur de Monteſquiou, ſon amé & féal Couſin (*dilectum & fidelem Conſanguineum noſtrum*) dans des Lettres du 18. décembre 1432. (1) Traitement d'autant plus remarquable qu'on ne peut ſuppoſer qu'il ait été l'effet d'un ſentiment officieux, puiſque ces Lettres mêmes contiennent une protection accordée à ſes Vaſſaux contre lui. Raymond-Aimery de Fezenſac, fils d'Aimery, & frere de Guillaume-Aſtanove, Comtes de Fezenſac, comme on vient de le prouver, devenu Seigneur de Monteſquiou, vers 1070. & qu'on dit ici I. du nom, fut l'un des grands Seigneurs (PROCERES) du Comté de Fezenſac, qui accorderent en 1086. divers priviléges à l'Abbaye de St. Lupere, (2) fondée vers l'année 970. comme il a été dit ci-devant p. 5., par BERNARD-OTHON, Comte de Fezenſac, ſon ayeul.

Femme, AURIANE DE LA MOTTE, Dame de l'Aleu de Fremozens, au Comté de Fezenſac, [nommé aujourdhui Remouſens,] (3) rappellée dans la Charte de la donation de l'Egliſe de ce lieu par Arſieu, ſon fils.

ARSIEU dit le Vieux, Seigneur de Monteſquiou, qui ſuit.

V I.

ARSIEU I. du nom, dit le Vieux, Seigneur de Monteſquiou, eſt ſurnommé de Monteſquiou, & dit fils de Raymond-Aimery de Monteſquiou, petit-fils d'Aimery Comte de Fezenſac, & couſin d'Aimery-Forton, fils de Guillaume-Aſtanove, (4) dans le Ma-nuſcrit du 14ᵉ. ſiecle, cité à l'article de ſon pere. Il eſt encore dit fils de Raymond-Aimery, qui étoit frere de Guillaume-Aſta-nove, dans la Charte auſſi citée au même article, de la donation qu'il fit à la Métropole d'Auch, avant 1096. de l'Egliſe bâtie dans le lieu de Fremozens, lequel lieu il poſſédoit du chef de ſa mere. (5) Il voua, vers le même tems, Bernard, ſon 2ᵈ. fils,

(1) Preuves, pag. 48. & 49.

(2) Pr. p. 11.

(3) Pr. p. 9.

(4) Pr. p. 3.

(5) Pr. p. 9.

à la même Métropole en qualité de Chanoine ; & à cette occafion il céda à cette Eglife, les droits à lui appartenans du chef de fon pere, (*ex paterna fucceffione*) (1) fur celle de S. Martin de Berdale, d'Angles &c. [On a vu ci-devant p. 4. , qu'Othon Falta, Comte de Fezenfac, avoit donné après l'année 960. la 1ere. de ces Eglifes à celle d'Auch] ; eft rappellé & dit Coufin de Forton, Comte de Fezenfac, dans la Sentence d'environ l'année 1145. fur les limites des Paroiffes de la Métropole & de St. Orens d'Auch, mentionnée à l'article de fon pere. Cet acte apprend auffi qu'il avoit poffédé par droit héréditaire des Comtes, (*jure hereditario Confulum,*) un domaine fitué dans ces Limites, & qu'il l'avoit donné à la charge de l'hommage, à Contrario de Preiffac, fon Coufin. (2)

(1) Preuves, p. 138

(2) Pr. p. 15. 164. & 165.

Femme *N.*

1. BERTRAND, Seigneur de Montefquiou, qui fuit.

2. BERNARD de Montefquiou, furnommé Lobat, fut voué par fon pere à la Métropole d'Auch en qualité de Chanoine vers l'année 1096. ; (3) étoit Archidiacre de cette Eglife, en 1134. ; (4) fut fait Evêque de Tarbes, vers l'année 1141. & vivoit encore en 1175. Il travailla à la délivrance de RAYMOND-AIMERY, Seigneur de Montefquiou, fon neveu, fait prifonnier par le Seigneur d'Arbeiffan (5) comme il fera dit à fon article. Voyez le *Gallia Chriftiana. edit. recent. T.* 1. *p.* 1231.

(3) Pr. p. 137

(4) Pr. p. 200

(5) Pr. p. 17.

V I I.

BERTRAND Seigneur de Montefquiou, eft dit fils d'Arfieu de Montefquiou, dans une addition à la Charte d'environ 1096., par laquelle celui-ci voua Bernard fon frere, à l'Eglife d'Auch, (6) & dans celle du Réglement des Limites des Paroiffes de la même Eglife, & de celle de St. Orens de la même Ville, d'environ 1145. dont il fut témoin. (7) Il y eft

(6) Pr. p. 23.

(7) Pr. p. 151

dit qu'il avoit défigné ces Limites avec l'Archevêque d'Auch, & donné en fief, & à titre d'hommage un domaine qui y étoit renfermé, à Odon de Preiffac, fils de Contrario, à qui fon pere l'avoit accordé au même titre.

Femme, N. DE LA BARTHE, fœur de Geraud de la Barthe, fucceffivement Archidiacre dans l'Eglife d'Auch, Evêque de Touloufe, en 1163. Archevêque d'Auch, depuis 1170. jufqu'en 1192. Voyez le *Gallia Chriftiana. edit. reçent.* *T. 1. p.* 987. Raymond-Aimery, Seigneur de Montefquiou, fon neveu, ayant été fait prifonnier par Geraud Seigneur d'Arbeiffan, il fe conftitua à fa place, pour lui donner les moyens de faire fa rançon. (1)

(1) Preuves, p. 17.

V I I I.

RAYMOND-AIMERY II. du nom, Seigneur de Montefquiou, d'Eftipouy, d'Afclens, de Berdale, de Villeneuve &c. eft dit fils de Bertrand de Montefquiou, dans l'addition à la Charte d'environ 1096. par laquelle Bernard, fon oncle, fut voué à l'Eglife d'Auch. (2) Il engagea à l'Abbaye de Berdoues, fa terre de Villeneuve, par acte de l'année 1151. ; où il fe dit encore fils de Bertrand de Montefquiou. (3) On apprend d'une Charte du Cartulaire de l'Eglife d'Auch, (4) qu'étant en guerre avec Geraud Seigneur d'Arbeiffan, celui-ci le fit prifonnier, le renferma, chargé de fers, dans le Château de Lavardens, & le mit à rançon. Ce fait arriva avant l'année 1163. Il y refta en prifon, malgré les follicitations de l'Evêque de Tarbes, fon oncle, jufqu'à ce que Geraud de la Barthe, frere de fa mere, alors Archidiacre d'Auch, fe fut mis à fa place. Raymond-Aimery affranchit en 1167. les biens que l'Abbaye de Berdoues poffédoit dans fa Terre

(2) Pr. p. 13.

(3) Pr. p. 15. & 16.

(4) Pr. p. 17. & 18.

13

d'Eftipouy ; (1) fit donation à l'Eglife d'Auch de fa Terre d'Afclens après l'année 1177. (2) Vers le même tems & en 1184. il vendit & engagea pour diverfes fommes, à la même Eglife (3) & à l'Abbaye de Berdoues (4) fa Terre de Berdale & des dixmes & biens fitués à Mazeres &c. Il fit le voyage de Jérufalem (5) vers l'année 1190. & donna en 1200. à l'Abbaye de Gimont droit d'ufage dans toutes fes terres. A la fin de fa vie il fe fit Chanoine dans l'Eglife d'Auch, & confirma la donation que fon ayeul avoit faite à cette Eglife, des droits qu'il avoit fur celle de St. Martin de Berdale & autres. (6)

Femme, PICTAVINE DE MARRAST, fille de Pictavin, Seigneur de Marraft, (7) voua Odon, fon fils, à la Métropole d'Auch, à laquelle elle fit donation de plufieurs parties d'Eglifes le 18. octobre 1143.; (8) confentit à l'engagement fait par fon mari, à l'Abbaye de Berdoues, en 1184; (9) & lui en fit un autre elle-même, l'année fuivante. (10)

1. RAYMOND-AIMERY, Seigneur de Montefquiou, qui confentit à l'engagement fait à l'Abbaye de Berdoues, en 1184. (11) par fon pere. Etant malade en 1204. il donna à ce Monaftere 200. fols morlas, (12) & le droit de pâturage dans fes Terres d'Aftarac; (13) & mourut la même année. (14)

2. ARSIEU II. Seigneur de Montefquiou, qui fuit.

3. BRAIDE de Montefquiou fit, en 1210. une donation à l'Abbaye de Berdoues, avec Behel, fa fille, & Raymond-Aimery, fon frere. (15)

On ne peut décider fi Odon, voué en 1143. à l'Eglife d'Auch, par Pictavine de Marraft, fa mere, (16) eft fils de Raymond-Aimery, Seigneur de Montefquiou, ou d'un premier mariage de Pictavine.

(1) Preuves, p. 16.
(2) Pr. p. 222.
(3) Pr. p. 17.
(4) Pr. p. 16. & 19.
(5) Pr. p. 18.
(6) Pr. p. 13.
(7) Pr. p. 19.
(8) Pr. p. 221.
(9) Pr. p. 16.
(10) Pr. p. 19.
(11) Pr. p. 16.
(12) Pr. p. 19.
(13) Pr. p. 19. & 20.
(14) Pr. p. 19.
(15) Pr. p. 20. 23. & 224.
(16) Pr. p. 221.

I X.

(a) En latin *Arcio,*
Arſivus & Aſſivus.

(1) Preuves, p. 19.

(2) Pr. p. 19. & 20.

(3) Pr. p. 224.

(4) Pr. p. 20.

(5) Pr. p. 223.

(6) Pr. p. 20.

(7) Pr. p. 21.

(8) Ibidem.

(9) Pr. p. 225.

ARSIEU (a) de Monteſquiou, IIᵉ. du nom, Chevalier, Seigneur de Monteſquiou, de Sanſoſpouy, de Paders, de Serres, de Belloc & c. ſuccéda à ſon frere. Il conſentit aux donations que celui-ci fit en 1204. à l'Abbaye de Berdoues, de 200. ſols morlas, (1) & les confirma après ſa mort, la même année. (2) Ces deux actes le diſent, le premier, frere de Raymond-Aimery, qui eſt dit fils d'autre Raymond-Aimery de Monteſquiou, & le ſecond, fils de Raymond-Aimery de Monteſquiou & de Pictavine. Réuni à Braide, ſa ſœur, ils donnerent, le 15. Janvier 1210. (vieux ſtyle) à l'Abbé du même Monaſtere, tout ce qu'ils poſſédoient dans ſon territoire, à l'exception des Châteaux de Paders, de Serres de Belloc; il ſe dit encore dans la Charte de ce bienfait, fils de Raymond-Aimery de Monteſquiou, (3) & lui engagea pour 500. ſols morlas, des biens fonds ſitués dans les appartenances du premier de ces Châteaux; (4) il donna, l'année ſuivante, à l'Abbaye de l'Eſcalle-Dieu, au Diocèſe de Tarbes, ce qu'il poſſédoit dans le territoire de Domajan &c. (5) Etant ſur ſon départ pour aller en Eſpagne faire la guerre aux Sarrazins, en 1212., il engagea divers Caſaux à celle de Berdoues; (6) emprunta 100. ſols morlas, à ce Monaſtere, en 1217.; (7) lui fit don en 1220. de 500. ſols de la même monnoie à prendre ſur le Château de Serres, (8) & au mois d'Avril 1245., de la terre de Sanſoſpouy; (9) la Charte de ce dernier don eſt ſcellée de ſon ſceau où il eſt repréſenté, *tenant d'une main l'épée haute, & de l'autre, un écu parti, le premier vuide, & le ſecond chargé de 2. tourteaux posés l'un sur l'autre.* Le contresceau est aux mêmes armes ; fut présent à la cession faite par Seguine, Comtesse d'Astarac, le 25. mars de l'année suivante, à Raymond Comte de Toulouse, de ses droits sur le Comté de Fezensac ; (1) autorisa Raymond-Aimery, son fils aîné, dans une vente qu'il fit le 4. Août 1258. à l'Abbaye de Berdoues, (2) & vivoit encore au mois de Juin 1259. (3). (1) Preuves, p. 22;

(2) Pr. p. 23.

(3) Pr. p. 126.

Femme, *N.*

1. RAYMOND-AIMERY, IIIe. du nom, Seigneur de Montesquiou, qui suit.

2. AIMERY de Montesquiou consentit à deux actes, l'un d'une donation, & l'autre d'une vente faites, par son frere aîné, les 4. Août 1258 & 28. Février 1269. (vieux style.) (4) (4) Pr. p. 23. 228. & 229.

3. GENSQUIOU de Montesquiou nommé au même acte de 1258. (5) (5) Pr. p. 23.

4. HUGUES ou UGET de Montesquiou consentit à l'acte de vente faite par son frere aîné, le 28. Février 1269. (vieux style) & à un autre, d'une donation du même du 22. Janvier 1279. (aussi vieux style.) (6) (6) Pr. p. 23. & 28.

X.

RAYMOND-AIMERY IIIe. du nom, Chevalier, Baron de Montesquiou, Seigneur d'Hauterive, d'Estipouy, Saintrailles, Riguepeu, Castelnau-d'Angles, Poylobon, Marsan, Saint Jean &c. consentit à la donation de la terre de Sansospouy, faite par son pere, au mois d'avril 1245. à l'Abbaye de Berdoues; (7) fut autorisé par lui dans la vente de diverses pieces de terre qu'il fit à ce Monastere le 4 Août 1258; (8) confirma le 15. Janvier suivant des donations faites en (7) Pr. p. 22.

(8) Pr. p. 23.

1210. à cette Maiſon, par ſon pere, par Braide, ſa ſœur,
& Behel, ſa Couſine; (1) donna lui-même à la Métropole
d'Auch, le 9. ſeptembre 1266. les Egliſes & dixmes qu'il avoit
dans l'Archidiaconé d'Angles; (2) vendit à cette Métropole le
25. juillet 1267. les dixmes de deux autres Egliſes qui faiſoient
partie de la dot de ſon épouſe; (3) & à l'Abbaye de Berdoues,
un Caſal, ſitué à Sanſoſpouy, par acte du 28. février 1269.
(vieux ſtyle) où il eſt dit fils d'Arſieu de Monteſquiou; (4) il
eut un différend avec les Prieur & Prieures de Brouilh, au ſujet
des droits par lui prétendus ſur des terres ſituées dans la
Paroiſſe de St. Sigiſmond & autres; & ce différend fut terminé
par une Sentence arbitrale du 30. mai 1274. dans laquelle il
eſt qualifié NOBLE BARON, Chevalier, Seigneur de Monteſquiou. (5) Il fit donation, le 22. janvier 1279. (vieux ſtyle)
aux Templiers de Borderes, au Dioceſe de Tarbes, des
droits de pâcage, de chaſſes, de pêches &c. dans le territoire
de Martin; (6) aſſiſta Genſes, ſon fils aîné, à ſon contrat
de mariage, du mois de Novembre 1291.; (7) fit ſon teſtament, le 16. Août 1300. & par cet acte, où il eſt encore
qualifié NOBLE BARON, il fit des legs aux Egliſes de ſes Terres
& aux Couvents de la Province; inſtitua ſon héritier univerſel le même Genſes, ſon fils aîné, lui ſubſtitua ſes puînés &
régla les légitimes & le ſort de ſes autres enfans. (8) Il fut
préſent à une donation faite le 25. Octobre ſuivant, à ſon fils
ſuſnommé, par Blancheſleur, ſa fille; (9) émancipa ſon même
fils, au mois de Février 1301. (vieux ſtyle.) (10) & mourut
avant le 5. Septembre 1318. (11)

Femme, ALPAIS DE BAZILLAC, fille de Vital de Bazillac,
Chevalier, Seigneur de Bazillac &c. nommée dans le teſtament
de ſon mari, du 16. Août 1300. (12) & dans l'acte d'une
donation

(1) Preuves, pag. 23. 223. 224 & 225.

(2) Pr. p. 24.

(3) Pr. p 227.

(4) Pr. p. 228.

(5) Pr. p. 229.

(6) Pr. p. 24.

(7) Pr. p. 25.

(8) Pr. p. 25. & 26.

(9) Pr. p. 26.

(10) Pr. p. 27.

(11) Pr. p. 29.

(12) Pr. p. 26.

donation faite, le 10. Octobre suivant, par Blanchefleur, sa
fille, à Genses, son frere consanguin. (1)

1. BLANCHEFLEUR de Montesquiou veuve en 1300. de Galin
de Caillaouet, Damoiseau, & mere d'autre Galin de Caillaouet,
aussi Damoiseau, avec lequel elle donna le 11. octobre de cette
année à Genses de Montesquiou son frere, les droits qu'ils avoient
sur les Châteaux de Bazillac, de Tostat & de Castelbayac. (2)

2. AGNÈS de Montesquiou, mere de VITAL de Bazillac,
& de BUANES de Caussade, morte avant 1300. (3)

II. Femme, LONGUE DE MONTAUT *alias* DE BIRAN,
fille de Guillaume-Arnaud de Biran, dit le Vieux, Chevalier, & sœur d'Odon de Montaut, aussi Chevalier. Son pere
lui donna en dot la totalité de la dixme de S^t. Jean de Bretos,
& la moitié de celle de S^t. Pierre de Prechac, que son mari
vendit, de son consentement, à l'Eglise d'Auch, par acte du
25. Juillet 1267. (4) Elle est nommée dans le testament de
son mari du 16. Août 1300.; (5) & fit donation le 25.
Janvier 1308. (vieux style) à Genses, son fils, de ses droits
dotaux sur la Baronnie de Montesquiou, &c. (6)

1. GENSES I. Baron de Montesquiou, qui suit.

On ignore de laquelle des deux alliances formées par
Raymond-Aimery Baron de Montesquiou, il eut les enfans
ci-après rapportés; on ne garantit point non plus l'ordre de
leur naissance.

2. OTHON ou ODON de Montesquiou, Seigneur d'Estipouy, substitué à son frere ainé par le testament de son pere
du 15. août 1300.; (7) épousa par contrat passé sous seings
privés, le 5. septembre 1319. & reconnu devant Notaires, le 15.
novembre suivant, AUDE DE LASSERAN DE MASSENCOME,
fille & héritiere de Garsie-Arnaud de Lasseran *alias* de Massen-

C

(a) Manfum Sancti Cofme.
[b] Bonuslocus.

(1) Preuves, page 29.

come, Seigneur de Maffencome, (a) de Montluc, [b] de Monheurt & de Puch-de-Gontaut; il y fut convenu que leur 1er. fils porteroit le nom & les armes de Maffencome. (1) Othon eft la Tige de la Branche des Seigneurs de Maffencome, de Montluc, Princes de Chabanois &c. éteinte au fiecle dernier, après avoir donné deux Maréchaux de France, en 1574. & 1594. & trois Sujets nommés à l'Ordre du St. Efprit, fçavoir deux en 1595. & l'autre en 1613. morts fans avoir été reçus, & formé des alliances avec les Maifons de Balaguier-Montfalés, de Caupené, de Clermont-d'Amboife, d'Eftrées-Cœuvres, de Foix-Carmain, de Gelas-d'Ambres, de Gontaut-Biron, de Lauzieres-Themines, de Pardaillan-Gondrin, de Rambures, de Rochechouart-Barbazan, de la Roche-Fontenilles, de Roquelaure, de Talleyrand-Chalais, de Voifins-Montaut & autres. Fabien de Montluc, l'avant-dernier mâle de cette Branche, époufa, en 1570. Anne Baronne de Montefquiou, héritiere de la Branche aînée de fa Maifon. *Voyez l'Hiftoire des Grands Officiers de la Couronne. T. 7. p. 288. & fuiv.*

(2) Pr. p. 26.

3. BERTRAND de Montefquiou, auffi fubftitué à fon frere Genfes, par le teftament de fon pere, de l'année 1300. (2)

(3) Ibidem.

4. RAYMOND-AIMERY de Montefquiou, Chanoine d'Auch, en 1300. (3).

(4) Ibidem,

5. PICTAVIN de Montefquiou fimple Clerc en 1300. (4) fut élu Evêque de Bazas, avant le 7. feptembre 1325. de Maguelonne en 1334. & d'Alby en 1338. créé Cardinal du titre des 12. Apôtres, le 17. décembre 1350. & mourut au mois de Février 1356. Il avoit fondé, par fon teftament, diverfes Chapellenies.

(5) Pr. p. 35.

(5) *Voy. les Vies des Papes d'Avignon, par M. Baluze. T. 1. p. 897. & le Gallia Chriftinna. Edit. récent. T. 1. p. 27. & 1313. & T. 6. p. 782.*

6. Hugues de Montesquiou, Religieux, en 1300. (1)

7. Montasin de Montesquiou, Religieux de Berdoues, en 1300. (2)

8. Guillaume de Montesquiou destiné par son pere, en 1300. à l'Ordre des Templiers. (3)

9. Braide de Montesquiou, morte en 1300. laissant de Raymond de Bazillac, Raymond-Aimery de Bazillac, Damoiseau, qui fut fait légataire par le testament de son ayeul maternel, de cette année. (4)

10. Agnès de Montesquiou, mariée à Pierre de Alcata, de Condom, morte en 1300. (5)

11. Esclarmonde de Montesquiou, veuve, en 1300. de Guillaume Ariu de Tusaguet, Damoiseau. (6)

12. Beatrix de Montesquiou, femme d'Auger de Baulat, Damoiseau, vivante en 1300. (7)

13. Gentile de Montesquiou, mariée à Vital de Marcoret, vivante en 1300. (8)

14. & 15. Fleurdelys & Capdelesse, Religieuses aux Monasteres de Brouilh & de Vaupilhon, en 1300. (9)

16. & 17. Aude & Longue, celle-ci probablement née du 2e. lit, & vivantes la même année. (10)

X I.

Gensès (a) Ier. du nom, Damoiseau, Baron de Montesquiou & d'Angles, Seigneur d'Estipouy, d'Hauterive, de Saintrailles, de Riguepeu, de Castelnau-d'Angles, de Poy-lobon, de Marsan, &c. fut assisté de son pere à son contrat de mariage du mois de novembre 1291. (11) & fut institué son héritier universel par son testament, du 16. août 1300. (12) Blanchefleur, sa sœur, lui fit don de ses droits dans les Châteaux de Tostat & de Bazillac en Bigorre, & de Sadour-

C ij

(1) Preuves, page 26.

(2) Ibidem.

(3) Ibidem.

(4) Pr. p. 25.

(5) Pr. p. 26.

(6) Ibidem.

(7) Ibidem.

(8) Ibidem.

(9) Ibidem.

(10) Ibidem.

(a) Nommé aussi Genser & Gentilh; en Latin, Gencius & Gentilis.

(11) Pr. p. 25.

(12) Pr. p. 26.

(1) Pr. p. 26.
& 27.

(2) Pr. p. 234.

(3) Pr. p. 27.
& 28.

(4) Pr. p. 28,

(5) Ibidem.

(6) Pr. p. 30.

(7) Pr. p. 30.
& 31.

(8) Pr. p. 33.

(9) Pr. p. 25.
(10) Pr. p. 31.

nin, au Diocese d'Auch, par acte passé, en présence de leur pere, le 11. octobre suivant. (1) Il fut témoin de la concession des nouvelles Coutumes faites le 16. mai 1301. à la Ville d'Auch, par l'Archevêque Amanieu d'Armagnac & par Bernard VI. Comte d'Armagnac & de Fezensac. (2) Au mois de février suivant son pere l'émancipa, & lui donna la Baronnie de Montesquiou, & ses Châteaux & Terres situées au Comté de Fezensac. (3) Sa mere lui céda aussi le 25. janvier 1308. (vieux style) les droits qu'elle avoit sur cette Baronnie & sur les Châteaux de Saintrailles & de St. Jean. (4) Il assista au contrat de mariage d'Odon, son frere, des 5. septembre & 19. novembre 1318. & y est qualifié NOBLE ET PUISSANT SEIGNEUR BARON DE MONTESQUIOU; (5) donna quittance, au nom de son fils Raymond-Aimery, le 19. janvier 1322. de la dot de sa bru, qu'il hypothéqua sur toutes ses terres; (6) fit appel le 10. mars 1322. (vieux style) contre l'apposition de Pénonceaux dans le district de sa Terre de Poylobon, (7) & est nommé comme mort dans l'acte du remboursement de la dot de Constance d'Andouins, 1ere. femme d'Arsieu son petit-fils, du 1er. septembre 1346. (8)

Femme, COMTESSE D'ANTIN, Dame en partie de Trie, en Riviere-Verdun, fille de Comte-Bon d'Antin, Damoiseau, & de Marie de Montlezun, fut mariée par contrat passé le Dimanche dans l'Octave de St. Martin d'hiver de l'année 1291. & eut en dot 6000. sols morlas, que son beau pere assigna sur le Château de Marsan. (9) Elle fit son testament le 2. août 1340. (10) dans lequel elle est qualifiée de NOBLE ET PUISSANTE DAME MADAME; par cet acte elle fit un legs à Aude, sa fille, à un fils & à une fille naturels de Raymond-Aimery, son fils, institua sondit fils son héritier universel, & lui substitua successivement

Arſieu, ſon petit-fils, fils de ſon même fils, Aude, ſa fille, & Comte-Bon d'Antin, ſon frere. (1)

1. RAYMOND-AIMERY IV. Baron d'Angles, Sire de Montefquiou, &c. qui ſuit.

2. AUDE de Montefquiou, légataire de ſa mere, par ſon teſtament du 2. août 1340. (2).

X I I.

RAYMOND-AIMERY IV. du nom, Sire de Montefquiou; Baron d'Angles, Seigneur de Marſan, &c. Chevalier Banneret, Capitaine (Gouverneur) de Montréal, eſt dit fils de Genſes de Montefquiou, dans la quittance que celui-ci donna de la dot de ſon épouſe, le 19. janvier 1322. (vieux ſtyle.) (3) Il fut inſtitué héritier de ſa mere par ſon Teſtament, du 1er. août 1340; (4) ratifia le 28. août 1344. la vente d'une place ſituée au lieu de Marſan; (5) reſtitua la dot de Conſtance d'Andouins, femme d'Arſieu, ſon fils, (morte ſans enfans,) & en reçut quittance, le 1er. ſeptembre 1346.; (6) ſervit dans les guerres de Gaſcogne en qualité de Chevalier Banneret, & à la Garde de la Ville de Montréal, avec une Compagnie formée d'un Chevalier Bachelier, de 38. Ecuyers, & de 80. Sergens de pied, depuis le 16. mars 1346. (vieux ſtyle, c'eſt à dire 1347.) juſqu'au 20. juin ſuivant, & donna au Tréſorier des guerres du Roi, le 3. avril de l'année ſuivante quittance de ſes gages, qu'il ſcella du ſceau de ſes armes, qui ſont *parti au 1er. vuide, & au 2e. à deux tourteaux poſés l'un ſur l'autre;* (7) reçut, le 9. octobre 1349. l'hommage d'un bien-fonds ſitué dans la Baronnie d'Angles, d'un Gentilhomme ſon Vaſſal, dans lequel il eſt qualifié NOBLE ET PUISSANT BARON, Chevalier. (8) Il ſervoit auſſi en 1355. avec une Compagnie d'Ecuyers & de Sergens à pied, dont la

(1) Preuves pages 31. & 32.

(2) Pr. p. 32.

(3) Pr. p. 29. & 30.

(4) Pr. p. 31. & 32.
(5) Pr. p. 32.

(6) Pr. p. 32. & 33.

(7) Pr. p. 33. & 34.

(8) Pr. p. 34.

Montre fut faite à Moiſſac en Quercy, le 15. mai de cette année ; (1) aſſiſta avec Arſieu, ſon fils, au contrat de mariage de Genſes, ſon petit-fils, fils du même Arſieu, du 3. ſeptembre 1359. qu'il *ſcella de ſon ſceau*, & dans lequel il eſt qualifié *en idiome du Païs*, NOBLE ET PODEROS MOSSENHE, & donna, le 15. octobre ſuivant, quittance de la dot de la bru de ſond. fils; (2) paya celle de Belleſgart, ſa petite fille, fille du même Arſieu, ſon fils, le 14. avril 1374. & y eſt qualifié NOBLE ET PUISSANT HOMME. (3) Il eſt rappellé avec la qualification d'*Egregius & Spectabilis Miles*, dans le ſerment de fidélité fait, après ſa mort, à Arſieu, ſon fils, par les Conſuls de Riguepeu, le 1ᵉʳ. janvier 1379. (vieux ſtyle.) (4)

Femme, BELESGART D'ASPET, fille de Raymond-Arnaud d'Aſpet, qui promit par ſon contrat de lui donner 4000 liv. de dot & de l'habiller, ſuivant la Coutume uſitée entre les perſonnes de ſa qualité & de celle de ſon mari, (*ſicut inter tantos Nobiles & Barones … eſt … conſuetum ;*) c'eſt ce qu'on apprend de la quittance de cette dot donnée quelque tems après par ſon beau pere, le 19. janvier 1322. (5)

I. ARSIÉU III. , Baron d'Angles , Seigneur de Monteſquiou, qui ſuit.

Enfans naturels de Raymond - Aimery Baron d'Angles & Sire de Monteſquiou.

Odet & Audette, nommés au teſtament de Comteſſe d'Antin, leur ayeul paternelle, du 2 Août 1340. (6)

X I I I.

ARSIEU (a) III. du nom, Chevalier, Baron d'Angles, Seigneur de Monteſquiou, de Marſan, de Marſac, de Baſian, &c. fut ſubſtitué à ſon pere, par le teſtament de Comteſſe d'Antin, ſon ayeule, du 1. aouſt 1340. (7) eſt nommé dans l'acte de la reſtitution de la dot de ſa 1ᵉʳᵉ. femme, du 1ᵉʳ. ſeptembre

(1) Preuves, pages 34. & 35.

(2) Pr. p. 35. & 36.

(3) Pr. p. 37.

(4) Ibidem.

(5) Pr. p. 29. & 30.

(6) Pr. p. 31.

(a) Nommé auſſi Ayſieu; en latin, *Arſivus, Aſſivus, Eyſchivus* & *Eyſſivus*.

(7) Pr. p. 31. & 32.

1348. (1) fervit dans les Guerres de Gafcogne, à la tête d'une Compagnie de Gens d'Armes & de pied ; il donna quittance de fes gages, au Tréforier des Guerres du Roy, le 10. juin 1353. Cette quittance eft fcellée du fçeau de fes armes, repréfentant un parti : *au 1er. vuide, & au 2e. deux tourteaux pofés l'un fur l'autre.* (2) Il affifta aux contrats de mariage de Genfes, fon fils, & de Belefgart, fa fille, des 3. feptembre, 15. octobre 1359. (3) 14. avril & jours fuivans 1364 ; (4) eft nommé dans la quittance de la dot de la même Belefgart, donnée à fon pere, le 14. avril 1374. ; (5) reçut, le 1er. janvier 1379. (vieux ftyle) le ferment de fidélité des Confuls & Confeillers de fa Terre de Riguepeu ; (6) donna quittance, le 14. juin 1381. de la dot de Gaillarde d'Efpagne, femme d'Arfieu, fon petit-fils (7) Jean III. Comte d'Armagnac lui fit donation le 16. juin de l'année fuivante, du Domaine & de la Haute-Juftice qu'il avoit au lieu de Bazian. (8) Arfieu fonda une meffe quotidienne dans une chapelle de l'Eglife Métropolitaine d'Auch, par acte du 16. novembre 1384. On apprend de cet acte, que la Maifon de Montefquiou avoit fa fépulture dans cette Chapelle. (9) Etant à Marfan le 5. juin 1387. il fit fon teftament par lequel il nomma fes légataires fes enfans & petits enfans, inftitua fon héritier univerfel Odon, fon 2e fils, & lui fubftitua Jean, fon autre fils, & Raymond-Aimery, fon petit-fils, fils de Genfes, fon fils aîné, (10) & paroît être mort peu après. Il eft qualifié Noble et Puissant Homme dans la plupart de ceux de ces actes où il ftipule.

I. Femme, Constance d'Andouins, fœur d'Arnaud Seigneur d'Andouins en Bearn, mourut fans enfans, & fa

(1) Preuves, pages 32. & 33.

(2) Pr. p. 34.

(3) Pr. p. 36. & 36.

(4) Pr. p. 234.

(5) Pr. p. 37.

(6) Ibid. & p. 38.

(7) Pr. p. 38. & 39.

(8) Pr. p. 39.

(9) Pr. p. 39. & 40.

(10) Pr. p. 40. & 41.

dot fut reſtituée à ſon frere, par ſon beau-pere, le 1er. ſeptembre 1346. (1)

II. Femme, MARGUERITE DE L'ISLE, nommée au teſtament de ſon mari, du 5. juin 1387. Elle avoit eu en dot 550. florins d'or. (2)

1. GENSES II. de Monteſquiou qui ſuit.

2. ODON de Monteſquiou, inſtitué héritier univerſel de ſon pere par ſon teſtament du 5. juin 1387. (3)

3. JEAN de Monteſquiou, ſubſtitué à ſon frere Odon, par le teſtament de ſon pere. (4)

4. BELESGART ou BELLEGARDE de Monteſquiou, mariée à ODON DE MONTAUT, Chevalier, Seigneur de Montaut; leur Contrat fut réglé, le 14. avril 1364. mais leur mariage ne fut fait qu'en 1368. (5) Elle eſt nommée au teſtament de ſon pere du 5. juin 1387. (6)

Enfans naturels d'Arſieu III. Seigneur de Monteſquiou.

Bertrand & Barrane, femme du Seigneur de Cirat, léga-taires de leur pere, par ſon teſtament de 1387. (7)

XIV.

GENSĒS (a) de Monteſquiou II. du nom, mourut avant ſon pere. Il fut aſſiſté de lui en ſon contrat de mariage, où il eſt qualifié NOBLE ET PUISSANT, du 3. ſeptembre 1359. & reconnu le 15. oĉtobre ſuivant; (8) aſſiſta lui-même à la ratification de celui de Beleſgart, ſa ſœur, du Dimanche avant la Saint-Marc de l'année 1364. ; (9) & eſt rappellé comme mort dans le teſta-ment de ſon pere, du 5. juin 1387. (10)

Femme,

Marginal notes:

(1) Preuves, pages 32. & 33.

(2) Pr. p. 41. & 42.

(3) Ibidem.

(4) Ibidem.

(5) Pr. p. 234. & 235.
(6) Pr. p. 41.

(7) Pr. p. 42.

(a) Nommé auſſi Genſer ; en latin, *Genſerius* & *Gen-tilis.*

(8) Pr. p. 35. & 36.

(9) Pr. p. 236.

(10) Pr. p. 41. & 42.

Femme, CONSTANCE DE CASTELBAYAC, fille d'Arnaud-Raymond Chevalier, Seigneur de Caftelbayac & de Gaufie de Juffan, fut mariée par contrat paffé fous feings-privés le 3. feptembre 1359. & reconnu devant Notaire le 15. octobre fuivant. Elle eut en dot la fomme de 4000. florins d'or, que fon beau pere reconnut avoir reçue ; (1) cependant elle ne fut point payée alors, & Bernard de Caftelbayac, Chevalier, fon frere, reconnut la devoir & promit de la payer à Genfes, fon fils, le 19. feptembre 1400. (2)

1. ARSIEU IV. Seigneur de Montefquiou, qui fuit.

2. MANAUD de Montefquiou, Chanoine de l'Eglife d'Auch, en 1387. (3)

3. & 4. GENSES & RAYMOND de Montefquiou, vivans, la même année (4)

5. AUDE de Montefquiou, femme de Jean de Faudoas, Chevalier, Seigneur de Faudoas, lequel reconnut, par fon teftament du 15. may 1387. avoir reçu fa dot. (5) Elle eft nommée dans celui de fon pere, du 5. juin fuivant. (6)

6. JEANNE de Montefquiou, vivante en 1387. (7)

X V.

ARSIEU (a) IV. du nom, Chevalier, Baron de Montefquiou & d'Angles, Seigneur d'Eftipouy, de Marfan, de Bafian, &c. eft nommé dans la quittance d'une partie de la dot de fon époufe, donnée par fon ayeul, le 14. juin 1381 ; (8) fut fait légataire de celui-ci par fon

(1) Preuves, pages 35. & 36.

2) Pr. p. 43. & 44.

(3) Pr. p. 41.

(4) Ibidem.

(5) Pr. p. 46.
(6) Pr. p. 42.

(7) Ibidem.

(a) Nommé auffi Arfivet & Effieu; en latin, Arfivus, Arfivetus, Aychivus & Eyfivetus.

(8) Pr. p. 38. & 157.

D

(1) Preuves, page 41.
(2) Pr. p. 42. & 43.
(3) Pr. p. 43. 44.
(4) Pr. p. 44.
(5) Pr. p. 45.
(6) Ibidem.
(7) Pr. p. 50.
(8) Pr. p. 53.
(9) Pr. p. 237.

teſtament du 5. juin 1387; (1) fit donation le 7. juin 1391. à Bernard de Marraſt , Damoiſeau, d'une piece de terre ſiſe à Eſtipouy, ſous la réſerve d'une paire de gants blancs de cens. Il y eſt qualifié NOBLE ET PUISSANT BARON; (2) paſſa une tranſaction le 19. ſeptembre 1400. avec Bernard de Caſtelbayac, ſon oncle, ſur le payement de la dot de ſa mere; (3) obtint du Roy le 1er. juin 1405. des Lettres Royaux pour obliger ſes Vaſſaux Nobles & les Cenſitaires tant de la Baronnie de Monteſquiou, dont il étoit ſeul Seigneur, que de ſes autres Terres, de lui faire l'hommage & les reconnoiſſances, comme eux & leurs prédéceſſeurs les avoient faites à ſes ancêtres. (4) Etant en ſon Château de de Baſian le 17. février 1426. (vieux ſtyle) il fit ſon teſtament par lequel il ordonna, entr'autres choſes, que la dot de ſon épouſe lui fût reſtituée, ainſi que 400. livres & 300. moutons d'or qu'elle lui avoit prêtés, lorſqu'il avoit été fait priſonnier en Bearn, lui laiſſa l'uſufruit des Terres de Baſian & de Marſan, inſtitua ſon héritier univerſel Arſieu, ſon fils aîné, lui ſubſtitua deux de ſes autres fils, (5) & mourut avant le 18. avril ſuivant, que ſa femme ſe fit délivrer un Extrait des principales clauſes de cet acte. (6) Il eſt rappellé dans un bail à fief fait par ſa veuve le 28. mars 1435. (vieux ſtyle) (7) & avec elle dans une donation faite le 7. juillet 1471. par Jean de Monteſquiou, leur petit-fils, à Barthelemy, leur fils. (8) Il avoit donné à l'Egliſe d'Auch, les diximes du territoire d'Yos, comme on l'apprend de la confirmation de ce bienfait, par Arſieu, ſon fils, du 23. janvier 1441. (vieux ſtyle.) (9)

Femme , GAILLARDE D'ESPAGNE-MONTESPAN , Dame de Salles en Lauragais, fille de Roger & petite-fille d'Arnaud.

d'Espagne, Seigneur de Montespan, eut en dot la somme de 4000. francs, (1) à compte de laquelle il fut payé 200. florins par son pere & son frere, à l'ayeul de son mari, le 14. juin 1381. (2) Elle fut acquittée en entier, & son mari ordonna qu'elle lui fût rendue, par son testament du 17. février 1426. (3) dont elle fit expédier un Extrait le 18. avril suivant, en vertu d'une Ordonnance du Juge de la Baronnie d'Angles, du même jour. (4) Elle fit un bail à fief de biens-fonds situés dans sa Terre de Salles, par acte du 23. mars 1435. (vieux style.) [5] & est rappellée avec son mari dans un acte du 7. juillet 1471. cité à son article. (6)

I. ARSIEU V. du nom, Chevalier, Seigneur de Montesquiou, Baron d'Angles, fut institué héritier universel de son pere, par son testament du 17. février 1426. ; [vieux style] est nommé dans la Commission donnée le 18. avril suivant par le Juge de la Baronnie d'Angles, au Notaire qui avoit reçu cet acte, d'en délivrer une Expédition à sa mere ; [7] fut l'un des Barons du Comté de Fezensac qui obtinrent le 2. décembre de la même année, un Arrêt du Parlement de Languedoc, séant à Beziers, qui adjourna les Juges de ce Comté, pour répondre aux plaintes qu'ils avoient formées sur l'infraction de leurs privileges ; (8) comparut par procureur le 23. décembre 1432. à la publication des Lettres de sauve-garde que les Consuls de Montesquiou avoient obtenues de Jean IV. Comte d'Armagnac & de Fezensac, le 18. précédent, à cause des éxactions qu'il commettoit contr'eux. Il est qualifié amé & féal Cousin de ce Comte (*dilectum & fidelem consanguineum nostrum*) dans ces Lettres, comme on l'a dit ci-devant, & NOBLE ET PUISSANT HOMME, dans la publi-

(1) Preuves page 45.

(2) Pr. p. 38. & 39.

(3) Pr. p. 45.

(4) Pr. p. 50.

(5) Ibidem.

(6) Pr. p. 53.

(7) Pr. p. 45.

(8) Pr. p. 46. & 47.

cation. (1) Le 28. janvier 1441. il fit hommage & ferment de fidélité au Chapitre de la Métropole d'Auch , en qualité de Chanoine d'honneur de ce Chapitre , ainfi que fes pré-déceffeurs Seigneurs de Montefquiou , & confirma la donation que fon pere lui avoit faite de la dixme du terri-toire d'Yos ; (2) céda le 23. janvier 1448. [vieux ftyle] à Barthelemy , fon frere , la Terre de Marfan ; [3] & eft rappellé dans l'acte de donation faite après fa mort , le 5. juillet 1471. au même Barthelemy , par Jean de Montef-quiou , fon neveu , fils de Roger , fon autre frere , de fes droits dans la Terre de Salles. (4) On voit dans l'Hiftoire des Grands Officiers de la Couronne , T. 7. p. 266 & fuiv. qu'il fut fait Chambellan du Roy Charles VII. & qu'il forma deux alliances , l'une avec Catherine de Curton , & l'autre avec Douce de Faudoas, fille de Beraud, Seigneur de Faudoas & de Barbazan, Sénéchal d'Agenois & d'Armagnac , & de Jacquette de Par-daillan ; qu'il eut de la 1ere. Bellegarde de Montefquiou ; mariée en 1437., à Raymond-Garsias Seigneur de La-vedan , laquelle, après la mort de fon pere , difputa la Ba-ronnie de Montefquiou , à Bertrand de Montefquiou , fon oncle ; mais qu'elle en fut déboutée par deux Arrêts du Parle-ment de Touloufe des 19. janvier 1459. & 8. avril 1470 ; & de la feconde , Jeanne & Françoife de Montefquiou , femmes , la 1ere. de Pons Vicomte de Castillon , & la feconde de Bernard de Biran , Seigneur de Roquefort.

2. Bertrand de Montefquiou , Chevalier , fut fubftitué à Arfieu , fon frere aîné , par le teftament de fon pere , du 17 février 1426. [5] & lui fuccéda dans la Baronnie de Montefquiou. Il eft qualifié Noble et puissant homme

(1) Preuves ; pages 48. & 49.

(2) Pr. p. 237.

(3) Pr. p. 51. & 52.

(4) Pr. p. 53.

(5) Pr. p. 45.

Seigneur de Montefquiou, dans la donation qu'il fit le 29. avril 1471. à Barthelemy, fon frere, de fes droits dans le lieu de Marfan, [1] & dans celle que Jean de Montefquiou, Seigneur de Marfac, fon neveu, fit le 7. juillet fuivant, à fon même frere, de fes droits dans la Terre de Salles ; [2] Il continua la Branche des Seigneurs & Barons de Montefquiou, dont l'héritiere Anne de Montefquiou porta en dot cette Baronnie en 1570. à Fabien de Mont-luc, l'avant dernier mâle de fa Branche. [Il étoit le qua-trieme fils de Blaife de Montluc, Maréchal de France.] De cette premiere Branche de la Maifon de Montefquiou font fortis un Rameau & une autre Branche connus, le 1er. fous la dénomination des Seigneurs de la Graulet & de Campanes, éteints dès la fin du 16e. fiecle, & la 2de. fous celle des Seigneurs de Poylobon & de la Salle de Palas, dont il ne refte plus que M. l'Abbé de Montefquiou, Vicaire Général du Diocèfe de Limoges, Abbé de S. Martial, & de Boul-bonne. *Voyez l'Hiftoire des Grands Officiers de la Couronne. T. 7. p. 267. & fuiv.*

3. ROGER de Montefquiou, Seigneur de Marfac, fut fubftitué à Bertrand, fon frere, par le teftament de fon pere, du 17. février 1426. [3] Il étoit mort le 7. juillet 1471 ; [4] & eft rappellé au Teftament de Barthelemy, fon frere, du 7. juillet 1481. [5] Il eut pour fils Jean de Montefquiou, Seigneur de la même Terre, qui donna, le 7. juillet 1471. à Barthelemy, fon oncle, fes droits fur la Terre de Salles ; [6] eft nommé au Codicille du même Barthelemy, du 8. mai 1479., [7] comme ayant acquis de lui la moitié de la Terre de Marfan. Celui-ci le fubftitua à fes fils, par fon tefta-ment du 7. juillet 1481. dans lequel il le dit *fon nebot, filh de*

fon frere Rouger. [1] Il eſt auteur d'une Branche connue fous la dénomination de Barons de Marfac, Seigneurs de Deveze, de la Barthe, &c. dont le dernier, nommé Jean, Chevalier de l'Ordre du Roi, Capitaine de 50. hommes d'armes, Séné-chal & Gouverneur de Rouergue, n'eut qu'une fille unique nommée Marguerite, qui fut mariée en 1596., à Benjamin d'Aſtarac, Baron de Fontrailles. *Voyez l'Hiſtoire des Grands Officiers de la Couronne*, t. 7. p. 270. & 271.

4. BARTHELEMY de Montefquiou, Chevalier, Seigneur de Marfan & de Salles, qui fuit.

5. JEAN de Montefquiou, Archidiacre dans l'Eglife d'Auch, nommé dans la donation faite le 7. juillet 1471. par Jean de Montefquiou, Seigneur de Marfac, fon neveu, à Barthelemy, fon oncle, de fes droits dans la Terre de Salles. [2]

X V I.

BARTHELEMY de Montefquiou, Chevalier Bachelier, Seigneur de Marfan, au Comté de Fezenfac & de Salles, en Lauragais, fervit le Roi Charles VII. contre les Anglois. Il commandoit, en 1426. (vieux ſtyle,) en qualité de Chevalier Bachelier, une compagnie de 9. Ecuyers, dont la monture fut faite le 26. mars de cette année, [3] & donna quittance de fes gages le 26. mai fuivant. [4] Son frere Arſieu lui fit donation le 23. janvier 1448. (vieux ſtyle) de la Terre de Marfan; [5] eſt nommé dans une autre faite à fon épouſe, le 9. mai 1471; [6] régla le 28. octobre 1466. les limites de fa Terre de Marfan & de celle de Luſfan, avec Guillaume de Montaut & Odet d'Efparbez, Co-Seigneurs de cette derniere Terre; [7] donna procuration le 9. avril 1471. à Bertrand,

[3] Pr. p. 56.
[4] Ibidem.

[5] Pr. p. 51. & 52.
[6] Pr. p. 51.

[7] Pr. p. 52.

fon fils aîné, unique de fon 1er. mariage, pour fuivre fes procès. (1) Bertrand, fon frere, & Jean de Montefquiou, fon neveu, lui donnerent, le même jour & le 7. juillet fuivant, les droits qu'ils avoient fur les terres de Marfan & de Salles ; (2) ce dernier acte nomme fes pere & mere & tous fes freres ; eft nommé dans une vente faite, le 21. octobre 1477. par fon fils aîné fufnommé. (3) Il fit un 1er. teftament dont on ignore la date, & y ajouta, peu après le 8. may 1479. un codicille, par lequel il fit des legs à tous fes enfans, laiffa au même Bertrand, fon fils aîné, la Terre de Marfan & toutes fes dépendances, lui fubftitua fes enfans mâles, petits-fils de lui teftateur, par ordre de primogéniture, exclut les filles de fon hérédité, & y appella, en cas de l'extinction des mâles, fes plus proches parens de fon nom ; (4) fit un 2d. teftament le 7. juillet 1481. & par cet acte il inftitua fon héritier le même Bertrand, fon fils aîné, dans la Terre de Marfan, & lui fubftitua fes autres fils, par ordre de naiffance, à ceux-ci Jean de Montefquiou, Seigneur de Marfac, fon neveu, & enfuite fes autres parens paternels *de la Mafo de Montefquieu*, légua au même Bertrand la moitié du Château & de la Terre de Salles, & l'autre moitié à Manaud, fon fils aîné, de fon 2e. mariage ; (5) fut repréfenté par Bertrand, fon fils, dans un bail à fief qu'il fit le furlendemain ; (6) & mourut avant le 7. juillet 1483. (7) Ces divers Actes le qualifient NOBLE ET PUISSANT HOMME, ou NOBLE SEIGNEUR, ou NOBLE ET PUISSANT SEIGNEUR. Il eft rappellé dans des actes rapportés aux articles de fes fils & petit-fils, des 15. octobre 1486. (8) 3. feptembre 1492. (9) 22. Février 1496. (vieux ftyle) (10) 1. juillet 1516. (11) 8. May 1517. (12) 27. août 1567. (13) 8. janvier (14) & 14. avril 1577. (15)

(1) Preuves ; page 52.

(2) Pr. p. 53. & 54.

(3) Pr. p. 55.

(4) Pr. p. 55. & 56.

(5) Pr. p. 57. & 58.
(6) Pr. p. 58.
(7) Pr. p. 99. & 102.

(8) Pr. p. 60. & 102.
(9) Pr. p. 101.
(10) Pr. ibid.
(11) Pr. p. 103.
(12) Pr. p. 66.
(13) Pr. p. 73.
(14) Pr. p. 243.
(15) Pr. p. 246. & 247.

I. Femme, MARGUERITE DE SINZ, (a) nommée au 2^d. teſtament de ſon mari, du 7. juillet 1481. (1)

1. BERTRAND de Monteſquiou Ier., Seigneur de Marſan, de Salles & de la Serre, qui ſuit.

IIe. Femme, ANNE, *alias* AGNÈS & AGNETE DE GALARD, à laquelle un particulier donna deux hôtels ſitués à Lectoure, par acte du 9. mai 1461., dans lequel ſon mari eſt rappellé ; (2) eſt nommée dans le codicille & le 2^d. teſtament de ſon mari des 8. mai 1479. (3) & 7 juillet 1481. (4) comme légataire de l'uſufruit de la moitié de la terre de Marſan & de ſon habitation dans le Château du même lieu, ou dans celui de Salles, droits qu'elle vendit le 3. ſeptembre 1492., par le miniſtere de Manaud, ſon fils, à Bertrand de Monteſquiou, ſon beau fils ; (5) & mourut avant le 22. février 1496. (vieux ſtyle.) (6) Elle étoit proche parente de Bernard de Galard, Seigneur de l'Iſle-Bozon, que Barthelemy de Monteſquiou chargea de marier Marguerite, ſa fille, au refus de Manaud, ſon fils. (7)

1. MANAUD de Monteſquiou, qui a formé la branche des Seigneurs de Salles, d'Artagnan, &c. rapportés après la poſtérité de Bertrand, ſon frere aîné.

2. ARNAUD de Monteſquiou, auquel ſon pere laiſſa 100. écus d'or, par ſon codicille du 8. mai 1479., (8) & l'hôtel de Gaſton, par ſon teſtament du 7. juillet 1481 ; (9) eſt nommé avec Bertrand, Manaud, Jean, autre Jean dit Gallardon, Mathieu, Arſivet, Jeanne, Gaillarde & Marguerite, ſes freres & ſœurs, dans l'acte de ceſſion faite le 22. février 1496. (vieux ſtyle) par Arſivet, l'un d'eux, au même Jean dit Gallardon, de ſes droits dans les ſucceſſions de leurs pere & mere, (10) & dans un Arrêt du Parlement de Touloufe, du

(a) Eſt ſurnommée DE SARREY dans l'Hiſt. des Gr. Offic. de la Couronne, T. 7. p. 272.

(1) Preuves, page 58.

(2) Pr. p. 51.

(3) Pr. p. 56.
(4) Pr. p. 57.

(5) Pr. p. 101.

(6) Pr. p. 102.

(7) Pr. p. 56.

(8) Ibidem.

(9) Pr. p. 58.

(10) Pr. p. 102. & 103.

du 1. juillet 1516. relatif à la demande par eux faite de leurs légitimes. (1)

3. JEAN ou JEANNET de Montefquiou , l'aîné, nommé comme légataire de 100. écus d'or & de l'hôtel de Milhas, dans les codicille & 2ᵉ. teftament de fon pere, des 8. mai 1479. (2) & 7. juillet 1481. (3) & dans les ceffions & Arrêts des 22. Février 1496. vieux ftyle (4) & 1. juillet 1516. (5) qu'on vient de rapporter à l'article d'Arnaud , fon frere.

4. JEAN de Montefquiou, le jeune , *alias* GALLARDON; Ecuyer , Seigneur de Gelas , de Lados , de Cumont , de Leyffaux aux Dioceſes de Condom , de Bazas , de Montauban & d'Auch. Son pere lui légua pareille fomme qu'à fes freres , par fon 1ᵉʳ. teftament , & par fon codicille du 8. may 1479. (6) & l'hôtel de Copadels , par fon 2ᵈ. teftament du 7. juillet 1481 ; (7) acquit le 22. février 1496. (vieux ftyle) les droits d'Arfivet, fon frere , dans les fucceffions de leurs pere & mere ; [8] eft nommé avec plufieurs de fes freres , dans l'Arrêt du 1ᵉʳ. juillet 1516. relatif à la demande de leurs légitimes. [9] Il céda vers le même tems à Mathieu, fon frere , fes droits dans la Terre de Salles; (10) fit le retrait de celle de Leyffaux , vendue à faculté de rachapt , par Pierre de Montefquiou, Seigneur de Marfan, [c'étoit fon neveu, fils de Bertrand, fon frere aîné confanguin, comme il fera prouvé ci-après à l'article de Pierre ;] [11] & le 24. février 1521. [vieux ftyle] il prorogea le terme de ce rachat en faveur de François, fils du même Pierre. [12] Il fit, le 23. feptembre 1524. un codicille , par lequel il confirma les difpofitions d'un teftament qu'il avoit fait auparavant , inftitua fon héritier Imbert, fon fils, lui fubftitua Mathieu, fon frere , & en

(1) Preuves, pag. 101. & 102.

(2) Pr. p. 56.
(3) Pr. p. 58.
(4) Pr. p. 102.
(5) Ibidem.

(6) Pr. p. 56.
(7) Pr. p. 58.

(8) Pr. p. 102.

(9) Pr. p. 102, & 103.
(10) Pr. p. 246.

(11) Pr. p. 67, & 68.

(12) Pr. p. 246.

(1) Preuves, page 104.

confia l'exécution au même Mathieu & à Antoine & Paul de Montefquiou, fes neveux. (1) Il eft dit fils de Barthelemy de Montefquiou Baron de Salles, frere de Manaud auffi Baron de Salles, & de Mathieu, oncle de Jean auffi Seigneur de Salles, & d'Arnoul Seigneur du Vernet fils du même Mathieu, &c. dans une tranfaction paffée par le même Arnoul, le 14. avril 1577. rapportée plus au long à fon article. On apprend de cet acte qu'il avoit cédé au même Mathieu fon frere, fes droits fur la Baronnie de Salles. [2] Jean de Montef-

(2) Pr. p. 246.

quiou dit Gallardon, eft la tige de trois Branches ou Rameaux connus, le 1r. fous le titre de Seigneurs de Ste Colombe, Barons de Londat, &c.; le 2d. fous celui de Barons du Faget & d'Auriac, tous deux éteints; & le 3me. fous la dénomination de Seigneurs de Saintrailles, de la Motte-Cumont, de la Salle, du Maine, &c. dont il ne refte plus que Pierre de Montefquiou-Fezenfac, Eccléfiaftique, appellé l'Abbé de Xaintrailles. Ces Branches ou Rameaux font rapportés dans l'*Hiftoire des Grands Offic. de la Cour. T. 7. p. 280. & fuiv.*

5. MATHIEU de Montefquiou, Ecuyer, Seigneur du Vernet, fut fait légataire de fon pere par fon 1er. teftament de 100. écus d'or, d'une autre pareille fomme par fon codi-

(3) Pr. p. 56.
(4) Pr. p. 58.

cille du 8. mai 1479. [3] & par fon 2d. teftament du 7. juillet 1481. de la maifon de Canavielle. [4] Il acheta de Pierre de Montefquiou, Seigneur de Marfan, fon neveu, la terre de Leyffaux, & promit de la lui rendre pour le prix de l'acquifition, par acte du 29. avril 1496. où il eft qualifié Ecuyer & Homme d'armes du Roi [c'eft-à-dire de fes or-donnances.] dans la Compagnie du Sénéchal d'Armagnac;

(5) Pr. p. 63. & 64.

[5] eft nommé dans l'acte de ceffion faite le 22. février fui-

vant , par Arſivet ſon frere , à Jean le jeune , ſon autre frere , de ſes droits dans les ſucceſſions de leurs pere & mere. [1] Il revendit le 20. février 1505. (vieux ſtyle) à Pierre de Monteſquiou ſon neveu , le territoire de Leyſſaux , [2] comme il s'y étoit engagé le 29. avril 1496 ; demanda ſa légitime à ſes freres aînés , avec ſes autres freres , ſuivant un Arrêt du Parlement de Touloufe du 1er. juillet 1516 ; [3] acquit , le 27. décembre ſuivant , [4] de Paul de Monteſquiou ſon neveu , fils de Manaud ſon frere , les droits qu'il avoit ſur la Baronnie de Salles , & vers le même tems ceux qu'y avoit Jean dit Gallardon ſon frere ; (5) le même Jean dit Gallardon le ſubſtitua à Imbert ſon fils , par ſon teſtament du 23. ſeptembre 1524. dont il le nomma éxécuteur avec Antoine & Paul de Monteſquiou , ſes neveux. [6] Lors de l'Inſtance commencée en 1516. devant le Sénéchal de Touloufe entre le même Paul & Jean ſon frere aîné , ſur leurs prétentions en la Baronnie de Salles , Mathieu y intervint , & demanda ſa légitime ſur cette terre , ainſi que celles de ſes frere & neveu , qu'il avoit acquiſes. Ce procès paſſa depuis au Parlement de Touloufe ; mais il mourut avant qu'il fût jugé. [7] Il eſt rappellé dans 4. autres actes , preſque tous relatifs au même procès. Ces actes ſont un Arrêt de cette Cour du 27. août 1567. [8] obtenu par Arnoul ſon fils , & mentionné à ſon article , dans lequel il eſt dit fils de Barthelemy Seigneur de Salles , & frere puîné de Manaud de Monteſquiou ; un accord paſſé le 8. janvier 1577. [9] par Jean de Monteſquiou , Seigneur d'Artagnan , fils de Paul de Monteſquiou , mentionné ci-après à ſon degré ; une tranſaction paſſée le 14. avril ſuivant , par Arnoul , ſon fils ; [10] & un autre Arrêt du même Parlement du 9. avril 1611. rapporté au

(1) Preuves ; page 102.
(2) Pr. p. 65.
(3) Pr. p. 103.
(4) Pr. p. 122.
(5) Pr. p. 246.
(6) Pr. p. 104.
(7) Pr. p. 246.
(8) Pr. p. 73.
(9) Pr. p. 243. & ſuiv.
(10) Pr. p. 243. & ſuiv.

(1) Preuves, page 117. & suiv.

degré de Gabrielle de Montesquiou, Dame de Pontaut [1], & ces trois derniers actes le disent encore fils de Barthelemy, frere de Manaud & oncle du même Paul de Montesquiou. Il eut pour fils,

ARNOUL de Montesquiou, Seigneur du Vernet, de S. Léon, de Cauffidieres, de la Roque, &c. qui reprit l'instance commencée par son pere contre Jean de Montesquiou, au sujet de ses droits sur la terre de Salles, & la suivit contre François de Montesquiou son cousin germain, fils du même Jean, & ensuite contre Gabrielle de Montesquiou sœur de François, & contre Michel-Bernard & Michel de Pontaut, ses fils. Un Arrêt du Parlement de Toulouse du dernier mars 1565. lui adjugea diverses sommes d'argent pour le payement de la légitime de son pere & de celles acquises par celui-ci, de Jean dit Gallardon & de Paul de Montesquiou, oncle & cousin germain de lui Arnoul. [2] Peu après il demanda la totalité de la Baronnie de Salles, prétendant qu'elle avoit été substituée, par le testament de Barthelemy, son aïeul, à ses enfans & descendans mâles; [3] allégua *fauffement* que toute la postérité masculine de Manaud fils du même Barthelemy, étoit éteinte, & qu'ainsi il étoit le premier appellé à cette substitution. [4] Sur ces fausses allégations il obtint en la même Cour le 27. août 1567. un Arrêt qui le maintint en la moitié de la même terre, & adjugea l'autre moitié à Michel-Bernard de Pontaut, pour les légitimes & quarte trébellianique dues à François de Montesquiou, son oncle; [5] mais cet Arrêt demeura sans exécution. Jean de Montesquiou, Seigneur d'Artagnan, fils de Paul, &

(2) Pr. p. 246.

(3) Pr. p. 247.

(4) Pr. p. 243. & 247.

(5) Pr. p. 73.

son neveu à la mode de Bretagne [1] & sa mere & tutrice s'y opposerent [2] & soutinrent que, s'il y avoit une substitution de la terre de Salles, elle devoit être ouverte en sa faveur. [3] C'est ce qu'on apprend d'un accord fait le 8. janvier 1577. entre les mêmes Jean de Montesquiou, Seigneur d'Artagnan & Michel de Pontaut, rapporté ci-après à l'article du premier, [4] & d'une transaction passée le 14. avril suivant entre lui Arnoul de Montesquiou, représenté par Simon-Roger son fils aîné, & le même Michel de Pontaut, par laquelle il céda à celui-ci ses droits sur la terre de Salles, moyennant la somme de 10000. liv. [5] qu'il reçut. [6] Cette transaction fut ratifiée en son nom par Paul, son 2d. fils, le 20. may suivant. [7] Arnoul de Montesquiou mourut en 1590. [8] laissant deux fils, sçavoir, Roger qui suit, & Paul, rapporté ci-après.

I. ROGER nommé aussi Simon-Roger de Montesquiou, Vicomte de Sadirac, céda, le 14. avril 1577. au nom de son pere, à Michel de Pontaut, les droits qu'il avoit sur la terre de Salles; [9] fit le 12. octobre 1591, son testament, par lequel il institua sa 2de. femme son héritiere, [10] & mourut en 1605. [11] L'inventaire de ses biens fut commencé le 22. juillet de cette année. [12]

I. Femme GEOFFRINE D'AX, mariée par contrat du 3. décembre 1571. [13]

FRANÇOISE de Montesquiou, Vicomtesse de Sadirac, femme de BERNARD DE MIOSSENS, Seigneur de Sanssous, prétendit à la possession de la moitié

(1) Pr. p. 243.
(2) Pr. p. 118. 243. & 248.
(3) Preuves, pag. 122. & 248.
(4) Pr. p. 243. & suiv.
(5) Pr. p. 246. & suiv.
(6) Pr. p. 122.
(7) Pr. p. 251.
(8) Pr. p. 118.
(9) Pr. p. 249. & suiv.
(10) Pr. p. 121.
(11) Ibidem.
(12) Ibidem.
(13) Pr. p. 117.

de la terre de Salles, contre Jean-Sébastien de Rochefort, Baron de Marquain, fils de François de Rochefort, auquel Michel-Bernard de Pontaut l'avoit vendue; elle allégua à l'appui de son prétendu droit l'Arrêt du Parlement de Toulouse du 27. août 1567. obtenu par Arnoul son aïeul; mais elle en fut évincée par un autre Arrêt de la même Cour du 9. avril 1611. [1]

II. Femme N. D'OSSUN [a], instituée héritiere de son mari, par son testament du 11. octobre 1591. [2]

II. PAUL nommé aussi JEAN-PAUL de Montesquiou Baron de Crosilles & du Vernet, ratifia au nom de son pere, le 10. may 1577. la cession qu'il avoit faite le 14. avril précédent, de ses droits sur la terre de Salles. [3] Il est Auteur de la Branche des Seigneurs du Vernet; de Prechac & de Galias, éteinte en 1715. en la personne de Daniel de Montesquiou Seigneur de Prechac, Lieutenant général des armées du Roy, Gouverneur de Scheléstat, Sénéchal d'Armagnac & Commandeur de l'Ordre de Saint-Louis. *Voyez l'Histoire des grands Officiers de la Couronne*, t. 7. p. 287. & 288.

6. ARSIVET de Montesquiou auquel son pere légua 100. écus d'or, par son premier testament, & 100. autres écus par son codicille du 8. mai 1479.; [4] legs qui furent confirmés par son second testament du 7. juillet 1481. [5] Ayant résolu de se faire Religieux de l'Ordre de S. Jean de Jérusalem, le 22. février 1496., [vieux style] il vendit à Jean le jeune, son frere, ses droits sur les successions de ses

pere & mere; [1] & eſt rappellé avec ſes freres dans l'Arrêt du 1ᵉʳ. juillet 1516. cité ci-devant ſur la demande de leurs légitimes. [2]

(1) Preuves, page 102.
(2) Pr. p. 103.

7. JEANNE ou JEANNELLE , mariée à N. Seigneur de Glatens, nommée aux codicille & teſtamens de ſon pere, des 8. mai 1479. [3] & 7. juillet 1481., [4] & dans l'Arrêt du 1ᵉʳ. juillet 1516. [5] qu'on vient de citer.

(3) Pr. p. 56.
(4) Pr. p. 58.
(5) Pr. p. 102.

8. GAILLARDE de Monteſquiou, auſſi nommée dans les codicille & teſtament de ſon pere , de 1479. & 1481. dans ce dernier comme légataire de 200. moutons d'or, [6] dont ſon frere Bertrand ordonna le paiement par le ſien du 13. octobre 1486. , [7] & en fit un elle-même, le 8. mai 1518. , par lequel elle inſtitua ſon héritier Pierre de Monteſquiou, Seigneur de Marſan. [8] (C'étoit ſon neveu fils à Bertrand , ſon frere, comme il ſera prouvé à ſon article.)

(6) Pr. p. 56. & 57.

(7) Pr. p. 61.

(8) Pr. p. 66.

9. MARGUERITE *alias* MANGETE de Monteſquiou. Son pere lui légua 100. écus d'or par ſon premier teſtament, [9] y en ajouta 400. autres par ſon codicille de 1479. , [10] en autoriſant Bernard de Galard, Seigneur de l'Iſle - Bozon, de la marier, au refus de Manaud, ſon frere, & confirma ce legs par ſon ſecond teſtament de 1481. [11]

(9) Pr. p. 56.
(10) Ibidem.

(11) Pr. p. 58.

SEIGNEURS DE MARSAN, DE SALLES, DE LA SERRE, &c.

XVII.

BERTRAND de Monteſquiou Iᵉʳ. du nom de ſa Branche, Ecuyer , Seigneur de Marſan , de Salles , de la Serre, d'Aignan , &c. fils aîné & unique du 1ᵉʳ. mariage de Barthelemy Chevalier, Seigneur de Marſan & de Salles, eut une procuration de ſon pere, le 29. avril 1471., pour le repréſenter dans la pourſuite de ſes procès. [1] Il acquit le 7. avril 1477. de Jean de Goth, Seigneur de Rouillac, ſon beau-frere, la Terre de Peirecave, [2] & vendit celle d'Aignan, par acte du 20 octobre 1477., où il eſt qualifié NOBLE ET PUISSANT HOMME. [3] Son pere lui donna, par ſon premier teſtament, la Terre de Marſan, comme il le dit dans ſon codicille du 8. mai 1479., [4] & ajouta à ce legs, par ſon ſecond teſtament du 7. juillet 1481., la moitié de celle de Salles. [5] Il fit en ſon nom un bail à fief, le 9. juillet ſuivant; [6] ratifia le 7. juillet 1483. l'échange qu'il avoit fait du vivant de ſon pere avec Manaud, ſon frere conſanguin, de ſes droits ſur la Terre de Salles, contre les droits de celui-ci dans la la Terre de Marſan; [7] fit le 13. octobre 1486. ſon teſtament, par lequel il rappella celui de ſon pere, fit des legs à ſa femme & à leurs enfans, inſtitua ſon héritier Jacques ſon fils aîné, lui ſubſtitua en cas de mort ſans enfans légitimes, Bertrand ſon autre fils, & ſes deſcendans mâles, & à ceux-ci ſes plus proches parens de ſes nom & armes, ne voulant pas qu'une fille puiſſe ſuccéder à ſon hérédité; [8] acquit le 3. ſeptembre 1492., d'Anne de Galard ſa belle-mere, les droits qu'elle avoit ſur la terre de Marſan; [9] & étoit mort le 10. novembre ſuivant. [10] Il eſt rappellé avec ſes pere & mere, freres & ſœurs, dans la ceſſion faite par Arſivet, l'un d'eux, à Jean dit Gallardon, leur autre frere, de ſes droits de légitime. [11]

I. Femme N. DE GOTH, ſœur de Jean de Goth, Seigneur de Rouillac, qui vendit à ſon mari, le 7. août 1477., la Terre de Peirecave. (12)

(1) Preuves, page 52.

(2). Pr. p. 54.

(3) Pr. p. 55.

(4) Pr. p. 56.

(5) Pr. p. 58,

(6) Ibidem.

(7) Pr. p. 99.

(8) Pr. p. 60. & 61.

(9) Pr. p. 101.

(10) Pr. p. 62.

(11) Pr. p. 101. & 102.

[12] Pr. p. 54.

1. JACQUES de Montefquiou, inftitué héritier univerfel de fon pere, par fon teftament du 13. octobre 1486. [1]

[1] Preuves, page 62.

2. JEAN de Montefquiou, Religieux de l'Abbaye de Moiffac en 1486., [2] & propriétaire de divers droits fur la Terre de Marfan, dont il céda une partie le 10. novembre 1492., à Bertrand, fon frere, moyennant une penfion payable jufqu'à ce qu'il eût un bénéfice; (3) échangea une autre partie des mêmes droits, le 14. mars 1504., avec Pierre, fon autre frere, contre un domaine appellé Borde-nave. (4) Il étoit à cette derniere époque, Recteur du lieu de Barrey. Il l'étoit de celui de Caftillon le 2. mai 1517. que Gaillarde de Montefquiou, fa tante, le nomma exécuteur de fon teftament. (5)

(2) Ibidem.

(3) Pr. p. 62.

(4) Pr. p. 64.

(5) Ibidem.

3. BERTRAND de Montefquiou, Seigneur de Marfan. Son pere lui fit un legs de 100. écus & le fubftitua à Jacques, fon frere, par fon teftament du 13. octobre 1486. (6) Il acquit, le 10. novembre 1492. les droits de Jean, fon frere, fur la Terre de Marfan; (7) mourut peu après fans poftérité; & eut pour héritier Pierre, fon frere. (8)

(6) Pr. p. 61.

(7) Pr. p. 61.

[8] Pr. p. 63.

4. PIERRE de Montefquiou, l'aîné, Seigneur de Marfan, &c. qui fuit.

5. 6. 7. & 8. PIERRE, le jeune, ANTOINE, AGNÈS & FLORETTE de Montefquiou, nommés au teftament de leur pere du 13. octobre 1486. (9) Antoine fut fait l'un des exécu-teurs du codicille de Jean dit Gallardon, fon oncle, du 23. feptembre 1524. (10)

[9] Pr. p. 61.

[10] Pr. p. 104.

II. Femme, GABRIELLE DE BELCASTEL, fille de Raymond

F.

de Belcaftel , Seigneur de Campagnac & de la Borie , au Dioceſe de Cahors, étoit mariée le 16. mai 1484. , que Jean de Belcaftel , ſon frere , régla ſa dot avec ſon mari. (1) Celui-ci lui affura ſon habitation , par ſon teftament du 13. octobre 1486. (2)

[1] Preuves, page 59.

[2] Pr. p. 61.

XVIII.

PIERRE de Monteſquiou , l'aîné , Ecuyer , Seigneur de Marſan , légataire de 100. écus par le teftament de ſon pere du 13. octobre 1486. [3] ſuccéda à Bertrand , ſon frere , avant le 6. février 1493. [vieux ſtyle] date de ſon contrat de mariage , où il ſe dit âgé de plus de 18. ans & moins de 25. ans , & ſe qualifie Seigneur de Marſan. [4] Il obtint de Mathieu de Monteſquiou , ſon oncle le 29. avril 1496. la faculté de retirer la terre de Leyffaux qu'il lui avoit vendue , [5] & l'exerça le 22. février 1505. [vieux ſtyle ;] [6] échangea le 14. mai 1504. avec Jean , ſon frere, un domaine dit de Bordenave , contre les droits de celui-cy ſur la terre de Marſan ; [7] paffa le 15. décembre 1514. avec les Conſuls de Marſan un accord , par lequel ceux-cy lui payerent les arrérages à lui dûs d'une redevance annuelle à cauſe d'un hôtel fitué au même lieu ; [8] obtint , le 1er. juillet 1516. avec Manaud de Monteſquiou ſon oncle , un Arrêt du Parlement de Toulouſe , qui les abſout des demandes formées par ſes oncles de leurs légitimes ſur les biens de Barthelemy ſon ayeul ; [9] fut inſtitué héritier de Gaillarde de Monteſquiou ſa tante , par ſon teftament du 8. may 1517. [10] Il fit le ſien le 11. octobre 1520. & par cet acte il inſtitua ſon héritier univerſel François ſon fils aîné , & légua une fomme d'argent à Jean ſon fils puîné , pour ſa légitime ; [11] eſt dit mort dans un acte du 24. fé-

[3] Ibidem.

[4] Pr. p. 62. & 63.

[5] Pr. p. 63. & 64.

[6] Pr. p. 65.

[7] Pr. p. 64.

[8] Pr. p. 67. & 68.

[9] Pr. p. 102. & 103.

[10] Pr. p. 66.

[11] Pr. p. 70.

vrier 1521. par lequel François, son fils aîné, obtint de Jean de Montesquiou, dit Gallardon, son grand oncle, oncle de lui Pierre, prorogation du terme du rachat d'un territoire nommé Leyssaux, que lui Pierre avoit aliéné, & dont le même Jean de Montesquiou avoit fait le rachat. [1] Il est encore rappellé dans une transaction passée le 14. juin 1547. entre le même François, son fils, & Jean, son autre fils. [2]

[1] Preuves, page 67.

[2] Pr. p. 70.

Femme AGNÈS *alias* AGNETE DE LUPÉ, fille de Jean de Lupé & sœur d'autre Jean de Lupé, Seigneur de Marabat, mariée par contrat du 6. février 1493. [vieux style.] Elle eut en dot 800. écus petits. [3]

[3] Pr. p. 62. & 63.

1. FRANÇOIS de Montesquiou, Ecuyer, Seigneur de Marsan, fut institué héritier universel de son pere, par son testament du 11. octobre 1520; [4] obtint le 21. février 1521. [vieux style] de Jean de Montesquiou, dit Gallardon, son grand oncle, la prorogation du terme du rachat de la terre de Leyssaux, aliénée par son pere. [5] Il transigea le 19. janvier 1525. [vieux style] avec son frere, sur un procès pendant entr'eux au Parlement de Toulouse, au sujet de la demande qu'il lui avoit faite de sa légitime, & par cette transaction celui-ci lui abandonna pour ses droits la Maison de la Serre, & promit de lui donner de plus diverses sommes d'argent. [6] Cet acte fut homologué au même Parlement, le 16. mars suivant. [7] Pour satisfaire en partie à cet engagement, il lui assigna le 11. may 1526. diverses rentes. [8] Il eut avec son même frere, un second procès pour le retrait de plusieurs pieces de terres que celui-cy lui avoit

[4] Pr. p. 70.

[5] Pr. p. 67.

[6] Pr. p. 68. 70. & 74.
[7] Pr. p. 70.
[8] Pr. p. 69.

F ij

vendues, & ce procès fut terminé par un accord du 14. juin 1547. [1] François de Montesquiou eſt rappellé comme mort dans un Arrêt de la même Cour, rendu le 10. mars 1572. entre Jeanne de Montesquiou, ſa fille, qui ſuit, & Bertrand II. ſon neveu. [2]

[1] Preuves, p. 69. 70. & 71.

[2] Pr. p. 74.

JEANNE de Montesquiou , Dame de Marſan ; fut mariée à ANTOINE DE SAVERE , Seigneur de la Motte. Elle eut un procès au Parlement de Toulouſe en 1572. contre Bertrand II. de Montesquiou, Seigneur de la Serre, ſon couſin germain , & ce procès fut terminé par un Arrêt de cette Cour du 10. mars 1572. [3] Il en ſera encore parlé à l'article de Bertrand. Jeanne de Montesquiou eut pour fils Jean ou Jean-Jacques de Savere , Seigneur de Marſan , dont la fille nommée Charlotte, Damé de la plus grande partie de cette Terre, la porta en dot en 1625. à Bertrand III. de Montesquiou, Seigneur de la Serre-lez Marſan , ſon parent au 4e. degré. Ces faits ſont prouvés par des actes des 5. ſeptembre [4] & 14. décembre 1625. (5) 6. octobre 1627. (6) & 2. juin 1647. (7) rapportés plus au long aux degrés du même Bertrand III. & de Jean-François, ſon fils.

[3] Ibidem.

[4] Pr. p. 80.
[5] Pr. p. 81.
[6] Pr. p. 82.
[7] Pr. p. 84.

2. JEAN I. de Montesquiou ; Seigneur de a Serre qui ſuit.

XIX.

JEAN de Montesquiou Ier. du nom de ſa Branche, Ecuyer

45

Seigneur de la Serre-lez-Marfan , donna les 15. may 1520. [1] & 9. février 1526. [vieux ftyle] [2] des quittances à fon beau-pere d'une partie de la dot de fon époufe ; eft nommé au teftament de fon pere du 11. octobre de la même an-née 1520. comme légataire de fa légitime en argent. [3] Il eut avec fon frere un procès pour l'obtenir ; ils le ter-minerent par un accord du 19. janvier 1525. [vieux ftyle] [4] autorifé par Arrêt du Parlement de Touloufe , du 16. mars 1526. [vieux ftyle.] [5] Par cet accord fon frere lui abandonna la terre & maifon de la Serre près de Marfan , avec Juftice moyenne & baffe , & promit de lui payer de plus diverfes fommes d'argent , dont il lui affigna une partie le 11. may fuivant , en rentes fur divers particuliers. [6] Il eut avec lui un autre procès , dont voici le fujet. Il lui avoit vendu , avec faculté de rachat , une rente féodale & plufieurs pieces de terres fituées dans la Jurifdiction de la Serre , par actes des 29. janvier 1536. [vieux ftyle] 19. août 1538. 8. octobre 1539. 31 janvier 1540. [vieux ftyle] 4. oc-tobre 1541. & 1. janvier 1543. [vieux ftyle.] Celui-cy ayant refufé de les lui revendre , il le traduifit devant le Sénéchal d'Armagnac ; mais plufieurs Gentilshommes , leurs amis com-muns , moyennerent entr'eux le 24. juin 1547. un accord , par lequel tous ces actes furent cancellés. [7] Cet accord les dit fils de Pierre de Montefquiou , Seigneur de Marfan. Il auto-rifa Bertrand , fon fils aîné , par acte du 14. avril 1559, pour paffer le contrat de fon 1er. mariage ; [8] fit le 6. février 1562. fon teftament par lequel il demanda à être inhumé dans l'Eglife paroiffiale de Marfan , inftitua fon même fils fon hé-ritier univerfel , & laiffa à chacun de fes autres enfans leurs légitimes ; [9] il eft rappellé dans un Arrêt du Parlement de Touloufe rendu le 10. mars 1572. entre le même Bertrand

[1] Preuves, pages 66. & 67.
[2] Pr. p. 68. & 69.

[3] Pr. p. 70.

[4] Pr. p. 68.
[5] Pr. p. 70.

[6] Pr. p. 69.

[7] Pr. p. 69. & 70.

[8] Pr. p. 71.

[9] Pr. p. 71.

[1] Preuves, page 74.

fon fils , & Jeanne de Montefquiou , fa niece , [1] & dans une ceffion faite le 5. février 1576. à fon même fils, par Antoine , fon autre fils. [2]

[2] Pr. p. 75.

Femme JEANNE DE LASSERAN, fillede Bertrand de Lafferan, Seigneur de la Salle-de Cafaux , au Comté de Fezenfac. Son mari donna à fon pere deux quittances de partie de fa dot, les 25. may 1521. [3] & 9. février 1526. (vieux ftyle) (4)

[3] Pr. p. 66. & 67.

[4] Pr. p. 68. & 69.

1. BERTRAND II. de Montefquiou , Ecuyer, Seigneur de la Serre-lez-Marfan , qui fuit.

2. ANTOINE de Montefquiou , Ecuyer , Seigneur du Sauffay , légataire de fa légitime, par le teftament de fon pere , du 6. février 1562. (vieux ftyle;) (5) céda à Bertrand , fon frere , le 5. février 1576. tous fes droits dans les fucceffions de leurs pere, mere & ayeul, & de Jean, Odet & Jacquemette, leurs freres & fœur, affeétés fur la terre de la Serre. (6)

[5] Pr. p. 72.

[6] Pr. p. 75.

3. & 4. JEAN & ODET de Montefquiou, nommés au teftament de leur pere , du 6. février 1562. (vieux ftyle) (7) étoient morts le 5. février 1576. (8)

[7] Pr. p. 72.

[8] Pr. p. 75.

5. CATHERINE de Montefquiou , femme de M. D'ESTALENS , lors du teftament de fon pere , du 6. février 1562. (9)

[9] Pr. p. 72.

6. ANNE de Montefquiou étoit mariée à la même époque ; à M. (de) LA GARDE. (10)

[10] Ibidem.

7. & 8. JACQUEMETTE & JEANNE de Montefquiou. Leur pere ordonna par fon teftament qu'elles fuffent mariées fur fon bien ; (11) la 1ere. mourut avant le 5. février 1576. (12)

[11] Ibidem.

[12] Pr. p. 75.

X X.

Bᴇʀᴛʀᴀɴᴅ de Montesquiou II. du nom, Ecuyer, Seigneur de la Serre-lez-Marsan, fut autorisé pour passer le contrat de son 1ᵉʳ. mariage, du 19. avril 1559. du consentement de son pere, par acte du 14. précédent; (1) & fut institué son héritier, par son testament du 6. février 1562. (2) Il eut un procès contre Jeanne de Montesquiou, sa cousine germaine, au sujet de l'exécution d'une transaction passée entre leurs peres le 19. janvier 1525. (vieux style) de leurs prétentions respectives sur la Seigneurie de Marsan , & sur la directe de plusieurs métairies situées dans son territoire ; pour le terminer , ils passerent ensemble un compromis, le 26. janvier 1571. (3) & la Sentence arbitrale prononcée en conséquence le 7. mars de la même année , (4) fut suivie de deux Arrêts du Parlement de Toulouse des 22. janvier & 19. mars 1572. dont le dernier ordonna l'exécution de cette Sentence. (5) Bertrand de Montesquiou acquit, le 9. octobre 1573. une piece de terre située dans la Seigneurie de la Serre ; (6) & le 5. février 1576. les droits d'Antoine son frere, sur la même Seigneurie; (7) présida au contrat de mariage de Jean , son fils aîné, le 9. Novembre 1590 ; (8) fit son testament le 29. mars 1592. & par cet acte demanda à être enterré dans l'Eglise paroissiale de Marsan , nomma ses deux femmes, dont la derniere étoit vivante, laissa à ses enfans puînés leurs légitimes, institua son fils aîné susnommé, son héritier , lui substitua Jean-Jacques, son fils puîné & ses descendans par ordre de primogéniture ; (9) & mourut avant le 12. août 1593. que son même fils aîné céda à sa veuve une

[1] Preuves, pages 71 & 76.
[2] Pr. p. 72.

[3] Pr. p. 74.
[4] Ibidem.

[5] Ibidem.

[6] Ibidem.

[7] Pr. p. 75.

[8] Pr. p. 76.

[9] Pr. p. 77.

[1] Preuves, page 77.
[2] Pr. p. 78.
[3] Ibidem.
[4] Pr. p. 79.
[5] Pr. p. 82.
[6] Pr. p. 71. & 76.
[7] Pr. p. 75.
[8] Pr. p. 76.
[9] Pr. p. 77.
[10] Pr. p. 78. & 79.
[11] Pr. p. 79.
[12] Pr. p. 77.
[13] Pr. p. 78. & 79.
[14] Pr. p. 82.
[15] Pr. p. 83.

métairie. (1) Il est rappellé dans d'autres actes des 25. avril 1595. (2) 19. juin 1598. (3) 20. août 1619. (4) & 6. may 1627. (5) rapportés aux degrés de ses enfans.

I. Femme JACQUEMETTE DE SOURBIER, fille de Charles de Sourbier, Seigneur de Tayrac, mariée par contrat du 19. avril 1559. où elle fut assistée de Jean de Sourbier, son frere; (6) est nommée au second contrat de mariage de son mari du 11. février 1582; (7) dans celui de Jean, leur fils aîné, du 9. novembre 1590; (8) dans le testament de son mari, du 29. mars 1592; (9) & dans les actes des 19. juin 1598. (10) & 20. août 1619. (11) cités cy-dessus.

1. JEAN de Montesquiou II. du nom, Seigneur de la Serre-lez-Marsan, qui suit.

2. JEAN nommé aussi Jean-Jacques, Seigneur d'Oheville en Lorraine, Capitaine au régiment de Vaubecourt infanterie, légataire de sa légitime & substitué à son frere aîné, par le testament de son pere du 29. mars 1592, (12) fit cession à son même frere de ses droits sur les successions de ses pere & mere par acte du 19. juin 1598. où il est dit Capitaine; (13) fut témoin d'un accord passé le 29. may 1627. entre Bertrand & Pierre de Montesquiou, fils de Jean de Montesquiou & de Jeanne de Serre, (& par conséquent ses neveux.) Ce 2d. acte désigne le corps où il servoit; il y est dit Capitaine d'une compagnie de gens de pied entretenus pour le service du Roi au Régiment de M. Vaubecourt. (14) Il fut encore témoin d'un autre accord passé le 26. février 1640. entre Pierre de Montesquiou, Seigneur de St. Aubin, & Jean-François de Montesquiou, Seigneur de la Serre. (15) (c'étoient ses neveu & petit-neveu, comme il sera prouvé à leurs articles.) Ce dernier l'institua son héritier universel par son testament

qu'il

qu'il fit avant fon mariage , le 18. may 1644. & l'y dit fon oncle , (1) fuivant l'ufage , affez commun alors , de défigner par le même mot les freres de l'ayeul & du pere. [1] Preuves; page 84.

II. Femme, JEANNE DE MAIGNÉ-de Salle-Neuve; veuve de Jean de Serre , Seigneur de Soubeffens , au Comté d'Aure , mariée par contrat paffé en la maifon de Salle-Neuve-lez-Peffan , dans la Sénéchauffée d'Armagnac , en préfence de Jean de Maigné , Seigneur de Salle-Neuve, fon frere, le 11. février 1582; (2) elle eft nommée au contrat de mariage de Jeanne de Serré , fa fille du 1er. lit, avec Jean de Montefquiou , fils du 1er. mariage de fon fecond mari, du 9. novembre 1590. (3) & dans le teftament de ce dernier du 29. mars 1592. (4) Après fa mort , elle paffa avec fon beau-fils & gendre le 12 août 1593. une tranfaction par laquelle celui-ci lui hypothéqua fes reprifes fur une métairie, (5) qu'il lui vendit , avec faculté de rachat , le 25. avril 1595. (6) Elle inftitua héritiers fes enfans par fon teftament du 1er. décembre 1616. (7)

[2] Pr. p. 75; & 76.

[3] Pr. p. 76.

[4] Pr. p. 77;

[5] Ibidem.

[6] Pr. p. 78;

[7] Pr. p. 79;

CATHERINE de Montefquiou , nommée au teftament de fon pere , du 29. mars 1592. (8)

[8] Pr. p. 77;

X X I.

JEAN de Montefquiou , II. du nom, Ecuyer , Seigneur de la Serre-les-Marfan. Son pere fit dreffer le 9. novembre 1590. fon contrat de mariage, (9) par lequel il affura la moitié de fes biens au 1er. mâle qui en devoit naître; (10) & l'inftitua fon héritier par fon teftament du 19. mars 1592. (11) Il affigna le 12 août 1593. les droits matrimoniaux de Jeanne de Maigné , fa belle-mere , & feconde femme de fon pere , fur une métairie nommée Leftaignere , fituée dans la jurifdiction de

[9] Pr. p. 78.

(10) Pr. p. 79.

[11] Pr. p. 76. & 77.

(1) Preuves, pages 76. & 77. la Serre, (1) qu'il lui aliéna en entier avec faculté de rachat, le 25. avril 1595 ; (2) acquit le 19. juin 1598. les droits de

(2) Pr. p. 78. légitime de son frere ; (3) se démit les 13. & 14. novembre

(3) Ibidem. 1613. de ses biens, & de ceux que sa femme lui avoit laissés, en faveur de ses enfans ; émancipa Bertrand, son fils aîné, le 20

(4) Pr. p. 79. & 80. août 1619. (4) mourut à Villeneuve en Astarac le 16. mars 1624.

(5) Pr. pr 80. & fut enterré le lendemain dans l'Eglise du même lieu. (5)

(6) Pr. p. 81. & 82. Il est rappellé dans deux actes des 6. & 29. may 1627. (6) mentionnés à l'article de son fils.

Femme, JEANNE DE SERRE, fille unique de Jean *alias* Jean-Jacques de Serre Seign. de Soubeffens & de Jeanne de Maigné, seconde femme du pere de son mari, & niece de Jean de Serre,

(7) Pr. p. 76. & 79. Seigneur de Soubeffens mariée par contrat du 9. novembre

(8) Pr. p. 79. 1590 [7] est nommée dans l'acte d'émancipation de son fils Bertrand du 20. aoust 1619. [8] & est dite morte dans un

(9) Pr. p. 82. acte du 29. may 1627. rapporté à l'article de son même fils. [9]

1. BERTRAND III. de Montesquiou, Seigneur de la Serre, &c. qui suit.

(10) Pr. p. 79. 2. LOUIS de Montesquiou nommé dans l'acte d'éman-cipation de son frere aîné, du 20. aoust 1619. (10)

3. PIERRE de Montesquiou, Seigneur de St. Aubin,

(11) Ibidem. nommé dans le même acte du 20. aoust 1619. [11] céda à son frere Bertrand le 29. may 1627. ses droits sur les successions de leurs pere, mere & ayeux, moyennant une somme d'ar-

(12) Pr. p. 81. & 82. gent qu'il promit de lui payer, [12] & pour y satisfaire Jean-François, son neveu, lui abandonna, le 26. février 1640.

(13) Pr. p. 83. des biens fonds situés au Comté d'Astarac ; [13] fut légataire

(14) Pr. p. 84. de son même neveu, par son testament du 28. may 1644; [14]

(15) Pr. p. 88. & mourut avant le 28. juin 1695. (15)

Femme BERNADE DE PADER passa le 28. juin 1695.

un accord avec Pierre de Montefquiou , petit neveu de fon mary , fur le payement d'une fomme d'argent qu'il devoit à celui-cy. (1)

    Jeanne de Montefquiou, nommée dans l'acte précédent.

4. 5. & 6. Philippes , Jeanne & Gabrielle de Montefquiou, nommées dans l'acte d'émancipation de leur frere aîné du 20. aouft 1619. (2) La feconde fut légataire par le teftament de Jean-François de Montefquiou , fon neveu , (3) du 18. may 1644. [3]

XXII.

Bertrand de Montefquiou III. du nom , Seigneur de la Serre-lez Marfan , Capitaine au Régiment de Vaubecourt-Infanterie , étoit âgé de 27. à 28. ans le 20. aouft 1619. qu'il fut émancipé par fon pere. [4] Il fit donation , par fon contrat de mariage du 24. décembre 1625. de la moitié de fes biens à l'un des enfans mâles qui en devoient naître ; [5] obtint le 6. may 1627. du Sénéchal & Gouverneur d'Armagnac ; des Lettres pour être maintenu en la poffeffion & jouif-fance des biens à lui affurés par fon ayeul, en qualité de fils aîné de fes pere & mere, en leur contrat de mariage ; [6] acquit le 27. du même mois les droits de légitime de Pierre fon frere ; [7] obtint le 18. juillet fuivant des Curé & Con-fuls de Villefranche, une atteftation de la mort de fon pere; (8) donna procuration à fon époufe le 6. octobre de la même année , pour adminiftrer fes biens ; [9] & mourut avant le 6. mars 1637. que fon fils en fit faire l'inventaire (10) dans lequel il eft dit Capitaine d'une Compagnie de gens de pied entretenus pour le Service du Roy au Régiment de Vaubecourt. Il eft rappellé dans un accord paffé le 26. février 1640 entre fon fils & Pierre , fon frere. [11]

                                              G ij

(1) Preuves, page 88.

(2) Pr. p. 79.

(3) Pr. p. 84.

(4) Pr. p. 79.

(5) Pr. p. 81.

(6) Pr. p. 82.

(7) Pr. p. 81. & 82.

(8) Pr. p. 80.

(9) Pr. p. 81. & 82.

(10) Pr. p. 83.

(11) Ibidem.

Femme, CHARLOTTE DE SAVERE , Dame de la plus grande partie de Marſan , fille aînée de Jacques *alias* Jean-Jacques de Savere, Seigneur de Marſan , & ſœur d'Iſaac & de Catherine de Savere, mariée par contrat paſſé dans la Maiſon Seigneuriale de Marſan le 14. décembre 1625. [1] Elle étoit parente de ſon mari du quatrieme au quatrieme degrés , & ils en avoient obtenu diſpenſe du Cardinal Barberin , Nonce du Pape en France, le 5. ſeptembre précédent. Ils deſcendoient tous deux de Pierre de Monteſquiou , Seigneur de Marſan & d'Agnès ou Agnette de Lupé , ſon épouſe. La Table généalogique ſuivante dreſſée ſur les titres employés au préſent dégré , aux précédens & à celui qui ſuit , repréſente les ſujets qui forment cette parenté.

(1) Preuves, page 81.

PIERRE de Monteſquiou , Seigneur de Marſan , épouſa en 1493.
AGNÈS ou AGNETE de Lupé-de Marabat.

FRANÇOIS de Monteſquiou, Seigneur de Marſan.	JEAN de Monteſquiou , I. du nom, Seigneur de la Serre.
JEANNE de Monteſquiou , Dame de Marſan , épouſa Antoine de Savere , Seigneur de la Motte.	BERTRAND de Monteſquiou, II. du nom , Seigneur de la Serre.
JEAN nommé auſſi Jean-Jacques de Savere, Seigneur de Marſan.	JEAN de Monteſquiou , II. du nom , Seigneur de la Serre.
CHARLOTTE de Savere, Dame en partie de Marſan épouſa en 1625. Bertrand de Monteſquiou, Seigneur de la Serre , ſon parent au 4ᵉ. degré.	BERTRAND de Monteſquiou , III. du nom, Seigneur de la Serre , épouſa en 1625. Charlotte de Savere, Dame en partie de Marſan, ſa parente au 4ᵉ. degré.

Ce fut par une ſuite de ce mariage de Bertrand de Monteſquiou avec Charlotte de Savere , que la Terre de Marſan rentra dans la Maifon de Montefquiou. Charlotte de Savere fut chargée par fon mary de l'adminiftration de fes biens, par un acte paffé au Château de Marfan le 6. octobre 1627. (1) Elle affifta à l'inventaire des biens de fon mari du 16. mars 1637. (2) & à un accord paffé le 26. février 1640. entre fon fils & Pierre de Montefquiou, Seigneur de St. Aubin, fon beau frere, (3) eft nommée au teftament de fon même fils du 18. may 1644., (4) & dans une tranfaction paffée le 5. décembre 1648. entre le même & Ifaac de Savere, fon frere. (5)

(1) Preuves, page 82.
(2) Pr. p. 83.

(3) Ibidem.
(4) Pr. p. 84.

(5) Pr. p. 85.

XXIII.

JEAN-FRANÇOIS de Montefquiou, Seigneur de la Serre puis de Marfan, fit faire l'inventaire des biens de fon pere le 16 mars 1637.; (6) céda, comme fon héritier, à Pierre de Montefquiou, fon oncle, le 26. février 1640. plufieurs métairies, pour fes droits de légitime, & fut affifté dans cet acte de fa mere. (7) Etant fur fon départ pour aller à Nancy en Lorraine, le 18 may 1644. il fit un teftament, par lequel il fit des legs à Catherine de Montefquiou, fa grande tante, à Pierre & à Jeanne de Montefquiou, fes oncle & tante paternels, à Ifaac de Savere, fon oncle maternel, & fit fon héritier Jean-Jacques de Montefquiou, fon grand oncle. (8) Après la mort de fa mere, il demanda comme fon héritier, au même Ifaac, fon oncle, à être maintenu dans la moitié des biens qui avoient appartenu à Jean-Jacques & Antoine de Savere, fes ayeul & bifayeul maternels; la caufe portée au Parlement de Touloufe, il y obtint deux Arrêts les 10. feptembre 1644. (9) & 23. mars 1646. (10) Ils firent enfuite un compromis, & il fut prononcé

(6) Pr. p. 84.

(7) Ibidem.

(8) Pr. p. 84.

(9) Ibidem.
(10) Pr. p. 85.

en conféquence deux Sentences arbitrales les 20. mars (1) & 2. juin 1647. (2) dont la feconde lui adjugea fa deman- de. (3) Ifaac appella de ces deux Sentences ; enfin ils fe con- cilierent & celui-cy céda à fon neveu le 5. décembre 1648. tous fes droits fur la Terre de Marfan, moyennant 6000. livres. (4) Catherine de Savere, fa tante, lui avoit donné le 18 may précédent le droit qu'elle avoit fur la même terre. (5) Il fit donation, par fon contrat de mariage du 27. février 1649, de la moitié de fes biens, à l'un des enfans mâles qui en devoient naître, (6) & convint avec fon beau pere, par aête du 10. oêtobre 1664., où il eft qualifié Seigneur de Mar- fan & de la Serre, de ce qui reftoit à payer de la dot de fon époufe ; (7) eut un procès contre les Minimes de Samatan ; fon fils aîné alla à Touloufe pour le fuivre & l'affirma le 27. mars 1684. au Siége de la Table de Marbre de cette ville ; (8) eft nommé avec fa femme au teftament de Louis de Bezolles, fon beau-frere, du 2. décembre 1692 ; (9) eft dit mort dans l'aête d'un accord paffé le 28. juin 1695. entre fon fils aîné, & la veuve d'autre Pierre, fon oncle ; (10) & eft rappellé dans le teftament de Philippe, fon fils puifné, du 27. aouft 1711. (11)

Femme, CATHERINE DE BEZOLLES, fille de Joél de Be- zolles, Seigneur de Craftes, & de Catherine de Lautrec, mariée par contrat du 23. février 1649 ; (12) eft nommée dans l'aête paffé le 10. oêtobre 1664. entre fon pere & fon mari, relativement à fa dot ; (13) dans les teftamens de Louis de Bezolles fon frere des 2. décembre 1692., (14) & 27 aouft 1711 (15) de Philippe fon fils.

I. PIERRE de Montefquiou, Seigneur de Marfan, &c. qui fuit.

(1) Preuves, page 85.

(2) Pr. p. 84. & 85.

(3) Pr. p. 84.

(4) Pr. p. 85.

5 Ibidem.

(6) Pr. p. 86.

(7) Ibidem.

(8) Pr. p. 87.

(9) Ibidem.

(10) Pr. p. 88.

(11) Pr. p. 90.

(12) Pr. p. 86.

(13) Pr. p. 86. & 87.

(14) Pr. p. 88.

(15) Pr. p. 90.

2. PHILIPPE de Montefquiou, Seigneur de Leyffaux, affifta au contrat de mariage de fon frere aîné du 24. may 1698. (1) & à l'inventaire de fes biens du 24. octobre 1710 ; (2) & fit fon teftament le 27. aouft 1711. en faveur de Henry , fon frere , & de fes neveux & nieces. (3)

3. HENRY de Montefquiou, légataire de Philippe , fon frere , par fon teftament du 27. aouft 1711. (4) mourut avant le 14 mars 1749. étant Brigadier des Armées du Roy ; & Commandant pour Sa Majefté en la Citadelle de Perpignan , comme on l'apprend d'une procuration donnée par Philippe-Marc-Antoine & Marie-Françoife de Montefquiou , fes neveu & niece , pour recevoir au Tréfor Royal , les arrérages de fes penfions. (5)

XXIV.

PIERRE de Montefquiou , Seigneur de Marfan , de la Serre & de Craftes , appellé Comte de Marfan , alla à Touloufe en 1684. pour fuivre un procès que fon pere avoit contre les Minimes de Samatan , & l'affirma le 27. juillet 1684 ; (6) fut inftitué héritier univerfel de Louis de Bezolles , fon oncle maternel , par fon teftament du 2. décembre 1692 ; (7) paffa, le 28. juin 1695. avec la veuve & la fille de Pierre de Montefquiou , fon grand oncle , un accord , par lequel il s'engagea de leur payer une fomme d'argent ; (8) fit fon teftament le 18 juin 1710. , & par cet acte , nomma fon héritier univerfel fon fils aîné , lui fubftitua fes deux autres fils puifnés ; (9) & mourut le 28. juillet fuivant , comme on l'apprend de l'Inventaire de fes biens , fait à la requête de

(1) Preuves ; page 89.
(2) Pr. p. 90.

(3) Pr. p. 90. & 91.

(4) Pr. p. 90.

(5) Pr. p. 92.

(6) Pr. p. 87.

(7) Ibidem.

(8) Pr. p. 88.

(9) Pr. p. 89.

(1) Preuves, page 90.
(2) Pr. p. 91.
(3) Pr. p. 92. & 93.
(4) Pr. p. 93.
(5) Ibidem.

sa veuve le 6. octobre de la même année. (1) Il est rappellé dans des actes des 4. février 1740; (2) 14. mars 1751; (3) 9. février 1752.; (4) & 21. décembre 1757. (5) rapportés à l'article de sa femme & aux dégrés de ses enfans.

(6) Pr. p. 88. & 89.
(7) Ibidem.
(8) Pr. p. 90.
(9) Ibid. & 91.
(10) Pr. p. 92. & 93.
(11) Pr. p. 89.
(12) Pr. p. 93.
(13) Pr. p. 94. & 95.
(14) Pr. p. 94.

Femme, JACQUETTE DE BOUSSOTS-DE CAMPELS, Dame de Leymont, au Diocèse de Lombés, de Baset & de Castera, en Bigorre & de Sadournin, en Astarac, fille de Charles de Boussots-de Campels, Seigneur de Mazeres, & de Marie d'Audric-de Bazillac, mariée par contrat du 24. may 1698; (6) est nommée & dite enceinte au testament de son mari du 18. juillet 1710; (7) fit faire l'inventaire de ses biens le 6 octobre suivant.; (8) fit un premier testament le 4. février 1740; (9) donna procuration à son second fils le 14 mars 1751. pour partager en son nom les successions de Marc-Antoine & de Guy de Boussots-de Bazillac & de Pardaillan, (10) ses freres; (11) assista au contrat de mariage de son fils aîné, du 9. février 1752; (12) fit un second testament olographe le 2. décembre 1757., le déposa le même jour, à un Notaire (13) & mourut avant le 31. mars 1760. que cet acte fut publié. (14)

(15) Pr. p. 89.
(16) Pr. p. 90.
(17) Ibid. & 91.
(18) Pr. p. 91.

I. PHILIPPE de Montesquiou-de Fezensac, Comte de Marsan, Baron de Craftes, de Leymont, de Bazet & de Castera, chef des noms & armes de sa Maison, & en cette qualité titré *Comte de Fezensac*, a été institué héritier de son pere, par son testament du 18 juillet 1710; (15) est nommé & dit mineur dans l'inventaire de ses biens du 6. octobre suivant; (16) a été fait héritier de Philippe de Montesquiou, son oncle & son parain, par son testament du 27. aoust 1711. (17) & de sa mere, par les siens des 4. février 1740. (18) & 21. décembre 1757.

1757. dont il a fait publier le dernier le 31. mars 1760 ; (1) a donné procuration avec son frere puisné & Marie-Françoise, sa sœur, le 14. mars 1749. pour recevoir les appointemens de Henry, leur oncle. (2) Le Roy ayant reconnu au mois de novembre 1777. que la descendance de la Maison de Montesquiou des Comtes de Fezensac étoit autentiquement justifiée, & permis en conséquence, à toutes les personnes qui en étoient issues de joindre à leur nom celui de Fezensac, comme leur nom véritable & originaire, & de plus à l'aîné de la même Maison, de porter celui de Comte de Fezensac ; Philippe qui l'est devenu, a pris ce titre. (3) Il a assisté par procureur au contrat de mariage de Philippe-André-François Vicomte de Montesquiou, son neveu, du 1er. avril 1783. & lui a donné le Comté de Marsan & ses autres Terres. (4) Il a obtenu avec son frere, ses neveux & autres ses parens le 31. juillet suivant un Arrêt du Parlement de Paris, qui a fait défenses aux Sieurs *la Boulbene* de prendre à l'avenir le nom de Montesquiou, de se dire issus par mâles de cette Maison, & a autorisé la radiation du nom de Montesquiou, de tous les Registres & Actes où ils pourroient l'avoir pris. (5)

2. MARC-ANTOINE de Montesquiou-Fezensac, Comte de Montesquiou, qui suit.

3. JEAN-DENIS de Montesquiou légataire par le testament de son pere du 18. juillet 1710 ; (6) nommé comme mineur dans l'inventaire de ses biens du 6. octobre suivant ; (7) fut encore légataire de Philippe de Montesquiou, son oncle, par son testament du 27. aoust 1711. ; (8) & mourut avant le 4. février 1740. (9)

4. CATHERINE de Montesquiou légataire de son pere &

H

(1) Preuves, page 94.

(2) Pr. p. 92.

(3) Pr. p. 204.

(4) Pr. p. 95. & 97.

(5) Pr. p. 211. & suiv.

(6) Pr. p. 89.

(7) Pr. p. 90.

(8) Pr. p. 90. & 91.

(9) Ibidem.

de Philippe, son oncle, par leurs testamens des 18. juillet 1710. (1) & 27. aoust 1711.; (2) le fut aussi par ceux de sa mere des 4. février 1740. (3) & 21. décembre 1757. (4) Elle étoit veuve à ces époques de François d'Arroux-d'Estarbielle, Seigneur de Sariac, de Tillouse, d'Estansan, &c. & est nommée dans l'acte de publication du second du 31. mars 1760. (5)

4. MARIE *alias* MARIE-FRANÇOISE de Montesquiou, aussi nommée aux testamens de ses pere, mere & oncle, des années 1710., (6) 1711. (7) 1740. (8) & 1757. (9) Les deux derniers qui sont ceux de sa mere, & l'acte d'ouverture du second du 31. mars 1760. (10) apprennent qu'elle avoit été mariée avec FRANÇOIS DE LARY, Comte de la Tour, Seigneur de Miramont, Gavaret, la Lanne, Masempouy, &c. (11) Elle avoit donné procuration avec ses freres le 14. mars 1749. pour recevoir au Trésor Royal les gages de Henry, son oncle. (12)

5. FRANÇOISE de Montesquiou, Religieuse au Couvent de Bouleau, est le sujet Posthume dont sa mere étoit enceinte lors du testament de son pere de 1710. (13) Elle est nommée dans ceux de sa mere des années 1740. (14) & 1757. (15)

X X V.

MARC-ANTOINE de Montesquiou-Fezensac, Chevalier, Baron d'Aubiet & d'Aignan, Seigneur de S. Arroman, Lambege, &c. Chevalier de l'Ordre Royal & Militaire de Saint-Louis, nommé Comte de Montesquiou-de Marsan, fut fait légataire de sa légitime & substitué à son frere aîné par le

59

teſtament de ſon pere du 18. juillet 1710 ; (1) étoit mineur le 6. octobre ſuivant, que fut fait l'inventaire de ſes biens; (2) fut auſſi légataire de Philippe de Monteſquiou, ſon oncle, par ſon teſtament du 27. aouſt 1711. (3) & de ſa mere, par celui qu'elle fit le 4. février 1740 ; (4) donna avec ſon frere aîné, & Marie-Françoiſe, ſa ſœur, le 14. mars 1749. procuration pour retirer les arrérages des appointemens dûs à Henry de Monteſquiou, leur oncle ; (5) fut chargé de celle de ſa mere, du 14. mars 1751. pour la repréſenter au partage des biens de Marc-Antoine & de Guy de Boſſoſt, ſes oncles ; (6) fut aſſiſté de ſa mere dans ſon contrat de mariage, du 9. février 1752. & par cet acte elle lui donna 20000 liv. ; (7) ce qu'elle confirma par ſon ſecond teſtament du 21. décembre 1757. (8) qui fut publié en ſa préſence le 31. mars 1760. ; (9) fut repréſenté dans le contrat de mariage de ſon fils aîné du 1ᵉʳ. avril 1783. par Madame la Ducheſſe de Narbonne, belle ſœur de ſon épouſe ; (10) obtint avec ſon frere, ſes enfans, & ſes parens, le 3 1. juillet ſuivant, l'Arrêt du Parlement de Paris, dont il a été fait mention à l'article de ſon même frere, & eſt mort au Château de Marſan le 27. octobre 1783. (a)

Femme CATHERINE *alias* MARIE-CATHERINE DE NARBONNE, fille de François Comte de Narbonne, Seigneur d'Aubiac, Papon, les Martres &c. & de Dame Olive-Angelique du Gout, mariée par contrat du 9. février 1752 ; (11) elle y a été aſſiſtée de François Abbé de Narbonne, [depuis Evêque d'Evreux,] ſon frere, comme procureur de Jean-François Comte de Narbonne, alors Colonel du Régiment de Soiſſonnois, & Premier Gentilhomme de la Chambre de S. A. R. l'Infant D. Philippe Duc de Parme, & depuis Duc de Narbonne, Maréchal des Camps & Armées du Roi, Com-

H ij

(1) Preuves, page 89.
(2) Pr. p. 90.

(3) Pr. p. 91.

(4) Ibidem.

(5) Pr. p. 92.

(6) Ibid. & p. 93.

(7) Pr. p. 73. & 74.
(8) Pr. p. 74.

(9) Ibidem.

(10) Pr. p. 95.

(a) Gazette de France de 1784. n°. 3. page 14.

(11) Pr. p. 93.

mandant pour Sa Majefté dans les Evêchés de Caftres, Lavaur & Alby. (1) Elle a été repréfentée au contrat de mariage
de fon fils aîné du 1er. avril 1783. par Madame la Ducheffe
de Narbonne, fa belle fœur. (2).

1. PHILIPPE-ANDRÉ-FRANÇOIS de Montefquiou-Fezenfac,
Vicomte de Montefquiou, qui fuit.

2. FRANÇOIS-XAVIER-MARC-ANTOINE de Montefquiou-
Fezenfac, Abbé Commendataire de l'Abbaye Royale de
Beaulieu, Vicaire Général du Diocefe d'Aix, défigné Agent
Général du Clergé, né le 13. août 1754., (3) nommé au
Contrat de mariage de fon frere aîné du 1. avril 1783. (4)

3. FRANÇOIS-JOSEPH de Montefquiou-Fezenfac, Chevalier
de Montefquiou-Fezenfac, Sous-Lieutenant des Gardes du
Corps du Roi dans la Compagnie de Luxembourg, avec
Commiffion du 20. décembre 1782. pour tenir rang de
Lieutenant-Colonel de Cavalerie, (5) nommé auffi au contrat
de mariage de fon frere aîné du 1. avril 1783. (6)

4. JEANNE-ANNE de Montefquiou-Fezenfac, née le 22.
octobre 1758. (7) & vivante le 1. avril 1783. (8)

5. MARIE-PHILIPPINE-JACQUETTE de Montefquiou-Fezenfac, née le 2. juillet 1762. (9) & vivante auffi le premier avril
1783. (10)

XXVI.

PHILIPPE-ANDRÉ-FRANÇOIS de Montefquiou-Fezenfac, titré
Vicomte de Montefquiou-Fezenfac, eft né le 30. novembre
1753; (11) a été fait Capitaine Commandant dans le régiment
de Lorraine Dragons, le . . . . . & Meftre de camp en
fecond du régiment de Lyonnois le 11. novembre 1782; (12)

(1) Preuves, page 95.

(2) Ibidem.

(3) Pr. p. 253.

(4) Pr. p. 97.

(5) Pr. p. 256.

(6) Pr. p. 97. & 98.

(7) Pr. p. 255.
(8) Pr. p. 98.

(9) Pr. p. 254.
(10) Pr. p. 98.

(11) Pr. p. 253.

(12) Pr. p. 256.

a été affisté à son contrat de mariage du 1. avril 1783. de Madame Françoise de Chalus, Duchesse de Narbonne, femme de M. le Duc de Narbonne, son oncle maternel, comme chargée de la procuration de ses pere & mere & de Philippe de Montesquiou, Comte de Fezensac, son oncle paternel, & par ce coutrat ceux-ci lui ont fait donation de toutes leurs terres, sous la réserve de l'usufruit, & à la charge de payer les légitimes de ses freres & sœurs. (1)

(1) Preuves, page 95.

Femme, LOUISE - JOSÉPHINE DE LALIVE, fille d'Ange-Laurent de Lalive, Chevalier, Baron du Châtelet, Marquis de Rémoville, Seigneur du franc-aleu noble de S. Romain-de Vienne, Brunoy & autres lieux, ancien Introducteur des Ambassadeurs & Princes Etrangers auprès de Sa Majesté & de Marie - Louise - Josephe de Nettine, mariée par contrat du 1er. avril & jours suivans 1783. passé en présence & de l'agrément du Roy, de la Reine, de MONSIEUR & de MADAME, de Monseigneur Comte d'Artois & de Madame Comtesse d'Artois, de Monseigneur le Duc d'Agoûleme, & de Mesdames Elisabeth, Adélaïde & Victoire de France. (2)

(2) Pr. p. 95. & 96.

RAYMOND - AIMERY - PHILIPPE - JOSEPH de Montesquiou-Fezensac, baptisé dans l'Eglise Paroissiale de Saint Sulpice à Paris, le 26. février 1784. (3)

(3) Regiftres de la Paroisse de S. Sulpice à Paris.

SEIGNEURS DE SALLES, D'ARTAGNAN &c.

XVII.

MANAUD de Montesquiou, Ecuyer, Seigneur de Salles, en Lauragais, fils aîné de Barthelemy de Montesquiou, Seigneur de Marsan & de Salles, & d'Anne *alias* Agnès & Agnete de Galard, fa feconde femme. Son pere lui donna la terre de Salles par fon contrat de mariage du 29. juin 1478; (1) mais il paroît par les actes qui fuivent, qu'il changea cette difpofition. Il le chargea par fon codicile du 8. may 1479. de payer à Arnaud, Jean, l'aîné, Jean, le puîné, dit Galardon & Gaillarde, fes freres & fœur, les legs qu'il leur avoit faits, tant par cet acte que par un teftament précédent, & de marier Marguerite, fon autre fœur. (2) Il lui légua la moitié de la terre & château de Sal- les par fon fecond teftament du 7. juillet 1481. (3) Manaud devint Seigneur de la totalité de cette terre par la ceffion que Bertrand, fon frere confanguin, lui fit, du vivant de leur pere, des droits qu'il y avoit, en échange de ceux qu'il avoit lui-même fur celle de Marfan, & ils ratifierent cet échange le 7. juillet 1483.; (4) donna le 13. novembre 1490. la lauzime de la vente d'un mas fitué à Salles, & mouvant de lui; (5) fit un bail à fief d'une piece de terre le 26. juillet 1492, (6) céda au nom de fa mere le 3. feptembre fuivant, à fon même frere, les droits qu'elle avoit fur la Seigneurie de Marfan; (7) eft nommé dans la ceffion faite le 22. février 1496. (vieux ftyle) par Arfivet, fon frere, à Jean dit Galardon, fon autre frere, de fes droits fur la fucceffion de leurs pere & mere; [8] obtint avec Pierre de Montefquiou, Seigneur de Marfan, fon neveu, le 1. juillet 1516. un Arrêt du Parlement de Touloufe qui les déclara abfous des demandes formées par fes freres, de leurs légitimes dans la fucceffion de leur pere commun, ayeul de fondit neveu. [9] Il mourut avant le 27. décembre fuivant, que Paul, fon 2e. fils, céda fes droits fur fa fucceffion à Mathieu, fon frere. C'eft ce qu'on apprend d'un accord du 14. avril 1577. (10) & d'un Arrêt du Parlement de Touloufe, du 9. août 1611. (11) rapportés ci-après aux articles de fon

(1) Pr. p. 73. 120, 121. & 123.

(2) Pr. p. 56.

(3) Pr. p. 58.

(4) Pr. p. 99.

(5) Ibidem.

(6) Pr. p. 100.

(7) Ibidem. & p. 101.

(8) Pr. p. 181.

(9) Ibidem. & p. 103.

(10) Pr. p. 122.

(11) Pr. p. 246.

même fils & de Gabrielle, Dame de Pontaut, sa petite-fille.
De ces 11. actes, 6. sçavoir ceux des 8. mai 1479. 7. juillet
1481. 7. juillet 1483. & 22. février 1496. (vieux style) 1er.
juillet 1516. 14. avril 1577. & 9. août 1611. le disent expressément fils de Barthelemy de Montesquiou. Il est rappellé
dans le contrat de mariage de Paul, son fils, du 23. août
1524; (1) dans une quittance donnée le 5. décembre 1526.
à son même fils par sa bru. (2) Il est encore dit fils de Barthelemy de Montesquiou, & frere de Mathieu de Montesquiou,
dans un Arrêt du Parlement de Toulouse du 27. août 1567.
(3) rapporté ci-devant à l'article d'Arnoul de Montesquiou,
Seigneur du Vernet, fils du même Mathieu; est dit pere de
Paul & ayeul de Jean de Montesquiou, Seigneur d'Artaignan,
dans les accords & Arrêts du Parlement de Toulouse des
8. janvier & 14. avril 1577. & 9. août 1611. qu'on vient
de citer.

(1) Preuves, page 104.
(2) Pr. p. 106.
(3) Pr. p. 73.

Femme, JACQUETTE ou JACQUEMETTE DE FONTAINES,
fille du Seigneur de Feudeilles, mariée par contrat du 29.
juin 1478; [4] est nommée avec son mari dans celui de Paul,
leur fils, du 23. août 1524. [5] & dans une quittance donnée
le 5. décembre 1526. par celui-ci à son épouse. [6]

(4) Pr. p. 73. 120. 121. & 247.
(5) Pr. p. 103. & 104.
(6) Pr. p. 106.

I. JEAN de Montesquiou, Seigneur de Salles, succéda en
cette terre à son pere. Paul, son frere puîné, lui intenta un
procès pour en avoir la moitié; mais il mourut avant qu'il
fût terminé. [7] Il fut pere de François, de Gabrielle & de Marguerite, qui vont être rapportés. La Généalogie de la Maison
de Montesquiou insérée dans l'*Histoire des Grands Officiers de
la Couronne*, tome 7. page 276. & celle de la Maison
d'Ornezan rapportée dans la même Histoire à l'article des

(7) Pr. p. 246.

Généraux de Galeres, même tome p. 927. lui donnent pour

Femme, MIRAMONDE D'ORNEZAN : & effectivement elle est dite mere de Gabrielle de Montefquiou, dans le préambule d'un Arrêt du Parlement de Touloufe du 9. août 1611. cité à l'article de fon mari, & rappellé ci-après à ceux de Paul & de Jean de Montefquiou, Seigneurs d'Artagnan. Il y eft dit [1] que fon Contrat de mariage fut paffé le 10. janvier 1505. (La Généalogie d'Ornezan qu'on vient de citer, lui donne la date du 22. avril 1507. peut-être eft-ce celle de fa célébration) & qu'elle tefta le 9. février 1551. [2]

(1) Preuves, page 126.

(2) Ibidem.

I. FRANÇOIS de Montefquiou, Baron de Salles, comme héritier de fon pere. [3] Il fit fon teftament le 15. mai 1562, (4) & par cet acte laiffa l'ufufruit de la Baronnie de Salles à Gabrielle, fa fœur, inftitua fon héritier dans cette Terre Michel-Bernard de Pontaut, fon neveu, fils de la même Gabrielle, à la charge de porter les nom & armes de Montefquiou, & lui fubftitua Michel, Bertrand & Sebaftien de Pontaut, fes freres, puis les enfans de Marguerite de Montefquiou, fon autre fœur ; [5] cela eft dit dans le préambule de l'Arrêt du Parlement de Touloufe, du 9. août 1611. qu'on vient d'énoncer. Il eft dit *nepveu*, c'eft-à-dire, petit-fils de Manaud de Montefquiou, dans un accord du 8. janvier 1577. (6) déja cité aux articles de Mathieu de Montefquiou, Seigneur du Vernet, & d'Arnoul, fon fils, & rapporté ci-après à ceux de Paul de Montefquiou & de Jean de Montefquiou, Seigneurs d'Artagnan, fes oncle & coufin germain. Il mourut fans enfans ;

(3) Pr. p. 246.

(4) Pr. p. 73, 122. & 123.

(5) Pr. p. 123.

(6) Pr. p. 243.

enfans, fuivant le même Arrêt & une tranfaction paffée par le même Arnoul le 14. avril 1577. dans laquelle fes difpofitions en faveur de fa fœur & de fon neveu font encore répétées. (1)

(1) Preuves, pages 123. 246. & 247.

II. GABRIELLE de Montefquiou, mariée à N. DE PONTAUT, Seigneur de Pontaut, dont elle eut 4. fils, fçavoir, Michel-Bernard, Michel, Bertrand & Sebaftien. Son frere par fon teftament du 15. mai 1562. (2) lui légua l'ufufruit de la Terre de Salles, & la propriété à fon fils aîné, avec fubftitution en faveur de fes puînés, à la charge de porter les nom & armes de Montefquiou. (3) Un Arrêt du Parlement de Touloufe, du 27. avril 1567., adjugea à Gabrielle l'ufufruit de la moitié de la même Terre, la propriété à Michel-Bernard, fon fils, & l'autre moitié à Arnoul de Montefquiou, Seigneur du Vernet, oncle à la mode de Bretagne de Gabrielle; (4) mais cet Arrêt attaqué par Michel-Bernard, (5) & par Jean de Montefquiou, Seigneur d'Artagnan, (6) ne fut point exécuté (7) Michel-Bernard Seigneur de Pontaut, par fon pere, fuccéda à fon oncle, dans la Terre de Salles, tefta le 24. juin 1569. (8) mourut fans alliance, (9) & eut pour héritier Michel, fon frere. (10) Celui-ci, pour fatisfaire, du moins en partie, à la claufe du Teftament de François de Montefquiou, fon oncle, ajouta à fon nom celui de Montefquiou; (11) acquit les droits de Jean de Montefquiou, Seigneur d'Artagnan, & d'Arnoul de Montefquiou, Seigneur du Vernet, fur la Terre de Salles, par aĉtes des 8.

(2) Pr. p. 73. 122. & 123.

(3) Pr. p. 123 & 247.

(4) Pr. p. 73.

(5) Pr. p. 244.

(6) Pr. p. 122.

(7) Pr. p. 248.

(8) Pr. p. 127.

(9) Pr. p. 123.

(10) Ibidem.

(11) Ibid. & p. 126. 244. & 248.

janvier (1) & 14. avril 1577; (2) la vendit le 31.
mai fuivant à François de Rochefort, moyennant la
fomme de 42000 livres; (3) & mourut en 1581. laif-
fant pour fils & héritier Georges de Pontaut, Seigneur
de Pontaut. Au mois de janvier 1610. Françoife de
Montefquiou, Vicomteffe de Sadirac, petite-fille
d'Arnoul, prétendit à la moitié de la Baronnie de
Salles, fur le fondement de l'Arrêt du 27. août 1567.
obtenu par fon ayeul, & mit en inftance aux Requêtes
du Palais à Touloufe, Jean-Sebaftien de Rochefort,
Baron de Marquain, fils de François qui l'avoit
acquife. Ce procès paffé enfuite par appel au Parlement, il y intervint le 9. août 1611. un Arrêt qui
maintint le Baron de Marquain dans la poffeffion de
cette Terre, & *relaxa* Georges de Pontaut de la
garantie à lui demandée par le même Baron de Marquain. (4)

III. MARGUERITE de Montefquiou, dont les enfans
furent fubftitués à ceux de fa fœur, par le teftament
de fon frere du 15. mai 1562. (5)

2. PAUL de Montefquiou, Seigneur d'Artagnan, &c.
qui fuit.

XVIII.

PAUL, nommé auffi PAULON de Montefquiou, Seigneur
d'Artagnan, en Bigorre, & Co-Seigneur de Salles, Ecuyer
du Roi de Navarre, prétendit fuccéder à la moitié des biens
de fon pere; fur le refus que fit Jean, fon frere aîné, de la
lui donner, il le traduifit devant le Sénéchal de Touloufe.

Pendant l'inftance qui fut enfuite fuivie au Parlement de la même Ville, il vendit fes droits à Mathieu de Montefquiou, Seigneur du Vernet, fon oncle. [1] Cette ceffion, qui eft du 27. décembre 1516. [2] donna lieu à d'autres procès, dont il a été parlé à l'article d'Arnoul, fils de Mathieu, & fon coufin germain ; il en fera encore fait mention à celui de fon fils. Paul eft dit fils de Manaud de Montefquiou ; Seigneur de Salles, & de Jacquette de Fontaines dans le contrat de fon 1er. mariage du 23. août 1524 ; [3] & fut nommé exécuteur du codicille de Jean dit Gallardon, fon oncle, du 27. feptembre fuivant, avec Mathieu, Seigneur du Vernet, fon autre oncle. [4] Il eft encore dit fils légitime & naturel de Manaud de Montefquiou, Seigneur de Salles, dans un acte du 30. juin 1525., par lequel fa 1ere. femme reconnut qu"il lui avoit donné la fomme de 2200. livres en déduction de celle de 3000 livres qu'il avoit promis, par leur contrat de mariage, d'apporter *en fa Maifon*. [5] Il lui en donna encore une autre de 220. livres qu'elle hypothéqua le 5. décembre 1526. fur la Terre d'Artagnan, comme elle avoit hypothéqué la précédente. [6] Il acquit avec elle le 7. novembre 1527. de Catherine de Saint Paul, veuve de Jean d'Eftaing, Seigneur d'Artagnan, les droits à elle appartenans, à raifon de fa dot, fur la même Terre, moyennant 2000 livres. [7] Paul de Montefquiou apporta en la Maifon de fon époufe, 3000 liv. de plus qu'il n'étoit porté en leur contrat de mariage ; elle reconnut le 24. octobre 1540. les avoir employées toutes deux à l'amélioration de fes biens, & voulut que, fi fon mari lui furvivoit fans enfans de leur mariage, il jouît de la Terre d'Artagnan, jufqu'à ce qu'il en eût été remboursé. [8] Le cas ici énoncé arriva ; il devint

(1) Preuves, pag. 122. & 246.
(2) Pr. p. 122.

(3) Pr. p. 103.

(4) Pr. p. 103.

(5) Pr. p. 103.

(6) Pr. p. 103.

(7) Pr. p. 103.

(8) Pr. p. 103.

Seigneur d'Artagnan; il le fit fignifier aux Habitans de cette Terre, fes Vaffaux, & les requit de lui prêter ferment en cette qualité; ce qu'ils firent le 14. décembre 1544. après qu'il leur eut promis, auffi fous ferment, de conferver leurs priviléges; [1] fut affifté dans le contrat de fon 2d. mariage, du 24. feptembre 1545. de Jean-Jacques de Fontaines, Seigneur de Feudeilles, fon parent maternel; [2] étoit mort le 14. novembre 1555. que fa veuve fit faire l'inventaire de fes biens; [3] il avoit été enterré dans l'Eglife Paroiffiale d'Artagnan. [4] Il eft rappellé dans 9. autres actes des 22. février 1555. [vieux ftyle] [5] 28. octobre 1556. [6] 25. juin 1560. [7] 7. août 1561. [8] 4. août 1571. [9] 8. janvier [10] & 14. avril 1577. [11] 26. feptembre 1590. [12] & 9. août 1611. [13] rapportés aux articles de fa feconde femme & de fon fils, dont trois, fçavoir, ceux des 8. janvier & 14. avril 1577. & 9. août 1611. le difent encore fils de Manaud de Montefquiou, Baron ou Seigneur de Salles.

Iere. Femme, JACQUEMETTE D'ESTAING, fille & héritiere univerfelle de Sanfaner [Sance-Aner] d'Eftaing, Seigneur d'Artagnan, en Bigorre, & de Simonne Majoran, mariée par contrat du 23. août 1524. [14] Par ce contrat, fon mari promit d'apporter en fa maifon 3000 livres; il y en apporta 3000 livres de plus, & elle lui hypothéqua ces fommes fur fa Terre d'Artagnan, par divers actes de 30. juin 1525. [15] 5. décembre 1526. [16] & 24. octobre 1540. [17] Elle avoit acquis avec lui le 7. décembre 1527. les droits qu'avoit fur cette Terre Catherine de S. Paul, veuve de Jean d'Eftaing, fon parent. [18]

IIe. Femme, CLAUDE DE TERSAC, fille de Claude de

(1) Preuves, pag. 108. & 109.

(2) Pr. p. 109. & 110.

(3) Pr. p. 110.
(4) Pr. p. 115.
(5) Pr. p. 111.
(6) Ibidem.
(7) Pr. p. 112.
(8) Pr. p. 112. & 113.
(9) Pr. p. 113.
(10) Pr. p. 243.
(11) Pr. p. 246.
(12) Pr. p. 115.
(13) Pr. p. 122.

(14) Pr. p. 103.

(15) Pr. p. 105.
(16) Pr. p. 106.
(17) Pr. p. 108.

(18) Pr. p. 107.

Terſac , Seigneur de Montberaud , & ſœur de Jean de Terſac, Seigneur de la même Terre de Montberaud , mariée par contrat du 24. ſeptembre 1545. [1] Elle fit faire l'inventaire des biens de ſon mari , en qualité de tutrice de leurs enfans, le 14. novembre 1555 ; [2] donna procuration à ſon pere le 22. février 1555. [vieux ſtyle] pour conſulter ſur un procès pendant au Parlement de Touloufe , entre feu ſon mari & la Ville de Vic-Bigorre ; [3] fit une acquiſition pour Jean, ſon fils, le 28. octobre 1556 ; [4] paſſa , le 25. juin 1560. un compromis ſur le procès, dont on vient de parler ; [5] obtint le 7. août 1561. des lettres de relief d'appel d'une Sentence rendue par le Sénéchal de Bigorre, entr'elle & Barthelemy Majoran, Seigneur d'Arciſas, ſon parent. [6] Lors de la repriſe du procès pour la Terre de Salles, entre François & Arnoul de Monteſquiou, le 1ᵉʳ neveu & le 2ᵉ. couſin germain de ſon mari, elle ſe mit en inſtance pour ſon fils aîné. [7] Elle acquit avec ſon même fils, le 28. octobre 1570. d'Arnaud-François & de Paul de Burguyeres (Bruyeres) Seigneurs d'Eſtampes , la moitié de la Seigneurie de Maſous , & ceux-ci leur remirent le 24. octobre 1579. la faculté de rachat qu'ils s'en étoient réſervée. [8] Elle rendit compte à ſon fils de la geſtion qu'elle avoit eu de ſes biens, pendant ſa minorité, & en reçut quittance le 4. août 1572 ; [9] enfin elle fit ſon teſtament en la Maiſon Seigneuriale d'Artagnan le 26. ſeptembre 1590. & par cet acte elle demanda à être inhumée dans l'Egliſe Paroiſſiale de ce lieu, avec les Cérémonies convenables à ſa qualité, (*tout ainſin qu'appartient à Damoiſelle de ſa qualité,*) fit des legs à ſes enfans & petits-enfans, & inſtitua ſon héritier univerſel ſon fils aîné ſuſnommé. [10]

(1) Preuves , pag. 109. & 110.

(2) Pr. p. 110.

(3) Pr. p. 111.

(4) Ibidem.

(5) Pr. p. 112.

(6) Pr. p. 112. & 113.

(7) Pr. p. 248.

(8) Pr. p. 114.

(9) Pr. p. 113.

(10) Pr. p. 114. & 115.

1. JEAN de Montesquiou, Seigneur d'Artagnan ; &c, qui suit.

2. & 3. ARNAUD & ANTOINE de Montesquiou étoient fous la tutelle de leur mere les 14. novembre 1555. [1] & 14. février suivant, [2] & moururent peu avant le 26. septembre 1590. [3]

4. PAULON de Montesquiou étoit, ainsi que ses freres, fous la tutelle de sa mere le 14. novembre 1555. [4] & étoit mort le 26. septembre 1590. [5]

5. JEANNE de Montesquiou, mineure fous la tutelle de sa mere le 14. novembre 1555. [6] & le 22. février suivant ; [7] étoit veuve le 26. septembre 1590. de PIERRE DE LATRAU, Seigneur de la Terrade. [8] Elle céda le même jour à fon frere aîné & alors unique, les droits qu'elle avoit fur la Terre d'Artagnan, par le décès de fon pere, de fes autres freres & de fa fœur. [9]

XIX.

JEAN de Montesquiou, I. du nom de fa Branche, Seigneur d'Artagnan, de Barbachin, d'Anfoft & de Mafous, fut mis ainsi que fes freres & fœurs, fous la tutelle de fa mere, par Sentence du Sénéchal de Bigorre, mentionnée dans l'inventaire des biens de fon pere du 14. novembre 1555. [10] Il y étoit le 22. février suivant, (11) ainsi que le 28. octobre 1556. qu'elle acquit en fon nom un terrein fis à Artagnan, [12] & le 25. juin 1560. [13] qu'elle paffa un compromis ; & ces 4. actes le difent fils de Paul de Montesquiou, Seigneur d'Artagnan, & de Claude de Terfac. Celle-ci obtint le 7.

(1) Preuves, page 110.
(2) Pr. p. 111.
(3) Pr. p. 115.
(4) Pr. p. 110.
(5) Pr. p. 115.
(6) Pr. p. 110.
(7) Pr. p. 111.
(8) Pr. p. 115.
(9) Ibidem.
(10) Pr. p. 110.
(11) Pr. p. 111.
(12) Ibidem.
(13) Pr. p. 112.

août 1561. en qualité de fa tutrice, des lettres de relief d'appel d'une Sentence du Sénéchal de Bigorre. [1] (1) Preuves, pag. 112. & 113.
Pendant fa minorité le procès commencé en 1516. par fon pere contre fon oncle, auquel étoit intervenu Mathieu de Montefquiou, Seigneur du Vernet, fon grand oncle, fut repris par Arnoul, fils du même Mathieu, contre François de Montefquiou, coufin germain de lui Jean, & après fa mort contre Gabrielle, Dame de Pontaut, fœur & héritiere de François, & contre Michel-Bernard & Michel, fes fils. [2] (2) Pr. p. 346.
Arnoul, comme on l'a déja dit, parut d'abord ne demander que la légitime de fon pere & celles de Jean dit Gallardon, fon oncle, & de Paul, fon coufin, que le même Mathieu avoit acquifes, & qui lui furent adjugées par Arrêt du Parlement de Touloufe du 31. mars 1565; [3] mais enfuite il (3) Ibidem.
prétendit la totalité de la Terre de Salles, [4] qu'il dit avoir (4) Pr. p. 247.
été fubftituée par Barthelemy, fon ayeul, en faveur de fes defcendans mâles; [5] il allégua que la poftérité mafculine (5) Pr. p. 122.
de Manaud, 1er. fils du 2e. mariage de Barthelemy, étoit éteinte, [6] qu'ainfi il étoit le plus prochain mâle defcendant (6) Pr. p. 243.
de lui, [7] & fur ces *fauffes allégations* [8] (ce font les (7) Pr. p. 247.
(8) Pr. p. 243.
termes mêmes de l'acte dont on apprend ces faits,) il obtint en la même Cour le 27. août 1567. un Arrêt qui lui adjugea la moitié de la Terre de Salles, & réferva l'autre à Michel-Bernard de Pontaut, pour la légitime & quarte trébellianique dues à François de Montefquiou, fon oncle. [9] Avant cet (9) Pr. p. 73.
& 247.
Arrêt Claude de Terfac, mere & tutrice de Jean, s'étoit mife en inftance, & avoit foutenu que, s'il y avoit une fubftitution de la Terre de Salles, elle devoit être ouverte au profit de fon fils, *comme 1er. appellé en icelle*, & non au profit d'Arnoul. [10] Il fit auffi lui-même cette affertion. [11] (10) Pr. p. 248.
(11) Pr. p. 122.

Ce n'eft pas que lui ni fa mere ayent cru que cette fubfti..u-
tion exiftât ; il eft clair que celle énoncée au teftament
de Barthelemy , portoit fur la Terre de Marfan., & non fur
celle de Salles. [1] Auffi-tôt après que ce même Arrêt fut
prononcé , Jean de Montefquiou , ou fa mere en fon nom ;
& Michel-Bernard de Pontaut obtinrent des lettres en forme
de requête civile contre fon exécution ; [2] il ne fut point
exécuté. [3] Dans le même tems Jean de Montefquiou reprit
auffi contre Michel de Pontaut , qui avoit fuccédé à Michel-
Bernard , fon frere , l'inftance commencée par Paul, fon pere ;
contre Jean, fon oncle, ayeul maternel de Michel, pour la moitié de la Terre de Salles ; mais il lui céda fes droits moyennant
la fomme de 4000. livres par acte du 8. janvier 1577. dans
lequel il eft dit fils de Paul de Montefquiou. [4] On apprend
tous ces faits , tant de ce même acte que de l'Arrêt du 27. août
1567. qu'on vient de citer, d'une tranfaction du 14. avril 1577;
rapportée à l'article d'Arnoul , & d'un Arrêt du Parlement de
Touloufe du 9. août 1611. mentionné à celui de Françoife de
Montefquiou , Dame de Sadirac, petite fille du même Arnoul.
Jean de Montefquiou avoit acquis avec fa mere le 28. octobre
1570. la moitié de la Terre de Mafous, avec faculté de rachat,
à laquelle les Vendeurs renoncerent le 20. octobre 1579 ; [5]
lui donna quittance de l'adminiftration qu'elle avoit eue de fes
biens , par acte du 4. juillet 1572. [6] & fut inftitué fon
héritier univerfel par fon teftament du 26. feptembre 1590. [7]
Jeanne , fa fœur , lui fit ceffion, le même jour , de fes droits
dans la fucceffion de leur pere & dans celles de leurs freres &
fœur. (8) Ces trois actes le difent encore fils de Paul de
Montefquiou. Etant fur fon départ pour faire *un voyage en
Court*, le 13. mars 1608. il fit fon teftament , par lequel il
assigna

(1) Preuves, pages 122. 125. 126. 244. & 248.

(2) Pr. p. 118. 244. & 247.

(3) Pr. p. 118. & 248.

(4) Pr. p. 118. 243. & fuiv.

(5) Pr. p. 114.

(6) Pr. p. 113.

(7) Pr. p. 115.

(8) Ibidem.

affigna la dot de fon époufe fur la Terre de Barbachin, fit des legs à fes fils & filles puînés, inftitua fon héritier univerfel Arnaud, alors fon fils aîné, lui fubftitua fes autres fils par ordre de naiffance; (1) & étoit mort le 28. novembre fuivant, que fut fait l'inventaire de fes biens. [2] Il eft rappellé dans une quittance donnée le 7. janvier 1637. à fon fils aîné fufnommé, par Henry, fon fils puîné. [3]

Femme, CLAUDE DE BAZILLAC, fille de Jean Seigneur de Bazillac, (a) & fœur d'Etienne de Bazillac, Chevalier, Baron de Bazillac, & de Paul de Bazillac, Sénéchal de Nebouzan, mariée par contrat du 15. novembre 1578. par lequel le même Baron de Bazillac lui conftitua en dot la fomme de 2000 écus d'or fol, pour la moitié de laquelle il lui abandonna la jouiffance de la Terre de Barbachin. [4] Son mari affigna fa dot fur cette Terre par fon teftament du 13. mars 1608; [5] elle fit faire l'inventaire de fes biens, en préfence de Paul de Bazillac, fon frere, le 28. novembre fuivant, [6] & eft dite morte dans l'acte du 7. janvier 1637. paffé entre Arnaud & Henry, fes fils, rapporté à l'article de fon mari. [7]

1. PAUL de Montefquiou, fubftitué à fon pere par le teftament de Claude de Terfac, fon ayeule, du 26. feptembre 1590. [8]

2. ARNAUD de Montefquiou, Seigneur d'Artagnan, de Mafous & de Barbachin, inftitué héritier univerfel de fon pere par fon teftament du 13. mars 1608. [9] Il ne fe trouva point à l'inventaire des biens de fon pere du 28. novembre fuivant; [10] paya la légitime de Henry, fon frere, & en

K

(1) Preuves, page 116.
(2) Ibidem.

(3) Pr. p. 129. & 130.

(a) Sa mere étoit Anne de Rochechouatt-Barbazan. Hift. des Gr. Offi. de la Courrone, t. 4. p. 663. C.

(4) Pr. p. 113. & 114.

(5) Pr. p. 116.
(6) Ibidem.

(7) Pr. p. 131.

(8) Pr. p. 115.

(9) Pr. p. 116.

(10) Ibidem.

reçut quittance le 7. janvier 1637. (1) Il fit le 25. février 1652. son testament par lequel il fit un legs à son fils, & institua sa femme son héritiere. Cet acte, ainsi que son contrat de mariage, qui suit, sont tirés de la Preuve faite en 1724. par son même fils, pour l'Ordre du S. Esprit.

Femme, ANNE DE LAMBÉS, fille de Fréderic Baron de Marambat, de Morede & de la Motte-Giraud, & de Quiterie de Bezolles, mariée par contrat du 22. février 1638.

JOSEPH de Montesquiou, Comte d'Artagnan, Seigneur de Gensac, Barbachin & Masous, Chevalier des Ordres du Roi, Lieutenant Général des Armées de Sa Majesté, Capitaine-Lieutenant de la Premiere Compagnie des Mousquetaires de Sa Garde, Gouverneur de Nismes. Après avoir servi pendant 56. années, & s'être trouvé à tous les Siéges que le Roi Louis XIV. fit en Hollande en 1672. à 16. autres Siéges, à 9. Combats & à trois Batailles, il fut nommé Chevalier de l'Ordre du S. Esprit le 2. février 1724. fit, le 27. avril suivant, devant MM. les Maréchaux de Tallard & d'Huxelles, ses Preuves de Noblesse, remontées par 17. degrés de filiation suivie, à Raymond-Aimery de Montesquiou, frere d'ASTANOVE Comte de Fezensac, & fut reçu le 3. mai de la même année. (2)

3. 4. & 5. JEAN, GRATIEN & ANTOINE de Montesquiou, légataires par le testament de leur pere du 13. mars 1608. (3)

6. HENRY de Montesquiou, Ier. du nom, Seigneur d'Artagnan, qui suit.

7. LÉONARD de Montefquiou, auffi légataire de fon pere, par fon teftament du 13. mars 1608. (1) mourut *ab inteftat* avant le 7. janvier 1637. (2)

8. FRANÇOISE de Montefquiou, nommée au teftament de fon pere du 13. mars 1608; (3) elle étoit alors fiancée au Seigneur de Caftelmauron (Caftelmore.)

9. & 10. JEANNE & ANDRÉE de Montefquiou, auffi nommées au teftament de leur pere de 1608. (4)

X X.

HENRY de Montefquiou, Ier. du nom, Seigneur d'Arta-gnan, fut nommé légataire de fon pere, par fon teftament du 13. mars 1608; (5) fut fait Commandant du Château de Montaner, en Béarn, par Commiffion du Roy du 1er. avril 1628 ; (6) en fut fait Capitaine & Gouverneur le 25. jan-vier 1630; (7) pourvu le 16. août 1635. de la Charge de Lieutenant au Gouvernement de la Ville & Château de Bayonne & pays circonvoifins; y fut reçu le 3. décembre fuivant; (8) & nommé Capitaine au Régiment d'Infanterie de Béarn le 25. novembre de la même année. (9) Il donna quittan-ce à Arnaud, fon frere, le 7. janvier 1637. de fa légitime & de la part qu'il avoit dans l'héritage de Léonard, fon frere; (10) ratifia le 22. juin 1639, un accord paffé le 7. février 1636. entre fon époufe & Jean de Gaffion, Préfident au Parlement de Navarre, fon beau-frere relativement à fa dot, (11) dont il donna quittance au même Préfident le furlendemain; (12) eut Commiffion du Roi le 14. février 1644. de lever & com-mander l'une des 12. Compagnies chacune formée de 100,

(1) Preuves, page 116.
(2) Pr. p. 129.

(3) Pr. p. 116.

(4) Ibidem.

(5) Ibidem.

(6) Pr. p. 127.
(7) Pr. p. 128.

(8) Ibidem.

(9) Ibidem.

(10) Pr. p. 130.

(11) Pr. p. 129.
(12) Pr. p. 130.

hommes de pied, qui devoient compofer un Régiment dont M. de Gramont-Toulonjon fut fait Meftre de Camp ; (1) donna procuration à fon époufe le 20. juin 1665. pour paffer le contrat de mariage de Marie, leur fille ; (2) & mourut avant le 6. novembre 1670. après avoir fait fon teftament. (3) Il eft rappellé dans deux actes des 29. feptembre 1685. (4) & 6. octobre 1687. (5) rapportés aux articles de Henry & de Pierre, fes fils.

Femme, JEANNE DE GASSION, fille de Jacques de Gaffion, Préfident au Parlement de Navarre, & de Marie d'Efclaux (a), (6) mariée par contrat du . . . . . 1632, (7) paffa le 7. février 1636. avec Jean de Gaffion, Préfident en la même Cour, fon frere, relativement à fa dot, un accord que fon mari ratifia les 26. mars 1638. & 22. juin 1639. (8) Cette dot fut payée le furlendemain. (9) Son mari lui donna le 20. juin 1665. fa procuration pour affifter, en fon nom, au contrat de mariage de Marie, leur fille ; (10) paya à Henry, fon fils, fa légitime & le legs à lui fait par le teftament de fon mari, en reçut quittance le 6. novembre 1670. (11) & mourut avant le 29. feptembre 1685. (12)

1. HENRY de Montefquiou, Seigneur d'Artagnan ; qui fuit.

2. N. de Montefquiou, pere de M. d'Artagnan de Beufte & de M. l'Abbé d'Artagnan, légataires par le teftament de M. le Maréchal de Montefquiou, leur oncle, du 20. feptembre 1723. (13)

3. PIERRE de Montefquiou, Comte d'Artagnan, Maréchal de France, Général des Armées du Roi, Chevalier de

(1) Preuves, page 130.

(2) Pr. p. 131.

(3) Ibidem.

(4) Pr. p. 172.

(5) Ibidem.

(a) Elle étoit sœur du Maréchal de Gaffion. Hift. des Gr. Offi. de la Couronne, tom. 7. pag. 278. & 538. C.

(6) Pr. p. 130.

(7) Pr. p. 129.

(8) Ibidem.

(9) Pr. p. 130.

(10) Pr. p. 131.

(11) Ibidem.

(12) Pr. p. 132.

(13) Pr. p. 143.

Ses Ordres, Gouverneur de la Ville & Citadelle d'Arras ;
Lieutenant Général de la Province d'Artois , Directeur
Général de l'Infanterie, Commandant en Bretagne , & Confeiller au Confeil de Régence, fervit fans interruption dans toutes les guerres du Roi Louis XIV. depuis 1665. fe trouva à 10.
Batailles, à 8. Combats & à 21. Siéges ; commanda en chef
dans 12. Actions ; (1) fut fait Maréchal de France le 15.
feptembre 1709 ; (2) commanda l'Armée de Flandres avec
M. le Maréchal de Villars, les trois années fuivantes ; donna
en 1712. le projet de l'attaque du Camp de Denain & décida
le fuccès de cette journée , (3) (qui fut le falut de la
France.) (4) Il fit fon teftament olographe le 20. feptembre
1723. & par cet acte , dont il nomma exécuteurs fon époufe,
Louis d'Artagnan , Abbé de Sordes , fon frere , & (Jofeph)
Comte d'Artagnan , fon coufin germain , fit des legs à 4.
de fes fœurs, Religieufes , à Louis de Montefquiou , fils
puîné de Henry , fon frere , (auquel il avoit donné le 6.
octobre 1687. fes droits fur la légitime de leur mere,) (5)
à fon neveu de Beufte , avec fubftitution à fon frere
puîné , deftiné à l'Eglife , à Madame d'Altermat , fa niece ,
ordonna le payement de la dot qu'il avoit couftituée à Jeanne
de Montefquiou , fon autre niece , nomma fon légataire
univerfel Paul de Montefquiou, fon neveu , fils aîné de
Henry , fon frere , & lui fubftitua Louis, qu'on vient de
nommer, & Pierre , frere puîné du même Paul. (6) Il fut
nommé Chevalier des Ordres du Roi le 2. février de l'année
1724. fit fes Preuves de Nobleffe le même jour & devant les
mêmes Commiffaires que M. le Comte d'Artagnan , fon
coufin germain , c'eft-à-dire le 27. avril fuivant , & fut reçu,
ainfi que lui , le 3. mai 1724. (7) Il mourut fans enfans au

(1) Preuves,
page 167. & fuiv.
(2) Pr. p. 133.
& 134.

(3) Pr. p. 173.
& 174.
(4) Abrégé
Chronologique
de l'Hiftoire de
France ; par le
Préfident Henaut,
in 12. 1768. t. 2.
p. 927.

(5) Pr. p. 132.
& 133.

(6) Pr. p. 143.
& 144.

(7) Pr. p. 166.
& fuiv.

Plessis-Piquet, près de Saulx, le 12. août 1725. âgé de 85.
ans, & y fut inhumé le surlendemain. (1)

(1) Preuves, page 182.

Femme, CATHERINE-ELIZABETH L'HERMITE-D'HIÉVILLE,
fille & héritiere de François l'Hermite, Chevalier, Seigneur & Patron d'Hiéville, Montchamps, Mezy & autres
lieux, & de Catherinne d'Angennes, son épouse ; mariée par
contrat du 23. mars 1700. passé en la présence & de l'agrément du Roi & des Princes & Princesses de la Maison
Royale. Ce contrat est inféré dans les Preuves de son mari ; (2)
fut nommée exécutrice de ses dernieres volontés du 20.
septembre 1723. (3) Elle transigea le 23. avril 1729. avec
Paul de Montesquiou, Comte d'Artagnan, neveu & légataire de son mari, relativement à leurs prétentions respectives
sur sa succession ; (4) & assista au contrat de mariage de Pierre
de Montesquiou, autre neveu de son mari, du 21. janvier
1739. (5)

(2) Pr. p. 179.
(3) Pr. p. 143.
(4) Pr. p. 132.
(5) Pr. p. 188.

4. LOUIS de Montesquiou, Abbé de Sordes, d'Artous &
de Mazan, donna procuration le 29. septembre 1685. à
Henry, son frere, pour demander le payement de sa légitime ;
(6) produisit au nom du Maréchal de Montesquiou, son frere,
les Titres de la Preuve faite par Louis de Montesquiou, leur
neveu, pour les Etats d'Artois ; (7) fut exécuteur du testament
du même Maréchal, son frere, du 20. septembre 1723.
(8) assista à son enterrement du 14. août 1725 ; (9) & au
contrat de mariage de Paul, son neveu, fils de Henry, son
frere du 26. septembre 1726. (10)

(6) Pr. p. 135.
(7) Pr. p. 134. & suiv.
(8) Pr. p. 143.
(9) Pr. p. 182.
(10) Pr. p. 183.

5. MARIE de Montesquiou épousa Jacques (d'Antin)
Baron de Sauveterre. Les articles de son mariage furent

réglés le 21. avril 1665. & son pere donna procuration à sa mere le 20. juin suivant pour les rédiger en contrat. [1]

(1) Preuves, page 131.

X X I.

HENRY de Montesquiou II. du nom, Chevalier, Comte d'Artagnan, donna quittance à sa mere le 6. novembre 1670. de sa légitime & d'un legs à lui fait par le testament de son pere; [2] déclara dans les articles de son mariage du 18. février 1671. qu'il apportoit en dot les sommes qui en étoient provenues; [3] acquit le 18. novembre 1681. une maison sise à Moncaup, en Béarn; [4] eut procuration de Louis, son frere le 29. septembre 1685. pour le faire payer de sa légitime. [5] Pierre, son autre frere, lui fit donation le 6. octobre 1687. de ses droits sur la légitime de leur mere; [6] & mourut avant le 13. octobre 1696. [7] Il est rappellé avec son épouse au contrat de mariage de Paul, leur fils aîné, du 26. septembre 1726; [8] & dans une transaction passée le 14. septembre 1731. entre leurs enfans sur le partage de leurs successions. [9]

(2) Ibidem.

(3) Ibidem.

(4) Pr. p. 132.

(5) Ibidem.

(6) Pr. p. 132. & 133.

(7) Pr. p. 133.

(8) Pr. p. 183.

(9) Pr. p. 185. & 186.

Femme, RUTH DE FORTANER DE MONTCAUP, fille & héritiere de (Theophile) de Fortaner, Seigneur de Montcaup & de Madelene de la Puyade. Les articles de leur mariage furent arrêtés le 18. février 1671; [10] elle acquit le 13. octobre 1696. une maison située à Montcaup; [11] & est nommée avec son mari dans les actes des 26. septembre 1726. [12] & 14. septembre 1731 [13] mentionnés à son article.

(10) Pr. p. 131.

(11) Pr. p. 133.

(12) Pr. p. 183.

(13) Pr. p. 185. & 186.

1. PAUL II. de Montesquiou, Comte d'Artagnan, qui suit.

2. LOUIS de Montefquiou , Comte de Montefquiou ,
Seigneur de Maupertuis, de la Barre , &c. Prince de Raches ,
s'engagea, par fon contrat de mariage du 3. février 1713.
de prendre cette derniere qualité ; il étoit alors Colonel d'un
(1) Preuves, Régiment d'Infanterie ; [1] fit le 13. août fuivant Preuves
page 135. de Nobleffe pour être reçu aux Etats d'Artois , devant MM.
les Marquis de Crequy-Hemont & de Monchy , & M. le
Baron du Pire , Commiffaires de la Nobleffe des mêmes
(2) Pr. p. 134. Etats. [2] Entre les actes produits pour ces Preuves , qui
& fuiv. furent communiqués par M. le Maréchal de Montefquiou ,
fon oncle , fe trouvent des copies de la Généalogie des
(3) Pr. p. 139. Comtes de Gafcogne & de Fezenfac , [3] du manufcrit du
14e. fiecle, qui énonce la defcendance de la Maifon de Mon-
(4) Pr. p. 141. tefquiou des Comtes de Fezenfac , [4] & de la donation à
l'Eglife de Fremozens , faite à la Métropole d'Auch , par
Arfieu de Montefquiou , fils de Raymond-Aimery qui étoit
(5) Pr. p. 140. frere de Guillaume - Aftanove , Comte de Fezenfac ; [5]
lefquels actes ont été imprimés d'après les originaux dans
(6) Pr. p. 1. 2. les Preuves de la préfente Généalogie. [6] Il étoit Cornette
& 9. de la 1ere. Compagnie des Moufquetaires du Roi le 20.
feptembre 1723. que M. le Maréchal de Montefquiou, fon
oncle , lui fit un legs de 50000. livres à prendre fur le Brevet
de retenue de 150. mille livres que le Roi lui avoit accordé
fur le Gouvernement d'Arras , le fubftitua à fon frere aîné ,
(7) Pr. p. 143. dans le legs univerfel de fes biens , [7] & fe trouva à fon
(8) Pr. p. 183. enterrement au 14. août 1725. [8] Il étoit Enfeigne de la
même Compagnie le 26. feptembre 1726. qu'il affifta au
contrat de mariage de Paul, fon frere , [9] & en étoit Sous-
(9) Ibidem. Lieutenant le 14. feptembre 1731. qu'il tranfigea avec fes
(10) Pr. p. 185. freres , fur le partage des fucceffions de leurs pere & mere. [10]
& 186.

II

Il étoit Maréchal de Camp le 6. avril 1735. qu'il fit fon teftament, par lequel il fit des legs à Paul, fon frere, à Marie, fa fœur, à un fien fils naturel; & inftitua fon légataire univerfel Pierre, fon autre frere; (1) & mourut avant le 30. janvier 1737. que fes légataires déclarerent s'abftenir de fa fucceffion, pour s'en tenir aux avantages qu'il leur avoit faits par fon teftament. (2) *Voyez fes fervices dans l'Hiftoire des Grands Officiers de la Couronne. T. 7. p. 278. & 279.*

(1) Preuves; page 187.

(2) Pr. p. 187. & 188.

Femme, LOUISE-ALPHONSINE DE BERGHES, Princeffe de Raches, Dame de Boubers-fur-Canche, mariée par contrat du 3. février 1713. (3)

(3) Pr. p. 135.

Fils naturel de Louis de Montefquiou, Comte de Montefquiou.

Louis-Joachim de Montefquiou, baptifé en l'Eglife de S. Sulpice à Paris le 20. mars 1727., vivant le 6. avril 1735. (4)

(4) Pr. p. 187.

3. PIERRE de Montefquiou, Comte de Montefquiou, rapporté avec fa poftérité, après celle de fon frere aîné.

4. MARIE de Montefquiou, mariée à Urs d'Altermat, Maréchal des Camps & Armées du Roi, Infpecteur Général d'Infanterie, & Capitaine de la Compagnie générale des Suiffes, fut nommée légataire de M. le Maréchal de Montefquiou, fon oncle, par fon teftament du 20. feptembre 1723; (5) affifta, étant veuve, au contrat de mariage de Paul, fon frere, du 26. feptembre 1726; (6) fut marraine de Jofeph, fon neveu, fils de fon même frere, le 8. août 1727; (7) tranfigea avec lui & fes autres freres & fa fœur le 14.

(5) Pr. p. 144.

(6) Pr. p. 183.

(7) Pr. p. 184.

septembre 1731. sur ses droits dans les successions de leurs
pere & mere; (1) fut faite légataire de Louis, son autre
frere, par son testament du 6. avril 1735; (2) renonça le 30.
avril 1737. à sa succession pour s'en tenir à ce legs, (3) &
assista au contrat de mariage de Pierre, son 3e. frere, du
21. janvier 1739. (4)

5. JEANNE de Montesquiou, femme de Pierre Gaignat-de
S. Andiol-de-la Couronne, Baron de Longny, Vicomte de
Regmalar. Le Maréchal de Montesquiou, son oncle, promit,
par son contrat de mariage, de lui donner la somme de
36000. liv. dont il ordonna le paiement par son testament
du 20. septembre 1723. (5) Elle mourut avant le 14. septembre 1731. (6)

6. 7. 8. & 9. *N. N. N. & N.* Religieuses, la 1ere. à
Estrun près d'Arras, la 2e. au Val-de-Grace à Paris, & les
deux autres en Béarn, légataires par testament du Maréchal
de Montesquiou, leur oncle, du 20. septembre 1723. (7)

XXII.

PAUL de Montesquiou II. du nom, Seigneur & Patron
d'Artagnan, Tostes, le Plessis & autres lieux, appellé Comte
d'Artagnan, Mestre de Camp d'Infanterie, Brigadier des
Armées du Roi, Chevalier de l'Ordre de S. Louis, (*dont les
services sont rapportés dans l'Histoire des Grands Officiers de
la Couronne. T. 7. p. 479.*) fut fait légataire universel du
Maréchal de Montesquiou, son oncle, par son testament du
20. septembre 1723; (8) assista à son enterrement le 14.
août 1725; (9) fut assisté en son contrat de mariage du 26.

septembre 1726. de M. l'Abbé de Montesquiou, son oncle ; de Louis & de Pierre de Montesquiou, ses freres, & de Marie, sa sœur ; (1) passa une transaction le 23. avril 1729. avec la veuve de M. le Maréchal de Montesquiou, son oncle, sur des différens mûs entr'eux. Il y est dit son héritier pour les biens situés en Normandie, & son légataire universel de ceux qui étoient dans les autres Coutumes ; (2) passa le 14. septembre 1731. une autre transaction avec ses mêmes freres & sœurs, sur leurs droits dans les successions de leurs pere & mere, qu'ils lui cederent moyennant une somme d'argent ; (3) fut institué légataire universel de Louis, son frere, par son testament du 6. avril 1735 ; (4) renonça le 30. janvier 1737. à sa succession & s'en tint à ce legs ; (5) assista au contrat de mariage de Pierre, son frere, du 21. janvier 1739 ; (6) transigea le 11. octobre 1749. avec son beau-frere, sur la succession de son beau-pere ; (7) & mourut le 25. novembre 1751. (8) est rappellé dans l'inventaire des biens de son épouse, fait à la requête de leurs fils, le 8. octobre 1755. (9) & dans la liquidation & partage de leurs successions, faits les 16. janvier & 9. février 1761. entre leurs mêmes fils. (10)

(1) Preuves, page 183.

(2) Pr. p. 184.

(3) Pr. p. 185, & 186.

(4) Pr. p. 187.

(5) Ibidem.

(6) Pr. p. 189. & 190.

(7) Pr. p. 189. & 190.

(8) Pr. p. 197.

(9) Pr. p. 192.

(10) Pr. p. 197. & 198.

Femme, ANNE-ELIZABETH FILLEUL-DE-PONTS, fille de Pierre Filleul, Ecuyer, Seigneur & Patron de Ponts, Berniere, Jors, Pierrefitte, Ste. Honorine-la Guillaume, & d'Elizabeth Masson, son épouse, mariée par contrat du 26. septembre 1726 ; (11) stipula avec son mari dans la transaction qu'il passa le 11. octobre 1749. avec Pierre-Antoine Filleul, Chevalier, Seigneur de Ponts, &c. son frere, sur le partage de la succession

(11) Pr. p. 183.

de fon pere; (1) & mourut le 2. octobre 1755. (2) Elle eft rappellée dans l'inventaire de fes biens du 8. octobre 1755 ; (3) & dans la liquidation & partage qui en fut fait les 16. janvier & 9. février 1761. ainfi que de ceux de fon mari, entre leurs fils (4)

1. JOSEPH-PAUL de Montefquiou-Fezenfac, Comte d'Artagnan, qui fuit.

2. LOUIS de Montefquiou-Fezenfac, Chevalier-Commandeur des Ordres Royaux & Militaires de Notre Dame de Mont-Carmel & de S. Lazare de Jérufalem ; Colonel d'Infanterie, Capitaine au Régiment des Gardes Françoifes, appellé Chevalier d'Artagnan, eft entré en 1751. dans le Régiment des Gardes Françoifes ; étoit Enfeigne de Grenadiers le 8. octobre 1755. qu'il a fait faire, avec fon frere aîné, l'inventaire des biens de leur mere ; (5) Sous Lieutenant les 16. janvier & 9. février 1761. qu'il a liquidé & partagé avec lui les fucceffions de leur pere & mere ; (6) étoit Lieutenant le 9. mai 1771. qu'il a eu Commiffion pour tenir rang de Colonel d'Infanterie ; (7) a été nommé Capitaine en 2d. d'une Compagnie de Grenadiers le 31. août 1777 ; (8) & Capitaine-Commandant de Grenadiers avant le 16. avril 1780. datte d'une lettre du Roi à M. le Maréchal de Biron, pour le faire reconnoître en cette qualité ; (9) a ajouté à fon nom celui de Fezenfac en vertu de la permiffion du Roi du 9. novembre 1777 ; (10) il a été reçu le 17. juillet 1779. Chevalier de l'Ordre de Saint Lazare, (11) après avoir fait Preuves de 8. Races de Nobleffe paternelle, & eft nommé

---

(1) Preuves, pag. 189. & 190.
(2) Pr. p. 197.
(3) Pr. p. 192.
(4) Pr. p. 197.
(5) Pr. p. 192.
(6) Pr. p. 197. & 198.
(7) Pr. p. 203.
(8) Ibidem.
(9) Ibidem.
(10) Pr. p. 204.
(11) Archives de l'Ordre de S. Lazare.

avec fon frere & fes autres parens dans l'Arrêt du Parlement de Paris du 31. juillet 1783. par eux obtenu contre les Sieurs *la Boulbene*. (1)

(1) Preuves, page 211.

X X I I I.

Joseph-Paul de Montefquiou-Fezenfac, appellé Comte d'Artagnan, eft né le 7. août 1727. (2) Il étoit Sous-Lieutenant dans le Régiment des Gardes Françoifes le 2. juin 1753. qu'il a été nommé à l'Ordre de S. Louis, (3) auquel il a été reçu le 8. fuivant; (4) a fait faire avec fon frere le 8. octobre 1755. l'inventaire des biens de leur mere; (5) a liquidé & partagé avec lui fa fucceffion, ainfi que celle de leur pere, les 16. janvier & 9. février 1761; (6) a joint à fon nom celui de Fezenfac en conféquence de la permiffion du Roi du 9. novembre 1777; (7) a affifté au contrat de mariage d'Anne-Louife-Hyacinthe-Auguftine de Montefquiou-Fézenfac, fa niece à la mode de Bretagne, du 31. janvier & jours fuivans 1779; (8) & a obtenu avec fes parens le 31. juillet 1783. un Arrêt contre les Sieurs *la Boulbene* (9)

(2) Pr. p. 184.

(3) Pr. p. 191.

(4) Ibid. & 192.

(5) Pr. p. 192.

(6) Pr. p. 197. & 198.

(7) Pr. p. 204.

(8) Pr. p. 207.
(8) Pr. p. 212.

X X I I.

Pierre de Montefquiou, Seigneur de Maupertuis, Fontaine-Archer, & autres lieux, Lieutenant Général des Armées du Roi, Premier Sous-Lieutenant de la 1ere. Compagnie des Moufquetaires de Sa Garde, Gouverneur du Fort-Louis du Rhin, Chevalier de l'Ordre de S. Louis, appellé Comte de Montefquiou, 3e. fils de Henry de Montefquiou II. du nom, Comte d'Artagnan, & de Ruth de Fortaner, fon époufe, fervit conftamment dans cette Compagnie & porta d'abord le titre de Chevalier d'Artagnan. Il étoit Maréchal des Logis & Aide - Major le 20. septembre 1723. que le Maréchal de Montesquiou , son oncle , le substitua à ses freres aînés dans le legs universel de ses biens , & lui assura la jouissance, après sa mort , d'une rente viagere de 2000. livres ; (1) étoit Aide - Major & Mestre de Camp de Cavalerie le 14. août 1725. qu'il assista à ses obséques ; (2) fut fait Cornette le 25. janvier 1726 ; (3) comparut le 26. septembre suivant au contrat de mariage de Paul , son frere aîné ; (4) fut nommé Enseigne le 9. février 1729 ; (5) fut représenté par procureur dans une transaction qu'il passa avec ses freres , & Madame d'Altermat , sa sœur , le 14. septembre 1731. sur leurs droits dans les successions de leurs pere & mere ; (6) fut fait légataire universel de son frere Louis , par son testament du 6. avril 1735 , (7) renonça le 30. janvier 1737. à sa succession & s'en tint à ce legs ; (8) fut fait Sous-Lieutenant le 24. mai 1738 ; (9) Brigadier de Cavalerie le 1er. janvier 1740 ; (10) Maréchal de Camp le 2. mai 1744 ; (11) Lieutenant Général le 11. mai 1748 ; (12) & Gouverneur du Fort-Louis du Rhin le 25. avril 1751. (13) Il fit le 5. juillet 1752. son testament olographe , par lequel il institua son légataire universel son fils unique , & chargea son épouse de sa tutelle ; (14) il mourut le 18. juillet 1754. Il est rappellé dans le contrat de mariage de son même fils du 12. avril & jours suivans 1760 ; (15) & dans celui d'Anne-Louise-Hyacinthe-Augustine, sa petite fille , du 31. janvier & jours suivans 1779. (16)

Femme , MARIE-LOUISE-GERTRUDE BOMBARDE-DE BEAULIEU , fille de Pierre-Paul Bombardé-de Beaulieu , Seigneur de Sigognes , Montison & autres lieux , Conseiller au

(1) Preuves, pag. 143. & 144.
(2) Pr. p. 183.
(3) Pr. p. 265.
(4) Ibidem.
(5) Pr. p. 265.
(6) Pr. p. 185. & 186.
(7) Ibid. & 187.
(8) Pr. p. 187. & 188.
(9) Pr. p. 265.
(10) Ibidem.
(11) Ibidem,
(12) Ibidem.
(13) Pr. p. 264.
(14) Pr. p. 191.
(15) Pr. p. 195.
(16) Pr. p. 207.

Grand Conseil, & de Marguerite-Françoise Doublet, mariée par contrat passé le 21. janvier 1739. de l'agrément du Roi, de la Reine, de Monseigneur le Dauphin, de Mesdames de France & des Princes & Princesses du Sang; (1) a été nommée tutrice de son fils par le testament de son mari du 15. juillet 1752; (2) & a assisté aux contrats de mariage de son même fils du 12. avril & jours suivans 1760. (3) & d'Anne Louise-Hyacinthe-Augustine, sa petite fille, du 31. janvier & jours suivans 1779. (4)

(1) Preuves, page 188.

(2) Pr. p. 191.

(3) Pr. p. 195.

(4) Pr. p. 205.

ANNE-PIERRE de Montesquiou-Fezensac, Marquis de Montesquiou, qui suit.

XXIII.

ANNE-PIERRE DE MONTESQUIOU-FEZENSAC, appellé Marquis de Montesquiou, Baron de Montesquiou, & en cette derniere qualité l'un des premiers Barons d'Armagnac; & Chanoine d'honneur de l'Eglise Métropolitaine d'Auch, Seigneur de la Châtellenie-Pairie de Coulomiers, Maupertuis, Touquin, Meilhan, Valentés & autres lieux, Chevalier des Ordres du Roi, Maréchal de ses Camps & Armées, Premier Ecuyer de MONSIEUR, Frere de Sa Majesté, Chevalier Commandeur Chancelier Garde des Sceaux des Ordres Royaux, Militaires & Hospitaliers de Notre Dame du Mont-Carmel & de St. Lazare de Jérusalem, Capitaine de la Capitainerie Royale des Chasses de Senart, est né à Paris le 17. octobre 1739; (5) a été institué héritier de son pere par son testament du 15. juillet 1752; (6) est entré le 11. octobre suivant

(5) Pr. p. 189.

(6) Pr. p. 191.

dans la 1ere. Compagnie des Moufquetaires , & y a fervi jufqu'au 30. août 1754 ; (1) a été reçu , le 31. août 1754. dans la Compagnie des Chevaux-Legers de la Garde du Roi, & y a fervi jufqu'au 31. août 1756 , (2) ayant été fait le 21. précédent Lieutenant réformé à la fuite du Régiment Royal Pologne Cavalerie ; (3) a été nommé Capitaine au Régiment du Roi Cavalerie le 12. août 1757 ; (4) a eu Commiffion le 24. mars 1758. pour tenir rang de Colonel dans les Troupes d'Infanterie , à l'effet de fervir dans les Grenadiers de France ; (5) a été fait Gentilhomme de la Manche de Monfeigneur le Duc de Bourgogne le 26. avril 1758 ; (6) Aide Maréchal général des Logis furnuméraire de l'Armée commandée par M. le Maréchal Prince de Soubife le 20. mars 1761 ; (7) Colonel-Lieutenant du Régiment Royal des Vaiffeaux le 30. novembre fuivant; (8) Chevalier de Saint Louis le 15. février 1763 ; (9) Gentilhomme de la Manche de Monfeigneur le Duc de Berri, (aujourd'hui le Roi,) de Monfeigneur le Comte de Provence, (aujourd'hui MON-SIEUR,) & de Monfeigneur le Comte d'Artois, le 21. août 1764 ; (10) Brigadier d'Infanterie le 20. avril 1768 ; (11) pourvu le 1er. janvier 1771. de la Charge de Premier Ecuyer de Monfeigneur le Comte de Provence, & en a prêté le ferment entre fes mains le 5. mai fuivant ; (12) nommé , en 1774. par MONSIEUR, Grand Maître des Ordres Royaux Militaires & Hofpitaliers de Notre Dame du Mont-Carmel & de S. Lazare de Jérufalem , Chevalier des mêmes Ordres, & reçu le 27. mars de l'année fuivante, après avoir fait Preuves de 8. races de Nobleffe paternelle, le 16. précédent. (13) Au mois de Novembre 1777. le Roi ayant reconnu que la defcendance

(1) Preuves, page 258.

(2) Pr. p. 193.

(3) Pr. p. 191.
(4) Pr. p. 194.

(5) Ibidem..

(6) Ibidem.

(7) Pr. p. 199.
(8) Ibidem.
(9) Pr. p. 200.

(10) Ibid. & 201.
(11) Pr. p. 202.

(12) Ibid. & 203.

(13) Pr. p. 260.

TABLE GÉNÉALOGIQUE DE LA MAISON DE MONTESQUIOU-FEZENSAC.

GARSIE-SANCHE, dit le Courbé, Duc de Gascogne partagea son Duché entre ses trois fils. Page 3. de la Généalogie précédente.

I. SANCHE-GARSIE Duc de Gascogne, qui a continué la postérité des Ducs de Gascogne. P. 3. — GUILLAUME-GARSIE Comte de Fezensac donna vers l'année 926. à l'Église Métropolitaine d'Auch, celle de S. Jean d'Esquais. P. 3. & 4. — ARNAUD-GARSIE Comte d'Astarac, Tige des Comtes d'Astarac. P. 3.

II. OTHON ou ODON, surnommé Falta, Comte de Fezensac, donna après l'année 960. à la Métropole d'Auch l'Église de S. Jean & de S. Martin de Berdale. P. 4. — BERNARD de Fezensac, dit le Louche, Comte d'Armagnac, Tige des Comtes d'Armagnac. P. 4. — FELBELLON, cité Comte dans une Charte postérieure à l'année 960. P. 4.

III. BERNARD-OTHON, surnommé MANCION-TIREA, Comte de Fezensac fonda vers 970. l'Abbaye de S. Gervais & S. Protais, nommée depuis S. Laurie. Pag. 5.

IV. AIMERY I. Comte de Fezensac signa avec les Comtes de Bigorre, d'Armagnac & de Pardiac, la Charte de fondation de l'Abbaye de S. Pé de Générez, d'environ 1030. P. 5. & 6. — N. de Fezensac, femme d'Arnaud de Pronton. P. 5.

V. GUILLAUME-ASTANOVE Comte de Fezensac qui continua la postérité des COMTES DE FEZENSAC. P. 6. — RAYMOND-AYMERY de Fezensac, premier Seigneur de Montesquiou, fut l'un des grands Seigneurs (PROCERES) du Comté de Fezensac, qui accordèrent en 1080. des privilèges à l'Abbaye de S. Laurie. P. 6. 7. 8. & 9. Il épousa ADRIANE DE LA MOTTE, Dame de l'Aleu du Ficruozens. P. 10.

VI. ARSIEU I. dit le Vieux, Seigneur de Montesquiou, donna à l'Église d'Auch avant 1096. celle de Ficruozens, & vers cette dernière époque les droits qu'il avoit sur celles de S. Martin de Berdale & d'Angles. Pag. 10. & 11.

VII. BERTRAND Seigneur de Montesquiou, fut témoin d'une Sentence prononcée vers 1143. sur les limites des paroisses de la Métropole & de S. Orens d'Auch. P. 11. & 12. Il épousa N. DE LA BARTHE, sœur de Géraud Évêque de Toulouse, puis Archevêque d'Auch. P. 12. — Bernard Évêque de Terbes vers 1141. P. 11.

VIII. RAYMOND-AIMERY II. Seigneur de Montesquiou, d'Estipouy, d'Aesens, de Berdale, de Villeneuve, &c. engagea sa Terre de Villeneuve à l'Abbaye de Berdoues en 1151. Il fit la guerre à Géraud Seigneur d'Arbuisie qui le fit prisonnier avant 1163. fit le voyage de Jérusalem vers 1190. & vivoit encore en 1192. qu'il fit une donation à l'Abbaye de Gimont. P. 12. & 13. Il épousa PICTAVINE DE MARRAST. P. 13.

IX. RAYMOND-AIMERY Seigneur de Montesquiou, mort sans postérité en 1204. P. 13. — ARSIEU II. Chevalier, Seigneur de Montesquiou, de Saufolpouy, de Pazors, du Stiec, de Beliose &c. fit des donations aux Abbayes de Berdoues & de l'Escale-Dieu en 1210. 1211. 1240. & 1245. engagea à la 1re. en 1212. des biens pour subvenir aux dépenses qu'exigeoit le voyage qu'il se proposoit de faire en Espagne contre les Sarrasins, & vivoit au mois de Juin 1259. P. 14. & 15. — Hunier, vivant en 1210. P. 13.

X. RAYMOND-AIMERY III. Chevalier, Baron de Montesquiou, Seigneur d'Hauterive, Estipouy, Salutailles, Riguepeu, Castelnau-d'Angles, Poylobon, Masian, S. Jean, &c. qualifié Noble Baron, confirma & fit des donations de biens à la Métropole d'Auch, à l'Abbaye de Berdoues & aux Templiers de Bordères en 1258. 1266. 1269. & 1279. testa le 16. août 1300. & mourut avant le 5. septembre 1318. Pag. 15. & 16. Il épousa 1°. ALAIX DE BAZILLAC. P. 16. 2°. LONGUE DE MONTAUT alias DE BIRAN. P. 77. — Autres enfants rapportés. P. 15.

XI. GENSIE I. Damoiseau, Baron de Montesquiou & d'Angles, Seigneur d'Estipouy, d'Hauterive, de Salutailles, de Riguepeu, de Castelnau-d'Angles, de Poylobon, de Masian, &c. qualifié Noble & puissant Seigneur, fut institué héritier universel de son père en 1300. & mourut avant le 1re. septembre 1346. P. 19 & 20. Il épousa en 1291. COMTESSE D'ANTIN, Dame en partie de Tyle. P. 20. — OTHON ou ODON, TIGE DE LA BRANCHE DES SEIGNEURS DE MASSENCOME, DE MONTLUC, &c. P. 17. & 18. — (En marge) Pittavin successivement Évêque de Bazas, de Maguelonne & d'Alby, & Cardinal, mort en 1356. P. 18. — Autres enfants rapportés. Pag. 17. 18. & 19.

XII. RAYMOND-AIMERY IV. Baron d'Angles, Sire de Montesquiou, Seigneur de Marsan, &c. Chevalier Banneret, Capitaine de Montréal, qualifié Noble & puissant Baron, servit dans les guerres de Gascogne en qualité de Chevalier Banneret en 1347. & 1355. & mourut avant le 1re. Janvier 1379. (vieux style) P. 21. & 22. Il épousa HELISSANT D'ASPET. P. 22. — Aude. P. 21.

XIII. ARSIEU III. Chevalier, Baron d'Angles, Seigneur de Montesquiou, de Marsin, de Marsac, de Pazian, &c. qualifié Noble & puissant Homme, servit en 1355. dans les guerres de Gascogne avec une Compagnie de Gendarmes & de pied, &c. testa le 5. Juin 1387. P. 22. & 23. Il épousa 1°. CONSTANCE D'ANDOUINS, morte sans enfants. P. 23. 1°. MARGUERITE DE L'ISLE. P. 24. — (En marge) Enfants naturels. Odet & Odette, vivants en 1340. P. 22.

GENSIE II. de Montesquiou, qualifié Noble & puissant, mort avant son père, y. 24. Il épousa en 1359. CONSTANCE DE CASTELBAJAC. P. 25.

XVI. ARSIEU IV. Chevalier, Baron de Montesquiou & d'Angles, Seigneur d'Estipouy, de Masian, de Pazian, &c. qualifié Noble & puissant Baron, fut fait hommage de son ayeul, par son testament de l'année 1387 ; obtint en 1406. des Lettres Royaux pour faire contraindre les vassaux nobles de la baronnie de Montesquiou de lui faire hommage ; testa le 17. février 1426. (vieux style), & mourut avant le 18. avril suivant. P. 25. & 26. Il épousa GAILLARDE D'ESPAGNE-MONTESPAN, Dame de Salles, en Lomagne. P. 26. & 27. — Autres enfants rapportés. P. 25.

XVI. ANDRÉ V. Chevalier, Seigneur de Montesquiou, Baron d'Angles, &c. qualifié cousin de Jean IV. Comte d'Armagnac, dans des Lettres de 23. décembre 1412. P. 27. & 28. mort sans postérité mâle. — BERTRAND qualifié Noble & puissant Homme, légua & continua la branche des Barons de Montesquiou, & c'est la tige d'un Rameau éteint à la fin du 16. siècle & des Seigneurs de Poylobon, dont il ne reste que M. l'Abbé de S. Martial de Limoges. P. 28. & 29. — Hunier Seigneur de Masan, mort vivant le 7. juillet 1471. Tige des Barons de Marsac, Seigneurs de Devize, de la Roche, &c. éteints à la fin du 16e. siècle. P. 29. & 30. — BARTHELEMY de Montesquiou, Chevalier Bachelier, Seigneur de Marsin & de Salles, qualifié NOBLE ET PUISSANT SEIGNEUR, servit le Roi Charles VII. contre les Anglois en 1416. Il fit un codicille en 1426. Il testa & fit deux Testaments, dont le second est du 7. Juillet 1481. & mourut avant le 7 juillet 1482. P. 30. & 31. Il épousa 1°. MARGUERITE DE SINE & 2°. ANNE alias AGNES ou AGNELE DE GALARD. P. 31. — Jean, Archidiacre dans l'Église d'Auch en 1471. P. 30.

XVII. BERTRAND de Montesquiou I. du nom de la branche, Seigneur de Marsan, de Salles, de la Serre, &c. qualifié noble & puissant homme, fit son testament le 13. octobre 1488. & mourut avant le 10. novembre 1491. P. 39. & 40. Il épousa 1°. N. DE GOTH DE ROUILLAC, P. 46. 2°. GABRIELLE DE BELCASTEL. P. 41. & 42. — NAKAD de Montesquiou, Seigneur de Salles, mourut avant le 25. décembre 1516. P. 61. 62. & 63. Il épousa en 1516. JACQUETTE alias JEANNE JACQUETTE de Fontaines-de-Feudeilles. P. 63. — ARNAUD & JEAN, puisnés, vivants en 1472. P. 32. & 33. — JEAN LE JEUNE, Seigneur de Gesta ou les Lodes, de Cannon & de Lesffaun, vivant en 1399. & onzes suivantes. Il est la Tige de 3. branches, entr'autres de celle des Seigneurs de Saintailles défunctes il n'en reste qu'un Ecclésiastique. P. 33. & 34. — MEURVIEU Seigneur du Vernet acquis le 25. décembre 1516. de Paul de Montesquiou son neveu, la moitié de la Terre de Salles. P. 34. & suiv. — ARSIVET qui fit transfer à l'Ordre de S. Jean de Jérusalem en 1496. Pag. 38. & 39. — JEANNE alias JEANNELLE, GAILLARDE & MARGUE-RITE, alias MARGUETE, vivantes en 1472. & autres suivantes. P. 39.

XVIII. PIERRE de Montesquiou, Seigneur de Marsan, fit son testament le 11. octobre 1520. & mourut avant le 14. février 1521. (vieux style) P. 42. & 43. Il épousa par contrat du 6. février 1495. (vieux style) AGNES alias AGNELE DE LUPE-DE-MARABAT. Pag. 43. — Cinq autres frères morts sans postérité. P. 42. — JEAN de Montesquiou, avec de François mort sans postérité, de deux filles. P. 63. 64. 65. & 66. — PAUL 1re. du nom alias PAULON de Montesquiou, Seigneur d'Artagnan en Bigorre, & Co-Seigneur de Salles, Écuyer du Roi de Navarre, mourut avant le 24. novembre 1557. P. 66. 68. Il épousa 1°. par contrat du 23. août 1514. JACQUEMETTE D'ESTAING, Dame d'Artagnan. Pag. Et 2°. par contrat du 24. septembre 1545. CLAUDE DE TERSAC-DE-MONTBLEAUT. P. 68. & 69. — ARNAUD de Montesquiou, Seigneur du Vernet, de S². Idou, de Confidéraes, &c. obtint le 27. août 1567. un arrêt du Parlement de Toulouse qui lui adjugea la moitié de la Terre de Salles ; mais où fut plus tôt ce procès par l'opposition qu'y firent Jean de Montesquiou, Seigneur d'Artagnan, petit-fils de Meurvieu son bisayeul en 1590. P. 36. & 37. laissant deux fils, savoir 1°. ROGER alias SEIGN-ROGER Vicomte de Sudiris, mort en 1604. père de FRANÇOISE de Montesquiou, Vicomtesse de Sudiris, mariée à BERTRAND de MEIRUENS, Seigneur de Seisses, &c. 2°. & 3°. Paul alias JEAN-PAUL, TIGE DES BRANCHES DES SEIGNEURS DU VERNET, DE PRECHAC ET DE GALIAS, éteinte en 1725. P. 38.

XIX. FRANÇOIS de Montesquiou, Seigneur de Marsan, céda à son frère le Seigneurie de la Serre le 19. Janvier 1535. fit son testament le 6. février 1561. (v. st.) P. 44. 45. & 46. Il épousa JEANNE DE LASSERAN-DE LA SALLE DU CAUSAU. P. 46. — JEAN de Montesquiou, Seigneur de la Serre-lez-Marsan par la cession que lui fit son frère le 19. Janvier 1535. fit son testament le 6. février 1561. (v. st.) P. 44. 45. & 46. & mourut avant le 10. mars 1571. P. 43. & 44. — JEAN de Montesquiou, Seigneur d'Artagnan, de Barluchin, d'Antist & de Masins, obtint des lettres en forme de Requête civile contre l'arrêt du Parlement de Toulouse en 1590. & mourut avant son oncle à la mode de Bretagne, la moitié de la terre de Salles ; testa le 11. mars 1608. & mourut avant le 18. novembre suivant. P. 70. 71. 72. & 73. Il épousa par contrat du 19. novembre 1578. CLAUDE DE BAZILLAC. P. 73. — Trois autres fils, morts sans postérité. P. 70. — JEANNE femme de Pierre de Laurès, Seigneur de la Terrade. P. 70.

XX. JEANNE de Montesquiou, Dame de Marsan, mariée à Jean de Saint-VENT, Seigneur de la Motte. P. 44. — BERTRAND de Montesquiou II. du nom, Seigneur de la Serre-lez-Marsan, fit son testament le 19. mars 1591. & mourut avant le 22. août 1591. P. 45. & 46. Il épousa 1re. par contrat du 10. avril 1559. JACQUETTE DE SOUBIRAN-DU-VAYRAG. P. 48. 2°. par contrat du 11. février 1581. JEANNE DE MAJONÉ-DE-SALLE-NEUVE. P. 49. — Trois autres fils, morts sans alliance. P. 45. — PAUL, vivant en 1590. P. 73. — ARNAUD de Montesquiou, Seigneur d'Artagnan, de Masins & de Barbachin, testa le 25. février 1642. P. 73. & 74. Il épousa par contrat du 22. février 1618. ANNE de LAMMELE MARABAT. P. 74. Il fut père de JOSEPH de Montesquiou, Comte d'Artagnan, reçu Chevalier des Ordres du Roi en 1724. mort sans postérité. P. 74. — JEAN, GRATIAN & ANTOINE, vivants en 1608. P. 74. — HENRY de Montesquiou I. du nom, Seigneur d'Artagnan, Capitaine & Gouverneur du Château de Montaner, Lieutenant au Gouvernement de la ville & château de Bayonne, mourut avant le 8. novembre 1670. P. 75. Il épousa en 1645. JEANNE DE GASSION, sœur du Maréchal de Gassion. P. 76. — LEONARD, FRANÇOISE, JEANNE & AMBRIE, vivants en 1608. P. 75.

XXI. JEAN de Montesquiou II. du nom, Seigneur de la Serre-lez-Marsan, fut nommé héritier du bien par son testament du 19. mars 1591. & mourut le 16 mars 1642. P. 49. & 50. Il épousa par contrat du 3. novembre 1598. JEANNE DE SERMIENT SOUBESTINS. P. 50. — JEAN alias JEAN-JACQUES, Seigneur d'Hollerville en Lorraine, Capitaine au Régiment de Vaubecourt en 1598. P. 48. & 49. — Île. Lit. Catherine, vivante en 1598. P. 49. — HENRY de Montesquiou I. du nom, Comte d'Artagnan, mourut avant le 11. octobre 1696. Il épousa parrainer les cieux le 18. février 1651. RUTH DE FONTAINE DE MONT-GROS. P. 79. — N. de Montesquiou, père de M. d'Artagnan de Bearde & de M. l'Abbé d'Artagnan, vivans en 1713. P. 76. — PIERRE Comte d'Artagnan, Maréchal de France, Général des Armées du Roi, Chevalier de les Ordres (reçu le 2. Juin 1724.) mort le 12. août 1725. Sans enfant de Catherine-Elisabeth l'Hermite-d'Hyeville. P. 76. 77. & 78. — LOUIS Abbé de Sordes, d'Artous & de Maslan vivant en 1724. P. 78. — MARIE, femme de JACQUES D'ANTIN, Baron de Sauveverte. P. 78. & 79.

XXII. BERTRAND de Montesquiou, du nom, Seigneur de la Serre-lez-Marsan, Capitaine au Régiment de Vaubecourt, mourut avant le 6. mars 1657. P. 51. Il épousa par contrat du 14. mars 1645. CHARLOTTE de SAVRE-DE-MARSAN. P. 52. & 53. — PIERRE Seigneur de Saint-Aubin, mourut avant le 28. Juin 1695. P. 51. Il épousa BLERARIE DE PANTA, & en eut Jeanne, vivante en 1695. P. 54. — Un autre fils & trois filles. P. 50. — PAUL de Montesquiou II. du nom, Comte d'Artagnan, Seigneur de Petit-d'Artagnan, Teston, le Plessis, &c. Brigadier des Armées du Roi, tué en 1721. Pag. — & 2°. N. épousa par contrat du 26. septembre 1716. ANNE-ELIZABETH VILLIER-DU-PONTY, qui mourut le 2. oct. 1775. P. 83. & 84. — LOUIS de Montesquiou Comte de Montesquiou, Seigneur de Marquemin, Prince de Rache, Maréchal de Camp, mort en 1731. Pag. il épousa le 10. Janvier 1739. Jean enfant de LOUIS-AL-PHONSINE de BERGHES, Princesse de Rache. Pag. 80. & 81. — PIERRE de Montesquiou Comte de Montesquiou, Seigneur de Marquesat, Jésuite-Archer, &c. Lieutenant Général des Armées du Roi, &c. mort le 18. janvier 1734. P. 83. & 84. Il épousa par contrat du 11. janvier 1739. MARIE-Louise-GERTRUDE MARGUERITE-DE-BEAU-LILU. P. 84. & 87. — ALAIX, femme d'URS D'AL-TERMAT, Maréchal, de camp, P. 51. — JEANNE, mariée à PARIS DE GAIGNAT, Baron de Lou-gery, morte avant le 14. septembre 1731. P. 51. — Quatre autres filles Religieuses. P. 51.

XXIII. JEAN-FRANÇOIS de Montesquiou, Seigneur de la Serre-lez-Marsan, puis de Marsin, mourut avant le 28. juin 1695. P. 13. Il épousa par contrat du 23. février 1649. CATHERINE DE BEZOLLES-DE-CHASTEL. P. 54. — JOSEPH-PAUL de Montesquiou-Fezensac, Comte d'Artagnan, sous-Lieutenant au Régiment des Gardes Françoises. P. 85. — LOUIS de Montesquiou-Fezensac, Chevalier de l'Ordre de S. Lazare, Colonel d'Infanterie, Capitaine-Commandant des Grenadiers au Rég. des Gardes Françoises. P. 84. & 85. — ANNE-PIERRE de Montesquiou-Fezensac, Marquis de Montesquiou, Chevalier des Ordres du Roi, Chancelier de celui de S. Lazare, Premier Écuyer de MONSIEUR, Maréchal de Camp. P. 87. 88. & 89. Il a épousé par contrat du 12. avril & jours suivants 1760. JEANNE-MARIE HOCQUART-DE-MONTFERMEIL. P. 89. & 90.

XXIV. PIERRE de Montesquiou, Seigneur de Marsan, de la Serre & de Crastos, appelé Comte de Marsan, mourut le 18. août 1710. P. 55. & 56. Il épousa par contrat du 22. may 1698. JACQUETTE DE BOISSARD DE CAMPIS, Dame de Leyniont, de Bazet, de Calters & de Sadoursin. P. 55. & 56. — PHILIPPE, Seigneur de Leyfiaux, testa le 27. août 1711. Pag. 55. — HENRY Brigadier des Armées du Roi, Commandant pour Sa Majesté en la Citadelle de Perpignan, mort avant le 14. may 1749. P. 55. — ELIZABETH-PIERRE de Montesquiou-Fezensac, appellé Baron de Montesquiou, Sous-Lieute-nant au Régiment Dauphin Dragons, Pre-mier Lieutenant du Lieutenant de survivance. P. 90. 91. Il a épousé par contrat du 2. janvier & jours suivans 1760. LOUISE-FRANÇOISE LA TELLIER-DE-MONTMIRAIL. P. 91. — HENRY de Montesquiou-Fezen-sac, appelé Comte Henry de Montesquiou, Capitaine-Co-lonel de la Compagnie des Suisses de la Garde de Mon-Seigneur Comte d'Artois en survivance de M. le Vicomte de Muritil. P. 90. — ANNE-LOUISE-HYACINTHE-AUGUSTINE de Montesquiou-Fezensac, mariée par contrat du 31. janvier & jours suivans 1759. à ANNE-FRANÇOIS né Marquis de Lastic. P. 90.

XXV. PHILIPPE du Montesquiou-de-Fezensac, Comte de Marsan &c. Chef des noms & armes de la Maison & en cette qualité TIERS COMTE DE FEZENSAC, a obtenu avec son frère, les neveux & autres les parens le 31. juillet 1788. un Arrêt du Parlement de Paris, qui a fait défenses aux Sieurs La Houssaye de se dire issus par ailier de la Maison de Montesquiou. P. 56. & 57. — MARC-ANTOINE de Montesquiou-Fe-zensac, Baron d'Aubies, d'Aignan, &c. Chevalier de S. Louis, nommé Comte de Montesquiou-de-Marsan, est mort le 18. octobre 1783. P. 58. 59. Il a-épousé par contrat du 9. février 1771. CATHERINE alias MARIE-CATHE-RINE DE NARDONNE, sœur de Jean-Baptiste de Narbonne, alors Comte & depuis Duc de Narbonne. P. 59. & 60. — CATHERINE, mariée à FRANÇOIS D'ARROUX-DE-ESTAI-BILLY, &c. puisnée de Sa-tine, &c. vivante en 1760. P. 57. & 58. — MARIE alias MARIE-FRANÇOISE femme de FRANÇOIS-JOLLY, &c. puisnée de LA TOUR, vivante en 1760. P. 57. & 58. — JEAN-DENIS & FRANÇOISE Religieuse. P. 57. & 58. — CHARLES-EUGENE de Montesquiou-Fezensac, né le 15. août 1782. P. 91.

XXVI. PHILIPPE-ANDRÉ-FRANÇOIS Vicomte de Montesquiou-Fezensac, Mestre de Camp commandant du Régiment de Lyonnois, né le 30. novembre 1753. P. 60. & 61. a épousé par contrat du 1re. avril & jours suivants 1783. LOUISE-JOSÉPHINE de Lalive-du-Châtelet. P. 60. & 61. — FRANÇOIS-XAVIER-MARC-ANTOINE de Montesquiou-Fezensac, né le 13. août 1756. Abbé de Beaulieu, Agent-Général du Clergé. P. 60. — FRANÇOIS-JOSEPH Chevalier de Montesquiou-Fezensac, Sous-Lieutenant des Gardes du Corps du Roi. P. 60. — JEAN-ANNE & MARIE-PHILIPPINE-JACQUELINE de Montesquiou-Fezensac. P. 60.

XXVII. RAYMOND-AIMERY-PHILIPPE-JOSEPH de Montesquiou-Fezensac, baptisé en l'Église de S. Sulpice à Paris, le 26. février 1784. P. 61.

descendance de la Maison de Montesquiou des Comtes de Fezensac étoit authentiquement justifiée, a permis à l'aîné de cette Maison de s'appeller Comte de Fezensac, & à tous les autres d'ajouter à leur nom celui de Fezensac, comme leur nom véritable & originaire. (1) M. le Marquis de Montesquiou a été pourvu par MONSIEUR le 20. décembre 1778. de la Charge de Chancelier-Garde des Sceaux des Ordres de Notre Dame du Mont-Carmel & de S. Lazare, & en a prêté serment entre Ses mains le même jour; (2) s'est démis le 21. novembre 1779. de la Charge de Premier Ecuyer de MONSIEUR, à condition de survivance en faveur de son fils aîné; (3) a assisté aux contrats de mariage de sa fille aînée & de son même fils des 31. janvier & jours suivans 1779. (4) & 2. janvier & jours suivans 1780; (5) a été nommé Maréchal de Camp le 1er. mars suivant; (6) & a obtenu avec ses Parens le 31. juillet 1783. un Arrêt du Parlement de Paris qui fait défenses aux Sieurs *la Boulbene* de prendre à l'avenir les nom & armes de la Maison de Montesquiou, & de se dire directement ou indirectement issus par mâles de cette Maison, & autorise la radiation du même nom dans tous les Registres & actes dans lesquels ils pourroient l'avoir pris. (7) Il avoit été nommé Chevalier des Ordres du Roi le 8. juin précédent, a fait ses Preuves de Noblesse devant M. le Maréchal Duc de Duras, Pair de France, & M. le Maréchal de Levis, Chevaliers des mêmes Ordres, le 15. décembre suivant, & a été reçu le 1er. janvier 1784. (8)

Femme, JEANNE-MARIE HOCQUART-DE MONTFERMEIL, fille de Jean-Hyacinthe Hocquart, Chevalier, Seigneur de

M

(1) Preuves, pag. 204.

(2) Pr. p. 204. & 205.

(3) Pr. p. 208.

(4) Pr. p. 205.

(5) Pr p. 203. & 206.
(6) Ibidem.

(7) Pr. p. 211. & suiv.
Ces Preuves se réduisent à sa jonction avec M. le Maréchal de Montesquiou, son grand oncle, reçu Chevalier des mêmes Ordres en 1724.
(8) Pr. p. 257. & suiv.

Montfermeil, de Coubron & autres lieux, & de Marie-Anne-Françoise Gaillard-de la Bouexiere, (*a*) mariée par contrat passé le 12. avril & jours suivans 1760. de l'agrément du Roi, de la Reine, de Monseigneur le Dauphin, de Madame la Dauphine, de Mesdames de France, des Princes & Princesses du Sang; (1) elle a assisté aux contrats de mariage de sa fille & de son fils des 31. janvier & jours suivans 1779. (2) & 2. janvier & jours suivans 1780. (3)

1. ELIZABETH-PIERRE de Montesquiou-Fezensac, Baron de Montesquiou, qui suit.

2. HENRY de Montesquiou-Fezensac, nommé le Comte Henry de Montesquiou, baptisé le 3. janvier 1768. (4) a été présent au contrat de mariage de sa sœur du 31. janvier 1779. (5) a été nommé Capitaine-Colonel de la Compagnie des Suisses de la Garde ordinaire de Monseigneur Comte d'Artois, en survivance de M. le Vicomte de Monteil. (*a*)

3. ANNE-LOUISE-HYACINTHE-AUGUSTINE de Montesquiou-Fezensac, mariée par contrat du 31. janvier & jours suivans 1779. à Anne-François de Lastic, appellé Marquis de Lastic, Capitaine au Régiment de Beaujolois Infanterie. (6) a assisté avec son mari au contrat de mariage de son frere aîné du 2. janvier & jours suivans 1780. (7)

XXIV.

ELIZABETH-PIERRE de Montesquiou-Fezensac, nommé Baron de Montesquiou, Sous-Lieutenant au Régiment Dauphin Dragons, a été pourvu le 5. décembre 1779. de la

---

(*a*) Elle a eu pour sœurs Madame la Comtesse de Cossé-Brissac, & Madame la Marquise d'Ossun, toutes deux mortes.

(1) Preuves, pag. 195. & suiv.

(2) Pr. p. 205.
(3) Pr. p. 209.

(4) Pr. p. 201.

(5) Pr. p. 207.

(*a*) Gazette de France de 1784. n°. 25. pag 101.

(6) Pr. p. 205. & suiv.

(7) Pr. p. 209.

Charge de Premier Ecuyer de MONSIEUR , en survivance de son pere , & en a prêté serment le 8. suivant; (1) avoit été présent au contrat de mariage de sa sœur , du 31. janvier précédent. (2)

(1) Preuves, pag. 207. & 208.

(2) Pr. p. 207.

Femme , LOUISE - FRANÇOISE LE TELLIER-DE MONT- MIRAIL-DE CREUZY , fille de Charles-François - Céfar le Tellier , Marquis de Montmirail , Seigneur de la Ferté- Gaucher, Capitaine-Colonel des Cent Suisses de la Garde du Roi , Brigadier de Ses Armées , Mestre de Camp du Régiment Royal Roussillon Cavalerie , & de Charlotte- Benigne le Ragois de Bretonvilliers, & sœur de Benigne- Augustine-Françoise le Tellier de Montmirail, épouse d'Am- broise-Policarpe de la Rochefoucaud, Duc de Doudeauville, mariée par contrat passé le 2. janvier & jours suivans 1780. de l'agrément du Roi, de la Reine, de MONSIEUR , de MADAME, de Monseigneur Comte d'Artois, de Madame Comtesse d'Artois , de Mesdames Elizabeth , Adelaïde , Victoire & Sophie de France. (3)

(3) Pr. p. 208, & 209.

X X V.

CHARLES-EUGENE de Montesquiou-Fezensac, né le 15. août 1782. (4)

(4) Pr. p. 211.

NOUS Généalogiste & Historiographe des Ordres du Roi, Certifions avoir composé le présent *Abrégé de la Généalogie de la Maison de Montes- quiou-Fezensac* sur les Chartes, Cartulaires, Titres originaux & Ouvrages dont les Copies & Extraits que Nous avons faits, font imprimés dans le Corps des Preuves qui fuit. A Paris ce vingt-neuf Mars mil fept cent quatre-vingt-quatre. *Signé* CHÉRIN.

EXTRAIT DES TITRES

SERVANT DE PREUVES

A LA GÉNÉALOGIE

DE LA MAISON

DE MONTESQUIOU-FEZENSAC.

Original du Cartulaire en vélin in folio de l'Eglife Métropolitaine de Notre Dame d'Auch, d'une écriture du XIIIe. fiecle, intitulé : *Cartulaire blanc de l'Eglife Sainte-Marie d'Auch*, cotté Y. N°. *III.* fol. 1. R°. & V°. & II. R°. de la cotte ancienne, & fol. 3. R°. & V°. & 4. R°. de la cotte moderne.

GÉNÉALOGIE DES COMTES DE GASCOGNE, DE FEZENSAC, D'ARMAGNAC ET D'ASTARAC.

(*Chapitre ou N°.*) II.

De Confulibus Guafconie.

Priscis temporibus ; cum Guafconia Confulibus effet orbata ; & Francigene timentes perfidiam Guafconum, Confules de Francia adductos interficere folitorum, Confulatum refpuerint, maxima pars Nobilium virorum Guafconie Ifpaniam ad Confulem Caftelle ingreffi funt, poftulantes, ut unum de filiis fuis eis in Dominum daret. Hic autem, quamvis audita perfidia eorum, fibi & filiis fuis timeret, fi quis ex ipfis venire vellet, conceffit. Tandem Sancius Mitarra minimus filiorum ejus, cum viris illis Guafconiam venit : ibique Conful factus, filium, qui Mitarra Sancius vocatus eft, genuit. Hic Mitarra Sancius genuit Garfiam-Sancium Curvum, qui tres filios genuit, Sancium-Garfiam & Guillelmum-Garfiam & Arnaldum-Garfiam, quibus Guafconiam divifit. Sancio-Garfie dedit majorem Guafconiam ; Guillelmo-Garfie dedit Fidentiacum ; Arnaldo-Garfie dedit Aftaracum. Sancius-Garfias genuit duos filios Manzeres, Sancium-Sancium & Guillelmum-Sancium. Guillelmus-Sancius genuit Nobilem Ducem Guafconie Sancium & fratres, forores ejus.

I.

Cette Généalogie eft imprimée dans le *Voyage littéraire de deux Religieux Bénédictins de la Congrégation de St. Maur*, (D. Edmond Martene, & D. Urfin Durand) imprimé in-4. Paris, 1727, feconde partie, pag. 40 & 41 : dans les *Chroniques Ecclifiaftiques du Diocefe d'Auch*. compofées par D. Louis-Clément de Brugeles, Camérier & Doyen du Chapitre Abbatial de Simorre, in-4. Touloufe, 1746. Preuves de la troifieme partie, p. 80 & 81, & dans le Recueil des Hiftoriens de France, t. 12, pag. 385 & 386.

Elle fe trouve auffi au Cartulaire du Chapitre de Lefcar, & dans le Tréfor des titres de la Maifon d'Alençon, à la Chambre des Comptes de Paris, *V.* l'Hiftoire de Béarn, par M. de Marca, pag. 198, 202 & 205, & le *Notitia Utriufque Vafconie*, par Oihenart, p. 429.

A

x

(*Chap.* ou N°.) I I I.

De Confulibus Fedenciaci.

Guillelmus - Garfias Conful Fidenciaci, genuit Otonem cognomine Faltam, &
Bernardum Lufcum qui conftruxit Monafterium Sancti Orientii & divifit illis Confulatum fuum; Otoni, dedit Fidenciacum; Bernardo, dedit Armaniacum. Oto genuit
Bernardum-Otonem, cognomine Mancium-Tineam; Bernardus-Oto genuit Eime-
ricum; Aimericus genuit Guillelmum Aftam novam, qui cum Auftendo Archiepifcopo
majorem edificavit Ecclefiam Auxitanam, que prius parva erat. Guillelmus Afta
nova genuit Aimericum, qui & Forto nominatus eft. Ifte Aimericus genuit Aftam
novam. Afta nova filium non genuit, fed filiam nomine Adalmur, matrem Benetricis,
que non genuit.

(*Chap.* ou N°.) I V.

De Confulibus Armaniaci.

Bernardus Lufcus Conful Armaniaci genuit Geraldum Trencaleonem. Geraldus
genuit Bernardum Tumapaler. Bernardus Tumapaler genuit Geraldum. Geraldus
genuit Bernardum. Bernardus genuit Geraldum & forores ejus.

(*Chap.* ou N°.) V.

De Confulibus Aftaraci.

Arnaldus-Garfias Comes Aftaraci genuit Garfiam-Arnaldi. Garfias-Arnaldi genuit
Arnaldum. Arnaldus genuit duos filios, Guillelmum & Bernardum Pelagoz.
Guillelmo dedit Aftaracum, & Bernardo-Pelagoz dedit Pardiniacum. Guillelmus
genuit Sancium. Sancius genuit Bernardum. Bernardus genuit Sancium.

Bernardus - Pelagoz genuit Otgerium. Otgerius genuit Guillelmum. Guillelmus
genuit Boamundum.

Notice, d'une écriture du XIVᵉ. fiecle, de la defcendance de la
Maifon de Montefquiou des anciens Comtesde Fezenfac, des Ducs
de Gafcogne, &c. étant à la fin de

l'Original du Cartulaire en vélin in 8°. de l'Eglife Métropolitaine
de Notre Dame d'Auch, d'une écriture du XIIIe. fiecle, intitulé:
Cartulaire noir de l'Eglife Sainte Marie d'Auch, cote Y. No. II. fol.
199. V°. d'une cote moderne.

Quod Dominus de Montesquivo originaliter defcendit a Rege Caftelle per filium
fuum Sancium Mitarra, qui venit Vafconiam, ibique Dominus factus, genuit filium
quem vocavit Mitarra Sancium & hic Mitarra Sancius, genuit Garfiam Sancium Curvum
qui tres filios genuit, fcilicet, Sancium Garfiam & Guillelmum Garfiam & Arnaldum
Garfiam, quibus Gafconiam divifit; Sancio Garfie dedit majorem Gafconiam; Guil-
helmo Garfie, dedit Fidenciacum; & Arnaldo Garfie, dedit Aftaracum. Quod autem
per istum Guilhelmum Garsie Comitem Fidenciaci Dominus meus predictus
de Montesquivo descendit, fufficiat profequi de ipfo; qui fcilicet Guilhelmus
Garfias genuit duos filios, fcilicet, Otthonem cognomine Faltam & Bernardum Lufcum,
& divifit illis terram fuam, ficque Ottoni dedit Fidenciacum & B. Armaniacum. Ottho
genuit B. Otthonem cognomine Mancium Tineam; B. Ottho genuit Aymericum. Ifta
omnia patent in principio libri, II. & III. Capitulis. Aymericus genuit Guilhelmum

3

Aftam novam, ficut patet fuperius III. Capitulo, & RAMUNDUM AYMERICI, ficut patet XXXVII. ub . . . Fremofenx, qui, fcilicet RAMUNDUS AIMERICI GENUIT ARSIVUM DE MONTESQUIVO, ficut patet ibi. Guilhelmus Aftanova genuit Aymericum qui Forto nominatus eft, & fuit COGNATUS PREDICTI ARSIVI DE MONTESQUIVO; patet Capitulo LVIII. (&c.)

Original du Cartulaire en vélin in fol. de l'Eglife Métropolitaine de Notre Dame d'Auch, d'une écriture du XIIIe. fiecle, intitulé : *Cartulaire blanc de l'Eglife Sainte Marie d'Auch*, coté Y. N°. III. fol. XXXVI. R°. & V°. de la cote ancienne, & fol. 38 R°. & V°. de la cote moderne.

I I.
Environ 926.

Donation de l'Eglife de S^t. Jean Baptifte d'Efpais à l'Eglife d'Auch, par Guillaume Garfie, Comte de Fezenfac.

(*Chapitre ou N°.*) LV.

De Sancto Johanne d'Efpais.

Omni, Ordini Sexui atque etati placuit notificari . . . . . quomodo GUILELMUS-GARSIE COMES DE FIDENTIACO, compunctus timore Dei, ut darem de rebus meis ad Beata Sancta Maria de Aufcia Civitate, de Alodio meo proprio quod habeo de juxta Elfa, in loco qui dicitur Spanis : dono ipfam Ecclefiam que eft fundata in honore Sancti Johannis Baptifte & aliorum Sanctorum, fimul cum minifterium ecclefiafticum, Cellas, Cellarios . . . Curtes, Curtilles, Ortos, Ortales, Orreos, intratum & exitum, terras cultas & incultas, filvis, pafcuis, pratis, fontibus, aquis aquarum vel decurfibus fuis, omnia dono ad Sanctam Mariam, fuisque Prefbiteris vel Diachonibus vel Subdiachonibus qui Sanctam Mariam deferviunt ad ufum Sancte Ecclefie, ut ante Dominum noftrum Jhefum Xpm. merear videre in diem Judicii & de meis peccatis mercedem habere. Facta donatio ifta in menfe madio, Regnante Rege Karolo, COMITE GUILELMO GARSIA DE FIDENCIACO, qui Cartam iftam rogavit fcribere vel firmare propter animam fuam. Signum Oriolodatus Vice-Comite; . . . fignum Oriolo Elfe, Centullus, Presbiter, rogatus fcripfit.

Cette Charte eft imprimée dans les Chroniques d'Auch, par D. de Brugeles. Preuves de la premie-re Partie, page 12. (Voyez les Chroniques mêmes, premie-re Partie, p. 74).

Extrait du traité *de Re Diplomaticâ* de D. Mabillon, page 572 & fuivantes.

I I I.
960 ou vers le commencement de 961.

Teftament de Raimond I, Comte de Rouergue, Marquis de Gothie, par lequel il fait un legs à Guillaume-Garfie, Comte de Fezenfac.

In nomine Domini. Breve codicillo quod fecit Raymundus Comes . . . . . Illo alode de Cantvalle, & illo alode de Donadfrancio * WILLELMO GARCIANÆ *remaneat dummodo vivit : poft fuum difceffum Sancti Petri de Condom, & Sancti Vincentii ad Aufcio remaneat.*

Ce teftament eft auffi imprimé dans les Chroniques d'Auch, par D. de Brugeles, 2. partie des Preuves, pag. 48.

* *Comite de Fezenfaco, Auxienfi in Vafconia.*
(Cette addition eft de D. Mabillon).

Extrait de l'Hiftoire de Languedoc, par D. de Vic & D. Vaiffette, tome II, page 94.

Entre les Vaffaux du Comte Raymond (premier Comte de Rouergue & Marquis de Gothie,) & divers Seigneurs à qui il fit des legs (par fon teftament du commencement de l'année 961 ou environ,) on peut remarquer GUILLAUME

GARCIAS, *le même, à ce que croit un habile Critique, (Mab. Dip. p. 573 ,) que le Comte de Fezenfac de ce nom, qui vivoit dans ce fiecle ; conjecture d'autant plus vraifemblable que le Comte Raymond fubftitue les deux alleus qu'il donne à Guillaume Garcias, aux Monafteres de Saint Pierre de Condom & de Saint Orens d'Auch.* (Ce teftament fe trouve dans les Preuves de ce volume, pag. 107 & fuivantes, & la feconde Eglife auxquelles font fubftitués ces deux alleux légués au Comte Guillaume-Garfie, eft fous le titre de S. Orens, (*Sancti Urentii.*)

I V.
Poftérieure à l'année 960.

Original du Cartulaire en vélin in-fol. de l'Eglife Metropolitaine de Notre Dame d'Auch, d'une écriture du XIIIe. fiecle, intitulé: *Cartulaire blanc de l'Eglife Sainte Marie d'Auch*, cotté Y. N°. III. fol. XXXIIII. V°. & XXXV. R°. & V°. & XXXVI. R°. de la cotte ancienne, & fol. 36 V°. 37 R°. & V°. & 38 R°. de la cotte moderne.

Donation des Eglifes de Saint Jean & de Saint Martin de Berdale, aux Chanoines d'Auch, par Othon (Falta) Comte (de Fezenfac.)

(*Chapitre ou N°.*) LIIII.

De Sancto Martino de Berdala.

Cette Charte eft imprimée dans les Chroniques d'Auch, par D. de Brugeles. Preuves de la premiere partie. pag. 14.

.... Ego .... in Dei nomen ODDO COMES ... dono atque concedo ad Beate Sancte Dei Genetrice Marie, vel Canonicis fuis qui ibidem Ecclefiam Deo ferviunt vel adveniendi funt, dono ibi aliquid de proprietate mea qui vifus fum habere vel poffidere infra Pago Aufcienfe, in loco que dicunt Sancti Johannis & Sancti Martini in Berdale, ipfas Ecclefias cum ipfo fundamento, cum intratus & exitus vel eicientias, cum pratis, pafcuis, filvis, aquis aquarum vel decurfibus earum, cum omni jure vel eicientias earum. Ifta omnia fuperius nominata trado atque concedo ad Sanctam Mariam in fede Pontificale, vel a Canonicis fuis, ut hoc perpetualiter habere debeant, ut de hodierno die pars Ecclefie hoc habeant, teneant, poffideant, ut quicquid exinde facere voluerint, liberam & firmiffimam habeant poteftatem .... Facta Cartula ifta in menfe madio, REGNANTE TRES FRATRES GERMANOS ODDONE COMITE, BERNARDO COMITE, FREDELONE COMITE, Rege Lothario Francorum. Facta fuperius fcripta Auriolo Uciandus, eo vivente, data funt ad Sanctam Mariam Aufcis, ad fuos fervientes & advenientes; & poft mortem Auriolo Uciandi item ibidem aderant, Bernardus Archiepifcopus ibi fuit. Siguinus Epifcopus. Signum Fredulo Comite ... Signum Oddone Comite, qui contradictione ifta fieri rogavit. Et fi ullus homo vel ulla femina vel ulla perfona ad ifta Carta inquietare voluerit, iram Dei in primis incurat omnipotentis & Judas Scarioth participetur in Infernum hic & in perpetuum, & fit ficut Etnicus & Publicanus & obforbeat eos terra viventes, ficut Datan & Abiron quos terra deglutivit (*&c.*)

Mention de diverfes donations faites par Othon (Falta) Comte de Fezenfac, à l'Eglife Cathedrale d'Auch.

Extrait du *Gallia Chriftiana*, édit. nouv. t. 1, p. 978, B.

Epifcopi Aufciences.

Bernardus I. (Il gouverna cette Eglife depuis environ 946. jufqu'en 960. au moins.)

Circa hæc tempora, ex veteribus tabulis OTHO COMES FESENSACI *ecclefiam metropolitanam variis donis auxit & exornavit.*

Gallia Chriſtiana, édition ancienne, tom. 1, pag. 99, col. 1.

Donation faite par Aimery, Comte de Fezenſac, fils d'Aſtanove, à l'Abbaye de Cluny, de celle de S. Lupere, fondée vers 970, par Bernard Othon, Comte (de Fezenſac), ſon biſayeul.

V.

Environ 970 & 1088.

Gallia Chriſtiana, édition nouvelle, tom. 1, pag. 1011. B.

Ego in Dei nomine AYMERIUS COMES, FILIUS ASTÆNOVÆ, *dedit Deo & Sanĉto Petro Cluniacenſi . . . . . quoddam monaſterium beatiſſimi Luperci martyris, in pago Eliſano conſtruĉtum, mei videlicet juris, regendum & ordinandum. Sciendum eſt autem, quod* BERNARDUS COMES PROAVUS MEUS, *quondam monaſtico ordini illud tradiderat, ut monachi regulariter ibi viverent; quod & multis annis fecerunt: ſed poſtea tepeſcente fervore ſæculariter vivebant: accepi ergo conſilium cum venerabili archiepiſcopo Auxienſi Willelmo, qui me ſæpius pro hujuſmodi terribiliter increpabat, dicens me damnandum fore, niſi ad priſtinam religionem illud revocarem, quod placuit mihi. Damus ergo præfatum monaſterium. domno Hugoni abbati Cluniacenſi, & ſucceſſoribus ſuis regendum & diſponendum, &c. Aĉtum anno Incarnationis Dominicæ* MLXXXVIII. *Sign. Domni Willelmi Auſcenſis archiepiſcopi. Sign.* DOMNI AYMERICI COMITIS *qui hanc cartam fieri juſſit & aliorum.*

Annales Benediĉtini, par D. Mabillon, t. 5, p. 241.

Præter cellam Gravenſem, de qua modo agebamus, inſtauratum eſt hoc anno (1087.) monaſterium Sanĉti Lupercii, martyris, ſitum in pago Eliſano, tunc diœceſis Auſcienſis. Illic olim monaſterium conſtruxerat Bernardus comes, ibique per multos annos monachi religioſiſſime vixerant: at proceſſu temporis abjeĉta regulari diſciplina, in tantam licentiam prolapſi erant, ut, votorum immemores, nefánda committerent, . . . His motus Willelmus Auſciorum archipræful, AIMERICUM COMITEM *prædiĉti* BERNARDI PRONEPOTEM, *ſæpius interpellavit, ut locum illum, qui ejus ditionis erat, in priſtinum ſtatum reſtitueret. Ejus monitis flexus tandem* AIMERICUS, ASTENOVÆ COMITIS FILIUS, *ſe culpabilem ac reum agnoſcens, quod monaſterium illud a* BERNARDO PROAVO SUO *extruĉtum, tam negligenter habuiſſet, aſſenſſu* CONJUGIS » SUÆ ÆVIERNÆ, *ac* FILII ASTENOVÆ, FRATRISQUE SUI BERNARDI, *prædiĉtum* » *locum domno Hugoni Cluniacenſi abbati, . . . tradidit, ab eodem abbate regendum* » *& poſſidendum, uti & ſanĉti Orientii monaſterium, in ſuburbio Auſcienſi poſitum,* » *quod* AIMERICI *itidem ditionis erat. Aĉtum anno incarnationis dominica* ∞ M LXXXVII. *in Romana eccleſia præſidente papa Urbano, regnante Philippo* » *rege Francorum v. Si mendum non irrepſit in nomen Romani pontificis Urbani, id faĉtum oportuit anno ſequenti, quo Urbanus papa creatus eſt.*

V I.

Environ 980?

Original du Cartulaire en vélin in-fol. de l'Egliſe Métropolitaine de Notre Dame d'Auch, d'une écriture du XIIIᵉ. ſiecle, intitulé: *Cartulaire blanc de l'Egliſe Sainte Marie d'Auch*, cotté Y. Nᵒ. III. fol. XXXIIII. Rᵒ. & Vᵒ. de la cotte ancienne, & fol. 36. Rᵒ. & Vᵒ. de la cotte moderne.

Partage de N. Sœur d'Aimery (I,) Comte (de Fezenſac).

(*Chapitre ou Nᵒ.*) LIII.

De Tremleda.

Superventuris fidelibus notificari placuit qualiter Guilelmus-Arnaldi de Tremleda,

Cette Charte eſt imprimée en extrait dans les Chroniques d'Auch, par D. de Brugeles, premi partie, p. 82.

pro comiſſo ſcelere ; terram cum Ruſtico dederit Beate .Marie ; iſdem namque ; impellente Diabolo , Presbiterum quendam propriis interfecit manibus ; tandem excommunicatis a bone memorie Domno W. Auſciorum Archiepiſcopus , terram qño ad opus vinee cum Ruſtico, pro penitentia allevianda , Beate memorie com- tradidit Marie *. Quod ſi cui videtur ambiguum, noverit Villam de Tremleda in partem diviſionis Domni R. primi Auſciorum Archipreſulis deveniſſe ; nam antea Curia Comitis fuerat , que cum Sorore ejuſdem Comitis Domni videlicet Aimerici primi, Arnaldo Pradneronenſi fuit data (&c.)

* Sic.

VII.

Environ l'an 1000.

Excommunication lancée contre Aimery (I), Comte de Fezenſac.

Extrait du *Gallia Chriſtiana* , édit. nouv. t. 1, p. 978. E.

Epiſcopi Auſciences. Garſias I.

LIV. *Garſiæ epiſcopatui duodecim annos tribuit antiquus index pontificum Auſcienſium. Recte itaque legitur inchoatus anno 982. a quo ſi computes octodecim annos, deſinet anno 999. aut 1000. Controverſias habuit cum* AIMERICO FESENSACI COMITE, *ob dominium de Vic ; quæ fuit cauſa, cur comitem à ſacris arceret , promul- gato interdicto.*

VIII.

Environ 1030.

Fondation de l'Abbaye de Saint Pé de Generez, au Dioceſe de Tarbes , de laquelle eſt témoin Aimery I, Comte de Fezenſac.

Hiſt. de Béarn , pag. 247 & 248.

Charta fundationis Monaſterii S. Petri Generenſis.

Ego Sancius præordinatione Dei , totius Gaſconiæ Princeps & Dux ... Conſtituo vobiſcum Virones hoc in loco Generenſi ... cænobium in honore B. Petri Apoſtolorum Principis , ... in praſentia Principum totius Gaſconiæ hic aſtantium ..... Ego igitur Sancius totius Gaſconiæ Princeps & Dux Primus juro ..... Garcias Arnardi Comes Bigorrenſis juravit. Bernardus Comes Armaniacenſis, AYMERICUS COMES FEDENCIACENSIS. *Bernardus Comes Pardiniacenſis* (&c.)

IX.

Environ 1034.

Donation du Monaſtere de Peſſan à l'Abbaye de Simore , par Guillaume Comte d'Aſtarac , de laquelle eſt témoin Aimery Comte de Fezenſac.

Gallia Chriſtiana , édit. nouv. t. 1, inſtr. p. 168.

* (Monaſterio ſci- licet Simoræ). Note marginale du *Gallia Chriſtiana.*

*..... Ego Guillelmus filius quondam comitis Arnaldi Aſtariacenſis ... monaſterium quod vulgo dicitur Patiano ... trado prædicto *... Hæc noſtra teſtificantium carta Benedictus urbis Romæ papa manu propria ſubarravit, Garcia archiepræſul,* AYMERICUS COMES FEZENCIACUS, *Petrus Toloſæ Epiſcopus , Rogerius comes Convenianenſis.*

Nota. D. Mabillon, *Annales Benedictines*, t. 4. p. 17. & l'Auteur du *Gallia Chriſtiana* , ont rapporté cette Charte ſous la date de 983 ; & D. de Brugeles, Chroniques d'Auch , preuves de la 2e. partie, p. 11, ſous celle de 1034 ou environ. Celle-ci s'accorde mieux avec les époques du Pontificat du Pape Benoit VIII, des Epiſcopats des Prélats, & des temps auxquels ont vécu les Comtes qui l'ont ſigné avec lui.

Original du Cartulaire en vélin in-fol. de l'Eglise Métropolitaine de Notre Dame d'Auch, d'une écriture du XIIIe. siecle, intitulé : *Cartulaire blanc de l'Eglise Sainte-Marie d'Auch*, cotté Y. N°. III. fol. XIIII. V°. & XV. R°. de la cotte ancienne, & fol. 16. V°. & 17. R°. de la cotte moderne.

Fondation des Chanoines Réguliers du Chapitre d'Auch, par l'Archevêque Raymond, & par Guillaume (Aftanove,) Comte (de Fezenfac.)

(Chap. ou N°.) XXVI.

De Conftitutione Canonicorum.

Pridie Kalendas marcii apud Civitatem Auxiorum GUILLELMUS COMES, & Raimundus Archiepifcopus conftruxerunt Canonicam in fede Archiepifcopali, per manus Rainardi, Presbiteri & Grammatici, per Aquitaniam & Gottiam, ad predicandum, a Deo adfciti, hec pro victu fuo & Canonicorum donantes Archidiaconatus V. Juliages, Savanes, Angles, Armaiag, Mannoac, Ecclefias d'Efpans, de Seran, medietatem de Odezan, a Sancta Xpina, * totum hoc quod habebat & terram de Gafan; fimiliter vineam & terras de Panicars, dedit fimiliter & medietatem oblationem & Penitentum, fimiliter medietatem Mercati & terras que ad fedis Ecclefiam pertinent.

Libertés accordées à l'Abbaye de S. Mont, par Bernard Tumapaler, Comte d'Armagnac, defquelles eft témoin Guillaume Aftanove, (Comte de Fezenfac).

Extrait du *Gallia Chriftiana*, édit. anc. t. 1. p. 100. col. 2. C.

Ego Bernardus comes cognomento Tumapalerius notum fieri volo, Monafterium Sancti Montis liberum effe volens a poteftate Principum & Laicorum . . . . feci, ut daretur falvatio Monafterii, cum omni honore acquifito vel acquirendo in circuitu, five in terris, villis, &c. . . . Hoc facramentum laudaverunt : poftea Dux & Comes Aquitanorum & Guafconum Willelmus Centullo, nepos meus, WILLELMUS ASTENOVE; . . Actum eft privilegium menfe martio, lunâ 1. indict. 3. epactâ XX. feriâ IV, regnante Henrico Francorum Rege.

Vente à l'Abbaye de Condom par Guillaume Aftanove, Comte (de Fezenfac), de la Terre de Caufac, acquife par le Comte Aimery, fon pere.

Extrait de l'Hiftoire de l'Abbaye de Condom, imprimée dans le Spicilege, *in-fol.* édit. 1723, t. 2. p. 588. col. 1.

In nomine ergo fumma & individua Trinitatis ego . . . Siguinus (Abbas) cæterique Fratres de quodam honore fancti Petri Caufac nomine, & omnibus fuis appendiciis cum GUILLELMO ASTANOVA COMITE conventionem habuimus, & ut noftro loco Sanctoque Petro redderetur, pretio licet gravi & cariffimo tandem impetravimus. Quem fcilicet locum . . . Sanctio Comes . . . dedit fuæ forori fcilicet Guarfindæ, poft cujus mortem . . . AMERICO COMITI vendidit, qui & FILIUM SUUM GUILLELMUM ejufdem honoris quafi heredem reliquit : de cujus manu vel poteftate, ut fupra diximus, tali conventione extraximus, ut pretium mille folidorum daremus, (&c.)

X.
Environ 1040.

Cette Charte eft imprimée dans le *Gallia Chriftiana*, édit. n. t. 1, inftr. p. 160, col. 1, & dans les Chroniques d'Auch, par D. de Brugeles, Preuves de la premiere partie, p. 17.

* Chriftina.

X I.
Environ 1050.

X I I.
Environ 1050.

XIII.
Environ 1050.*

Donation de la terre de la Caffagne à l'Abbaye de Condom, par Guillaume Aftanove, (Comte de Fezenfac.)

Extrait de la même Hiftoire, Spicilege, *in-fol.* t. 2. p. 592. col. 2.

* *Sic.*

COMES GUILLEM ASTANNANA * *dedit donationem de Ecclefia fanctæ Mariæ Caffania fancto Petro Condomenfi : & Abbas Siguinus & Monachi fancti Petri dederunt ad eum duos equos ex magno pretio :* (&c.)

XIV.
Environ 1060.

Donation de l'Eglife de Sparfac, à l'Abbaye de Peffan, de laquelle eft témoin Guillaume Aftanove (Comte de Fezenfac.)

Extrait du Cartulaire de Peffan. Chroniques d'Auch, Preuves de la deuxieme partie, p. 38.

. . . . *Ego Ugo de Sparfag dono me ipfum & Bernardum Ugonem filium meum, atque omnem Ecclefiam Sancti Petri de Sparfag Sancto Michaeli Petianenfi, ... Sig. Auftendi Archiepifcopi Auxitani, qui cum* WILHELMO ASTANOVA *Monafterium Sanctæ Mariæ Auxis fundavit. Sig. ipfius* WILHELMI ASTANOVÆ. *Sign. Wilhelmi Comitis Aftaracenfis.* (&c.)

XV.
Environ 1064.

Original du Cartulaire en vélin in-fol. de l'Eglife Métropolitaine de Notre Dame d'Auch, d'une écriture du XIIIe. fiecle, intitulé : *Cartulaire blanc de l'Eglife Sainte Marie d'Auch, cotté Y. N°. III.* fol. LXII. V°. & LXIII. R°. & V°. de l'ancienne cotte, & fol. 56. V°. & 57., R°. & V°. de la cotte moderne.

Reftitution faite à l'Eglife Cathédrale d'Auch, par Guillaume-Aftanove, Comte (de Fezenfac), d'une piece de terre dont il s'eft emparé, & donation à la même Eglife, par le même, de ce qui lui appartient à Priffian & à Sainte Chriftine.

(Chap. ou N°.) LXXXVIII.

Notitia de Cultura Beate Marie.

Cette Charte eft imprimée dans les Chroniques d'Auch, par D. de Brugeles. Preuves de la premiere partie, p. 20.

Notum fit omnibus tam prefentibus quam futuris, quod Cultura Sancte Marie que juxta Caftellum habetur, ex multis partibus collecta fuit & a multis poffefforibus obtenta. Sancius enim Beg & Guafen, uxor ejus, partem quam ibi habere dinofcebantur, Deo & Beate Marie pro anniverfario fuo, in perpetuum poffidendam, concefferunt. Preterea Arnaldus de Safornazs in eadem Cultura maximam partem hereditario jure poffidebat, quam licet francam haberet & non cenfualem, fub Dominio tamen Canonicorum habebat ; hanc partem Jacob Judeo vendidit, quo defuncto, Canonici quia de jure & Dominio eorum defcendebatur, in fuam vendicaverunt. Similiter Sancius de Fabrica & W. atque Fortasz in prefata Cultura tres particulas habebant, pro quibus Canonici totam terram quam in Comalonga poffidebant, eis commutaverunt & preter folam decimam liberam & francam dederunt. Comes etiam WILLELMUS ASTANOVA in pretexata Cultura portiunculam quandam, fcilicet ufque ad tres concatas, poffidebat, quam vi & potentia fua ab hominibus cenfualibus Sancte Marie extorferat ; hanc portiunculam dedit Beate Marie in perpetuum poffidendam, pro redemptione anime fue & fuorum, quando primus fundavit Ecclefiam

iftam

iſtam in honore ejuſdem Virginis Marie. Dedit & eodem tempore quicquid apud Priſſianum vel apud Sanctam Xp̄inam habere videbatur, hoc pacto ut ſi quis de poſteris ſuis hoc donum, temerario auſu, revocare preſumeret, nullatenùs ei liceret, ſed cum Datan & Abiron & Juda Scarioth eternis cruciatibus ſubjaceret. Hoc donum factum fuit & hec Carta in manu Domni Auſtiudi Archiepiſcopi, qui hanc Eccleſiam edificavit.

Extrait du Livre intitulé : *Notitia utriuſque Vaſconiæ*, authore *Arnaldo Oihernarto*, *in-° 4. Pariſiis*. 1656. p. 490.

AIMERICUS COMES FIDENTIACENSIS *duos procreavit filios*, GUILIELMUM *cognomento* ASTANOVAM & RAIMUNDUM-AIMERICI, *qui ex Auriana Mutana uxore filium ſuſcepit* ARSIVUM, MONTESQUIVI DYNASTAM, CAPUT STIRPIS BARONUM MOMTESQUIVENSIUM.

Original du Cartulaire en vélin in fol. de l'Egliſe Métropolitaine d'Auch, d'une écriture du XIIIᵉ. ſiecle, intitulé : *Cartulaire blanc de l'Egliſe Sainte Marie d'Auch*, cotté Y. N°. III. fol. XX. R°. & V°. de la cotte ancienne, fol 22. R°. & V°. de la cotte moderne.

Donation de l'Egliſe de Saint Laurent de Fremoſens, à la Cathédrale d'Auch, par Arſieu de Monteſquiou, fils de Raymond-Aimery frere de Guillaume-Aſtanove Comte de Fezenſac.

(Chap. ou N°.) XXXVII.

De Fremoſenx.

Notum ſit omnibus fidelibus tam preſentibus quam futuris, quod ego ARSIVUS DE MONTE ESQUIVO, FILIUS videlicet RAIMUNDI EIMERICI, FRATRIS COMITIS GUIZELMI ASTANOVE, dedi Eccleſiam quandam in honore Sancti Laurentii Martyris fundatam, Deo & Sancte Marie Sedis Auſcienſis, nec non & Archiepiſcopo Guilelmo atque Canonicis ejuſdem Loci, in villa mea que vocatur Fremoſenx, que michi procedebat ex alodio matris mee Auriane nomine de la Mota; pro remiſſione peccatorum meorum nec non & ſupradictorum parentum meorum; & ut firmior eſſet conceſſio, accepi a ſupradicto Archiepiſcopo Guilelmo LXX. Sol. Auſcienſis monete & ſuper altare Beate Marie manu mea cum Carta iſta donationem feci coram Canonicis ejuſdem Eccleſie & fide mea nec non & fidejuſſoribus Oggerio de Montealto & Perdigone de Camarada, illud tenendum promiſi: ſupradictam vero Eccleſiam ita ab integro donavi cum omnibus alodiis ſuis cultis & incultis & cum decimis & oblationibus ſuis, cum dominatione clericorum ibi manentium, quod nec ego nec aliquis ex parentibus meis cenſum vel dominationem ibi requirat.

Cette Charte eſt imprimée dans les chroniques d'Auch, par D. de Brugeles. Preuves de la premiere partie. p. 24. Elle eſt auſſi inſérée en entier dans le Procès-Verbal des Preuves de Nobleſſe, faites le 17. août 1713. par Louis de Monteſquiou, Prince de Raches, Oncle de M. le Marquis de Monteſquiou, devant Alexandré-Henry de Crequy, Marquis de Hemont, Jean-Charles de Bournel, Marquis de Mouchy, & Nicolas-Alexandre Baron du Pire. Commiſſaires à ce députés par la Nobleſſe des Etats d'Artois, pour y avoir entrée & ſéance. Elle eſt encore inſérée en extrait dans une Généalogie de la Maiſon de Monteſquiou, compoſée par le P. Antoine-Montgaillard, Jéſuite, Auteur d'une hiſtoire manuſcrite de Gaſcogne, ſa patrie, mort en 1626; & dans les Preuves de Nobleſſe de Joſeph de Monteſquiou, Comte d'Artagnan, grand-oncle, à la mode de Bretagne, du même Marquis de Monteſquiou, pour l'Ordre du Saint-Eſprit, en 1724. Enfin elle a été connue de l'Abbé le Laboureur, qui en a fait mention dans une Généalogie de ſa main de la Maiſon de Monteſquiou.

Donation de l'Abbaye de Saint Orens à celle de Cluny, par Aimery Comte d'Auch, & par Bernard, ſon frere.

Extrait du Cartulaire de Cluny.

Gallia Chriſtiana. Edit. nouv. t. I. Inſtr. p. 171. col. 2. B. C.

Noverint omnes quod ego AIMERICUS AUSCENSIS COMES, ET FRATER MEUS BERNARDUS, *pro peccatis noſtris &* WILLELMI PATRIS NOSTRI, *donamus Deo & ſancto Petro Cluniacenſi; in manu Domni Hugonis, abbatis & ſuis ſucceſſoribus ordinandum & diſponendum monaſterium ſ. Orientii, & quidquid modo poſſidet, ac in futurum poſſidebit, &c. Hoc donum fecit ſimul* RAIMONDUS AVUN-

Cette Chartre eſt rapportée par D. Mabillon, dans les Annales Bénédictines, t. 4. p. 678. en extrait fait d'après une autre plus étendue. Et il ajoute ces mots : *Quam donationem firmat Dominus Raimun-*

CULUS MEUS , &c. *Actum in claustro S. Orientii in præsentia Domni Hugonis abbatis Cluniacensis & aliorum. S. Domni Hugonis , abbatis. S. Domni Durandi Tolosani Episcopi. S. domni Willelmi , episcopi Convenarum. S. Domni Raimundi episcopi Lacturensis. S. Domni, ... abbatis S. Genii. S. Domni Willelmi abbatis S. Martini. Fr. Mallcavus. Actum Alexandro Papa , Philippo Francorum Rege ,* anno, ut puto, MLXVIII. In synodo Auscensi hoc anno habita de qua in Charta superiori.

XIX.
1068.

Donation de l'Eglise de Rimbez au Prieuré de S. Mont , par Bernard Forcez, dont est témoin (Aimery) Forton , Comte d'Auch.

Extrait du *Gallia Christiana.* Edit. anc. t. I. p. 103. col. 2.

Notum sit omnibus Ego Bernardus filius Guillielmi & Brachitæ uxoris per consilium uxoris meæ Asselinæ & patris mei Odonis Vice comitis Lomaniæ ....donamus Deo & S. Joanni de Sancto Monte , Abbati Hugoni Cluniacensi , Ecclesiam S. Mariæ de Arembodio (&c.) &c. Facta est carthula mense Oct. feria 5 Luna 30 ... Philippo Rege ....Sig .... FORTIS COMITIS AUSCIENSIS.

XX.
2, des Nones de Mai
1074.

Donation de l'Eglise de Villeneuve , à l'Abbaye de Condom , par trois freres du Comte de Fezensac , du tems d'Aimery Forton Comte de Fezensac.

Extrait de l'Histoire de l'Abbaye de Condom , imprimée dans le Spicilege , *in fol.* T. 2. p. 593 , col. 1.

Ab Incarnatione Domini nostri Jesus-Christi anno M. septuagesimo quarto , feria III. II. Nonas Madii , Luna VI. Philippo Francorum Rege regnante , & Gauffredo Guasconorum Duce , & AYM. RICO COMITE FIZENCIACO , idest , FORTO MILAS , & G. Bernardo Ausciorum Archiepiscopo , factum est ut in pago Fezenciaco tres fratres scilicet Forto-Bernardus de Villanova , & Ramundus-Bernardus , & Arnaldus-Bernardus dederunt beato Petro ; quandam Ecclesiam nomine Villanova , (&c.)

XXI.
1088.

Original du Cartulaire de l'Eglise Métropolitaine de Notre-Dame d'Auch , d'une écriture du XIIIe. siecle , intitulé : *Cartulaire blanc de l'Eglise Sainte Marie d'Auch ,* cotté Y. N°. III. fol. & 25. R°. & V°. XXII. V°. & XXIII. R°. & V°. de la cotte anciene , & fol. 24. V°. de la cotte moderne.

Restitution à l'Eglise d'Auch par Aimery Comte (de Fezensac) & par Astanove , son fils , de deux alleus , dont l'un nommé de Montbed , avoit été usurpé par Astanove , son pere.

(*Chap. ou N°.*) XL.

Aimericus Comes de F. S. Gafalason.

In nomine Domini. Ego AIMERICUS COMES , pro redemptione anime mee & parentum meorum , Alodium & honorem quem michi Forto Sancius Gafalason dedit , quamvis injuste , quia est juris Beate Marie Ausciensis , de quo multo tempore injusticiam feci predicte Beate Marie , qui honor & allodium est in potestate & dominatu Beate Marie , quicquid in predicto alodio & honore visus sum actenus possidere juste vel injuste , dono jam dicte gloriose Virgini Marie ; ego & FILIUS MEUS ASTANOVA & cum hac Carta suprà ipsius , firmamus &

corroboramus, & hoc in præsentia Domni W. Archiepiscopi & Clericorum ejus, a quibus pro prædicto honore LXXX. solidos Auxiensis monetæ accepi. Similiter de Alodio, de Montbed quod PATER MEUS ASTANOVA dedit injuste cuidam Militi Raimundo Bufa pro uno equo, quod alodium est in territorio Auxiensi, dominationem quam pater meus super predicto milite retinuit & ego super filium ejus hucusque habui, dono ab integro ego & filius meus Beate Marie. Facta est autem hec Carta, residente in Romana Sede Gregorio Papa VII. Regnante Philippo Rege Francorum. Testes hujus donationis sunt hi, Giraldus Miles de Arbeisano, Tedbaldus Miles Levitanensis, Bernardus de Cresteras, Petrus de Vig, & alii innumerabiles. Signum ejusdem Comitis. (*C'est une croix noire, cantonnée de quatre points rouges.*)

XXII.
1086.

Privileges accordés à l'Abbaye de Saint Lubere, autrement d'Euze, par Aimery Comte de Fezensac, Arnaud Donat Vicomte de Gavarret, Raymond Aimery de Montesquiou, & autres Seigneurs du Comté de Fezensac.

Extrait des Chroniques d'Auch. Preuves de la 2e. partie, p. 51. & 52.

Ad honorem Dei, & Beati Lupercii AYMERICUS COMES FIDENCIACI *, & Arnaldus Donati Vice-Comes Gavarreti ... & * RAYMUNDUS AYMERICI DE MONTESQUIEU... W. O. DE PARDAILHAN, *, & alii* PROCERES *Fidenciaci constituerunt & juraverunt Burgum & Civitatem de Elza super funem Tintinnabuli, dixerunt que quod S. Lupercius & sui constituerint in villa... Teloneas, Bucinatores, mensuras ... & prædicti proceres constituerunt & juraverunt Villam in perpetuo esse liberam, (* &c. *)*

Original du Cartulaire en vélin in fol. de l'Eglise Métropolitaine de Notre Dame d'Auch, d'une écriture du XIIIe. siecle, intitulé: *Cartulaire blanc de l'Eglise Sainte Marie d'Auch, cotté Y. N°. III.* fol. II. V°. & III. R°. de la cotte ancienne, & fol. 4. V°. & 5. R°. de la cotte moderne.

XXIII.
1090.

Donation de l'Eglise de Vic à la Cathédrale d'Auch, confirmée par Forton Comte (de Fezensac) & par Astanove, son fils.

(*Chap. ou N°.*) VI.

DE VICO.

Cette Charte est imprimée dans les Chroniques d'Auch. Preuves de la troisieme partie. p. 65.

..... Ego Petrus de Big recognoscens patrem meum & matrem *matrem* * meam & parentes meos in peccatis tenuisse Ecclesiam Sancti Petri de Big & decimas ejus, guerpivi illam Deo & Sancte Marie & Archiepiscopo W. Bernardi de Montalt & Canonicis Sedis ejus, pro remissione peccatorum patris mei & matris mee & aliorum parentum meorum, & mei ipsius, qui diu injuste tenuimus Ecclesiam illam & decimas ejus; & hoc totum dimisi & feci consilio COMITIS FORTONIS & FILII SUI ASTENOVE, & illi similiter quicquid ibi ad faciendum habebant & totam dominationem suam dimiserunt Deo & Sancte Marie & Archiepiscopo & Beate Marie Canonicis, & dominationem tocius honoris quem adquisituri erant habitatores loci illius, & eadem ipsa die, firmavit supradictus Forto Comes & ejus filius Astanova, jure jurando salvitatem ejusdem ville (*&c.*) ...

* Ce mot répété est bâtonné dans l'original.

Original du même Cartulaire de l'Eglise Métropolitaine de Notre Dame d'Auch, fol. XXI. R°. & V°. & XXII. R°. & V°. de la cotte

XXIV.
1094.

ancienne , & fol. 23. R°. & V°. & 24. R°. & V°. de la cote moderne.

Confirmation par Aimery (II.) Comte (de Fezenfac), de la donation faite par le Comte (Guillaume) Aftanove , fon pere , à l'Eglife d'Auch , du lieu de Sainte Chriftine , & ratification de cette confir-mation par Aftanove , fils du même Comte Aimery.

(Chap. ou N°.) XXXVIIII.

De Sancta Xpina.

<table>
<tr><td>Cette Charte eft imprimée dans les Chroniques d'Auch. Preuves de la premiere partie. p. 25.</td><td>EGO AIMERICUS COMES , FILIUS ASTANOVE COMITIS , donum quod PATER MEUS ASTANOVA de Villa Sancte Xpine Beate Marie fecerat , per multum temporis calumnians , dicens patrem meum non dediffe ipfius ville Miliciam ; tandem jufticiam recognofcens , laudavi donum quod pater meus fecerat ; & ex parte mea dedi Beate Marie predictam Villam. , pro peccatis meis , totam & ab integro , ficut pater meus tenuerat & poffederat , nec non & Domno Guilelmo Archiepifcopo & fucceffloribus ejus , Sedifque Aufcienfis Canonicis. Eft autem ibi honor Wilelmi Aurioli de Sotones , honor videlicet Arnalt Afi d'Ezpui , & honor de Lofta villa , nec non & honor Hugonis dez Gavarred & quod in predicta Villa habet & vicaria quam Villicus ibi tenet : de his omnibus dedi Senioratum & Dominatum Beate Marie in manu Wilelmi Archiepifcopi, ficut pater meus & ego habuimus & tenuimus. , tali conditione ut nullus Epifcoporum , Prepofitorum vel Clericorum audeat dare vel vendere alicui hominum de honore predicte ville ; quod fi fecerint , heredes mei auferant quibus datum fuerit , & reddant Beate Marie abfque calumnia & aliqua contradictione. Si quis autem filiorum vel parentum vel fucceflorum meorum hoc donum quod pater meus & ego , pro peccatis noftris , fecimus , infringere vel evacuare prefumpferit , iram Dei & Beate Marie incurrat , fit que a Sancte Marie gremio expulfus & eliminatus , donec ad emendationem & fatisfactionem veniat. Factum eft hoc donum apud Monafterium Elifanum fub ulmo ante Ecclefiam Sancti Lupercii, Martyris , anno ab Incarnatione M. XCIIII. refidente in Romana Sede Papa Urbano, Regnante Philippo Rege Francorum. Ut autem hoc donum firmum & ftabile per-maneat, dedit predictus Archiepifcopus Comiti Aimerico LX. Sol. morlanos ; antea enim dederat ipfi Comiti , pro eodem honore , C. Sol. ejufdem monete. Fidejuffores hujus negocii fuerunt Raimundus Bernardi de Montalt & Giraldus de Arbeifani ; Vifores & teftes idem ipfi & UXOR COMITIS BIVERNA , & BERNARDUS FRATER COMITIS, nec non & Petrus de Vico & Bernardus de Cafanova & alii quam plurimi. Hoc donum laudavit , firmavit & corroboravit poftea ASTANOVA in manu Archiepifcopi W. in Urbe Aufcienfi , fub ulmo ante Salam. , in prefentia patris fui & matris. Valeat in perpetuum. Amen. (&c.)</td></tr>
<tr><td>XXV.
14. Octob. 1095.
ou 1096.</td><td>Dédicace de l'Eglife de l'Abbaye de Saint Pé de Generez , au Diocèfe de Tarbes , de laquelle eft témoin Aftanove , Comte de Fezenfac.</td></tr>
</table>

Extrait du Cartulaire de Saint Pé de Generez.

Hift. de Bearn , p. 357. (Voyez auffi les Chroniques d'Auch , Preu-ves de la premiere partie , p. 25. & 26.)

Anno ab Incarnatione Domini MXXVI. (legendum 1096) Indict. Epacta XXII. II. Idus octobris , præfidente Romana Ecclefiæ Urbano II. Papa , incitante Odone II. tertio Abbate Generenfi, convenerunt ad idem monafterium Guillermus Aufciorum

Archiepiscopus ; atque prædictus Odo Abbas simulque Episcopus Olorensis. Bernardus Præsul Bigorrensis , Sancius , Lascurrensis , Bernardus etiam Episcopus Aquensis. Et dedicaverunt Ecclesiam in honore Apostolorum Petri & Pauli. Ipsisque simul monentibus & præcipientibus accesserant totius Vasconiæ , tam PRINCIPES , quam populi , & renovaverunt salvitatem B. Petri , quæ nuper à Sancio Comite ejusdem loci constructore firmata , pene oblivioni tradita fuerat. Inprimis accessit ad jurandum Beatrix Comitissa Bigorrensis , Gasto Vicecomes Bearnensis juravit , ASTANOVA COMES FIDUACENSIS , Augerius Vicecomes Mirimontes & filii ejus , (&c.)

Extrait du *Gallia Christiana.* Edit. nouv. T. I. p. 1253. B.

`. . . .` *Basilica* (Sancti Petri Generensis) *fuit dedicata in celeberrimo præsulum & procerum cœtu , anno 1096. in honore SS. apostolorum Petri & Pauli. Tuncque accesserunt totius Vasconiæ tam principes quam populi , & renovaverunt salvitatem B. Petri a Sancio comite ejusdem loci constructore firmatam. Inprimis accessit ad jurandum Beatrix comitissa bigorrensis , & Gasto vicecomes Bearnensis. Post ipsos jurarunt* ASTANOVA COMES FIDENCIACENSIS, *Augerius vicecomes Mirimontis* , (&c.)

Original du Cartulaire en vélin in fol. de l'Eglise Métropolitaine de Notre Dame d'Auch , d'une écriture du XIIIe. siecle , intitulé : *Cartulaire blanc de l'Eglise Sainte Marie d'Auch* , cotté Y. N°. III. fol. LXX. R^o. & V^o. de la cotte ancienne , & fol. 64. R^o. & V^o. de la cotte moderne.

Donation à la Métropole d'Auch , par Arsieu de Montesquiou , de ses droits sur les Eglises de Saint Martin de Berdale , d'Angles , &c. en y vouant Bernard , son fils , en qualité de Chanoine.

(Chap. ou N^o.) CIII.

De Arsivo de Montesquiu.

In nomine Domini nostri Jhesu Xpi. Ego ARSIVUS DE MONTESQUIVI, ob remissionem peccatorum meorum , trado & in Canonicum offero hunc filium BERNARDUM, Deo & Beate Marie Auxiensis Ecclesie ; dono etiam cum eo , Deo & Beate Marie , quicquid juris habeo vel ex paterna successione habere debeo , in Ecclesiis ubicunque sint , videlicet in Ecclesia Sancti Martini de Berdala , in Ecclesia d'Angles , de Basiano , d'Esparos , de Fremesencs. Nullus igitur de posteritate mea Ecclesiam Auxiensem ulterius super hoc inquietare presumat ; quod si quis, Diabolico furore commotus, donationem hanc in irritum revocare temptaverit , anatematis gladio sevius percellatur & cum * Datan & Habiron maledictioni Divine in perpetuum subjiciatur, ac luminibus Sancte Marie *Sancte Marie* * universalis Ecclesie longius sequestretur , a sacrá communionem Dominici Corporis ac Sanguinis , ut indignus, alienetur, honore sepulture privetur, omnique beneficio tocius Xpianitatis spolietur. HIC ARSIVUS GENUIT BERTRADUM . CUJUS FILIUS NOMINE RAIMUNDUS AIMERICUS. post excursum longi temporis , in Ecclesia Auscitana sese canonicavit , & hujus modi donationem AVI SUI super sanctum altare * Marie propria manu confirmavit.

Original du même Cartulaire de l'Eglise Métropolitaine de Notre-Dame d'Auch , fol. XXXVIII. V^o. & XXXIX. R^o. & V^o. de la cotte ancienne , & fol. 40 V^o. & 41 R^o. & V^o. de la cotte moderne.

Donation d'une vigne ou vignoble , par Astanove , Comte de

XXVI.
Environ 1096.

Cette Charte est imprimée dans les Chroniques d'Auch. Preuves de la premiere partie. pag. 24.

* Sic , mais ce doit être *eum.*
* Ces deux mots sont répétés dans l'original.

* Le mot *Beate* ou *Sancte* a été oublié dans l'original.

XXVII.
1098.

Fezenſac, étant ſur ſon départ pour Jeruſalem, à Raimond Archevêque d'Auch, ſon frere utérin.

(*Chap. ou No.*) LVII.

De Vinataria.

Dominus Comes Astanova in die ſue peregrinationis quo Iheroſolimitanum arripuit iter, in Communi Capitulo Canonicorum Sancte Marie, de illa quam vulgus vinatariam vocat, tale edictum dedit. Ego. **Astanova Fidenciacensis Comes**, pro innumeris, cotidianiſque meis exceſſibus, proque etiam genitorum meorum animabus, guerpitionem facio tam pro me quam etiam pro eis qui poſt me futuri ſunt Domini, de ea que vulgo Vinataria dicitur, tali pacto, quod ſi ego, Deo annuente, reverſus fuero, frater meus & hujus civitatis habitatores emant a me, conſilio mei, amicorumque meorum. Si autem me ultima ſors rapuerit, propriumque Lar reviſendi a Deo omnium Arbitre michi licentia fuerit denegata, eidem Verbo pro nobis humanato, eam relinquo, ne ullo umquam tempore recuperetur. His dictis ante altare intemerate Virginis veniens, eademque repetens, manu própria ſua ſuper ſancta * firmavit. Horum verborum auditores factique viſores, ſcilicet, Ego **Raimundus Ausciorum Archiepiscopus, suprafati Comitis frater uterinus,** Stephanus Bego. (&c.)

Promeſſe faite par Bernard, Vicomte de Benauges, de donner ſatisfaction à la Cour des Pairs de Gaſcogne, dont le premier eſt Guillaume-Aſtanove, Comte de Fezenſac, ſur les plaintes faites contre lui, au ſujet d'un ſubſide qu'il a impoſé ſur le Bourg de la Réole ſur Garonne.

Charte autentique de l'Abbaye de la Réole ſur Garonne. Hiſtoire de Bearn, pag. 387.

Anno ab Incarnatione Domini noſtri Jeſu Chriſti, milleſimo centeſimo tertio. Philippo Rege ſuperſtite, Ludovico tamen filio ſuo indolis & probitatis memorandæ juvene, Franciæ temonem obtinente. W. Pictavienſium Conſule Vaſconiæ gubernaculo præſidente, Bernardus Vice comes in B. Petri Regulæ burgo teloneum ſtatuit. Infra: Ad quem cum Comes Vaſconiæ, Principibus ſe comitantibus perveniſſet, Asta-nova Comite *ſcilicet* de Fedensac, *& Bernardo de Armaniac, nec non Gaſtone Vice comite de Bearn... Vice comes Comiti ſe ſatisfacturum promittit.* &c.

Original du Cartulaire en vélin in folio de l'Egliſe Métropolitaine de Notre Dame d'Auch, d'une écriture du XIIIᵉ. ſiecle, intitulé: *Cartulaire blanc de l'Egliſe Sainte Marie d'Auch,* cotté *Y. N°. III.* fol. XXXIX. V°. XL. R°. & V°. & XLI. R°. de la cotte ancienne, & 41 V°. 42. R°. & V°., & 43. R°. de la cotte moderne.

Sentence ſur les limites des Paroiſſes de Sainte Marie & de Saint Orens d'Auch, dans laquelle eſt nommé Arſieu de Monteſquiou, couſin de (Aimery II.) Forton, Comte de Fezenſac & poſſeſſeur par droit héréditaire des Comtes, d'une piece de terre confrontant à ces limites.

(*Chap. ou N°.*) LVIII.

De Parrochia Sancte Marie.

Notum ſit omnibus tam preſentibus quam futuris, quod Garſia Eiz, Prior Sancti Orientii, ivit Romam, facturus querimoniam ſuper Parrochia Sancti Orientii &

Marginal notes (left column):

Cette Charte eſt imprimée dans les Chroniques d'Auch. Prenves de la premiere partie. p. 26. & 27.

* On a oublié dans l'original le mot *Evangelia.*

XXVIII.
(1103. ou 1104.

Cette Charte eſt auſſi imprimée ſous la date de 1104, dans les Preuves de l'Hiſtoire des Comtes de Poitou, par Beſly. p. 426. Voyez l'Hiſtoire même. p. 109.

X.
Environ 1145.

Cette Charte eſt imprimée dans

Sanĉte Marie, in tempore Eugenii Pape, contra W. Auxitanum Archiepiscopum, ac Sedis Romane Legatum, ad quem respondendum W. Archiepiscopus misit duos Archidiaconos, Magiftrum Petrum & Fortanerium, qui coram Domno Papa rationibus adversariorum responderunt & suas diligenter protulerunt. Eugenius vero Papa, auditis utrumque rationibus, judicium hujuscemodi cause in Arbitrium G. Burdegalensis Archiepiscopi, & H. Agennensis Episcopi & M. Abbatis de Fiag, transtulit, qui Auxim Civitatem adirent & terminos utriusque Parrochie viderent, & juxta possibilitatem sue discretionis litem pacificarent. Quo audito W. Archiepiscopus valde gavisus predictos Judices per litteras tandem per se viva voce advocavit, qui se venturos promiserunt & diem in quo causa examinaretur constituerunt. Sed cum dies designatus instaret G. Burdegalensis Archiepiscopus, infirmitate detentus, predicto negocio interesse non potuit, & ideo Agenensis Episcopus & Fiagensis Abbas venire voluerunt. Sed Bernardus Tarbensis Episcopus affuit, & B. Tolosanensis Prepositus & Abbates & Priores & alii Sapientissimi viri affuerunt, qui litem pacificare laboraverunt. Tandem placuit Priori Sancti Orientii, & placuit Archiepiscopo ut examen predicte litis ponerent sub judicio F. Prioris Sancte Marie Tolosanensis, & B. Prepositi Sancti Stephani, tali pacti ut ille qui concordiam & finem predictorum judicium non susciperet & firmiter non observaret, CCC. sol. amitteret. Diem igitur constituerunt Judices, & quam plures alii Sapientes affuerunt, uterque vadimonia CCC. solidorum in manibus Judicum posuerunt. Judices vero monstrationem terminorum predictarum Parrochiarum petierunt. Quam monstrationem fecit W. Archiepiscopus & Canonici Sancte Marie, preeuntibus hominibus centenariis, qui etiam a Patribus centenariis & nonagenariis acceperant; incipientes autem ab albo lapide qui est versus Orientem juxta Domum Leproforum; & recta liena, venerunt usque ad locum ubi Rivus nomine Naftran intrat ftumen Ercii, inde vero ad portas de Valle ftercorofa, quarum una est in Parrochia Sancte Marie, altera in Parrochia Sancti Orientii; deinde per convallem Civitatis recta linea usque ad oram putei; exinde recta linea usque ad murum ubi difterminatur terra Contrarion de Priffag & Sancti Orientii, & ubi antiquitus fuerunt porte quas appellaverunt Daurfigas, QUAM TERRAM OLIM POSSIDEBAT, HEREDITARIO JURE CONSULUM, ARSIVUS SENEX DE MONTESQUIU, COGNATUS FORTONIS COMITIS FEDECIACENSIS, sed postea dedit illam CONTRARIO DE PRISSAG, suo Cognato, & ille, junctis manibus, devenit suus homo. Item BERTRANDUS DE MONTESQUIU, FILIUS PREDICTI ARSIVI, dedit postea eandem terram Oddoni de Priffag, filio Contrario, & ipse similiter fecit ei hominium, junctis manibus. Ifte vero Bertrandus erat in hac monftratione teftis & auctor cum W. Archiepiscopo. Deinde a predictis portis, extra murum ab extremitate Culture Sancte Marie, per viam publicam, usque ad vas duarum Sororum; inde per antiquam viam que vadit in Bornag, & inde in Carboneras, inde in Efpol. Facta tandem monftratione & auditis utrumque rationibus, Judices judicaverunt quod Sanctus Orientius haberet censum quem reddere debent illi qui infra terminos manent, & Sancta Maria haberet Parrochiam vivorum & sepulturam mortuorum.

les Chroniques d'Auch. Preuves de la premiere partie. p. 35 & 36.

Elle eft encore rapportée en extrait dans la Généalogie de la Maison de Montesquiou, composée par le P. Montgaillard, Jésuite; dans le Procès Verbal des Preuves de M. le Prince de Raches, faites en 1713. devant MM. les Marquis de Crequy-Hemon & de Monchy & Baron du Pire, Commiffaires des Etats d'Artois; & dans celles de M. le Comte d'Artaignan, pour l'Ordre du S. Efprit en 1724.

Engagement à l'Abbaye de Berdoues par Raymond-Aimery de Montesquiou, de sa terre de Villeneuve, &c.

XXX.
1151.

Original du Cartulaire en parchemin in folio de l'Abbaye de Berdoues en Aftarac, au Diocèse d'Auch, d'une écriture du XIIIe. siecle, fol. 67, V°. col. 1 & 2.

DE ARTIGIS.

Sciendum est quod RAIMUNDUS-AIMERICUS DE MONTESQUIU, dictus FILIUS

BERTRANDI DE MONTESQUIU , bono animo . . . . misit in pignus, pro quadraginta
sol. Morlanorum, Arnaldo Abbati Berdonarum , & Conventui ejusdem loci, totam ex
integro terram suam de Villanova, de Casali de la Gorga. . . . . Factum est hoc anno ab
Incarnatione Domini M°. C°. LI°. Regnante Lodovico Rege Francorum, Sancio
Astaracenci Comite. Guillelmo Auxitano Archiepiscopo.

XXXI.
1167.

Affranchissement de biens appartenans à l'Abbaye de Berdoues ,
situés dans la terre d'Estipoy , par Raymond-Aimery de Montesquiou.

Original du même Cart. fol. 67 , V°. Col. 2 , & fol. 68 , R°. Col. 1.

DE ARTIGIS.

Sciendum est quod RAIMUNDUS AIMERICUS DE MONTESQUIU , bono animo. . . .
quando comparavit Castellum d'Estipuey de Raimundo de Sairle , concessit & absolvit
& andorgavit Arnaldo Abbati Berdonarum & Conventui ejusdem loci presenti & futuro,
omnia dona , omnes compras & omnia pignora & totum hoc quod habebant...in predicto Castello . . . ut habeant & possideant . . . sine omni sua & suorum contradictione.
Concessit etiam predictus Raimundus Aimericus predicto Abbati & predicto Conventui,
totam ex integro decimam predicti Castelli de Estipuey , quam Ramundus de Sairle
impignoraverat predictis habitatoribus Berdonarum, pro LXX. Sol. Morlanorum, quos
septuaginta sol. Morlanorum predictus Raimundus Aimericus debet reddere predictis
habitatoribus Berdonarum quando predictam decimam recuperare voluerit. Donavit
etiam predictus Raimundus Aimericus predicto Abbati & predicto Conventui pascua
& erbagges , & liberum introitum & exitum & espleitam per omnes terras suas,
exceptis terris bladatis , ortis & vineis cultis , pro amore Dei & remissione peccatorum
suorum ; & pro hoc dono fuit receptus in omnibus beneficiis Domûs Berdonarum. . . .
Hujus rei testes sunt Geraldus Tolosanus Episcopus , qui debet esse auctor & bonus
amparator, de omnibus predictis, habitatoribus Berdonarum , Raimundus de Sairle (&c.)
Factum est hoc anno ab Incarnatione Domini M°. C°. LXVII°. Regnante Lodovico
Rege Francorum. Sancio Comite Astaracensi. Guillelmo Auxitano Archiepiscopo.

XXXII,
1184.

Engagement de diverses pieces de terres à l'Abbaye de Berdoues ,
par Raymond-Aimery de Montesquiou , Pictavine son épouse , &
Raymond-Aimery , leur fils.

Original du même Cart. , fol. 35. R°. col. 2. & V°. col. 1 & 2.
& fol. 36. V°. col. 1.

DE MONTESQUIVO.

Sciendum est quod RAMUNDUS AIMERICUS DE MONTESQUIU , & PEITAVINA
UXOR EJUS , & RAMUNDUS AIMERICUS DICTUS FILIUS EORUM, bono animo. . . .
miserunt in pignus pro M. CC. sol. Morl. Arnaldo Abbati Berdonarum ,
& Conventui ejusdem loci , totas ex integro terras cultas & incultas quas habebant
& habere debebant per se vel per aliam personam , de Mazeras ensus usque a Tels
ante Baisiam , que transit per Berdonas , & retro , scilicet, a Doms & a Senclem ,
& a Paderns Mazeroles , & ad Sauloer , & in omnibus pertinentiis earum , & totas
las lauzedas que modo sunt & in antea esse poterunt infra predicta loca , & infra
prescriptos terminos & totas las vegairias quas habebant & habere debebant in
omnibus terris cultis & incultis , quas Fratres Berdonarum tenent & possident pro
dono vel pignore , . . . cum ingressibus & egressibus, aquis, pascuis & nemoribus ,
cum decimis & premiciis , & cum omnibus ad venatum pertinentibus ; ut habeant &
possideant

possideant ipsas terras & trium Ecclesiarum decimas, scilicet, duarum Ecclesiarum de Ulmis & Ecclesie de Sancto Clemente ..... Factum & confirmatum est hoc totum in manu Domni Giraldi Auxitani Archiepiscopi ...... hoc anno ab Incarnatione Domini M°. C°. LXXXIIII°. Philippo Rege Francorum Regnante. Giraldo Auxitano Archiepiscopo. Eisemeno Astaracensi Comite.

Original du Cartulaire en vélin in 8°. de l'Eglise Métropolitaine de Notre Dame-d'Auch, intitulé: *Cartulaire noir de l'Eglise Sainte Marie d'Auch*, cotte *Y*. *N°. II*. fol. 140. R°. & V°. 141. R°. & V°. 142. R°. & V°. & 143. R°. & V°.

XXXIII.
de 1170 à 1190.

Charte qui contient des détails sur la guerre que se firent Geraud de la Barthe, Archevêque d'Auch, & Bernard Comte d'Armagnac; & sur celle de Raymond-Aimery de Montesquiou, neveu de ce Prélat, avec Geraud d'Arbeissan.

(*Chap. ou N°.*) CXIII.

De R. Aimerico & terra de Berdale.

Notum habeant tam presentés quam posteri, quod cum RAIMUNDUS AIMERICI DE MONTESQUIVO captus esset a Gerardo de Arbeissano, cum quo guerram habebat, & in castro de Lavardenc vinculis ferreis mancipatus, venerabiles viri Bernardus Episcopus Bigoritanus, & Geraldus de la Barta, tunc Auscitanus Archidiaconus, avunculi ejus, ut solveretur, diu laboraverunt: tandem, cum multis impedientibus causis, id de facili fieri non posset, prefatus G. obsidem pro eo se posuit in predicto castro; nominatus autem R. Aimerici inde exiens, visitatis parentibus & amicis suis, & postulante ab eis super hoc auxilio, cum redemptionem habere non posset, in magna constitutus angustia veniens Auxim, magna precum instancia supplicavit Domno Archiepiscopo felicis memorie W. & Canonicis Beate Marie Sedis Auscitane, ut super terra sua de Berzale, nomine pignoris conderent sibi necessariam pecuniam. Unde factum est quod Canonici, habito cum Domno Archiepiscopo super hoc consilio, acceperunt in pignus pro septingentis solidos Morlanensis monete prefato R. Aimerico ad multas preces ejus omnem terram suam de Berzale cultam seu incultam, & omnia jura sua quecumque in Ecclesiis, Villis, Rusticis & redditibus quocumque modo ibi possidere videbatur. Omnia si quidem hec predictus R. Aimericus impigneravit Canonicis Beate Marie, bona fide & absque malo ingenio, pro se & tota successione sua, pro predicta peccunia; & ut in omnibus his major indubitanter adhiberetur sibi fides, optulit se Deo & Beate Marie in jam dicta Ecclesia in Canonicum; & dum vixit cum esset ibi, tamquam Canonicus prebendam accipiebat, & adhuc fit tandem pro eo quantum pro aliquo Canonico defuncto. Procedente vero tempore cum prelibatus G. promotus esset in Episcopum Tolosanum, quoniam amore predicti nepotis sui propensiori cura prefatam Berdale quam ut defenderet, Canonici consilio & assensu dicti Domni Archiepiscopi & R. Aimerici, commendaverunt eidem Episcopo nominatam terram & Ecclesiam de Marsano. Postmodum defuncto bone memorie dicto Archiepiscopo nominatus G. Episcopus Tolosanus electus fuit in Archiepiscopum; quod utique grave fuit nimis Domino B. Arman. Unde ipso adeunte Ecclesiam Romanam, pro habendo pallio, ipse B. occupavit violenter & indebite Ecclesiam Auscitanam; rediens vero nominatus G. jam Archiepiscopus a Curia Romana per Religiosos viros Episcopos, Abbates & alios amicos & parentes utrorumque, & deinde per se ipsum quacumque potuit precum

C

instantia, prefatum B. diligenter & humiliter convenit & exoravit, ut prescriptam Ecclesiam sibi redderet ut suam propriam, & que ad ipsum B. nullo prorsus jure spectabat; quod si quidem idem B. pravorum usus & fultus consilio facere renuit: Archiepiscopus vero habito super his jam dicti nepotis sui R. Aimerici & aliorum amicorum consilio, jus suum armis prosequi decrevit. Unde Ecclesiam predictam de Marsano, consilio, voluntate & assensu ejusdem nepotis sui R. Aimerici, contra B. Armaniacensem munivit. Postmodum vero idem B. collecta non modica manu militum & peditum, ex improviso de subito irruit in prefatam Ecclesiam de Marsano, eamque & turrem que in capite Ecclesie eminebat, diruit. Tandem sopita inter G. Domnum Archiepiscopum & B. Armaniacensem predicta guerra, prefatus R. Aimerici Auxim veniens in Capitulo coram Archiepiscopo & Canonicis movit querimoniam super destructione prescripte Ecclesie & turris, dicens occasione eorum & guerra hec esse demolita; & iccirco hec ab eis in pristinum statum * debere restitui. Ad quod Canonici responderunt unanimiter asserentes predictam guerram inter Domnum Archiepiscopum & B. Armaniacensem nunquam suo factam aliquo modo fuisse consilio, voluntate vel assensu, & ideo in nullo se ei teneri. Post multum autem verborum super hoc disceptionem, ad preces & instantiam Domni Archiepiscopi, Canonici gratia habende in posterum pacis, ne quis de successione sua occasione hac injuste eos inquietare, seu molestare falso posset, concesserunt & firmiter statuerunt ut per triennium sequens quicquid ad Celerarium Beate Marie, & commune eorum ibi spectabat, in restitutionem jam dicte Ecclesiæ & turris de Marsano cederet; quod nimirum eidem R. Aimerico valde placuit, & pro paccato se de hoc tenuit, & constituit ibi ad hoc recipiendum, & opus perficiendum villicum suum quendam nomine W. Sans, cognomento Eisevid, hic quidem predictos redditus percepit per tres continuos annos, quibus predicta Ecclesia & turris in majori quantitate & fortitudine & altitudine restaurari posset; sicque factum est quod ipse omnia hec in inutiles usus consumpsit, & Ecclesia Auscitana magna inde eo tempore incurrit incommoda. Postea vero cum idem R. Aimerici Jherosolimam ire disponeret, & ad hoc perficiendum ab avunculo suo nominato Archiepiscopo sumptus necessarios expereret, ne Domnus Archiepiscopus ejus peticioni satisfaceret, Geraldus de Archomont & Forto de Anglès, Archidiaconi Auscitani, cum Ezicio de la Serra, & Garsia de Arroeda ejusdem Ecclesie Canonicis, ex parte sua & conventus Auscitane Sedis, & Domni Pape, inhibuerunt, quousque dicte querimonie pro se & tota successione sua renuntiaret; cumque idem R. à Domno Archiepiscopo pertinaciter instaret, ut postulatum sibi subsidium conferret, respondit Domnus Archiepiscopus non se venturum aliquo modo contra predictorum virorum inhibitionem, nec se ei quicquam de his que postulaverat facturum; unde factum est quod ipse R. Aimerici, habito super hoc parentum & amicorum suorum consilio, constitutus apud Montecassinum juxta castrum Diverii, cum jam arripuisset viam versus J. rosolimam, firmavit & gurpivit in manu nominati G. Archiepiscopi, quod nec ipse nec aliquis de tota successura projenie sua unquam reclamaturum, seu conqueratur super destructione dicte Ecclesie de Marsano, vel turris, contentus semper eo quod, ut superius dictum est, Canonici pro restauracione ejusdem Ecclesie & turris eidem R. Aimerici olim in redditibus suis concesserunt * illapso triennio. Ut autem hujusmodi querele renunciatio suam firmitatem & robur habeat, in perpetuum, idem R. Aimerici dedit fidejussores B. de Maloleone, avunculum suum, & A. W. de la Barra, consanguineum suum, B. de Panesac, & W. Bernardi, filium ejus & W. Bernardi de Mazeres, & plures alios; hi omnes sub religione sacramenti fidei sue juraverunt & firmaverunt pro R. A. & tota posteritate sua, ita ut expressum est, omni tempore gurpitionem hanc & renuntiationem inviolabiliter eos observaturos.

19

Engagement à l'Abbaye de Berdoues, par Pictavine de Marrast, Femme de Raymond-Aimery de Montesquiou, de ce qu'elle possede à Mazeres.

Extrait du Cartulaire original de Berdoues, fol. 36. r°, col. 1 & 2.

DE MONTESQUIVO.

Sciendum est quod Peitavina dicta filia Peitavini de Marrast, bono animo.... misit in pignus Arnaldo Abbati Berdonarum & Conventui ejusdem loci, totum hoc quod habebat & habere debebat.... infra Mazeras e Tels ante Bai-siam & retro, & totas las lauzedas que modo sunt & in antea esse poterunt infra prescriptos terminos, excepto hoc quod habebat à Serras & à Bellog, pro centum sol. Morl.... Sciendum tamen est quod prædicti Fratres Berdonarum tenent prædictas terras jure pignoris pro mille & CC. sol. morl. à prædicta Peitavina, & à Raimundo-Aimerico de Montesquiu, marito ipsius, & à filiis & filiabus ipsorum, & cum istis centum sol. sunt mille. & CCC. sol. ... Factum est hoc anno ab Incarnatione Domini M°. C°. LXXXV°.

Donation à l'Abbaye de Berdoues par Raymond-Aimery, fils de Raymond-Aimery de Montesquiou, & confirmation de cette donation par Arsieu son frere.

Extrait du même Cart, fol. 36. v°. col. 2 & 37. r°. col. 1.]

Sciendum est quod Ramundus - Aimericus dictus filius Raimundi-Aimirici de Montesquiu, in tempore illo quo langore gravide detentus erat, cognoscens se multum pecasse apud Deum & homines, & etiam apud Fratres Berdonarum, multum penituit & bono animo... donavit, concessit & absolvit Deo & Beate Marie & prædictis Fratribus Berdonarum CC. sol. morl. pro emendatione & restitutione malorum factorum quæ fecerat domui Berdonarum, super omnes terras cultas & incultas quas prædicti Fratres habent & tenent pro dono & pignore à Ramundo-Aimerico patre ejus & à se ipso. Hoc donum laudavit... in eodem loco. Et Arsivus Frater ejus; & sic ambo fratres fecerunt donum suum amore Dei, & remissione peccatorum suorum, & pro beneficiis Missarum & orationum quæ fieri poterunt in domo Berdonarum, in quibus recepti sunt participes in vita & in morte... Facta carta anno Incarnationis Domini M°. CC°. IV°. regnante Philippo Francorum Rege, Bernardo Convenarum & Astaracensium Comite, Bernardo de Monte alto., Auxitano Archiepiscopo.

Confirmation en faveur de l'Abbaye de Berdoues, par Arsieu de Montesquiou, fils de Raymond Aimery de Montesquiou, d'une donation que lui a faite Raymond Aimery, son frere, de biens situés en Astarac & ailleurs.

Extrait du même Cartulaire; fol. 37. r°. col. 2. v°. & col. 1 & 2.

DONUM DOMINI MONTESQUIVI.

Sciendum est quod Ramundus-Aimericus in infirmitate illa de quâ mortuus est, & Arsivus Frater ejus, dicti filii Ramundi-Aimirici Montesquiu & Domine Peitavine, bono animo ... donaverunt,

C ij

XXXIV.
1185.

XXXV.
1205.

XXXVI.
1204.

conceſſerunt & abſolvérunt Deo & Beate Marie & Fratribus Berdonarum,
totam ex integro terram cultam & incultam quam habere debebant . . . in loco
illo qui vocatur Faiſeid, & eſt inter Montem Caſſinum & Grangiam de Sent-
Feliz . . . totum ex integro cultum & incultum quod habebant . . . ad Pon-
chanum quod eſt prope Berdonas . . . omnes vegairias & ſcierias . . . quas
habebant vel querere poterant in omnibus pertinentiis domûs Berdonarum . . .
paſcua, erbagges & omnem eſpleitam, liberum introitum & exitum per omnes
terras ſuas cultas & incultas quas habebant . . . in toto Aſtaraco . . . ; ſalva
tamen pace Fratrum de Marreucs & de Hoſpitali de Monteſquiu . . . Factum
& firmatum eſt hoc totum in Capitulo Berdonarum . . . ubi ARSIVUS DE
MONTESQUIU receptus eſt a Fratribus Berdonarum pro domino & amico,
pro fratre & amparatore totius domûs Berdonarum. Facta carta anno Incarnationis Domini Mᵒ. CCᵒ. IIIIᵒ. Regnante Philippo Francorum Rege.

X X X VII.
1210.

Engagement de Biens-fonds ſitués dans la terre de Paderns à l'Abbaye
de Berdoues, par ARSIEU DE MONTESQUIOU & BRAIDE ſa Sœur.

Extrait du même Cartulaire, fol. 40. vᵒ. col. 2. & fol. 41, rᵒ col. 1.

M O N T E S Q U I V I.

Sciendum eſt quod ARSIVUS DE MONTESQUIU & BRAIDA SOROR EJUS,
& BENS filia predicto Braide, omnes inſimul . . . miſerunt in pignus Guillelmo
Abbati Berdonarum, & omnibus Fratribus illius loci, . . totum hoc quod
habebant, cultum videlicet & incultum in caſtro & in terra de PADERNS,
& in omnibus terminis & pertinentiis predicti caſtri, . . pro D. ſol, morl. . . .
Preterea predictus Arſivus . . . dedit & conceſſit Deo & Beate Marie Berdonarum & Guillelmo Abbati & omnibus Fratribus illius loci totum predictum
pignus caſtrum videlicet de Paderns, cum omnibus pertinentiis ſuis, ſi ſine
infante legitimo obierit antequam caſtrum de Paderns apignore perſolvere-
tur. . . Factum eſt hoc anno ab Incarnatione Domini Mₒ. CCᵒ. Xᵒ. Philippo
Rege Francorum.

XXXVIII.
1212.

Extrait du même Cart. fol. 40. rᵒ. col. 1 & 2. & vᵒ. col. 1.

M O N T E S Q U I V I.

Engagement de divers Caſaux à l'Abbaye de Berdoues, par ARSIEU
DE MONTESQUIOU, à ſon départ pour aller en Eſpagne contre
les Sarraſins.

Sciendum eſt quod ARSIVUS DE MONTESQUIU, dictus filius RAMUNDI-
AIMERICI DE MONTESQUIU, tempore illo quod pro amore Dei ad Iſpa-
nias ad expugnandos Sarracenos ivit, bono animo . . . miſit in pignus Deo
& Beate Marie Berdonarum & Guillelmo Abbati & Conventui ejuſdem loci . .
pro CLX. ſol. morl. totum hoc quod habebat . . . a la Fita que eſt juxta Sanc-
tum Romanum . . . & Caſale ſcilicet de Barrax . . . & Caſale de Abbatia . . .
& Caſale de Sanſos Pois . . . Factum eſt hoc anno ab Incarnatione Domini
Mᵒ. CCᵒ. XIIᵒ. Philippo Rege Francorum regnante.

Emprunt de 200 fols Morlas à l'Abbé & Monastere de Berdoues,
par Arsieu de Montesquiou, & Assignation de cette fomme fur
le Château de Serrès, fi elle n'eſt pas payée avant la mort dudit
Arsieu.

Extrait du même Cartulaire, fol. 43. v°. col. 2, & fol. 44. r°. col. 1.

MONTESQUIU.

Sciendum eſt quod Dompnus Guillelmus· Abbas Berdonarum , & omnis Conventus ejuſdem loci accommodaverunt Arsivo de Montesquiu CC. fol.
morl. quos promifit fe effe redditüros fua bona fide & abſque omni malo
ingenio, ufque ad feſtum omnium Sanctorum ; tali tamen pacto quod predictus
Arsivus de Montesquiu de tota terra fua quam habet in toto Aſtaraco
non accipiat de qeſtis quoad ufque Fratribus Berdonarum reddantur prædicti CC.
fol. morl. ; quod fi forte predictus Arsivus, antequam predictam pecuniam
perfolvatur Fratribus Berdonarum , obierit, dat eis predictam pecuniam fuper
omnia jura que habet . . . in caſtro de Serris, fuper homines & fuper feminas
ipſius caſtri ; & eſt verum quod Fratres Berdonarum habent CCCC. fol.
morl. fuper predictum caſtrum de Serris, CC. a predicto Arſivo, & C C.
ab Arnaldo de Ulmis. Hujus rei funt teſtes Petrus de Marrencs & Bernardus
de Siurag . . . Factum eſt hoc anno incarnati Verbi M. CC XVII°. Philippo
Rege Francorum regnante.

X X X I X.
1217.

Donation de 300 fols morlas à l'Abbaye de Berdoues, par Arsieu
de Montesquiou.

Extrait du même Cartulaire, fol. 43. r°. col. 1 & 2.

MONTESQUIVI.

Sciendum eſt & ·memorie retinendum ·quod ego Assivus de Montesquiu . . . bona voluntate dono concedo & fideliter abfolyo per me & per omnes
meos prefentes & futuros Deo & Beate Marie Berdonarum , & tibi Guillelmo
Abbati & omni Conventui prefenti· & futuro D C. fol morl. fuper totum
Castrum de Serris , cum omnibus fuis pertinentiis ; tali vero
pacto quod homines de Serris donent & perfolvant annuatim L. fol. morl.
habitatoribus Berdonarum , de martro e martro . . . donec DC. predicti fol.
in pace perfolvantur, predictis Fratribus Berdonarum. Et eſt fciendum quod
ego predictus Arsivus non debeo aliquid habere in nummis de predictis
hominibus de Serris per totum annum, donec predicti L. fol. compleantur
& habitatoribus Berdonarum ex integro perfolvantur . . . Facta carta anno
Verbi incarnati M°. CC°. XX°. Regnante Philippo Rege Francorum, Gaffiele
Auxitano Archiepifcopo.

X L.
1220.

Donation de la Terre de Sanzospueis à l'Abbaye de Berdoues,
par Arfieu, Seigneur de Montefquiou, du confentement de Raymond-
Aymery, fon fils.

Extrait du même Cartulaire, fol. 187. r° col. 2. & v° col. 1.
Sancti Felicis.

Noverint omnes prefentem paginam infpecturi, quod Ego Arsivus Dominus
de Monte Esquivo, laude & affenfu Raimundi-Heimerici, filii mei,
& omnium heredum meorum, in manu Domine Seguin Comitiffe Aftaraci,
laude & affenfu filiorum dicte Comitiffe , videlicet Centulli & Bernardi &

X L I.
Avril 1245.

aliorum heredum fuorum, in remiffione peccatorum meorum, donavi totam teram de SANZOSPUEIS, que extenditur in latitudine à territorio de Marmont e del Pelo, quod territorium Fratres Berdonenfes poffident in perpetuum alodium, & de cetero jure perpétuo poffidebunt ufque ad viam que de Sancto Felice ducit ad Sanctum Romanum, & in medio cadit in guttam; in longum verò extenditur à Serra que refpicit occidentem, ufque ad terram de la Fite & de Tremoled. Hanc inquam terram donavi ego dictus Arfivus, laude & affenfu, tam heredum meorum, quam Dominorum Aftaracenfium, Deo & Beate Virgini Marie, & Hugoni Abbati Berdonarum, & Fratribus ibidem Deo famulantibus, prefentibus & futuris, liberè & quietè, abfque omni retentione & contradictione. . . . . Si quis verò heredum meorum malitia animi ductus, quod abfit, in pofterum aliquid reclamare voluerit, primo dictis Fratribus Berdonarum donet duo milia fol. morl. . . . . Hujus rei teftes funt Dominus Hyfpanus Auxitanus Archiepifcopus, Bernardus de Panafac, Petrus dez Barads, Odo de Marrencs, Petrus d'Efparros, Bertrandus de Las, Bernardus de Saviag, Milites. . . . . Actum anno Domini M°. CC°. XLV°. menfe Aprili, regnante Lodovico Rege Francorum, Centullo Comite Aftaraci, Hyfpano Auxitano Archiepifcopo.

Nota. On a une Expédition de cette Charte, délivrée le 27 Avril 1724, fur l'original, en parchemin, dans laquelle Expédition il eft remarqué qu'à cette Charte pendent deux fceaux, qui y font figurés, DE CIRE JAUNE, SUR LACS DE SOYE ROUGE: le premier qui eft celui de Seguine, Comteffe d'Aftarac, eft un efcartelé; au contre-fceau eft un loup rampant: le fecond, qui eft celui d'Arfieu, Seigneur de Montefquiou, le repréfente à cheval, tenant d'une main l'épée haute, & de l'autre un écu parti au 1er vuide, & au 2d deux tourteaux pofés l'un fur l'autre, avec cette légende: S. ARCIONIS DE MONTESQUIVO; le contre-fceau eft aux mêmes armes, & contient la même légende. Cette même Charte a été employée, d'après une autre Expédition, dans les Preuves de M. le Comte d'Artagnan, pour l'Ordre du S. Efprit en 1724.

X L I I.
25 Mars 1245.

Donation par la Comteffe d'Aftarac & par le Vicomte de Lomagne au Comte de Touloufe, de leurs droits fur le Comté de Fezenzac, de laquelle eft témoin Arfieu de Montefquiou.

Extrait de l'Hiftoire de Languedoc, Preuves du tom. 3. p. 455 & 456, Et Tréfor des Chartres du Roi. Touloufe, Sac. 2. N°. 64.

Noverint &c. quòd domina Sygnis, uxor quondam nobilis viri D. Centulli comitis quondam Aftaraci, de fua mera & fpontanea voluntate, ... tradidit illuftri Raymundo D. G. comiti Tolofæ, marchioni Provinciæ, & hæredibus & fucefforibus, & ordinio ejus in perpetuum, totum illud jus rationem & partem, quod & quam ipfa domina habebat & habere debebat . . . . in toto comitatu & terra Fefenfiaci, & in & juribus & pertinentiis fuis univerfis, & totum quicquid ipfa Sygnis in eodem comitatu & terra, & in pertinentiis & juribus fuis, aut aliquis aut aliqua pro ea, vel de ea, aut ejus nomine tenebat aut poffidebat, ... Actum fuit hoc ita Tolofæ VII. die exitûs menfis Martii, regnante Ludovico Francorum rege, & eodem D. R. Tolofano comite, & R. epifcopo, anno M CC XLV. ab I. Domini. Teftes præfentes fuerunt, D. B. comes Convenarum, Vitalis de Nova-cafa, ... ARSSIVUS DE MONTESQUIVO. A. de Efcalquencis, &c.

Vente de diverses pieces de terres à l'Abbaye de Berdoues, par Raymond-Aimery de Montesquiou, du consentement d'Arsieu, son pere, d'Aimery & de Gensquiou, ses freres.

XLIII.
4 Août 1258.

Extrait du Cartulaire original en parchemin in fol. de l'Abbaye de Berdoues, fol. 200, R°. col. 2. & V°. col. 1 & 2. & fol. 210. col. 1.

. overint (1) universi pariter & futuri qui hanc cartam viderint aut audierint quod altercatio quondam & controversia fuit inter Abbatem & Conventum Berdonarum, est una parte; & DOMINUM RAMUNDUM AIMERICI DE MONTESQUIVO, & quosdam suorum hominum, ex altera; super quibusdam terris & territoriis que sunt infra terminos Grangie de Tarano, & infra terminos territorii de Hombs; euvoluto autem multo tempore, isdem nobilis vir R. A. post multam dictam altercationem & controversiam, non coactus neque seductus, ... sed gratis ac spontanea & sua propria voluntate inductus, habito tamen prius consilio & assensu DOMINI ASSIVI PATRIS SUI, ATQUE FRATRUM SUORUM AIMERICI ET GENTILQUIVI, . . . reliquid libere, vendidit atque quitavit . . . . R°. Luppo Abbati Berdonarum, & Conventui . . . . . ejusdem loci, omnes terras integre da Ribaute, quas videlicet predicti homines quocumque jure & domino aut aliqua quâlibet ratione tunc temporis tenebant . . . . in toto dicto territorio *de* Ribaute : insuper etiam omnes terras alias generaliter quas prefatus R. A. habebat . . . . . . infra territoria aut in omnibus terminis Grangie de Tarano . . . . Preterea Nobilis prefatus R. A. concessit & absolvit omnes terras integre quas retro Baisiam . . . . petebat, (*&c.*) . . . . & pro hac venditione antedicta & quitatione supradictus. R. A. recepit . . . . à Fratribus Berdanorum CXXXX. sol. morl. . . . . Acta sunt hec II. Nonas Augusti, apud Berdonas, anno Domini M°. CC°. LVIII°. Regnante Lodovico Francorum Rege, & Domino B. Astaraci Comite, & Domno Ispano Auxitano Archiepiscopo. Horum omnium sunt testes DOMINUS ASSIVUS DE MONTESQUIVO, ET AIMERICUS ET GENTESQUIVUS, FILII DICTI ASSIVI, & A. de Marrast Miles, (*&c.*)

Confirmation en faveur de l'Abbaye de Berdoues, par Raymond Aimery de Montesquiou, des donations de biens fonds, dixmes &c. faites à ce Monastere, par Arsieu son pere, & par Braide sa tante.

XLIV.
15 Janv. 1258.

Extrait du même Cartul. fol. 28. V°. col. 1. fol. 29. R°. col. 1 & 2. & fol. 30. V°. col. 1.

In Xpi nomine notum sit . . . . . . quod Ego RAMUNDUS AIMERICI DE MONTESQUIVO . . . . non vi, non metu, nec ab aliquo deceptus, sed mea ac propria spontanea voluntate . . . . . laudo, approbo & concedo dono Deo & Beate Marie Berdonarum, & omni Conventui ejusdem loci . . . . . . omnes illas donationes omnium terrarum, possessionum, decimarum & pascuorum, quas DOMINUS PATER MEUS ASSIVUS, ET DOMINA BRAIDA SOROR EJUS, & Behel filia ejusdem Domine, dederunt Monasterio jam dicto, prout in instrumento . . . . . confecto . . . . continetur . . . . . . Ego supradictus R. Aimerici, filius supradicti Assivi . . . . . laudo, approbo & concedo . . . . Actum est hoc XVIII. Kal. Febr. apud Saissanum, anno Domini M°. CC°. LVIII°.

Original du Cartulaire en vélin in folio de l'Eglise Métropolitaine de Notre Dame d'Auch, d'une écriture du XIIIe. siecle, intitulé : *Cartulaire blanc de l'Eglise Métropolitaine d'Auch*, cotté Y. N°. *III*. fol. 118. R°. de la cotte ancienne, & fol. 112. R°. de la cotte moderne.

Donation à la Métropole d'Auch, par Raimond-Aimery de Montesquiou, de l'Eglise & des dixmes d'Ynos, & de toutes les Eglises & dixmes qu'il a dans l'Archidiaconé d'Angles.

Noverint universi presentes litteras inspecturi, quod constitutus coram nobis Amanevo, miseratione divina Archiepiscopo Auxitano RAIMUNDUS AIMERICI DE MONTEESQUIVO *quitavit in perpetuum pro se & suis Deo & Beate Marie & Capitulo Auxitano Ecclesiam & Decimam d'Ynos & omnes Ecclesias & Decimas quas nunc tenent in Archidiaconatu d'Engles, & juravit ad Sancta Dei Evangelia se contra dictam quitationem aliquo tempore non venire ; pro qua quitatione solverunt sibi dictum Capitulum C. sol. Morl. in cujus rei testimonium sigillum nostrum presentibus duximus apponendum. Datum Auxis quinto idus septembris, anno Domini millesimo ducentesimo sexagesimo sexto.*

Original en parchemin des Archives de la Maison de Montesquiou.

Donation de diverses pieces de terre, de droit de pâturages, &c. à la Maison du Temple de Borderes, au Diocese de Tarbes, par Raymond Aimery Seigneur de Montesquiou d'Angles ; du consentement d'Arsieu son fils, & d'Uget son frere, dans laquelle est rappellé un échange fait entre son pere & lui, d'une part, & cette Maison, d'autre ; par lequel ils lui avoient cédé le territoire de Martin, pour celui de Bretos & d'Arambos.

In nomine Domini nostri. Amen. . . . . . . Noverint universi presentes pariter & futuri, quod cum contentio seu discordia esset inter NOBILEM VIRUM Rm. AIMERICI DOMINUM DE MONTESQUIVO DE ANGULIS, & suos, ex parte una ; & Fratrem Petrum de Gavareto, Preceptorem, & Fratres Domûs Milicie Templi de Borderiis; Tarviensis Diocesis, ex altera ; super terminos territorii de Martino, ejusdem Ordinis, Diocesis Auxitani ; tandem prefatus Dominus R. Aimerici . . . concessit, dedit & terminos assignavit in loco & territorio de Martino superius nominato, Commendatori & Fratribus superius antedictis, distingens & declarans per sina in circuitu posita atque valla, personaliter per eumdem Dominum Rm. Aymerici superius nominatum, cui ob redemptionem anime sue ipse & pater suus jampridem contulerant Ordini & Fratribus Domûs Templi integre dictum locum . . . . & ratione permutationis territorii de Bretos e d'Arambo, que diù data extiterant, intuitu elemosine, Ordini atque Fratribus antedictis ; que omnia & singula predicti Preceptor & Fratres absolverant & quitaverant Domino R°. Aymerici, & suis in recompensationem loci & territorio de Martino . . . . Termini autem territorii de Martino declarati sunt per prelibatum Dominum Rm. Aymerici, videlicet de Laose (&c.) . . . . Omnia supra dicta infra predictos terminos constituta, prenominatus donator concessit, dedit, contulit integre Commendatori & Fratribus memorati Ordinis, videlicet terras cultas & incultas, erbas & folia, glandes & omnia illa pascua, molandina & molandinaria, aquas, ligna & lapides, venaciones & piscaciones . . . . Hec Donatio facta fuit nutu & consensu DOMINI UGETI, FRATRIS SUI, & ARSIVI EJUS FILII, PREDICTI DOMINI R. AYMERICI. Hec omnia singula promisit dictus Donator & ARSIVUS EJUS FILIUS . . . . . fideliter . . . .

observare

obfervare . . . . Actum fuit hoc in domo de Martino, XI. Kalendas Febroarii
. . . . anno Domini M°. CC°. LXXIX°. dominante Geraldo Comite Armaniac
& Fezenciaci, Amanevo Auxitano Archiepifcopo.

Original en parchemin des Archives de la maifon de Montefquiou.

Contrat de mariage de Genfes de Montefquiou, Damoifeau, fils
de Raymond-Aimery de Montefquiou, Chevalier; avec Comteffe
d'Antin, fille de Comte-Bon d'Antin, Damoifeau, & de Marie de
Montlezun.

XLVII.
Nov. 1291.

Noverint univerfi . . . . quod Nobilis Domina Maria de Montelucduno, uxor
quondam Comitis-Boni de Antino, Domicelli, amicorum hinc inde communium
interventu, dedit Comitiffam filiam fuam & dicti Comitis-Boni in uxorem AN-
GENSER DE MONTEESQUIVO, DOMICELLO, FILIO NOBILIS VIRI DO-
MINI R. AYMERICI DE MONTE ESQUIVO, Militis, & dedit & conftituit in dotem & dotis nomine, dicto Genfer cum dicta filia fua, fex milia
folidorum morlanenfium : dictus Dominus Raimundus Aymerici pro fe & dicto
filio fuo recognovit ibidem & confeffus fuit . . . fe habuiffe & recepiffe tria milia
fol. morl. dictus Dominus R. Aymerici pro fe & dicto filio fuo . . . .
affignavit & conftituit dicte Comitiffe dotem fuam predictam fuper repairio &
in loco fuo feu Caftro de Marfano . . . . Acta fuerunt hec apud Antinum,
die dominica, in octabis Beati Martini Yvernalis . . . . . . anno Domini
M°. CC°. XC°. primo. (*Signé de la marque du Notaire.*)

Original en parchemin des Archives de la Maifon de Montefquiou;
pourri en plufieurs endroits.

XLVIII.
16 Août 1300.

Teftament de Noble Baron Meffire Raymond-Aimery, Seigneur
de Montefquiou, &c. Chevalier.

In nomine Domini Noftri Jhefu-Chrifti, noverint univerfi . . . quod No-
BILIS BARO DOMINUS RAMONDUS - AYMERICI DOMINUS DE MON-
TESQUIVO, Miles, mente fanus & corpore . . . . volens fibi & anime fue
& pofteris fuis, quantùm potuit, providere de bonis fuis & rebus teftamentum
fuum nuncupativum fecit . . . . in hunc modum . . . . . legavit . . . . amore
Dei & redemptione peccatorum fuorum, mille folidos morlanenfes, quos dif-
tribui . . . juffit . . . prout fequitur, videlicet, Ecclefie Auxitane . . . Fratribus
Minoribus Auxis . . . Fratribus Predicatoribus Condomii . . . Fratribus Minoribus ejufdem loci, &c. . . . Ecclefie DE MONTESQUIVO . . . Ecclefiis DE
MONTECLARO, DE ESTIPODODIO, DE SANCTA AMANCIA, DE PO-
DIOLOBONO, DE CASTRONOVO & de Sancta HARALIA, DE ARRIGAPILO,
DE BASILHANO . . . & DE MARSANO . . . . Monafterio Cafe-Dei . . . Do-
mui de Martino . . . . Domui Fontis-Frigidi, Domui de Marrenguis . . . .
reliquid RAMONDO AYMERICI de Montefquivo, filio fuo, Canonico Auxi-
tanenfi . . . . reliquid PEYTAVINO filio fuo Clerico. . . . . HOTONI de
Montefquivo, filio fuo . . . reliquid & legavit Domine LONGE, uxori fue,
ad vitam fuam, ufusfructus . . . Caftrorum de SANCTA ARALIA & de SANCTO
JOHANNE. . . . . Ramondo Americi de Bafalhaco, domicello nepoti fuo, filio

D

quondam Domine Brayde, filie fue . . . . quinque milia fol. morl:
& ipfum nepotem fuum in dictis denariis & in dote quam predicta Domina
Brayda dicto Domino Ramondo, marito fuo quondam dederat . . . & in bonis
que fuerunt Domine ALPAYS, uxoris quondam ipfius teftatoris, matris dicte
Domine Brayde quondam heredem fibi inftituit . . . . . reliquid BLANQUE-
LORI, filie fue, uxori quondam Galini DE CALAVETO Domicelli, dotem
quam pro eâ dedit . . . dicto marito fuo . . . nepotibus fuis, filiis quondam
Agnes, filie fue, uxoris quondam PETRI DE ALCATA, de Condomio,
dotem quam pro ea dedit dicto marito fuo . . . ; AUDE, FILIE fue, quatuor
milia fol. morl. . . . LONGE, filie fue . . . centum marcas argenti . . . CLAR-
MONDE, uxori quondam Guillelmi ARIU, de Cufagello, Domicelli, &
BEATRICI, uxori Augerii de BAULATO, Domicelli, & GENTILI, uxori
Vitalis de Mertoreto, eorum cuilibet centum fol. morl. &. dotem quam
pro fingulis earum dedit, ANAFLORDELIS . . . filie fue, Moniali de Brolio,
triginta fol. morl. quamdiu vixerit quolibet anno, de ferviciis Caftri de
ESTIPODIO . . . . CAPDALESSE, filie fue, Moniali de Bolpilho,
quamdiu vixerit, quolibet anno, triginta fol. morl. de ferviciis de Arrigapilo. . . . fratri HUGONI, filio fuo, de ordine . . . fratri MONTASINO,
filio fuo, Monaco Berdonarum . . . . GUILLELMO . . . . quod fit Templa-
rius . . . . GENSES DE MONTESQUIVO, FILIUM SUUM LEGITIMUM,
univerfalem heredem fibi inftituit atque fecit; quod fi dictus GENSES, ejus
filius predictus, decederet . . . . . fubftituit eidem . . . . . HOTTONEM de
Montefquivo, filium fuum, fi fuperfit, vel, eo non fuperftite, BERTRANDUM
filium fuum . . . Commiffarios Nobiles viros Dominum Hotonem de Monte-alto,
Militem, Bertrandum de Perdelhano &c. . . . Actum fuit hoc fexto decimo
die introitus Augufti ano Domini Mo. CCCo. . . teftes. . . Ramundus Aymerici
de Montefquivo, Canonicus Auxitanenfis . . . . Guillelmus de Lufano,
habitator . . . Notarius Abineti, publicus, qui ad requifitionem teftatoris
predicti, cartam iftam fcripfi, & figno meo confueto fignavi.

(*Le feing dudit Notaire n'eft plus lifible.*)

<table>
<tr><td>XLIX.
11 Oct. 1300.</td><td>

Archives de la Maifon de Montefquiou.

Expédition originale delivrée en vertu des Lettres du Juge de la
Cour d'Armagnac & de Fezenfac, du 23 Mai 1333, d'une

Donation de Blanchefleur de Montefquiou & autres à Genfes de
Montefquiou, Damoifeau, fon frere, de leurs droits fur les Châteaux
de Bazilhac, de Toftat & de Caftelbayac en Bigorre, & de Sadour-
nin, en Aftarac, en préfence de Raymond-Aimery de Mon-
tefquiou, Chevalier, leur pere.

</td></tr>
</table>

Noverint univerfi quod Nobilis mulier Domina BLANQUAFLOR, filia naturalis & legitima NOBILIS VIRI DOMINI RAMUNDI-AYMERICI DE MON-
TESQUIVO, Militis, & Galinus de Calaveto, & DOMINE ALPAYS, UXORIS
QUONDAM EJUSDEM NOBILIS, filie quondam Domini VITALIS DE BAZA-
LHACO, Militis, & dictus Gallinus de Calaveto, Domicellus, filius dicte Domine Blanqueflor, & Vitalis de Bazalhaco & Buanus de Calciata, fratres, filii
quondam & heredes . . . . Domine, Agnes, filie quodam naturalis & legitime
predicti Nobilis & dicte ejus uxoris quondam, ... donaverunt . . . . GENCES

DE MONTESQUIVO, DOMICELLO, ibidem prefenti, filio predicti Nobilis
. . . . omnia eorum bona, pocessiones, res & deveria & omnes-acciones
reales & perfonales, mixtas, utiles & directas & jura omnia univerfa, & fingula eifdem conjunctim aut divifim competentes & competentia, que habebant
vel habere debebant, aut eis pertinebant . . . . ex causâ fucceffionis aut hereditatis . . . in caftris, villis, aut pocessionibus DE BAZALHACO ET DE
TOSTATO ET DE CASTROBAYHACO, Dyocefis Bigoritane, & in caftro
de SADORNINO, Dyocefis Auxitane, & in aliis omnibus & fingulis rebus,
hereditate & bonis que fuerunt dicte Domine Alpays & Vitalis de Bazalhaco
patris ejus quondam. Factum XI. die introitus Octobris anno Domini Mº.
CCC. cui donacioni & actui fupra dictis predictus Nobilis Dominus de Montefquivo, apud Montefquivum, fedens pro tribunali, auctoritatem fuam interpofuit & decretum . . . Magifter Martinus de Palude, publicus de Montefquivo Notarius, qui inftrumentum predictum retinuit & notavit; fet quia
morte preventus dictum inftrumentum in formam publicam redigere non potuit,
ego Johannes de Linares publicus Notarius terre. . . . Comitis Armaniaci &
Fezenfaci, de Prothocollis, feu libris dicti Magiftri Martini quondam, ex poteftate
michi attributa littera per venerabilem & difcretum virum Dominum Ramundum
de Montiliis, legum Doctorem, Judicem curie Armaniaci & Fezenfaci... die
XXVI. Madii, anno Domini Mº. CCCXXXIIIº. predicta inftrumenta per dictum
Magiftrum Martinum de la PALUN retenta ac . . . de nota ... eorumdem
abftraxi, fcripfi, & in publicam formam redegi, requifitus per dictum Nobilem
Dominum Gentilem de Montefquivo, Dominum de Angulis & figno meo confueto fignavi. (*Signé de la marque dudit Notaire.*)

Original en parchemin des Archives de la Maifon de Montefquiou.

L.
Février 1301

Emancipation de Genfes de Montefquiou, Damoifeau, par Raymond-Aimery de Montefquiou, fon pere; & donation à lui faite par
le même de fa Baronnie, Châteaux & Terres de Montefquiou,
d'Eftipoy, d'Hauterive, de Saintrailles, de Riguepeu, de Caf-
telnau-d'Angles, de Poylobon & de Marfan, fitués au Comté de
Fezenfac.

. Noverint univerfi . . . quod DOMINUS RAMUNDUS-AYMERICUS DE MON-
TESQUIVO, MILES, conftitutus in presencia... Illuftris viri Domini Bernadi,
Dei gracia Comitis Armaniaci & Fezenciaci, dixit . . . quod vellet emacipare
GENCES DE MONTESQUIVO, DOMICELLUM, FILIUM SUUM, ibidem presentem . . . & ibidem dictus DOMINUS RAMUNDUS-AYMERICI emancipavit,
dictum GENCES, FILIUM SUUM... & requifivit eundem Dominum Comitem,
ut ipfe dignaretur interponere auctoritatem fuam judiciariam & decretum; &
idem Dominus Comes fedens pro tribunali . . . auctoritatem fuam interpofuit &
decretum; decernendo quod idem GENCES DE MONTESQUIVO fit à modo liber
homo, pater familias & civis Romanus... Ibidem dictus DOMINUS RAMUNDUS-
AYMERICI DE MONTESQUIVO, MILES, ex fua certa fciencia, deliberato propofito, liberaliter ac fua fpontánea voluntate. . . . donavit . . . .
predicto GENCES FILIO SUO . . . . . totam fuam integraliter Baroniam & omnia fua caftra, villas, baftias, terram & loca, videlicet caftrum

de Montefquivo, d'Eftipoy, & de Altarippa, de Senztralyhe, de Rigapello, Caftri-novi d'Angleis, & de Podiolobon ; & de Marfano, que funt fita in Comitatu Fezenciaci, & generaliter omnia alia & fingula fua caftra, villas, baftidas & loca & bona mobilia & inmobilia quecunque fint & ubicunque, cum omnibus juribus & pertinenciis fuis, redditibus, obvencionibus, mero & mixto imperio, &c... falvo tamen & retento... fibi perdictum DOMINUM RAMUNDUM-AYMERICI, eidem, ad fuam vitam... ufusfructum de omnibus & in omnibus bonis fuis caftris, locis predictis, redditibus & obvencionibus eorumdem ; & quod difpofitio, ordinatio, feu teftamentum.... per ipfum.... olim factum de locis predictis, de quo Guillelmus de Cadelhano, publicus Albineti Notarius fcripfit feu fecit publicum inftrumentum, omnia & fingula per ipfum DOMINUM RAMUNDUM-AYMERICI, legata, difpofita & ordinata.... inviolabiliter obferventur.... Factum fuit apud Barravam, die Martis poft feftum Purificationis Beate Marie ; teftes funt Dominus Arnaldus de Baulato, Miles, &c. & ego Arnaldus Guillelmi de Guifcas, publicus Vici Notarius, qui.... duo iftrumenta unius ejufdemque tenoris confecta feci, notavi & fcripfi, & in publicam formam redegi, & figno meo confueto fignavi..... anno Domini M°. CCC°. primo.

(Signé de la marque dudit Notaire.)

LI.
25 Janv. 1308.

Original en parchemin des Archives de la Maifon de Montefquiou.

Donation par Longue de Montaut, femme de Raymond-Aimery de Montefquiou, Chevalier, à Genfes de Montefquiou, Damoifeau, leur fils, des droits à elle appartenans fur les Châteaux de Saintrailles & de Saint-Jean, & fur la Baronnie de Montefquiou.

Notum fit... quod Nobilis mulier DOMINA LONGA DE MONTEALTO, uxor NOBILIS VIRI DOMINI RAIMUNDI-AYMERICI DE MONTESQUIVO, MILITIS, non decepta nec coacta... dedit donatione pura fimpliciter inter vivos.... GENCIO DE MONTESQUIVO, Domicello, filio fuo, & dicti viri fui naturali & legitimo... omnia jura & deveria & actiones reales & perfonales... fibi competentes, ex causâ donationis aut dotis,... in Caftris de Sancta Raylha & de Sancto Johanne, nec non in Baronia de Montefquivo, poffeffionibus & bonis dicti viri fui, ubicunque fint ;... falvo tamen & retento per dictam Dominam.... quandiu vixerit, ufufructu... dictorum Caftrorum.... & quod in fine dierum fuorum... fuper dictis caftris... de duobus mille folidis.... poffit ordinare.... Actum fuit hoc vij. die exitûs menfis Januarii, anno Domini M° CCC° VIII°... Ego Petrus de Tejuno publicus Notarius Montifalti & Marfani... hanc cartam fcripfi, & figno meo confueto fignavi. (*Signé de la marque dudit Notaire.*)

LII.
5 Septemb. &
15 Novembre.
1318.

Original en parchemin des Archives de la Maifon de Montefquiou.

Convenances du Mariage d'Odon de Montefquiou, Seigneur d'Eftipoy, fils de feu Raymond-Aimery de Montefquiou ; avec Aude de Lafferan de Maffencome ; led. Odon affifté de Noble & Puiffant Homme Genfes de Montefquiou, Baron d'Angles, fon frere.

In nomine Domini Noftri Jhefu-Xpi,.... Noverint univerfi & finguli...

quod cum ibidem dictum fuit & verbo explicatum in conspectu.... NOBILIS
AC POTENTIS VIRI GENTILH DE MONTESQUIVO, DOMIN*us* AC BARO
TERRE ANGLESII; INTER NOBILEM VIRUM ODDONEM DE MONTES-
QUIVO, EJUS FRATREM, DOMINUM D'ESTIPODIO, ex una parte; & Do-
micellam Audam de Laserano de Masencoma, filiam legitimam & naturalem
Nobilis & potentis viri Domini Gaxiarnaldi de Laserano alias de Masencoma, Domini de Bonluco, ac dicti loci de Masencoma, Monurt, Puch
de Gotaut & aliorum locorum suorum, parte ex altera; super matrimonium
super ipsos Oddonem .... & Audam; ... fuerunt facte... conventiones
... sub certis modis formis & conditionibus in quoddam cartello scriptis ...
que omnia & singula in dicto cartello contenta dictus .... Gaxiarnaldus ...
tenere.....promisit ....prout indicto cartello continetur, cujus tenor calis est:

L'An mil tres cens detz oeit & lo cinq jor deu mes de Septembre, son feites
aqueftes convennenfes que fi fegueife, per lous noble & poderous senhous MOSSEN
GENSES de Montesquiu, Baron deudit Montesquiu & de la terre d'Angles, de
la una partida; & Mofegne en Gaxiarnaut de Laferan & de Masencoma, Senhe
deudit loc de Mafencoma, de Bonluc, Monurt, de Puch de Gotaut & autres
locs, de l'autre part; fus lo matrimoni contrahedo entre lo Noble Oddon de Montefquiu, filz natural & legitim de defunt Ramond-Aimeric, & frei deudit Mo-
SEGNE en Genfes de Montefquiu, d'une part; & Damifella Aude de Laferan & de Mafencoma, filhe legitime & naturale deudit Moseigne en Gaxiar-
naud de Mafencoma, de l'autre part; ... accordat & apuntat inter las ditas
partidas que matrimoni fera feit entre lofdit Oddon & Auda... Item fo
accordat.... que lodit Senhe de Mafencoma.....donnara .... per dot....
à ladita Auda, fa filh*a*, tous & sengles sous biens; .... que lor prime filh
qui fera engendrat deudit matrimoni, fuccedera en totz los biens de ladita
Maifon de Mafencoma, à la cherge que quittera lo nom de Montefquiu, &
fera tengut de porta lo nom & armes de Mafencoma, & lous qui det naxe-
ran entro à la fin deu mon..... Fo feit en lo caftet de Mafencoma ....
    Pro quibus omnibus & fingulis, &c...... Acta fuerunt hec in loco
de Mafencoma, diocefis Condomienfis., die decima quinta menfis Novembris, anno Domini CCCº XVIIIº..... Ego Arnaudus de Fortino, publicus Armaniaci & Fezenfaci Notarius, qui .... de predictis duo publica
inftrumenta retinui & fcripfi ejufdem tenoris, & in publicam formam redegi,
& figno meo fignavi. (*Signé de la marque dudit Notaire.*)

Original en parchemin des Archives de la Maifon de Montefquiou.

L I I I.
19 Janv. 1322.

Expédition judiciaire du temps.

Reconnoiffance de la dot de Belefgart d'Afpet, par Raymond-
Aimery de Montefquiou, fon mari, fils de Genfes Seigneur de
Montefquiou; & Affignation d'icelle, fur les châteaux, villes
& Baronie de Montefquiou d'Angles, de Marfan, &c.

In Nomine Domini, amen. Per hoc inftrumentum publicum univerfis & fingulis pateat evidenter quod cum inter NOBILES VIROS DOMINOS
GENTILEZ DE MONTE SQUIVO, ET TERRE ANGLESII AC
CASTRI DE MARSANO IN CORRENSAGUESIO, vice & nomine NOBILIS
RAIMUNDI-AIMERICI DE MONTE SQUIVO, NATI SUI & pro eo, ex parte
una; & Arnaldum-Raymundi de Afpello, vice & nomine Nobilis mulieris Domine Belefguart, nate fue; & pro ea, ex parte altera; ...dudum fuiffet tractatus

habitus...de contrahendo matrimonio inter ipfos RAIMUNDUM-AYMERICI, & Dominam Belefguart, mulierem, per verba ... de prefenti & juxta tractatus eofdem, & fecundùm conventiones habitas inter-ipfos, cum deliberatione, de confilio & voluntate amicorum & propinquorum fuorum, & aliorum Nobilium intervenientium; hinc & indè fuiffet concorditer inter. ipfos NOBILES RAIMUNDUM-AYMERICI & Dominam Belefguart, mulierem, contractum dictum matrimonium per verba legitima de prefenti; cumque & in ipfo contractu dicti, tunc contrahendi & nunc contracti legitimè matrimoni ante dicti, & ante & poft fuiffet actum & conventum quod dictus Nobilis Arnaldus-Raimundi de Afpello dotando dictam natam fuam..... pro ea daret in dotem et nomine & ratione dotis dicte Nobilis Domine Belefguart, mulieris, dicto RAIMUNDO-AYMERICI, feu dicto genitori fuo, DOMINO GENTILI DOMINO DE MONTES-QUIVO, quatuor milia libras turonenfium parvorum, in bona pecunia numerata, & veftes nobiles nubciales, cum fuo lecto & arnefio decentibus, PROUT INTER TANTOS ET TALES NOBILES VIROS MAGNIFICOS eft & erat fieri confuetum; & hoc fub certis condicionibus indè habitis....in hoc inftrumento dotali contentis; .. ea propter conftituti in prefentia mei Arnaldi de Fortino,.... Notarii de Vico publici...dictus Arnaldus-Raimundi de Afpello, vice & nomine ejufdem.... nate fue & pro ea ipfam dotando dedit & conftituit in dotem...dicto DOMINO GENTILI, vice & nomine dicti RAYMUNDI-AYMERICI, NATI SUI,... dictas quatuor milia libras tur. parvorum..... cum lecto & arnefio decentibus & veftes honorabiles nubciales, prout conventum fuerat,..... ET SICUT INTER TANTOS NOBILES ET BARONES ISTIUS PATRIE EST ET ERAT FIERI CONSUETUM;.... quam quidem totam dotem, lectum, veftes & arnefium nubciale dictus DOMINUS GENTILIS.... affignavit dicte Domine Belefguart... fuper Caftris fuis... de Montefquivo, & de Marfano, Diocefis Auxitane,.... & fuper omnibus aliis fuis Caftris, villis & locis Baronie Anglefii, ac bonis & rebus ejufdem DOMINI GENTILIS.... Acta fuerunt hec in loco de Caftays, decima nona die introitus menfis Januarii, anno Domini millefimo trefcentefimo vicefimo fecundo, regnante Domino Karolo Francie & Navarre Rege.... teftes hujus rey funt Dominus Petrus de Sancto Beato, Miles, Guillermus de Lafferano, Oddo de Montefquivo, domicello... & Magifter Arnaldus de Fortino, publicus auctoritate Regia Notarius, qui de premiffis inftrumentum recepit, & in fuo prothocollo regiftravit; fed, quia morte preventus, illud in formam publicam redigere non potuit, ego Vitalis Brala, publicus auctoritate Regia Notarius, ex collatione michi facta per Nobilem & potentem virum dominum Senefcallum Tholofanum & Albienfem... cum fua patenti littera.... de libris & prothocollis dicti Notarii quondam de materia feu prothocollo ejufdem hanc cartam fideliter abftraxi &....in publicam formam redegi.... & figno meo confueto figuavi.

(Signé de la marque dudit Notaire.)

LIV.
10 Mars 1322.

Original en parchemin des Archives de la Maifon de Montefquiou.

Appel par un Procureur de Noble & puiffant homme Genfes de Montefquiou & de Pictavin de Montefquiou, freres, de l'appofition d'une Sauve-garde, & de Penonceaux dans le diftrict du Château de Poylobon d'Angles, & de la Baronnie dudit Genfes de Montefquiou.

Noverint univerfi quod in mei Notarii..... prefentia conftitutus in territorio de Podiolobono nobilis vir Guillelmus de Lafferano, Domicellus, Procurator.... NOBILIS AC POTENTIS VIRI DOMINORUM GENSES DE MONTE ESQUIVO ET PICTAVINI DE MONTE ESQUIVO, EJUS FRATRIS, appellavit in hunc modum. Cum ad mei Guillelmi de Lafferano, domicelli, Procuratoris NOBILIUM VIRORUM DOMI-

NORUM GENSES DE MONTE ESQUIVO ET PEITAVINI DE MONTE ESQUIVO, FRATRUM, noticiam pervenerit quod Augerius de Sevinhaco, Bajulus Marziaci, ad instanciam Raimundi dela Bruguera, Geraldi Bladerii... habitantium in pertinentiis de Marziaco, venit ad nemus & territorium vocatum de Serlono & de Guta, que sunt in & de jurisdictione & districtu dicti DOMINI GENSES DE MONTE ESQUIVO, DOMINI DICTI LOCI & in pertinentiis Castri de Podiolbono, in Anglesio & de Baronia dicti Domini de Monteesquivo, ad eundem DOMINUM DE MONTEESQUIVO pertinentia & debentia pertinere pleno jure; causa ponendi .... salvam gardiam & *penocillos* in dictis territoriis, de facto cum de jure non possit, partibus non vocatis & absque cause cognitione ... sed cum debatum ... fuit inter dictum DOMINUM DE MONTE ESQUIVO & Bernardum de Panassaco, domicellum; super proprietate & dominio nemoris & territorii predictorum; ipso Bernardo ad se ea asserente pertinere. . . Idcirco ego Procurator predictus .... ex hiis gravaminibus & injuriali execucione ..... dictis Dominis per dictum Bajulum illatis ...... appello, eo meliori jure & modo quibus possim & debeo, ad Dominum nostrum Regem Francie & Navarre .... & ejus curiam; vel ad Dominum Senescallum Tholosanum & Albiensem. Quod actum fuit per me Notarium predictum, sub his verbis, testibus presentibus & vocatis Arnaldo - Guillelmi de Marsano, & Raymundo de Nogarolio... Consequenter & paulopost, Ego Colinus Cavalerii, Notarius predictus in presencia dicti Bajuli .... dictam appellacionem Augerio de Sevinhaco Bajulo predicto, verbo tenus & lingua materna intimavi. .... Actum fuit hoc decima die Marcii, anno Domini M°. CCC°. XXII°. presentibus testibus .... & me Colino Cavalerii, auctoritate Regia Notarius, qui de premissis omnibus cartam istam scripsi. (*Signé de la marque dudit Notaire.*)

Original en parchemin des Archives de la Maison de Montesquiou.

LV.
1 Août 1340.

Testament de Noble & puissante Dame Comtesse d'Antin, Dame en partie de Trie, par lequel elle institue son héritier universel Noble homme Raymond-Aimery de Montesquiou, son fils, & lui substitue Arsieu son petit-fils, fils dudit Raymond-Aimery.

In nomine Sancte Trinitatis & individue unitatis, Patris & Filii & Spiritus Sancti... Anno Incarnationis ejusdem millesimo CCC. quadragesimo ... NOBILIS ET POTENS DOMINA DOMINA COMITISSA DE ANTINO, CONDOMINA DE TRIA, languens corpore... suum ultimum... testamentum... ordinavit, & condidit in modum qui sequitur... Elegit sepulturam sui corporis in Ecclesia Sancte Marie de Tria Parrochiali .... legavit & dimisit, ut sequitur. . . Ecclesie Auxitane.... Operi Sancte Marie de Tria.... Operi Ecclesie de Monteesquivo Anglesii, operi Sancti Johannis de Anglesio... Ecclesiis de Rigapillo, de Scantralha, Castro novo d'Estipuoy, Podiolobono, de Marsano, de Sancta Aurancia de Belloloco.... legavit AUDETE FILIE NATURALI RAMUNDI-AYMERICI, filii sui, quinquaginta libras tur. parvorum, pro se maritanda. Item legavit ODETO, FILIO NATURALI DICTI EJUS FILII, tringinta libras tur. pro uno roncino emendo; ... Comitisse filie Comitis Boni de Antino, junioris, filiole sue, ad opus sui maritandi, quinquaginta libras tur... a NA ZAUTA de Monteesquivo, centum solid. tur... Domine Alemanc, Monache Sancti Laurencii, sue consanguinee, viginti libras tur., legavit Fratribus Minoribus Tarvie... Fratribus Carmelitanis Tarvie... legavit pro paffagio ultramarino, centum folidos tur... In omnibus autem bonis & rebus fuis... ubicumque fint... fuum cariffimum & predilectum FILIUM EJUS, NOBILEM VIRUM RAMUNDUM-AYMERICI DE MONTEESQUIVO, LEGITIMUM ET NATURALEM, conftituit heredem univerfalem, inftituit atque fecit... conftituit quod unus capellanus celebret cotidie & perpetuo pro fua anima & parentum fuorum.... in altari Sancte Marie de Tria, qui habeat in redditibus annalibus quindecim libras tur.... quas percipiat, videlicet, decem libras tur. ab hominibus feu Confulibus de Campiftros, quos fibi, ut dixit, cenfualiter annuatim facere tenentur.... ex jufto titulo donacionis Domine Marie ejus matris quondam, in fefto Nativitatis Domini; & quinque libras tur... fuper Bajulia de Tria, annuatim in fefto omniumSanctorum;... & ordinavit quod prefentacio predicti capellani.... pertineat perpetuo ad dictum heredem fuum, & fuos fucceffores;.... inftituit heredem DOMINAM HAUDAM DE MONTE ESQUIVO, ejus filiam legitimam & naturalem, in quingentis, libris tur. volens & ordinans quod ASSIVUS DE MONTE ESQUIVO, FILIUS DICTI SUI FILII & heredis, fuccedat dicto fuo filio & heredi; & quod fi ejus heredes decederent abfque prole... de legitimo matrimonio... in illo cafu fubftituit fibi DOMINAM AUDAM EJUS FILIAM & fi predicta DOMINA AUDA decederet abfque prole legitima,... fubftituit eidem cariffimum fuum fratrem Comitem Boni de Antino & ejus heredes... Teftes... Jordanus de Fortino, Petrus de Rupe... & ego Johannes de Avezato, regia auctoritate publicus Notarius, habitator de Tria, qui de premiffis... recepi publicum inftrumentum & in formam publicam redegi & figno meo confueto fignavi.

(Signé de la marque dudit Notaire).

Original en parchemin des Archives de la Maifon de Montefquiou.

LVI.
28 Août 1344.

Confirmation par Meffire Raymond-Aimery de Montefquiou, Seigneur de la Terre d'Angles & du Château de Marfan, d'une vente d'une place fituée au Château de Marfan.

Noverint univerfi.... quod NOBILIS VIR DOMINUS RAMUNDUS-AYMERICUS DE MONTESQUIVO, DOMINUS TERRE ANGLESII ET CASTRI DE MARSANO, laudavit, approbavit & rateficavit, recognofcens de vendis fibi plenarie effe fatisfactum, totam illam venditionem, quam Guarcias de Barta & Petrona ejus uxor, habitatores Caftri de Marfano, fecerant Guillelme de Garato... de tota illa platea... quam dicti conjuges habebant.... in loco feu Caftro de Marfano... Actum fuit hoc apud Marfanum, quarta die exitus menfis Augufti anno Domini Mo. CCC. XL. quarto.... Ego Johannes de Sancto Martino, publicus Notarius Armaniaci & Fezenfaci, qui requifitus, hanc cartam retinui, fcripfi & figno meo confueto fignavi. (Signé de la marque dudit Notaire).

Original en parchemin des Archives de la Maifon de Montefquiou.

LVII.
Ier. Septem. 1346.

Quittance donnée par Arnaud, Seigneur d'Andouins, à Raymond-Aimery, Seigneur de Montefquiou, du rembourfement de la dot de feue Conftance d'Andouins, fille dudit Seigneur d'Andouins, & femme d'Arfieu de Montefquiou, Chevalier, fils dudit Seigneur de Montefquiou, dans laquelle eft nommé Genfes, pere du même Raymond-Aimery Seigneur de Montefquiou.

Noverint univerfi quod... perfonaliter conftitutus dominus Bertrandus de
Andoinis,

Andoinis , Archipresbiter de Anoya , procurator . . . . Nobilis viri Arnaldi
domini de Andoinis, in Bearnio . . . recognovit & . . . confessus fuit se habuisse . . . & recepisse a Magistro Vitali de Liestario , Notario , procuratore
NOBILIS VIRI DOMINI RAMUNDI - AYMERICI DOMINI DE MONTEES-
QUIVO . . . . ducentas septuaginta septem libras, septem solidos , & septem de-
narios tur. & hoc pro complemento solutionis & restitutionis omnium summarum
pecunie in quibus dictus Dominus Ramundus - Aimerici de Monteesquivo vel
alii cum ipso . . . . tenebantur usque ad diem presentem . . . erga dictum Dominum de Andoinis vel Constanciam, ejus sororem , quondam uxorem NOBILIS
VIRI DOMINI ASSIVI DE MONTEESQUIVO , MILITIS , filii dicti domini
Ramundi - Aymerici, virique dicte Constancie quondam . . . . & hoc ratione
& ex causa restitutionis dotis seu dotalitii ejusdem Constancie ; . . . quam summam pecunie , superius expressatam , idem procurator . . . . asseruit quod resta-
bat ad solvendum . . . . facto finali computo ; . . . . voluit & concessit idem
dominus Bertrandus . . . . quod omnia instrumenta & obligationes, litteras &
confessiones. . . . cumquibus idem DOMINUS DE MONTESQUIVO vel DOMINUS
GENCIUS , EJUS PATER quondam , aut alii . . . . sint ex nunc cassa , irrita
atque nulla . . . Actum fuit hoc apud Bassoam , prima die septembris anno
Domini millesimo trecentesimo-quadragesimo sexto . . . . testes . . . . . .
& Magister Arnaldus de Sancho , Notarius Regius , qui materiam hujus
carto retinuit & in suo libro seu Protocollo inseruit , vice cujus & mandato
ego Bernardus de Fraxino , Clericus juratus & substitutus eidem Magistro
Arnaldo , qui dedictis libro seu Protocollo hoc instrumentum abstraxi & in
formam publicam redegi ; & ego idem Arnaldus de Sancho , Notarius predictus,
facta collatione cum originali & dicto substituto , hinc me subscripsi & in
testimonium premissorum signum meum apposui consuetum.
(*Signé de la marque dudit Notaire.*)

Original en parchemin du Cabinet de l'Ordre du Saint - Esprit ,
vol. 76. des Titres scellés , fol. 5985.

LVIII.
3 Avril 1347.

Quittance de Raymond - Aimery , Chevalier , Sire de Montesquiou , au Trésorier des guerres du Roi , de ses gages de Chevalier
Banneret, de ceux d'un Chevalier Bachelier , de trente-six Ecuyers
& de quatre-vingts Sergens de pied de sa compagnie.

Sachent tuit que nous Raymon-Aimery , Chevalier, Sire de Montesquieu ,
Capitaine de Montreal , avons eu & reçeu de Jehan Chauvel, Trésorier des
guerres du Roy , nostre Seigneur , sur ce qui nous est deu pour les gaiges de
nous Banneret, I. Chevalier Bachelier, XXXVIII. Escuyers & IIII^xx. Sergens
de pié de nostre Compaignie , desserviz ès guerres de Gascoigne , en la garde
dudit lieu , du XVIe. jour de mars CCCXLVI , jusques au XXe. jour de juing
ensuivant CCCXLVII, sous le gouvernement de Mons. Girart de Montfaucon ,
Chevalier , Seneschal de Thoulouse & d'Albigoys , lors Capitaine pour le
Roy esdites Seneschauffées & ès parties de Gascoigne, outre la riviere de
Garonne, sept cenz soixante sept livres deux sols quatre deniers tournois ; . . .
desquelles VIIᶜ LXVII livres. II s. IIII d. t. . . . . . nous nous tenons
pour bien payez , & en quittons le Roy nostredit. Seigneur , sondit Trésorier ,
& tous autres. Donné à Thoulouse , sous nostre scel , le IIIe. jour d'Avril ,
l'an mil CCC quarante-sept.

E

(Cette quittance Scellée en cire rouge , d'un sceau parti au Ier plein , & au 2e à deux tourteaux posés l'un sur l'autre.)

LIX.
9 Oct. 1349.

Original en parchemin des Archives de la Maison de Montesquiou.

Grosse expédiée en 1361, d'un

Hommage rendu à Noble & puissant Baron Messire Raymond-Aimery de Montesquiou , Chevalier, Seigneur dudit lieu & de la Baronnie d'Angles.

Noverint universi... quod Nobilis Enardus de Riguapillo, Domicellus, constitutus personaliter in loco de Riguapillo coram NOBILI ET POTENTI BARONE DOMINO RAYMONDO-AYMERICI DE MONTESQUIVO , Milite , Domino dicti loci & Baronie Anglesii . . . . fecit homagium dicto Domino & recognovit ab ipso tenere medietatem territorii de Yassa, quod est in dicta Baronia Anglesii , & deinde dictus Enardus , flexis genibus , coram dicto Domino , juravit . . . . ad sancta Dei quatuor Evangelia, cruce sancta super posita , esse bonus & fidelis Vassalus, &c. Actum apud Rigapillum die IXa Octobris anno Domini Mo CCCo XLIXo... testes : . . . & Magister Arnaldus de Burdegualo , Notarius, qui de predictis instrumentum retinuit & in suis libris seu Protocollis inseruit ; set quia morte preventus, dictum instrumentum in *mundum* seu formam publicam redigere non potuit, ideo ego Petrus Arguerii, Notarius, ex aucthoritate michi attributa per NOBILEM ET POTENTEM VIRUM DOMINUM RAYMUNDUM-AYMERICI DE MONTESQUIVO , MILITEM , DOMINUM TERRE ANGLESII , die quinta mensis Decembris anno Domini Mo. CCCo. LXIo. dictum instrumentum de materia dictorum librorum .... abstraxi & in hanc formam publicam redegi.... & signo meo quo utor .... signavi. (*Signé de la marque dudit Notaire.*)

LX.
10 Juin 1353.

Original en parchemin du Cabinet de l'ordre du S. Esprit , vol. 76 , des Titres scellés, fol. 5983.

Quittance d'Arsieu de Montesquiou , Chevalier , au Trésorier des Guerres du Roi , de ses gages & de ceux des Gensdarmes & de pied de sa Compagnie.

Sachent tuit que nous AISSIEU DE MONTESQUIEU, CHEVALIER, avons eu & reçu de Jacques l'Empereur , Trésorier des Guerres du Roi , nostre Seigneur , par la main Evein Dol, son Lieutenant, en prest sur les gaiges de nous, des Gens-d'armes & de pié de nostre Compaignie , desserviz & à desservir en ces présentes guerres de Gascoigne ; sous le gouvernement Mons. Jehan Conte d'Armignac , Lieutenant dudit Seigneur esdites parties, troiz cens troiz livres , quinze solz tournois, desquels IIIc IIII. XV. s. t. nous nous tenons pour bien payez. Donné à Montalban sous notre scel, le Xe jour de Juing l'an mil CCC LIII (Cette quittance scellée en cire rouge d'un scau parti au 1er. plein & au 2e. à deux tourteaux, posés l'un sur l'autre.)

LXI.
15 Mai 1355.

Original en parchemin du Cabinet de l'Odre du S. Esprit, vol. 34, des Chevaliers de cet Ordre, fol. 3896.

La Monstre Monsieur Raymont-Aymeric de Montesquiou , Chevalier Banneret ; reçue à Moissac le XVe. jour de Mai l'an mil CCCL cinq.

Ledit Chevalier;
Peittevin de Montesquiou.
Manaut de Lasseran.
Mons Aissiou de Montesquiou.
Guillaume de Lasseran.
Beraut de Montesquiou.
Peittevin de Montesquiou, &c. Sergens à pié. (Il y en a 54.)

Original en parchemin des Archives de la Maison de Montesquiou.

LXII.
7 Nov. 1359.

Donation par Jean de France, Duc de Berry, à Baulat de Baulat,
Chevalier, de 120. florins d'or, à prendre sur une somme due au Roy
par les exécuteurs du testament de Pictavin Cardinal de Montesquiou, à cause de l'amortissement d'une rente destinée à la dotation
des Chapellenies, fondées par le testament dudit Cardinal.

Johannes Regis Francie Filius, ejusque Locum tenens in partibus Occitanis & Ar-
vernie, Comes Pictaviensis & Matisconensis: Jacobo Imperatoris, Thesaurario Guerrarum Domini Genitoris nostri prefati & nostrarum, vel ejus locum tenenti salutem.
Noveritis quod nos respectum habentes ad grata & accepta servitia dicto Domino
nostro & nobis per dilectum & fidelem Baulatum de Baulato, Militem, in guerris Vasconie & alias multipliciter exibita & impens & que adhuc impendere non desinit, ad
gravamina quoque & dampna sibi, occasionne jamdictarum guerrarum, illata, eidem
Militi,... centum viginti florenos auri, habendos & percipiendos per eum in &
super financia dicto Domino nostro seu nobis debita, & per executores ultimi testamenti defuncti DOMINI PICTAVINI CARDINALIS DE MONTESQUIVO, facta
seu facienda, pro amortizatione viginti sestariorum frumenti censualium, ad mensuram
de Rabastenchis & de Insula in Albigesio, per eos, emptionis titulo, acquisitorum... pro
adjutorio fundationis certarum capellaniarum per dictum defunctum Cardinalem, in
ejus predicto testamento ordinatarum, dedimus, concessimus,.... auctoritate regia
nobis attributa,... vobis precipiendo mandantes quod dictos centum viginti florenos
auri... dicto Militi tradatis... Datum Carcassone, die septima Novembris anno Domini millesimo CCC^{mo} quinquagesimo nono, sub nostro contrasigillo. Per Dominum
Locum tenentem, presentibus Dominis Comite Pardiaci, J. Batardo de Borbonio,
P. de Semuro. (Signé plus bas Js. Cocu.)

Archives de la Maison de Montesquiou.

LXIII.
3 Sept. & 15.
Octob. 1359.

Grosse délivrée judiciairement en 1438, des

Convenances du Mariage de Genses de Montesquiou, fils de Noble
& puissant Messire Arsieu de Montesquiou, & petit-fils de Noble &
puissant Messire Raymond - Aymery, Seigneur de Montesquiou;
avec Constance de Castelbayac, & de la quittance de la dot de ladite
Constance.

Anno Domini millesimo IIIIC. XXXVIII. & die.... (Illisible) Vitalis de Liestario
Notarius de Montesquivo Anglesii..... mediantibus quibusdam patentibus litteris
a venerabili & circumspecto... (Illisible)... cujus tenor talis est:

E ij

Officialis Auxis, Capellano. . . . de Montesquivo. . . . mandamus vobis quatenus exparte nostra. . . moneatis Magistrum Vitalem de Liestario, Notarium. . . . ut infra octo dies post monitionem istam. . . . destrahat a libris, notulis & prothocollis. . . . que quondam fuerunt. Magistri Fortanerii de Condomio, quondam Notarii. . . . loci de Montesquivo, quoddam publicum pactorum & conventionum instrumentum matrimonialium per dictum quondam de Condomio. . . . retentum, in contractu matrimonii dudum contracti in facie Sancte Matris Ecclesie sollempnizati, & per carnalem copulam consumpmati, inter DOMINUM GENSERIUM DE MONTESQUIVO, ET DOMINAM COSTANCIAM DE CASTROBAYAÇO, . . . ipsumque instrumentum signo suo publico. . . . signet. . . . Datum Auxis die decima tertia mensis Martii anno Domini millesimo IIIIC. XXXVIII. Et perceptis litteris antedictis per me Notarium antedictum, & audito, precepto & mandato dicte monitionis michi facto, . . . ad abstractionem dictarum conventionum processi in hunc qui sequitur modum.

Noverint universi & singuli presentes pariter & futuri quod cum pro matura & diligenti deliberatione & tractatu gratuito, ut ibi dictum fuit, tractaretur de matrimonio contrahendo inter NOBILES ET POTENTES GENTILEM DE MONTESQUIVO, filium naturalem & legitimum NOBILIS ET POTENTIS VIRI DOMINI AYSIVI DE MONTESQUIVO, MILITIS, & Costanciam de Castrobayaco, filiam naturalem & legitimam Nobilis & potentis viri Domini Arnaldi-Raimundi de Castrobayaco, Militis, Domini dicti loci. . . . prephatus. . . Dominus de Castrobayaco. . . nomine & ex causa dotis dicte Costancie, ejus filie, constituit quatuor milia floren. boni auri . . . de Florencia, lectum & vestes nupciales honorabiles & condecentes, juxta statum & conditionem dictorum Gentilis de Montesquivo & Costancie de Castrobayaco, nec non modis, formis & conditionibus, in quodam cartello scripto manu discreti viri Magistri Johannis de Serano, Bacalarii in legibus, Domini nostri Francie Regis Clerici, sigilloque NOBILIS ET POTENTIS VIRI DOMINI RAIMUNDI-AYMERICI de Montesquivo, Militis, Domini dicti loci et totius Baronnie Anglesii munito; . . . que omnia & singula in dicto cartello contenta dictus. . . . Dominus de Castrobayaco tenere, complere &. . . observare promisit. . . prout indicto cartello continetur, cujus tenor talis est :

En l'an MCCCLIX. lo III. jorn del mes de Setenre fon feytas aquestas Convenensas que fensegueyssen per los NOBLES E PODEROS MOSENHE EN RAMON-EYMERIC SENHE DE MONTESQUIU, e MOSENHE N'AYSIU DE MONTESQUIU, SON FILH, de la una partida; & Mosenhe en Tiebaut de Barbazan, e Mosenhe Arnaut-Aramon Senhe de Castetbayat, e Mosenhe en Bernat de Castetbayat, de l'autra part; sus lo matrimoni contrahedo enter GINSER DE MENTESQIU, FILH deudit MOSENHE N'AISIU, d'autra part; e Costansa filha deldit Senhe de Castetbayat, de l'autra; primieremens fo accordat. . . que matrimoni sia feyt enter losdits GENSES DE MONTESQUIU, e Costansa de Castetbayat per paraulas de present e en la Gleysa solempnisat. . . après XV. de Sent Micheu de Setenre profman venent; . . . . lodit Senhe de Castetbayat done per dot alsdits GENSES e Costansa quatre milia flor. de bon aur. . . . vestiduras e arnes convenables; &c.

Quam quidem summam dotis, lectum & vestes nupciales dictus Nobilis & potens vir Dominus Ramondus-Aymerici de Montesquivo à dicto Domino Arnaldo-Raimundi de Castrobayaco habuisse &. . . . recepisse. . . . recognovit. . . . Acta fuerunt hec in loco de Monteastruco, Diocesis Tarbiensis, die XV. mensis Octobris anno Domini millesimo CCCL^a. nono. testes. . . . . & ego Fortanerius de Condomio, publicus Tolose Notarius.

Et ego Vitalis, de Liestario, Clericus de Santralha Anglesii, Auxitanensis Diocesis, publicus auctoritatibus Imperiali & Domini nostri Comitis Armaniaci ac Domini de Montesquivo, Notarius. . , a notis seu prothocollis michi collatis, que quondam

fuerunt Magiſtri Fortanerii de Condomio Notarii, pacta ſeu Convenciones matrimonii, diu eſt, contracti, inter Nobilem Dominum Genſorem de Monteſquivo, ... &
Nobilem Coſtanciam de Caſtrobayaco, ... abſtraxi. ... & in publicam formam redegi
& ſigno meo quo utor. .. ſignavi (*Signé de la marque du Notaire*).

Original en parchemin des Archives de la Maiſon de Monteſquiou.

LXIV.
14 Avril 1374.

Quittance de la dot de Belefguart de Monteſquiou, fille de Noble Arſieu de Monteſquiou, Chevalier, donnée à Noble & puiſſant
homme Meſſire Raymond-Aimery de Monteſquiou, Chevalier,
Seigneur de Monteſquiou, & de la Baronnie d'Angles, ſon ayeul,
par Othon de Montaut, Chevalier Seigneur de Montaut, ſon mari.

Noverint univerſi .... quod Nobilis & potens vir dominus Otho de Montealto,
Miles, dominus loci de Montealto & Baronie Correnſagueſii, ... recognovit ...
ſe habuiſſe & recepiſſe quingentos florenos auri ... A NOBILI ET POTENTI
VIRO DOMINO RAMUNDO-AYMERICI DE MONTESQUIVO, MILITE,
DOMINO DICTI LOCI DE MONTESQUIVO ET BARONIE AC TERRE AN-
GLESII, licet abſente, & hoc, de dote ſibi promiſſa per eundem NOBILEM DOMINUM
RADMUNDUM-AYMERICI, ratione matrimonii inter ipſum nobilem Dominum Otho-
nem & NOBILEM DOMINAM BELESGUART DE MONTESQUIVO, FILIAM NOBI-
LIS ARCIVI DE MONTESQUIVO, MILITIS, DICTI DOMINI RADMUNDI-
AYMERICI, ſilii primogeniti, contracti... Actum fuit hoc Auxi die decima-quarta
menſis Aprilis anno Domini milleſimo treſcenteſymo ſeptuageſimo quarto. .. preſen-
tibus Nobilibus Domino ARSIVO DE MONTESQUIVO, MILITE, Guillelmo de Laſe-
rano, domicello, Domino de Caſalibus, ... & me Dominico de Marenchis .....
Imperiali & Archiepiſcopali auctoritatibus Notario publico, qui ... cartam iſtam
retinui, ſcripſi & ſigno meo conſueto ſignavi.
(*Signé de la marque dudit Notaire.*)

Original en parchemin des Archives de la Maiſon de Monteſquiou.

LXV.
1er. Janv. 1379.

Serment de fidélité des Conſuls & Conſeillers de Riguepeu, à Noble
& puiſſant Seigneur Arſieu de Monteſquiou, Seigneur de la Baronie
d'Angles, après la mort de Raymond-Aimery de Monteſquiou, Chevalier, ſon pere.

In nomine Domini, Amen. . . Noverint univerſi ... quod conſtitutus perſonaliter
NOBILIS ET POTENS DOMINUS EYSCHIVUS DE MONTESQUIVO, FI-
LIUS EGREGII ET SPECTABILIS MILITIS DOMINI RAMUNDI-AIME-
RICI quondam, DOMINI DE MONTESQUIVO AC ETIAM TERRE ET
BARRONIE ANGLEZII, apud locum de Rigapilo, in Eccleſia ejuſdem loci, aſſiſ-
tentibus ibidem, coram ipſo, ſapientibus & diſcretis viris, videlicet, Vitale de Fuxo,
Arnaldo Abelh, Arnaldo de Buco, Conſulibus dicti loci de Rigapilo, anni preſentis;
& Bernardo de Mariſtagno, Bertholomeo de Sabeya, Petro de lo Royne, juniore,
Conſiliariis dicti loci de Rigapilo, anni preſentis, ... propoſuit & dixit .... quod
cum pater ſuus predictus qondam & alii ſui predeceſſores fuerunt huc uſque Domini
naturales terre & Barronie de Anglezio & in ipſa habuerunt merum & mixtum impe-

rium.... a tanto tempore citra de cujus contrario memoria non exiftat hominum; confuetumque fit huc ufque, quod cum aliquis predecefforum fuorum de hoc feculo ad aliud migraret, quod vaffalli & fubditi fui homargium & fidelitatis juramentum preftabant heredi fupraviventi;.. quare dictus NOBILIS DOMINUS EYSCHIVUS, FILIUS ET HERES DICTI EGREGII MILITIS DOMINI RAMUNDI-AIME-RICI quondam, petit & requirit dictos Confules & Confiliarios & alios bonos & probos viros affiftentes, tanquam fuos vaffallos, cum dictus locus de Rigapilo fit fub dominio Terre & Barronie Anglezii, ut ... preftent fibi homargium & facramentum fidelitatis ;.... qua quidem requifitione ... fic facta, predicti Confules & Con-filiarii propofuerunt ... quod, ... fecundum confuetudinem dicti loci, ... ipfe Dominus primo & ante omnia jurat... quod ipfe tenebit & obfervabit ufus feu con-fuetudines,... defendet vaffallos fuos ;... & rogaverunt dictum Nobilem EYSCHI-VUM, ut ipfe velit & dignetur predictum facramentum preftare.... Tunc dictus NOBILIS EYSCHIVUS.... proceffit ad facramentum faciendum per ipfum, in hunc modum dicens: EGO EYSCHIVUS DOMINUS TERRE ET BARRONIE ANGLEZII, juro... quod ero bonus Dominus & legalis loco prefenti de Rigapilo & hominibus in ipfo loco.... habitantibus,... quod obfervabo inviolabiliter ufus, foros & confuetudines dicti loci de Rigapilo;... quo quidem juramento... preftito,... dicti.... Confules.... Confiliarii.... juraverunt & facramentum fidelitatis fe-cerunt...., quod unus & quilibet ipforum erunt boni & fideles vaffalli dicto Domino EYSCHIVO, tanquam fuo vero Domino naturali & legitimo, &c. Actum fuit hoc apud Rigapilum.... die prima.... Januarii anno Domini M. CCC. LXXIX.... prefentibus... & me Arnaldo de Juniaco, Clerico, Diocefis Auxitane, publico aucto-ritate Imperiali Notario, qui premiffis... prefens fui & de premiffis prefens publi-cum inftrumentum.. retinui ; fet occupatus circa diverfa, per alium fcribi feci, & hic me fubfcripfi & figno meo confueto fignavi, in teftimonium premifforum.
(*Signé de la marque dudit Notaire.*)

LXVI.   Original en parchemin des Archives de la Maifon de Mon-tefquiou.

Quittance d'une partie de la dot de Gaillarde d'Efpagne, femme d'Arfieu de Montefquiou, donnée par Noble & puiffant homme Arfieu de Montefquiou, Seigneur dudit lieu, ayeul dudit Arfieu.

Noverint univerf.... quod cum... alique Conventiones fuiffent facte... inter NOBI-LES ET POT NTES VIROS DOMINUM ARSIVUM DE MONTESQUIVO, DOMI-NUM DICTI LOCI, ex una parte ; & Dominum Arnaldum de Yfpania, Dominum de Montefpano, & Rotgerium ejufdem Domini Arnaldi, filium, Milites, ex altera; prout conftat per quofdam Cartellos ... manu publica fcriptos.... de & fuper matrimonio contrahendo inter NOBILEM ARSIVETUM DE MONTESQUIVO, *... OTEM EJUSDEM NOBILIS DOMINI ARSIVI, ex una parte ; & Nobilem Galhardam de Yfpania, filiam dicti Nobilis Rotgerii, ... ex altera ; & inter cetera prenominati No-biles Domini Arnaldus de Yfpania, & Rotgerius, ejus filius, promiferunt dare in dotem... eidem nobili Galharde... ultra alia ornamenta in dictis conventionibus.... contenta, certam pecunie fummam auri, & illam eidem NOBILI DOMINO ARSIVO folvere;... prenominati Nobiles... volentes fe de dicta fumma quantitate auri erga dictum NOBILEM DOMINUM ARSIVUM, feu in aliqua parte ejufdem pecunie auri

* (L'endroit du parchemin eft em-porté par vétufté.)

exhonerare, videlicet ducentorum franchorum auri.. qui quidem ducenti franchi auri
prenominati Nobiles Domini Arnaldus de Yſpania & Rotgerius, ejuſdem filius, dicto
NOBILI DOMINO ARSIVO, exſolverunt in deductionem dicte majoris ſumme auri,
& adhuc inſtrumentum recognitionis dictorum IIC. franchorum non fuiſſet confec-
tum;... Idcirco idem NOBILIS ET POTENS VIR DOMINUS ARSIVUS DE
MONTESQUIVO... confeſſus fuit ſe habuiſſe... a prenominatis Nobilibus Dominis Arnaldo de Yſpania & Rotgerio, ejus filio,... dictos ducentos franchos
auri:... &c. Actum fuit hoc apud Baſianum, in Feſenſiaco XIIII. die introitûs
menſis Junii anno Domini Mº. CCCº. LXXXº. primo... preſentibus ... & me
Arnaldo de Juniaco, Clerico Dioceſis Auxitane, publico auctoritate Imperiali Notario,
qui premiſſis omnibus.... preſens fui & de premiſſis preſens publicum inſtrumentum..... ſcripſi & ſigno meo conſueto ſignavi.
(*Signé de la marque dudit Notaire*).

Original en parchemin des Archives de la Maiſon de Monteſquiou.

LXVII.
16 Juin 1382.

Donation du Domaine & haute-Juſtice de Bazian, à Arſieu Seigneur
de Monteſquiou, par Jean, Comte d'Armagnac.

Johannes dei gracia Comes Armaniaci.... univerſis preſentes litteras inſpecturis
ſalutem.... Notum facimus per preſentes quod nos, attentis pluribus gratuitis & lau-
dabilibus ſerviciis, per dilectum & fidelem noſtrum DOMINUM ASSIVUM DO-
MINUM DE MONTESQUIVO, nobis & predeceſſoribus noſtris impenſis, & que
de die in diem non deſinit inceſſanter.... eidem, tanquam bene merito, ſuiſque
heredibus & ſucceſſoribus univerſis, dedimus, ... & concedimus dominium & juridictio-
nem altam quam nos habemus... in loco de Baziano.... Datum Vici die decima
ſexta menſis Junii anno Domini milleſimo treſcenteſimo octuageſimo ſecundo.
(*Signé ſur le repli*) P. Bertrandi. (*Scellé d'un ſceau perdu.*)

Original en parchemin des Archives de la Maiſon de Monteſquiou.

LXVIII.
16 Nov. 1384.

Fondation d'une Meſſe quotidienne par Noble & puiſſant homme
Meſſire Arſieu de Monteſquiou, Chevalier, Seigneur de la terre
d'Angles, dans l'Egliſe Cathédrale d'Auch, où eſt la ſépulture de ſa
Maiſon.

Noverint univerſi..... quod cum, prout ibi fuit dictum, NOBILIS
ET POTENS VIR DOMINUS ARSSIVUS DE MONTESQUIVO, MILES,
DOMINUS TERRE ANGLESII, habens devocionem erga Dominos Canonicos
& Capitulum Eccleſie Auxitane, miſſaſque, preces & oraciones que de die
in diem in dicta Eccleſia..... effundunt..... vellet ſuam ſepulturam eligere
in dicta Eccleſia... & ſuper hoc ſupplicaſſet dictis Dominis Canonicis & Capitulo
Eccleſie Auxitane, quatinus ſibi vellent dare & concedere quod intus unam Cappel-
lam, infra dictam Eccleſiam Beate Marie,.... vocatam Sacrari, in qua Cappella, ſeu
una parte ejuſdem, dicebatur eſſe ſepultura progenitorum & anteceſſorum ipſius
DOMINI ARSSIVI DE MONTESQUIVO, poſſet & valeret dictam ſepultu-

ram a loco ubi erat alibi, intus tamen dictam Cappellam, transferre & mutare in loco convenienti, in quo ipsis Dominis Canonicis & Capitulo ac DOMINO ARSSIVO DE MONTESQUIVO videretur expediens & opportunum, & ibi valeret sepeliri; & deinde supplicasset etiam eisdem Dominis Canonicis. . . quatinus in dicta Cappella vellent constituere & ordinare unam missam cotidianam & perpetuo celebrandam, videlicet, qualibet die Dominica, de Sancto Spiritu; & qualibet die Sabbati, de Beata Virgine Maria; & omnibus aliis diebus cujuslibet septimane, de *Requiem*; & obtulisset se daturum eisdem Dominis Canonicis & Capitulo piam & solempnem helemosinam quingentorum florenorum auri Aragonie, semel dumtaxat solvendorum; . . . & super hoc fuisset, diu est, inter dictos Dominos Canonicos & Capitulum, ab una parte; & DICTUM DOMINUM ARSSIVUM DE MONTESQUIVO, ab alia; tractatum & disceptatum & deinque . . . . . . inter eos concordatum; tandem constituti Venerabilis & religiosus vir Bellus de Marrenxis, Canonicus & Prior Hospitalis de Montesquivo, ut Scindicus & nomine Scindicatus dicti Venerabilis Capituli Ecclesie Auxitane, ex parte una; prout de suo Scindicatu ibidem docuit & fidem fecit per quoddam publicum instrumentum. . . . actum . . . . quinta decima mensis Novembris anno Domini millesimo trescentesimo octuagesimo quarto; & dictus DOMINUS ARSSIVUS DE MOMTESQUIVO, prose & suis, . . . concordaverunt in hunc . . . modum, videlicet, quod. . . dictus DOMINUS ARSSIVUS DE MONTESQUIVO. . . . possit sepulturam, in qua nonnulli ejus antecessores de suo genere sunt sepulti, in Cappella vocata Sagrari, . . . mutare alibi, in alio loco convenienti, infra dictam Cappellam; . . . quod possit. . . facere & operari suam sepulturam in dicta Cappella; . . .quod dicti Domini Canonici & Capitulum Ecclesie Auxitane. . . facient celebrare unam missam in dicta Cappella & infra dictam Cappellam, pro intentione ipsius DOMINI ARSSIVI DE MONTESQUIVO, & ejus progenitorum & successorum suorum, de suo genere, animabus, . . . qualibet die Dominica, de Sancto Spiritu; & qualibet die Sabbati, de Beata Maria Virgine; & omnibus aliis diebus cujuslibet septimane, pro deffunctis, *de Requie*. Idem DOMINUS ARSSIVUS DE MONTESQUIVO . . . promisit dare & solvere dictis Dominis Canonicis & Capitulo Ecclesie Auxitane . . . quingentos florenos auri Aragonie, . . . videlicet, medietatem, hinc ad instans festum Pasche Domini; & aliam, hinc ad instans festum omnium Sanctorum . . . Actum fuit hoc apud . . . locum de Marsano die sexta decima mensis Novembris anno Domini millesimo trescentesimo octuagesimo quarto . . . testes . . . & ego Johannes de Furcata, Clericus publicus auctoritate Archiepiscopali Auxit. Diocesis . . . Notarius, qui . . . de premissis . . . duo consimilia instrumenta . . . retinui & in meis libris notavi & hoc presens instrumentum, occupatus aliis negociis, per alium michi fidelem . . . scribere & in hanc formam publicam redigere feci. . . & hic me subscripsi manu propria & signum meum apposui consuetum, &c. (*Signé de la marque dudit Notaire.*)

Original en parchemin des Archives de la Maison de Montesquiou.

Grosse d'une clause du testament de Jean, Seigneur de Faudoas, Chevalier, portant reconnoissance de la dot d'Aude de Montesquiou, sa femme.

Noverint universi quod cum Nobilis vir Dominus Johannes Domnus de Faudoanis

doanis, Miles, in quodam suo testamento, per me Notarium infra scriptum recepto, recognovisset se habuisse a NOBILI DOMINA AUDA DE MONTESQUIVO, EJUS UXORE, dotem suam & bona sua dotalia contenta & expressata in instrumento matrimoniali ipsorum conjugum per me Notarium infra scriptum recepto, cujus quidem recognitionis tenor talis est: Preterea prefatus Dominus de Faudoauis testator, gratis recognovit se habuisse a NOBILI DOMINA AUDA DE MONTESQUIVO, ejus uxore, dotem suam & bona sua dotalia... de quibus se contentum reputavit, prout dixit: que quidem recognitio, cum aliis in dicto testamento contentis fuerunt facta apud Faudoasium die XVª. mensis Madii anno Domini Mº. CCCº. LXXXVIIº.... Testes... & ego Arnaldus de Pontibus, publicus auctoritate regia Notarius, qui dictum testamentum cum dicta recognitione recepi;... quam quidem recognitionem a predicto testamento..., vigore & auctoritate...., litterarum emanatarum a Venerabili & discreto viro Domino Paulo Bigorci..., Judice Virduni, in partibus Vasconie, Domini nostri Francorum Regis ... abstraxi in hanc formam publicam redegi... in fidem & testimonium premissorum hic me subscripsi & signo meo consueto signavi, &c.
(*Signé de la marque du Notaire.*)

Original en parchemin des Archives de la Maison de Montesquiou.

[LXX.
5 Juin 1387.

Testament de Noble & puissant homme Messire Arsieu de Montesquiou, Chevalier, Seigneur de Montesquiou & de toute la Baronnie d'Angles, de Marsan, de Marsac & de Basian.

In nomine Patris & Filii & Spiritus Sancti. Amen. Noverint universi.... quod NOBILIS & POTENS VIR DOMINUS EYSSIVUS DE MONTESQUIVO, MILES, DOMINUS DE MONTESQUIVO ET TOTIUS TERRE BARONIE ANGLESII, DOMINUS CASTRORUM DE MARSANO, DE MARSACO ET DE BASINHANO, per Dei gratiam de quadam gravi infirmate detentus existens, in suis bono sensu, firma & perfecta memoria..... condidit.... suum ultimum testamentum nuncupativum;... voluit corpus suum sepeliri... in claustro Cathedrali Venerabili capitulo, Auxis, in quadam capela quam predictus Dominus testator habet factam de licentia dicti Venerabilis Capituli Auxitani & ibi voluit & precepit in die sui obitûs se portari & funerari, & voluit stare sepultus, donec audiat vocem Domini Nostri Jhesu Xpi dicentem: Surgite mortui qui jascetis in sepulcris: venite ad Judicium, percipite Regnum quod vobis paratum est ab origine mundi. Legavit de bonis suis.... amore Dei... & salutis anime sue & pro redemptione suorum omnium peccatorum... primo, operi Ecclesie Cathedrali Sancte Marie Auxitane, decem florenos auri, &c. ... reliquit DOMINE BELESGARD DE MONTESQUIVO, FILIE SUE legitime & naturali, uxori Nobilis & potentis viri Domini Oddonis de Montealto, Militiis, decem florenos auri & in dote, lecto & vestibus nuptialibus, & aliis arnesiis suis, quas & que predictus Dominus testator dedit... dicte DOMINE... BELESGART FILIE SUE... quando contraxit matrimonium cum predicto Domino Oddone de Montealto, viro suo; ... legavit & jure institutionis reliquid JOHANNI DE MONTESQUIVO, FILIO SUO... (*L'endroit du parchemin est ici rongé.*) & NATURALI duo milia franchos auri;... dedit & jure institutionis reliquit DOMINO EYSSIVETO DE MONTESQUIVO, MILITI, NEPOTI SUO, FILIO DOMINI GENSES DE MONTESQUIVO condam, filii dicti testatoris, decem florenos auri, in quibus;.. & in bonis quos dictus Dominus

F

teſtator, fibi dedit quando, contraxit matrimonium cum Domina Gualharda de Yſpania, uxore ſua; ... dedit & jure inſtitutionis reliquit DOMINO MANALDO DE MONTESQUIVO, Canonico in Eccleſia Cathedrali Auxitana, FILIO DOMINI GENSES DE MONTESQUIVO CONDAM, NEPOTI SUO, decem florenos auri; ... dedit ... & jure inſtitutionis reliquit GENSES DE MONTESQUIVO, FILIO DOMINI GENSES DE MONTESQUIVO CONDAM, NEPOTI SUO, decem florenos auri; ... dimiſit & jure inſtitutionis inſtituit RAMUNDO-AYMERICI DE MONTESQUIVO, nepoti ſuo, filio DOMINI GENSES DE MONTESQUIVO condam, decem florenos auri; ... dedit & jure inſtitutionis reliquit DOMINE AUDE DE MONTESQUIVO, nepoti ſue, FILIE DOMINI GENSES DE MONTESQUIVO condam, uxori Domini Johannis de Faudoanis, Militi, decem florenos auri, in quibus ... dote, lecto, veſtibus & alio arneſio *ſuos* quos & quas tam dictus Dominus teſtator quam DOMIMUS GENSES DE MONTESQUIVO CONDAM, PATER DICTE DOMINE AUDE, ſeu altero ipſorum, conjunctim ſeu diviſim, dederunt & conſtituerunt predicte Domine Aude, quando contraxit matrimonium cum predicto Domino Johanne de Faudoanis; ... legavit & jure inſtitutionis reliquit JOHANE DE MONTESQUIVO, NEPOTI SUE, FILIE DOMINI GENSES DE MONTESQUIVO CONDAM, decem florenos auri; ... legavit BERTRANDO DE MONTESQUIVO, FILIO SUO NATURALI, duſcentos florenos auri; .. legavit BARRANE DE MONTESQUIVO, FIILIE SUE NATURALI, uxori Domini de Cirato, viginti & quinque florenos auri; ... recognovit ſe habuiſſe ... de Domina Margarita de Inſula, uxore ſua, ratione dotis, quingentos & quinquagenta florenos auri; ... dimiſit Arnaldo de Montegalhardo, Domicello, ſervitori ſuo, unum ronſinum baiardi clari cum ſuo arneſio; ... legavit CLARMUNDE DE MONTESQUIVO, decem franchos auri. In omnibus autem aliis bonis ſuis mobilibus & inmobilibus ... ODDONEM DE MONTESQUIVO, FILIUM SUUM LEGITIMUM ET NATURALEM, heredem ſuum univerſalem ſibi inſtituit; ... & ſi forte predictus Oddo contigerit mori ... ſine liberis maſculis, ſubſtituit JOHANNEM DE MONTESQUIVO, FILIUM SUUM LEGITIMUM ET NATURALEM, &c; ... & ſi omnes ... deceſſerint ſubſtituit eis RAMUNDUM-AYMERICI DE MONTESQUIVO, NEPOTEM DICTI TESTATORIS, vel ejus filium maſculum ... Hujus ſui ultimi teſtamenti exequtores ac etiam predicto ODDONI DE MONTESQUIVO, FILIO SUO, in tutores & gubernatores dedit videlicet Nobilem & potentem virum Dominum Oddonem de Montealto, Militem, & Petrum de Fitali, Domicellum ... Actum fuit hoc apud Marſanum ... die quinta menſis Junii anno Domini milleſimo trecenteſimo octuageſimo ſeptimo ... teſtes ... & ego Johannes de Stangno publicus Albineti Notarius, qui requiſitus de premiſſis omnibus & ſingulis hoc preſens publicum inſtrumentum retinui, ſcripſi, & ſignoque meo conſueto ſignavi, &c. (*Signé*) Jo-nes, (*avec ſa marque.*)

LXXI.
7. Juin 1391.

Original en parchemin des Archives de la Maiſon de Monteſquiou.

Donation de Noble & puiſſant Baron Arſieu de Monteſquiou, Chevalier, Seigneur dudit lieu & de la Baronnie d'Angles, à Bernard de Marraſt-Damoiſeau.

Noverint univerſi ... quod NOBILIS ET POTENS BARO DOMINUS AYSSIVUS DE MONTESQUIVO, MILES, DOMINUS DICTI LOCI ET BARONIE SIVE TERRE ANGLESII, Comitatûs Fezenciaci & diocefis Auxitane, ... dedit ... & conceſſit donatione pura ... Nobili Bernaldo de Marraſto, Domicello, ... totam illam petiam terre ac prati quinque arpenta continentem ... in pertinentiis de

Stipodio . . . hoc excepto per dictum Nobilem Dominum de Montesquivo , quod dictus Nobilis Bernaldus cuilibet & successoribus dicti Domini de Montesquivo , scilicet , Domino mutante in dicta terra Anglesii , faciat & facere teneatur pro dictis quinque arpentis , terre & prati , ratione sensus seu recognossentie , unum par cirotecarum alborum , &c. Actum fuit hoc apud Riguapilum die septima mensis Junii anno Domini M°. CCC°. XC. primo . . . testes . . . & ego Vitalis de Liestario , Clericus de Sancta Ralha Anglesii , Auxitane diocesis , publicus auctoritatibus Imperiali & Domini nostri Comitis Armaniaci ac Domini de Montesquivo Notarius , qui predicta omnia & singula in notam recepit ; set occupatus aliis negotiis , in formam publicam redigere non potui , set per Dominum Magistrum Petrum Arquerii , Notarium substitutum meum , in hanc publicam formam redegi feci & cum diligenti collatione de nota originali cum hoc presenti publico instrumento , & quare concordat hic me subscripsi manu propria & signo meo consueto signavi , in testimonium veritatis. (*Signé de la marque dudit Notaire.*)

Original en parchemin des Archives de la Maison de Montesquiou.

LXXII.
19. Sept. 1400,

Transaction passée entre Noble & puissant homme Messire Arsieu de Montesquiou , Chevalier, Seigneur de Montesquiou & de la Baronnie d'Angles ; & Bernard de Castelbayac, Seigneur de Castelbayac, sur le payement de la dot de Constance de Castelbayac, mere dudit Seigneur de Montesquiou.

Noverint universi presentes pariter & futuri quod cum , pro ut ibidem dictum fuit , diu est, lis , questio , debatum seu controversia esset mota , & magis nasci & oriri speraretur inter. . . Ramundum Arnaldi de Castrobaico , Dominum dicti loci condam ; Manaldum de Barbasano, Dominum de Marselhano ; Bernardum de Castrobaiaco, Milites , ab una parte ; & NOBILEM ET POTENTEM VIRUM DOMINUM ARSIVUM DE MONTESQUIVO , MILITEM , DOMINUM DICTI LOCI DE MONTESQUIVO ET TOSCIUS BARONIE ANGLESII , ab alia parte . . . super eo quod dictus DOMINUS ARSIVUS DE MONTESQUIVO , Miles , petebat & petere nitebatur a prenominatis Ramundo Arnaldi de Castrobaiaco , Manaldo de Barbasano, & Bernardo de Castrobayaco, Militibus ; tam in curia parvi sigilli Montispessulani, quam in aliis curiis, quatuor milia florenos de Florencia , nec non lectum & vestes nup . . ales sibi debitos , ratione dotis Nobilis Domine CONSTANCIE DE CASTROBAIACO , ejus matris condam , pro ut in quodam publico instrumento matrimoniali super hoc confecto latius dicitur contineri ; & pro dicta summa pecunie lectum & vestes nupciales dictus DOMINUS DE MONTESQUIVO clamorem exposuisset in curia parvi sigilli Montispessulani ; . . . tandem tractantibus parentibus & amicis utriusque partis, predicte partes & earum quelibet volentes fugere lites . . . constitute personaliter apud Castrum de Roeda, in domo habitationis Domini dicti loci , in presencia mei Notarii publici & testium infrascriptorum . . . transhigerunt . . . in modum qui sequitur ; . . . videlicet, quod Nobilis Bernardus de Castrobaiaco, Dominus dicti loci . . . & Nobilis domina Gausia de Jussano, relicta domini Ramundi-Arnaldi de Castrobaiaco quondam , materque dicti domini de Castrobaiaco . . . recognoverunt . . . se legitime debere, & dare & solvere promiserunt intus locum de Montesquivo , vel in omni alio loco , ac si ibidem contraxissent, NOBILI ET POTENTI VIRO DOMINO ARSIVO DE MONTESQUIVO , Militi , Domino dicti loci , . . videlicet, quatuor milia florenos de Florencia , nec non lectum & vestes nupciales, de quibus superius facta est mentio, & hoc ratione & ex causa dotis dicte domine CONSTANCIE DE CASTROBAYACO, condam matris ipsius Nobilis creditoris, terminis qui sequuntur, videlicet, &c. ... Actum fuit hoc apud Castrum de Roeda, die decima nona mensis Septembris, anno Domini millesimo quator centesimo, Domino Karolo Dei Francorum Rege regnante.... testes Nobiles viri Arnaldus Guilhermi de Barta, Senescallus Aure, GENSES DE MONTESQUIVO... & ego Bernardus Trobati comunis & publicus ville Vici Fezenciaci & toscius terre Domini nostri Comitis Armanhiaci auctoritatibus ejusdem Domini nostri Comitis, & Dominorum de Capitulo Tholose, Notarius, qui requisitus de premissis hoc presens publicum instrumentum retinui, feci, scripsi, & signo meo consueto signavi, in testimonium omnium & singulorum premissorum.

(*Signé de la marque dudit Notaire.*)

Original en parchemin, des Archives de la Maison de Montesquiou.

LXXIII.
5 Juin 1405.

Lettres Royaux accordées à Arsieu, Chevalier Seigneur de Montesquiou, dit d'Angles, pour contraindre ses vassaux Nobles de la Baronie de Montesquiou, à lui rendre hommage.

Karolus Dei gracia, Francorum Rex Senescallo & Judicibus nostris Agennensibus aut eorum loca tenentibus, salutem. Dilectus noster ESSIEU MILES, DOMINUS DE MONTESQUIVO DICTO D'ANGLES, nobis exponi fecit, graviter conquerendo, quod cum ipse sit Dominus dicti loci, & Baro dicte Baronie de Montesquivo, solus & in solidum, in qua Baronia seu districtu dicti loci de Montesquivo sunt quamplurima loca & Castra situata, & per aliquos Nobiles dicte terre cum pluribus terris & possessionibus tenta & possessa, qui, racione premissorum, dicta loca, castra, villas, & omnia & singula hospicia, terras, possessiones, nemora, devesia, sub fide & homagio ab ipso exponente & suis predecessoribus, loco & tempore prestandis, absque conditione tenent & possident, & predicto exponenti & suis, eaque facere seu prestare debebant & tenebantur, prestiterint; sintque etiam & fuerint nonnulli alii Nobiles Domini certorum aliorum locorum extra dictum districtum, jurisdictionem & Baroniam de Montesquivo existentes, qui etiam pro tunc tenebant & tenere consueverant, & adhuc aliqui tenent plures terras, census, ... sub annuo censu, & ex causa premissarum terrarum.. ... semper consueverant. ... fidem & homagium prestare, & prestiterunt predicto exponenti & suis predecessoribus, & specialiter Domini de Sanguineda, in Armaniaco, de Cargueto, de Las & plures alii, qui homagia, census, ... quanquam pluries & debite requisiti fuerint, prestare, seu solvere contradixerunt & contradicunt, in dicti exponentis maximum prejudicium non modicum & gravamen; ... quo circa nos premissis attentis & consideratis, vobis. ... precipimus & mandamus, & quia agitur de feudis..... & de homagiis prestandis dicto Militi. ... quatenus, si per testes, instrumenta, recognitiones, ... dictas terras, possessiones, ... sub fide & homagio, annuo censu, ... in tota terra, districtu, juridictione seu Baronia de Montesquivo ab antiquo. ... teneri, ... ipsos detentores & occupatores, si sint Nobiles, predicta tenentes, ad prestandum pro eisdem homagia, fidem, juramenta & alia deveria consueta eidem exponenti. .... compellatis, seu compelli faciatis. ... Datum Parisiis die prima mensis Junii anno Domini millesimo cccc. quinto, & regni nostra XXV°.

(*Signé*) Per Regem, ad Relacionem Consilii.

K. COSTE.

(*Scellé sur simple queue d'un Sceau perdu.*)

Original en parchemin des Archives de la Maison de Montesquiou ;

Grosse en parchemin délivrée judiciairement en 1427 de plusieurs clauses du

Testament de Noble Messire Arsieu de Montesquiou, Seigneur de Montesquiou.

In Dei nomine. Amen. Noverint universi . . . quod anno Domini millesimo quadringentesimo vicesimo septimo, die octava mensis Aprilis, apud Rigapilum, NOBILIS ROGERIUS DE MONTESQUIVO, in presencia Nobilium Bernardi de Beo, Veziani de Malrasto, presentavit Michi Petro de Villa Nova, Notario de Rigapilo, quasdam patentes & autzentiquas licteras à Venerabili & circumspecto viro Domino Petro de Aureria, licentiato in legibus, Judice terre & Baronie Anglesii, emanatas, ejusque sigillo de cera rubea in dorso sigillatas, ut prima facie ipsarum licterarum inspectione apparebat, quarum quidem licterarum tenor sequitur in hunc modum :

Petrus de Aureria, Licenciatus in legibus, Judex totius terre & Baronie Anglesii pro NOBILI ET POTENTI VIRO DOMINO AYSSIVO DE MONTESQUIVO, MILITE, DOMINO EJUSDEM LOCI, DE MONTESQUIVO ET DICTE BARONIE ANGLESII, dilecto nostro Magistro Petro de Villa-Nova, Notario de Rigapilo, salutem ; ad supplicationem NOBILIS DOMINE GALHARDE DE YSPANIA, RELICTA NOBILIS DOMINI AYSSIVI DE MONTESQUIVO, DOMINI QUONDAM DE MONTESQUIVO, vobis precipiendo mandamus quathenus clausulam seu clausulas ultimi Testamenti dicti quondam Domini de Montesquivo, per vos, ut dicitur, retenti, ipsam Dominam supplicantem, tangentem seu tangentes, a libris vestris . . . abstrahatis & in formam publicam redigatis, & dicte supplicanti, una cum institucione & substitucione heredis, data, testibus, & nominibus Regnancium tradatis & liberetis . . . Datum in Montesquivo, die octava mensis Aprilis, anno Domini millesimo quadringentesimo vicesimo septimo ; P. de Aureria, Judex ; quibus quidem licteris . . . presentatis . . . ego idem Notarius, vigore . . . dictarum licterarum, ad abstractionem clausularum Testamenti dicti Domini Ayssivi de Montesquivo, Domini quondam de Montesquivo, processi in hunc modum ;

ITEM. dictus Nobilis testator recognovit se habuisse & recepisse a Nobili Domina Galharda de Hispania, uxore sua, quatuor milia franchos auri, lectum & vestes nupciales, . . . quos voluit exsolvi per heredem suum uiversalem. . . . ITEM recognovit se debere dicte Nobili Domine Galharde, uxori sue, quatuor centum libras turonensium parvorum ; . . . & tres centos mutones auri, quas sibi mutuaverat, tempore quo ipse testator erat captus in Bearnio ; quas quidem cccc. libras & ccc. mutones auri dictus testator voluit exsolvi per heredem suum universalem . . . ITEM legavit predicte Nobilis Domine uxori sue, loca de Marsano & de Baziano ; . . . & pedagium de Monteclaro, in vita sua solum . . . . In omnibus aliis suis bonis mobilibus & inmobilibus . . . . NOBILEM DOMINUM AYSSIVUM DE MONTESQUIVO, MILITEM, FILIUM SUUM LEGITIMUM & NATURALEM, heredem suum universalem instituit ; . . . . & si casus contingat dictum Dominum Ayssivum . . . mori absque herede masculo, de suo corpore & de legitimo matrimonio procreato, . . voluit . . . quod dicta hereditas sua deveniat ad NOBILEM DOMINUM BERTRANDUM DE MONTESQUIVO, MILITEM, FILIUM SUUM LEGITIMUM ET NATURALEM ; & si dictus Dominus Bertrandus descedebat absque herede masculo, de legitimo matrimonio procreato, . . . quod dicta hereditas sua deveniat . . . ad NOBILEM ROGERIUM DE MONTESQUIVO, FILIUM SUUM LEGITIMUM ET NATURALEM, substituendo unum alteri. Acta & retenta fuerunt hec apud locum de Baziano & in Castro sive Hospicio ipsius Domini testatoris, die decima septima mensis Februarii, anno domini millesimo quadringentesimo vicesimo sexto . . .

Hujus rey fuerunt teſtes . . . & ego Petrus de Villa-Nova, communis & publicus loci
de Rigapilo ; auctoritatibus Apoſtolica, Imperiali & Dominorum de Capitulo Tholoſe,
Notarius, qui requiſitus per dictum Dominum teſtatorem, retinui, & preſentes clauſulas
à dicto teſtamento, virtute & auctoritate dictarum litterarum ſuperius inſertarum,
abſtraxi & in hanc publicam formam redegi & ſigno meo conſueto ſignavi.

(Signé) P. de Vill, (avec ſa marque.)

LXXV.
26. Mars 1426.

Original en parchemin du Cabinet de l'Ordre du Saint-Eſprit,
vol. 181 des Titres ſcellés, fol. 6509.

La monſtre de Meſſᵉ Berthelemy de Monteſquieu, Chevalier Bachelier & de neuf
Eſcuiers de ſa Chambre, receuë à Servies le XXVIᵉ jour de Mars l'an M. CCCC XXVI.

CHEVALIER BACHELIER.

Ledit Meſſᵉ. Berthelemy.

ESCUIERS.

Raymonnet Gilbert.
Bertranon de Nogaret, (& autres.)

LXXVI.
26. Mai 1427.

Original, en parchemin, du même Dépôt & du même volume,
folio 6507.

Quittance des gages du même Chevalier & des Ecuyers de ſa
Compagnie.

Saichent tuit que pardevant nous Jehan Doulon, Eſcuier, & Viguier pour le Roy
noſtre Seigneur a Thoulouſe, fut preſent en perſonne Meſſire Berthelemy de Mon-
teſquieu, Chevalier Bachelier, lequel cogneut..... avoir..... receu de Jehan Seaume,
Receveur général de toutes finances & Tréſorier des guerres es païs de Languedoc
& Duchié de Guienne, la ſomme de ſix vins huit livres tourn. en preſt & paiement des
gaiges de lui & de neuf Eſcuiers de ſa Chambre, deſſerviz & à deſſervir ou ſervice du
Roy noſtre dit Seigneur, ... en la frontiere de la ville de Lautrec, a l'encontre des
Angloys, ... & ce pour ung moys commancé le XXVIᵉ. jour de Mars dernierement
paſſé M. CCCC. XXVI...... Donné à Lavaur ſoubz le ſcel royal de ladicte
Viguerie le XXVIᵉ jour de May l'an mil CCCC. vint ſept, (Signé) J. de Lyon.

LXXVII.
2 Décemb. 1428.

Original en parchemin des Archives de la Maiſon de Monteſquiou.

Arrêt du Parlement de Languedoc rendu en faveur d'Arſieu de Monteſquiou, Chevalier, Seigneur de Monteſquiou, & des autres Barons
& Nobles du Comté de Fezenſac, contre les Juges du même Comté.

Karolus Dei gracia Francorum Rex. Univerſis preſentes litteras inſpecturis ſalutem.
Cum AYSIVUS DE MONTESQUIVO, MILES, DOMINUS DE MONTESQUIVO, pro ſe
& nomine aliorum Baronum, Militum, Nobilium ac univerſitatum, villarum &
locorum Comitatus Fezenciaci, in quibus ipſi Barones, Nobiles & Milites partem
habere dicuntur ; necnon etiam nomine aliorum adherencium, ſeu adhere revolencium
in hac parte, à quibuſdam indictione ſubſidii & non nullis aliis gravaminibus eiſdem
Baronibus, Nobilibus & univerſitatibus ejuſdem Comitatus Fezenciaci, contra formam
& tenorem previlegiorum & libertatum eiſdem atthenus & ab antiquo conceſſarum,
ut dicebant, ipſas libertates & privilegia frangendo & violando per Bonumhominem
de Barrequiere, Bigotum de Penavayre, Guillermum de Finibus, Receptores ;
Arnaldum de Camino, Procuratorem Fiſcalem, Magiſtrum Guillermum de Garroſſie

& Johannem Martini, Judices se dicentes, ejusdem Comitatus Fezenciaci; factis &
Illatis, ac amplius fieri continuatis & mandatis, lacius in instrumento appellatorio
deductis, tanquam à nonnullis, seu ab iniquis & injustis, ad nos, seu nostram
Parlamenti Curiam appellasset, & licteras adjornamenti in casu appelli relevando,
suam appellacionem à nobis impetrasset; virtute quarum prenominati Guillermus de
Garrossio & Johannes Martini, Judices, ad diem octavam mensis Septembris ultimo
lapsam, per Johannem Fribort, alias Angeli, Servientem nostrum, nec non Arnaldus
de Caminio, Bonushomo de Barrequiere, Bigotus de Penavayre, & Guillermus de
Finibus, in partem adversam electos, per Guillermum Flambardi, Subvicarium
nostrum Tholose, ad diem vicesimam ejusdem mensis Septembris adjornati fuissent,
comparituri in eadem nostra Parlamenti Curia; & in hujus appellacionis causa
processuri, aliasque facturi quod racio suaderet, prout de adjornamento hujusmodi
per easdem nostras licteras ac relaciones dictorum Servientis & Subvicarii in pargameno scriptas, & eorum sigillis, ut prima facie apparebat, impendenti sigillatas,
constitit Curie nostre memorate. Quibus diebus, octava Septembris, dicti de Garrossio
& Martini; ac vicesima ejusdem mensis Septembris, nec diebus presentacionum
Senescallie Tholose presentis Parlamenti, ex dictis octava & vicesima Septembris
continuatis & deppendentibus, ipsi, nec prenominati de Camino, de Barrequiere, de
Penavayre & de Finibus, in dicta nostra Curia se presentassent, ac secunda die
presentis mensis Decembris, dum de causis predicte Senescallie Tholose ac aliis
ejusdem nostre Curie agebatur, ipsi Guillermus de Garrossio, Martini de Barraquiere
& de Camino, quiquidem per Johannem Arbaleste, hostiarium dicte nostre Curie,
ad hostium camere ejusdem, more solito, vocati, non comparuissent; & ob hoc
Magister Robertus Maigreti, Procurator dicti Ayssivi de Montesquivo, Bertrandi
de Montesquivo, Militum, & aliorum Baronum Nobilium, & aliorum suorum con-
sortum, presentatus & comparens, deffectum contra prenominatos Martini, de
Garrossio, de Camino & de Barrequiere coappellatos, tamquam non presentatos &
non comparentes, sibi dari & concedi pecisset; quo deffectu concesso, pars
dictorum appellancium certam utilitatem dicti deffectus contra eosdem coappellatos
in scriptis tradisset, cujus tenor talis est: hec est utilitas quam tradunt & petunt
Nobiles Ayzivus de Montesquivo, Miles, Dominus de Montesquivo, & alii
Barones Comitatus Fezenciaci appellantes........ contra Magistros Guillermum de
Garrossio & Johannem Martini, licentiatos in legibus, judices; Arnaldum de Camino,
Procuratorem Comitatus Fezenciaci,....... appellatos, dicentes quod predicti
Barones & Nobiles Comitatus Fezenciaci habent libertates & privilegia per Comites
Armaniaci & Fezenciaci, ab antiquis temporibus, Baronibus, Militibus, Nobilibus.....
concessa, quod Barones, Milites, Nobiles nec eorum subditi non tenentur solvere Comiti....., albergatas, talias, collectas, dona, seu munera, aliqua ratione albergarum,.....
vel subsidiorum impositorum, seu que predicti Comites..... in futurum imponerent
seu imponere vellent in predicto Comitatu Fezenciaci, qualicumque causa.......
Quam utilitatem......: sibi adjudicari peniisset. Notum facimus quod prefata Curia
nostra dictam utilitatem deffectus adjudicare noluit....... sed ordinat dictos......
coappellatos iterato adjornari....... Datum Bicterris in Parlamento nostro dicta die
secunda Decembris anno domini millesimo quatercentesimo vicesimo octavo, regni
nostri septimo. (Signé) Per Cameram, G. Scaravelli (Le sceau perdu.)

Original en parchemin des Archives de la maison de Montefquiou.

Procès-Verbal de la Publication faite le 23 Décembre 1432 , en préfence du Procureur, de Noble & Puiffant homme Meffire Arfieu de Montefquiou , Chevalier , Seigneur de Montefquiou , des

Lettres de Sauve - garde accordées le 18 Décembre précédent par Jean Comte d'Armagnac , aux Confuls & à la Communauté du lieu de Montefquiou , contre ledit Seigneur de Montefquiou ; dans lefquelles Lettres , inférées en entier en ce Procès - Verbal , le même Seigneur de Montefquiou , eft qualifié Coufin de ce Comte.

Johannes Dei gratia Comes Armaniaci, Fezenciaci, Ruthene & Infule, Vicecomefque Fezenfaguelli , Brulhefii , Creyfelli & Gimoefii , ac Dominus terrarum Ripparie , Aure & Monthanorum Ruthene ; dilecto & fideli noftro Judici Armaniaci, Domino Guilhermo de Garroffio, licenciato in legibus, falutem. Cum pridem Confules loci de Montefquivo Anglefii , Comitatus noftri Fezenciaci nomine eorum Confulatûs, & totius univerfitatis ejufdem loci , a captione certe quantitatis vini & a quibufdam aliis expreffionibus & gravaminibus , per dilectum & fidelem Consanguineum nostrum, Dominum de Montesquivo, factis & illatis, provocaverint & appellaverint ad Curiam noftram appellationum Armaniaci & Fezenciaci & ad dilectum & fidelem noftrum Judicem appellationum dicte Curie noftre ; dictamque appellationem introduxerint , & eam profequendo litteras in caufam appellationis a predictis Curia & Judice appellationum impetrando , cum inhibitione in eifdem litteris contenta , eidem Domino de Montefquivo fienda , ne , dicta appellatione pendente, in prejudicium dictorum appellantium aliquid innovaret feu attemptaret . . . que quidem littere . . . debite exequioni fuere demandate ; his tamen nonobftantibus , & licet predicti appellantes una fimul cum omnibus incolis & habitatoribus dicti loci de Montefquivo in & fub protectione & falva gardia dictorum Judicis & Curie appellationum , in hac parte fuperiorum , tam juris difpofitione, quam fecundum privilegia caufarum appellationum , exifterint & exiftant, predictus Dominus de Montefquivo innovare & attemptare fua audacia prefumptiva nullathenus formidavit ; quinymo acrius predictos fuplicantes grevavit, gentes armorum congregando feu congregari faciendo, & eos in domibus habitationum ejufdem loci de Montefquivo ponendo ; que quidem gentes victualia quecumqne , fcilicet, blada , vina , avenam , fenum & quecumque alia eis neceffaria , tam pro vita gentium , quam equorum, recipiebant & recipetunt ; prenominat que Confules innovationem & attemptationem predictas . . . . . noftram prefentiam adhire curarunt , . . . fupplicantes quathinus in & fuper premiffis remedii opportuni fuffragium ipfis eifdem fupplicantibus impartiri dignaremur. Nos autem predictam fupplicationem . . . . . intuentes , comiferimus dilectis & fidelibus noftris Locum tenenti & Gubernatori Comitatûs noftri Infule . . . . . quathinus ad prefatum locum de Montefquivo fe perfonaliter transferentes, de & fuper premiffis . . . . veritatem, via fummarie aprifie , ad inftar fecrete informationis conficiende, inquirerent, & inde nobis repportarent ; . . . . preloqutique Locum tenens & Procurator . . . . . fe tranftulerunt ad fepe dictum locum de Montefquivo. . . . . comperieruntque predictas innovationes. . . . extitiffe ; . . premiffis autem omnibus & fingulis nobis, per Locum tenentem & Procuratorem comiffarios ante dictos repportatis , ... noftram adhientes prefentiam fepefati Confules . . . . nobis humiliter fupplicare curaverunt quathinus, premifforum intuitu, ipfos ac omnes & fingulos incolas habitatores loci fepe fati de Montefquivo, cum
eorum

eorum uxoribus, familiis , bonis & rebus fuis in & fub protectione & falvagardia
noftra fpeciali ponere & fufcipere dignaremur. Nofque attendentes premiffa effe
facta in odium dicte appellationis, . . . & etiam difpofitionem juris qua ftatuitur
propter feveritatem inferiorum judex fuperior poteft adhiri per modum fimplicis
querele, & quod de jure & inveterata confuetudine diutius & inconcuffe obfervata , ad
nos tanquam fuperiorem fpectat providere, ne BARONES ET POTENTIORES eorum
fubditos, quos a nobis tenent fub homagio & fidelitatis juramento, opprimant & eofdem
fubditos in fecuritate & falva gardia ponere . . . . . Quocirca, cum nos, premiffis
attentis, eofdem appellantes & fupplicantes univerfitatemque ac omnes & fingulos
incolas & habitatores loci predicti de Monrefquivo, cum eorum uxoribus, familiis ,
bonis, & rebus fuis , in cafu premiffo, pofuimus & fufcepimus, ponimus & fufcipimus ,
per prefentes in & fub protectione & falva gardia noftra fpeciali ; vobis precipimus &
mandamus quathinus, vocato predicto Domino de Montefquivo, & prefente, feu per
contumaciam abfente, prenominatos fupplicantes , univerfitatem ac omnes & fingulos
incolas & habitatores loci prelocuti de Montefquivo , cum eorum uxoribus , familiis,
bonis & rebus fuis in & fub protectione & falva gardia noftra fpeciali ponatis , ...
penuncillosque armis noftris depictos in bonis & domibus dictorum fuplicantium . . . .
apponatis, &c. Datum Infule die decima octava menfis Decembris anno Domini
millefimo quadringentifimo tricefimo fecundo. Per Dominum Comitem in fuo
Concilio , Vifa per Stephanum Dulcis , Regiftrata eft.

(Ces Lettres font inférées dans l'Acte fuivant).

In nomine Domini. Amen. Noverint univerfi . . . . quod anno ab Incarnatione
Domini millefimo quadringentefimo tricefimo fecundo & die martis intitulata vicefima
tertia menfis Decembris, in Curia ordinaria de Vico, Venerabilis & circumfpecti
viri Domini Guilhermi de Garoffio . . . . . Judicis ordinarii Armaniaci & Fezenciaci
citra Baifiam, pro Domino noftro Comite Armaniaci & coram Magiftro Petro de
Fita, Notario ordinario dicte Curie, & Comiffario ad univerfitatem caufarum in dicta
Curia ventillantium per dictum Dominum Judicem deputato ; pro tribunali fedente
in dicta Curia, hora tertie & audientiam publicam dicti Domini Judicis tenente, venit
& comparuit Sancius de Prato, ut Conful loci de Montefquivo, ut dixit, pro fe &
nomine univerfitatis ac fingulorum & habitatorum dicti loci , qui ad dictos diem, locum
& horam citari fecerat & adjornari NOBILEM ET POTENTEM VIRUM DOMINUM
AISSIVUM DE MONTESQUIVO, MILITEM, DOMINUM DICTI LOCI DE MONTES-
QUIVO, .. vigore ... cujus citationis, comparuit Magifter Arnaldus de Baquerio, Notarius
& habitator ville Vici & ut procurator . . . dicti Domini de Montefquivo . . . & ibidem dictus Sancius de Prato, nomine quo fupra , . . . produxit quafdam patrentes &
appertas falve gardie litteras, in pargameno fcriptas, a dicto Domino noftro Comite
Armaniaci emanatas & obtentas, & figillo fuo cum cera rubea inpendenti figillatas , . . .
quarum tenor talis eft : (Ce font celles qui font rapportées ci-deffus.) . . . . petens &
requirens dictus Sancius de Prato predictas litteras . . . publicari ; & dictus Procurator
dicti Domini de Montefquivo in predictis fe oppofuit & petiit . . . copiam dictarum
litterarum . . . . fibi dari . . . . necnon & unam diem congruam . . . . ad dicendum
caufas cur dicte littere non debent publicari, nec eifdem Confulibus & fingularibus
concedi ; quod non fuit fibi conceffum : tamen dicta copia dictarum litterarum fuit
eidem conceffa, &, hiis non obftantibus, predicte littere falve gardie, de mandato dicti
comiffarii, fuerunt publicate per Petrum de Coerbo, preconem publicum , ... ut
moris eft ; . . . de qua quidem publicatione . . . , predicti preco & Sancius Conful . . .
requifiverunt me Notarium infra fcriptum ut fibi retinerem publicum inftrumentum ;
& facta dicta publicatione, dictus Procurator dicti Domini de Montefquivo , viva voce,
fe appellavit ad dictum Dominum noftrum Comitem Armaniaci , vel ad Dominum
Senefcallum Agenni, vel ad metuendiffimam Curiam Parlamenti Domini noftri

G

Francie Regis, seu ad Dominum Regem, seu ad illum seu ad illos ad quem vel ad quos de jure fuerit provocandum & appellandum : quam quidem appellationem dictus Comissarius non admisit, nisi si & in quantum fuerit admittenda.... Actum fuit hoc apud Vicum & in Curia ordinaria ejusdem & coram dicto Comissario hora tertie, presentibus, &c.... & Magistro Petro de Fita, Notario auctoritatibus Imperiali..... ac Dominorum de Capitulo Tholose, publico, conhabitatoreque Ville predicte de Vico, qui dictum instrumentum retinuit & in suis libris notavit; set aliis occupatus negotiis, in hanc publicam formam redigere nequivit; vice ejus & mandato ego Arnaldus de Sconpoto, Notarius ejus substitutus, dictum instrumentum a ceda ejusdem.... abstraxi, grossavi & in hanc publicam formam redigi....& me Petro de Fita, Notario ante dicto, qui in premissis omnibus presens fui, &, facta diligenti collatione cum nota dicti instrumenti & dicto substituto, hic me subscripsi & signo meo consueto signavi, in testimonium premissorum. (*Signé de la marque dudit Notaire.*) & nos Guillelmus de Garossio, licentiatus in legibus, ... (*Illisible*) ordinarius Armaniaci & Fezenciaci citra Baysiam pro Domino nostro Comite Armaniaci, ad faciendum fidem qualiter dictus Magister Petrus de Fita est Notarius publicus, & ad ipsum, tanquam ad Notarium publicum habetur in publicis instrumentis per ipsum receptis, recursus, & fides eisdem adhibetur, sigillum predicte nostre Judicature, cera rubea inpendenti, duximus apponendum huic presenti instrumento (*Signé*) **A.** de Baquerio. (*Et scellé d'un sceau perdu.*)

LXXIX.

e8 Mars 1435.

Original en parchemin des Archives de la Maison de Montesquiou.

Bail à fief & emphithéotique passé par Noble & puissante Dame Gaillarde d'Espagne, Dame de Salles, veuve de Noble & puissant Homme Arsieu de Montesquiou d'Angles.

In nomine Domini, Amen. Noverint universi quod...... personaliter constituta NOBILIS ET POTENS DOMINA GALARDA DE ISPANIA, domina de Salis, relicta quondam NOBILIS ET POTENTIS VIRI DOMINI ARSIVI DE MONTEESQUIVO DE ANGLIS, gratis, ut dixit,....dedit.... ad novum feudum & perpetuam emphitesim, Petro-Guilermi, de Marsano, habitatori dicti loci de Salis...... quoddam campum in juridicione dicti loci, & loco vocato del Coun del Molii.... Item plus quoddam maleollum in dicta juridictione..... Item plus quoddam hospicium in dicto loco de Salis......Acta fuerunt hec in dicto loco de Salis, Diocesis Mirapicensis, die vicesima octava mensis Marcii anno ab Incarnatione Domini millesimo quadringentesimo tricesio qinto,.... in presensia, &c..... & mei Ludovici Tornatoris, loci de Fanojove habitatoris, publici Tholose Notarii, qui requisitus de premissis..... in testimonium premissorum signavi. (*Signé de la marque dudit Notaire.*)

LXXXX.

23 Janvier 1448.

Original en parchemin des Archives de la Maison de Montesquiou.

Donation de la terre de Marsan, par noble & puissant homme Messire Arsieu, Chevalier, Seigneur de Montesquiou & de la Baronnie d'Angles, à Noble & puissant homme Messire Barthelemy de Montesquiou, Seigneur de Salles, en Lauragais, son frere.

In Dei nomine. Amen. Noverint universi..... quod constitutus...... apud locum de Baziano, in Fezensace, Auxis Diocesis, in mei Notarii publici & testium

55.

infrafcriptorum prefencia, NOBILIS ET POTENS VIR DOMINUS AISSIVUS, MILES, DOMINUS LOCI DE MONTESQUIVO ET TOTIUS TERRE ET BARONNIE AN-GLESII, ... dedit; .... donacione pura, ... NOBILI ET POTENTI VIRO DO-MINO BARTHOLOMEO DE MONTESQUIVO, EJUS FRATRI, DOMINO LOCI DE SALIS, in Lauraguefio, ... totum illum locum vocatum de Marssano, in Fezenfaco, dicte Auxis Diocefis, cum omnibus juribus, feudis ...... mero & mixto imperio, alto & baffo dominio, ac eciam cum homagio feu homagiis eidem loco de Marfano pertinentibus ; .... quamquidem donacionem ..... dictus Nobilis & potens vir donator predictus dixit fe facere .... dicto donatorio, ejus fratri, racione parcele fue .... & in recompenfacionem plurimorum .... fervitiorum eidem donatori per dictum donatarium impenfforum .... & ut ipfe donatarius fit tractator bone pacis inter Nobilem Johannam de Bonay, ejus neptem & ipfum donatorem, de dote ipfius Nobilis Johanne. Item fuit exceptatum per dictum donatorem & per dictum donatarium, conceffumque, quod caffu quo non effent filii mafculi ex legitimo matrimonio dicti donatarii, nec ex mafculis ab ipfo defcendentibus, quando cognomen de Montefquivo abeffe contingeret, quod abfit ..... dictus locus de Marffano fuperius donatus .... deveniat & revertatur, in eum cafum, ad propriam tabulam dicti loci de Montefquivo .... Actum fuit hoc apud dictum locum de Baziano, die vicefima tercia menfis Januarii anno ab Incarnatione Domini millefimo quadringentefimo quadragefimo octavo .... Hujus rey funt teftes NOBILES GEORGIUS ET PETRUS DE MONTESQUIVO, Galhardus de Lafferano, &c. .... & ego Johannes de Furno, Clericus Auxis Diocefis, Notarius auctoritate Imperiali publicus, habitator loci de Rigapilo, qui .... prefens inftrumentum retinui, ... & in hanc publicam formam redegi, fignoque meo confueto fignavi, in fidem & teftimonium omnium & fingulorum premifforum. (*Signé de la marque dudit Notaire.*)

Original en parchemin des Archives de la Maifon de Montefquiou.

Donation de deux Hôtels à Noble & honnête Dame Anne de Goalart, (*Galard*) femme de Noble & puiffant homme Meffire Bar-thelemy de Montefquiou, Chevalier, Seigneur de Salles.

In nomine Jhefu Xpi. Noverint univerfi ... quod anno ab Incarnatione Domini millefimo quadringentefimo fexagefimo primo & die nona menfis madii, exiftens.... in mei Notarii publici & teftium prefencia fubfcriptorum .... Petrus de la Roffelha, habitator loci de Camato, Diocefis Mirapifcenfis, filius & heres .... Maffoti de la Roffelha condam, habitatoris Civitatis Lectorenfis, ... confiderans plurima & innu-merabilia fervicia .... recepiffe, retroactis temporibus, a Nobili & honefta Domina Anna de Goalart, uxore NOBILIS ET POTENTIS VIRI DOMINI BARTHOLOMEY DE MONTESQUIVO, MILITIS, DOMINI LOCI DE SALIS, dicte Diocefis Mirapif-cenfis, ... & in recompenfacionem dictorum ferviciorum, ... dedit ..... eidem Nobili Domine Anne de Goalart .... duo hofpicia ... fcituata infra muros, claufuras & fortalicium dicte Civitatis Lectorenfis ... Acta fuerunt hec apud locum fupradictum de Salis, ... in prefencia .... Johannis Borrelli, &c. ... teftium ... & mei Stephani Gilaberti, Notarii auctoritate Regia publici, loci de Manfo Sanctarum Puellarum habitatoris, qui .... de premiffis ..... inftrumentum in notam recepi & in meis libris regiftravi, prefenfque in hanc formam publicam redegi, ... & figno meo publico, quo in meis publicis utor inftrumentis confueto, fignavi. (*Signé*) Gilaberti. (*avec fa marque.*)

LXXXII.
28 Octob. 1466.

Original en parchemin des Archives de la Maison de Montesquiou.

Réglement sur les limites des terres de Marsan & de Lussan, entre
Noble & puissant homme Barthelemy de Montesquiou, Chevalier,
Seigneur de Marsan, & les co-Seigneurs de Lussan.

Pateat cunctis. Quod anno ab Incarnatione Domini millesimo cccc. lxvi & die
vicesima octava mensis Octobris, apud pertinencias locorum de Lussano & de Marssano, ego Guilhermus Cavarerii, publicus Tholose & auctoritate Dominorum de Capitulo Notarius, habitator loci de Albieto, retinui quoddam publicum instrumentum in
quo, inter cetera, continetur, quod . . . dictum fuit juridiciones & territoria locorum
de Marssano & de Lussano essent contigue & super limitibus . . . eorumdem esset
aliquod debatum inter Dominos & habitatores locorum predictorum, & quod limites. . . .
dictorum locorum non erant de vero consignati, quantum se extendebat juridictio cujuslibet dictorum locorum, & quomodo & in quibus locis una dividebatur ab alia ; super
quibus in futurum sperabatur oriri & posset esse lis & questio : hinc est quod . . . .
constituti providus Nobilis & potens vir Dominus Guilhermus de Montealto, Miles,
Dominus de Montealto & tocius Baronie Correnssaguesii & Nobilis Oddo d'Esparberiis,
domicellus, Condomini loci de Lussano, ex una ; & Nobilis et potens vir Dominus
Bartholomeus de Montesquivo, Miles, Dominus loci predicti de Marssano,
ex alia partibus ; dicti vero Domini... volentes scire veros limites... territoriorum & juridi-
cionum locorum predictorum de Lussano & de Marssano . . . omnes insimul unanimiter & concorditer juridiciones locorum predictorum de Lussano & de Marssano
consignaverunt & specificaverunt sub limitibus . . . . repertis; . . . presentibus . . . .
testibus ; . . . . . . sed quia aliis occupatus negociis, ad ingrossacionem
dicti publici instrumenti procedere nequivi, . . . presentem cartellam . . . . manu propria scripsi & signo meo solito . . . . signavi. (*Signé*) Cavarerii. (*avec sa marque.*)

LXXXIII.
29 Avril 1471.

Original en parchemin des Archives de la Maison de Montesquiou.

Procuration générale de Noble & puissant homme Messire Barthelemy
de Montesquiou, Chevalier, Seigneur de Marsan & de Salles, à
Noble Bertrand de Montesquiou, son fils, & à d'autres ; en présence
de Noble & Puissant homme Messire Bertrand de Montesquiou, Chevalier.

In nomine Domini. Amen. Noverint universi & singuli... quod personaliter constitutus
in mei Notarii publici & testium.... presentia, videlicet, Nobilis et potens. vir Dominus Bartholomeus de Montesquivo, Miles, Dominus locorum de Marsano
et de Salis... constituit & creavit... suos veros certos speciales generales & indubitatos
procuratores, videlicet, venerabiles & egregios viros... Bernardum Laureti, Johannem
Sarrati, Jacobum Benedicti, legum doctores.... Advocatos & Procuratores Curie supreme. Parlamenti Tholose, .. & Nobilem Bertrandum de Montesquivo, ipsius
constituentis, filium , ... nomine & pro ipso comparendi, agendi, deffendendi, ...
generaliter in singulis causis omnibus motis, pariter & movendis, &c. Acta fuerunt
hec in Civitate Tholosana die vicesima nona mensis aprilis anno Domini millesimo quadringentesimo septuagesimo primo ,...In presentia & testimonio Nobilis et potentis
viri Domini Bertrandi de Montesquivo, Militis, Domini de Montes-
quivo , ... & mei Laurencii Chapelli, Notarii Civitatis Tholose publici, auctoritatibus

Regia , Imperiali & Dominorum de Capitulo , qui requisitus , ... hoc presens publicum Procurationis instrumentum in notam sumpsi & in hanc formam redegi..... &
signo meo publico.... signavi.... (*Signé*) Chapelli. (*avec sa marque.*)

Original en parchemin des Archives de la Maison de Montesquiou.　LXXXIV.

29 Avril 1471.

Donation de Noble & puissant homme Messire Bertrand de Montesquiou , Chevalier , Seigneur de Montesquiou , à Noble & puissant
homme Messire Barthelemy de Montesquiou, aussi Chevalier , Seigneur
de Marsan & de Salles , son frere , des droits à lui appartenans dans le
lieu de Marsan.

In nomine Domini. Amen. Noverint universi ..... Cum prout ibidem dictum
fuit .... Nobilis et potens vir Dominus Bertrandus de Montesquivo,
Miles , Dominus Loci de Montesquivo, frater legitimus .... Nobilis et
potentis viri Domini Bartholomey de Montesquivo , Militis , locorum de Marsano et de Salis , Comitatus Fezensaguelli , diocesis Auxis ,
racione dicte fraternitatis pretenderet se habere jus ...... in loco predicto
de Marsano , rendisque ...... ac juribus .... actionibus ejusdem
loci de Marsano , que olim fuerant de eorum Domo paternali, occasioneque illorum
speraretur oriti questio ..... inter eosdem fratres , ... quod male cederet ; ....
tractantibusque nonnullis ..... amicis, ad accordum ..... devenissent ; ....
anno & die infra scriptis , in mei Notarii publici & testium infrascriptorum presencia , ... constitutus supra nominatus Nobilis Dominus Bertrandus de
Montesquivo.... dedit ,.... donacione .... pura .... & irrevocabili inter vivos
facta , ... prenominato Nobili Domino Bartholomeo de Montesquivo, ejus fratri legitimo ....omnia bona, jura .....voces .... & alias terras quascumque paternales
sibi competentes ,.... jure naturali ,.... in dicto loco de Marsan dumtaxat, ...
& que olim fuerant de eorum Domo paternali .... Acta fuerunt hec in Civitate Tholosana die vicesima nona mensis aprilis anno Domini millesimo quadringentesimo septuagesimo primo , .. in presentia ..... Gileti Boaterii , Sabbaterii , &c. .. testium ...
& mei Laurencii Chappelli Notarii Civitatis Tholosane , publici auctoritatibus
Regia , Imperali & Dominorum de Capitulo Tholose , qui bonorum rendarum ....
predictarum donacioni ... presens fui , .. ac in notam sumpsi & in hanc formam
publicam redegi .... & grossari feci & ... signo meo publico quo utor signavi.
(*Signé*) Chapelli. [*avec sa marque:*]

Original en parchemin des Archives de la Maison de Montesquiou.　LXXXV.

7 Juillet 1471.

Donation par Jean de Montesquiou , Seigneur de Marsac , à Noble
Messire Barthelemy de Montesquiou , Seigneur de Salles , son oncle ,
de ses droits dans la Terre de Salles, dans laquelle donation sont rappellés
Roger , pere du même Seigneur de Marsac , Arsieu , Bertrand , & Jean
de Montesquiou , ses oncles , & Arsieu de Montesquiou , son aïeul.

In illius nomine qui carnem humanam assumpsit ex Maria Virgine. Noverint universi ..
quod cum prout ibidem dictum fuit , ... coramme Notario publico & testibus infra scriptis , Nobilis Galharda d'Espanha condam , Domina Loci de Salis , ... Diocesis Mira-
piscensis & Senescallie Tholose , & uxor condam Nobilis Domini Aychivi de

MONTESQUIVO, MILITIS, ET DOMINI LOCI DE MONTESQUIVO, TERRE ANGLESII ET condam mater NOBILIUM DOMINI BARTHOLOMEY DE MONTESQUIVO, MILITIS, NUNC LOCI PREFFATI DE SALIS DOMINI, ET DOMINI AYCHIVI DE MONTESQUIVO, MILITIS CONDAM, DOMINI EJUSDEM LOCI DE MONTESQUIVO,... DOMINI JOHANNIS DE MONTESQUIVO, NUNC ARCHIDIACONI TERRE ANGLESII, ... Canonici Ecclesie Kathedralis Beati Stephani Civitatis Tholose, DOMINI BERTRANDI DE MONTESQUIVO, MILITIS, NUNC DOMINI LOCI PREDICTI DE MONTESQUIVO, & NOBILIS ROTGERII DE MONTESQUIVO CONDAM, DOMINI LOCI DE MARSACO, FRATRUM,.... FILIORUM LEGITIMORUM: .... DICTORUM CONDAM DOMINI AYCHIVI DE MONTESQUIVO, & condam Domine Galharde d'Espanha, conjugum,... dicta condam Galharda d'Espanha extiterit Domina Loci predicti de Salis, ... & post ejus decessum dicte Domine Galharde d'Espanha, Locus predictus de Salis.... pro indiviso remanserit,... causa hereditatis & successionis bonorum matris, Nobilibus & Dominis supradictis filiis suis, ,. ... post modum preffatus Nobilis Rotgerius de Montesquivo, Dominus Loci pretacti de Marsaco, decessit; ... post cujus quidem Nobilis Rotgerii de Montesquivo, decessum, supra vivente nobilis Johannes de Montesquivo, heres & filius legitimus,... dicti condam Nobilis Rotgerii de Montesquivo defuncti & Dominus Loci supra dicti de Marsaco & nepos dicti Nobilis Domini Bertholomei de Montesquivo & aliorum Dominorum supra nominatorum, qui dictam successionem dicti Nobili Rotgerii, patris sui, Loci de Salis, sibi pertinere dixit;...hinc est quod constitutus.... preffatus Nobilis Johannes de Montesquivo, Dominus Loci de Marsaco.... dedit, ... donatione .... pura.... & irrevocabili, inter vivos facta,... preffato Nobili Domino Bartholomeo de Montesquivo, Domino ejusdem Loci de Salis & avunculo suo .... totam illam partem, jus, vocem & actionem que habet .... in dicto loco de Salis,.... racione dicte successionis vel alias... Acta fuerunt hec apud locum de Marsaco & in Castro ejusdem loci, die septima mensis julhii, anno Domini millesimo quadragentesimo septuagesimo primo... in presencia.... Mathei de Fonte.. meyque Petri de Casa, Notarii, auctoritate Dominorum de Cappitulo Regie Urbis & Suburbii Tholose, publici, creati, habitatorisque loci de Cappella, in Vicecomitatu Leomanie & predicte Diocesis Lectore & oriundi Ville Vici Fezenciaci, qui... presens publicum instrumentum retinui & recepi & in meis libris.... registravi & in hanc formam publicam .... reddegi & signo meo auctentico ... signavi (*Signé*) de Caza. (*avec sa marque.*)

Original en parchemin des Archives de la Maison de Montesquiou.

Vente par Jean de Goth, Seigneur de Rouillac, à Noble homme Bertrand de Montesquiou, son beau-frere, du lieu de Peirecave.

In nomine Domini. Amen. Noverint universi & singuli,... quod existens & personaliter constitutus apud locum de Rolhaco, Vicecomitatus Leomanie & Diocesis Condomiensis, in presentia mei Notarii publici & testium infra scriptorum, videlicet, Nobilis vir Johannes de Guto, Dominus dicti Loci de Rolhaco ,... vendidit .... NOBILI VIRO BERTRANDO DE MONTESQUIVO, ejus cognato, sive sororio,... videlicet, locum de Petracava,... situm in Vicecomitatu Leomanie, una cum ejus juridictione sive dominatione alta & bassa, mero & mixto imperio ;.... pro pretio & summa ducentum & duodecim scutorum auri, &c... Actum fuit hoc die septima mensis aprilis anno domini millesimo quadringentesimo septuagesimo septimo...... & me Aymerico Jacqueti publico, Civitatis Lectore, Regia auctoritate Notario, qui de premissis instrumentum retinui, & in meo prothocollo notavi, a qua nota hoc presens instrumentum abstraxi, ... & in hanc formam publicam redigi feci, hicque manu propria me subscripsi, & signo meo autentiquo, ... signavi (*Signé*) Jaqti. (*avec sa marque.*)

Original en parchemin des Archives de la Maison de Montesquiou.

Vente par Noble & puissant homme Bertrand de Montesquiou, Ecuyer, fils de Noble & puissant homme Messire Bertrand de Montesquiou, Chevalier, Seigneur de Marsan, à Sance de la Maute, de la Seigneurie de Danhan.

In nomine Domini. Amen. Noverint universi & singuli .... quod anno ab Incarnatione Domini millesimo quadringentesimo septuagesimo septimo & die vicesima prima mensis Octobris, existens & personaliter constitutus apud locum de Marsano, Auxitanensis diocesis, in mei Notarii publici, & testium infrascriptorum presentia, videlicet; NOBILIS VIR BERTRANDUS DE MONTESQUIVO, SCUTIFFER, FILIUS NOBILIS ET POTENTIS VIRI DOMINI BARTHOLOMEI DE MONTESQUIVO, MILITIS, DOMINI LOCI PREDICTI DE MARSANO, ... vendidit nobili Sancio de la Mauta, Locum sive territorium de Danhano & totam Dominationem ejusdem;... pro pretio & nomine pretii quadraginta scutorum auri. .... Acta fuerunt hec in loco predicto, &c, ... & me Petro Durandi, publico Tholose, auctoritate capitularia Notario. (Signé) P. Durandi. (avec sa marque.)

Archives de la Maison de Montesquiou.

Expédition judiciaire en parchemin de 1567 , du Codicille de Noble Messire Barthelemy de Montesquiou , Chevalier, Seigneur de Salles & de Marsan.

Saichent tous . .. que l'an de grace mil cinq cens soixante-sept, & le dernier jour du moys d'Apvril . .... dans le lieu de Beaulieu, Comté d'Estarac, Seneschaucée de Thouloufe, Diocese d'Aux, me sont esté presentées certaines lettres de compulsoyre à moy Jehan Palato, Notere, collationere des libres, cedes & prothocolles de feu M^e. Bernard Palato, Notere de la Ville d'Aubiet ; en son vivant habitant , par Ramond Faur, Sergent Royal de la ville de Trie, de la Court Presidiale de Thoulouse, à la requeste de Noble Jehan de Montesqiu, Seigneur de la Serra, en vertu & authorité desd. lettes led. Sergent m'a fait commandement, à la peyne contenue en icelles, ... a bailler & expedier en bonne forme. .... ung Testament de Noble Berthomieu de Montesqiu, ... auquel Sergent je susd. Palato ay respondeu estre obbeyssant à Justice, & complir le commandement d'ycelle , ... & veu le commandement à moy faict, ay cherché led. Testament contenent neuf feuilles papier escript, l'ay mis & grossoyé sans y rien adjouter ; ... la teneur s'ensuyt:

In nomine Domini. Amen. ... Noverint universi ... quod anno Domini millesimo quadringentesimo septuagesimo nono & die octava mensis madii , ... constitutus apud locum de Marsano, Comitatûs Fezensiaci, Auxis Diocesis, in mei Notarii publici & testium infrascriptorum presencia... NOBILIS DOMINUS BARTHOLOMEUS DE MONTESQUIVO, MILES, DOMINUS LOCORUM DE SALIS ET DE MARSANO, quadam gravi infirmitate detentus,.. dixit quod cùm nuper ipse idem Dominus Bartholomeus de Montesquivo, suum ultimum nuncupativum condidit Testamentum, manu Notarii publici sumptum ; ... actendensque quod unicuique Testatori licitum est usque ad finalem vitæ suæ exitum, legata & ordinationes in suo Testamento factas mutare, addere, minuere vel augere; & idem Dominus testator in dicto Testamento certas ordinationes, erga bonorum suorum dispositionem ... fecerit, quas mutare vult; ... in hunc qui sequitur modum ; .. accepit de bonis suis, ., pro salute animé sue, .. & omnium aliorum de genere suo defunctorum, summam centum & quinquaginta scutorum ; ... cum

LXXXVII.

21 Octob. 1477.

LXXXVIII.

8 Mai 1479.

dictus Dominus testator in suo ultimo testamento legavit . . . NOBILI BERTRANDO DE MONTESQUIVO, FILIO SUO LEGITIMO ET NATURALI, AC PRIMOGENITO predictum locum de Marsano, cum omni jurisdictione, alta & bassa, mixtoque mero imperio; . . . plus dictus Dominus testator . . . legavit dicto NOBILI BERTRANDO DE MONTESQUIVO, FILIO SUO, . . . omnes terras, . . . prata & nemora, dicto Domino pertinentia, in dicto loco de Marsano; . . . *se retinuit*. . . medietatem omnium rendarum . . . dicti loci de Marsano, tantum quantum ipse vixerit; . . & post mortem vero ipsius, . . . ordinavit. . . quod dictus Nobilis Bertrandus de Montesquivo teneatur . . . liberare Domine Agne de Golardo, uxori sue, medietatem dictarum rendarum;. . tantum quantum. . vitam vidualem vixerit; . . . dixit vendidisse NOBILI JOHANNI DE MONTESQUIVO, DOMINO DE MARSACO, medietatem dicti loci de Marfano; . . . voluit . . . quod dictus Nobilis Bertrandus de Montesquivo; filius suus supra nominatus, possit . . . dictam medietatem dicti loci de Marsano recuperare a dicto domino de Marsaco; . . . legavit NOBILIBUS VIRIS ARNALDO DE MONTESQUIVO, JOHANNI DE MONTESQUIVO, MAJORI, & ALTERO JOHANNI DE MONTESQUIVO, MINORI DIERUM, FILIIS SUIS; . . . cuilibet ipsorum, centum scuta auri; . . . voluit . . . quod dictus NOBILIS BERTRANDUS DE MONTESQUIVO teneatur solvere Domine de Glatenxis, FILIE SUE, dotem sibi . . . constitutam; . . . legavit . . . NOBILI GAILLARDE DE MONTESQUIVO, FILIE SUE . . . summam ducentorum francorum Burdegalensium; . . . NOBILI ARNALDO DE MONTESQUIVO, FILIO SUO, . . . ultra summam centum scutorum, relictam in predicto Testamento, . . . centum scuta auri, solvenda per NOBILEM MANALDUM DE MONTESQUIVO, FILIUM SUUM, . . . DOMINUM LOCI DE SALIS; . . . legavit . . . NOBILIBUS VIRIS MATHEO DE MONTESQUIVO & ISSIVETO DE MONTESQUIVO, FILIIS SUIS, . . . ultra summam centum scutorum auri, cuilibet ipsorum, relictorum in predicto Testamento, cuilibet ipsorum, centum scuta auri; . . . ordinavit . . . quod centum scuta auri relicta in predicto Testamento NOBILI JOHANNI DE MONTESQUIVO, majori dierum, FILIO SUO, . . . & NOBILI JOHANNI DE MONTESQUIVO, minori dierum, FILIO SUO . . . exsolvantur per NOBILEM MANALDUM DE MONTESQUIVO, DOMINUM LOCI DE SALIS . . . & teneatur . . . dare vitam NOBILIBUS VIRIS ARNALDO, JOHANNI, ALTERO JOHANNI, MATHEO ET ISSVIETO DE MONTESQUIVO, FRATRIBUS; . . . legavit . . . MARGARITE DE MONTESQUIVO, FILIE SUE, . . . ultra summam centum scutorum auri, sibi relictam in predicto Testamento, summam quatuor centum scutorum auri, . . . vestes & jocalia juxta statum ejusdem; . . . voluit . . . quod casu quo dictus NOBILIS MANALDUS DE MONTESQUIVO, FILIUS SUUS, Dominus dicti loci de Salis, noleret maritare dictam NOBILEM MARGARITAM DE MONTESQUIVO, . . . ordinavit quod in eum casum Nobilis Bernardus de Golardo, Dominus de Insula-Bozonis, NOBILIS JOHANNES DE MONTESQUIVO, Dominus de Marsaco & Johannes de Golardo, Dominus de Sancto Avito, possent . . . ipsam maritare sumptibus . . . dicti NOBILIS MANALDI; . . . voluit . . . quod si contingebat dictum NOBILEM BERTRANDUM DE MONTESQUIVO, decedere, quod omnia bona deveniant ad primum filium masculum ex legitimo matrimonio dicti NOBILIS BERTRANDI, procreatum, de primo, ad secundum, & de secundo, ad tertium, & de tertio, ad quartum, & sic de aliis, tot quot erunt masculi & *abiles* ad succedendum; . . . ordinavit . . . quod casu quo contingat dictum NOBILEM BERTRANDUM DE MONTESQUIVO, FILIUM SUUM, decederet sine libero vel liberis masculo, vel masculis, de suo legitimo procreato seu procreatis, in dictum casum voluit . . . quod filia seu filie non succedant ad dictam hereditatem, ymo revertatur proximioribus in gradu parentele; TAMEN QUOD SINT DE COGNOMINE. . . . Actum fuit hoc apud dictum locum de Marsano, . . in presentia. . . NOBILIUM VIRORUM JOHANNIS DE MONTESQUIVO, Domin*um* de Marsaco, Johannis de Golardo, Domin*um* de Sancto Avito,

Philippi

Philippi de Gelas, Domin*um* de Rozes , . . . & mei Guilhermi Rabelli Notarii
publici Tholosæ, loci de Albineto habitatoris, qui . . . hoc præsens publicum inftrumentum retinui & in meis libris five prothocollis regiftravi.

Et en fuivant ledit commandement & precepte à moy fufd. Palato , collationnere
fufd. par collation a moi faiⱦe par Monfieur le Senefchal d'Armaignac, laquelle eft
de la teneur : Jehan de Golard , Chevalier, Seigneur & Baron de l'Ifle , en Lomai-
gne , &c. &c. , & en fuivant-je fufdit Palato le prefent inftrument ay-mis en la prefente forme , & de main autruy l'ay fait efcripre & groffoyer & de mon feing
authentic. (*Signé*) I. de Palato , Not. (*avec fa marque.*)

Archives de la Maifon de Montefquiou.

Expédition judiciaire en parchemin de 1567. du

Teftament de Noble (&) puiffant Seigneur Barthelemy de Montef-quiou , Seigneur de Salles & de Marfan.

A tous qui ces préfentes lettres verront. Salut. Certiffie je Arnaud Gavaudayn ;
Notaire royal de la ville de Vignhonet, Collationnaire des livres, cedes, prothecolles & fcriptures de feu Maiftre Guillaume d'Avignhon . . . . Notaire dudiⱦ
Vignhonet, avoir trouvé entre les papiers . . . dudiⱦ feu d'Avignhon le Teftement
de feu NOBLE BARTHELEMY DE MOTESQUIEU , . . . Seigneur de Sales & de
Marfan, fcript & figné de fa propre main, . . . en cinq fules de papier vieulx , &
apprès icelluy trouvé, par Pierre At, Sergent Royal dudiⱦ Vignhonet , en vertu
de certaynes Lettres de comandement obtenues de la Cour de Monf. le Sénefchal
de Lauragais , à la requête de NOBLE JEHAN DE MOTESQUIEU ; SEIGNEUR DE
LA SERRE , . . . avoir efté fait comandement de groffoyer, bailler & expédier
aud. Noble Jehan de MOTEQUIEU lediⱦ Teftement, . . . comme eft pourté par lef-
diⱦes lettres & exploits d'icelles , fcript au dos defdiⱦes lettres , qui font de telle
teneur :

Pierre de Bernuy , Baron de la Baftide , Sieur de St. Leoux, le petit Paravis &
Nointel , Confeiller du Roi noftre Sire , Sénefchal de Lauragués . . . au premier
Sergent Royal . . . Salut ; . . de la partie de NOBLE JEHAN DE MOTESQUIEU,
Sieur de LA SERRA-LEZ-MARSAN , nous a efté expofé pour la confervation de
fes biens , avoir befoing de plufieurs aⱦes . . . retenus par divers Notaires, mefmes
du Teftement de feu Noble Barthelemy de Motefquieu , quand vivoit , Sieur de
Serre & de Marfan, lequel ne peur recouvrer des mains des Notaires, qui les ont
prins , ny de leurs Collationnaires , fans notre compulfoire ; . . . pour ce eft-il que
nous vous mandons . . . faire commandement auxdiⱦs Notaires & à leurs Collationnaires . . . bailler . . . audiⱦ de Motefquieu . . . tous les aⱦes . . . qui par
rolles vous feront baillés, mefme lediⱦ Teftement . . . Donné . . . le vingtiefme
jour du moys de May mil cinq cent foixante-fept . . . . & après icelui commandement à moi fufdiⱦ Gavaudayn faiⱦ ; ait procédé à l'exécution . . . dudiⱦ Teftement,
qui eft de telle teneur :

Sette lo Teftament de NOBLE POTENT SENHOR MOSSEN BERTHOMIEU DE
MONTESQUIEU , SIEUR DE SALAS ET DE MARSAN , lequel il ordena en la forma
que fenfies. En l'an mila quatre cens quatre-vingtz & ung, le fepteme jour de Juillet, lo
NOBLE SIEUR MOUSSEN BERTHOMIEU DE MONTESQUIEU , Sieur dels
loctz fubnommatz , . . . de fon movement & pura volantat. . . . vol . . . lo jour de fa fin ,
fe es à Salas , eftre mis à la Gleyfa de Salas , & fe es à Marfan , an la Gleyfa de Marfan ; . . . ordena que Nobla Agneta de Golard , fa Molhe, aya fa demura à Salas
ou à Marfan , la ou bon ly femblara & leve la mytat de las rendas delfd. loctz de

Salas ou de Marſan ; . . . ordena . . . . à ſa FILHA JOHANA , dona de Glatenx ; nonobſtant ſon doure , très ſcutz ; . . . à SA FILHA GALHARDA , , cc. motos ; . . . à ſa filha DONA MANGETA v. c. ſcutz ; . . . à ARNAUD , SON FILH , l'oſtal & mayſon de Gaſtin , ap totas appartenanſas ; . . à JOYNT , SON FILH , l'oſtau de Milhas ; . . . à GOLARDON , SON FILH , la mayſon de Copadels ; . . . à SON FILH MATHIEU , la mayſon de Canebiella ; . . à SON FILH YSCHIVET , 11. cc. ſcutz . . . ordena ledict teſtador à SON FILH MANAUT , legitimi & natural d'el & de Madona Agneta de Golard , ſon hereter uneverſal de la mytat deu Caſtet de Salas , & de la mytat de la Senhoria de Salas ; . . . ordena lodict teſtador ſon héritier univerſal SON FILH BERTRAND , legitimi & natural & de Madona Margarita de Sinz . . . . de ſon premier matrimoni , de totz ſos bes paternals , ſoes aſſaber , del loc de Marſan en Fesenſac ab . . . . Senhoria auta & baſſa ; . . . . ordena lodict teſtador de ſos bes maternals au ſuſd. BERTRAN , ſon filh , ſoes aſſaber , deu loc de Salas , la Groſſa Tour deu Caſtet , & l'autra mytat deudit Caſtet , ab la mytat de la Senhoria deudit loc & Senhoria de Salas ; . . . vol . . . lodict teſtador que ſe BERTRAN , SON FILH , deſavina ſens filhs ou filh maſcle , que en aquel cas à Manaut ; & ſe MANAUD déſavina ſes filhs ou maſcle que torneſſe à ARNAUD , & ſe ARNAUT à tourt de tourt , à GOLARD & à MATHIEU & EZCHIVET . . . & cy los totz déſavinnay ſans meymes filhs ou filh , . . que en aquel cas vol & ordena que totz los bes ſuſd. torneſſay au Sieur de Marſac JEHAN DE MONTESQUIEU , SON NEBOT , FILH DE SON FREY ROUGER , & à ſes enfans maſcles , & en deffaut daquel que turneſſa à la Maſo de Monteſquieu . . . . .

En foy & teſmoignage du contenu au préſent Teſtement , moy ſuſdict Gavaudayn , Notaire & Collationaire . . . . me ſuis ſigné au préſent Teſtement , . . . extraict & groſſoyé de ſa propre cede , . . . & après lay ſigné de mon ſignet accouſtumé en mes actes publics.

(Signé) A. Gavaudayn, Not. (avec ſa marque.)

X C.

9 Juillet 1481.

Original en parchemin des Archives de la Maiſon de Monteſquiou.

Bail à nouveau fief par Noble homme Bertrand de Monteſquiou , Seigneur de Marſan , au nom de Noble & puiſſant homme Meſſire Barthelemy de Monteſquiou , Chevalier , Seigneur de Salles , ſon pere.

In nomine Domini. Amen. Noverint univerſi & ſinguli quod anno ab Incarnatione Domini milleſimo quadringenteſimo octuageſimo primo , & die nona menſis julii , apud locum de Salis , dioceſis Mirapiſcenſis , . . . exiſtens & perſonnaliter conſtitutus coram me Notario publico & teſtibus infraſcriptis , videlicet , NOBILIS VIR BERTRANDUS DE MONTESQUIVO , SCUTIFFER , DOMINUS LOCI DE MARSANO , FILIUSQUE LEGITIMUS ET NATURALIS NOBILIS ET POTENTIS VIRI DOMINI BARTHOLOMEI DE MONTESQUIVO , MILITIS , DOMINI PREDICTI DE SALIS , gratis ; . . . . ut filius & procurator dicti NOBILIS DOMINI BARTHOLOMEI DE MONTESQUIVO , . . . dedit , ... ad novum fendum ſive ad novam & perpetuam emphiteoſim , provido viro Anthonio Gulhene , Molinerio & agricultori ſepe dicti loci de Salis habitatori , . . . ſcilicet , quamdam nemmoris ſive bartarum petiam , fere quatuor ceſtariarum , &c. . . . ſcituatam . . . . in pertinentiis & juridictione ſupra dicti loci de Salis . . . Acta fuerunt hec . . . . . in preſentia & teſtimonio providorum virorum , &c. . & mei Guilhermi de Avenione , publici anctoritate Regia Tholoſe Notarii , loci de Avinhioneto , in Lauragueſio , habitatoris , &c. . . . . .

(Signé) de Avenione, avec ſa marque.)

Archives de la Maison de Montesquiou.

Grosse en parchemin expédiée judiciairement en 1536. du

Contrat postnuptial de Noble Bertrand de Montesquiou, Seigneur de Marsan, de Salles, de la Serre, &c, avec Gabrielle de Belcastel.

In nomine Domini. Amen. Noverint universi ... me Johannem Vidilheti ... inter notas ... defuncti Magistri Jacobi de Guitgia, ... Notarii Regii, ... extensum instrumenti subinserti per eundem quondam de Guitgia recepti, reperisse, tenoris sequentis :

In nomine Domini. Amen. Noverint universi ... hoc presens publicum instrumentum inspecturi ... quod cum fuerit tractatum, ... ac in facie Sancte Matris Ecclesie, ... matrimonium solempnisatum, ... Inter NOBILEM VIRUM BERTRANDUM DE MONTESQUIVO, DOMINUM LOCI DE MARSAN, Diocesis Auxiensis, ex parte una ; & Nobilem Gabrielam de Bellocastro, filiam naturalem & legitimam vita functi Nobilis viri Ramundi-Bernardi de Bellocastro, quondam Domini loci de Campanhaco & de Boria, Caturcensis Diocesis, ex parte altera; ... est sciendum quod anno Dominice Incarnationis millesimo quadringentesimo octuagesimo quarto & die decima sexta mensis Maii, ... personaliter constitutus Nobilis vir Johannes de Bellocastro, frater germanus dicti Nobilis Gabriele de Bellocastro Dominusque dictorum loci de Boria & de Campanhaco; ... dedit .... & in dotem assignavit eidem NOBILI BERTANDO DE MONTUSQUIVO, DOMINO DE MARSAN, una cum predicta Nobili Gabriela de Bellocastro, ejus conjuge, ... scilicet, vestes nupciales bene convenientes ad corpus ... dicte Nobilis Gabriele, ... ac etiam joccalia nupcialia bene convenientia & honesta, & summam duodecim ducentarum librarum turonensium... Acta fuerunt hec ... presentibus testibus... & dicto quondam Magistro Jacobo de Guitgia, Notario Regio ... qui dictum instrumentum retinuit & in suis registravit prothocollis, a quibus ego Johannes Vidilheti, Notarius antedictus, predictorum .... prothocollorum ejusdem quondam de Guitgia collationarius, hujusmodi instrumentum, prout supra insertum, obtemperando preceptis michi, medio litterarum compulsoriarum ... Domini Senescalli Armanhaci, ad requestam Nobilis Anthonii de Montesquivo, scutiferi, impetratarum, factis, quarum ... tenor sic se habet : Magnifico & potenti viro Domino Senescallo Caturcensi, ... Johannes de Golardo, Miles, Domino & Baro Insule Leomanie & Sancte Liberate, Consiliarius & Cambellanus Dominorum nostrorum Regis & Regine Navarre, ... eorumque Senescallus & Gubernator Patrie & Terrarum Armaignaci citra Garonam salutem ; pro parte Nobilis Anthonii de Montesquivo, scutiferi, nobis, conquerendo, expositum quod exponens is pro sui juris conservatione, & ad fines producendi in quadam causa, quam coram nobis & in nostra Presidiali Lectore Curia inter dictum exponentem, ex una; & Nobilem Franciscum de Montesquivo, ex alia ; pendet indecisa, ... certum instrumentum conventionum matrimonialium inter Nobiles Bertrandum de Montesquivo quondam, ... & Gabrielam de Bellocastro ; idcirco juridictiones vestras ... rogamus quatenus ... precipi faciatis Notario qui dictum instrumentum retinuit seu ejus collathionario .... dictum instrumentum .... ingrossare. ... Datum Lectore, die decima septima mensis Aprilis, anno Domini millesimo quingentesimo trigesimo sexto. ...

Ego Johannes Vidilheti, Notarius & collationarius antedictus hic signo meo subsignatus. (*Signé*) *J. V.* (*avec la marque dudit Notaire*).

X C I I. Original en parchemin des Archives de la Maifon de Montefquiou.

Procuration de Noble homme Bertrand de Montefquiou, Ecuyer, Seigneur de Marfan, à Noble homme Jean de Montefquiou, Ecuyer, fon frere.

In nomine Domini. Amén. Noverint univerfi & finguli, quod anno & die infra fcriptis, exiftens & perfonaliter conftitutus apud locum de Marfano, Comitatûs Fezenciaci, . . in mei Notarii publici & teftium infra fcriptorum prefentia, videlicet, NOBILIS VIR BERTRANDUS DE MONTESQUIVO, fcutiffer, Dominus loci de Marfano . . . gratis & ejus fpónte . . . de novo fecit, conftituit fuum verum certum & indubitatum procuratorem . . . & negotiorum fuorum geftorem . . . generalem & fpecialem . . videlicet, NOBILEM VIRUM JOHANNEM DE MONTESQUIVO, SCUTIFFERUM, EJUS FRATREM , . . . ad regendum & gubernandum, nomine ipfius conftituentis, & pro ipfo, omnia fua bona mobilia & immobilia, . . & ad faciendum redditus compotorum tutoribus dicti conftituentis in judicio & extra judicium . . . &c. Acta fuerunt hec apud dictum locum de Marfano die decima menfis Novembris anno ab Incarnatione Domini millefimo quadringentefimo nonagefimo fecundo . . . in prefentia & teftimonio Guilhermi de Gardia, Fabri , . . & mei Guilhermi Rabelli Notarii, publici Tholofe, loci de Albineto , &c. (*Signé*) G. Rabelli, (*avec fa marque*).

Archives de la Maifon de Montefquiou.

X C I I I. Groffe en parchemin expédiée judiciairement en 1535. du

13 Octob. 1486. Teftament de Noble homme Bertrand de Montefquiou, Seigneur de Marfan.

In nomine Domini. Amen. Noverint univerfi . . . . quod anno ab Incarnatione Domini millefimo quingentefimo trigefimo quinto & die vicefima menfis Febroarii, apud Villam de Albineto, Comitatûs Fezenfaci, Auxis Diocefis, pro parte Nobilis Anthonii de Montefquivo, fcutifferi, fuerint exhibite. . . . certe Littere compulforie, a Curia . . . Senefcalli Armanhaci, michi Bernardo de Palato, publico dicte Ville . . . habitatoris, per providum virum Guillermum de Campis, Bajulum dicte Ville . . . . quarum virtute michi precepit . . quathenus eidem Nobili Anthonii de Montefquivo . . . expedire habeam quoddam publicum Teftamenti inftrumentum per Nobilem Bertrandum de Montefquivo quondam, Dominum loci de Marfano, factum , & per quondam Magiftrum Guillermum Rabelli, Notarium publicum, dicte Ville Albineti, fumptum. . . . quarum quidem litterarum . . . tenor . . . eft talis :
Johannes de Guolardo, Miles, Dominus & Baro Infule Leomanie & fancte Liberate. . . . Senefcallus & Gubernator Patrie . . . Armanhaci, &c. Datum Lectore, die feptima menfis Februarii , anno Domini millefimo quingentefimo trigefimo quinto ; . . . quarum quidem litterarum virtute volens obtemperare mandato dicti Domini Senefcalli ad abftractionem dicti teftamenti a . . . prothocollis dicti quondam Rabelli reperti, de verbo ad verbum proceffi , in hunc qui fequitur modum.
Anno Domini millefimo quadringentefimo octuagefimo fexto & die decima tertia menfis Octobris, apud locum de Marfano . . . Quoniam folempnitate difpofita & & ordinata folempniter funt in fcriptis redigenda, NOBILIS VIR BERTRANDUS DE MONTESQUIVO, DOMINUS LOCI DE MARSANO, quadam infirmitate detentus, . . . fecit . . . ultimum . . . teftamentum ; . . . & primo voluit . . . quod . . .

fit tumulatus intus Ecclefiam de Marfano . . . . legavit, jure inftitutionis & hereditariæ
porcionis, NOBILI JOHANNI DE MONTESQUIVO, FILIO SUO LEGITTIMO
ET NATURALI, RELIGIOSO DE MOISSACO, fummam fex fcutorum ; . . .
NOBILI BERTRANDO DE MONTESQUIVO, FILIO SUO LEGITTIMO ET
NATURALI, fummam centum fcutorum ; . . . NOBILI PETRO DE MONTES-
QUIVO, MAJORI DIERUM, FILIO SUO LEGITTIMO ET NATURALI,
fummam centum fcutorum ; . . . NOBILI PETRO DE MONTESQUIVO, ALIAS
PIERRES, MINORI DIERUM, FILIO SUO LEGITTIMO ET NATU-
RALI, fummam centum fcutorum ; . . . item plus legavit Nobilis Tefta-
tor . . . . . dedit & reliquid NOBILE VIRO AGNETE DE MONTES-
QUIVO & FLORETE DE MONTESQUIVO, FILIABUS SUIS LEGITTIMIS
ET NATURALIBUS, fcint maritate & adotate ad cognicionem parentum & amicorum fuorum, juxta facultatem fuorum bonorum ; . . . NOBILI ANTHONIO DE
MONTESQUIVO, FILIO SUO LECITIMO ET NATURALI,
omnia & quecumque res & caufas que continentur in Convencionibus matrimo-
nialibus ; proteftando quod ipfe non tenetur prejudicare, pro dicto teftamento,
predictis bonis, in dictis Convencionibus fpecifficatis, nullam caufam eidem donatam
per NOBILEM ET POTENTEM VIRUM DOMINUM BARTHOLOMEUM
DE MONTESQUIVO QUONDAN, ET AVUM SUUM, MILITEM, ut con-
tinetur in fuo ultimo Teftamento, retento per Magiftrum Guillelmum de Avinhone,
loci de Avinhoneto habitatorem ; . . in ceteris aliis bonis fuis. . . heredem fuum
univerfalem . . . . fibi inftituit . . . NOBILEM JACOBUM DE MONTESQUIVO,
FILIUM SUUM PRIMOGENITUM ; . . . & ordinavit quod cafu quo . . . . dictus
Nobilis Jacobus decederet abfque liberis ex fuo legitimo matrimonio procreato feu
procreatis, . . . omnia dicta bona pertineant. . . . NOBILI BERTRANDO DE
MONTESQUIVO, FILIO SUO ; . . . & quod nullam filiam non poffit fuccedere
ad hereditatem ; ymo pertineant proximioribus in gradu parentele, qui fint de cognomine & portent arma dicti Nobilis Teftatoris ; . . . ordinavit Nobilis dictus
Teftator quod exfolvantur NOBILI GALARDE DE MONTESQUIVO, SORORI
SUE, res que fuerunt fibi relicte per dictum DOMINUM BARTHOLOMEUM
DE MONTESQUIVO, QUONDAM, MILITEM ET PATREM IPSORUM,
ut continetur in codicillo per me Notarium infrafcriptum retento ; . . . plus reliquid dictus Nobilis Teftator NOBILI GABRIELE DE PULCROCASTRO,
UXORI SUE, videlicet fuam quotam partem & porcionem domûs que eft pro
indivifo cum heredibus Vitalis de Batz, . . . quantum vixerit in humanis ; . . .
fecit . . . exequtores dicti Teftamenti. . . Nobilem virum Philipum de Vicinis,
Militem, Dominum de Montealto, Nobilem Johannem de Goth, Dominum loci
de Rolhaco, & Nobilem Bartholomeum de Larrocanh, Dominum loci de Infuleta-
Saurimunda. . . . Actum . . . . ubi fupra, in prefencia. . . Domini Antonii Borrelli, Presbiteri . . . . & antedicti quondam Magiftri Guillermi, Notarii publici . . .
dum viveret in humanis, de premiffis requifitus inftrumentum retinuit & in notam
fumpfit ; fed quia morte proventus illud in formam publicam redigere non valuid ; . . .
ego Bernardus de Palato, Notarius publicus . . . . & collationarius. . . . Prothoз
collorum jam dicti Guillermi Rabelli, ex collatione michi facta . . . . per Dominum
judicem Fezenfaci, mediantibus. . . . litteris . . . . quarum . . . . tenor eft talis :

Dominus de Artivis, Dominus loci de Ardena, in legibus Licentiatus, Confilia-
rius Domini noftri Ducis Alenconi, Paris Francie, Comitis Armanhaci &c. . . .
Datum . . . Auxis, die decima quinta Septembris, anno Domini millefimo quingentefimo decimo quinto. . . . Ego Bernardus de Palato . . . hoc prefens publicum
Teftamentum a dictis Prothocollis . . . . manu mea propria fcripfi & groffavi, deinde
que figno meo auctentico fignavi. (*Signé*) B. de Palato. (*avec fa marque*).

XCIV.
10 Nov. 1492.

Original en parchemin des Archives de la Maison de Montefquiou.

Tranfaction entre Noble homme Bertrand de Montefquiou, Damoifeau, Seigneur de Marfan, & Noble Jean de Montefquiou, fon frere, fur les droits de ce dernier dans la fucceffion de Noble Bertrand de Montefquiou, Seigneur du même lieu de Marfan, leur pere.

In nomine Domini. Amen. Noverint univerfi . . . quod cum, prout ibi dictum fuit, certum accordum five transhactio effet facta inter NOBILEM VIRUM BERTRANDUM DE MONTESQUIVO, DOMICELLUM, DOMINUM LOCI DE MARSANO, ex parte una ; & NOBILEM VIRUM JOHANNEM DE MONTESQUIVO, EJUS FRATREM, ex alia partibus ; videlicet, quod dictus NOBILIS BERTRANDUS . . . teneretur . . . erga dictum NOBILEM JOHANNEM . . . donec . . . dictus NOBILIS JOHANNES . . . haberet benefficium, ufque ad valorem centum franchorum Regis . . . in fumma centum franchorum Regis . . . . quolibet anno folvendorum ; . . . & hoc pro jure qui dictus NOBILIS JOHANNES . . . habebat . . . in loco & juridictione de Marfano, ad caufam fucceffionis & hereditarie porcionis NOBILIS BERTRANDI DE MONTESQUIVO QUONDAM, EORUM PATRIS, & Domini dicti loci de Marfano ; . . . prout de dictis transhactione & acordo conftat, mediante publico . . . inftrumento, per magiftrum Guillermum* Notarium, fub anno & die in eo contentis ; . . . & cum dictum acordum . . . non fuiffet factum ad utilitatem dictorum Nobilium Bertrandi & Johannis ; . . . hinc eft quod anno & die infrafcriptis, exiftentes & perfonaliter conftituti, apud locum de Marfano, . . . in mei Notarii publici & teftium infrafcriptorum prefencia, videlicet, preffatus Nobilis Bertrandus de Montefquivo , . . . & dictus Nobilis Johannes de Montefquivo ; . . . . anullando dictum inftrumentum transhactionis . . . . transhigerunt . . . in hunc qui fequitur modum ; ita videlicet, quod dictus Nobilis Bertrandus . . . pro jure & actione que dictus Nobilis Johannes . . . habebat in dicto loco de Marfano, . . . convenit . . . pacare dicto Nobili Johanni, . . . quolibet anno, . . . donec dictus Nobilis Johannes . . . obtinuerit beneficium, ufque ad valorem centum franchorum, . . . fummam quinquagintà franchorum Regis . . . . Acta fuerunt, hec die decima menfis Novembris, anno ab Incarnatione Domini millefimo quadringentefimo nonagefimo fecundo, . . in prefencia Guillermi de Gardia, Fabri, &c . . . & mei Guillermi Rabelli, Notarii publici Tholofe . . . . qui requifitus de premiffis hoc prefens publicum inftrumentum retinui, & in meis. . . . . Prothocollis regiftravi, fubfcripfi & groffavi, &c. (*Signé*) G. Rabelli, (*avec fa marque*).

* Il y a dans l'original un pareil efpace en blanc.

XCV.
6 Fév. 1493.

Original en parchemin des Archives de la Maifon de Montefquiou.

Pactes de Mariage de Noble homme Pierre de Montefquiou, Seigneur de Marfan, avec Agnès de Lupé.

In nomine Domini. Amen. Noverint univerfi . . . . quod anno ab Incarnatione Domini millefimo quadringentefimo nonagefimo tertio, & die fexta menfis Februarii, apud locum de Marabato, Lectorenfis Diocefis ; . . . cum ibidem tractaretur de matrimonio per verba de prefenti contrahendo, . . . inter NOBILEM VIRUM

Petrum de Montesquivo Domimum loci de Marsano, Auxis
Diocefis, majorem decem octo annorum, minorem vero viginti quinque, ex una;
& Nobilem Agnetam de Leopodio, filiam legitimam & naturalem Nobilis Johannis
de Leopodio quondam, ejus patris; & fororem Nobilis Johannis de Leopodio,
ejus fratris, Domini moderni ejufdem loci de Marabato, ex parte altera; quo quidem matrimonio inter ipfas partes concordato & nundum per verba de prefenti aut
alias contracto; fed de proximo per verba de prefenti, prout ibidem dictum extitit,
contrahendo; hinc igitur eft quod ipfe partes . . . . perfonaliter conftitute in mei
Notarii publici & teftium infrafcriptorum prefencia . . . fuper Contractu . . .
dicti matrimonii fic . . . faciendi . . . fecerunt & inierunt inter fe pacta & convenciones . . . infra fcriptas; prout . . . continetur in quodam foleo papiri, manu
mei Notarii infra fcripti fcripto, & michi etiam Notario infrafcripto, per eafdem
partes . . . tradito, hujufmodi fub tenore :
-- Seguenfe las convenenfas & pactes matrimonials feiz entre lo Noble Johan de
Lupé, Senhor de Marabat, . . . d'una part; & lo NOBLE PIERE DE MONTS-
QUI, Senhor deu loc de Marfan, . . . d'autra part; à caufa deu matrimoni fazedor
entre lod. PIERE DE MONTSQUIO, d'una part; & la Nobla Agneta de Lupé,
for deud. Noble Johan de Lupé, d'autra part; & primioramén fot pactifat & acor-
dat . . . que lod. Noble Piere . . . prenera per molher à ladita Nobla Agneta; . . .
que à contemplation deudit maridatge lo fufdit Noble Johan de Lupé donara à
ladita Nobla Agneta, . . . fa for, . . . & per conftitucion de dot . . . la foma
de VIIIᶜ. fcuitz (Il y a plus bas fcutz) petitz . . . lodit Noble Johan de Lupé . . .
abilhara ladita Nobla Agneta, . . . fa for, de duas raubas, la una de damas & la
cota de fatin, &c. . . .
-- Quibus quidem pactis . . . eifdem partibus perlectis . . . ibidem ambe partes . . .
dicta pacta . . . tenere, complere, ac inviolabiliter . . . obfervare promiferunt . . .
Acta fuerunt hec anno, menfe, die & loco fuperius . . . dictis, . . . prefentibus Nobilibus & Religiofo viris Dominis Geraldo de Leopodio, Canonico & Priore de
Montefquivo in Ecclefia Metropolitana Auxitana, Senhoreto de Aftuga, Domino
loci de Corverio . . . . & me Bertrando de Marcha, Clerico Dioçefis Auxis habitatore, auctoritate Apoftolica, Notario publico, qui in omnibus & fingulis premiffis . . . prefens fui, . . . in notam fumpfi, . . . & in hanc publicam formam
redegi, . . . hic me fubfcripfi & figno meo auctentico . . . fignavi in fidem omnium &
fingulorum premifforum requifitus & rogatus.
(Signé de la marque dudit Notaire).

Original en parchemin des Archives de la Maifon de Montefquiou.

XCVI.
29 Avril 1496.

Promeffe de Noble homme Mathieu de Montefquiou, Ecuyer &
homme d'armes du Roi, de revendre à Noble homme Pierre de
Montefquiou, Seigneur de Marfan, fon neveu, le territoire de
Leyffaux, qu'il lui a vendu.

In nomine Domini. Amen. Noverint univerfi . . . quod NOBILIS VIR PETRUS
DE MONTESQUIVO, DOMINUS LOCI DE MARSANO, Comitatus Fezenciaci,
Auxis Diocefis, vendiderit NOBILI VIRO MATHEO DE MONTESQUIVO,
fcutifero & Armigeri Domini noftri Regis, in Comitiva Domini Senefcalli Armaniaci, totum Factum illud, & territorium vulgariter nuncupatum Factum de Leyffanis,
cum omni jurifditione, alta, media & baffa, cum mero & mixto imperio, & omnibus

feudis, agrariis, parvendis, laudimiis, &c. situm in dicto loco de Marsano;... &
hoc pro precio... tricentum scutorum ;... hinc est igitur fuit & est quod anno
& die infra scripits existens & personaliter constitutus apud locum de Albineto...
in mei Notarii publici & testium infrascriptorum presentia... dictus Nobilis
Matheus de Montesquivo, qui, non deceptus... promisit... dicto Nobili Petro
de Montesquivo,... dictum Factum & territorium... revendere... sub dicto
precio ;... de quibus omnibus & singulis supradictis, dictus Nobilis Petrus de Montesquivo petiit & requisivit. & memoratus Nobilis Matheus de Montesquivo,
EJUS AVUNCULUS, concessit sibi retinere, & deinde confici publicum instrumentum recuperii... per me Notarium publicum...... Acta
fuerunt hec, & apud jam dictum locum de Albineto, die penultima mensis
Aprilis, anno ab Incarnatione Domini millesimo quadringentesimo nonagesimo.
sexto,... in presentia... testium... & mei Guillelmi Rabelli, Notarii publici
Tholose, dicti loci de Albineto habitatoris, qui... de premissis hoc presens publicum instrumentum in meis... Prothocollis registravi, & per alium michi
fidelem scribi & grossari feci, deindeque hic manu mea subscripsi & signo meo
auctentico signavi in fidem & testimonium singulorum premissorum.
(*Signé*) G. Rabelli, (*avec sa marque*).

XCVII.
24 Mai 1504.

Original en parchemin des Archives de la Maison de Montesquiou.

Echange entre Noble Messire Jean de Montesquiou, Curé de
la Paroisse de Barrey, & Noble Pierre de Montesquiou, Seigneur
de Marsan.

In nomine Domini. Amen. Noverint universi... quod anno & die infrascriptis
constituti apud locum de Marsano, Auxis Diocesis... NOBILES DOMINUS JOHANNES
DE MONTESQUIVO, Rector Parrochialis Ecclesie de Barré, ex una parte ; & PETRUS
DE MONTESQUIVO, Dominus dicti loci de Marsano, ex alia partibus; de-ex super
scambiis... inter eos fiendis de rebus infra scriptis... concorditer inter se convenerunt,
in hunc qui sequitur modum;... dictus Nobilis Dominus Johannes de Montesquivo...
permutavit... & titulo vere perfecte... permutationis... tradidit... supradicto
Nobili Petro de Montesquivo, Domino dicti loci de Marsano... totam suam quotam partem, jusque suum, quam seu quod habet... in domo de novo constructa,
sita in pertinensiis dicti loci de Marsano, loco dicto aus Plassotz ;... & vice versa,
dictus Nobilis Petrus de Montesquivo, Dominus dicti loci de Marsano... permutavit... & titulo pure... permutationis... tradidit... prenominato Nobili Domino Johanni de Montesquivo... terras suas vocatas de la Bordanova, prata, cultas
& incultas, confrontatas ab una parte cum ytinere quo ytur a dicto loco de Marsano
apud molendinum vocatum de Ferrion... Acta fuerunt hec... anno Incarnationis
Domini millesimo quingentesimo quarto & die decima quarta mensis madii,... presentibus ibidem NOBILI PETRO DE MONTESQUIVO, CAPDET DE MABSANO...
testibus... & me Matheo Moysseti, publico, auctoritate Appostolica & Dominorum
de Cappitulo Tholose, Notario, Civitati Auxis habitatore, qui premissis... presens
fui instrumentumque in notam sumpsi ;... aqua hoc presens Instrumentum... extraxi
& in hanc publicam formam redegi... & signo meo auctentico... signavi.
(*Signé*) Moysseti, (*avec sa marque.*)

Original.

Original en parchemin des Archives de la Maison de Montesquiou.

XCVIII.
20 Févr. 1505.

Rachapt fait par Noble Pierre de Montefquiou, Seigneur de Marfan, de Noble Mathieu de Montefquiou, Seigneur de Vernet, du territoire de Leyffaux.

In nomine Domini. Amen. Noverint univerfi . . . quod cum, prout ibidem dictum fuit . . . per partes infra fcriptas, DUDUM NOBILIS PETRUS DE MONTESQUIVO, DOMINUS DE MARSANO, vendiderit . . . NOBILI MATHEO DE MONTESQUIVO, DOMINO DEU VERNET, totum illud Factum & territorium vulguariter dictum de Leyfaux, cum omni Juridictione alta, media & baffa, cum mero & mixto imperio; . . . pro precio tricentorum fcutorum, . . cum pacto tamen recuperandi, mediante publico inftrumento per Magiftrum Guilhermum Ravelli, Notarium de Albineto, fub anno domini millefimo *quadringefimo* nonagefimo fexto & die penultima menfis Aprilis, fumpto ; . . . . hinc igitur fuit & eft quod anno ab Incarnatione Domini millefimo quingentefimo quinto & die vicefima menfis Febroarii . . . apud Factum predictum de Leyfaux, in mei Notarii publici & teftium infrafcriptorum prefentia, exiftens dictus Nobilis de Montefquivo, Dominus deu Vernet . . . revendidit . . . dicto Nobili Petro de Montefquivo, Domino predicti loci de Marfano . . . dictum territorium de Leyfaux, . . & hoc pro precio . . . dictorum tricentorum fcutorum . . . Acta fuerunt hec . . . . prefentibus . . . . Bernardo de Montealto, Domino de Villanova, Oddeto de Furco, Condomino de Monteaftrucio . . . . teftibus . . . . & me Petro Pachini, Notario publico, Civitatis Auxi habitatore, qui prefens inftramentum retinui . . . & in notam fumpfi, aqua hoc prefens publicum inftrumentum per alium michi fidelem fcribi feci & deinde figno meo auctentico fignavi . . . (*Signé*) Pachini, (*avec fa marque.*)

Original en parchemin des Archives de la Maison de Montefquiou.

XCIX.
15 Déc. 1514.

Accord entre Noble Pierre de Montefquiou, Seigneur de Marfan, & les Confuls de ce lieu.

In nomine Domini. Amen. Noverint univerfi . . . quod cum NOBILIS PETRUS DE MONTESQUIVO, DOMINUS DIRECTUS LOCI DE MARSANO, Comitatûs Fezenfaci, Auxis diocefis, ad manum fuam pofuiffet quoddam hofpicium . . . pertinente Confulibus, manentibus & habitatoribus ejufdem loci de Marfano, fcitum intus locum predictum de Marfano . . . & hoc ad caufam retardationis folucionis annualis feudi, per dictos Confules, manentes & habitatores de Marfano, dicto de Montefquivo, eorum Domino, non foluti ; ideo . . . conftituti apud dictum locum de Marfano, in mei Notarii publici & teftium infra fcriptorum prefencia, dictus Nobilis Petrus de Montefquivo, Dominus predictus de Marfano, Petrus de Sancto Albino, Johannes de Sarrinheto & Ayffiotus de Tremont, Confules ejufdem loci, tam profe, quam nomine, . . totius univerfitatis dicti loci de Marfano, tranfigerunt ; . . & primo fupra dicti Confules, tam pro fe, quam nomine eorum confulatûs & totius univerfatis dicti loci de Marfano, folverunt eidem Nobili Petro de Montefquivo, omnia, & quecumque debita in arreragiis dicti feudi fupra dicti hofpicii, . . . ufque ad diem prefentem ; . . . & vice verfa ; dictus Nobilis Petrus de Montefquivo, Dominus predictus de Marfano, tradidit . . . ad novum feudum & *imphiteofim* perpetuam, dictis Confulibus, manentibus & habitatoribus de Marſano, dictum hoſpicium,... cum tali pacto... quod dicti Conſules, manentes & habitatores de Marſano, feuda dent & ſolvant anno quolibet, dicto Domino de Marſano ... in feſto Omnium Sanctorum... Acta fuerunt hec apud dictum locum de Marſano, die decima quinta menſis Decembris anno Domini milleſimo quingenteſimo decimo quarto,... in preſentia... teſtium... & mei Dominici de Campano, auctoritate Dominorum de Capitulo Tholoſe, Notarii, loci de Albineto habitatoris... qui preſens inſtrumentum retinui & in meis libris ... regeſtravi, deinde que manu mea propria ſcripſi & ſigno meo auctentico ... ſignavi in fidem premiſſorum. (*Signé*) de Campano, (*avec ſa marque.*)

C.
8 Mai 1517.

Original en parchemin des Archives de la Maiſon de Monteſquiou.

Teſtament de Noble Gailharde de Monteſquiou, fille de Noble Barthelemy de Monteſquiou, Chevalier, Seigneur de Marſan & de Salles, en faveur de Noble Pierre de Monteſquiou, Seigneur de Marſan.

In nomine Sancte Trinitatis.... Amen.... Noverint univerſi...., quod anno ab Incarnatione ... milleſimo quingenteſimo decimo ſeptimo & die octava menſis Maii ... apud locum ... de Marſano, Auxis Dioceſis, in mei Notarii publici, teſtium que infra ſcriptorum preſentia... conſtituta ... NOBILIS GALHARDA DE MONTESQUIVO, FILIA VITEFUNCTI NOBILIS BARTHOLOMEY DE MONTESQUIVO, MILITIS, DOMINI IOCORUM DE MARSANO ET DE SALIS, dicti loci de Marſano habitatrix ... condidit ultimum ... Teſtamentum;.... elegit ſepulturam ſuam in cimmeterio noſtre Domine dicti loci de Marſano & in tumulo parentum ſuorum;.... legavit... NOBILI JOHANNI DE MONTESQUIVO, DOMINO DE SALIS, ejus nepoti, duo ſcuta parva;... executores vero dicti ſui Teſtamenti ...fecit... NOBILEM JOHANNEM DE MONTESQUIVO, ejus nepotem, Rectorem de Caſtilhone & Dominum Jacobum Monachi, & Petrum de Sancto Aubino alias Margues, dicti loci de Marſano habitatores,.. heredem ſuum univerſalem & generalem ſibi fecit... NOBILEM PETRUM DE MONTESQUIVO, DOMINUM DICTI LOCI DE MARSANO, iu omnibus ſuis bonis mobilibus & immobilibus,.. Acta fuere hec omnia in preſencia... NOBILIUM JOHANNIS ET FRANCISCI DE MONTESQUIVO, FRATRUM, dicti loci de Marſano habitatorum, teſtium,.. & mei Anthonii de Balneis, Clerici, publici ville de Albineto, dicte Dioceſis Auxis, habitatoris, & Grafferii, auctoritatibus Appoſtolica, Regia & Eppiſcopali Ruthenenſi, ubique terrarum, notarii, qui ... inſtrumentum in notam ſumpſi & in meis libris.... reppoſui ... aquaquidem nota hoc preſens publicum inſtrumentum abſtrahi ... & ingroſſare feci ... ſignoque meo auctentico publico ... ſignavi ... (*Signé*) de Balneis, (*avec ſa marque.*)

C I.
15 Mai 1520.

Original en parchemin des Archives de la Maiſon de Monteſquiou.

Quittance de Noble Jean de Monteſquiou, Seigneur de la Serre, à Bertrand de Laſſeran, Seigneur de Caſaux, ſon beau-pere, d'une partie de la dot de Jeanne de Laſſeran, ſon épouſe.

In nomine Domini. Amen. Noverint univerſi ... quod anno ab Incarnatione Domini milleſimo quingenteſimo viceſimo & die decima quinta menſis may.... apud

Aulam de Cafaux, fcitam prope Luffanum, Auxis Diocefis, Comitatûs Fezenfiaci & Senefcallie Armanhaci ... conftitutus in mei Notarii publici & teftium infra fcriptorum prefentia Nobilis vir Johannes de Montesquivo, Dominus de la Serra, prope Marfanum, qui ... recognovit ... fe ... recepiffe a Nobili viro Bertrando de Lafferano, ejus focero, Domino dicte. aule de Cafaux ... fummam centum & viginti librarum turonenfium, ... in deductionem dotis Nobilis Domicelle Johanne de Lafferano, ejus filie ... uxoris que dicti Nobilis Johannis de Montesquivo .... Acta fuerunt hec .... imprefentia ..... Petri Charlas, &c. ... teftium ..... & mei Bernardi de Palato, Notarii publici Ville de Albineto habitatoris, qui .... hoc prefens publicum inftrumentum retinui & in meis libris .... regiftravi .... groffare feci, deindeque figno meo auctentico .... in fidem premifforum fignavi. (*Signé*) de Palato, (*avec fa marque.*)

Original en parchemin des Archives de la Maifon de Montefquiou.

C I I.
24 Févr. 1521.

Prorogation de rachapt accordée par Noble Jean de Montefquiou, dit Gallardon, Écuyer, Seigneur de Gelas & du Peté, à Noble François de Montefquiou, Ecuyer, Seigneur de Marfan, fils de Noble Pierre de Montefquiou, Seigneur de Marfan, de la paroiffe & territoire de Leyffaux.

Sachent tous ... que come parcydevaut piecha feu Noble Pierre de Montesquieu, Seigneur de Marsan, au Diocefe d'Aux .... euffe vendu .... a Noble Jehan du Teys, Efcuyer, ... tout icelluy territoire & Paroiffe de Liffaus, aveques toutes fondalités, directité, .. pour certain pris, .. que aprés lad. vendition faicte, led. du Teyt euffe donné ... aud. feu Pierre de Montefquieu & aux fiens .., terme de povoir recovrer & reachapter lad. Parroiffe ... par certain temps non encores efchen; & que depuis ença Noble Jehan de Montesquieu, dict Guallardon, Esquyer, Seigneur de Gellas et du Peré, ait acquis ... dud. Jehan du Teyt, lad. parroiffe & territoire de Liffaus ... & tout le droict qu'il y avoit acquis ... dud. feu Pierre de Montefquieu, .. ainfi que led. Guallardon ... en prefence de moy Notaire & tefmoings cy deffobs efcriptz ... l'a dict; ... pour ce eft il qu'aujourdhuy que l'on conte le vingtquatrieme jour du moys de Fevrier l'an mil cinq cens vingt ung, dans le Chafteau du Peré, en la Vifconté de Villefranche de Cayran, ou Diocefe de Condom & Senefchaucée d'Agennoys, en Gafconhe, en la prefence de moy Eftienne Chieze, Notaire public, demorant en lad. Villefranche de Cayran & tefmoings cy deffoubz efcriptz ... pardevant led. Jehan de Montefquieu, dict Guallardon, Efcuyer, s'eft comparu ... Noble et venerable Messire Jehan de Montesquieu, Prebtre, Recteur de St. Martin de la Verdalle, en la Jurifdiction dud. Marfan, ... au nom & comme Procureur adce expreffément fundé de Noble Françoys de Montesquieu, Esquyer, Seigneur dud. lieu de Marsan, filz et heritiér dud. feu Pierre de Montesquieu ... parlaut a la perfonne dud. Guallardon ... l'a ... requis ... de prorroger ... aud. Francoys de Montefquieu ... le ... terme de povoir recovrer lad. Parroiffe & territoire de Liffaus ... aux memes pactes ... que led. deu Teytavoit... accordé aud. feu Pierre de Montefquieu, pere dud. Francoys, .. deu quel deu Teyt led. Guallardon a acquis le droict de lad. Parroiffe, comme dict eft; ce que led. Guallardon, ... a la requifition dud. Meffire Jehan de Montefquieu, ... dé fa bonne volunté ... a prorrogé ... audit Francoys de Montefquieu ... led. terme de povoir ... rachapter lad. Parroiffe & territoire de Liffaus, aveque fez apperteneufes aux memes & femblables conditions ... contenuz aud. pacte de recrox concedé par

I ij

led. deü Teyt aud. feu Pierre ; & ce pour le . . . terme de quatre ans compliz ; . . . desquelles choses susd. led. Messire Jehan de Montesquieu, Procureur . . . a requis luy estre . . . receu instrument public par moy Notaire susd. ce que lui auctroiay faire . . . . ez presences de . . . . Bernard du Solla, &c. . . . tesmoings. (*Signé*) de Chieze, Not. (*avec sa marque.*)

CIII.

19 Janv. 1525.

Original en parchemin des Archives de la Maison de Montesquiou.

Transaction entre Jean de Montesquiou & François de Montesquiou, Seigneur de Marsan, son frere.

In nomine Domini. Amen. Noverint universi . . . quod anno ab Incarnatione Domini millesimo quingentesimo vicesimo quinto & die decima nona mensis Janarii . . . apud Aulam de la Serra, Jurisdictionis de Marsano, Auxis Diocesis & Senescallie Armanhaci ; cum lis . . . & controversia orte essent, processus que penderet indecizus inter NOBILEM JOHANNEM de MONTESQUIVO, ex una ; & Nobilem FRANCISCUM DE MONTESQUIVO, Dominum dicti loci de Marsano, partibus ex altera ; in suprema Parlamenti Tholose Curia, ad causam legitime · · · ac jurium aliorum eidem Nobili Johanni, in domo de Marsano pertinentium ; hinc est quod in mei Notarii publici & testium infra scriptorum presentia · · · constitute dicte ambe partes · · · non cohacte · · · transhigerunt · · · de dictis lite · · · controversia & processu; · · · in hunc qui sequitur modum . . . Fuit pactum quod · · · dictus Nobilis FRANCISCUS DE MONTESQUIVO, Dominus dicti loci de Marsano, pro dictis juribus legitime · · · & aliis, dedit · · · pretacto Nobili JOHANNI de MONTESQUIVO, ejus fratri, · · · Domum de la Serra alias la hostelleria, · · · quinque scuta parva de feudo annuo & redditu perpetuo ; · · · & pro supplemento valoris portionis dicti Nobilis Johannis, promisit dare & solvere dicto Nobili Johanni, fratri suo, summam quinquaginta scutorum parvorum, · · · necnon duodecim sacos bladi · · · Acta fuerunt hec · · · presentibus Nobilibus · · · Oddeto deu Los, Condomino de la Fita, · · · Bertrando de Lasserano, Domino de Casaux · · · testibus, · · · & me Anthonio de Balneis, Clerico publico, Ville Albineti, predicte Diocesis Auxis, habitatore, auctoritatibus Appostolica atque Regia, ubique terrarum, Notario, qui · · · presens · · · instrumentum in notam sumpsi & in meis libris · · · regestravi, a qua quidem nota hoc verum presens publicum instrumentum abstraxi & ingrossare feci · · · & signo meo auctentico publico · · · signavi in fidem premissorum. (*Signé*) de Balneis, (*avec sa marque*)

CIV.

9 Févr. 1526.

Original en parchemin des Archives de la Maison de Montesquiou.

Quittance de Noble Jean de Montesquiou, Seigneur de la Serre, à Noble Bertrand de Lasseran, Seigneur de Casaux, son beau-pere, d'une partie de la dot de Jeanne de Lasseran, son épouse.

In nomine Domini. Amen. Noverint universi · · · quob anno ab Incarnatione Domini millesimo quingentesimo vicesimo sexto & die nona mensis Februarii · · · apud Aulam de Casaux, prope Lussanum, Auxis Diocesis, Comitatûs Fezensaci & Senescallie Armanhaci · · · · constitutus in mei Notarii publici & testium infrascriptorum presentia · · · · Nobilis JOHANNES de MONTESQUIVO, Dominus de la Serra, prope Marsanum · · · confessus fuit · · · recepisse a Nobili Bertrando de Lasserano, Domino Aule de Casaux, ejus socero, · · · · summam ducentum librarum turonensium, necnon

tunicam panni de Camelot, foratam de pannas blancas, ··· in deductionem dotis
matrimonii dicti Nobilis Johannis de Montesquivo & Nobilis Domicelle Johanne
de Lasserano, filie··· dicti Nobilis Bertrandi de Lasserano··· Acta fuerunt hec··
in presentia Anthonii Charlas···& mei Bernardi de Palato, Notarii publici, Ville
de Albineto habitatoris, qui··· hoc presens publicum instrumentum retinui & in meis
libris··· registravi &··· grossare feci, deindeque signo meo auctentico signavi.
(*Signé*) de Palato, (*avec sa marque*).

Original en parchemin des Archives de la Maison de Montesquiou.

C V.

11 Mai 1526.

Assignat par Noble François de Montesquiou, Seigneur de Marsan,
à Noble Jean de Montesquiou, son frere, de partie de sa légitime.

In nomine Domini. Amen. Noverint universi··· quod cum Nobilis Franciscus
de Montesquivo, Dominus loci de Marsano, Auxis Diocesis &
Comitatûs Fezensaci, promisisset··· assignare Nobili Johanni de Montesquivo,
ejus, fratri, summam quinque scutorum parvorum, ··· de feudo annuo & perpetuo, pro jure nature, in dicto loco de Marsano, constante publico accordii inter ipsos
passati instrumento; ··· de quibus quinque scutis feudi dictus Dominus tradidisset
dicto de Montesquivo, ejus fratri, quatuor scuta, sex solidos & unum arditum,
super quibusdam pagesiis, & de aliis undecim solidis & quinque arditis restantibus,
promisset exonerare Guilhermum Manhie, alias Aolhon; Dominicum de Sobelha; ···
hinc fuit & est quod anno ab Incarnatione Domini millesimo quingentesimo vicesimo
sexto & die undecima maii, apud dictum locum de Marsano, in mei Notarii publici &
testium infrascriptorum presentia··· constitus··· dictus Nobilis Franciscus
de Montesquivo, Dominus loci de Marsano··· assignavit eidem
Nobili Johanni de Montesquivo, ejus fratri,··· dictos undecim solidos & quinque arditos,··· scilicet, super Ramundo de Paponio, undecim solidos; & super
Laurentio de Tremonte, quinque arditos, de dicto feudo;··· quousque dictus
Nobilis Franciscus de Montesquivo,··· exoneraverit dictos Manhie, de Sobelha;
···&c. Acta fuerunt hec··· presentibus··· Domino Petro de Malhia, Presbitero,
&c··· & me Petro Pinon, Notario publico, civitatis Auxis habitatore, qui de premissis
instrumentum retinui,·· in hanc formam grossare feci··· & signo meo publico &
auctentico··· signavi. (*Signé*) Pinon, (*avec sa marque*).

Original en parchemin des Archives de la Maison de Montesquiou.

C VI.

1 Janvier 1543.

Promesse de Noble François de Montesquiou, Seigneur de Marsan,
à Noble Jean de Montesquiou, sieur de la Serre, de lui revendre
une piece de terre & de prés qu'il lui a vendue.

En lo nom de Diu. Amen. Sia manifestat··· que cum los Noblez Johan de
Montasquiu, sr. de la Serra, & la Nobla Johana de Lasseran, sa Molhe,···
agossan veuut au Noble Frances de Montasquiu, sr. deu loc de
Marsan, ··· una pessa de terra & de pratz, ··· scituat en lo Feyt de la Serra,···
por lo pretz some & cautitat de dus cens sacz de blos; ··· plus cinquante livres
tourn.··· ab pacte de recrubi; ··· ainsi est··· que l'an de la Incarnation de Nostre
Senhor mil cinq cens quarante tres, & lo prime jorn deu mes de Jener··· constituit en persona, en la sala & mayson deud. Noble Johan de Montasquiu, sr. deud.

Feyt de la Serra, · · · dabint my Notari Real, · · · affaber lod. Noble Frances de Montafquiu · · · a promes aufd. Nobles Johan de Montafquiu & Johana de Lafferan. · · · lad. peffa de terra & pratz · · · los hy rebene & fer rebendicion, · · · de jorn en jorn, · · · a voluntat deufd. Nobles venedos; · · · en la prefencia de · · · teftimoings & my Bernard Palato, Notari Real · · · lo prefent inftrument cy retengut. . . de mon fignet auctentic . . . ley fignat. (*Signé*) B. de Palato, (*avec fa marque*).

CVII.

14 Juin 1547.

Original en papier des Archives de la Maifon de Montefquiou.

Tranfaction entre Noble François de Montefquiou & Noble Jean de Montefquiou, freres, fils de Noble Pierre de Montefquiou, Seigneur de Marfan, &c.

Saichent tous · · · que l'an mil cinq cens quarante fept & le quatorziefme jour du moys de Jung · · · dans la Ville & Cité de Lectore, ez prefences de moy Notaire Royal & tefmoings cy bas efcriptz, · · · par les parties cy après mentionnées font efté dit · · · feu NOBLE PIERRE DE MONTESQUIEU, SEIGNEUR DES LIEUX ET TERROIRS DE MARSAN, & de la * Fezenfaguel, Senefchaucée d'Armaignac, a fes derniers jours & le unziefme jour du moys d'Octobre an mil cinq cens vingt, par fon teftament · · · euft laiffé fon heritier univerfel NOBLE FRANÇOYS DE MONTESQUIEU, SON FILZ AYSNÉ, & pour le droict de legitime euft laiffé à NOBLE JEHAN DE MONTESQUIOU, SON SECOND FILZ, certaine fomme d'argent; · · · & après le decés · · · dud. Pierre, *qualité* fuft efté introduicte entre led. Jehan, demandeur, pour raifon de fondict droict de nature; · · · & led. Francoys deffendeur, en la Court Souveraine de Parlement feant à Thouloufe : & icelle qualité pendent & indéccize le dix neufviefme de Janvyer mil cinq cens vingt cinq, lefd. Francoys & Jehan de leurfd. different & proucés euffent tranfhigé, · · · & par icelle tranfhaction led. Francoys euft baillé aud. Jehan, fon frere; pour fefdits droicts de legitime, · · · la Maifon de la Serre, avec Juftice moyenne & baffe, & cinq efcutz petiz de fief annuel, payables par les payfans dudit terroir; · · · & le feitziefme jour de mars mil cinq cens vingt fix lad. tranfhaction, · · · du confentement defd. parties euft efté auctorifée par Arreft de lad. Cour; & le vingt neufviefme jour de Janvier mil cinq cens trente fix & par ainfin environ dix ans après, led. Jehan euft vendu aud. Francoys, fon frere, lefd. *fix* efcus petiz de fief annuel, avec lad. Juftice; · · · & après, & le dixneufviefme jour d'Aouft mil cinq cens trente huict led. Jehan euft auffi vendu aud. Francoys les agriers · · · fur les payfans dud. terroir; · · · & le huictiefme d'Octobre mil cinq cens trente neuf led. Jehan euft vendu aud. Francoys une piece de terre, · · · la maifon & hedifice dud. la Serre; · · · le dernier jour de Janvyer mil cinq cens quarante ledit Jehan euft vendu . . . a fond. frere, . . . aultre piece de terre appellée le champ de St. Martin; . . . l'an mil cinq cens quarante ung & quatriefme jour d'Octobre led. Jehan euft auffi vendu aud. Francoys, fon frere, toutes les aultres terres . . . a lui appartenens, fcituées en la Jurifdiction dud. lieu de la Serre; . . . & finablement le premier jour de Janvyer mil cinq cens quarante troys led. Johan de Montefquieu & Jehanne de la Seran, mariés, euffent vendu aud. Francoys, une piece de terre & pré affis en lad. Jurifdiction dud. terroir de la Serre; . . . & de toutes lefd. alienations . . . led. Francoys euft faict aud. Johan pacte de rachapt; . . . & fur le recouvrement defdits biens alienés . . . entre led. Jehan, impetrant & demandeur & led. Francoys, deffendeur, ou moys de may mil cinq cens quarante fix qualité euft efté introduicte en la Court de Monf. le Senefchal d'Armagnac, Siege dud. Lectore; la matiere plaidée, . . . & led. procès mys en droict le vingt troyfiefme de may mil

* Il y a dans l'original un efpace pareil en blanc.

cinq cens quarante sept . . . . dict que, avant faire droict . . . sur les conclusions . . . desd.
parties, les terres coutencieuses pardevant Commissaires a depputer & agrimesseur,
seroient perchées ; a ce presens non seulement lesd. parties : mais aussy troys Gentil-
hommes, . . . pour après estre procédé au surplus de la matiere, . . . & pour icelle
mectre à deue execution, led. jour eust esté commys Maistre Gracien Roquete, . . .
Licentié ez droictz & Advocat en lad. Court, Rapporteur dud. proucès ; . . & lad.
commission par luy acceptée, eust discerné ses lettres adjournatoires . . . au jeudy
vingt sixiesme jour dud. mois de may, . . . au second jour de jung mil cinq cens
quarante sept, . . . & au lundy suyvant, . . . sixieme jour dud. moys de jung, . . .
& led. lundy, arrivés aud. Aubiet led. Commissaire, . . ensemble lesd. parties & les
Seigneurs des lieulx de Belloc, de Lussan & de Malartic, & plusieurs aultres Gentil-
hommes, amys . . . desd. parties, traictans & parfaisans accord . . . . entre elles,
eussent transhigé de leurd. procès ; . . . que led. procès cesseroit . . . & led. Francoys
seroit tenu rendre . . . . aud. Jehan, son frere, tous lesd. biens par lui acquis dud.
Jehan. . . . & promys consentir à la cancellation de tous lesd. instrumens d'achapt &
acquisitions faictes par led. Francoys, dud. Jehan . . . & que chescune desd. parties
payeroit . . . ses despens ; . . . desquelles chouses susd. chescune desd. parties a requis...
instrumens leur en estre retenu . . . par moy Notaire soubzsigné ; ce que leur ay
concedé ; à ce . . . estoient presens . . . & moy Hugues Boali, Notaire Royal, habitant dud. Lectore, qui . . . ay retenu le present instrument. (*Signé*) Boali, Not. R.

Original en parchemin des Archives de la Maison de Montesquiou.

CVIII.
19 Avril 1559.

Pactes de mariage de Noble BERTRAND de MONTESQUIOU, fils
de Noble JEAN de MONTESQUIOU, Seigneur de la Serre, avec Jacmete de Sourbier.

Saichent toutz . . . que aujourdhuy dix neufviesme du moys d'Apvril mil cinq cens
cinquante neuf dans le Chasteau de la Terrasse, Jurisdiction de Clermont-dessus, en la
Seneschauchée d'Agenois, . . . pardevant moy Notaire Royal, soubzsigné, presentz les
tesmoings bas nommés, ont esté constitués Nobles Jehan & Jacmette de Sourbier,
fraires, filz de feu Noble Charles de Sourbier . . . Seigneur de Tayrac, d'une part ;
& Noble BERTRAND de MONTESQUIEU, FILS DE NOBLE JEHAN, SEIGNEUR DE
LA SERRE, en Armeignac habitantz, d'autre part ; lesquelles parties de leur bon gré,
led. BERTRAND de MONTESQUIEU, suyvant la puyssance a luy donnée par sondict
paire, . . par instrument sur ce passé, en datte du quatorziesme du present moys, retenu par Maistre Jehan Carrere, Notaire de Montault, audit pays d'Armeignac, ont
passés . . . les Pactes . . . de mariage, comme s'enseict ; . . . a esté pacté entre lesd. partyes que lesd. BERTRAND de MONTESQUIEU & Jacmette de Sourbier se expouzerent
en face de Ste. Maire Esglise, à la premiere requisition de l'un d'eulx ; . . . en contemplation dud. mariatge . . . . ledict Noble Jehan de Sourbier a constitué en dot à lad.
Jacmette, sadicte seor, . . . la somme de deux mille lievres tournoises, . . . & oultres lui
a constitué la somme de deux centz lievres tournoises pour les robbes & aultres joyaux
nuptielz; . . en faveur dudict mariatge ledict BERTRAND de MONTESQUIEU a donné
toutz ses biens, . . . se reservant l'ususfruict d'iceulx, a ung des filz masles dudict mariage, au temps de son decès, . . . & de ce dessus me ont requis instrument que leur ay
concédé, presents NOBLE JEHAN DE MONTESQUIEU, SEIGNEUR DE SAINCT
JEHAN D'ANGLES, audit pays d'Armanhac, &c. . . . & moy ; Anthoine Pomie,
Notaire Royal de la Ville de Vic, qui ay retenu le present instrument, à la requisition
desdites parties & mis en la présente forme, escript de mayn d'aultruy, a moy fidelle,
lay signé de mon seing autentique. (*Signé*) Pomie, Not.

CIX.

Archives de la Maison de Montesquiou.

Grosse en parchemin expédiée judiciairement en 1571 du Testament de Noble JEAN de MONTESQUIOU, Seigneur de la Serre.

Saichent tous . . . que l'an de grace mil cinq cens septante ung & le vingtiesme jour du moys de mars, dans la Ville de Montault, Senefchaulcée d'Armaignac . . . a noz Anthoine Carriere & Donningue, Notaire & Greffier dud. Montault, comme collationnaires & garde des pappiers, . . . cedes & prothecolles de feu Maiftre Jehan Carriere, Notaire Royal . . . dud. Montault & commys à l'ingroffation & expédition d'iceulx, par hault & puyffant Seigneur Noble Aymery de Voifins, Chevalier de l'Ordre du Roy, . . . Seigneur & Baron dud. Montault, par Dominique Bouber, Bailli dud. Montault; en vertu de certaines lettres compulfoires, efmanées de la Court ordinaire dud. Montault, obtenues de la partie de NOBLE BERTRAND de MONTESQUIEU, ESCUYER SEIGNEUR DE LA SERRE, nous font eftes faictz commandementz . . . expedier en forme déue aud. de Montefquieu, Sr de la Serre, le Teftement de FEU NOBLE JEHAN de MONTESQUIEU, SON PERE . . . SEIGNEUR DUD. LA SERRE, retenu . . . par ledit feu Carriere; . . suyvant & en vertu defquelz commandementz, . . avons procede à la perquifition de la cede . . . dud. Teftement, parmi les papiers, cedes & prothecolles dud. feu Carriere, & ayant icelluy treuvé . . . avons procédé à l'ingroffation d'icelluy, . . . en la forme qui s'enfuyt.

L'an mil cinq cens foixante deulx & le fixiefme jour du mois de Febvrier, . . . à la Serre & maifon noble d'icelluy lieu, eftably NOBLE JEHAN de MONTESQUIEU, Seigneur dud. lieu, a faict fon dernier Teftement, . . . comme s'enfuyt; . . . a efleu fa fepulture dans l'Efglife parrochelle de Marfan; . . . ordonne que Damoyfelles Jaymecte & Jehanne, fes filles, foient mariées fur fon bien, . . . comme fes aultres filles mariées; dict . . . avoir mariée Noble Catherine avec Monfieur d'Efzalens & noble Anne, fes filles, avec Monfieur la Garde; . . ordonne que NOBLES ANTHOINE ET ODDET DE MONTESQUIOU, SES FILZ, ayent la legitime fur fon bien; . . . & en tous fes biens meubles & immeubles a faict fon heritier . . . NOBLE BERTRAND de MONTESQUIEU, SON PREMIER FILS, a la charge de pagua fes leguatz; . . . prefens Maiftre Pierre Blandin, &c. . . . & moy J. Carriere.

Lequel feu Carriere ayant retenu led. inftrument de Teftement, . . . eftant prevenu de maladie, de laquelle la mort s'en eft enfuyvie, n'a icelluy peu groffoyer; . . . mais nous fufd. Carriere & de Camps, Notaires & collationnaires defd. papiers dud. Carriere, en vertu & fuyvant lefd. commandemens & lettres compulfoires, . . . avons faict groffoyer . . . led. inftrument de Teftement & icelluy expedié aud. de Montefquieu en la forme que deffus; . . en foy de quoy nous fommes icy de nous faings authenticques foubzfignés. (*Signés*) Carriere & de Campes.

Archives de la Maison de Montesquiou.

Expédition en parchemin de 1783. d'un

Arrêt du Parlement de Toulouse qui maintient Arnoul de Montesquiou, Seigneur du Vernet, fils de Mathieu de Montesquiou, Seigneur du Vernet, dans la possession de la moitié des Place & Baronnie de Salles, & Michel-Bernard de Pontault, fils de Gabrielle de Montesquiou, dans la possession de l'autre moitié.

Extrait des Registres de Parlement.

Entre ANULPHE DE MONTESQUIEU, SEIGNEUR DU VERNET, fils heritier & successeur universel à *fu* MATHIEU DE MONTESQUIEU, quand vivoit, SEIGNEUR DUD. LIEU DU VERNET, FILS PUISNÉ A FEU BARTHELEMY DE MONTESQUIEU, quand vivoit, Seigneur de Sales, demendeur en adjudication de decret & en excès, le Procureur Général du Roy joint à luy, & aussi impetrant & requerant l'interinement de certaines Lettres Royaux aux fins y contenues, d'une part; & M^e. Antoine de Salys, Procureur en la Cour & Curateur par elle donné ez causes de Michel-Bernard de Pontaud, defendeur audit decret, GABRIELLE DE MONTESQUIEU, mere audit de Pontaud, opposants & defendeurs respectivement aux dittes Lettres, & tant ils que M^e. Jean Delpé, Pretre, Raymond Delpé, dit Magré, defendeurs auxdits excès, d'autre; vû les plaidés du treisieme mars an cinq cents soixante six, & vingt unieme d'avril an cinq cents soixante six; Arrêt du dernier mars an cinq cents soixante cinq; exploits de saisie, incands; Pactes de mariage contracté entre Manaud de Montesquieu, fils audit Barthelemi, d'une part; & Jacquette de Fontanés, d'autre; du vingt neuvieme juin mil quatre cent septante huit; Testament dudit feu Barthelemy de Montesquieu, du septieme juillet mil quatre cent huitante un; autre Testament de François de Montesquieu, du quinsieme mai an cinq cent soixante deux & autres productions des parties. Il sera dit, sans avoir égard à l'adjudication de decret requise par ledit Arnulphe de Montesquieu, & ayant, quant a ce, égard auxdittes Lettres par lui presentées que la Cour a maintenu & gardé, maintient & garde icellui de Montesquieu en possession & saisine de la moitié de la Place & Baronie de Sales & ses appartenances & dépendances, de laquelle etoit maitre Seigneur & possesseur ledit feu Barthelemy de Montesquieu, au temps de son trepas & ledit de Pontaud en possession & saizine de l'autre moitié* icelle Place pour les legitime & quarte trebelianique dues & appartenant audit feu François de Montesquieu, & audit de Pontaud, son heritier, sur icelle Place & Baronie; sauf & reservé l'uzufruit de ladite moitié en laquelle ledit de Pontaud est maintenu, à ladite Gabrielle de Montesquieu, sa mere, sa vie durant, suivant le Testament dudit feu François; & quand auxdits excès pretendus, a mis & met lesdites parties hors de procès & sans depens & restitution des fruits & pour cause. Prononcé à Toulouse en Parlement le vingt septieme aout quinze cent soixante sept. Expedié & delivré par duplicata le septieme mai mil sept cent quatre-vingt trois. (*Signé*). Collationné, Bassoua. M. Doujat, Rapporteur, &c. [*A cofté*) Controllé... Verlhac.

* On a oublié un *d* dans l'original.

C X I.

10 Mars 1572.

Original en parchemin des Archives de la Maison de Montesquiou.

Autre Arrêt du Parlement de Toulouse, entre Bertrand de Montesquiou, Seigneur de la Serre, & Jeanne de Montesquiou, femme d'Antoine de Savere, Seigneur de la Motte.

Entre BERTRAND de MONTESQUIEU, Seigneur de la Serre, demandeur en exécution d'Arrest & Sentence arbitralle en icelluy mentionnée & autrement défendeur, d'une part; & JEHANNE DE MONTESQUIEU, Damoyselle, feme à Anthoine de Severe, Seigneur de la Motte, defenderesse & aussi demanderesse en éxécution desd. Arrest & Sentence arbitralle, d'autre; veuz les plaidoyez & appoinctemens, . . . instrument d'accord & transaction . . . passé entre feu FRANÇOIS DE MONTESQUIEU, PERE A LAD. JEHANNE & feu JEHAN de MONTESQUIEU, PERE DUD. BERTRAND, le dix neufviesme jour de janvier mil cinq cens vingt cinq; Arrest contenant auctorisation de lad. transaction, du setziesme de mars mil cinq cent vingt six; . . . instrument de compromis & remission à arbitre faicte par lesd. parties, du vingt sixiesme janvier mil cinq cens septante ung; Sentence arbitralle du septieme de mars mil cinq cens soixante unze, demandes, defenses, repliques; . . . dict a esté que la Court, sans avoir esgard a la demande & conclusions faictes & prinses par ladicte Jehanne à l'encontre dudit Bertrand, pour raison de la metterie dicte l'Hostellerie, . . pour ce regard, relaxe led. Bertrand; au surplus ordonne que lesd. Sentence arbitralle & Arrest du vingt deuxiesme jour de janvier mil V.c. septante deux, seront executez, selon leur forme & teneur, au profict desd. parties respectivement; c'est au profict de lad. Jehanne, quant à la Place, maison & biens de Marsan; . . . & au profict dud. BERTRAND, pour le regard des censives & rentes, avec droict directe de six metteries, situés entre lad. Seigneurie de Marsan . . . . Prononcé à Thoulouse en Parlement le dixiesme jour de mars mil cinq cens soixante doutze. (*Signé*) Vernet.

C X I I.

9 Octobr. 1573.

Original en parchemin des Archives de la Maison de Montesquiou.

Acquisition par Bertrand de Montesquiou, Seigneur de la Serre, de Jean de Tremont.

Saichent toutz . . . que l'an mil cinq cens septante & troys, & le vingt & neufiesme jour du moys d'octobre, . . . dans la Salle de la Serre, Diocése d'Aux, Conté de Fezensac & Seneschaucée d'Armaignac, pardevant moy Notaire Royal soubzsigné, & en la présence des tesmoings bas escriptz, . . . constitué . . . Jehan de Tremont dit Pericoullat, de la Jurisdiction dud. la Serre habitant, . . . a vendeu . . . à NOBLE BERTRAND de MONTESQUIU, Seigneur dudit la Serre, . . . une piesse de terre . . . . . . qu'il a assise dans le terroir & Jurisdiction dud. la Serre, appellée communement au Pradas, . . . & lad. vente a faite . . . moyennant le juste pris . . . de trente livres-tourn. ez presences de Me. Bernard Robert, Bachelier en droictz, &c. . . . . tesmoings, . . . & de moy Bernard Palangue, Notaire Royal de la ville d'Aubiet, soubzsigné, qui . . . ay receu le présent instrument . . . . & grossoyé de ma main propre; en foy de quoy me suis soubzsigné. (*Signé*) Palangue, Not. Royal.

Original en parchemin des Archives de la Maison de Montefquiou.

CXIII.

5 Févr. 1576.

Ceſſion de Noble Antoine de Monteſquiou, Écuyer, Sieur du
Sauſſay, fils de Noble Jean de Monteſquiou, Seigneur de la Serre,
à Noble Bertrand de Monteſquiou, Seigneur de la Serre, ſon frere,
de ſes droits ſur la maiſon de la Serre.

Saichent toutz . . . que l'an de grace mil cinq centz ſeptante ſix, & le dimanche
cinquieſme jour du moys de Febvrier, . . . à la Salle & Maiſon noble de la Serre-lez-
Marſan, Dioceze d'Aux & Seneſchaucée d'Armaignac, pardevant moy Notaire
Royal ſoubſſigné, en la preſence des teſmoings bas nommez, eſtably . . . NOBLE
ANTHOINE DE MONTESQUIEU, ESCUYER, Sieur DE SAUSSAY, au pays de
LANGUEDOC, FILZ . . . DE FEU NOBLE JEHAN DE MONTESQUIEU, . . . Seigneur
de la Serre, lequel . . . a cedé . . . à NOBLE BERTRAND DE MONTESQUIEU, ES-
CUYER, SEIGNEUR DE LA SERRE, SON FRAIRE, . . . toutz biens paternelz
& maternelz, fraternelz & havitins & tout droit de nature, legitime, ou ſupplément
d'icelle, qu'il a de préſent, . . . ſur ladite Maiſon de la Serre; . . . enſemble des biens
acquis par led. Sieur de la Serre, puys la mort dud. feu Sieur de la Serre, leur pere,
par procès ou arbitrage, contre la maiſon de Marſan; . . ſauf & reſervé future ſucceſſion, ſoyt par la mort . . . de leurſd. pere & mere, que de feuz JEHAN ET OD-
DET DE MONTESQUIEU, leurs FRAIRES, & de feue Damoiſelle JACQUEMETTE
DE MONTESQUIEU, LEUR SEUR, que de toutz autres leurs proches
parens deceddez; laquelle preſent quiétance a faiét ledit Noble Anthoine aud.
Sieur de la Serre, ſon fraire, pour . . . la ſomme de huiét centz livres tourn. . . . de
quoy led. Sieur de la Serre auroyt requis à moy Notaire Royal ſoubſſigné, lui
retenir inſtrument . . . ez preſences de Noble Anthoine de Savere, Sieur de Marſan
& de la Mothe . . . & moy Jehan d'Eſtarac, Notaire Royal, habitant du lieu de Peſſan,
ſoubſſigné, en foy de tout ce deſſus. (*Signé*) D'eſtarac.

Original en parchemin des Archives de la Maison de Monteſquiou.

CXIV.

11 Févr. 1582.

Paétes de mariage de Noble Bertrand de Monteſquiou, Seigneur
de la Serre, veuf de Jamette de Sourbier, avec Jeanne de Maigné-
de-Salleneuve.

Saichent touz . . . que l'an de grace mil cinq cens quatre-vingtz & deux, & le
unzieme jour du moys de Fevrier, devant mydy . . . dans la maiſon de la Sallaneufve-
lez-Peſſan, Diocéſe d'Aux, & Senechauſée de Thoulouſe, pardevant moy Notaire
Royal, ſoubſſigné & teſmoings bas només, Paétes de mariage ount eſté faicts . . .
entre Noble BERTRAND de MONTESQUIEU, Seigneur de la Serre, d'une part; &
Damoyſelle Jehanne de Maigné, de la Maiſon de la Sallaneufve, aſſiſtée . . . de Noble
Jehan de Maigné, Sieur de la Sallaneufve, ſon fraire aiſné & de ſes autres plus
proces parens & amys, d'autre; . . . eſt accordé que ledit *Sieur* de la Serre & lad.
Damoyſelle Jehanne de Maigné ſe fianceront . . . & après ſe ſoulepniſera le mariage
en face Ste. Mere Egliſe, . . . & dottant que lad. Damoyſelle Jehanne de Maigné a
eſté mariée en premieres nopces avec feu Noble Jehan Serre, Sieur de Soubeſſens,
en Aure, comme appert par leurs Paétes de mariage ſur ce faictz . . . le vingtz-neuf-

K ij

vieme jour du moys de may, mil cinq cens feptante, retenuz par feu Maiftre Jehan D*ſtarac*... Notaire de Peſſan, par leſquelz Pactes eſt porté que lad. Damoyſelle portoit en la maiſon & biens dud. feu Sieur de Soubeſſens, ſon feu mari, la ſomme de deux mil livres tourn... &c. le tout feuſt recongneu à ladite Damoyſelle ſur tous... les biens deſdits Sieurs de Soubeſſens pere & filz, & par exprès ſur les biens de Serre & ſur la metterie aſſiſe au faict de Gaujan en la Conté D*ſtarac*... & dotant que led. Sieur de la Serre à eſté marié en premieres nopces avec feue Damoiſelle Jehamette de Sourbier, de la maiſon de Tayrac; & que par leurs Pactes de mariage du dix-neufvieſme apvril mil cinq cens cinquante-neuf, retenuz par Maiſtre Anthoyne Burye, Notaire de la ville de Vallance, par leſquelz eſt porté que led. Sieur de la Serre donnoit à ſes enfans ou filles, tous... ſes biens; qui eſt cauſe qu'il ne peut advancer les enfans du préſent mariage que de leur legitime,... ſuyvant la Grandeſſe & biens de ſa Maiſon,... leſquelz il veut... qu'ils ayent ſemblable legitime..... que les autres du premier mariage;.... de quoy enſamblement ont requis à moy Notaire leur en retenir inſturment;...... ce que ay offert faire,...... ez preſence de Meſſire Beraut d'Eſparbès, Chevallier de l'Ordre du Roy, Sieur de Belloc, Noble Jehan d'Eſparbès, Sieur de Conignatz, Anthoine de *la Severre*, Sieur de Marſſan & la Mothe, Jehan de la Barthe, Sieur d'Arnès, & Oddet de la Barthe, Sieur de Lartzolle,... & moy Jehan Sanchon, Notaire Royal de Peſſan habitant, icy ſoubſſigné. (*Signé*) de Sanchon.

CXV.

9 Nov. 1590.

Original en parchemin des Archives de la Maiſon de Monteſquiou.

Pactes de mariage de Noble Jean de Monteſquiou, Ecuyer, fils aîné de Noble Bertrand de Monteſquiou, Ecuyer, Seigneur de la Serre, avec Jeanne de Serre.

Au nom de Dieu ſoict. Amen. Sachent tous préſens & advenir, que l'an grace mil cinq cens nonante, & le neufvieſme jour du moys de nouvembre... dans la mayſon Sen*g*nurialle de Sobeſſens, au Comté d'Armaingnac,.... pardevant moy Notaire Royal ſoubzſigné & teſmoingz bas nommés eſtablis en perſonne Noble BERTRANO de MONTESQUIEU, Eſcuyer, Seingneur de la Serre,... d'une part; & Noble *Jean* Serre, Eſcuyer, Seingneur de Soubeſſens,... d'autre part; leſquelz... ont faict, contracté & accordé le mariage d'entre NOBLE JEAN de MONTESQUIEU, ESCUYER, FILZ légitime & premier généré dudit NOBLE BERTRAND de MONTESQUIEU, Seigneur de la Serre, & de feue Damoyſelle Jacquemette de Tayrac, d'une part; & de Damoyſelle Jeanne *de* Serre, fille unique légitime & naturelle de feu aultre Noble Jean Serre, & de Damoyſelle Jeane de Maingné, femme, à préſent en ſecond mariage dudit Noble BERTRAND de MONTESQUIEU, & niepce dudit Noble Jean Serre, Seingneur de Sobeſſens, d'autre part;... teſmoings.... & moi Dominique Marſan, Notere Royal du lieu de Guchen,... qui le preſentz Pactes & conventions de mariage ay retenuz & mis en la forme que deſſus, groſſoyez par aultruy main à moi fidelle & ſoubzſigné de mon ſeing autenticque accouſtumé fere, en foy des chouſes ſuſdites. (*Signé*) de Marſan, Not. R.

CXVI.

29 Mars 1592.

Original en parchemin des Archives de la Maiſon de Monteſquiou.

Teſtament de Noble Bertrand de Monteſquiou, Seigneur de la Serre.

Au nom de Dieu. Amen. Saichent tous..., que l'an de grace mil cinq cens quatre vingtz & doutze, & le lundy penultieme jour du moys de mars , après midy , dans la maison Seigneuriale du Sieur de Lasserre, & Salle haulte d'icelle , les Marsan , Dioceze d'Aux , Senechausée d'Armaignac, pardevant moy Notaire Royal soubsigné, presens les tesmoingz bas nommés , estably ... NOBLE BERTRAND DE MONTESQUIEU, SEIGNEUR DE LASSERRE-LES-MARSAN , lequel estant .... dans son lict malade ... a faict & ordonné son dernier ... Testement ... en la forme ... qui s'ensuyt; ... a esleu sa sépulture en l'Eglise du lieu de Marsan, au lieu où ses predecesseurs ont acoustumé estre enterrés ; .. dict ... avoyr esté marié en premieres nopces avec Damoyselle Jaymette de Tayrac, de laquelle & de leur mariage ount esté procrées deux enfans masles & une fille , nommés JEHAN, & JEAN-JACQUES DE MONTESQUIEU , le premier desquels veut que soict son héritier, comme ... est porté par le contenu de leurs Pactes de mariage; l'aultre veut que ayt sa legitime sur son bien, ... au dire de ses parentz & amys, & que la fille du premier mariage soict adoutté de pareille somme doutalle que ladite feue Damoyselle Jaymette , sa mere ; ... dict aussi estre presentement marié avec Damoyselle Jehanne de Maigné , de laquelle a receu pour achapter la Borde nommée Deu Tucho , qui a esté acquise au nom d'elle; ... dict que de ce present mariage a esté procréé une fille nommée CATHERINE DE MONTESQUIEU, laquelle veut estre mariée aus despens de ses biens , & adouttée selon la faculté d'iceulx, comme faict aussi le posthume que sadite femme pourroit avoir dans son ventre , soict masle ou femelle ; ... & pour ce que l'institution d'heritier universel ... est le chef ... de chacun ... Testement , à celle fin, ... en tous & chacuns ses ... biens a faict, ... son héritier universel .... NOBLE JEHAN DE MONTESQUIEU, SON FILS AISNÉ , & de Damoyselle Jay-mette ; ... & où il decederoit sans enfans, ... soubstitue le second nommé JEHAN-JACQUES DE MONTESQUIEU, & de là chavant l'ordre de primogeniture, &c. ... requerant à moy Notaire lui rettenir acte ... de Testement, ce que ay faict, pre-sens Gabriel la Fount, &c. ... tesmoings ... & moy Jehan Sanchon , Notaire Royal du lieu de Pessan habitant, requis de ce , ... icy soubsigné ... (*Signé*) de Sanchon , Not. Royal.

Originial en parchemin des Archives de la Maison de Montesquiou.

CXVII.

Accord entre JEAN de MONTESQUIOU , & Jeanne de Magné , 12 Août 1593. veuve en secondes noces de BERTRAND de MONTESQUIOU , pere dudit JEAN.

Comme soict ainsin que pour raison de la restitution & jouissance du vesvaige de Damoiselle Jeanne de Magné , vesve en secondes noces à feu NOBLE BERTRAND de MONTESQUIEU , & NOBLE JEHAN de MONTESQUIEU, filz (*Le parchemin est rongé*), FEU BERTRAND & Damoiselle Jeanne de Serre, Damme de Subesens, mariés , ... cejourd'huy judy doutziesme jour du mois d'Aoust mil cinq cens nonaute trois .. pardevant moy Notaire Royal soubzsigné, ce font personnellement establis ... en présence des tesmoingz bas nommés ; Damoiselle Jeanne de Maigné , vesue audit SIEUR FEU DE MONTESQUIEU, & NOBLE JEHAN DE MONTESQUIEU, Sieur de Serre ; .. lesquels ont accordé que pour la somme de unze cens soixante six livres treize sos quatre de-niers , ledit Sieur de Montesquieu a baillé à ladite Damoiselle de Maigné ... la meterie communément appellé à Lestaignere , avec ces appartenances & dépendences , Jurdixion de la Serre, ... ez presences de Noble Jehan de Maigné , Seigneur de la Sallenufve , &c. , & moy Dominique Sobiron , Notaire Royal de la Ville de Pavie, requis soubzsigné. (*Signé*) de Sobiron.

Original en parchemin des Archives de la Maison de Montesquiou.

CXVIII.
25 Avril 1595.

Vente à faculté de rachapt d'une métairie par Noble Jean de Montesquiou, Seigneur de la Serre-lez-Marsan, à Demoiselle Jeanne de Maigné, sa belle-mere, veuve de Noble Bertrand de Montesquiou, Seigneur de la Serre.

Comme ainfin foict que Damoyfelle Jehanne de Maigné, vefve à feu Noble Bertrand de Montesquieu, Seigneur de Lafferre-les-Marfan, aye . . . affigné fur la maifon & metterie dite de Leftegnere-les-Marfan, la fomme de unze centz foixante francz . . . à caufe de laquelle hyppouteque . . . icelle Damoyfelle . . . pouffede ladite metterie, . . . & ayant aujourd'huy Noble Jehan de Montesquieu, Seigneur de la Serre befoin . . . de vendre ou engager de fes biens pour payer fes debtes . . . auroict expoufé en vente, à pacte de rachapt, ladite metterie; . . . fur quoy confiderant . . . l'incommodité *de* toutes parties pouvoinct recepvoyr vendant ladite metterie, . . . auroinct arrefté que ladite Damoifelle augmenteroict fon hyppouteque fur ladite metterie, . . . & bailleroit audit Sieur de Laffere pour liquider le refte de fes biens, la fomme de cinq cens quarante francs, & ladite metterie luy deumorra affectée en tout de la fomme de dix-fept cens francs. Or eft-il que aujourd'huy mardy vingt & cinquiefme du moys d'apvril mil cinq cens quatre-vingtz & quinze, . . . pardevant moy Notaire Royal foubzfigné, prefens les tefmoingz bas només, eftabli en perfonne led. Noble Jehan de Montesquieu, Seigneur de Lasserre, lequel . . . a confecé & confece avoyr eu & receu de ladite Damoyfelle Jehanne de Maigné, fa belle-mere, illec prefente, . . . icelle dicte fomme de cinq cens quarante francs, &c. . . prefens . . . Noble Jehan de Maigné, Sieur de la Sallaneufve, &c., & moy Jehan Sanchon, Notaire Royal du lieu de Beffon . . . ici foubzfigné . . .
(*Signé*) de Sanchon, Not. R¹.

CXIX.
19 Juin 1598.

Original en papier des Archives de la Maifon de Montesquiou.

Ceffion faite par Noble Jean de Montesquiou, Capitaine, à autre Jean de Montesquiou, Sieur de la Serre, fon frere aîné, de fes droits fur les biens de feu Noble Bertrand de Montesquiou, Sieur de la Serre, & de feu Jacquette de Sourbier, leurs pere & mere.

Comme foict ainfin dict & narré par les parties basnomés avoir vefcu aux humains feu Noble Bertrand de Montesqieu, Sieur de Lafferre, lequel feroict decedé, à lui laiffé furvivant Noble Jan de Montesquieu, Sieur à préfant du lieu de Laffere & autre Jan de Montesquieu, Cappitaine, fraire procréés de fon premier mariage avec feue Damoifelle Jacquette de Sourbier, leur mere, au Contrat duquel mariage led. feu Noble Bertrand de Montesquieu, auroit donné au premier enfant mafle defcendant de ce mariage, tous . . . fes biens, fans toucher à fe que feroict du droit de legitime, ou autre que pourroict competer & appartenir aux autres enfans; . . . & du fecond mariage contracté avec Damoifelle Jane de Maigné, auroict procré Damoifelle Catherine de Montesquieu, & de fon premier mariage, une autre fille nomée Damoifelle Marguerite; lequel Sieur de Laffere pere feroict décédé fans faire autres difpofitions, foict par teftament ni autrement;

à raison de quoi, ledit NOBLE JAN DE MONTESQUIEU, Cappitaine, estant en volonté de retirer son droict de legitime, qui lui peult competer & appartenir sur les
biens, tant dud. feu Noble BERTRAND de MONTESQUIEU, son pere, que de ladite
feue Jacquette de Sourbier, ses pere & mere, en seroin*ct* entré en demande au
Noble JAN de MONTESQUIEU, Sieur de Lasserre, héritier dud. feu Noble BERTRAND
de MONTESQUIEU... Pour ce est-il que ce jourd'huy dix neufiesme du mois de jung.
l'an mil cinq cens nonante huict, ..., dans la Ville d'Aubiet... & maison de moy
Notaire Royal soubzsigné, ... pardevant moy susd. Notaire, presens les tesmoins
bas nommés, a esté constitué en sa personne ledit NOBLE JAN de MONTESQUIEU,
Cappitaine, lequel ... a ... cedé ... audit Noble JAN de MONTESQUIEU, Sieur
dudit lieu de Lassere, illec... present, .. tous les droits ... qui peuvent * competer & appartenir sur les biens desd. feus NOBLES BERTRAND de MONTESQUIEU
& Damoiselle Jacquette de Sourbier, ses pere & mere, moiennant le prix & somme
de mil escutz sol de soixante souz piece, .. ce que lesdites Parties ont requis à moy
susd. Notaire leur en retenir instrument, ce que ay faict, presans à ce Noble Jan-
Jacques de Saver, Sieur de Marssan ... & moy Dominique Ducasse, Notaire Royal
de la Ville d'Aubiet Habitant; qui requis soubzsigné. (*Signé*) Ducasse, Not. R.

Original en parchemin des Archives de la Maison de Montesquiou.

CXX.

20 Août 1619.

Emancipation de Bertrand de Montesquiou, par Noble Jean de Montesquiou, Sieur de la Serre, son pere.

Comme ainsin soict que mariage ayt esté faict, tracté & consomé d'entre NOBLE
JAN de MONTESQUIEU, SIEUR DE LASSERRE, FILZ LÉGITIME ET NATUREL
A FEU NOBLE BERTRAND de MONTESQUIEU & Damoiselle JAYMETTE de TAI-
RAC, d'une part; & Damoiselle Jane de Serre, Damoiselle de Subessens, filhe à feu Noble
Jan de Serre & de Damoiselle Jane de Maigné, faume en secondes nopces dudit feu
NOBLE BERTRAND de MONTESQUIEU, par les Pactes de leur mariage, en date du
neufiesme jour du mois de nouvanbre de l'an mil cinq cens nonante, receulx par
Dominique Marssan, Notaire Royal de Guchan, en Aure, le premier enfant masle quy
devoict dessandre dudit mariage estoict faict donataire de la moitié de tous... leurs
biens; .. duquel susd. mariage sont esté procréés, savoir BERTRAND, LOUIS,
PIERRE, PHELIP, GABRIELLE, JANE de MONTESQUIEU, fraires & sœurs, qui
sont ancore pour ce jourd'huy vivans, &. que par contract du tretziesme jour du
mois de nouvanbre de l'an mil six cens treze, receu par de Sanchon Notaire de
Pessan; & encore par autre, receu par moy Notaire soubzsigné, le quatorziesme
jour desd. mois & an, ledit NOBLE JAN de MONTESQUIEU, Sieur de la Serre auroict
renoncé & se feroit desmis de l'administration ... de ses biens, & encore de ses enfans; tant en propriété que de l'ususfruit des biens qui luy auroient esté laissés par
feue Damoiselle Jane de Maigné, par son dernier & valable Testament, reçeu par moy
susdit Notaire, le premier decembre de l'an mil six cent seize, par lequel lesdits
enfans & filhes dudit Sieur de Lassere *sont* esté institués héritiers; ... led. NOBLE
JAN de MONTESQUIEU, pere, a jugé qu'il est fort convenable, après avoir consideré
l'eage dudit BERTRAND, SON FILZ, qui est eagé de environ vingt-sept à vingt-huict
ans; ... de l'émanciper & sourtir de sa puissance paternelle... Pour ce est-il que
cejourd'huy vingtiesme du mois d'aoust l'an mil six cent dix-neuf, ... dans la maison
noble de Lassere, au Diocèse d'Aux, ... pardevant moi Notaire Royal soubzsigné,

préfans les tefmoins bas nommés, a efté préfant en fa perfonne NOBLE JAN de MON-
TESQUIEU , Sieur de Lafferre , lequel . . . a émancipé & émancipe & auctorife &
tiré hors fon auctorité & puiffance. ledit BERTRAND de MONTESQUIEU ; SON FILS
LÉGITIME ET NATUREL préfant, ftipulant & acceptant lad. émancipation , &c. . . .
de quoy lefd. Parties ont requis à moy fufd. Notaire leur en retenir acte . . . préfant à ce JAN-JACQUES DE MONTESQUIEU, CAPPITAINE . . . & moy Dominique Ducaffe , Notaire Royal de la Ville d'Aubiet Habitant, qui requis foubzfigné.
(*Signé*) Ducaffe, Not. R.

CXXI.

18 Juillet 1627.

Original en papier des Archives de la Maifon de Montefquiou.

Atteftation de la mort de Noble JEAN de MONTESQUIOU , donnée
à la réquifition de Noble Bertrand de Montefquiou , Sieur de la Serre.

L'an mil fix cens vingt & fept, & le dix huictiefme jour du mois juillet, nous
Meffire Dominique la Fourcade , Prêftre & Recteur de la Ville de Villefranche en
Aftarac , & Maiftre Pierre Urguilh , Pierre Mongauly , Bernard Monlafun & Pierre
Douffet , Confuls dud. Villefranche , à tous . . . fçavoir faifons & atteftons que NOBLE
JEAN de MONTESQUIEU , Sieur de la Serre, eft décédé dans lad. Ville de Villefranche
le fetfiefme jour du mois de mars mil fix cens vingt-quatre, & enfepely le dix-fep-
tiefme dud. mois dans noftre Efglife ; & par ce que eft vrai, à la requifition de Jean
Sainct Antoulin , Procureur de NOBLE BERTRAND de MONTESQUIEU , Sieur de la
Serre , avons dreffé & expédié la préfente ateftation , . . . & nous fommes fignés ;
lefdits Mongauly , Moulafun & Douffet n'ont figné pour ne favoir efcripre , audit
Villefranche , les an & jour fufdits. (*Signé*) Forcade, Recteur, P. Urguilh, Conful.

CXXII.

5 Sept. 1625.

Original en Parchemin des Archives de la Maifon de Montefquiou.

Difpenfe accordée par le Cardinal Barberin , Nonce en France , à
Bertrand de Montefquiou, du lieu de la Serre, & à Charlotte de
Savere , du lieu de Marfan, pour fe marier , nonobftant le quatrieme
degré de confanguinité qui eft entr'eux.

Francifcus Miferatione Divina Sancte Agathe Diaconus Cardinalis Barberinus ;
Nuncius ad Serenimiffum Dominum Dominum Francorum Regem Xpianiffimum , ac
univerfum Francie Regnum . . . Sanctiffimi in Xpo Patris & Domini noftri Domini
Urbani Divina Providentia Papé VIII. & Sedis Apoftolice de Latere Legatus ; dilecto
nobis in Xpo Officiali Auxitanenfi, falutem . . . Oblate nobis nuper pro parte dilec-
torum nobis in Xpo BERTRANDI de MONTESQUIEU , laici, ex loco de la Serre ;
& Carolette de Savere, mulieris , Auxitanenfis Diocefis , ex Oppido de Marfan, orto-
rum , quod cum dicta Caroletta in dictis loco & Oppido & de uno ad aliud, propter
illorum anguftiam, virum fibi non confanguineum vel affinem , paris conditionis,
cui nubere poffit , invenire nequeat ; cupiunt Bertrandus & Caroletta predicti invicem
matrimonialiter copulari; fed quia quarto confanguinitatis gradu invicem funt con-
juncti, defiderium eorum hac in parte adimplere non poffunt, abfque Sedis parte dif-
penfatione ; nobis fuit humiliter fupplicatum quatenus fibi de opportune difpenfatio-
nis gratia providere dignaremur. Nos igitur . . . difcretioni tue , apoftolica auctoritate, qua fungimur in hac parte, per prefentes committimus & mandamus quatenus . . .

81

nus . . . de premiſſis te diligenter informes ; & ſi per informationem eandem preceſ
veritate niti repereris, . . tunc cum eiſdem Bertrando & Caroletta , dummodo
ipſa propter hoc rapta non fuerit, quod, impedimento quarti conſanguinitatis gradûs
hujuſmodi nonobſtante, . . . matrimonium inter ſe publice . . . contrahere , illudque
in facie Eccleſie ſolemniſare . . . dicta auctoritate diſpenſes . . . Datum Pariſiis anno
Incarnationis Dominice milleſimo ſexcenteſimo vigeſimo quinto. Non. ſeptembris.
Pontificatûs ejuſdem Sanctiſſimi Domini noſtri Pape anno tertio. (*Signé*) F. Card^{lis}.
Barberinus, Legatus. (*Plus bas*) Jº. Bapt^a. Pamphilius, Rote Aud^r. Regens. (*A côté*)
Jacobus Durandus, Abbreviator. (*Sur le repli*) N. Laguel ; & *ſcellé ſur doubles lacs de*
ſoye rouge, d'un ſceau, en cire rouge, enfermé dans une boëte de fer-blanc.

Original en parchemin des Archives de la Maiſon de Mon-   CXXIII.
teſquiou.   14 Déc. 1625.

Pactes de mariage de Noble Bertrand de Monteſquiou , Sieur de la
Serre , avec Demoiſelle Charlotte de Savere , fille de Jean-Jacques de
Savere , Seigneur de Marſan.

Saichent tous preſens & advenir qu'aujourd'huy quatorzieſme du moys de decem=
bre mil ſix cens vingt-cinq , ... dans le lieu & maiſon Seigneuriale de Marſan ,
Diocèſe d'Aux , . . pardevant moy Notaire Royal héréditaire ſouſſigné , preſens les
teſmoins cy-après nommés , ſe ſont conſtitués & eſtablis en leurs perſonnes , NOBLE
BERTRAND de MONTESQUIEU , Sieur de la Serre , . . d'une part ; Damoiſelle Charlotte
de Savere , fille aiſnée legitime & naturelle de Noble Jean-Jacques de Savere , Seigneur dudit lieu de Marſan , icy preſent , . . . d'autre ; leſquelles parties , ſavoir leſd.
NOBLE BERTRAND de MONTESQUIEU , & Damoiſelle Charlotte de Savere ont dict
puis long-tems s'eſtre entraymés juſques à ce poinct qu'ilz ſe ſont promis reſpectivement mariage qu'ils auroient, par l'aveu & conſentement dudit Sieur de Marſan , contracté ; ayant eſté accordé que led. mariage ſera ſolempnizé ſuivant les conſtitutions de
l'Eſgliſe Catholique Appoſtolique & Romayne, & que Pactes ſeroient redigés par eſcript ;
par leſquels ledit Noble Bertrand de Monteſquieu . . . faict donnation . . . de la
moyétié de tous . . . ſes biens , . . en faveur d'un des enfens maſles dudit mariage fu-
teur à procréer ; . . . ladite Damoiſelle . . . de la moyétié de ſes . . . biens faict pareille donation en faveur d'un des enfens maſles qui ſeront procréés dadit mariage ; . .
preſens . . . & moy Mannaut Daubin , Notaire ſuſdit de la Ville d'Aubiet.
    (*Signé*) M. D'aubin, No^{re}. R.

Original en papier des Archives de la Maiſon de Monteſquiou.   CXXIV.

Accord entre Noble Bertrand de Monteſquiou , Sieur de   29 Mai 1627.
& Pierre de Monteſquiou , Sieur de Saint Aubin , ſon frere , ſur les
droits de celui-ci dans les ſucceſſions de feus Jean de Monteſquiou &
Damoiſelle Jeanne de Serres , leurs pere & mere.

L'an mil ſix cens vingt & ſept, & le vingt-neufvieſme jour du moys de mai
. . . . . . au lieu & maiſon Seigneuriale de la Serre , . . devant moy Notaire Royal
héréditaire ſoubzſigné, preſens les teſmoins cy-après nommés , ſe ſont conſtitués &   * Il y a un pa-
eſtablis en leurs perſonnes NOBLE BERTRAND de MONTESQUIEU , Sieur de *   reil eſpace en
& PIERRE de MONTESQUIEU , Sieur de Saint-Aubin , freres ; leſquels . . . ſont venus   blanc dans l'ori-
en accord de tous les droicts & actions que ledit NOBLE PIERRE DE MONTESQUIEU ,   ginal.

L

peut avoir & pretendre sur les biens & successions de feus NOBLE JEAN de MONTES-
QUIEU, Sieur de la Serre, & Damoiselle Jeanne de Serre, leurs père & mere, que
autres droictz fraternelz & de leur ayeul & ayeule, comme s'ensuit; c'est à savoir que
ledit Sieur PIERRE de MONTESQUIEU a renoncé ... en faveur dud. NOBLE BER-
TRAND, son frere aisné, à tous lesdits droicts ; moyennant la somme de doutze cens
livres que ledit NOBLE BERTRAND a promis ...de lui payer dans un an, ...s'il
trouve à vendre ..., desd. biens ... & à défaut de ce led. NOBLE PIERRE de MON-
TESQUIEU sera tenu ...de prendre desdits biens ...en payement de ladite somme...
au dire & jugement de deux Gentilshommes leurs parens & amis ... presens JEAN-
JACQUES de MONTESQUIEU, SIEUR DE LA SERRE, Capitaine d'une Com-
pagnie de Gens de pied entretenus pour le service du Roy, au Regiment de M. de
Vaurecourt; Anthoine de Maigné, Sieur de Salenave, Louis de Maigné, Sieur de la
Cassaigne ... & moy Manauld D'aubin, Notere susdit de la Ville d'Aubiet.

(Signé) M. D'aubin, No^{re}. R.

CXXV.
6 Mai 1627.

Original en papier des Archives de la Maison de Montesquiou.

Commission du Sénéchal d'Armagnac, pour maintenir Noble
Bertrand de Montesquiou, Sieur de la Serre, en la possession des biens
donnés par Noble Bertrand de Montesquiou, son ayeul, à Noble
Jean de Montesquiou & à Demoiselle Jeanne de Serres, ses pere &
mere, par leurs Pactes de mariage.

Louis de Starac & de Marestaing, &c. Seneschal & Gouverneur d'Armagnac, au
premier Huissier ou Sergent Royal requis, salut. La partie de NOBLE BERTRAND de
MONTESQUIEU, Sieur de la Serre, nous expoze que par les Pactes de mariage passés
entre feu NOBLE JEAN de MONTESQUIEU & Damoiselle Jeanne de Serres, ses pere &
mere, feu NOBLE BERTRAND de MONTESQUIEU, son ayeul, & Noble Jean de Serres, Sieur de Soubessenx auroi*nt* donné la moytié de tous ... leurs biens au premier enfant masle, qui proviendroit du mariage desd. JEAN & Damoiselle Jeanne
de Serre ; duquel mariage l'exposant premier *nay* est provenu ; &, au préjudice de la
clauze pourtant lad. donation, ledit Noble JEAN pere de l'expozant a aliéné les
biens ...

Pourquoy vous mandons, à la requeste dud. Sieur expozant, icelluy maintenir & conserver en la possession & jouissance desdits biens. &c. Donné à Lectoure le sixiesme
jour de mai mil six cent vingt sept.

(Signé) Pey Labere, Greff.

Original en papier des Archives de la Maison de Montesquiou.

CXXVI.
6 Octob. 1627.

Procuration de Noble Bertrand de Montesquiou, Sieur de la Serre,
à Demoiselle Charlotte de Savere, son épouse.

L'an mil six cent vingt & sept, & le sixiesme jour du moys d'octobre, après
midy, ...au Chasteau & maison seigneuriale de Marsan ... pardevant moy Notaire
Royal héréditaire soubzsigné, présens les tesmoins cy-après nommés, s'est constitué
& establi en la personne NOBLE BERTRAND de MONTESQUIEU, Sieur de la Serre-
lès-Marsan, lequel ...a ... constitué sa procuratrice ... Damoiselle Charlote de
Saverre, Damoiselle de Marsan & de la Serre, son espouse, présente, pour ... né-
gocier & conduire tous les affaires de sa maison & Seigneurie de la Serre, Lestai-

guere & autres biens . . . prefens Philippe de la Barthe, Sieur de l'Artigole, &c., & moy Manauld Daubin, Notaire fufdit de la Ville d'Aubiet.
(*Signé*) M. D'aubin, No^{re}. R.

Original en papier des Archives de la Maifon de Montefquiou.

CXXVII.
16 Mars 1637.

Inventaire fait à la requète de Noble Jean-François de Montefquiou, des biens délaiffés par feu Noble Bertrand de Montefquiou, fon pere, Capitaine au Régiment de Vaubecourt.

Inventaire faict par moy Manault *Daubin*, Notaire Royal héréditaire, à la requifition de NOBLE JEAN-FRANÇOIS de MONTESQUIEU, filz & heritier au benefice d'inventaire de feu NOBLE BERTRAND de MONTESQUIEU, quand vivoit Capitaine d'une Compagnie de gens de pied entretenue pour le fervice du Roy, au Régiment de Monfieur de Vavecourt, des meubles & immeubles délaiffés par led. feu Sieur de Montefquieu ; auquel inventaire j'ai procedé en la maifon noble de la Serre-les Marfan le fetziefme jour du mois de mars mil fix cens trente fept . . . comme s'enfuit. Premierement fommes entrés en la falle baffe de lad. maifon noble dud. la Serre, laquelle Damoifelle Charlotte de Savere, vefve aud. feu NOBLE BERTRAND de MONTESQUIEU, a dict appartenir & les defpendances d'icelle à NOBLE JEAN-JACQUES DE MONTESQUIEU, Seigneur dud. la Serre, en laquelle . . . avons trouvé . . . un lict &c. . . . (*Signé*) M. D'aubin, No. R.

Original en papier des Archives de la Maifon de Montefquiou.

CXXVIII.
26 Févr. 1640.

Accord entre Noble Jean-François de Montefquiou, fils de feu Noble Bertrand de Montefquiou, Sieur de la Serre, avec Noble Pierre de Montefquiou, Sieur de Saint Aubin, fon oncle, fur la légitime dudit Sieur de Saint Aubin.

L'an mil fix cens qurante & le vingtiefme jour du moys de Fevrier, . . . au lieu de Marfan, . . . pardevant moy Notaire Royal foubzfigné, préfens les tefmoins cy-après nommés, ce font conftitués & eftablis en leurs perfonnes NOBLES JEAN-FRANÇOIS de MONTESQUIEU, heritier contractuel & au benefice d'inventaire de feu NOBLE BERTRAND de MONTESQUIEU, quand vivoit, Sieur de la Serre, affifté de Damoifelle Charlotte de Savere, fa mere, & de Noble JEAN-JACQUES DE MONTESQUIEU, Seigneur dudit lieu de la Serre-les Marfan, & d'Ohéville, en Lorraine, d'une part ; & NOBLE PIERRE DE MONTESQUIEU, Sieur DE SAINT AUBIN, FRERE DE SONDIT FEU PERE ; *auffi fon oncle*, d'autre ; lefquelles parties ont dict . . . eftre venues en conference des droictz de légitime, & fupplément d'icelle, qui . . . appartiennent aud. Sieur de Saint Aubin, fur les biens & droictz de fes ayeul & ayeule paternelz, maternelz & fraternelz ; pour lefquels & en payement d'iceux led. Sieur JEAN-FRANÇOIS de MONTESQUIOU . . . tranfporte aud. Sieur de Saint Aubin, fondit oncle, les meteries de Pelitron, Cabdaere & le Garrouffet, fcituès au Conté d'Eztarac ; . . . & moyennant lefd. meteries & biens dépendans d'icelles, led. Sieur de Saint Aubin a renoncé & renonce à tous lefd. droitz de legitime, . . . en faveur dud. Noble Jean-François de Montefquieu . . . prefens . . . & moy Manauld Daubin, Notaire fufdit de la ville d'Aubiet.
(*Signé*) M. D'aubin, No^{re}. R.

L ij

CXXIX.

18 Mai 1644.

Original en papier des Archives de la Maison de Montesquiou.

Teſtament de Noble Jean-François de Monteſquiou, Seigneur de la Serre & de Marſan.

Au nom de Dieu ſoict, Amen. Scaichent tous preſens & advenir que l'an mil ſix cens quarante quatre & le dixhuictieſme jour du moys de may, ... dans la ville d'Aubiet, maiſon & réſidance de moy Notaire, .. pardevant moy Notaire ſoubzſigné a compareu & c'eſt préſenté Noble Jean-François de Monteſquieu, Seigneur de Laſſerre & Marſan, lequel a dit qu'il a deſir de faire ung voyage au peys de France, vers le peys de Nancy en Lorraine; mais auparavant de partir, crainte qu'il a d'eſtre ſurprins par les chemins de la mort, ... a dict c'eſtre exprès tranſporté ... vers moy Notaire pour me requerir & prier lui vouloir dreſſer ſon dernier noncupatif & valable Teſtament; ... ce que je ſuſdit Notaire ay fait en la forme ſuivante ... A laiſſé & légué led. Sieur teſtateur à Damoiſelle CATHERINE DE MONTESQUIEU, ſa tante, la ſomme de trois cens livres; ... à NOBLE PIERRE DE MONTESQUIEU, *Sieur de Saint Aubin*, & à DAMOISELLE JEANE DE MONTESQUIEU frere & ſeur, ſon oncle & tante paternel, & à Noble Yzac de Saverre, ſon oncle maternel, à chacun d'eux, la ſomme de trois cens livres ... *Item* a laiſſé & légué ... à Charlotte Dareix ... fillieule à Damoiſelle Charlote Savere, ſa mere ... la ſomme de vingt livres ; ... inſtitue ſon héritier univerſel .. JEAN-JACQUES DE MONTESQUIEU, *Seigneur dud.* Laſſere, ſon oncle &c. .... (*Ce Teſtament ſigné au bas de chaque page*) J. F. DE MONTESQUIEU. (*Et à la fin ſigné encore.*). J. F. de Monteſquieu (&) Labobée, Not°. Royal.

CXXX.

2 Juin 1647.

Original en papier des Archives de la Maiſon de Monteſquiou.

Sentence arbitrale en faveur de Noble Jean-François de Monteſquiou, fils de Charlote de Savere, comme héritier d'Antoine & de Jean-Jacques de Savere, ſes ayeul & biſayeul (maternels.)

Entre Me François Bernard, Procureur en la Cour & curateur donné aux cauſes de NOBLE JEAN-FRANÇOIS DE MONTESQUIEU, demandeur en éxécution de l'Arreſt de la Cour du dixieſme Septembre mil ſix cens quarante quatre & ce faiſant eſtre maintenu en la moitié de tous ... les biens ayans appartenu à Anthoine & Jacques de Savere, ſes ayeul & biſayeul, lors des Pactes de mariage du quinzieſme Octobre mil cinq cens ſeptante huit, & autrement deffendeur, d'une part; & Noble Yſac de Savere, deffendeur & autrement demandeur en éxécution dud. Arreſt, ce faiſant eſtre maintenu en la moitié des biens ayans appartenu aud. Jean-Jacques de Saverre, lors de ſes Pactes de mariage avec Damoiſelle Yſabeau de la Roque, du vingt quatrieſme ſeptembre mil cinq cens nonante trois, & declairé la moitié des biens-dud. Anthoine n'eſtre que le quart ſeulement.

Veu par nous ... arbitres ... accordés par leſd. parties ... l'acte de Compromis contenant notre pouvoir &c. ... Par noſtre preſent Sentence & los arbitral, avons ... maintenu ledit FRANÇOIS * DE MONTESQUIEU, comme fils & heritier de Charlotte *de* Savere, ſa mere & icelle fille ainée dud. Jean-Jacques Savere, en la moitié de tous ... les autres biens ayans appartenu auſd. Anthoine & Jean-Jacques Savere, ſes ayeul & pere, au temps du mariage dud. Jean-Jacques du ſeizieme Octobre mil cinq cens ſeptante huit ... Prononcé à Tholoſe en préſence deſdites parties le ſecond jour de Juin mil ſix cens quarante ſept.

* *Sic.*

Le dix huiâiefme jour de juin mil fix cens quarante fept, a Thoulouze ... ladite
Sentence ... a efté remife devers moy Notaire.
(*Signé*) Beffue , Not. Royal.

Original en parchemin des Archives de la Maifon de Montefquiou.

Donation à Noble Jean-François de Montefquiou , Seigneur de
la Serre , par Damoifelle Catherine de Savere , fa tante , de fes
droits fur la Seigneurie de Marfan.

. Scaichent tous prefens & advenir que l'an mil fix cent quarante huit & le dix
huiâiefme jour du moys de may , . . dans la maifon feigneuriale du lieu de Lafferre . . .
pardevant moy Notaire Royal foubzfigné, préfens les tefmoings bas nommés, conftituée
en fa perfonne Damoifelle Catherine de Savere , fille à feu Noble Jean-Jacques de
Savere & de feuë Damoifelle Yzabeau de Larrocque, laquelle . . . a donné . . . . à
Noble Jean-François de Montefquieu , Seigneur de Laffere , fon nepveu, ici
prefent ftipulant & acceptant , . . tous . . . les . . . droits qu'elle peult avoir & pré-
thandre, fur la maifon, Terre & Seigneurie de Marfan . . . prefens, &c. . . . & moy
Notaire Royal . . . fouffigné.
(*Signé*) Labobée , Not. Royal.

Original en parchemin des Archives de la Maifon de Montefquiou,

Tranfaâion entre Noble Ifac de Savere, Seigneur de Marfan , &
Noble Jean-François de Montefquiou , Seigneur de la Serre , fon
neveu , par laquelle le premier cede au fecond fes droits fur la
Terre & Seigneurie de Marfan.

Comme ainfin foiâ que par deux Arrefts de la Cour du Parlement de Thouloufe, l'un,
du dixiefme feptembre mil fix cens quarante-quatre, l'autre, du vingt-troifieme mars
mil fix cens quarante-fix , toutes les prétentions que Nobles Izaac de Savere , Sieur
de Marfan, & Jean-François de Montesquieu, Sieur de la Serre ,
filx unique de feuë Damoyfelle Charlote de Savere , . . pouvoit avoir fur les biens de feus
Nobles Anthoine & Jean-Jacques de Savere , pere & filx, & de Damoyfelle Jeanne
de Montefquieu, femme dudit feu Noble Anthoine de Savere , euffent efté reglés
tant en proprieté qu'en hipotheque , . . & qu'en l'exécution defdits Arrefts, eftant fur-
venues de nouvelles difficultés , lefd. parties en ayant remis le jugement aux Arbitres entr'eux nommés , ... euffent efté rendues deux diverfes Sentances des
vingtiefme mars & fecond du moys de juin mil fix cens quarante-fept ; & . . . .
que defdites Santances , ledit Noble Izaac de Savere s'en eftant porté pour appellant en ladite Cour de Parlement de Thouloufe, & enfuiâe dudit appel en forme
de requefte civile contre les fufdits Arrefts, &c. . . . . Enfin par l'entremife . . . .
de leurs parans ont terminé tous lefdits différens & fe font convenus & accordés ,
en la forme & maniere qui s'enfuit. . . . Pour ce eft-il que ce jourd'hui cinqniefme
du moys de décembre mil fix cens quarante-huiâ, dans le Chafteau & maifon feigneuriale de la Serre, ... pardevant moi Notaire Royal hereditaire, foubfiné, . . .
ce font conftitués . . . . en leurs perfonnes lefdits Nobles Izaac de Savere, d'une

CXXXI.
18 Mai 1648.

CXXXII.
5 Déc. 1648.

part ; & ledit Jean-Franço's de Montefquieu, affifté de Noble Charles de Luppé,
Seigneur de la Caffaigne & du Garané, ... d'autre; lefquels .... ont renoncé ...
auxdits différans, ... & ce faifant ledit Sieur Izaac de Savere a faict vente ....
de tout le droict qu'il peut prétendre fur ladite Terre & Seigneurie de Marffan ; & ce
moyenent le prix & fomme de fix mille-livres-tournoyfes .... que ledit Noble
Jean-François de Montefquieu a promts ..... payer ..... dans trois ans prochains .... (&) jufqu'aud. payement, ... ledit fieur de Montefquieu fe conftitue tenir lefdits biens dudit fieur Izaac de Savere, fon oncle, à titre de precaire;
&c. .... préfens &c. .... & moy Bertrand Batz, Notaire fufdit de la Ville
d'Aubiet. (*Signé*) Batz, Notaire Royal.

CXXXIII.
23 Fév. 1649.

Original en parchemin des Archives de la Maifon de Montefquiou.

Pactes de mariage de Noble Jean-François de Montefquiou, Seigneur de Marfan, avec Calixte de Bezolles.

Au nom de Dieu foict faict. Scachent tous préfens & advenir qu'aujourd'huy vingt
& troifiefme jour du mois de febrier mil fix cens quarante-neufz ... dans la falle
noble du Brouilhat en la Diocefse .... d'Auch , ... pardevant moy Notaire
Royal du lieu de Craftes foubzfigné, & préfens les tefmoings bas nommés, ont efté's
eftablis en leurs perfonnes Noble Joueil de Befsolles, Seigneur de Craftes & autres
places , & Damoifelles Brandelfise & Catherine de Lautrec, faifans pour Damoifelle
Callifte de Befolles, filhe auditz Noble Jouel & à ladite Catherine .... ladite Damoifelle Callifte affiftée de Noble haute & puiffante Dame Jammet *-Jeanne de Rouil-
hac, ... d'une part; & Noble Jean-François de Montefquieu, Seigneur de Marfan &
de Lafferre, affifté de Noble Charles de Luppé , Seigneur du Garrané & de la Caffaigne , fon oncle , d'autre ; lefquelles parties ont accordé les Pactes ... de mariage
d'entre ledit Noble Jean-François de Montefquieu, avec ladite Damoifelle Califte de
Befolles ; ... en contemplation duquel mariage lediét Sieur de Montefquieu fait donnation de la moitié de tous ... fes biens , ... à un des anfans mafles ... quy feront
procréés du prefent mariage ... & à moy François d'Efpaignet , Notaire , m'ont
requis lefditez parties leur retenir les prefens Pactes de mariage, ce que ay fait.
(*Signé*) F. Defpaignet , Not°. Royal.

* Sic.

CXXXIV.
10 Octob. 1664.

Original en papier des Archives de la Maifon de Montefquiou.

Arrêté de compte entre Joel de Bezolles , Seigneur de Craftes , & Jean-François de Montefquiou, Seigneur de Marfan & de
la Serre , fon gendre ; relativement au payement de la dot de Calixte
de Bezolles , fa fille , femme dudit Seigneur de Marfan & de la Serre.

L'an mil fix cens foixante quatre & le dixiefme jour du moys d'octobre, dans le
Chafteau & maifon feigneurialle de Marfsan ... pardevant moy Notaire Royal foubz-
figné, préfens les tefmoings bas nommés, perfonnellement eftablis Noble Joel de
Befolles , Seigneur de Craftes , d'une part ; & Jean-François de Montesquieu ,
Seigneur dud. Marffan & Lafferre, d'autre ; lefquelles parties ont dit ... avoir faict
cejourd'hui comptes entre eux , tant des intheretz dubs par led. Sieur de Craftes
aud. Sieur de Marffan, de la fomme de fix mille livres à lui deue de reftes de la dot de
Damoifelle Calixte de Befolles & de Craftes , fa femme , fille audit Seigueur de

Craftes ; . . fans en ce comprendre la fomme . . cédée par led. Seigneur de Marffan à
Noble Izac de Savere & de Marffan , Sieur de Barrau, fon oncle . . . . que aultres
chofes ; . . tout compte finé & calculé . . . c'eft trouvé que led. Seigneur de Craftes
eft debiteur . . . envers led. Seigneur de Marffan en la fomme de mil feptante une
livre trois fouz . . . prefens , &c. , & moy Notaire Royal requis , fouffigné.
(Signé) Labobée , Not^e. Royal.

Original en papier des Archives de la Maifon de Montefquiou.   CXXXV.

Affirmation au Greffe de la Table de Marbre du Palais , à Tou-- 27 Juillet 1684.
loufe, par Noble Pierre de Montefquiou , Sieur de la Serre , fur un
procès que Noble Jean-François de Montefquiou , Seigneur de Marfan & de la Serre , fon pere , a en cette Cour.

Extrait des Regiftres du Siege de la Table de Marbre du Palais en Thouloufe.

Cejourd'huy vingt-feptiefme juillet mil fix cent quatre-vingt-quatre, a comparu an
Greffe NOBLE PIERRE DE MONTESQUIEU, SIEUR DE LA SERRE … lequel
affirme . . . eftre venu exprès . . . pour la pourfuite du procès que NOBLE JEAN-
FRANÇOIS DE MONTESQUIEU , SEIGNEUR DE MARSSAN & LA SERRE ,
SON PERE , a pendant en la Cour contre le Syndic des Religieux du Couvent des
Peres Minimes de Samathan ; . . . & s'eft figné au regiftre . . .
   (Signé) Delpech, pour le Greffier.

Original en parchemin des Archives de la Maifon de Mon-   CXXXVI.
tefquiou.
          2 Déc. 1692.

Teftament de Louis de Bezolles , en faveur de Meffire Pierre de
Montefquiou , Sieur de la Serre , fon neveu , fils de Jean - François
de Montefquiou , Seigneur de Marfan , & de Calixte de Bezolles.

L'an mil fix cens quatre-vingt-douze & le fecond jour du mois de decembre . . . Je
Meffire Louis de Bezolles , Seigneur de Craftes . . . confiderant la briefvité de cefte
vie mortelle & les accidens qui arrivent journellement à ceux quy font furpris de mort
foudaine , . . je fais & inftitue mon heritier univerfel & général MESSIRE PIERRE
DE MONTESQUIEU , Sieur de la Serre , mon neveu, FILZ DE MESSIRE JEAN-
FRANÇOIS de MONTESQUIEU, SEIGNEUR DE MARSAN , & de Dame Califte
de Bezolles , ma fœur , &c.
L'an mil fix cens quatre-vingt-douze & le fifieme jour du mois de Decembre . . .
dans le Chateau de Craftes , . . . pardevant moy Notaire & tefmoingz bas noumez
fut prefent en perfonne Meffire Louis de Bezolles , Seigneur dudit Craftes , lequel , . . .
a dit & déclaré . . . qu'il a fait efcripre par moy dit Notaire fon Teftament clos , . . .
enfuite de quoy l'a cachepté de fon cachet ordinaire , . . voulant qu'il demeure fecret
jufques à fon defcès, après lequel veut que fans aucune formalité de juftice il foit
publié & enrégiftré par moy dit Notaire, ez prefences , &c. . . & moy , .
   (Signé) Batailhe , Not^e. Royal.

CXXXVII.
28 Juin 1695.

Original en parchemin des Archives de la Maison de Montesquiou.

Dépôt fait le 18 Janvier 1697, d'un

Accord paffé entre Meffire Pierre de Montefquiou, Seigneur de Marfan & de Craftes, fils de feu Noble Jean-François de Montefquiou, avec Bernarde de Pader, veuve de Noble Pierre de Montefquiou, Seigneur de Saint Aubin, & Jeanne de Montefquiou, leur fille.

L'an mil fix cens quatre-vingt-dix-fept & le dix-huitiefme jour du moys de janvier, ... dans la ville de Mauvaifin, pardevant moy Notaire Royal..... préfants les tefmoins bas només, a compareu en perfonne Guillaume Caftanet, habitant du lieu de Craftes, faifant pour & au nom de MESSIRE PIERRE DE MONTESQIU, Seigneur de Marfan, lequel auroit requis moy Notaire de vouloir inferer fur mon regiftre tout au long, certaines convansions accordées entre ledit Sieur de Marfan & Damoyfelles Bernade de Parder & JEANNE DE MONTESQUIU, maire & fille, pour rayfon du proffès qui eftoit pandant au Senechal d'*Auh*, entre lefdites parties; .... ce que luy ay confedé. S'anfuit la teneur defd. convanfions : Articles & convanfions faites entre NOBLE PIERRE DE MONTESQUIU, SEIGNEUR DE MARSAN, & de Craftes, héritier au bénéfice d'invantaire de feu Noble Louis de Bezolles, & yceluy auffi heritier bénéficiaire de feu Noble Jouel de Befolles, Seigneur de Craftes, & Damoyfelles Bernade de *Pader* & JEANNE DE MONTESQUIU, maire & fille, héritiere de feu NOBLE PIERRE DE MONTESQUIU, SIEUR DE SAINT AUBIN :.... Premierement eft conveneu que le Proffès que lefd. Damoyfelles .... ont intanté .... contre led. Sieur de Marfan .... demurera pour eftaint ;.... enfemble toutes les faifies & banimanz faits au préjudice dud. fieur de Marfan, pour la fomme principale de cinq cens livres & inthereftz, arrérages que lefd. Damoyfelles prétandct leurs eftre deus par la Maifon de Craftes ;.... led. Sieur de Marfan tiendra lad. fomme .... en rante ;.... tiendra auffi en rante .... la fomme de deux cens livres, que feu NOBLE JEAN-FRANÇOIS DE MONTESQUIU, SON PAIRE, devoit à feu Monfieur de Saint Aubin, paire à ladite de Montefquiu, pour tout reftes de la fomme de trois cens livres que led. Sieur de Montefquiu s'étoit obligé de payer audit Sieur de Saint-Aubin, &c. En foy de quoy les parties ont figné .. ce vingt-huictiefme jour du moys de juin mil fix cens quatre-vingt-quinze, &c.

L'original defd convanfions .... a efté exibé à moy dit Notaire, prefens, &c. & moy Pierre San * Notaire Royal, ... fouffigné, après avoir fait controllé ledit original au Regiftre de Mauvaifin. (*Signé*) Sannas, No. Royal.

** Le refte du mot eft emporté.*

Original en papier des archives de la Maifon de Montefquiou.

CXXXVIII.
24 Mai 1698.

Contrat de mariage de Meffire Pierre de Montefquiou, Seigneur de Marfan, Craftes, la Serre, &c. avec Demoifelle Jacquette de Bouffoft-de Campels.

L'an mil fix cent quatre-vingt-dix-huit & le vingt-quatriefme jour du mois de mai... dans le Chateau noble de Maferes-de Campelz... pardevant moy Notaire Royal au lieu de Montaut foubzfigné, & tefmoins bas nommés, furent préfens MESSIRE
PIERRE

PIERRE DE MONTESQUIEU, Seigneur de Marfan, Craftes, Lafferre & autres
plaffes, habitant dud. Marfan, & Demoifelle Jacquette de Bouffoft-de Campelz, fille à
deffunctz Meffire Charles-de Bouffoft-de Campelz & Dame Marie d'Audric-de
Bafillac, mariés ... lefquelles parties eftant affiftées, fçavoir, led. Seigneur de Marfan
de Meffire Philippe de Montefquieu, fon frere, & d'autres fes amis, & lad. Demoifelle
de Campelz, de Meffire Marc-Anthoine Guy, & Jean-Denis de Bouffoft, fes freres,
fe font reciproquement promis & promettent fe prendre en mariage l'un l'autre ...
Fait & paffé ez préfences &c. ... fignés a la Cede avec lefd. parties & moy Francois
Merigon, Notaire Royal foubzfigné qui ay expedié ces prefantes audit Seigneur de
Marfan....

(Signé) F. Merigon, No^{re}. R.

Original en papier des Archives de la Maifon de Montefquiou.

Teftament de Meffire Pierre de Montefquiou, Seigneur de Marfan
& de Craftes.

Au nom de Dieu foict faict. Amen. L'an mil fept cent dix & le dix-huitiefme jour
du moys de juillet ... dans le Chateau *fegneurial* du lieu de Marfan ... pardevant
moy Notaire Royal héréditaire du lieu de Nougarolet foubfigné, prefans les tefmoins
bas nommés, conftitué en fa perfonne MESSIRE PIERRE DE MONTESQUIEU,
Seigneur du préfent lieu & de Craftes: lequel ... a ... volcu ... faire ... fon
Teftament.... Il ordonne que ..... fon corps foict enfevely en fa fépulture dans
l'Eglize *parrofcielle* du prefant lieu de Marfan, en la fepulture des Seigneurs fes
Encetres.... *ITEM* a declaré eftre marié avec Noble Dame Jacquette de Bouffes,
& de Campeles, & que de leur mariage ils ont pour le jourd'hui enfans vivants qui
font troys garfons & deux filhes fçavoir NOBLES PHELIPPE, MARC-ANTOINE,
JEAN-DANIS, CHATERINE, MARIE-FRANÇOISE DE MONTESQUIEU,
ledit Seigneur teftateur nomme ledit Noble Phelipe de Montefquieu, fon fils aizné,
pour héritier ; ... & venant aux légitimes des autres enfans cadets qui font au nombre
de quatre.... sydeffus nommés, & celui quy eft a neftre dont ladite Dame fon
époufe eft enfente, ledit Seigneur teftateur leur donne & legue la fomme de fept
mille livres, à chacun d'iceux, tant malles que filhes pour tous droictz de légitime; ...
il charge fon héritier univerfel de payer ce qui fe truvera deub par feu Noble
Jacques de Beffoles, Sieur de Saint-Martin, frere à feu fa mere, quy *eftoict* fils a
Noble Jouel de Beffolles & Chaterine de Lautré; ... *ITEM* ledit Sieur teftateur
veut que Noble Phelipe de Montefquieu, fon fils aizné venant a defceder fans enfans
malles de ligitime mariage, Noble Marc-Anthoine de Montefquieu, fon frere
recule par *fucfefion*, tant fefdits biens donnés, que l'hérédité; & au cas Noble Marc,
Antoine de Montefquieu defcederoict fans enfans malles de ligitime mariage, il veut
que Noble Jean-Danis de Montefquieu, fon fils, recule par fufcefion, tant les
biens donnés que l'hérédite fufdite; & au cas ledit Noble Jean-Danis de Montefquieu defcederoit fans anfans malles de loial mariage, veut que l'anfant poftume
dont Madame fon époufe eft enfente, sy c'eft un malle, reculle par fufcefion tant fefditz
biens donnés que l'hérédité fufdite. ... Faict es prefences de ... tefmoins, & de moy
dit Notaire, de ce requis.

(Signé) du Faur, No^{re}. Royal.

M

CXL.

24 Oct. 1710.

Original en papier des Archives de la Maiſon de Monteſquiou.

Inventaire après le décès de Pierre de Monteſquiou, Seigneur de Marſan, de Craſtes & autres places, fait à la requête de Jacquette de Bouſſoſt, ſa veuve.

L'an mil ſept cent dix & le quatorzieme jour du mois d'Octobre ... pardevant nous François du Faur, Notaire Royal héréditere du lieu de Nougarolet a comparu Pierre Sainct-Antholin, ... faiſant pour & au nom de Dame Jacquete de Bouſſolz & Campels, veuve de feu MESSIRE PIERRE DE MONTESQUIEU, Seigneur de Marſan, Craſtes & autres places, quy nous a dit que ledit feu Seigneur de Marſan ſeroict deſcédé le vingt huitieſme juillet dernier ayant laieſſe ladite Dame de Bouſſolx ſon eſpouze enſuinte, & NOBLES PHELIPE, MARC-ANTOINE, JEAN-DANIS, CHATERINE & MARIE DE MONTESQUIEU, leurs enfans, les tous en age de pipiſarité; ... que pour conſerver les biens de ſeſdictz enfans, ... elle a ... obtenu une Ordonnance ... quy luy permet de faiere procéder a l'invantere des effaicts delſaieſſés par ledit feu Seigneur de Marſan, ... & quy nous comet pour faiere le ſuſdit invantere; & d'autant qu'il importe à lad. Dame d'y faire inceſſement procéder, il nous preſ..nte lad. Ordonnance qu'il nous requieret d'acepter; .. laquelle dite Ordonnance nous aurions prinse .. :. & ... aurions accepté noſtre commiſſion ... & offeret d'y proceder ... & advencu le ſixieſme octobre, ... eſtans arrivés au Chateau de Marſan a l'hure de onze, pardevant nous a comparcu led. Pierre Sainct-Antholin faiſant pour ... ladite Dame de Bouſſolz de Campeles & d'icelle aciſté, qui nous a dit que ... lad. Dame a faict aſſigner Meſſieurs PHELIPE DE MONTESQUIEU, Sieur de Leſcheaux, frere dudit feu Seigneur de Marſan, Marc-Antoine de Bouſſolx de Campeles, Seigneur de Mazeres & autres places, frere à lad. Dame ... & attendeu que leſd. Sieurs aſſignés ſont icy preſans ... il nous requiert de voloir proceder audit invantere; Nous ayant eſgard aux requiſiſions dudit Sainct-Antholin, ... aurions offert de proceder a la faction du ſuſdit invantere, & a ceſt eſſaict avons prins le ſeremant de ladicte Dame Jacquete de Bouſſolx de Campeles, ... & avons procedé audit invantere ... teſmoins, &c., & ... moy ſuſdit Notaire ...

(*Signé*) du Faur, Nore. Royal.

CXLI.

27 Août 1711.

Original en papier des Archives de la Maiſon de Monteſquiou.

Teſtament de Meſſire Philippe de Monteſquiou, Sieur de Leſchaux, fils de Meſſire Jean-François de Monteſquiou, Seigneur de Marſan, & de Demoiſelle Calixte de Bezolles.

Pardevant moy Curé du lieu de Marſan, Diocese & Sénéchauſée d'Auch, préſens les témoins ſi après només, pour l'abſence de Notaire, fut préſent en ſa perſone MESSIRE PHILIPPE DE MONTESQUIEOUT, Sieur de Leſchaus, fils à feu MESSIRE JEAN-FRANÇOIS DE MONTESQUIOUT, SEIGNEUR DUD. MARSAN, & à Demoiſelle Caliſte de Beſoles, ... étant de préſent au lit malade dans ſon Château dudit Marſan .... a fait & dicté le préſent Teſtament .... Premierement, ... veut eſtre inhumé dans l'Egliſe dudit Marſan, au tombeau de ſes pere & mere, & pour ſes honneurs funébres & prieres pour ſon ame il le laiſſe à la diſcretion de Dame Jaquete de Boiſſoſt-de Campels, ſa belle-ſœur; ... legue .... à HENRY DE MONTESQUIOUT, SON FRERE, la ſome de mille livres; ... à

à Demoiselle Noble Catherine de Montesquiout ; fille à
feu Messire Pierre de Montesquiout, sa niece, la fome de mille
livres, payables... lorfqu'elle fe colloquera en mariage ou entrera en Religion ;...
à Noble Marc-Antoine de Montesquiout, son nepveu, la fome de mille
livres ;... à Noble Jean-Denis de Montesquiout, son nepveu, la fome de
mille livres ;... à Demoiselle Marie-Françoise de Montesquiout, aussi sa
niece, la fome de mille livres ; à Demoiselle Françoise de Montesquiout,
aussi sa niece, la fome de mille livres ;... fait & nomme... Noble Philippe
de Montesquiout ; son filhol et nepveu, fils à feu Messire Pierre de Montesquiout, fon heretier univerfel ;... & après que le prefent teftament a efté leu...
audit teftateur par moy Joseph Darquier, Curé dudit Marfan, fouffigné, en préfence
des tefmoins ;... ledit teftateur a declaré qu'il y perfifte & defire yceluy eftre éxécuté... Fait le... vingt-feptieme aouft mil fept cens onfe.

   (*Signé*) Lechaux de Marfan, Teftateur ; Darquier, Curé, &c.

Original en papier des Archives de la Maifon de Montefquiou.

Premier Teftament olographe de Dame Jacquette de Bouffoft-de
Campels, veuve de Meffire Pierre de Montefquiou-de Marfan

C X L I I.

4 Févr. 1740.

 Je Jaquette de Bouffos-de Campeils, veuve de Messire Pierre de Montesquiou-de Marsan... ay voulu faire mon préfent Teftament clos.. en la
forme & maniere que fuit... Je veus que mon corps foit enfevely dans l'Eglife
de Marfan, dans le tombeau où Meffire de Montefquiou-de Marfan, mon epous, eft
enfevely... & comme de mon mariage avec feu Messire Pierre de Montesquiou-de Marsan il en eft furvenu nombre d'enfans, & qu'il ne m'en refte que
cinq actuellement vivants, deux garçons & trois filles, fcavoir, Philippe,
Marc-Antoine, Catherine, Marie-Françoise & Françoise ;
je..... legue..... à Meffire Marc-Antoine de Montefquiou-de Marfan, mondit fils, la fomme de vingt mille livres... je..... legue..... a Dame
Catherine de Montefquiou-de Marfan, madite fille ainée, veuve de Meffire
d'Arrous-d'Eftarbelle, Seigneur de Saria, une legitime telle que de droit ;... je
declare avoir conftitué à Dame Marie-Françoife de Montefquiou-de Marfan, ma feconde
fille, dans fon Contrat de mariage avec M. le Comte de la Tour, la fomme de feize
mil livres ;... je..... legue..... à Dame Françoife de Montefquiou-de
Marfan, ma troifieme fille, Religieufe au Couvent de Boulauc, une penfion
viagere de la fomme de trente livres ;... je nomme, crée & inftitue Meffire
Philippe de Montefquiou-de Marfan, mond. fils ainé, mon héritier général & univerfel. (*Ce qui fuit eft écrit de la main teftatrice.*) Tel eft ma derniere volonté que j'ay
faite écrire par une perfonne à moy bien connue & affiduïée... Fet à Marfan le catre
fevrier mille fet fans quarante...

   (*Signé*) de Campels-de Marfan, Teftatrife.

CXLIII. Original en papier des Archives de la Maison de Montesquiou.

14 Mars 1749.

Procuration de Messire Philippes de Montesquiou, Comte & Seigneur de Marsan, Crastes, &c. de Messire Marc-Antoine de Montesquiou, Seigneur de Saint Arroman, Chevalier de l'Ordre de St.-Louis, & de Marie-Françoise de Montesquiou, Comtesse de la Tour, freres & sœur, héritiers de Messire Henry de Montesquiou, Brigadier des Armées du Roi, & Commandant pour Sa Majesté en la Citadelle de Perpignan, à haut & puissant Seigneur Messire Pierre, Comte de Montesquiou, Lieutenant-Général des Armées du Roi, & Sous-Lieutenant de la premiere Compagnie des Mousquetaires, pour recevoir au Trésor Royal les appointemens dûs aud. feu Henry de Montesquiou.

L'an mil sept cents quatante neuf & le quatorzieme jour du mois de mars, au Chateau noble de Marsan . . . pardevant moy Notaire Royal d'Aubiet, & présens les temoins bas à nommer, constitués en leurs personnes MESSIRE PHILIPPE DE MONTESQUIOU, COMTE & SEIGNEUR DE MARSAN, CRASTES., & autres places; MESSIRE MARC-ANTOINE DE MONTESQUIOU, Chevalier de l'Ordre militaire de S. Louis, Seigneur de S. Arroman, habitant audit Chateau de Marsan, & DAME MARIE-FRANÇOISE DE MONTESQUIOU, Comtesse & Seignaresse de la Tour & autres places . . . lesquels en qualité de cohéritiers de feu MESSIRE HENRY DE MONTESQUIOU, BRIGADIER DES ARMÉES DU ROY & son Commandant à la Citadelle de Perpinan, ont . . . constitué pour leur Procureur haut & puissant Seigneur PIERRE COMTE DE MONTESQUIOU, Lieutenant Général des Armées du Roy & Sous-Lieutenant de la premiere Compagnie des Mousquetaires , . . auquel lesd. Seigneurs constituans donnent pouvoir de pour eux & en leur nom demander & retirer du Trésor Royal ou autres, tous les arrérages des appointemens qui sont dus aud. feu Seigneur de Montesquiou, &c. . . . Fait & récité es presences de Messire Antoine Bartis . . . Curé dudit Marsan, &c., & de moy Notaire . . .

(*Signé*) Biane, Nore. Royal.

CXLIV. Original en papier des Archives de la Maison de Montesquiou.

14 Mars 1751.

Autre Procuration de Dame Jacquette de Boussost, veuve de Messire Pierre de Montesquiou, Comte de Marsan, à Messire Marc-Antoine de Montesquiou, Seigneur de Saint Arroman, Chevalier de l'Ordre de Saint-Louis, son fils, pour partager les successions de Marc-Antoine & de Guy (de Boussost) de Campels, à elle échues & à Madame la Comtesse de Montpezat, sa sœur.

L'an mil sept cent cinquante-un & le quatorsieme jour du mois de mars, au Chateau noble de Marsan . . . pardevant moy Notaire Royal d'Aubiet, & presens les temoins bas à nommer, constituée en sa personne Dame Jacquette-de Boussost-de-Campels, veuve de MESSIRE PIERRE DE MONTESQUIOU, Comtesse & Seigneuresse de Marsan, Crastes & autres places , . . laquelle . . . a fait & constitué pour

93

on procureur Messire Marc-Antoine de Montesquiou, Chevalier de l'Ordre Militaire de S. Louis, Seigneur de S. Arroman, habitant dudit Chateau de Marsan, son fils, icy present & acceptant, auquel lad. Dame constituante donne pouvoir de pour elle & en son nom procéder au partage des biens qui sont échus à lad. Dame & à la Dame Comtesse de Mompezat, sa sœur, des hérédités de Messires Marc-Antoine & Guy de Campels, de la Maison de Bazilac & de Pardeilhan ... Fait ... en présence de Messire Antoine Barrés, ... Curé dud. Marsan ... &c., & de moy Notaire. (*Signé*) Biane, Nore. Royal.

Original en parchemin des Archives de la Maison de Montesquiou.

CXLV.

9 Févr. 1752.

Contrat de mariage de haut & puissant Seigneur Marc-Antoine, Comte de Montesquiou, Seigneur de Saint-Arroman, Lembege & autres places, avec Demoiselle Catherine de Narbonne-d'Aubiac.

L'an mil sept cents cinquante-deux & le neuvieme jour du mois de février, après midy, dans la ville de Flurance & dans le parloir des Dames Religieuses Sainte Ursule de lad. ville, pardevant moy Notaire Royal d'Aubiet, présens les témoins bas à nommer, constitués en leurs personnes HAUT ET PUISSANT SEIGNEUR MESSIRE MARC-ANTOINE COMTE DE MONTESQUIOU, SEIGNEUR DE SAINT-ARROMAN, LEMBEGE ET AUTRES PLACES, résidant au Château de Marsan, fils légitime & naturel à feu HAUT ET PUISSANT SEIGNEUR PIERRE DE MONTESQUIOU, COMTE DE MARSAN, SEIGNEUR DE CRASTES ET AUTRES PLACES, & de Dame Jacquette de Bouffost de Campels, Comtesse de Marsan, Seigneuresse de Leymont, Saint Michel, Sadournin, Bazet, Castera & autres places, assisté de haut & puissant Seigneur Messire François de Lary, Comte de la Tour, Seigneur de Miramont, Gavarret, la Lane, Mansempuy & autres places, d'une part; & Demoiselle Catherine de Narbonne, ... fille légitime & naturelle de feu haut & puissant Seigneur Messire François, Comte de Narbonne, Seigneur d'Aubiac, Sapon, las Martres & autres places, & de Dame Olive-Angelique du Gout, sa mere, & de ladite Dame assistée, & de Messire François, Abbé de Narbonne, Baschelier en Théologie de la Faculté de Paris, son frere; de Messire Jean du Gout, Seigneur de Taillac, Muret & autres places, son oncle; de Dame Catherine du Gout, veuve de Messire Jean de Grossolles, Seigneur de Saint Martin; de Messire Jean-François de Monlezun, Seigneur de Bousigues; de Messire Daniel, Marquis de Carbonneau, Seigneur de Saint Denis, de Pynjan; & de Messire Paul-Florent de Manas, Sieur de Lamesan, ses cousins, d'autre part; lesquelles parties ont promis de se prendre resiproquement en mariage & icelui solemniser selon les constitutions canoniques. Pour support des charges duquel mariage, en faveur & contemplation d'icelui, ledit Seigneur Abbé de Narbonne, en qualité de procureur fondé de haut & puissant Seigneur Messire Jean-François Comte de Narbonne, Colonel du Régiment de Soissonés & premier *Jeantilhomme* de Son Altesse Royale de l'Infant Dom Philippe, Duc de Parme, ... a constitué en dot à ladite Demoiselle .... sa sœur, au nom dudit Seigneur, son frere aîné; la somme de quinze mille livres pour sa légitime paternelle ... Fait & recité es présences de Me Arnaud Lomin, Procureur au Sénéchal de Lectoure .... & autres par moy Notaire.
(*Signé*) Biane, Nore. Royal.

CXLVI.

31 Mars 1760.

Original en parchemin des Archives de la Maison de Montesquiou.

Second Testament olographe de Jacquette de Bouſſoſt de Campels, veuve de Meſſire Pierre de Montesquiou-de Marſan, Comte de Marſan, & Acte d'ouverture dudit Teſtament.

L'an mil ſept cent ſoixante, & le trente unieme jour du mois de mars, ... dans le Château noble de Marſan près de la ville d'Auch; pardevant le Notaire Royal d'icelle ſouſſigné, en préſence des temoins bas nommés, ſeut préſent MESSIRE PHILIPPE DE MONTESQUIOU, SEIGNEUR COMTE DUD. MARSAN & autres lieux, demeurant dans ledit Château, qui nous a dit que pour parvenir a remplir les dernieres diſpoſitions de feue Dame Jacquete de Bouſſoſs-de Campels, ſa mere, veuve de MESSIRE PIERRE DE MONTESQUIOU, SEIGNEUR COMTE DUD. MARSAN, contenues dans ſon Teſtament myſtique . . . nous a fait prier de nous rendre au préſent Château pour en faire l'ouverture, & en même temps Dame MARIE-FRANÇOISE DE MONTESQUIOU, épouſe de Meſſire François de Lary, Comte de la Tour, Seigneur de Miramont, Gavarret, la Lane, Mauſenpous, Pembiel &c. . . . & fait aſſigner Dame CATHERINE DE MONTESQUIOU, veuve de Meſſire François d'Arroux, Seigneur de Tilloufe, d'Eſtanfan & autres lieux; . . pour être préſentes à lad. ouverture; . . & attendu que . . lad. Dame d'Eſtanſan ne ſe preſente point; . . & que . . . MESSIRE MARC-ANTOINE DE MONTESQUIOU-DE MARSAN, led. Seigneur Comte de la Tour, chargé de procuration de lad. Dame de Montesquiou, ſon épouſe, . . ſont icy preſens, . . . led. Seigneur Comte de Marſan, nous a requis . . . de proceder . . à l'ouverture, lecture, publication & enregiſtrement dudit Teſtament; . . ce que nous avons fait à l'inſtant & tranſcrit l'un après l'autre, dont la teneur s'enſuit.

JE Jacquette de Bouſſols-de Campels, veuve de MESSIRE PIERRE DE MONTESQUIOU-DE MARSAN, SEIGNEUR COMTE DE MARSAN, . . . ay voulu faire mon préſent Teſtament clos . . . . en la forme & maniere que ſuit . . . Lorſqu'il plaira à Dieu de ſéparet mon ame de mon corps, je veux qu'il ſoit enſévely dans l'Egliſe du preſent lieu de Marſan & dans le tombeau ou Meſſire Pierre de Montesquiou, Seigneur Comte de Marſan, mon époux eſt enſevely; . . . je déclare que de mon mariage avec ledit Seigneur de Montesquiou, Comte de Marſan, il en eſt ſurvenu nombre d'enfans, deſquels il ne m'en reſte que cinq actuellement vivans, deux garçons & trois filles ſçavoir, PHILIPPE, MARC-ANTOINE, CATHERINE, MARIE-FRANÇOISE ET FRANÇOISE DE MONTESQUIOU, je déclare avoir conſtitué aud. MARC-ANTOINE DE MONTESQUIOU, MON FILS CADET, dans ſon contrat de mariage, paſſé par Me Biane, Notaire d'Aubiet, la ſomme de vingt mille livres, au moyen de laquelle je le fais, nomme & inſtitue pour mon héritier particulier; je donne . . . . à Dame Catherine de Montesquiou-de Marſan, ma fille aynée, veuve de Meſſire d'Arroux-d'Eſtarbielle, Seigneur de Sariac, une légitime telle que de droit; . . je declare avoir conſtitué à Dame Marie-Françoiſe de Montesquiou-de Marſan, ma ſeconde fille, dans ſon Contrat de mariage avec Monſieur le Comte de la Tour, la ſomme de ſeize mille livres, . . je donne, à Dame Françoiſe de Montesquiou-de Marſan, ma troiſieme fille, Religieuſe au Couvent de Bouleau, une penſion viagere de la ſomme de trente livres; . . . je fais, nomme & inſtitue pour mon héritier général & univerſel . . . led. Meſſire Philippe de Montesquiou, Comte de Marſan, mon cher fils ayné. . . . Telle eſt ma volonté qeu j'ay fait escrire d'une main à moy affidée, & après l'avoir examiné . . . j'ay signé au bas de chaque page. Fait à Marsan ; le vingt un decembre mil sept cens cinquante sept. De Campels de Marsan, Testatrice, signé au bas de chaque page. L'an mil sept cens cinquante sept & le vingt unieme jour du mois de decembre . . . dans le Château noble de Marsan, près la Ville d'Auch , pardevant le Notaire Royal dudit Auch , en presence des temoins bas nommés , feut presente Dame Jacquete de Boussols-de Campels , veuve de Messire Pierre de Montesquiou, Seigneur Comte de Marsan . . . laquelle nous a remis . . . le papier dans lequel elle nous a declaré avoir fait son Testament clos, . . . & . . . elle nous a requis de mettre le present acte de subscription sur ledit papier , que lui avons accordé. Fait . . . en presence des Sieurs Antoine Sanso , &c. . . . & nousdit Notaire... de laquelle ouverture, lecture, publication & enregistrement ledit Seigneur Comte de Marsan nous a requis acte . . . Fait . . . en presence des Sieurs Raymond Duran , &c. . . . , Expedié à mondit Sieur de Montesquiou , Comte de Marsan , héritier, ledit jour.

(Signé) Courtade , N^{re}. Royal.

Original en papier des Archives de la Maison de Montesquiou.

Contrat de mariage de très-haut & très-puissant Seigneur , Monseigneur Philippes-André-François de Montesquiou-Fezensac , Vicomte de Montesquiou, Colonel en second du Régiment de Lyonnois Infanterie , avec Demoiselle Louise-Josephine de Lalive-du-Châtelet.

CXLVII.
1er. Avril 1783.

Pardevant les Conseillers du Roy , Notaires au Châtelet de Paris , soussignés. Furent presents très-haute & très-puissante Dame Madame Francoise de Chalus , Duchesse de Narbonne , Dame d'Honneur de Madame Adelayde de France , épouse de très-haut & très-puissant Seigneur Monseigneur Jean-François Duc de Narbonne, premier Gentilhomme de la Chambre de l'Infant Duc de Parme , Maréchal des camps & armées du Roy , Commandant pour Sa Majesté dans les Evechés de Castres, Lavaur, & Alby , madite Dame Duchesse de Narbonne , stipulant icy au nom & comme procuratrice, 1°. DE TRES-HAUT ET TRES-PUISSANT SEIGNEUR MONSEIGNEUR MARC-ANTOINE DE MONTESQUIOU-FEZENSAC, COMTE DE MONTESQUIOU , BARON D'AUBIET ET D'AIGNAN, CHEVALIER ANCIEN de l'Ordre Royal & Militaire de Saint-Louis, & de très-haute & très-puissante Dame Madame Marie Catherine de Narbonne , Comtesse de Montesquiou , son épouse , . . . 2°. & DE TRES-HAUT ET TRES-PUISANT SEIGNEUR MONSEIGNEUR PHILIPPE DE MONTESQUIOU-FEZENSAC, COMTE DE FEZENSAC, CHEF DU NOM ET ARMES DE LA MAISON DE MONTESQUIOU, NOMMÉ CY-DEVANT LE COMTE DE MARSAN, SEIGNEUR DUDIT LIEU DE MARSAN, CRASTES, LAYMONT, BAZET ET CASTERA, en vertu de la commune procuration qu'ils ont passée à madite Dame, devant M^e. Biane, Notaire Royal du lieu de Nogaroulet, en Armagnac , Diocese & Senechaussé d'Auch., . . . le 23 fevrier dernier · · · · TRÈS-HAUT ET TRÈS-PUISSANT SEIGNEUR MONSEIGNEUR PHILIPPES-ANDRÉ-FRANÇOIS DE MONTESQUIOU-FEZENSAC, VICOMTE DE MONTESQUIOU, Colonel en second du Régiment Lyonnois Infanterie, FILS DESDITS SEIGNEUR ET DAME COMTE ET COMTESSE DE MONTESQUIOU, ET NEVEU DE MONDIT SEIGNEUR COMTE DE FEZENSAC, emancipé · · · · par madite Dame Duchesse de Narbonne , sa tante maternelle, en vertu de la procuration cy-dessus énoncée de mondit Seigneur Comte de Montesquiou, son pere, suivant le procès-verbal fait · · · · pardevant Monsieur le Lieutenant Civile dudit Châtelet · · · · Madite Dame Duchesse de Narbonne &

mondit Seigneur Vicomte de Montefquiou , d'une part ; Dame Marie Louife-Jofephe de Nettine, veuve de Meffire Ange-Laurent de Lalive , Chevalier, Baron du Châtelet, Marquis de Removille , Seigneur de Franc-Aleu noble de Saint Romain-de Vienne, Brunoy & autres lieux, Honoraire amateur de l'Académie Royale de Peinture & Sculpture, & de l'Académie Imperiale de Petersbourg , ancien Introducteur des Ambaffadeurs & Princes Etrangers auprès de Sa Majefté, ftipulante en fon nom ... & encore pour Louife-Jofephine de Lalive , Demoifelle âgée de dix-huit ans , fa fille , & de mondit feu Sieur de Lalive, à ce prefent & confentante ... Dame Rofalie - Claire - Jofephe de Nettine , epoufe de Meffire Jean - Jofeph de la Borde , Ecuyer , Vidame de Chartres , Seigneur Chatelain de la Ferté-Vidame, de Marchainville & Neuville , Chataincourt & de Rottignon , Saint Lubin-de Crevant, Seigneur & haut-Jufticier de Saint Efcobille, Merobert, Boutervilliers, Mervilliers , Granville, Vaugrigneufe, Seigneur de Hattonville, Groflieu & autres lieux, Gouverneur pour le Roy de la Ville de Caffeneuil, Confeiller - Secrétaire de Sa Majefté , Maifon Couronne de France & de fes Finances, Honoraire···· & Dame Anne-Rofe-Jofephe de Nettine, epoufe de Meffire Jofeph Micault-d'Harvelay, Confeiller d'Etat , Garde du Tréfor Royal , Seigneur du Marquifat de Toucy, Fontaine-la-Bruere, du Comté de Seris, de Chatiffer, Jablines, Varennes & autres lieux ... Mefdites Dame & Demoifelle de Lalive , & mefdites Dames de la Borde & d'Harvelay, d'autre part ; lefquels, avant de paffer outre à la célébration du mariage propofé .... entre mondit Seigneur Vicomte de Montefquiou & madite Demoyfelle de Lalive ... ont fait & arrêté le traité civil dudit mariage , .. en préfence & de l'agrément de Leurs Majefté le Roy & la Reine, de Leurs Alteffes Royales Monfieur & Madame, de Leurs Alteffes Royales Monfieur le Comte & Madame la Comteffe d'Artois, de Monfeigneur le Duc d'Angoulême, de Madame Elifabeth , & de Mefdames Adelayde & Victoire ; & en la préfence ; favoir , de la part de mondit Seigneur Vicomte de Montefquiou , futur époux , de Illuftriffime & Reverendiffime Seigneur Monfeigneur François de Narbonne-Lara, Evêque d'Evréux, fon oncle maternel; DE TRES-HAUT ET TRES-PUISSANT SEIGNEUR MONSEIGNEUR ANNE-PIERRE DE FEZENSAC, MARQUIS DE MONTESQUIOU , BARON DE MONTESQUIOU , ET EN CETTE QUALITÉ PREMIER BARON D'ARMAGNAC ET CHANOINE HONORAIRE DE L'EGLISE MÉTROPOLITAINE D'AUCH, Seigneur de la Châtellenie Pairie de Coulommiers en Brie, Maupertuis, Touquin, Meilhan , Valentés & autres lieux , Maréchal des camps & armées du Roy, Premier Ecuyer de MONSIEUR , Frere de Sa Majefté , Capitaine des Chaffes de la Capitainerie Royale de Senars , Commandeur, Chancellier-Garde des Sceaux des Ordres Royaux & Militaires & Hofpitaliers de Notre-Dame du Mont-Carmel & de Saint-Lazare de Jérufalem , & de très-haute & très-puiffante Dame Madame Jeanne-Marie Hocquart, Marquife de Montefquiou , fon époufe ; DE TRÈS-HAUT ET TRÈS-PUISSANT SEIGNEUR MONSEIGNEUR ELISABETH - PIERRE DE FEZENSAC DE MONTESQUIOU, BARON DE MONTESQUIOU , Premier Ecuyer de MONSIEUR , Frere du Roy, en furvivance de Monfieur le Marquis de Montefquiou , fon pere , & de très-haute & très-puiffante Dame Madame Louife-Charlotte-Françoife le Thellier-de Montmirail-de Cruzy, Baronne de Montefquiou, fon époufe; DE TRES-HAUT , TRES-PUISSANT SEIGNEUR MONSEIGNEUR JOSEPH-PAUL DE FEZENSAC-DE MONTESQUIOU, COMTE D'ARTAIGNAN, ancien Lieutenant au Régiment des Gardes Françoifes , Chevalier de l'Ordre Royal & Militaire de Saint-Louis ; DE TRES-HAUT ET TRES-PUISSANT SEIGNEUR MONSEIGNEUR LOUIS DE FEZENSAC-de MONTESQUIOU , CHEVALIER D'ARTAIGNAN, Seigneur de Jenfac, Barbachin, & autres lieux, Capitaine des Grenadiers au Régiment des Gardes Françoifes , Colonel d'infanterie , Chevalier de l'Ordre Royal & Militaire de Saint-Louis , Commandeur de celui de Saint-Lazare ;

zare; mefdits Seigneurs de Montefquiou , tous quatre coufins paternels ; de très-
haute & très-puiffante Dame Madame Gertrude-Marie-Louife Bombarde de Beaulieu, veuve de TRÈS-HAUT ET TRÈS-PUISSANT SEIGNEUR MONSEIGNEUR
PIERRE COMTE DE MONTESQUIOU , Lieutenant Général des armées du
Roi, qui étoit coufin paternel; de MONSIEUR LE BARON ET DE MADAME LA
BARONNE DE MONTESQUIOU; de Monfieur le Vicomte de Narbonne, coufin
maternel; .. & de plufieurs autres fes parens & amis; . . . . & de la part de madite Demoifelle de Lalive , future epoufe , de très-haute & très-puiffante Dame Madame Louife-Jofephine-Angelique de Lalive , Vicomteffe de Vintimille , fa fœur ,
époufe de très-haut & très-puiffant Seigneur Monfeigneur Jean-Baptifte-Jofeph-
Hubert de Vintimille, des Comtes de Marfeille, Vicomte de Vintimille, Capitaine
des Vaiffeaux du Roy, Chevalier de l'Ordre Royal & Militaire de Saint-Louis ; . . .
de haut & puiffant Seigneur Dominique de Belfunce , Vicomte de Belfunce , Grand
Bailli du Pays de Mixe , Colonel d'Infanterie , & de haute & puiffante Dame Ange-
lique-Louife-Charlotte de Lalive , Vicomteffe de Belfunce, fon époufe, elle coufine
germaine paternelle ; . . . de haute & puiffante Dame Marie-Therefe-Emilie de Belfunce , Chanoineffe de l'Argentieres , coufine iffue de germain paternel, . . . & de
plufieurs autres parens & amis de madite Demoifelle future époufe ; . . . . madite
Dame Ducheffe de Narbonne, pour & au nom de mefdits Seigneur & Dame, Comte
& Comteffe de Montefquiou , pere & mere, en vertu de leur procuration , fait . . .
donation entre-vifs . . . . . à mondit Seigneur Vicomte de Montefquiou , leur fils
ainé , ... 1°. de la Baronnie d'Aubiet & de la Baronnie de Daignan, leurs cir-
conftances & dépendances unies ou non unies, fituées entre Auch & Gimont, fur la
grande route d'Auch à Touloufe , appartenantes audit Seigneur Comte de Montefquiou pere. 2°. De tous les droits de ladite Dame Comteffe de Montefquiou ,
mere , . . . qu'elle auroit à prétendre contre led. Seigneur fon mari , & fur fes biens.
3°. Et de tous les autres biens préfens & à venir . . . defd. Seigneur & Dame Comte
& Comteffe de Montefquiou ; . . . Madite Dame Ducheffe de Narbonne , pour &
au nom de mondit Seigneur Comte de Fezenfac, oncle , fait auffi . . . . donation
pareillement entre-vifs . . . . à mondit Seigneur Vicomte de Montefquiou , fon neveu . . . . 1°. du Comté de Marfan , . . . 2°. de la Baronnie de Craftes . . . 3°. de la Terre de Laymont , . . . dans le Diocefe de Lombés , 4°. de la
Terre de Bafets . . . . 5°. de la Terre de Caftera . . . . .
    Ces deux Terres font fituées en Bigorre.
    6°. Et de tous les biens préfens & à venir de mondit Seigneur Comte de Fezenfac...
    Ces donations ainfi faites par madite Dame Ducheffe de Narbonne . . . . fous
conditions expreffes, . . . 1°. de l'ufufruit en faveur de mefdits Seigneurs Comte de
Montefquiou & Comte de Fezenfac, freres , . . . de tous les biens ci-deffus énoncés, fauf toutesfois des Terres de Laymont, de Bafets & Caftera, . . . defquelles . . .
mondit Seigneur Vicomte de Montefquiou . . . . aura la jouiffance, à compter du
jour de fon mariage ; 2°. de l'ufufruit en faveur de madite Dame Comteffe de Montefquiou , mere , au cas qu'elle furvive mondit Seigneur de Montefquiou , fon mary ,
& mondit Seigneur Comte de Fezenfac, fon beau-frere, du Comté & Seigneurie
de Marfan ; . . . 3°. à la charge de fournir après le décès du furvivant de mefdits Seigneurs & Dame , Comte & Comteffe de Montefquiou & de mondit Seigneur Comte
de Fezenfac , ... la fomme de quarante mille livres , à chacun des quatre enfans de
mefdits Seigneurs & Dame Comte & Comteffe de Montefquiou . . . . nommés ,
favoir , TRÈS-HAUT ET TRÈS-PUISSANT SEIGNEUR MONSEIGNEUR
FRANÇOIS-XAVIER-MARIE-ANTOINE DE MONTESQUIOU-FEZENSAC ,
Abbé de l'Abbaye Royale de Beaulieu ; TRÈS-HAUT ET TRÈS-PUISSANT SEI-
GNEUR MONSEIGNEUR FRANÇOIS-JOSEPH CHEVALIER DE MONTES-

N

QUIOU-FEZENSAC, Sous-Lieutenant des Gardes-du-Corps de Sa Majesté ; TRÈS-HAUTE ET TRÈS-PUISSANTE DEMOISELLE MADEMOISELLE JEANNE-ANNE DE MONTESQUIOU-FEZENSAC, ET TRÈS-HAUTE ET TRÈS-PUISSANTE DE-MOISELLE MADEMOISELLE JACQUETTE-PHILIPPINE DE MONTESQUIOU-FEZENSAC, &c....

Fait & passé, savoir ; à l'égard de leurs Majestés le Roy & la Reine, & de la Famille Royale, au Château de Versailles ; à l'égard des Parties contractantes, en la maison de mesdits Sieur & Dame ; & à l'égard des parents & amis de mesdits Seigneur & Demoiselle faturs époux, en leurs hôtels & demeures, l'an mil sept cent quatre-vingt trois, le premier avril.... & autres jours suivants, le tout du même mois, d'avril, & ont signé la minute des présentes, demeurée à M^c. Ducloz-Du-fiesnoy, l'un des Notaires soussignés.

(Signés) Quatremere & Ducloz.

Archives de la Maison de Montesquiou.

SEIGNEURS D'ARTAGNAN &c.

CXLVIII.
17 Juillet 1418.

Grosse en parchemin expédiée judiciairement en 1518. d'un

Accord passé entre Nobles Bertrand & Manaud de Montesquiou, freres, fils de Noble & puissant homme Messire Barthelemi de Montesquiou, Seigneur de Marsan & de Salles, en Lauragais, par lequel Bertrand cede la Terre de Salles à Manaud qui lui cede celle de Marsan.

In nomine Domini. Amen.... Noverint universi.... quod anno ab Incarnatione Domini millesimo quingentesimo decimo octavo & die decima quinta mensis junii, apud villam de Albineto, Auxis Diocesis, pro parte NOBILIS & POTENTIS VIRI PETRI de MONTEQUIVO, SCUTIFFERI, DOMINI LOCI DE MARSANO, fuerunt exhibite...... certe lictere compulsorie a Curia honorabilis viri Domini Judicis Fezenciaci, michi Bernardo de Palato, Notario, dicte ville de Albineto habitatori, per Anthonium de Balmes, Notarium publicum ac locum tenentem dicti Domini Judicis Fezenciaci, dicte ville de Albineto habitatorem, virtute quarum michi precepit.... ad instanciam predicti Domini de MARSANO,.. eidem Nobili Domino de MARSANO tradere ... quoddam publicum quictacionis Instrumentum grossatum,.. in forma approbatoria,.... retentum per vitaffunctum Magistrum Geraldum Cussaci, quondam Notarium dicte ville de Albineto, cujus collatio librorum michi pertinent;... quarum quidem licterarum precepti duplum tenor sequitur & est talis: Dominicus de Artivis, Dominus loci de Ardena; in legibus licentiatus,

Consiliarius Domini nostri *... Francie, Comitis Armanhaci, Fezenciaci,.. ejusque Judex ordinarius dicti Comitis Fezenciaci & Patrie Ripparie,.. salutem : pro parte NOBILIS ET POTENTIS VIRI PETRI de MONTESQUIVO, scutifferi, Domini LOCI de MARSANO, nobis, expositum extitit... dicens se necessario habere & indigere, pro sui juris conservatione, quibusdam Instrumentis retentis per vitaffunctum Magistrum Geraldum Cussaci, necnon per Magistrum Guilhermum Rabelli, quondam Notarium dicte ville de Albineto, que minime habere potest neque valet à Magistro Bernardo de Palato, etiam Notario & dictorum Notariorum collationario,... quo circa singulis vestrum mandamus, quathinus ex parte dicti Domini nostri Comitis,.. dicto de Palato.... dicta Instrumenta eidem tangenti predicto de MONTES-QUIVO.... tradere... in forma approbatoria... Datum in dicta villa de Albineto die decima quinta mensis junii anno Domini millesimo quingentesimo decimo octavo. (Signé) A. de Balmes, Notarius Regius, &... processi ad ingrossacionem dicti Instrumenti, in dictis-licteris notularibus dicti quondam Cussaci, repperti, prout sequitur:.. Anno ab Incarnatione Domini millesimo quadringentesimo octuagesimo tercio & die.

septima mensis julhii , . . . apud locum de MARSANO , Comitatûs Fezenciaci , Auxis
Diocesis, in predicti quondam Magistri Geraldi Cussaci, Notarii publici , testiumque infrascriptorum presencia. Cum , prout ibidem dictum fuit , olim vivente NOBILI ET
POTENTI VIRO DOMINO BARTHOLOMEO de MONTESQUIVO , MILITE ; Do
MINO DE MARSANO ET DE SALIS, NOBILES BERTRANDUS de MONTESQUIVO &
MANALDUS DE MONTESQUIVO, FRATRES , filiique legitimi & naturales dicti
Domini Bartholomey , de consensu . . . dicti eorum patris , invicem quandam quictationem fecerunt inter se , videlicet , quod dictus Nobilis Bertrandus quictavit dicto
Nobili Manaldo , locum de Salis , cum suis juribus , . . & dictus Nobilis Manaldus
quictavit dicto Nobili Bertrando , locum de Marsano , cum suis redditibus ; . . de qua
quictatione retentum fuit Instrumentum . . . per Magistrum Guilhermum Rabessi , Notarium publicum dicti loci de Albineto habitatorem , sub anno & die in eodem contentis ; hinc igitur fuit & est quod. . . constituti personaliter , videlicet, dictus Nobilis
Bertrandus de Montesquivo , ex una parte ; & dictus Nobilis Manaldus de Montesquivo , ex alia parte ; qui non decepti , . . . ratificando & confirmando dictam quictationem , . . . de novo & primo dictus Nobilis Bertrandus de Montesquivo . . .
quictavit & remisit dicto Nobili Manaldo de Montesquivo , ejus fratri . . . locum de
Salis , situm in Lauraguesio ; . . . & vice versa , dictus Nobilis Manaldus de Montesquivo . . . quictavit & remisit dicto Nobili Bertrando de Montesquivo , . . . locum de
Marsano , . . . necnon omnia jura , res . . . que & quas dictus Nobilis Manaldus
de Montesquivo habet . . . in dicto loco de Marsano , . . racione juris nature, fratrisce , quarte trebellianice . . . Acta fuerunt hec . . . in presentia . . . Nobilium virorum JOHANNIS DE MONTESQUIVO , DOMINI LOCI DE MARSACO ,
Johannis de Golardo, Domini de Sancto Avito . . . & predicti condam Geraldi Cussaci, Notarii publici , dicte ville de Albineto . . . habitatoris ; qui de premissis , requisitus , presens instrumentum retinuit & in suis prothocollis regestravit ; sed quia morte
preventus , illud in publicam formam reddigere minime valuit , ideo ego Bernardus
de Palato , Notarius publicus , dicte ville de Albineto habitator , cui collatio librorum ,
cedarum & prothocollorum dicti condam Cussaci , per Dominum Judicem Fezenciaci ,
hoc presens Instrumentum , per alium michi fidelem Guoadjutorem scribi & grossari
feci , indeque signo meo auctentico , quo in aliis meis utor Instrumentis , in fidem ,
robur & testimonium omnium & singulorum premissorum signavi.

(Signé) de Palato, (avec sa marque.)

Original en parchemin des Archives de la Maison de Montesquiou.

CXLIX.
13 Nov. 1490.

Lauzime donnée par Noble homme Manaud de Montesquiou,
Ecuyer, Seigneur de Salles , de la vente d'un Mas mouvant de lui.

In nomine Domini. Amen. Noverint universi . . . quod anno ab Incarnatione ejusdem Domini millesimo quadringentesimo nonagesimo & die decima tertia mensis
novembris , . . . apud locum de Salis , judicature Laurag. * . . . Diocesis Mirapicensis
& juxta Oratorium sive Crucem existentem prope cimeterium predicti loci ,
in mei Notarii publico & testium infrascriptorum presencia existens & personaliter constitutus . . . NOBILIS VIR MANALDUS DE MONTESQUIVO, SCU
TIFFER , Dominus in alta , media & bassa Juridictione predicti loci de Salis , . . laudavit . . . & ex parte dominationis feudalis confirmavit , provido viro Guilhermo de la
Serra , a paucis citra diebus habitatori predicto loci de Salis , . . . illam vendicionem
nuper eidem Guilhermo de la Serra factam per Ramundum Malevila , habitatorem
Borie sive Mansi de Copadels, Juridictionis . . . ipsius loci de Salis , de medietate
predicte Borie de Copadels , . . sub precio ducentorum & sex decim scutorum cur

* Le reste de
ce mot est emporté dans l'original.

N ij

rentium ; . . prout in Inftrumento dicte vendicionis per me Notarium infra fcriptum ,
fumpto die decima octava menfis octobris noviffime pretheriti ; & anno prefenti . . .
prelibatus Manaldus de Montesquivo . . . dictam laudavit . . . venditionem . . .
eidem Guilhermo de la Serra, feudatario , . . ut ipfe feudatarius, fuique heredes . . .
dent , . . & ferviant Nobili Manaldo de Montesquivo , Domino directo antedicto ,
pro obliis & nomine obliarum , . . . fingulis annis , . . duo cefteria bladi frumenti ,
medium fcutum . . . . & duas gallinas . . . . Acta fuerunt hec anno , die, menfe
loco . . . quibus fupra , in prefentia , teftium & mei Guilhermi de Avinione , publici
auctoritate Regia Tholofe Notarii , . . . loci de Avinhioneto habitatoris, qui de premiffis, requifitus, inftrumentum recepi, hocque prefens . . . in hanc publicam formam redigi feci, deindeque hic manu mea propria me fubfcripfi & figno meo publico & auctentico fignavi . . .

(Signé) de Avinione. (avec fa marque.)

<table>
<tr><td>CL.
16 Juillet 1492,</td><td>Original en parchemin des Archives de la Maifon de Mon-
tefquiou.</td></tr>
</table>

Bail à fief & emphitéofe paffé par Noble homme Manaud de
Montefquiou , Ecuyer , Seigneur de Salles , d'une piece de terre.

In nomine Domini. Amen, Noverint univerfi & finguli . . . quod anno ab Incarnatione Domini milléfimo quadringentefimo nonagefimo fecundo , & die vicefima
fexta menfis Julii . . apud locum de Salis, Diocefis Mirapicenfis, in mei Notarii publici
& teftium infrafcriptorum prefencia . . conftitutus perfonaliter videlicet Nobilis vir
Manaldus de Montesquivo, scutiffer, Dominus in alta media & baffa Jurifdictione
ejufdem loci, cum mixto & mero imperio, necnon Dominus directus feudi infra-
fcripti , dedit . . . . ad novum feudum five ad novam & perpetuam emphitheofim
provido viro Guillermo dels Peyros, dicti loci de Salis, habitatori , . . . videlicet
quandam terre peciam , circa quinque carteriatas terre continentem . . . Acta
fuerunt hec . . . in prefentia teftium . . . & Guilhermi de Avinione, publici Tholofe Notarii , loci de Avinhioneto , in Lauraguaifio, habitatoris , qui de premiffis ,
requifitus , . . manu mea propria me fubfcripfi , & figno meo . . . fignavi . . .

(Signé) de Avinione, (avec fa marque.)

<table>
<tr><td>CLI.
3 Sept. 1492,</td><td>Archives de la Maifon de Montefquiou.</td></tr>
</table>

Groffe en parchemin délivrée judiciairement en 1518 , d'une

Vente faite par Noble homme Manaud de Montefquiou , Seigneur
de Salles , comme procureur d'Agnès de Golard (Galard) veuve de
Meffire Barthelemy de Montefquiou , Chevalier , Seigneur de Salles
& de Marfan , à Noble Bertrand de Montefquiou , Seigneur de Marfan , des droits apparrenans à ladite Agnès de Golard , fur la terre de
Marfan.

* . . . mini. Amen. Noverint univerfi . . . quod anno ab Incarnatione Domini millefimo quingentefimo decimo octavo & die decima quinta menfis junii , . . pro parte

* Le commen-
cement de l'acte
eft emporté par
vétufté.

NOBILIS ET POTENTIS VIRI PETRI de MONTESQUIVO, SCUTIFFERI, DO-
MINI LOCI de MARSANO, fuerunt exhibite... certe lictere compulforie à Curia
honorabilis viri Domini *... Bernardo de Palato, Notario,... Ville de Albineto
habitatori, per Magiftrum Anthonium de Balmeys, Notarium publicum ac locum tenentem... Judicis Fezenciaci, dicte ville de Albineto, virtute *... injunxit, ad inftan-
ciam dicti Domini de MARSANO, illatum impetranti... expedire.. quoddam publicum emptionis Inftrumentum groffatum,... retentum per vitaffunctum Magiftrum
Guilhermum Rabelli, condam Notarium; *... collatio librorum pertinet michi
cui quidem locum tenenti refpondi & me obtuli obedire, quarum quidem... precepti
duplum tenor, caufa brevitatis, inferi omifi, *... fe *..., ingroffacionem
dicti Inftrumenti, in dictis licteris notularibus Rabelli, reperti, prout fequitur.

  Anno ab Incarnatione Domini millefimo quadringentefimo nonagefimo fecundo & die
tertia menfis feptembris conftitutus... apud locum de MARSANO, Comitatûs Fezenciaci, Auxis Diocefis, in predicti condam Magiftri Guilhermi Rabelli, Notarii
publici, teftiumque infra fcriptorum *... videlicet, NOBILIS VIR MANALDUS DE
MONTESQUIVO, DOMINUS LOCI de SALIS, ut procurator... NOBILIS AGNE de
GOLARDO, uxoris relicte DOMINI BARTHOLOMEY DE MONTESQUIVO condam,
Militis *,... terrarum de SALIS & de MARSANO,... vendidit... NOBILI BER-
TRANDO DE MONTESQUIVO, DOMINO LOCI DE MARSANO... totum jus & omnem
actionem quod & quam habebat fupra locum de Marfano, ad caufam cujnfdem legati
relicti per Dominum BARTHOLOMEUM DE MONTESQUIVO condam;.. pro precio...
ducentorum & quinquaginta fcutorum;.. quod quidem precium predictum dictorum
ducentorum & quinquagenta fcutorum, dictus NOBILIS MANALDUS de MONTES-
QUIVO, procuratorio nomine quo fupra, ab eodem Nobili BERTRANDO DE MON-
TESQUIVO, Domino de MARSANO, emptore, habuiffe... recognovit. Acta fuerunt
hec omnia... in prefencia... Domini Geraldi de Fonte, Presbiteri, &c... teftium
& predicti condam Magiftri Guilhermi Rabelli, Notarii publici, dicti loci de Albineto habitatoris, qui dictum inftrumentum retinuit & in fuis prothocollis regeftravit,
fed, quia morte preventus, illud groffare minime valuit, ideo ego Bernardus de Palato,
Notarius publicus, dicti loci de Albineto habitator, cui collatio librorum, cedarum,
notarum & prothocollorum dicti condam Magiftri Guilhermi Rabelli facta exiftit,
mediante collacione per Dominum Judicem Fezenciaci, hic, caufa brevitatis, inferi
omiffa, hoc prefens Inftrumentum... groffari feci, indeque figno meo auctentico...
in fidem... omnium & fingulorum premifforum fignavi.

        [*Signé*] de Palato. (*avec fa marque.*)

Original en parchemin des Archives de la Maifon de Montefquiou.

  Ceffion faite par Ayffivet de Montefquiou, étant dans le deffein
d'entrer en l'Ordre de Saint-Jean (de Jérufalem) à Noble Jean de
Montefquiou le jeune, *alias* Galardon, fon frere, de fes droits dans les
fucceffions de Noble & puiffant homme Meffire Barthelemy de Montefquiou, Chevalier Seigneur de Salles & de Marfan, & d'Anne de
Golard, (Galard) leur pere & mere.

  In nomine Jhefu Xpi. Noverint univerfi... quod anno ab Incarnatione Domini
millefimo quadringentefimo nonagefimo fexto, & die vicefima fecunda menfis febroarii, apud locum de Manfo-Sanctarum-Puellarum, Diocefis Sancti Papuli, NOBILIS
EXIVETUS DE MONTESQUIVO, SCUTIFFER, filius legitimus & naturalis NOBILIS ET
POTENTIS VIRI DOMINI BARTHOLOMEI DE MONTESQUIVO, MILITIS

* Le parchemin eft
encore emporté dans
cet endroit de l'acte.

* idem.

* idem.

* * idem.

* idem.

* idem.

CLII.
22 Fév. 1496.

CONDAM , DOMINI LOCI DE SALIS , Dioceſis Mirapiſcenſis, & LOCI DE MARSANO , Dioceſis Auxis , & Nobilis Agne de Golardo, ejus uxoris , perſonaliter conſtitutus . . . in mei Notarii publici & teſtium preſencia ſubſcriptorum , qui quidem Nobilis Exivetus de Monteſquivo . . . . dixit . . . quod quatuor decim anni , vel circà , poſſunt efluxiſſe , predictus condam Bartholomeus de Monteſquivo , ejus pater , ab hoc ſeculo migravit ; . . . relictis ſibi & eidem Domino Bartholomeo condam , ejus patri , ſuper viventibus, videlicet, NOBILIBUS VIRIS BERTRANDO DE MONTESQUIVO condam , MANALDO DE MONTESQUIVO , ARNALDO DE MONTESQUIVO , JOHANNE DE MONTESQUIVO , ſeniore , altero JOHANNE DE MONTESQUIVO , Juniore alias GALARDO , MATHEO DE MONTESQUIVO , ſcutifferis , & ipſo NOBILI EXIVETO DE MONTESQUIVO , nec non JOHANNA de MONTESQUIVO , GALHARDA DE MONTESQUIVO , & MARGARETA DE MONTESQUIVO , ſororibus, omnibus filiis & filiabus legitimis & naturalibus ejuſdem condam Domini Bartholomei de Monteſquivo , tam ex prima ſua uxore, quam ex dicta Nobili Domina Agneta de Golardo , ejus ſecunda conjuge; dicens ulterius idem Nobilis Exivetus de Monteſquivo , quod poſt deceſſum ejuſdem condam Domini Bartholomei de Monteſquivo , ejus patris , ad petendum . . . & recipiendum ab herede ejuſdem condam Domini Bartholomei de Monteſquivo , partem ſuam bonorum & hereditatis predicti condam Domini Bartholomei de Monteſquivo , eidem Nobili Exiveto pertinentem , . . conſtituit . . procuratorem ſpecialem & generalem videlicet , predictum Nobilem Matheum de Monteſquivo , ejus fratrem , . . . & ipſe Nobilis Matheus parum ſe minime curavit ; quamobrem idem Nobilis Exivetus de Monteſquivo , eundem Nobilem Matheum de Monteſquivo , ejus fratrem, a dicta procuratione revocavit ; . . . & cum preffatus Nobilis Exivetus de Monteſquivo . . . cupiat , deſideret & affectet ſeu vellet effici ſeu fieri Religioſus Ordinis Sancti Johannis , & eidem Ordini , totis temporibus vite ſue deſervire , ac paſſagium ultramarinum facere , propugnando , totis ſuis viribus , contra inimicos Fidei Chriſtiane , idcirco , anno & die ſuperius ſcriptis , idem Nobilis Exivetus de Monteſquivo . . . vendidit . . . ſupra nominato Nobili JOHANNI DE MONTESQUIVO , juniori , alias Golardo , ejus fratri . . . omnia & ſingula bona atque jura , omneſque raciones . . . que & quas predictus Nobilis Exivetus de Monteſquivo habet . . . ſeu pretendit . . . in bonis & hereditate predicti condam Nobilis & potentis viri Domini Bartholomey de Monteſquivo , Militis condam , ejus patris , quam etiam dicte Nobilis Domine Agne de Golardo , ejus matris ; . . hanc autem vendicionem fecit . . . memoratus Nobilis Exivetus de Monteſquivo , venditor , preffato Nobili Johanni de Monteſquivo , alias Golardo , emptori , . . . pro precio . . . mille & ducentarum librarum turonenſium parvorum, monete currentis . . . Acta fuerunt hec . . . in preſencia . . Petri Aycardy , ... teſtium & mei Stephani Gilaberti , publici Tholoſe , auctoritate Regia , Notarii ejuſdem Loci de Manſo-Sanctarum Puellarum habitatoris , qui de premiſſis requiſitus , hoc preſens publicum vendicionis Inſtrumentum recepi & in meis libris regeſtravi , indeque in hanc formam publicam redegi . . . & groſſari feci , in quorum teſtimonium . . . ſigno meo auctentico conſueto ſignavi.

[*Signé*] Gilaberti , [*avec ſa marque.*]

CLIII.
1ᵉʳ. Juillet 1516.

Original en parchemin des Archives de la Maiſon de Monteſquiou.

Arrêt du Parlement de Toulouſe , rendu entre Pierre de Monteſquiou , & Manaud de Monteſquiou , ſon oncle , d'une part ; Jehan alias Galardon , Arnaud , Jeannot , Aiſſivet , Mathieu & Jeannette de Monteſquiou , freres & ſœur dudit Manaud , & oncles & tante dudit Pierre.

Entre PIERRE ET MANAUD DE MONTESQUIEU, oncle & nepveu, Eſcuiers , appellans du Seneschal de Thoulouse. . . . & défendeurs; d'une part; & Jehan alias Golardon, Arnaud, Jehanot, Eyssivet, Mathieu & Jehannelle de Montesquieu, freres & sœur, appellez & requerans l'enterinement de certaines Lectres Royaulx, afin que la Court procedast sur le principal avecque l'article d'appel, d'autre; dit a esté que la Court . . . met l'appellation au néant. & . . . enterinant lesdites Lectres . . . absoult lesdits de Montesquieu, appellans & défendeurs, des peticions, demandes & conclusions . . . prinses pardevant ledit Seneschal. . . . par lesdits de Montesquieu, appellez & demandeurs, touchant la legitime de laquelle estoit question, sur les biens de feu BARTHELEMY DE MONTESQUIEU, pere commun, desd. Parties, & sans despens, tant de ladite cause d'appel que de la matiere principale. Prononcé à Thoulouse, en Parlement le premier jour de juillet l'an mil cinq cens & seize.

[*Signé*] [de Borassot].

Original en parchemin des Archives de la Maison de Montesquiou.

CLIV.
23 Août 1524.

Contrat de mariage de Noble Paul de Montesquiou, Ecuyer du Roy de Navarre, fils de Noble Manaud de Montesquiou, Seigneur de Salles, & de Noble Jacmete de Fontaines, avec Noble Jacmete d'Estaing, Dame d'Artagnan.

In nomine Domini Amen. Noverint universi . . . Quod cum nuper Tratactum & proloqutum fuerit de matrimonio . . . contrahendo . . . . inter NOBILEM PAULUM MONTESQUIVO, Scutiferum Domini nostri Navarre Regis, Fuxi & Bigorre Comitis, filiumque naturalem & legitimum Nobilis Manaldi de Montesquivo & Nobilis Jacmete de Fontenes, conjugum, DOMINI LOCI DE SALIS, Patrie Lauraguesii & Mirapicencis Diocesis, ex una parte; & Nobilem Jacmetam de Stagno, Dominam loci de Artanhano, filiamque etiam naturalem & heredem universalem Nobilium Sansanerii de Stagno & Symone de Mairran, condam; ex alia parte; & dicte partes & eorum amici communes velint . . . dictum Tractatum producere ad effectum & dictum matrimonium / . . celebrare in facie Sancte Matris Ecclesie; & cum . . . . . ex antiqua consuetudine longediu . . . observatum sit dotes mulieribus que in matrimonium collocantur, constitui . . . idcirco est sciendum quod anno ab Incarnatione Domini millesimo quingentesimo vicesimo quarto & die vicesima tertia mensis augusti . . . . apud dictum locum de Artanhano, Comitatûs Bigorre, & Tarviensis Diocesis, in mei Notarii publici & testium infra scriptorum presentia, existentes . . . supra nominati Nobilis Paulus de Montesquivo, ex una parte; & Nobilis Jacmeta de Stagno, Domina & heres universalis dicti loci de Artanhano, ex alia parte; non inducti . . . super dicto matrimonio . . . ad invicem unanimiter . . . concordaverunt, eorumque Pacta . . . fecerunt, prout in quadam papiri cedula tenoris sequentis cavetur : « Pactes feytz passatz & concordatz entre lo Noble Paulo de Montesquiu, Escudier de nostre Seigneur lo Rey de Navarre, Conte de Foix & de Begorre, filh naturau & legitima de Noble Manaud de Montesquiu, Senhor de Salas, en lo pays de Lauragués, & Diocesa de Mirapés, & Noble Jacmeta de Fontenes, filha de Feudelha, d'una part; & la Noble Jacmeta d'Estang, Donna d'Artanha, auxi filha naturau & legitima de Nobles Sausane d'Estang, & Symona de Maïoran, en lor vivant, Senhors deudit Artanha, d'autre part; & asso sus lo matrimony convengut entre lasdites partidas, en la forme & maneyra que s'enseguis; . . es estat . . . concordat entre lasd. partidas, que lod. Paulo de Montesquiu & Jacmeta d'Estang seran marit & molhe; . . que per supportar los *cars* deudit mariatge, lodit Noble Paulo de Montesquiu portara . . . sus los *biens* . . . de ladite Noble Jacmeta d'Estang, sa molhe, la soma de tres milla libras tornezas . . . Fetz & passatz los presens Pactes

» en lodit loc de Artauba lo ving très deu mes d'agoust mil cinq cens vingt & quatre.
» en la presencia deus Noble Johan de Serirac, Bertrand de la Seran, Senhor de
» Casaus en Armanhac, . . . Quasquidem conventiones & Pacta predicta . . . tenere . . .
promiserunt . . . Acta fuerunt hec . . . in presentia . . . supradictorum Nobilium
Johannis de Seriraco, Domini dicti Loci, Bertrandi de la Serano, Domini de
Casalibus, in Armanhaco, . . . testium . . . & mei Enrici Rousselli, Clerici, publici,
auctorirate Nobilium virorum Dominorum de Capitulo Tholose, Notarii, Ville de
Sellis, Bituricencis Diocesis oriundi, nunc vero predicti loci de Artanhano habitatoris, qui, requisitus, de premissis Instrumentum retinui & in notam sumpsi, a qua
hoc presens publicum Instrumentum in hanc publicam formam redactum propria manu
scripsi . . . & signo meo publico & auctentico signavi . . .

[Signé] Rousselli. [avec sa marque.]

<table>
<tr><td>

C L V.
23 Sept. 1524.

</td><td>

Original en parchemin des Archives de la Maison de Montesquiou.

Codicille de Puissant & prudent homme Jean de Montesquiou,
dit Golardon, Seigneur de Gelas, Lados, Cumont, &c. par lequel
il nomme exécuteurs d'un Testament qu'il a fait auparavant, Nobles
hommes Mathieu de Montesquiou, Seigneur de Bernet, son frere,
Antoine & Paul de Montesquiou, ses neveux, institue son héritier
Imbert de Montesquiou, son fils, & lui substitue ledit Mathieu,
son frere.

</td></tr>
</table>

In Dei nomine amen. Noverint universi ... quod anno ab Incarnatione Domini millesimo quingentesimo vicesimo quarto & die quadam veneris intitulata vicesima tertia
mensis septembris. ... personaliter constitutus apud aulam de Maseriis, Fuxi Comitatûs & Diocesis Mirappicensis, in mei Notarii publici & testium infra scriptorum
presentia ... POTENS ET PROVIDUS VIR NOBILIS JOHANNES DE MONTESQUIVO,
DIT GOLARDON, Dominus locorum de Gelas, Diocesis de Condom, de Lados,
Diocesis Bazadensis, de Cumon, Diocesis Montisalbini, & de Leysaus, Diocesis
Auxiensis. . . aliqua gravi sui corporis infirmitate detentus, dicens . . . suum ultimum
condidisse Testamentum de bonis suis sibi a Deo datis, sumptum . . . per discretum
virum Magistrum Stephanum Cheza, Notarium Villefranque de Carran, Diocesis
predicte de Condom, aut per alium Notarium receptum, . . . & quia ob causam
longanimitatis temporis perfecte sibi non recordatur quis Notarius dictum suum
Testamentum, . . . receperit . . . quia ultima voluntas cujusque testauris seu codi-
cillare volentis ambulatoria extitit usque ad supreme vite exitum, codicillando, . . .
prenominatus Nobilis Johannes de Montesquivo, addendo dicto suo Testamento
ordinavit, prout sequitur . . . ratifficavit . . . omnia legata per eum dimissa in dicto
ejus Testamento; . . . voluit, . . inhumari, . . . ad locum predictum de Villafranqua
de Carran, in sepultura suorum predecessorum; constituit. . . . suos executores dicti
sui Testamenti & presentis sue ultime voluntatis videlicet, NOBILES VIROS MA-
THEUM DE MONTESQUIU, Dominum de Berneto, dicti codicillanti fratrem, AN-
THONIUM DE MONTESQUIVO, & PAULUM DE MONTESQUIVO, dicti codicillantis
nepotes; . . . . heredem suum universalem faciendo . . . NOBILEM VIRUM YMBER-
TUM DE MONTESQUIVO, ejus filium, , . . & casu quo dictus ejus heres decederet
intestatus sine libero vel liberis. . . . in eum casum heredem suum universalem instituit . . . dictum Nobilem Matheum de Montesquivo, Dominum de Berneto, dicti
codicillantis fratrem . . . Acta fuerunt hec . . . in presentia providorum virorum Vola-
si Roelli, Petri Fabri, Presbiterorum . . . testium . . . & mei Petri Fortis, publici,
auctoritate

auctoritate Nobilium virorum Dominorum de Capitulo Tholoſe, Notarii, Ville præ-
dicte Maſeriarum habitatoris, qui de premiſſis, requiſitus, .. Inſtrumentum retinui &
in notam ſumpſi ac in hanc publicam & autenticam formam ... groſſari feci, poſt-
quam hic me ſubſcripſi & ſigno meo autentico ... ſignavi ...
[*Signé*] Petrus Fortis, [*avec ſa marque.*]

Archives de la Maiſon de Monteſquiou.

Groſſe en parchemin expédiée judiciairement en 1532, d'une

Donation de Noble Paulon de Monteſquiou, fils de Noble Manaud de Monteſquiou, Seigneur de Salles, à Jacmette d'Eſ-
taing, Dame d'Artagnan, ſon épouſe, de deux ſommes d'argent
qu'il lui a promiſes, par leur contrat de mariage.

CLVI.
30 Juin 1525.

In nomine Domini. Amen. Noverint univerſi ... quod anno ab Incarnatione Domini milleſimo quingenteſimo viceſimo quinto, die ultima menſis junii ... apud locum de Artanhano; Tarbienſis Dioceſis; Seneſcallie Bigorre & in Caſtro ſive aula
Domini ejuſdem loci; cum prout ibi dictum fuit quod in Contractu matrimonii Nobi-
LIUM PAULONI DE MONTESQUIVO, FILII LEGITIMI ET NATURALIS
NOBILIS MANALDI DE MONTESQUIVO, Domini loci de Salis, Patrie Lau-
raguesi, Dioceſis Mirapicenſis & Jacmete de Aſtagno, Domine proprietarie jam
dicti loci de Artanhano, conjugum, idem Nobilis Paulonus de Monteſquivo promiſerit ... aſportare in domo jam dicte de Aſtagno ..., ſummam trium mille
librarum turonenſium, .. quam ſummam trium mille librarum dicta Nobilis Jacmeta
de Aſtagno etiam promiſerit jam dicto de Monteſquivo, viro ſuo, yppothecare ...
ſuper jam dicto loco de Artanhano, .. ut latius dicitur conſtare inſtrumento
dictorum Pactorum matrimonialium retento per Magiſtrum Henricum Roſſelli, Notarium; & inſequendo tenorem eorumdem dictus de Monteſquivo exſolverit in
deductionem predicte ſumme trium mille librarum, ab una parte, ſummam mille
quinque centum librarum, & ab alia parte, ſeptem centum librarum receptas &
recognitas per dictam Nobilem Jacmetam de Aſtagno, ſuper dicto ſuo loco de
Artanhano; ... hinc eſt quod anno, die, loco predicto, conſtitutus perſonaliter
ſupradictus Nobilis Paulonus de Monteſquivo, Dominus de preſenti, loci de Artanhano, maritus ſupradicte Nobilis Jacmete de Aſtagno, Domine proprietarie
dicti loci de Artanhano, aliarum ſuarum dominationum ... donavit ... prenominate
Nobili Jacmete de Aſtagno, Domine jam dicti loci de Artanhano, ejus
uxori ... videlicet predictas ſummas mille quinque centum librarum ab una parte, &
ab alia parte, ſeptem centum librarum ... per dictam de Aſtagno, ejus uxorem receptas; .. hanc autem donationem ... dictus Nobilis Paulonus de Monteſquivo,
jam dicte Nobili Jacmete de Aſtagno, uxori ſue, fecit ... ad cauſam amoris car-
nalis; ... preſentibus in premiſſis Sanceto de Colmeriis, Jacobo Galhard, ... teſtibus ... & Magiſtro Franciſco de Sanctailhiis, Notario, quondam ... Ville ...
Rapiſtagni habitatore, qui ... predictum inſtrumentum retinuit & in ſuis libris & prothocollis regeſtravit; ſed morte preventus, illud groſſare ... non valuit;
poſt ejus mortem, libri & prothocolla predicti quondam de Sanctailhiis, necnon
alia acthenus ſibi collata, michi Dominico de Sanctailhiis, Notario, ejus filio &
heredi Ville predicte Rapiſtagni habitatori, collata extiterunt per venerabilem Dominum Seneſcallum Bigorre & hoc mediantibus ſuis patentibus ... licteris ...
Datum Tarbie decima nona die menſis martii anno Domini milleſimo quingenteſimo trigeſimo ſecundo, .. Idcirco ego predictus Dominicus de Sanctailhiis, Notarius.

O

& collationnarius ante dictus præfens inftrumentum a libris & prothocollis prædicti quondam Magiftri Francifci de Sanctaillhis . . . groffari feci & in hanc publicam formam redigere feci & facta diligenti collatione hic me fubfcripfi, fignoque meo auctentico . . . fignavi . . .

(*Signé*) de Sanctaillhis, (*avec fa marque.*)

Archives de la Maifon de Montefquiou.

CLVII.
5 Décem. 1526.

Groffe en parchemin expédiée judiciairement en 1532, d'une

Reconnoiffance de Noble Jacmette d'Eftaing, Dame d'Artagnan, à Noble homme Paulon de Montefquiou, fon mari, Ecuyer du Roi de Navarre, fils de Noble Manaud de Montefquiou, Seigneur de Salles, d'une fomme d'argent en déduction de celle qu'il lui a promife par leur Contrat de mariage, & affignation de cette fomme fur la terre d'Artagnan.

In nomine Domini. Amen. Noverint univerfi . . . quod anno Domini milleſimo quingentefimo vicefimo fexto & die quinta menfis decembris , . . apud locum de Artanhano, Diocefis Tarbienfis, Senefcallie Bigorre, & in aula five Caftro ejufdem; cum prout ibidem dictum fuit . . . quod Contractus matrimonii fuerit paffatus . . . inter NOBILEM VIRUM PAULONUM DE MONTESQUIVO, SCUTIFFERUM DOMINI NOSTRI REGIS NAVARRE, FILIUM LEGITIMUM ET NATURALEM NOBILIUM MANALDI DE MONTESQUIVO, DOMINI LOCI DE SALIS, Patrie Lauraguefii, Diocefis Mirapicenfis & Jacobe de Funtas, conjugum, ex una; & Nobilem Jacmam de Aftagno, Dominam proprietariam ejufdem loci de Artanhano, aliarum dominationum, in quo quidem matrimonii Contractu, inter alia fuerit conventum . . . quod idem de Montefquivo . . . afportare tenebatur in Domo predicta de Artanhano . . , fummam trium mille librarum turonenfium, . . . quam fummam trium mille librarum, dicta de Aftagno pariter fupradicto ejus viro recognofcere promifit fuper dicto loco de Artanhano ; . . . hinc igitur fuit . . . conftituta perfonaliter fupradicta Nobilis Jacma de Aftagno, Domina jam dicti loci de Artanhano . . . recognovit . . . fe habuiffe & realiter recepiffe à fupradicto Nobili Paulono de Montefquivo, Domino dicti loci de Artanhano, ejus viro , . . fummam ducentarum viginti librarum turonenfium, . . in deductionem dicte fumme trium mille librarum turonenfium, & ultra, fummas mille quinque centum, ab una parte, & feptem centum librarum, ab alia parte, per ipfam a dicto ejus viro receptas & per ipfam recognitas ; . . . quam quidem fummam dictarum viginti librarum . . . . jam dicta Nobilis Jacma five Jacmeta de Aftagno, Domina predicta fupradicto de Montefquivo, ejus viro . . . . . ypothecavit . . . fuper dominationem . . . . ejufdem loci de Artanhano . . . Acta fuerunt hec . . . in prefentia . . . Jacobi Galhard, Sanceti de Colomeriis, Ville Rapiftagni . . . teftium . . . & Magiftri Francifci de Sanctaillhiis Notarii, quondam . . . Ville predicte Rapiftagni habitatoris, qui . . . prefens Inftrumentum retinuit & in fuis libris & prothocollis regeftravit ; fed, morte preventus, illud groffare nec in auctenticam formam redigere non valuit ; poft ejus mortem libri & prothocolla predicti quondam de Sanctaillhiis nec non alia fibi æthenus collata, michi Dominico de Sanctaillhiis, Notario ejus filio & heredi, Ville predicte Rapiftagni habitatori, collata extiterunt, per venerabilem virum Dominum Senefcallum Bigorre & hoc mediantibus fuis patentibus & apertis tituli collationis

litteris . . . Datum Tarbie decima nona die mensis martii anno Domini millesimo
quingentesimo trigesimo secundo . . . . Idcirco ego prediΩus Dominicus de SanΩailhis , Notarius & collationnarius antediΩus presens Instrumentum a libris & protocollis
prediΩi quondam Magistri Francisci de SanΩailhis . . . . grossari & in hanc publicam
formam redigi feci & diligenti collatione faΩa , hic me subscripsi , signoque meo
auΩentico signavi . . .

(Signé) de SanΩailhis , Not. (avec sa marque.)

Original en parchemin des Archives de la Maison de Montesquiou.

CLVIII.
7. Nov. 1527.

Cession de Catherine de Saint Paul , veuve de Jean d'Estaing , Seigneur d'Artagnan , à Noble Paul de Montesquiou , & à Jacmette
d'Estaing , son épouse , de ses droits sur la terre d'Artagnan.

In nomine Domini. Amen. Noverint universi . ; . . . quod anno & die infra
scriptis , apud locum de Riquali , Diocesis Tarviensis ; cum dudum Nobilis Johannes
de Astangno , Scutiffer , Dominus loci de Artanhano quondam , in suo ultimo
Testamento legaverat . . . . Nobili Catherine de SanΩo Paulo , ejus uxori . . . . summam duarum mille librarum turonensium . . . . in & super domo . . . . & pertinentiis
diΩi loci de Artanhano . . . . . . & in tali voluntate diΩus Nobilis Johannes de
Astangno . . . . decesserat . . . . reliΩa , ipsa de SanΩo Paulo , ab eo orbata , que
nulla solutione diΩe summe sibi legate nec aliarum rerum sibi per eundem de Astangno ,
ejus virum , debitarum huc usque consequi potuit ; . . . . & cum ipsa sit Nobilis
Catherina mulier & ex Nobili prosapia descendens , cui litigando aut alias vagari non
decet , & sine debato . . . . vivere obtans ; hinc igitur si quidem fuit & est quod anno
ab Incarnatione Domini millesimo quingentesimo vicesimo septimo & die septima
mensis novembris . . . . apud prediΩum locum de Riquali , . . in mei Notarii publici ,
testiumque infrascriptorum presentia . . . . . . personaliter constituta supradiΩa Catherina de SanΩo Paulo , uxor Nobilis Patricii de Canna . . . . cessit . . . . NOBILIBUS
PAULO DE MONTESQUIVO & Jacmete de Astangno , conjugibus , totum & omne illud
jus , omnesque aΩiones . . . . sibi , ratione premissorum legati , dotis & agensamenti ,
diΩe Nobili Catherine . . . . pertinentes , ... in loco & domo de Artanhano ; . . . .
hanc autem . . . cessionem . . . fecisse dixit diΩa Nobilis Catherina de SanΩo Paulo . . .
pro precio . . . duarum mille librarum turonensium . . . AΩa fuerunt hec . . . presentibus Augerio de Superiori , Guilhameto de Comis , loci prediΩi de Riquali habitatoribus , testibus . . & Johanné de Miranda , publico , auΩoritate Comitali Bigorre ,
Notario , qui de premissis Instrumentum sumpsi & in meis prothocollis regestravi , ex
quibus hoc publicum instrumentum . . . . abstraxi & signavi.

(Signé) de Miranda. (avec sa marque.)

Original en parchemin des Archives de la Maison de Montesquiou.

CLIX.
24. Octob. 1540.

Reconnoissance de Demoiselle Jacquette d'Estaing , Dame d'Artagnan , à Noble Seigneur Paulon de Montesquiou , son mari , de la somme
de six mille livres par lui apportée en mariage , & abandon par elle
au même , de la Seigneurie d'Artagnan , au cas qu'elle meure avant
lui , jusqu'à ce qu'il ait été remboursé de cette somme.

Au nom de Dieu. Amen. Saichent tous . . . que l'an de grace mil cinq cens quarante

O ij

& le vingt quatriefme jour du moys d'octobre . . . au lieu & maifon feigneuriale d'Artanhan, Comté de Bigorre & Diocefe de Tarbe, en la préfence des tefmoins bas nommés & pardavant moy Notaire foubzfigné, eftant en fa perfonne Damoyfelle Jacquete d'Aftaing, Dame propriétaire dudict lieu d'Arthanhan, ... époufe . . . de NOBLE SEIGNEUR PAULON DE MONTSQUIU, laquelle eftant quelque peu mal de fa perfonne . . . & bien de fon fens, . . . & en la préfence dudict de Montfquiu, fon mary . . . a dict . . . comment au Contrault du mariaige faict . . . entre lefd. de Aftaing & de Montfquiu . . . . & depuis célébré en face de Saincte Maire Efglife . . . . fut accordé . . . que ledict Paulon s'en viendroit faire fa demeurance avec ladicte d'Eftaing, audict lieu & maifon feigneurialle d'Artaignan, & . . . . portaroit . . . en faveur dudict mariaige, à ladite d'Aftaing . . . la fomme de troys mille livres . . . laquelle dicte fomme la mefme d'Aftaing . . . a confeffé . . . avoir efté par ledict Seigneur fon mary à elle . . . baillée; . . . & convertie aulx affaires, . . . utilité & mélioration de ladicte d'Aftaing, fes biens & maifons fufd.; . . . & oultre ladicte fomme a le mefine de Montfquiu porté à ladicte d'Aftaing, fa fame . . . aultres troys mille livres, . . . revenant toute ladicte fomme à fix mille livres, laquelle dicte fomme . . . ladicte d'Aftaing confeffe avoir recue dud. fon mary, . . . & . . . par la teneur du préfent Inftrument, a affigné . . . fur . . . le bien, Seigneurie, rentes, . . . de la maifon & Seigneurie d'Artaignan; . . . & . . . ladite d'Aftaing veult . . . où cas qu'elle decéderoit . . . premier que ledict Seigneur fon mary, fans enfans de leurdict mariaige, que ledict de Montfquiu, . . . apres le trefpas de elle, il tienne & poffede . . . ladicte Seigneurie de Artaignan, rentes, revenuz, appartenences & deppendences d'icelle & tout & chefcun fondict bien de elle, . . . jufques ad ce que par ycelluy ou ceulx y pretendentz droict, ladicte fomme de fix mille livres . . . luy auret . . . efté payée; . . . & requis à moy Jehan de Beyria, Notaire foubzfigné en prendre & recevoir Inftrument publicque . . . & tout ce deffus a efté faict . . . aud. lieu d'Artaignan & maifon feigneurialle d'icelluy lieu, ez prefences de . . . tefmoings . . . & de moy abandit de Beyria, Notaire des auctorités Comtalle de Bigorre, & de Meff.rs *de* Capitoulx de Thouloufe, ordinaire des Cours d'appeaulx de Meff.rs. le Senefchal & Juge d'appeaulx dud. Bigorre, à Tarbe habitant, qui en ce deffus fuis efté préfent & requis par lefd. parties, ay . . . receu le préfent Inftrument publicque, regiftré en mes prothocolles & regiftres, redigé en forme probante & auctenticque, fcript d'aultre main & faicte deue collation à fon original l'ay figné de mon feing auctenticque acouftumé cy-bas mis en foy de tout ce deffus.   (*Signé*) J. de Beyria, Not. (*avec fa marque.*)

CLX.
14. Déc. 1544.

Original en parchemin des Archives de la Maifon de Montefquiou.

Serment fait par Noble & puiffant Seigneur Paulon de Montefquiou, Seigneur d'Artagnan, Ecuyer du Roi de Navarre, aux Habitans d'Artagnan, de conferver leurs franchifes, libertés & privileges, & Serment de fidélité prêté par lefdits Habitans audit Seigneur d'Artagnan.

** Sic.*

Au nom de Dieu foit. Saichent tous préfens & advenir que l'a* mil cinq cens quarante quatre & le quatorziefme jour du moys de décenbre . . . au lieu d'Artagnan deffoubz l'houme où la *Commité* a de coftume tenir le confeil, Diocefe de Tarbe & Conté de Bigorre, ez prefences de moy Notere & tefmoings bas nommés, conftituez en leurs perfonnes NOBLE ET PUISSANT SEIGNEUR PAULON DE MONTESQUIEU, ESCUYER DU ROY DE NAVARRE, SEIGNEUR D'ARTAIGNAN, d'une part; & Jehan de Ramond-Jehan, Baile, Peirot de Fontes, &c. . . . tous Manantz & Habitantz du lieu d'Artaignan,

d'autre, illec.. .. assemblez au son de la cloche , ... ausquelz habitans présens &
aux autres absens en la personne desdits présens, led. Noble Paulon de Montesquieu ,
pour luy , ses hoirs & successeurs parlant , a dict par telles parolles ou semblables :
Messeigneurs je vous inthime & feys asçavoir que je suis voftre *Seigneur* feudal par
la succession de mon prédécesseur, vous requerant comme à mes *Vasalz* que vous
m'ayez a recepvoir conme *Sieur* féudal ; item me recepvant, vous & ung chascun
de vous prester jurement de fidélité conme Vassaux sont tenus faire à leur Sieur féudal ,
moy offrant de mon costé vous recepvoir conme mes Vassaulx & prester jurement
comme est de costume de faire à chascun Seigneur féudal à ses Vassaulx en fidelité ;
lesquelz manans & habitantz, ... ont respondu . . . . par telles parolles ; . . . Monsieur,
puysque ainsi est qu'estes noftre Seigneur féudal , nous sommes . . . . prest de vous. . . .
recepvoir pour noftre Seigneur féudal , à vous obeyr comme vrays Vassaulx & *subgetz*
doibvent faire a Seigneur féudal , & vous prester serment & faire jurement de vous
estre vrays fidelz, pourveu que aussi vous *preignez* conme nous le jurement de fidelité de nous tenir conme voz Vassaux & *subgetz* , & les tenir , garder & protégar en
leur franchises , libertés & prévileges , ainsi que leur prédécesseur Sieur a faict ; led.
de Montesquieu s'est offert de prester led. jurement avec lesd. habitans vassaulx ; lequel
a mis les deux genoulz en terre & le bonnet hors de la teste & sur le *Te igiteur*
& croix dans le livre missa * a faict le jurement de fidéllité d'estre & se porter vray   * *Sic.*
Seigneur féudal envers lesd. habitans & Vassaulx, ainsi conme ung vray Seigneur
doict faire ; & après luy lesd. habitanz l'ung après l'autre, les genoulz en terre & la
teste desconverte ont faict semblable serment & jurement sur le *Te igiteur* & croix ,
led. livre missal toché , d'estre & se porter envers led. Seigneur féudal, bons & vrays
subgetz , Vassaux ; . . . . desquelles choses susd. lesd. Seigneur & habitantz ont requis. . .
Instrument leurs estre faict & retenu par moy Notaire soubzsigné , ce que ay faict
ès présences de Noble Terson de Forgues Chanoyne de Gensac, Maistre Laurens
le Fargues , Recteur de Montgaillbard . . . . tesmoings a ce appelléz, & moy Anthoyne
d'Aulon, Notaire publicque , du lieu de Lyac habitant , qui requis le présent Inftrument ay retenu & en ceste forme par autruy a moy féable l'ay faict rediger , & après
me suys soubzsigné de mon seing *seguen* en foy dez choses susd.

(Signé) A. de Aulon, Not. (avec sa marque.)

Original en parchemin des Archives de la Maison de Montesquiou.

CLXI.
24 *Sept.* 1545.

Contrat de mariage de Noble Paul de Montesquiou , Seigneur d'Artagnan, avec Claude de Tersac , fille de Noble Jean de Tersac , Seigneur de Montberaud.

Au nom de Dieu . . . . Saichent toutz . . . . que l'an de l'Incarnation noftre
Seigneur mil cinq cens quarante cinq & le vingt quatriefme jour du mois de
septembre , . . en la présence de moy Notare & tesmoings soubznommés , au
lieu de Montberaud & Chasteau d'icelluy , personnellement establis Nobles Jehan
de Tersac , Seigneur de Montberaud & PAUL DE MONTESQUIEU, SEIGNEUR
D'ARTAIGNE, en Begorre, lesquelz . . . ont patisé, accordé . . . les Pactes de
mariatge , sellon . . . la teneur des articles cydessoubz . . . inserés . . . A esté
accordé . . . entre les susdites parties, que . . . mariatge se solempnisera . . . .
en face de Saincte Mere Glise, entre le susd. de Montesquieu, Seigneur d'Arti-
gna , d'une part ; & Damoiselle Claude de Thersac , fille legitime & naturelle

du fufdit de Terfac, Seigneur de Montberaud, d'autre ; eft accordé entre les fufdites partie¿ que pour fupportation des charges dudit mariatge ledit Jehan de Terfac, Seigneur de Montberaud, pere de ladite de Terfac, a conftitué... en douaire... a la fufdite Claude de Terfac, fa filhe, la fomme de trois mil livres, & en ce comprins ung leguat... faict par Dame Marguerite Rouguere de Commenge, Dame de la Fittele, quand vivoit, enfemble les acotremens ;... ledit de Montefquieu... recognoict à lad. Claude de Terfac, fa famme, la fufdite fomme de trois mil livres, enfemble quinze cens livres tournois de augment, & les acotrement¿ fufdits fur tous fes biens ;.... & ainfi l'ont promis & juré,... ès préfences de Nobles Jehan de Beon, Seigneur & Vifconte de Sere, Jehan-Jacques de Fontaynes, Seigneur de Feudeilhe, Maurin de Terfac, Seigneur de la Fitere, Meffire Anthoine d'Efpaigne, Chanoine Préfenteur de Rieux, Recteur du Plan ; Odde de Venque, Seigneur de Venque, Jacques de Pegulan, Jacques de Cafteras, tefmoings, & de moy Hugues Vigier, Notere Royal de la Cité de Rieux habitant, qui de ce deffus requis, en ay retenu le prefent Inftrument, en foy de quoy me fuis ici foubzfigné de mon feing acoftumé.

(Signé) Vigier, Not.

CLXII.
14 Nov. 1555.

Original en papier des Archives de la Maifon de Montefquiou.

Inventaire des biens de défunt Noble Paulon de Montefquiou, Seigneur d'Artagnan, fait à la requête de Demoifelle Claude de Terfac, fa veuve, en qualité de tutrice de Jean, Arnaud, Antoine, Paulon, Jeanne & Madelene de Montefquiou, leurs enfans.

Inventaire de tous ... les biens que foulloyent eftre.... poffédés par feu NOBLE PAULON DE MONTESQUIEU ... ESCUYER, SIEUR DU LIEU D'ARTAIGNAN, advenus ... par fon décéz a Jehan, Arnauld, Anthoine, Paulon, Jehanne & Magdelene de Montefquieu, fes filz ... conftituez en éage de pupillarité, faict par moy Pierre Vidailhet, Subftitut principal du Greffier Civil eftably en la Senefchauffée de Bigorre,.. depputé par la Court de Monsr. le Senefchal dud. Bigorre, fuivant les lectres de Commiffion fur ce expédiées, ... que ont efté exhibes ... par Damoyfelle Claude de Tarfac, vefve dud. feu Sieur d'Artaignan, tutereffe onéraire des perfonnes & biens defd. pupilles, à ce crée ... par auctorité de la Court, ... à moy affiftans Noble Jehan de Tarfac, Escuyer, tuteur honoraire, à elle adjoinct, Manauld de Genfac, Efcuyer, Seigneur de Pluvoys, procureur par icelle Damoyfelle, .. Me. Dominique Sentailhes, Notaire de la Ville de Rabaftenx, Me Jacques du Faur, Recteur de Vedeilhe, & plufieurs autres, & ce au lieu d'Artaignan, le XIIIIe. jour du moys de novembre mil cinq cens cinquante cinq, ... & advenu lendemain, ... amprès avoir préalablement faict lecture du préfent inventaire & dénombrement des biens.... y declarés, ... lad. Damoyfelle de Tarfac, tutereffe .... en perfonne .... auroyt dict avoir iceulx biens en fon pouvoir, ... attendu laquelle declaration, ... lefdits biens ont efté baillés en garde ... à lad. de Tarfac... (Signés) Vidailet, Subftitut principal, Commiffaire fufd. ; comme tuteur honoraire, J. de Tarfac ; comme procureur, M. de Genfac ; D. Santailhes comme tefmoing ; & comme tefmoing, Jacques du Faur.

III

Original en papier des Archives de la Maison de Montefquiou.

Procuration de Demoiselle Claude de Terfac, veuve de Noble
Paulon de Montefquiou, Seigneur d'Artagnan, & tutrice de Nobles
Jean, Arnaud, Antoine, Jeanne & Madelene de Montefquiou,
leurs enfans, à Noble Jean de Terfac, Seigneur de Montberaud,
fon pere, pour confulter fur un procès pendant au Parlement de
Touloufe entre led. feu Seigneur fon mari, & la Ville de Vic-Bigorre.

Saichent tous . . . que l'an mil cinq cens cinquante cinq & le vingt dufieme
jour deu moys de febrier, au lieu d'Artaigna, au Conté de *Vigure*, Diocefe de
Tarbe, . . . pardavant moy Notaire foubzfigné . . . eftablie en perfonne Noble
Damoyfelle *Glauda* de Tarfac, *fama* veve de feu NOBLE PAULON DE MON-
.TESQUIU, . . SEIGNEUR DEU LIEU D'ARTAIGNA, mere, legitime tutreffe,
adminiftratreffe des perfonnes & biens de NOBLES JEHAN, ARNAUD, ANTHOI-
NE, JEANNA ET MAGDALENE DE MONTESQUIU, filz héritiers deud. feu
Paulon . . . conftitue . . . fon procureur efpecial . . . Noble Jehan de Tarfac,
Seigneur de Montberault, fon pere & aucy tutur honerere avec lad. confti-
tuante, ... pour & au nom de ladite Noble Damoyfelle de Tarfac, confti-
tuante, que aucy au nom defd. heritiers, . . . confulter le procès pendant en la Souveraine Cour du Parlement de Tholofe entre led. feu Seigneur d'Artaigna &
autres y nommés, demandeur, fur les limites, d'eeune part; & le *Scindic*, Confulz,
manantz & habitantz de la Ville de Vic-Vegure, defendeurs, d'auctre; & . . .
accuder led. differant; . . . ez prefences de Gafton de Sainct Melien . . . & moy
Dominique de Sanctailhes, Notaire de la Ville de Rabaftenx habitant, qui le
prefent . . . ay retenue . . . & de mon figne auctentique figné.

(*Signé*) de Sanctailhis, Not. (*avec fa marque*.)

Original en parchemin des Archives de la Maifon de Montefquiou ;

Acquifition par Noble Jean de Montefquiou, Seigneur d'Artagnan,
mineur, repréfenté par Noble Claude de Terfac, veuve de Paulon
de Montefquiou, Seigneur d'Artagnan, fa mere & tutrice.

Saichent tous . . . que l'an mil cinq cens cinquante fix & le vingt huytieme
jour du moys d'octobre . . . au lieu d'Artaignan, Conté de Bigorre, pardavant
moy Notaire & tefmoings bas fcriptz ftably . . . Bernard dèz Barata, dud. lieu
habitant . . . a vendu au NOBIE JEHAN DE MONTESQUIUT, SIEUR DUDIT
LIEU D'ARTAIGNAN, pupil, abfent . . . préfenta Nobla Glauda de Terfac, Do-
mayfela, relicta de *vitefunt* Noble Paulon de Montefquiut, Scuyer, Sieur
en fon vivant dud. lieu d'Artaignan, comme tutriffe & aminiftratriffa de la perfonne
& biens dud. Noble Jehan de Montefquiut, fon *fiz*, . . . une pieffa de terre
contenanta ung jornal & demy, afcife au terroir dudit lieu d'Artaignan ; . . .
pour le pris & fomme de nefz efcuts petitz & nefz *fos* bons ; . . es préfences
de . . . . tefmoingz . . . & de moy Anthoine Daulon, Notaire publicque, du
lieu de Lyac habitant, qui le prefent Inftrument ay retenu & en cefte forme
publicque fcript & figné de mon feing public accouftumé.

(*Signé*) A. de Aulon, Not. (*avec fa marque*.)

CLXV.
25 Juin 1560.

Original en parchemin des Archives de la Maiſon de Monteſquiou.

Compromis- entre Noble Demoiſelle Claude de Terſac , veuve de Noble Paul de Monteſquiou , & Noble Jean de Terſac , Seigneur de Montberaud, comme tuteurs de Jean de Monteſquiou, fils dudit défunt Paul de Monteſquiou & de ladite Demoiſelle de Terſac , & les Syndics & Habitans de Vic - Bigorre , ſur un procès pendant entr'eux au Parlement de Touloufe.

Saichent tous .... que comme ainſin ſoit procès de long tems ayt eſté introduict & encores ſoyt pendant en la Souveraine Court de Parlement ſéant à Tholoſe , entre feue Noble Damoyſelle Jacmete , Dame propriétere ..... du lieu d'Artaignan , au Conté de Bigorre, femme à feu NOBLE PAUL DE MONTES- QUYEU , Eſcuyer ... de feu Illuſtre Prince Henry Roy de Navarre & Conte dudit Conté de Bigorre, demandeurs , d'une part ; & le Syndic des Conſuls, Manans & Habitans de la Ville de Vic-Bigorre , defendeur, d'autre ; pour raiſon des limites, bornes, diſtrictz & juridictions de leurs terreoirs ; .. que .. après les décès... deſdictz de Monteſquyeu & d'Aſtan , NOBLE JEHAN DE MONTESQUYEU , fils legitime en ſecondes nopces dudict Paul & Noble Claude de Terſac , ſa femme , icelluy Jehan demeuré ... en mains de tuteurs , aſſavoir de Noble Jehan de Terſac, Sieur de Monberault & de ladite Claude, ſes ayeul & mere ; que chaſcune deſdites parties .. : deſirans mectre fin audict procès , .. tractans aulcuns leurs confédérés amys , auroyent ils aviſé de remectre & compromectre leurdit procès au jugement de quatre arbitres ... Pour ce eſt-il que l'an de grace mil cinq cens ſoixante & le vingt cinquieſme jour du moys de juing , audict lieu de Artaignan & dans la maiſon Seigneuriale de ce lieu , és preſences de moy Notere & teſmoings bas eſcriptz , eſtablys ... leſdictz Nobles Jehan de Terſac, Sieur de Monberault & Claude de Terſac, Damoyſelle d'Artaignan , tuteurs & legitimes adminiſtrateurs des perſonnes & biens dudict Jehan de Monteſquyeu , d'une part , & diſcretes perſonnes ... Dominique d'Eſperon & Ramond Plantis, Scindics deſd. Manans & Habitans dud. Vic ; ... remectent leurdict différent & procès pour eſtre jugé a l'amyable , aſſavoir leſd, tuteurs à honorables & diſcretes perſonnes Maiſtres Jehan Babut & Jehan Morel, Docteurs ez droictz, Advocatz en ladicte Court, & iceulx Scindics à honorables & diſcretes perſonnes Meſſieurs * ... Caſtelnovo auſſi Docteur ez droitz & Advocats ; ..... ès preſences de Nobles Aſſebat de Lavedan , Seigneur de Saubeterre , en Pardiac , Paulon de Forgues , Seigneur de Genſac , ... teſmoings ... & moy Jehan Panthaleon , Notaire de la Ville de Vic-Bigorre habitant ... au nombre des reduictz ... ay retenu le preſent contrat de remiſſion & icelluy en mes prothocolles enregiſtré , redigé , groſſoyé en ceſte forme & ſigné de mon ſaing acouſtumé, en foi de tout ce deſſus.

(Signé) Panthaleon.

* Il y a dans l'original un eſpace en blanc d'environ deux pouces.

CLXVI.
7 Août 1561.

Original en parchemin des Archives de la Maiſon de Monteſquiou.

Lettres Royaux en faveur de Demoiſelle Claude de Terſac , en qualité de tutrice de Jean de Monteſquiou , Seigneur d'Artagnan , ſon fils.

Charles , &c. Au premier Huiſſier ou Sergent ſur ce requis : ſalut. Noſtre amée Claude de Tarſac , Damoiſelle, mere & legitime adminiſtrareſſe des
personnes

perſonnes & biens de JEHAN DE MONTESQUIOU, SIEUR D'ARTAGNAN, nous a
fait démonſtrer inſtance eſtre introduicte & pendant ... devant le Juge d'Appeaulx
ou Conté de Bigore, entre la ſuppliant, appellant du Seneſchal dudit Bigore, ...
d'une part; & Barthelemy Maioran, Sieur d'Arcizas, appellé, d'autre; en
laquelle la ſuppliant, audit nom, vouldroit eſtre reçeue conclure, comme appellant
de certaine Ordonnance ou Sentence par laquelle ledit Seneſchal auroit deſnyé
luy faire droit ſur les fins de non recevoir ... par la ſuppliant ... propoſées;
mais doubte ... que pour n'avoir appellé ... relevé ... & exploicté dans le
temps ... fins de non recevoir ... luy eſtre obgicés, ſi par nous lectres pro-
viſion ſur ce neceſſaires ne luy ſont octroyées; .. parquoy te mandons ... faire
de par nous .... auſd. Juge d'Appeaulx ou ſon Lieutenant .... que ſi ... luy
appert de ladite inſtance ... en la forme ſuſdite ... pendant & indeciſe ...
admettre ... la ſuppliant .. comme appellant de lad. Ordonnance ou Sentence ...
Donné à Tholoſe le VIIe. jour du mois d'aouſt, l'an de grace mil cinq cens
ſoixante ung & de noſtre regne le premier.

(Signé) par le Conſeil, de Latanerie.

Original en parchemin des Archives de la Maiſon de Monteſquiou.

CLXVII.
4 Août 1572.

Quittance de Noble Jean de Monteſquiou, Seigneur d'Artagnan,
fils de Noble Paul de Monteſquiou, auſſi Seigneur d'Artagnan, à
Noble Claude de Terſac, ſa mere.

Saichent tous ... que l'an de grace mil cinq cens ſeptante deux & le quatrieſme
jour du moys d'*auoſt* ... en la Ville de Vic-Bigorre ... en la préſence de moy
Notere publicque, ſoubcigné & teſmoings bas eſcriptz, eſtably ... NOBLE
JOHAN DE MONTESQUIU, SEIGNEUR D'ARTAGNAN, en Bigorre, lequel ... eſtant ...
adverty & par effait l'ayant cogneu deſpuis qu'il ſeroyt venu a l'eaige de majo-
riité, que Noble Claude de Terſac, ſa mere legitime & naturelle, deſpuis le
deſcès de feu NOBLE PAUL DE MONTESQUIU, Seigneur dudit lieu, mere legitime
& naturel dud. Jehan, auroet bien ... regi ... & adminiſtré la Maiſon d'Artaignan & autres biens dud. Jehan ... & iceulx augmenté par achartz, ...
que ladite de Terſac a faictz au prouffict dudit Jehan de Monteſquiu, lequel
quitte ... remect ... a lad. Claude de Terſac, ſa mere, toute reſtitution de
fruictz & reddition de comptes & tous autres biens, meubles & immeubles ...
Fait ez preſences de Noble Paulon de Forgues, Seigneur de Genſac ... & moy
Arnoult Dandreſt, Notere de lad. Ville de Vic habitant, que deſſus requis, ay
receu, fait & expédié le préſent acte de ma main propre groſſoyé en ceſte forme
& ſigné de mon ſeing manuel acoſtumé.

(Signé) Dandreſt, Not.

Original en parchemin des Archives de la Maiſon de Monteſquiou.

CLXVIII.
15 Novem. 1578.

Pactes de mariage de Noble Jean de Monteſquiou, Seigneur
d'Artagnan, avec Demoiſelle Claude de Bazillac.

Saichent tous ... que l'an de grace mil cinq cens ſeptante huict, & le quinſine jour
du moys de novembre ... au lieu de Touſtal, pardevant moy Notaire ſoubzigné &
teſmoings bas eſcriptz, conſtitué hault & puiſſant Seigneur Meſſire Eſtienne de Bazilhac, Chevalier, Seigneur & Baron dudit lieu, & Noble Damoyſelle Claude de Bazilhac, ſa ſœur, d'une part; & NOBLE JEHAN DE MONTESQUIEU, SEIGNEUR

P

D'Artaignan, d'aultre ; lesquelz . . . ont faitz les Pactes matrimoniaulx . . . en la
forme . . . que s'ensuyt. Pactes & conveunces de mariaige faitz . . . & accordez entre
Messire Estienne de Bazilhac, Seigneur dudit lieu, & Damoiselle Claude de Bazilhac,
sa sœur, filz legitimes & naturelz, & led. Estienne, héretier universel de feu Jehan
de Bazilhac, . . . Seigneur dud. lieu, d'une part ; & Noble Jehan de Montesquieu,
Seigneur d'Artaignan, d'aultre ; . . . a esté accordé que led. Jehan de Montesquieu,
Seigneur d'Artaignan, prendra pour femme . . . ladite Claude de Bazilhac, & ladite
Claude de Bazilhac, par mesme moyen, prendra pour mary . . . ledit de Montesquieu ; . . & pour supportation . . . dudit mariaige, ladite de Bazilhac pourtera en
douaire . . . aud. de Montesquieu, son futur mary, la somme de six mille livres,
faisant deux mil escus d'or sol & six cens livres, aussi faisant deux cens escus d'or, pour
les acoustremens à elle légués . . . par le testament . . . dud. Jehan de Bazilhac, son
feu pere, & pour le payement de mil escus . . . ledit Messire Estienne de Bazilhac,
comme heretier de sond. feu pere, luy . . . délaisse pour jouyssance la Seigneurie de
Barbachen ; . . ainsi l'ont promis & juré . . . ez presences de Nobles Baptiste de La-
mezau, Chevalier de l'Ourdre du Roy, Seigneur dudit lieu, Jehan Bourepaire, Seigneur dud. lieu, . . . & moy Notaire susd. qui le present ay retenu, de vouloir . . .
de toutes partyes, escript & signé de ma propre main & despuys groffoyé en la forme
& maniere susd. ; en foy de quoy me suis soubzsigné de mon seing acoustumé.

(Signé) de Catan, Not.

Original en parchemin des Archives de la Maison de Montesquiou.

Ratification en faveur de Claude de Tersac, Dame d'Artagnan,
& de Jean de Montesquiou, Seigneur d'Artagnan, son fils, d'une
vente à eux faite avec faculté de rachapt, de la moitié de la Seigneurie de Masous, avec renonciation à ladite faculté de rachapt.

Sachent tous . . . que coma, . . . scidevant fue Nobla Chatherina d'Asta, Dama . . .
de Estampas, eue vandeu avec pacte de reichapt . . . la moytié de la plasse & Seicnho-
rie du lieu de Masous . . . à Nobles Glaude de Tarsac, & JOHAN DE MONTES-
QUIU, mere & filz, DAMA & SEIGNHEUR DE ARTAIGNHAN, ensamble
toutz les fiefz que les susditz de Tarsac & de Montesquiu fasoynt à ladite Dama, ar-
rayson des terres, par eulx achaptées au lieu d'Estampas ; pour le pris & soma de sant
tretz esquesu dus tiers d'or sol . . . par insturmant de vante reteneu par Me. Johan
Castera, Notaire, du vingt-huisticsme jour du moys d'octobre mil cinq cens septanta ; . .
or est-il que se jourdhui vingtiesme jour du moys d'octobre mil cinq cens septanta
& naf, au lieu de Estampas & dans la mayson de Nobles Arnauld-François de Burguierres & Paul de Burguierres, frayres, Seygneurs d'Estampas & aultres lieus, au
Conté de Pardiac, Seneichaujée de Armaignhac . . . constitués les susd. Arnauld-
François & Paul de Burguierres, Seygnheurs susd. . . . ont vandeu . . . remis . . . aulx
susdictz de Tarsac & de Montesquiu, mere & filz, . . . toute la moytié de ladita plasse
& Seigniorie . . . & expressement le droict de reichapt . . . ensamble desdictz fiefs . . .
& ce moyenant le pris & some de quatre sans esquus d'or sol ; . . ausin l'ont promis
& juré ez presences de Domenge Larrin . . . & de moy François Sancthailhis, Notaire, Contal de la Ville de Rabastenx, qui . . . ay reteneu le present insturmant . . .
& signé de mon seyn auctauticque.

(Signé) F. de Sancthailhis, Not.

Original en parchemin des Archives de la Maison de Montesquiou.

Testament de Demoiselle Claude de Tersac, Douairiere d'Artagnan, veuve de Noble Paulon de Montesquiou.

Au nom de Dieu. Saichent tous . . . que cejourd'huy vingtsixiesme jour du moys

de feptambre mil cinq cens nonante, environ l'heure de une aprés midy, dans la maifon Seignorialle d'Artaignan, en Bigorre, pardevant moy Notaire foubzfigné & prefans les tefmoings baz només, conftituée en perfonne Damoifelle Claude de Tarfac, Douariere de la maifon & place d'Artaignan, malade dans fon lict, ….a faiſt…
fon dernier Teftement, comme s'enfuiſt…a volu…aprés fon decès fon corpz eftre
honnorablement inhumé en l'Eglize Parrochielle dudit lieu d'Artaignan; au fepulchre
de feu Noble Paulon de Montesquieu, fon mary, & tout ainfin qu'appertient
à Damoyfelle de fa qualité; & pour le regard de fes funerailles, honneurs & aultres
louables folempnités requifes en telz actes de fepulture, elle teftatriffe l'a remis…
à la bonne dévotion & difpofition de de Noble Jean de Montesquieu, Seigneur d'Artaignan, fon filz;…legué à Damoyselle Jeanne de Montesquieu, sa fille… procréée avec led. feu Seigneur d'Artaignan, la fomme de
troys cens trante troys efcus d'or fol & ung tiers;… à Jean & Olivier de la
Trau, fes riere-filz, & filz de ladite Jeanne,…& à Damoyselles Catherine
et Françoise de Montesquieu, fes riere-filles, & filles dudit Sieur d'Artaignan,
toutes les gazailles,….que la teftatriffe a au lieu de la Fitolle;….
en tous & chafcuns fes autres biens….nomme…fon heretier univerfel & général
led. Noble Jean de Montefquieu, fon filz,…& à préfent Seigneur d'Artaignan;..
luy fubftituant, toutes foys aprés fa fin, Noble Paul de Montesquieu,
son filz ayné;…& a efleu fes exécuteurs teftamantaires Nobles Jean-Grabiel
d'Abeillac, Seigneur de Villepinte, & Hector de Luppé, Seigneur de Sanfac….
Faiſt… ez prefences dud. Noble Hector de Luppé,…& moy Manauld de Lucia,
Notaire publicque de Bigorre, habitant de la Cité de Tarbe, qui le prefent Teftement
ay refeu dans mes prothocolles… & l'ay faiſt groffoyer,… & en foy de fe me
fuys foubzfigné.

[Signé] Lucia, Not^e.

Original en parchemin des Archives de la Maifon de Montefquiou.

Ceffion de Demoifelle Jeanne de Montefquiou, veuve de Jean-
Pierre de Latrau, Seigneur de la Terrade, à Noble Jean de Montefquiou, Seigneur d'Artagnan, fon frere, de fes droits en la fuccef-
ffion de Noble Paulon de Montefquiou, leur pere.

Dans la maifon Seigneuriale d'Artaignan, au Conté de Bigorre, ce jourd'huy vingt
fixiefme du moys de feptembre mil cinq cens nonante, pardevant moy Notere foubzfigné & préfens les tefmoings bas nommés, conftituée… Damoyfelle Jehane de
Montesquieu, vefve à feu Noble Jehan-Pierre de Latrau, Seigneur de la Terrade, laquelle quitte, remet… en faveur de Noble Jehan de Montesquieu,
Seignur d'Artaignan, fon unique frere,… tous & chefcuns les droiſtz &
actions que lad. Jehane a de prefent ou pourroit avoir… en ladiſte maifon d'Artaignan, tant par le decès de feuz Noble Paulon de Montesquieu, son pere,
que de Nobles Arnaud, Anthoine, autre Paulon, et Magdaleine
de Montesquieu, ses freres et sœur,… & ce moyennant le pris
& fomme de deux cens efcus d'or fol, oultre l'adot qu'en a ci-devant receu;… & ainfin
l'ont refpectivement juré obferver,… ez prefences de… Noble Hector de Luppé,
Seigneur de Sanfac,… & Jacques du Caffe,… de la Cité de Tarbe,… & moy
Manauld de Lucia, Notaire publicque, habitant dud. Tarbe, qui, de ce requis,
le prefent acte ay retenu, faiſt groffoyer par aultre main à moy fidelle, & en foy
de ce me fuys foubzfigné.

(Signé) Lucia, Not^e.

P ij

CLXX.
26 Sept. 1590.

CLXXI.
26 Sept. 1590.

Original en papier des Archives de la Maison de Montesquiou.

Testament olographe de Noble Jean de Montesquiou, Seigneur d'Artaignan.

CLXXII.
13 Mars 1608.

Au nom de Dyeu . . . Je NOBLE JEHAN DE MONTESQUYEU, SEYGNEUR D'ARTAYGNAN & autres Plasses . . . j'ay faict . . . mon présent Testament . . . affyn qu'après mon desjès entre mes enfans n'y ayt procès . . . fy ay voulu . . . que mon corps soyt enterré au tombeau de mes prédécesseurs, & dans l'Eglyze dudit Artaygnan, *sy se n'est que quant Dyeu m'appelleroyt au voyage que j'entreprends en Court*, je remetz ma sepulture, à la discretyon & jugement de mes amys, & en tel Eglyze que bon leur semblera . . . sy declayre avoyr reçeu de Demoyselle Glaude de Bazyllacq, ma . . . fame, la some de six mylle lybres, laquelle je l'y recognoys . . . sur la Plasse & Seygneurye de Barbachen ; . . fy auroys promys en maryage à Damoyselle FRANCOYSE DE MONTESQUYEU, ma fylle, fyancée avecq le Seygneur de Castelmauron, la some de syncq mylle lybres , . . laquelle je veux que luy soyt payée ; . . . legue auffy en conftytutyon doutalle à Damoyselles JEHANNE & ANDRÉE DE MONTESQUYEU, mes fylles, & chascune d'ycelles, la some de quatre mylle six sans lybres, payables lorsqu'elles treuveront leur party de maryage ; . . . a Nobles JEHAN, GRATYEN, ANTHOYNE, LEONART, ET HENRY DE MONTESQUYEU, mes enfans, & à chascun d'yceux la some de quatre mylle six sans lybres ; . . ay faict . . . & inftytué mon hérétier unyversel NOBLE ARNAUT DE MONTESQUYEU, MON FILZ AYNÉ, . , . & au cas que icelluy Noble Arnaut vyenne à décéder sans enfans, . . je subftytue . . . le premier enfant masle survyvant, après le décès d'icelluy, . . le premier enfant quy fera par ordre, favoyr du prémyer au fegont ; . . . sy ay faict mes éxécuteurs teftamentayres Noble Paul de Bazyllac, Seygneur & Baron. dud. lyeu, & Noble Hector de Luppé, Seygneur de Sansaq & Saynt Maryn. Fait dans madytte mayson Seygueuryalle d'Artaygnan se jourd'uy trezieme du moys de mars myl sis sans & huyt. [*Signé au bas de chaque page*], J. de Montesquieu Teftateur (*& à la fin*), J. de Montesquieu Teftateur, escryt en deux feuilletz papier compryns celuy-cy.

Original en papier des Archives de la Maison de Montesquiou.

Inventaire des biens de défunt Noble Jean de Montesquiou, Seigneur d'Artagnan.

CLXXIII.
28 Novem. 1608.

Inventaire des biens meubles & immeubles que feu NOBLE JEAN DE MONTESQUIEU, SEIGNER D'ARTAGNA, possédoit à l'heure de son descès, à la Requefte de Damoifelle Glaude de Bazeillac, sa feme, ce jourd'huy par nous Pierre Durent, Juge ordinaire de la Ville de Vic, escripvant de Ganderatz, Notere, pour la conservation d'iceux & en l'abfance DE NOBLE ARNAUT DE MONTESQUIEU, FILZ AYSNÉ, hérétier dud. feu Seigneur d'Artagna, lesquels biens lad. Damoifelle Glaude . . . . a defclairé nous voloir denombrer, comme elle a faict. . . Aud. lieu d'Artagna & maison fegneuriale, ce vingt-huitiefme novembre mil six cens huit . . a defclairé que led. feu Sieur son mary . . . possedoyt troys places Nobles ; scavoir, Artagnan, Barbachen, Aufoft & Mafons ; . . qu'en la maison feigneuriale d'Artagnan y a six chambres . . . qui sont garnies chafcune d'un lict, &c. . . . lefquels fufd. meubles . . . lad. Damoyfelle Glaude nous a monftré, . . . en la préfence de Meffire Paul de Bazeillac, Sénefchal de Nebozan, son frere, & Nobles Jean & autre

Jean-François de la Terrade, nepveus dud. feu Sieur, quy se sont signés avec lad. Damoyselle, presens , & à nous assistans, Jean Sentous & Jean de Bos, Cappitaine. (*Signés*) de Basillac, de Bazillac, assistant ; J. de la Terrade, assistant ; J. F. de la Terrade, assistant ; J. de Bos, present, Burdes, J. Ordié , & de Ganderatz, Not.

Original en parchemin des Archives de M. le Comte de Rochefort-Marquain , Seigneur de Salles , en Lauragais.

CLXXIV.
9 Août 1611.

Arrêt du Parlement de Toulouse du 9 Août 1611 , qui maintient Jean-Sebastien de Rochefort, Baron de Marquain , dans la possession de la Barónnie de Salles , contre les prétentions de Dame Françoise de Montesquiou, Vicomtesse de Sadirac , veuve de Bernard de Miossens, Seigneur de Sanfous, & de Georges de Pontaut , Seigneur de Pontaut , sur le fondement de l'acquisition de cette Baronnie , faite par François de Rochefort, pere du même Baron de Marquain , de Michel-Bernard de Pontaut, oncle du même Georges , lequel Michel-Bernard étoit neveu & héritier , par Gabrielle de Montesquiou, sa mere , de François de Montesquiou , Baron de ladite Baronnie ; du Préambule duquel Arrêt on apprend que Jean de Montesquiou *, & le même Michel-Bernard de Pontaut avoient obtenu des Lettres Royaux , en forme de Requête civile contre un autre Arrêt de la même Cour, du 27 Août 1567 , qui avoit adjugé la moitié de la même Baronnie de Salles à Arnoul de Montesquiou, Seigneur du Vernet , lequel étoit fils de Mathieu , & petit-fils de Barthelemy , qui avoit fait son testament le 7 Juillet 1481 , & ayeul , par Roger son fils , de la même Françoise de Montesquiou , Vicomtesse da Sadirac ; que les mêmes Jean & Arnoul avoient cédé leurs droits sur cette Baronnie au même François de Rochefort; que Paul de Montesquiou , 2e. fils de Manaud , lequel étoit fils du même Barthelemy , & par conséquent cousin germain du même Arnoul , avoit aussi cédé à celui-ci ses droits sur la même terre ; que Jean de Montesquiou , sus-nommé , étoit intervenu au procès & avoit allégué que s'il y avoit une substitution de cette terre , cette substitution devoit être ouverte en sa faveur , &c.

* Il étoit fils de Paul de Montes-quiou , comme il est prouvé par dix autres actes.

Louis, par la grace de Dieu, Roy de France & de Navarre, à tous ceulx qui ces presentes verront, salut. Comme dès le moys de janvier mil six cens dix, Dame Françoise de Montesquieu, Viscontesse de Sedirac , vefve à feu Messire Bernard de Miensans , Sieur de Saufous , eust introduict instance par devant noz amés & feaulx Conseilliers & Commissaires tenans les Requestes de nostre Palais à Tholouze , contre Jean-Sebastien de Rochefort, Sieur de Marquain , en maintenue de la moytié de la Place & Baronnye de Salles , en Lauraguoys; qu'elle disoict luy appartenir, au moyen d'ung Arrest donné par nostre Court de Parlement de Tholouze le vingt septiesme jour du moys d'aoust mil cinq cens soixante sept , au proffict de feu Messire Arnulphe de Montesquieu , son ayeul , & pactes de mariage d'entre feus Rogier de Montesquieu & Geoffriue d'Ax , Damoyselle , ses pere & mere , du troysiesme decembre mil cinq cens septante ung ; en laquelle instance s'estant ledict de Rochefort arresté à fins de non recepvoir, fondées sur ung contract d'achapt faict par feu Françoys de Rochefort, son pére, de ladicte place de Salles de feu Michel-Bernard de Pontaut, pour le prix & somme de quarante deux mil livres, du dernier jour du moys de may mil cinq cens septante sept ; & sur ce aussy que ledict *Arrest n'avoict pas esté éxecutté ny sourty effaict à cause des lettres en forme de Requeste Civille & oppositions obtenues envers icelluy par ledict feu de Pontaud, JEAN DE MONTESQUIEU, Sieur D'ARTIGAN, & Michel de Pontaud ; & encore sur ce que par deux contractz d'accord des huictiesme de janvier & quatorziesme du moys d'apvril audit an mil cinq cens septante sept, ledict feu Arnulphe de Montesquieu & Jean de Montesquieu, Sieur d'Artignan avoinct quitté le prethandu droict qu'ilz disoinct avoyr sur ladicte Place de Salles, l'ung, moyennant la somme de dix mille livres, & l'autre de quatre mille livres ;* lesdicts Conseillers & Commissaires le septiesme jour du moys de decembre audict an mil six cent dix, tenant pour défandeu, sans presjudice desdictes fins de non recepvoir, & sauf au préalable estre faict droit sur icelles, ayant par leur appoinctement receu les Partyes à bailher par escript & produire, lesdictes Partyes eussent respectivement faictes leurs productions ; veu lesquelles, lesdicts Conseillers & Commissaires, par leur Jugement du vingt-duxiesme jour du moys de janvier dernier passé, en ce que concernoit la moytié de ladicte Place & Baronnye de Salles, & maintenue pour raison d'icelle demandée eussent déclairé ledict * de Montesquieu non recevable, sans préjudice toutesfoys de ladite somme de dix mil livres que ledit feu de Rochefort s'estoit chargé, par ledict contract d'achapt, payer audict feu Arnulphe de Montesquieu, à l'acquiet dudict feu Michel de Pontaud, pour raison de laquelle somme lesdicts Conseillers & Commissaires auroict ordonné que dans quinzaine ledict de Rochefort feroict apparoir des payemens d'icelle somme, pour après, Partyes plus amplement ouyes, estre sur ce pourveu & ordonné ce qu'il appartiendroict, despans réservés en fin de cause : duquel Jugement lad. de Montesquieu eust interjecté appel eu nostredicte Court de Parlement de Tholouse, & à ce moyen ayant lesdictes Partyes compareu en icelle, par leurs Procureurs & par eulx, estant conclud sur ledict appel comme en procès par escript, ladicte de Montesquieu eust obtenu certaines noz lettres du neufviesme jour du moys de mars aussy dernier, passé en maintenue, tant en la moytié de ladicte Place & Baronnye de Salles, que de tous & chascungz les aultres biens ayans appartenu audict feu Arnulphe de Montesquieu ; comme aussi ledict de Rochefort auroict impetré, aultres noz lettres pour esttre relaxé deffinitivement de la demande de ladicte de Montesquieu & aultres fins y contenues ; sur lesquelles lettres ayant esté aussi conclud, ensemble sur l'acistance de cause & reliefz d'indempnité, requize par ledict de Rochefort contre George de Pontaud, Sieur dudict lieu, ladicte de Montesquieu eust bailhé ses griefz, & par iceulx représanté que par les susdicts Pactes de mariage d'entre lesd. Rogier de Montesquieu & d'Ax, ledit feu Arnulphe de Montesquieu auroict donné tous sesd. biens audict Rogier de Montesquieu, son filz, & par mesme moyen icelluy Rogier, la moytié des siens, lors presens & advenir au premier enfant masle que naisttroict dudit mariage, &, en deffaut de masle, à la premiere filhe, qu'estoit icelle de Montesquieu ; & par les mesmes Pactes ladicte d'Ax auroict constitué en dot & payé la somme de dix mille cinq cens livres aud. Rogier de Montesquieu ; que lesd. biens dudit Arnulphe concistoinct en ladicte moytié de ladicte Place & Baronnye de Salles, les Places & Seigneuries du Vernet, Saint-Leon, Caussidieres & la Roque, certaine directe au lieu du Bugan, aultre directe à Cintegabelle, dix arpens de pred nobles, sittués en la Jurisdiction de Noailhons, & une maison, aussi noble, dans le fort dudict Noaailhons ; & que despuis lesdictz décès toutes lesdictz Places & aultres biens auroinct esté alliennés par lesdicts Arnulphe & Rogier de Montesquieu, sy que après leur décès advenus, sçavoyr celluy dudict Arnulphe, en l'an mil cinq cens nonante,

& dudict Rogier, en l'an mil fix cens cinq, ladicte de Montefquieu les avoict tru-
vées occuppés entierement en aultre main ; qu'avoict efté caufe qu'elle avoict introduict ladite inftance , efdictes Requeftes , contre ledict de Rochefort , tenantier de
la moytié de ladicte Place de Salles ; & defpuis ayant interjecté ledict appel en noftred.
court du fufdict Jugement, obtenu nofd. lettres en maintenue de toutz lefdictz biens,
fans avoyr efgard à la fufdicte tranfaction, par led. de Rochefort produicte aufd. Requeftes ; aufquelz appel & lettres icelle. de Montefquieu fe difoict bien fondée, d'aultant, premierement, que ledict Jugement eftoict contraire en foy, ladicte de Mon-
téfquieu ayant efté declairée non recepvable en ladicte maintenue & l'affere interlo-
qué pour ladicte fomme de dix mil livres contenue en ladicte tranfaction ; fecon-
dement, qu'il auroict apparcu aufdictz Confeillers & Commiffaires de la donnation
contenue aufdictz Pactes de mariage, par le moyen de laquelle tous lefdictz biens appartenoinct à ladicte de Montefquieu, defquelz biens depandoict ladicte moytié de
la Place de Salles , ledict feu Arnulphe de Montefquieu y ayant efté maintenu par
ledict Arreft, doncques ilz les luy debvoinct adjuger ; tiercement , que fy ledict Jugement avoict lieu , icelle de Montefquieu demureroict fruftrée & privée , non
feullement de l'effaict de ladicte donnation ; mais bien encore de ladicte fomme de dix
mil cinq cens livres conftituée en dot à ladicte feüe de d'Ax, fa mere, & recogneus fur
lefdictz biens ; quatriefmement, que l'allocation de ladicte moytié de l'lace eftoict la
plus remarquable de celles que auroinct efté faict des aultres biens par lefd. feus Arnulphe & Rogier de Montefquieu, fans neceffité ny utillité , pour n'avoyr efté les deniers d'icelle receus par ledict Rogier , ny employés à l'acquict & defcharge defd.
aultres biens, & encores ce n'avoict pas efté ledict Rogier que l'avoict faicte, ains
ledict Arnulphe ; & quand aulx alliennations defdicts aultres biens , elles eftoinct la
plus part précédantes , & les deniers du prix d'iceulx receus & employés au defgage-
ment d'une partye defdits biens; cinquiefmement , que aprés qu'elle auroict efté
maintenue aufditz biens, elle n'auroict pas pourtant tout ce que lui appartenoict de
fon chef propre defditz biens, ayantz appartenu audict feu Arnulphe de Montefquieu,
ou pour ladicte moytié à elle donnée par fondict pere, ou pour ladicte fomme de dix
mille cinq cens livres dudict dot conftitué à laditte de d'Ax ; & qu'il ne feüft ainfy ,
lad. Place entiere de Salles avoict efté vandeue pour ledict pris de quarante deux
mille livres, dont la moytié revennoict à vingt une mille livre ; lad. Seigneurie du
Vernet, treicrze mille cinq cens livres; celles de Sainct Leon, Cauffidieres & la Rocque , comprins ladicte directe de Cintegavelle ; quatorze mille cinq cens livres ; ladicte directe du Bugan, douttze cens livres; & pour regard dudict pred , il eftoict de
valleur de deux mille livres, & ladicte mayfon, douctze cens livres , montans toutes
lefdictes fommes en bloc à la fomme de cinquante troys mille quatre cens livres ,
de laquelle , detrahant ladicte fomme de dix mille cinq cens livres dudict dot , reftoict
de clair & net quarante deux mille fept cens livres , dont la moytié en appartenoict
à ladicte de Montefquieu, de fond. chef, comme donnataire de ladicte moytié de
biens ; par ainfin , eftant icelle de Montefquieu maintenue en ladicte moytié de Baronnye, il luy refteroict encore entierement lefdictz dix mille cinq cens livres dudict
dot, troys cens cinquante livres fur les aultres biens de fondict chef propre , accor-
dant néanmoingz auoyr receu, defpuis le décès dudict feu Rogier de Montefquieu, deux
mille cinq cens livres de refte du pris de la vente de ladite Seigneurie du Vernet,
neuf mille livres auffy de refte du prix de l'engaigement & vente de celle de St.
Leon & Cauffidieres & la Rocque , & quatre cens livres reftante du prix de la vente
de ladicte directe de Bugan ; lefquelles fommes joinctes , faifoinct unze mille neuf
cens livres don elle auroict payé neuf mille livres à la Dame d'Auffum, fa maraftre,
vefve dudit feu Rogier de Montefquieu, pour la reftitution de fon dot & aultres fommes à elles deues , moyenant la ceffion que ladicte Dame d'Auffun luy auroict

faicte, par tranſaction, de tous les droicts luy appartennans, ſur leſdictz biens, tant de ſon chef., que comme hérétiere teſtamentaire d'icelluy, ſoubz beneffice d'inventaire ; de ſorte que par ce moyen elle ne tenoict du dot de ſadicte mere que la ſomme de deux mille neuf cens livres, luy reſte deus d'icelluy par conſequant, la ſomme de ſept mille ſix cens livres, avec les inthéretz d'icelle, puys le décès dudict feu Rogier de Monteſquieu, ſon pere, ſans ſçavoyr ôu les prendre : pour le regard deſdictes lettres, diſoict icelle de Monteſquieu, tourz leſdictz biens ayans appartenu audict feu Arnulphe de Monteſquieu luy appartenoinct, ſçavoyr, la moytié, comme * Il ſemble qu'on pourroit lire : & que. donataire dudict feu Rogier de Monreſquieu, à *quy* * leſdictz biens avoinct appartenu audict feu Rogier de Monteſquieu, en vertu de la donnation contenue aulx ſuſdictz Pactes de mariage d'entre luy & ladicte d'Ax, & l'autre moytié, comme ceſſionaire de ladicte Dame d'Auſſum hérétiere inſtituée par ledict feu Rogier de Monteſquieu, ſans que l'allocation faicte par ledict feu Arnulphe de Monteſquieu, de lad. moytié de Place de Salles pour ladicte ſomme de dix mille livres, pour venir en conſidération, veu les ſuſdictes donnations contenues auxdictz Pactes de mariage ; & que quand bien ladicte allocation euſt peu eſtre par luy faicte, ce que non, il faudroict du moings ſupl.r le juſte pris, à proportion de ce que au temps de lad. allienation, ladicte moytié feuſt vandeue, qu'eſtoict, heu eſgard à la vente d'icelle, unze mille livres de plus, & payer ce quy reſtoict de ladicte ſomme de dix mille livres, pour laquelle ladicte allienation auroict eſté faicte ; car les acquictz meſmes dont ledict de Rochefort avoict faict communication, juſtifierent que la plus grand partye de ladicte ſomme n'avoict pas eſté payée, enſemble les inthéreſtz du tout, deſpuis ladicte allienation ; moingz pouvoit venir en conſidération qu'icelle allienation avoict eſté faicte par forme de tranſaction, d'aultant qu'elle ne l'avoict peu eſtre au préjudice du donataire, & qu'elle avoict eſté faicte en fraulde dudict donataire ; ce que ſe deſcou roict de ce que quinze jours avant tranſiger, ledict Arnulphe auroict faict la procuration audict Rogier, pour conſentir & f re ladicte vente, & s'en falloit tant que, par le moyen de ladicte tranſaction & procuration, ladicte allienation peult ſubſiſter, que au contraire, elles la diſtreſoinct par quatre rayſons ; la premiere, que ledict feu Arnulphe n'auroict conſenti par ladicte procuration à ladicte allienation que couditionel'ement & convention expreſſe que à faulte de payement, aulx termes preffigé, ladicte tranſaction ne pourroit en rien préjudicier à l'Arreſt ſuſdict ; la ſeconde, qu'il feuſt accordé par lad. tranſaction que ſy, dans le moys de may lors prochain, troys mille livres, & ſix moys après ſuyvans, les ſept mille livres reſtans, n'eſtoinct payés audict Arnulphe de Monteſquieu qui les avoict deſtinés à une fort advantageuze acquiziſtion, ladicte tranſaction ſeroict pour non faicte, & icelluy Arnulphe remis en ſes premiers droictz, ſans pouvoyr eſtre prethand u aulcung aultre dellay à faire ledict payement, pour quelque cauſe que ce feuſt ; la quatrieſme, que par leſdictz acquitz communiqués par ledict de Rochefort apparoiſſoict ledict payement n'avoyr *eſté auſaitz* termes, & quy eſtoict bien plus, ladicte ſomme de dix mille livres n'avoict pas eſté entierement payée ; & la cinquieſme, que ladicte tranſaction n'avoict pas eſté ratiffiée par ledict Arnulphe de Monteſquieu, ainſy qu'auroict eſté pareillement convenu par icelle ; beaucoup moingz pouvoict venir en conſidération ce qu'en preſupozant ladicte tranſaction avoyr eſté faicte ſur une prethandue Requeſte civile & lettres en oppoſition impetrées contre ledict Arreſt, pour aultant que ce n'eſtoict que ung pretexte recherché pour attribuer tiltre, & non de tranſaction à ladicte allienation ; & ſy encore il n'en reſultoict poinct, & quand bien cella euſt eſté ainſy, lad. prethandue Requeſte civile euſt eſté ſans aulcune apparence, juſtice, ny fondement ; & que d'ailleurs par le narré de ladicte tranſaction meſme, il apparoiſſoict qu'elle eſtoict fondée ſur ce que les *Pactes de mariage de* MANAUD DE MONTESQUIEU *, & Damoyſelle Jacquette des Fontaines n'avoinct pas eſté veus lors*

dudict

dudict *Arreſt* , *& que par iceulx feu* Barthelemy de Montesquieu *avoiɕt* donné
audict Manaud , ſon fils , en contemplation dudict mariage , ladicte Baronnie de
Salles , ſoubz la ſulle reſtitution de l'uzusfruict d'icelle , & de pouvoyr teſter de la
ſomme de mille eſcus en fauveur de ſes aultres enfans , & toutesfoys leſdictz Pactes
eſtoinçt mentionnés & dactés à veu dudict Arreſt ; & , ſy ledict de Rochefort remeɕoiçt
l'expedition en forme dudict Arreſt qu'il avoit devers luy , il ſe verroict que , pour
empeſcher led. Arnulphe à eſtre maintenu en ſad. Baronnye , on n'opoſoiçt pour
tout que leſd. Pactes de mariage ; & touchant ladicte oppoſition prethandeue avoyr
eſté formée par ledict Sieur d'Artaignan , l'artifice eſtoit manifeſte , en tant qu'iceL-
luy Sieur d'Artaignan , par la tranſaction paſſée auec luy , en laquelle ledict Arnulphe
n'eſtoiçt comprins ny nommé , avoiçtquitté toutes ſes prethantions de ladicte Baronnye pour quatre mille livres ſullement , n'eſtant croyable que s'il y euſt *h*eu quelque
droict , il euſt voulu en démordre pour une ſy petite ſomme ; puiſque deux moys
après ladicte Baronnye feuſt vandeue pour ladicte ſomme de quarante deux mille li-
livres ; que ſy ledict de Rochefort vouloiçt dire que ledict feu Rougier eſtoiçt intervenu à ladicte tranſaction , eſtoiçt reſpondeu que ce avoiçt eſté , comme procureur
dudict feu Arnulphe , ſon pere , & qu'il n'avoiçt promis aulcune eviction par icelle ,
ny obligé ſes biens , ains ceulx d'iceL*l*uy feu Arnulphe , & que quatre jours auparavant il avoiçt proteſté par acte publicque , qu'en intervenant à ladicte tranſaction , il
n'entendoiçt ſe préjudicier , ni à ſa poſtérité , aulx droiçts & actions qu'il avoiçt ſur ladicte Baronnye ; veoire quand bien ledict Rougier de Monteſquieu euſt faicte à ſon
nom ladicte tranſaction , ſy ne pouvoiçt ceL*l*a nuyre à ladicte de Monteſquieu , le
droict luy eſtant acquis par les ſuſdictes donnations ; & à ce qu'on pouvoiçt dire que
plus de trente ans qu'eſtoinçt eſcheus puys ladicte tranſaction , icelle de Monteſquieu
reſpondoiçt que pour regard dud. Rogier aulcung tems n'avoiçt peu courir utiL*l*ement
durant la vie dudict feu Arnulphe , ſon pere , du decès duquel n'eſtoinçt paſſés que
vingt ans , ny auſſy à ladicte de Monteſquiou , que après le decès dudict feu Rougier , ſon pere , que feuſt audict an mil ſix cens cinq , adjouſtant , à ſon grand regret ,
que leſdictz feus Arnulphe & Rougier de Monteſquieu avoinçt eſté ſy indignes des ſuſdictes donnations par eulx faictes , qu'ilz n'avoinçt du tout rien acquis de ladicte ſomme
de dix mille cinq cens livres du dot de ladicte feue d'Ax , ny rachapt de ladicte ſomme
de dix mille livres du pris de ladicte allienation , que ſullement ladicte Seignurie
de Sainçt Leon & Cauſſidieres , engaigée au Sieur de Cumies pour quatre mille livres
qu'ilz auroinçt depuis rengaigée , & ladicte directe de Bugan engaigée pour mille
livres , & ſy ledict Rougier venant à ſes derniers jours auroiçt faict heret*i*iere ladicte
Dame d'Auſſum , ſa femme , ſans avoyr rien laiſſé à ladicte de Monteſquieu ,
ſa filhe , que ce qu'il ne luy avoiçt peu oſter ; ſy eſtoiçt conſidérable que ledict de Rochefort recognoiſſant ladicte allienation eſtre nulle , auroiçt faiçt
appeller en aciſtance de cauſe ledict de Pontaud ; parquoy jcelle de Monteſquieu con-
cluoiçt avoyr eſté mal jugé par leſd. Conſeillers & Commiſſaires & bien appellé par
elle & à ce que noſtre dicte Court inthérinant ſeſdictes lettres , ſans avoyr eſgard à
ladicte prethandeue tranſaction & alliénation , la maintinſt en ladicte moytié de la
Baronnye de Salles , & généralement en toutz leſdictz aultres biens ayant appartenu
aud. Arnulphe , ſon ayeul , au temps deſdictz Pactes de mariage , la moytié, de ſon propre chef , & l'autre moytié , du chef dudit Rogier , ſon pere , ſoubz ledict beneffice
d'inventaire , & ſans confuzion de ſes droiçtz , avec reſtitution de fruiçtz , deſpans ,
domaiges & inthéretz & aultrement pertenement ; & pour le ſoutien de ſeſdictz appel
& lettres auroiçt ladicte de Montequieu produiçt extraiçt du Teſtement dudict feu
Rougier , ſon pere , du dou*d*zieſme jour d'octobre mil cinq cens nonante ung , plus
l'inventaire des biens d'jcel*l*uy , faiçt à la requeſte de ladicte Dame d'Auſſum , commencé le vingt duxieſme Juilleçt mil ſix cens cinq, plus l'Extraiçt des ſuſdictz Pactes de

mariage, faict, partye appellee, avec l'acte d'infignuation d'iceulx du treitziefme juing mil cinq cens feptante deux; *plus pour monftrer que ledict Arnulphe avoict droict à ladicte place de Salles, tant de fon chef & comme fubftitué en jcelle, par ledict feu Barthelemy de Montefquieu, fon ayeul; mais bien auffy du chef de feu PAUL DE MONTESQUIEU, fecond filz dudict feu Manaud de Montefquieu, ung contract d'efchange faict entre ledict Paul de Montefquieu & MATHIEU DE MONTESQUIEU, pere dudit Arnulphe, par lequel jcelluy Paul auroict cedé tout le droict qu'il avoict à ladicte Baronnye de Salles, led. contract dacté du vingt feptiefme decembre mil cinq cens feiđze.* A quoy contredifant ledict de Rochefort, difoict lefdictes fins de non recepvoyr par luy propozées efdictes Requeftes eftre pertenantes, confidéré le temps efcheu puys le fufdict contract d'achapt par luy ou fon dict pere faict de ladicte Baronnye de Salles & tranfactions paffées entre lefdictz Arnulphe & Rogier de Montefquieu a [*] de Pontaut & Seigneur d'Artignan, fans que lefdictes fins de non recepvoyr puiffent eftre effacées, au moyen defdictz Pactes de mariage, parce que lors d'iceulx ladicte Baronnye n'appartenoict pas aud. Arnulphe de Montefquieu; & de faict, dans lefdictz Pactes ledict Arnulphe avoict *expeciffié* tous les biens qu'il poffedoict, fans parler en auculne façon de lad. Baronnye de Salles, fçaichant bien que la prétantion qu'il avoict fur icelle, en confequance dud. Arreft, demeuroict reduicte à néant, à caufe de ladicte Requefte civille & lettres en oppofition, contre icelles obtenues, incontinant après ledict Arreft donné, fondées fur juftes caufes, mefme fur le Teftement de feu FRANÇOYS DE MONTESQUIEU, *Sieur de la dicte place de Salles, quy avoict fubftitué audict Bernard - Michel, décédant fans enfans masles, ledict Michel de Pontaud,* lequel, fans impetrer auculne Requefte civille povoit fere retracter ledict Arreft: *auffi fur le plaédé defdictes lettres jcelluy Arreft ne feuft poinct declairé éxécutoire contre luy; joinct que pour furcroict, ledict Sieur d'Artigan eftoict intervenu en l'inftance, fouftenant que s'il y avoict fubftitution en ladicte place de Salles elle debvoict eftre ouverte en fa faulveur, en vertu du Teftement dudict feu Barthelemy de Montefquieu;* tellement qu'il ne fe falloict pas esbahir fy tant de prethantions rendoinct ledict Arreft inutille & ledict Arnulphe plain d'aprehantion de perdre tout, avec les frais de la pourfuitte, & fy cela mefmes luy fift defirer d'affopir ung tel procès par ledict accord & tranfaction, ayant par icelle recuilhy plus de proffict qu'il n'en pouvoict attandre en playdant; que d'alleguer que ladicte tranfaction eftoict en eff-ict une vente, & qu'il n'y avoict heu jamais Requefte civille contre ledict Arreft, apparoiffant du contraire par le contenu & difcours d'icelle tranfaction, & par lefdictes lettres de Requefte civille, que debvoinct eftre produictes par ledict de Pontaut; d'alleguer auffy qu'il y avoict claufe en lad. tranfaction refolutoire pourtant que à faulte par ledict de Pontaud payer ladicte fomme de dix mille livres, promife aulx termes y expeciffiés, ledict feu Arnulphe de Montefquieu pourroict reprendre les arremenz dudit procés, ne pouvoict fervir à ladicte de Montefquieu, refultans par les acquitz dont feroict faicte production ledict payment avoyr efté faict, & que jamais ledict feu Arnulphe ne fe feroict plainct du prethandu deffault dudict payement, & feroict bien eftrange que, après environ trente fept ans, que ladicte tranfaction avoict efté faicte, il feuft loyfible d'en demander caffation foubz ung fy foible pretexte; d'alleguer pareilkement que ledict feu Arnulphe de Montefquieu n'avoict pas ratiffie ladicte tranfaction n'eftoict confidérable, puysqu'il avoict faict ladicte procuration à l'effoict d'icelle, moye aut ladicte fomme de dix mille livres, & que ledict Rougier de Montefquieu n'avoict pas excédé ce que eftoict de fa charge, ayant transigé felon ce qu'eftoict pourté par ladicte procuration, oultre que ledict Arnulphe l'avoict affés ratiffiée, ayant prins payement de lad. fomme de dix mille livres y contenue; & quand à ce qu'icelle de Montefquieu demandoict que ledict de Rochefort fupleaft le jufte prix de ladicte Place de Salles, ledict de Rochefort oppofoict à cela la force de telles tranfactions, le laps du temps efcheu defpuis que celle dont eſtoit queſtion avoict eſté paffée, & noz ordonnances quy refiſtoinct à femblables demandes, au moyen de quoy & que toutz les aultres difcours deduictz par lad. de Monteſquieu en feſdictz griefz eſtoinct vains & inutilles, ainſy que ledict de Rochefort fouſtenoict, & qu'en tout cas il demeuroict bien fondé en ladicte garantye, veu ledict contract d'achapt, icelluy de Rochefort concluoict que ladicte de Monteſquieu debvoict eſtre déclairée non recepvable en feſdictz appel & lettres, avec defpans & l'amande ordinaire ; & a ce que en intherinant les fiennes noſtredicte Court le relaxat deffinitivement de fa demande de ladicte fomme de dix mille livres, impofant fur ce fillance perpectuelle à ladicte de Monteſquieu & tous aultres, & en tout évènement & dict droict par ordre condemnaſt ledict de Pontaud rellepver indempne ledict de Rochefort, tant du principal que de tous defpans, domaiges & inthereſtz avec defpans de ladicte garantye & aultrement pertenement ; & pour juſtiffication de fon intention auroict ledict de Rochefort produict les acquitz des payemens qu'il difoict avoyr eſté faictz audict feu Arnulphe de Monteſquieu, ou de fon mandement, à fes créanciers, par ledict feu pere dudict de Rochefort, enfamble ung Arreſt donné par noſtre dicte Court entre Claude d'Arconfieu & Maiſtre Francoys Vergade, pour lui fervir de préjugé, préthandent icelluy eſtre intervenu fur ung pareil faict que celuy don s'agiffoit du treictziefme de feptambre mil fix cens dix. De la part dudict de Pontaud furent obtenues aultres noz lettres tendans en ouverture de la fubſtitution appozée au Teſtement de feu Francoys de Monteſquieu, Sieur & Baron dudict Salles, & pour eſtre maintenu en tout & chafcungs les biens que luy avoinct appartenu, comme auffy en la moytié des biens de feus Bernard & aultre Michel de Pontaud fes ayeul & pere, en vertu de la donnation mentionnée aulx Pactes de mariage d'entre ledict feu Michel de Pontaud, fondict pere, & Damoyfelle Francoyfe de Chateauverdun, fa mere, & à ce que l'autre moytié defdictz biens feuſt déclairée affecté & ypothéquée audict de Pontaud pour la moytié des droitz de feue damoyfelle Gabrielle de Monteſquieu, * . . . . . par elle donnée audict premier enfant masle par lefdictz Pactes de mariage, enfamble pour les fommes & autres droicts que ladicte feüe de Chaſteauverdun avoict apporté à fon dict pere, & encore à ce qu'il feuſt relaxé de la garantye contre luy requife par ledict de Rochefort ; lefquelles lettres ayant eſté prefantées en noſtre dicte Court, ledict de Pontaud euſt fait remonſtrer par efcript que ledict feu de Monteſquieu avoict par fon dict Teſtement du quinziefme de may mil cinq cens foixante deux inſtitué fon herettier univerfel feu Michel-Bernard de Pontaud, filz de ladicte feue Gabrielle de Monteſquieu, fa fœur, à la charge de pourter le nom & armes de fa Maifon ; & au cas ii décéderoict fans enfans masles, luy auroict fubſtitué ledict Michel de Pontaud-& de Monteſquieu, pere dudict George de Pontaud, autre filz de ladicte feue Gabrielle de Monteſquieu, à la mefme condition de pourter le nom & armes de fadicte Maifon & audict feu Michel de Pontaud-& de Monteſquieu, décédant auffy fans enfans masle, luy auroict fubſtitué feu Bertrand de Pontaud, & audict Bertrand, au pareil cas, Sebaſtien de Pontaud ; & à luy, encore au mefme cas, les enfans de feüe MARGERITE DE MONTESQUIEU, fon aultre fœur, en laquelle voulonté ledict Francoys de Monteſquieu eſtoict décédé, & après luy ledict feu Bernard-Michel, fans avoyr eſté marié, par le décès duquel ledict Michel de Pontaud-& de Monteſquieu, pere dudict George de Pontaud auroict reculhy l'hérédicté dudict feu Francoys de Monteſquieu ; & auparavant avoict eſté maryé avec ladicte de Chaſteauverdun, en fauveur duquel mariage, par les fufdictz Pactes ; ledict feu Michel de Pontaud-& de Monteſquieu avoict donné ladicte moytié de feſdictz biens au premier enfant masle que feroict procrée dudict mariage, & lad. de Chaſteauverdun, la moytié des fiens ; fy bien qu'eſtant ledict feu Michel de Pontaud-& de Monteſquieu décédé, ledict de Pontaud, fon filz, auroict fuccédé en tous lefdictz biens dudict feu Francoys de Mon-

Q ij

* Il y a dans l'original un pareil efpace en blanc.

tefquieu , & en ladicte moytié de ceulx de feu Michel de Pontaud , fondict pere,
comme donataire contractuel d'icelluy , & l'autre moytié luy eftoict affecté ypothequée
pour les fufdictz droictz ayant appartenu aufdictes feues Gabrielle de Monrefquieu &
de Chafteauverdun, luy n'ayant accepté l'heritaige de fondict pere que avec bénéffice d'inventaire ; de quoy pouvoict eftre reculhy qu'il eftoict bien fondé aufd. lettres
fans qu'il feuft bezoing s'arrefter à refpondre aulx griefs de ladicte de Montefquieu,
tant parce qu'il y avoit éfté fuffifement refpondeu par ledict de Rochefort que pour
aultant que ledict appel demuroict en effect couvert , au moyen defd. lettres & defpans fufdictz ; & touchant ladicte garantye contre luy requize par ledict de Rochefort,
elle eftoict fans apparence, en premier lieu, puysque ladicte de Montefquieu ne pouvoict rien prethandre fur ladicte Baronnye de Salles ; pour ung fecond, que quand
bien il y auroict lieu de ladicte garantye à caufe de la vente faicte de ladicte Place aud.
feu de Rochefort par ledict feu Michel de Pontaud, l'eviction d'icelle ne porroict
eftre dreffée contre ledict de Pontaud , luy n'eftant heritier que avec bénéffice d'inventaire de fondict pere & fans confuzion de fes droictz; que fy bien il tenoict les biens
delayffés par fondict pere , c'eftoict en la fufd. qualité de donnataire contractrel , &
pour les aultres fufdictz droictz , toutz prefférables à lad. vente ; en troyfiefme lieu,
heu efgard aulx fufdiz Teftement dudict feu Françoys de Montefquieu & fufd.
Pactes de mariage d'entre lefdiz feus Michel de Pontaud-& de Montefquieu , & de
Chafteauverdun fefdictz pere & mere ; en quatriefme lieu, qu'on ne pouvoict mettre en difficulté que ladicte fubftitution ne feuft ouverte au proffict dud. George de
Pontaud, pofées les conditions contenues audict Teftement, ainfy que noftredicte
Court entandift trop mieulx, & par ainfy la vente de ladicte Baronnye de Salles ne
pouvoict eftre fouftenue fingulierement , que c'eftoict la place la plus remarquable
de l'hérédicté , voire, le chef de la Maifon dudict feu Françoys de Montefquieu , &
qu'il y avoict d'aultres biens moingz utilles que pouvoinct eftre vandus pour le payement des prethandus debtes paffif dudit feu Françoys de Montefquieu , denombrés au
contract de ladicte vente , joinct que lors du décés dudict feu Françoys de Montefquieu, il laiffa de grandes commodictés feuft en grains, chevaulx, hardes, or, argent
de valleur de ving-cinq à trente mille livres ; déclairant au furplus ledict de Pontaud , au cas de l'ouverture de ladicte fubftitution en fa fauveur, qu'il fe veult con-
tenter des fufdictes donnations faictes auxdictz Pactes de mariage d'entre fefdictz
pere & mere , à la charge de la déclaration d'ypotheque fur les biens defquelz fondict pere pouvoict difpozer, pour les fommes doctalles & augmens acquis , tant à
lad. feue Gabrielle de Montefquieu, que à ladicte feue de Chafteauverdun & de fes
droictz parofernaulx par elle apportés audict feu Michel de Pontaud ; que fy on vou-
loict dire que ledict de Pontaud avoict trop demuré à demander l'ouverture de ladicte
fubftitution, il refpondoict que ledict feu Michel de Pontaud , fon pere , eftoict
decedé l'an mil cinq cens huictante-ung, don trente ans n'eftoinct encore paffés, &
avoict delayffé ledict George de Pontaud pupille, en laquelle pupiliarité & après
en minorité il avoict demeuré plus de vingt ans ; & ne pouvoict fervir audict
de Rochefort l'Arreft par luy produict pour préjugé, pour aultant qu'il avoict efté donné
fur ung faict differand de celluy d'entre lefdictes partyes , occafion de quoy ledict
George de Pontaud concluoict à ce que fans avoyr efgard à l'appel de ladicte de Montefquieu ny aulx lettres par elle obtenues , ny auffy à celles dudict de Rochefort, il
feuft par noftd. Court relaxé de ladicte garantiye , & intherinant les lettres par luy
impetrées, déclaire ladicte fubftitution eftre ouverte à fon proffict , & luy, en ce fai-
faut, maintenu, nonobftant lad. vente , en la poceffion & jouiffance de ladicte Place
& Baronnye de Salles , avec reftitution de fruietz, domaiges & intherestz , & où ladicte garantye feroict adjugée audict de Rochefort , icelluy de Pontaud feuft auffy
anaintenu en ladicte moytié de toutz & chfacungz lefdictz biens ayans appartenu au-

dict feu Michel de Pontaud, fon pere, à luy acquis par la donnation faicte efdictz
Pactes de mariage, & l'autre moytié déclairée affecté, ypothequée pour le payement
du dot defd. Gabrielle de Montefquieu & de Chafteauverdun, & autres droicez à luy
appartenans, & qu'il avoict fur lefdicts biens & aultrement pertenement ; fy auroict
ledict de Pontaud faict production defdictes lettres en forme de Requefte civille, enfemble d'aultres lettres en pourfuitte d'inftance & playdés faictz fur ladicte Requefte
civille, le tout dacté des vingtfixiefme novembre mil cinq cens foixante fept . &
treitziefme mars mil cinq cens feptante-deux ; plus, d'ung acte contenant le jour de fa
naiffance ; plus, de l'acte de déclaration de fa majorité, du vingtiefme octobre mil fix
cens troys ; plus, d'ung certificat du jour du décès dudict feu Michel de Pontaud ;
plus, de l'acte de la ratiffication faicte par ledict feu Arnulphe de Montefquieu de
ladicte tranfaction du dixiefme may mil cinq cens feptante fept, plus, de l'inventaire
des biens dudict feu Michel de Pontaud ; plus, pour monftrer la différance du faict
d'entre lefdictes partyes, & celluy fur lequel ledict Arreft produict, pour préjugé,
avoict efté donné, auroict ledit de Pontaud faict production du Teftement fur lequel
ledict Arreft auroict efté donné ; à quoy repliquant ledict de Rochefort euft foufte-
nu que ladicte prethandue fubftitution ne pouvoict eftre ouverte en fauveur
dudict George de Pontaud, pour plufieurs rayfons fur ce defduictes, confideré
le conteru audict Téftement dudit feu Francoys de Montefquieu & le fufdict Arreft
de préjugé, oultre que quand elle le pourroict eftre, ce que non, encore ne porroict
ledict de Pontaud rien prethandre fur ladicte Place de Salles par deux confiderations,
la premiere, que la moytié d'icelle, quy eftoict demeurée audict feu Michel de
Pon.aud, fon pere, par les fufdictes tranfactions, paffées entre lefdictz feus Arnulphe
de Montefquieu, Michel de Pontaud & ledict fieur d'Artignan ; eftoict hors des biens
dudict feu Francoys de Montefquieu teftateur, par confequant elle ne pouvoict eftre
fubjecte à ladicte fubftitution ; la feconde, que l'autre moytié de ladicte Place
auroict efté confumée pour les debtes héréditéres dudict feu Francoys de Montefquieu
teftateur, payés par ledict feu de Rochefort, fuyvant le fufdit contract de vente,
ainfin que fe veriffioict par les acquitz dont ledict de Rochefort auroict faict production ; davantaige, pofé qu'il y euft quelque chofe de refte du prix de ladicte moytié,
que ne pouvoict revenir au pix que à la fomme de troys mil livres, fy pouvoict
ledict feu de Pontaud en difpozer, quand bien ladicte fubftitution auroict lieu, veu
que la quarte trebelianique quy avoict appartenu audict feu Michel-Bernard de
Pontaud, herettier dudit feu Francoys de Montefquieu, luy demeureroict acquize,
que reviendroict à beaucoup plus que le furplus dudict prix ; d'abondant eftoict
confidérable, pour le faict de ladicte garantye, que ledict de Pontaud n'eftoict
donataire de feu fon pere que de la moytié de fes biens, & par ainfy ledit de Pontaud
ne la pourroict efviter, ce que icelluy de Rochefort proteftoict dire fans fe defpartir
des fins de non recepvoyr qu'il avoict propofées, tant contre ladicte de Montefquieu
que contre ledict de Pontaud, aufquelles il perfiftoit, enfemble aulx aultres conclufions par luy jà prinfes ; au contraire ledit de Pontaud pour fere voyr que ledit feu
de Rochefort n'avoict pas payé, comme ledict George de Pontaud fouftenoict, aulx
creantiers comprins au fufd. Contract de vente ce qu'il eftoict tenu de payer du prix
d'icelle, & que ledict de Pontaud avoict plufieurs aultres droictz fur ladicte Baronnye
de Salles, mefmes du chef de Damoyfelle Miramonde de Dornezan, de laquelle
ladicte feue Gabrielle de Montefquieu feuft herettiere, & luy, d'icelle de Montefquieu,
auroict produict ung contract d'accord paffé entre lad. Gabrielle de Montefquieu
& Francoys de Garaud, Sieur de Balbianes, ung defdictz créantiers, contenant que
icelle de Montefquieu & Bernard de Pontaud avoinct payé aud. de Garaud la
fomme y mentionnée de leurs deniers propres, dacté ledict contract du vingt fixiefme
febvrier mil cinq cens foixante fix ; plus aultre contract d'accord auffy paffé entre

lad. de Montefquieu & Eftienne de Garaud, Sieur de Blayens ; autre créantier, comprins audict contract, avec l'acquict de partye de la fomme y contenue, payée des propres deniers d'icelle de Montefquieu, du vingt uniefme feptambre mil cinq cens foixante fix ; plus l'extraict d'aultre quitance a elle faicte par ung nommé Argoufe, aultre créantier, du feictziefme octobre mil cinq cens foixante cinq ; plus les Pactes de mariage & Teftement de ladicte feu de Dornezan des dixieme janvier mil cinq cens cinq, & neufiefme febvrier mil cinq cens cinquante ung, confequement ayant noftredicte Court fur les fufd. productions procédé au jugement du Procès, & les Préfidans & Confeillers y aciftans s'eftans truvés partys en leurs oppinions, ladicte de Montefquieu de ce advertye euft obtenu aultres noz lettres en ouverture de la fubftitution appozée au Teftement de feu Barthelemy de Montefquieu, Sieur de ladicte Place de Salles, ayeul dudict feu Arnulphe de Montefquieu, ayeul d'icelle de Montefquieu, & pour eftre mainftenue en tous & chafcungz les biens dudict feu Barthelemy de Montefquieu, prefupozant y eftre appellé par ledit Teftement du feptiefme juillet mil quatre cens huitante ung, qu'elle auroict produict, avec plufieurs contracts de vente faicte par ledict Arnulphe des biens mentionés en iceulx, finablement ayant efté conclud fur lefdictes lettres & par lefdictes Partyes produict, dict, defduict & remonftré plus âmplement tout ce que bon leur auroict femblé, tant fur le principal, que fur certains incidens y joinctz, par les appointemens des Commiffaires à ce depputés, fcavoyr faifons qu'en l'inftance d'entre ladicte Dame Francoyfe de Montefquieu, Vifconteffe de Sedirac, Seignureffe de Saufsous, appellant dudict Jugement donné par nofdictz Confeillers & Commiffaires, tenans les Requeftes de noftre Palais, ledict jour vingt deuxiefme janvier dernier paffé, impetrant & requerant l'intherinement de certaines noz lettres du neufiefme mars auffy dernier paffé, pour eftre maintenue, tant en la moytié de ladicte Place & Baronnye de Salles, qu'en tous & chafcungs les aultres biens dudict feu Arnulphe de Montefquieu, fon ayeul, & aultres fins y contenues, d'une part ; & ledit Meffire Jean-Sebaftien de Rochefort, Chevalier, Sieur & Baron de Marquain, Salles & aultres Places, appellé & deffandeur, d'autres ; & entre led. de Rochefort, demandeur en affiftance de caufe, éviction & garantie, d'une part ; & ledict Meffire George de Pontaud, Sieur dudict Pontaud, deffandeur, d'aultre ; & entre ladicte de Montefquieu, fuppliant & demandereffe à ce que ledict de Pontaud foict tenu déclairer s'il entand s'ayder dudict Jugement, ou eftre appellant d'icelluy, d'une part ; & ledict de Pontaud, deffandeur, d'aultre ; & entre ledict de Rochefort requérant l'intherinement d'aultres noz lettres du vingt-uniefme apvril pareilhement dernier paffé, tandent à ce qu'il foict relaxé, tant de la maintenue contre luy requize par ladicte de Montefquieu, que de la demande de ladicte fomme de dix mille livres, pour raifon de laquelle par ledict Jugement il a efté chargé fere apparoir du payement d'icelle, & autres fins poürtées par lefdictes lettres, d'une part ; & lefdicts de Montefquieu & de Pontaud, refpectivement deffandeur, d'aultre ; & entre ledict de Pontaud, comme filz & heretier, avec bénéfice d'inventaire, & fans confufion de fes droicts, dudict feu Michel de Pontaud & de Montefquieu, auffy Sieur dudict lieu, héretier fubftitué dudict feu François de Montefquieu, Sieur & Baron de ladicte Place de Salles, impétrant, & requérant l'intherinement d'aultres noz lettres du dernier dudict moys d'avril dernier paffé, en ouverture de la fubftitution appozée au Teftament dudict feu Françoys de Montefquieu, & pour eftre maintenu en tous & chafcuns les biens d'icelluy, enfemble en la moytié des biens dudict feu Michel de Pontaud, & relaxé de la garantye contre luy requize par ledict de Rochefort, & aultres fins contenues en icelles, d'une part ; & ledict de Rochefort & de Montefquieu deffandeurs, d'aultre ; & encores entre ladicte de Montefquieu, requérant l'intherinement d'aultres nos lettres du feictziefme juillect auffy dernier, paffé

en ouverture de fubftitution maintenue & autres fins portées par icelle , d'une part ;
& lefdiɛz de Pontaud & de Rochefort , deffandeurs , d'autre. NOSTREDITE
COURT , veu lediɛ procés , playdés des vingt neufiefme janvier , dix huitiefme.
dud. moys de mars , vingt fixiefme dudiɛ moys d'avril , vingtiefme jung &
vingtiefme dudiɛ moys de juilleɛ dernier , lefd. incidentz joinɛz au principal par
les appointements des Commiffaires à ce depputés , des dix feptiefme du mefme
moys de mars , douɛziefme dudiɛ moys d'avril & vingt cinquiefme dud. moys de
juing dernier ; coppie du Teftement de feu Barthelemy de Montefquieu , du feptiefme
juilleɛ mil quatre cens quatre vingtz ung ; coppie d'Arreft en forme, du feptiefme aouft
mil cinq cens foixante fept ; Teftement de feu Françoys de Montefquieu , du quinziefme may mil cinq cens foixante deux ; autre Teftement de feu Michel-Bernard de
Pontaut , du vingt quatriefme juing mil cinq cens foixante neuf ; griefs , contrediɛz
& aultres produɛtions defd. Partyes , par fon Arreft ce jourd'huy donné à meure
& grande délibération , a mis & met l'appellation & ce dont a efté appellé au néant,
& fans avoyr efgard aulx lettres defdiɛz de Montefquieu & de Pontaud , en ce que
tandent en maintenue de la Place & Baronnye de Salles , a relaxé & relaxe led. de
Rochefort des fins & conclufions par eulx contre luy prinfes , & partant que bezoing
feroit , a maintenu & gardé , maintient & garde lediɛ de Rochefort en la poceffion
& jouiffance de ladiɛe Place & Baronnye de Salles , & par mefme moyen a relaxé
& relaxe ledit de Pontaud de la garantye contre luy requize par jcelluy de Rochefort & fans defpaus & pour caufe ; fans préjudice du furplus des lettres defdiɛz de
Montefquieu & de Pontaud , pour fe pourvoyr ainfin & comme il appartiendra ; en
témoing de quoy avons fait mettre noftre fceel à ces préfantes , par lefquelles mandons & comettons au premier noftre Magiftrat fur ce requis , à la Requefte dudiɛ
de Rochefort , appellés ceulx qu'il appartiendra , le fufdiɛ Arreft de noftrediɛe Cour
mettre à deue & entiere exécution fellon fa forme & tenur, conftraignant y obéyr
ceulx que pour ce feront à conftraindre par toutes voyes deues & rayfonnables ; mandons en oultre & commandons à tourz noz Jufticiers , Officiers & Subjeɛz ce faifant
obeyr. Donné à Toulouze , en Noftre Parlement , le neufiefme jour du moys
d'aouft , l'an de grace mil fix cens unze , & de noftre regne le fecond. (*Signé*) Par
Arreft de la Cour, de Catellan , (& *dit*) fcellé dernier May 1612.

Original en parchemin des Archives de la Maifon de Montefquiou.

Commiffion adreffée à Henry de Montefquiou , Sieur d'Artagnan ,
pour commander dans le Château de Montaner.

Louis, par la grace de Dieu, Roy de France & de Navarre , à noftre cher & bien
amé HENRY DE MONTESQUIOU , Sieur d'Arraignan , Salut. Eftant arrivé le decedz du
feu Sieur de Vanzé vivant, Cappitaine & Gouverneur de noftre Chafteau de Montaner, en noftre Pays de Bearn , il eft néceffaire de pourvoir à la garde & confervation de cette Place , en attendant que nous en ayons autrement ordonné , & d'en
donner la charge à quelqu'un fur la valeur & prudhommie duquel nous nous en puif-
fions repofer, & fçachant que pour cet effeɛ nous ne fçaurions faire meilleur ny plus
digne cheoix que de voftre perfonne, pour l'entiere & parfaiɛe cognoiffance que
nous avons d'icelle , . . Nous vous avons commis. . . pour commander dans noftredit Chafteau de Montaner & aux vingt hommes de guerre à pied François que
nous voulons y eftre préfentement eftabliz en garnifon , & dont vous ferez la levée . . . prendre foigneufement garde à la feureté , deffenfe & confervation de lad.
Place , [&c.] Donné à Paris, le premier jour de avril l'an de grace mil fix cent vingt-
huit , & de noftre Reigne le dix huiɛiefme. (*Signés*) Louis, (*plus bas*) Par le Roy,
de Lomenie, (& *fcellé*.)

CLXXVI.
25 Janv. 1630.

Original en parchemin des Archives de la Maison de Montefquiou.

Provifions de la Charge de Capitaine Gouverneur du Château de Montaner, accordée par le Rôy au Sieur d'Artagnan.

Louis [&c.] ayans efgard aux bons & fidelles fervices que le Sieur d'ARTAIGNAN nous a renduz en toutes les occafions qui s'en font préfentées, mefmes en la garde & confervation de noftre Chafteau de Montaner en Bearn, où il a le commandement des gens de guerre que nous y avons cy-devant eftablis en garnifon, ... à iceluy ... avons donné & octroyé ... l'Eftat & Charge de Cappitaine & Gouverneur de noftre dit Chafteau de Montaner, vaccant par le decedz & trefpas du feu Sieur de Vanzé, dernier poffeffeur d'icelluy ... pour ... y commander fous la charge & aucthorité du Sieur Comte de Gramont, Gouverneur, & noftre Lieutenant Général en noftre Royaume de Navarre & Païs de Bearn ... Donné à Paris le XXVe. jour de janvier l'an de grace mil fix cent trente, & de noftre Regne le vingtiefme. (*Signés*) Louis, (*fur le reply*) Par le Roy, de Lomenie.

CLXXVII.
25 Novem. 1635.

Original en parchemin des Archives de la Maifon de Montefquiou.

Commiffion de Capitaine au Régiment de Bearn, Infanterie, accordée par le Roi au Sieur d'Artagnan.

Louis, (*&c.*) A noftre cher & bien amé le Cappitaine ARTAIGNAN, Salut. Ayant refolu pour le bien de noftre fervice de mettre fus pied un Régiment d'Infanterie de vingt enfeignes, foubz le tiltre de noftre Régiment de Bearn, commandé par le Sieur Comte de Touloujon, Meftre de camp d'icelluy, nous vous ... commettons ... pour lever & mettre fus ... une compagnie de cet hommes de guerre à pied François en noftredit Régiment de Bearn ... laquelle compagnie vous commanderez, (*&.*) Donné à Saint-Germain en Laye le XVIe, jour de novembre l'an de grace mil fix cent trente-cinq, & de noftre Reigne le vingt-fixiefme. (*Signés*) Louis, (*plus bas*) Par le Roy, Servien, (*& fcellé.*)

CLXXVIII.
3 Décemb. 1635.

Original en parchemin, des Archives de la Maifon de Montefquiou.

Réception du Sieur d'Artaignan, en la Charge de Lieutenant au Gouvernement de Bayonne & pays circonvoifins.

Anthenin de Gramont-Toulonjon, (*&c.*), Gouverneur & Lieutenant Général pour Sa Majefté en fes Royaumes de Navarre & Principauté de Bearn, Gouverneur de la Ville de Bayonne & pays circonvoifins, à tous, &c. ... Veu par nous les Lettres patentes du Roy données à Chantilly le feiziefme Août mil fix cent trente cinq ... par lefquelles Sa Majefté commet & ordonne le Sieur d'ARTAGNAN pour avoir la Charge de noftre Lieutenant au Gouvernement de la Ville & Chafteau de Bayonne & Pays circonvoifins, vacquante par le décès du feu Sieur de la Salle ... Nous avons icelluy D'ARTAIGNAN mis & inftallé, metons & inftalons en l'exercifse de lad. Charge ... Faict à Bayonne le troifiefme jour de decembre mil fix cens trente-cinq. (*Signés*) Gramont, (*plus bas*) Par mondit Seigneur Gailliardiet, (*& fcellé.*)

Original

Original en papier des Archives de la Maison de Montesquiou.

CLXXIX.
7 Févr. 1636, &
22 Juin 1639.

Accord entre Meffire Jean de Gaffion, Préfident au Parlement de Navarre, & Jeanne de Gaffion, fa fœur, époufe de Meffire Henry de Montefquiou-d'Artaignan, Gouverneur de Montaner & Lieutenant pour le Roy au Gouvernement de Bayonne, relativement à la dot à elle conftituée par fon Contrat de mariage de l'année 1632, & Ratification dudit Accord par ledit Sieur d'Artagnan.

Aujourd'hui feptiefme febvrier mil fix cens trente fix conftitués en leurs perfonnes pardevant moy Notaire & tesmoins bas nommés Meffire Jean de Gaffion, Confeiller du Roi en fes Confeils d'Eftat & Privé & Préfident en la Cour du Parlement de Navarre & Damoifelle Jeanne de Gaffion, frere & fœur, ... ont convenu & accordé comme il s'en fuit ; fçavoir eft, que le Contrat de mariage d'entre NOBLE HENRY D'ARTAIGNA ; LIEUTENANT A PRÉSENT AU GOUVERNE-MENT DE BAYONNE & ladite Damoifelle fortira fon plein & entier effeĉt pour la fomme de dix mille francqs Bourdallois tant feulemeut . . . . . Faiĉt à PAU . . . . . tefmoins Jean de Rimbergés, Gaillard de Suberbie, Jean de Bordenave ; Clercqs & moy Guillaume de Sanforroy, Greffier. (*Signés*) J. de Gaffion, Jeanne de Gaffion, Eftandau, affiftant; Rimbergés, préfent ; Subervie, préfent ; (&) Sanfarroy, Greff.

Conftitué en fa perfonne pardevant moy & tefmoins bas nommés MESSIRE HENRY DE MONTESQUIU, GOUVERNEUR DE MONTANER, LIEUTENANT POUR LE ROY AU GOUVERNEMENT DE BAYONNE , lequel de fa franche volonté a confirmé & ratifié . . . l'Accord & Convention paffés entre Meffire Jean de Gaffion , Confeiller du Roy en fes Confeihs & Préfident au Parlement de Navrarre & Dame Jeanne de Gaffion, fa fœur & femme dudit fieur d'Artaigna, qui eft *fy* deffus , dont lecture a efté faiĉt de mot à mot par luy mefme et par moy dit Notaire & a déclaré avoir fait plufieurs foixs audit Seigneur Préfident la mesme confirmation vervalement & par efcript particulier le vingt fixiesme may mil fix cens trente huiĉt , dont il m'a apparu à moy dit Notaire avec promeffe de le faire rédiger par main publiĉ, cequ'il n'auroit peu faire jufque à ce jourd'hui à caufe de fes longues abfences hors de Bearn, cequ'il exĉute par le préfent aĉte detant plus volontiers qu'il n'a jamais prétendu que la fomme de dix mil*LE* franxc, ... & de fait il c'eft toujours contenté de l'intéreft de ladite fomme . . . puis l'année mil fix cens trente deux, datte de fon contaĉt; . . . . ce que ledit Sieur Préfident a accepté . . . . & pour tout ce deffus garder & obferver ledit fieur d'Artaigna*n* a obligé (*&c.*) . . . . Fait à Pau le vingt d*v*hieme juin mil fix cens trente neuf, tefmoins . . . . . & moy Pierre de Purac, Notaire de ladite Ville, qui le préfent ay retenu, figné avec lefdits Seigneurs & tefmoins. (*Signés*) Artaignan, de Gaffion, acceptant, Cachalon, préfent, Bordenave, préfent, Fouron , préfent (&) de Purac, Not.

Original en parchemin des Archives de la Maifon de Montefquiou.

CLXXX.
7 Janvier 1637.

Quittance de légitime , donnée par Henry de Montefquiou, Gouverneur du Château de Montaner , à Noble Arnaud de Montefquiou , Seigneur d'Artagnan.

Ce jourd'hui feptiefme du mois de janvier mil fix cent trente fept , dans le Chafteau d'Artaignan . . . . pardevant moy Notere Royal foubfigné , & préfens les tefmoins

R

bas només , a esté present en sa persoune NOBLE HENRY de MONTESQUIEU , Gouverneur du Chasteau de Montaner, & Lieutenant pour le Roy dans la Ville de Bayonne , lequel . . . a confessé avoir reçu de NOBLE ARNAULT DE MONTESQUIEU , SEIGNEUR D'ARTAIGNAN , la somme de cinq mille sept cens livres, provenantes , tant de la légitime à luy léguée par feu Noble JEAN DE MONTESQUIEU ; SON PERE , supplément d'icelle légitime & supplément de feue CLAUDE DE BASILHAC , en son vivant DAME D'ARTAIGNAN , SA MERE , que de sa cotte de l'eritage de feu Noble LEONARD DE MONTESQUIEU , son frere , descédé *ab intestat* ... presens . . . & moy Jean la Clotte , Notaire Royal de la Ville de Vic , requis ledit acte ay retenu & expédié cest extrait escript d'autre main , à moy fidelle , deument collationné ; l'ayant soubsigné , en foi de ce dessus. (*Signé*) de La Clotte, No^te.

Original en papier des Archives de la Maison de Montesquiou.

CLXXXI.
24 Juin 1639.

Quittance donnée par Messire Henry de Montesquiou , Gouverneur de Montaner ; Lieutenant pour le Roy au Gouvernement de Bayonne, de la dot de Dame Jeanne Gassion , son épouse , à Messire Jean de Gassion , Président au Parlement de Navarre , son beau-frere.

Constitué en sa personne , pardevant moy Notaire , & tesmoins bas nommés , MESSIRE HENRY DE MONTESQUIEU , Gouverneur de Montaner , Lieutenant pour le Roy au Gouvernement de Bayonne , a recogneu . . . . avoir reçu de Messire Jean de Gassion , Conseiller du Roy en ses Conseils , Président au Parlement de Navarre , en qualité d'héretier au bénéfice d'inventaire de feu Messire Jacques de Guassion , Président , & contractuel de Dame Marie d'Esclaus , ses pere & mere , la somme de onze mille franx Bordalois , faisant en livres huit mille deux cens cinquante livres , pour l'entier payement de la dot & légitime de Dame Jeanne de Gassion , sa femme , & pour tout ce qu'ils peuvent & doivent prétendre sur les biens délaissés par ledit feu Sieur de Gassion , Président , & ceulx de Madame de Gassion , pere & mere de lad. Dame , & les biens propres dudit Seigneur Président . . . Fait à Pau , le vingt & quatre juin mil six cent trente-neuf . . . . (*Signés*) Artaignan , de Gassion , du Casso , présent , de Peyret , présent , Seguelast , présent. Rapporté à Pau le quinzieme dudit mois & an , à moy David de Cradey , Notaire. (*Signé*) de Cradeys, Not.

CLXXXII.
14 Févr. 1644.

Original en parchemin des Archives de la Maison de Montesquiou.

Commission du Roy au Capitaine d'Artagnan de lever & commander l'une des vingt Compagnies de chacune cent hommes, qui doivent composer un Régiment dont Sa Majesté a jugé à propos augmenter son Infanterie Françoise.

Louis , (*&c.*) A nostre cher & bien amé le Cappitaine ARTAIGNAN , Salut. Ayant estimé à propos pour le bien de nostre service d'augmenter les Trouppes que nous avons sur pied , d'un Régiment d'Infanterie Françoise , composé de vingt Compagnies de cent hommes chacune , soubz la charge du Sieur de Toulonjon , Mestre de Camp d'iceluy , . . . Nous vous . . . . commettons . . . . pour lever , & mettre sus . . . . une desd. Compagnies , . . laquelle vous commanderez , (*&c.*) Donné à Paris le XIV febvrier l'an de grace mil six cent quarante quatre , & de notre Reigne le premier. (*Signé*) Louis , (*plus bas* ,) Par le Roy , la Royne Regente , sa Mere , presente , le Tellier , (*& scellé.*)

151

Original en papier des Archives de la Maison de Montesquiou.

Procuration donnée par Messire Henry de Montesquiou, à Dame Jeanne de Gassion, son épouse, pour passer le Contrat de mariage de Marie leur fille, avec M. le Baron de Sauveterre.

CLXXXIII.
20 Juin 1665.

Ce jourd'huy vingtiesme du mois de juin mil six cent soixante cinq, après midy, en la Ville & Cité de Bayonne, pardevant moy, Notaire Royal soubzsigné, presens les tesmoingz bas nomméz, a esté constitué en sa personne MESSIRE HENRY DE MONTESQUIEU, Sieur d'Artaignan, Lieutenant pour le Roy au Gouvernement de ladite présente Ville, lequel .... a .... constitué sa procuratrice .... Dame Jeanne de Gassion, son espouze, pour .... passer Contrat de mariage pour DEMOISELLE MARIE D'ARTAIGNAN, LEUR FILLE naturelle & legitime, avec Monsieur le Baron de Sauveterre; & ce conformément aux Articles de mariage que lesdictz *Seigneur* d'Artaignan & de Sauveterre ont passé & signé le vingtuniesme du mois d'avril dernier. Ainsy l'a ... juré ez présences de ... tesmoins . .. & moy. (*Signés*) Artaignan, J. Reboul, présent, du Holde, présent, & de Reboul, Note. Rl.

Original en papier des Archives de la Maison de Montesquiou.

Quittance donnée par Noble Henry d'Artaignan, à Jeanne de Dame Gassion, sa mere, de la somme de 6000. liv., dont 3000. livres à lui léguée par le Testament de feu Henry d'Artagnan, son pere, Lieutenant de Roy en la Ville de Bayonne, & les autres 3000. l. formant sa légitime.

CLXXXIV.
6 Nov. 1670.

Constitué en sa personne, pardevant moy Notaire, & tesmoins bas nommés, NOBLE HENRY D'ARTAIGNAN, lequel .... a reconnu .... avoir ... receu la somme de six mille livres de Dame Jeanne de Gassion, vefve & héritiere testamentaire de feu Messire Henry d'Artaignan, son mari, Lieutenant, quand vivoit, du Roy en la Ville de Bayonne, & icelle pour raison de trois mille livres que ledit Séigneur, SON PERE, luy avoit laissées & leguées par son Testament ... & les trois mille livres restantes, pour raison de la légitime que lad. Dame sa mere lui a constitué sur ses biens, autres que sur sa dot*te* .... Faict à Montané le sixiesme novembre mil six cent septante ... tesmoings .... & moy Pierre de Peyragude, Notayre de Montaney. (*Signé*) de Peyragude.

Original en papier des Archives de la Maison de Montesquiou.

Articles de mariage de Noble Henry d'Artagnan, avec Demoiselle Ruth de Fortaner.

CLXXXV.
18 Févr. 1671.

Scachent tous presentz & advenir que le dix & huitiesme febrier mil six cent septante un, Artigles & Conbention de mariage ont esté faictz & passés entre NOBLE HENRY D'ARTAIGNAN, habitant à Montanné, d'une part; & Damoiselle Ruth de Fortaner-de Moncaup, assistée & authorisée du Sieur de Fortaner, son pere, & de Damoiselle Maigdalenne de la Puyade, sa mere; ... en contemplation duquel mariage led. Sieur de Fortaner a institué ... lad. Damoiselle Ruth de Fortaner, sa fille, heritiere de tous ... ses biens; .. ledit Sieur d'Artaignan ... promet de porter en dot, avant les nopces, la somme de six mille livres que la Dame Jeanne de Guassion, sa mere, lui a payées en cessions, par transaction du sixiesme novembre dernier ... Ainsi l'ont promis & juré ... Fait à Moncaup ... présens tesmoings ... & moy Jean de la Forcade, Notaire publicq de Lembeye, qui ces presentes ay retenu, grossoyé & signé.

(*Signé*) la Forcade, N.re

R ij

CLXXXVI.
28 Nov. 1681. Original en parchemin des Archives de la Maison de Montefquiou.

Acquifition d'une maifon fife à Moncaup par Noble Henry de Montefquiou, Sieur d'Artagnan.

Sachent tous prefens & advenir que Jeanne de Gurs, vefve à feu Jean de Filhucau, dit Pantalon, du prefent lieu de Moncaup, .. a vendu ... en faveur de NOBLE HENRY DE MONTESQUIUT, Sieur d'Artaignan, habitant audit lieu de Moncaup, .. une maifon fituée audit lieu, ... pour le prix & fomme de cent vingt efcus petits,.... Fait à Moncaup le dix huict novembre mil fix cens quatre vingt un ... tefmoings ... lefquels avec ledit Sieur d'Artaignan ont figné avec moy Antoine de Guilhemarnaud, Coadjuteur du Notaire public de Lembaie, quy la note du prefent ay retenu, fait grofloyer & figné.

(*Signé*) Guilhemarnau, Coadeur.

CLXXXVII.
29 Sept. 1685. Original en parchemin des Archives de la Maifon de Montefquiou.

Procuration de Meffire Louis de Montefquiou, Abbé de Sordes, à Meffire Louis de Montefquiou-d'Artagnan, Ecuyer, fon frere, pour pourfuivre le payement de fes droits fur les fucceffions de feus Meffire Henry de Montefquiou-d'Artagnan, Lieutenant de Roi de la Ville de Bayonne, & de Dame Jeanne de Gaffion, leurs pere & mere.

Cejourd'hui vintg neufiefme du mois de feptembre mil fix cent quatre vingt cinq,.. en la Ville de Sorde, maifon Abbatialle dudit lieu, pardevant moy Notaire Royal foubzfigné, prefens les tefmoings bas nommés, a efté prefent en fa perfonne Meffire LOUIS DE MONTESQUIEU-D'ARTAGNAN, Seigneur, Baron & Abbé dud. Sorde, lequel... a faict & conftitué... fon procureur... NOBLE HENRY DE MONTESQUIEU-D'ARTAGNAN, Efcuier, fon frere, pour ... pourfuivre ... le payement des droits. & prétentions que led. Seigneur conftituant a & peut avoir fur les biens & effets de feu MISSIRE HENRY DE M NTESQUIEU-D'ARTAGNAN, Lieutenant pour le Roy en la Ville de Bayonne, & de Dame Jeanne de Gaffion, fes pere & mere ; .. promettant avoir le tout pour agréable ... ainfi l'a promis ez prefences de ... tefmoings .... & moy.

(*Signés*) Artaignan, Abbé de Sorde,.... & de Verges, Notᵉ. Royal.

Original en parchemin des Archives de la Maifon de Montefquiou.

CLXXXVIII.
6 Octobre 1687. Donation par Meffire Pierre de Montefquiou, Chevalier, Seigneur d'Artagnan, Capitaine & Major des Gardes Françoifes du Roy, à MESSIRE HENRY DE MONTESQUIOU, Chevalier, Seigneur d'Artagnan, fon frere, de fes droits fur la légitime de feue Dame Jeanne de Gaffion, leur mere.

Pardevant les Confeillers du Roy Notaires au Chaftelet de Paris fouffignez, fut prefent MESSIRE PIERRE DE MONTESQUIEU, CHEVALIER, SEIGNEUR D'ARTAGNAN, Capitaine & Major des Gardes Françoifes du Roy, .. lequel a ... reconnu ... avoir donné . . . . . à Messire Henry de Montesquieu, Chevalier, Seigneur d'Artaignan, son frere, demeurant ordinairement au lieu de Moncan en Bearn, . . la part & portion qui peut competer & appartenir aud. Sieur d'Artaignan sur la légitime de deffunte Dame Jeanne de Gassion, leur mere, au jour de son décés veuve de Messire Henry de Montesquieu, aussi Chevalier, Seigneur dudit Artagnan, Lieutenant de Roy de la Ville de Bayonne, & Gouverneur du Chasteau de Montaner . . . . . Fait & passé à Paris . . . . l'an mil six cent quatre vingt six le sixiesme octobre après midy, & ont signé la Minute des présentes demeurée en la possession de Lauverdy, l'un desdits Notaires soussignéz.

(*Signés*) Coullineau (&) Lauverdy.

Original en papier des Archives de la Maison de Montesquiou.

Acquisition par Dame Ruth de Fortaner, veuve de Noble Henry de Montesquiou, Sieur d'Artagnan, d'une maison sise à Moncaup.

Sachent tous présens & avenir que Arnaud de Sarremes . . . . a vendu . . . . en faveur de Dame Ruth de Fourtaner, veuve à feu Noble Henry de Montesquiu, Sieur d'Artaignan, . . une maison située au lieu de Moncaup, . . pour le prix & somme de trois cents livres : . . . Fait à Moncaup le traize octobre mil six cents quatre-vingt-suize, . . . tesmoins . . . & . . . moy Antoine de Guilhemar*nod*, Notaire public de Lembeye, qui la notte du present ay reçeue, fait grossoyer & signé pour ladite Dame. (*Signé*) Guilhemar*naud*, N^ore.

Original en parchemin des Archives de la Maison de Montesquiou.

Provisions de l'Office de Maréchal de France, accordé par le Roy à son cher & bien amé Pierre de Montesquiou-d'Artaignan, Lieutenant Général de Ses Armées, Gouverneur de Ses Ville & Citadelle d'Arras, Son Lieutenant Général en la Province d'Artois, & Directeur Général de son Infanterie.

Louis, par la grace de * . . . . . Roy de France & de Navarre, à tous ceux qui ces présentes lettres verront, Salut. Les guerres que nous soutenons d* . . . . . sque toutes les Puissances de l'Europe, nous ayant obligé de tenir sur pied des Armées considérables, nous avons eu une particuliere attention au * . . . . ix des Officiers pour le commandement de nos troupes, & no * . . . . p . . . . plus hautes dignités de la guerre ceux qui se sont distinguez par leurs services & leur capacité; c'est dans cette veue que nous avons résolu de revétir de l'Etat & Office de Maréchal de France, notre cher & bien amé Pierre de Montesquiou-d'Artaignan, Lieutenant Général de nos Armées, Gouverneur de nos Ville et Citadelle d'Arras, et notre Lieutenant Général en notre Province d'Artois, Directeur Général de notre Infanterie. Nous avons par nous mesme connoissance de son mérite personnel & des grandes qualités qu'il possede; car, *outre l'ancienneté de sa Noblesse & les Illustres alliances que sa naissance luy donne*, nous l'avons veu dans toutes ses actions plus particulierement qu'aucun de nos autres sujets; après avoir esté eslevé Page de notre Écurie & avoir servy dans la Premiere Compagnie de nos Mousquetaires, il entra en qualité d'Enseigne en notre Régiment des Gardes Françoises; il a servy pendant une longue suite d'années avec distinction dans les Emplois de Lieutenant, de Capitaine & Major du même Regiment, ausquels il a esté élevé par son merite, ensorte que la

CLXXXIX.
13 Oct. 1696.

CXC.
15 Sept. 1702.

* Les espaces ici ponctués & marqués d'un astérisque, sont emportés dans l'original.

capacité qu'il s'y estoit acquise , nous fit faire choix de luy pour rédiger & establir des regles uniformes d'exercice & de discipline pour notre Infanterie , dont il fut fait Inspecteur & ensuite Directeur Général , dans les fonctions desquels emplois il mérita d'estre fait Brigadier & ensuite Maréchal de nos Camps & Armées, & estant satisfaits de l'assiduité , de la valeur & de la capacité qu'il avoit témoigné dans toutes les actions de guerre & les sieges de Places où il s'est trouvé, nous l'honorames en 1695. de la dignité de Lieutenant Général de nos Armées : ensuite nous fismes choix de luy pour estre près de notre Petit Fils le Duc de Bourgogne , à sa première campagne , croyant ne luy pouvoir donner un plus sage & plus experimenté Capitaine en l'art de la guerre, Pendant les Campagnes qui ont suivy , il a toujours réussy dans les Commandemens qu'il a eü & dans les entreprises qu'il a fait avec une valeur & une conduitte qui ne laissent rien desirer ; ce qu'il a encore fait paroitre pendant la campagne dernière , en contenant nos ennemis avec le Corps qu'il commandoit & par la prise du Poste de Varneton qu'il emporta l'épée à la main , & à la Bataille qui vient d'estre donnée en Flandres, en laquelle ayant de plus en plus fait connoitre sa grande valeur, son intrépidité , sa bonne conduitte & son expérience consommée , nous n'avons pas voulu différer plus longtems à luy donner des marques d'une entiere confiance. A ces causes , … nous avons fait … & estably , faisons & establissons ledit Sr. Pierre de Montesquiou , Maréchal de France , & led. Etat & Office que nous avons créé & augmenté … en sa faveur , (outre & pardessus ceux qui sont à présent) luy avons donné … Car tel est notre plaisir … Donné à Versailles le quinzieme jour de Septembre l'an de grace mil sept cent neuf & de notre Regne le soixante septieme. (*Ces Provisions signées*). Louis (*sur le reply*) Par le Roy, Phelypeaux ; (*& scellées en cire jaune sur double queue de parchemin*).

Original en papier des Archives de la Maison de Montesquiou.

Procès verbal des Preuves de Noblesse faites par Messire Louis de Montesquiou , Prince de Raches , Colonel d'Infanterie , devant MM. les Marquis de Créquy-Hémont , & de Mouchy & Baron du Pire , pour être reçu aux Etats d'Artois.

Veu par Nous , Messire Alexandre - Henry de Créquy , Chevalier , Marquis d'Hémont , Député de la Noblesse d'Artois vers Sa Majesté ; Messire Jean-Charles de Bournel , Chevalier , Marquis de Mouchy , Maréchal des Camps & Armées du Roy , Grand Maître de la Garde-Robbe de Monseigneur le Duc de Berry ; Messire Nicolas-Alexandre , Chevalier Baron du Pire & d'Hinge , Colonel de Dragons , Aide-Major Général de l'Armée de Flandre , & Grand Bailly de Bethune , la Requeste présentée à l'Assemblée de la Noblesse d'Artois, par Messire Louis de Montesquiou , Prince de Rache , Colonel d'un Régiment d'Infanterie , portante à ce qu'attendu que les Titres de sa Maison sont entre les mains de M. le Maréchal de Montesquiou , son oncle , il plût à ladite Assemblée de nommer des Commissaires du Corps de la Noblesse pour éxaminer à Paris , lesdits Titres , affin d'avoir entrée aux Assembléez desdit Estat , en marge de laquelle Requeste ladifte Assemblée *à la main tenu* * , Arras le cinq Juillet dernier , nous auroit nomméz & authorisez à l'effet requis d'en dresser nostre Procès verbal & le faire tenir à M. le Marquis d'Hesdigneul , Député général & ordinaire dudit Corps, pour qu'il le puisse comprendre dans la liste qui sera envoyée à la Cour , contenante les noms de ceux qui doivent recevoir les ordres du Roy pour assister ausdit Etat.

* *Sic.*

« Pour à quoy parvenir Monſieur le Maréchal de Monteſquiou nous auroit envoyé Meſſire Louis de Monteſquiou d'Artaignant, Abbé de Sorde & d'Artous, son frere, lequel nous auroit repréſenté, premiérement,

Le Contrat de Mariage dudit Meſſire Louis de Monteſquiou, son nepveu, avec Damoiſelle Louiſe-Alphonſe de Berghes, Princeſſe de Rache, Dame de Boubers-ſur-Canche, paſſé pardevant les Notaires Roiaux d'Artois, au Chaſteau dudit Boubers, le trois de février mil ſept cent treize, où il conſte que Meſſire Louis de Monteſquiou, Colonel d'un Régiment d'Infanterie, eſt fils de feu Meſſire Henry de Monteſquiou d'Artaignant & de Dame Marie de Fortanès, ſes pere & mere, que ladite terre de Boubers (qui eſt une terre à clocher) appartient à ladite Dame Princeſſe de Rache, ſa femme, & que Meſſire Pierre Baron de Monteſquiou, Comte d'Artaignant, Maréchal de France, eſt ſon oncle paternel ; avec la clauſe inſérée à la fin dudit Contrat que ledit Seigneur de Monteſquiou ſignera Monteſquiou, Prince de Rache.

Autre Acte de Meſſire Pierre, Baron de Monteſquiou, Comte d'Artaignant, Maréchal de France, en datte du premier de février mil ſept cent treize, par lequel il déclare que Meſſire Louis de Monteſquiou, Colonel d'un Régiment d'Infanterie, eſt fils de feux Meſſire Henry de Monteſquiou & de Dame Marie de Fortanès, & que ledit Meſſire Henry de Monteſquiou eſtoit ſon frere, &, eux deux, enfans de feu Henry de Monteſquiou d'Artaignant, Lieutenant pour le Roy au Gouvernement de la Ville de Bayonne & pays adjacent, Gouverneur pour Sa Majeſté du Chaſteau de Montanès, dans la Province de Bearn, & de Dame Jeanne de Gaſſion, ſœur de feu Mr. le Maréchal de Gaſſion ; leur pere & mere.

Le Contrat de mariage dudit Henry de Monteſquiou avec Damoiſelle Jeanne de de Gaſſion, par l'entremiſe & moien de Noble Antoine de Monteſquiou, Sieur de St. Paſtous, ſon frere, & ſon procureur ſpécial, & de Meſſire Jean de Gaſſion, Conſeiller du Roy en ſes Conſeils, & Préſident au Parlément de Navarre, frere de ladite Damoiſelle, à Pau en Bearn, le trois de juin mil ſix cent trente-deux, ratifié par ledit Noble Henry de Monteſquiou, Capitaine & Gouverneur de Montanès, le onze juin audit an mil ſix cent trente-deux.

Teſtament dudit Sieur Henry de Monteſquiou, Lieutenant pour le Roy au Gouvernement de Bayonne & y Commandant, en datte du deux aouſt mil ſix cent ſoixante ſept, par lequel il déclare qu'il a eſté marié avec Dame Jeanne de Gaſſion, & que dudit mariage il y a eu procréation de pluſieurs enfans vivans nommés Raimond de Monteſquiou, Henry de Monteſquiou, Antoine de Monteſquiou, Pierre de Monteſquiou & Louis de Monteſquiou.

Acte de Partage paſſé à Montanès le cinquieme de may mil ſix cent quatre vingt-ſix, fait en conſéquence d'une Tranſaction du vingt neuf de ſeptembre mil ſix cent ſoixante neuf, entre feu Dame Jeanne de Gaſſion, vuſve de feu Meſſire Henry de Monteſquiou-d'Artaignant, en ſon vivant Lieutenant pour le Roy au Gouvernement de Bayonne, par lequel leſdit Sieurs de Monteſquiou, au nombre de cinq, partagent les biens de leurdit feu pere & mere, ſçavoir entre Raimond de Monteſquiou, qui eſt l'aiſnés, Henry de Monteſquiou, qui eſt le ſecond, Antoine de Monteſquiou, le troiſieme, Pierre de Monteſquiou, Capitaine & Major du Régiment des Gardes du Roy, le quatrieme, & Louis de Monteſquiou, Abbé de Sorde & Artous, le cinquieme.

Le Contrat de mariage de Noble Jean de Montefquiou, Seigneur d'Artaignant, avec Damoifelle Claude de Bafillac, fœur de Meffire Eftienne Baron de Bafillac, paffé fous les Regnes d'Henry Roy de France & de Pologne, & d'Henry Roy de Navarre, Comte de Bigorre, le quinze de Novembre mil cinq cent foixante & dix-huit.

Teftament dudit Noble Jean de Montefquiou, Seigneur d'Artaignant, paffé dans fa Maifon Seigneurialle dudit Artaignan, le treizieme de juin mil fix cent huit, par lequel il paroît que Dame Claude de Bafillac eftoit fa femme, & qu'il partage fes biens entre fes fix enfans, fçavoir Arnaud de Montefquiou, fon fils aifné, qu'il fait fon héritier, léguant quatre mil livres à chacuns de fes enfans, fçavoir Jean, Gabriel, Antoine, Léonard & Henry de Montefquiou; ce qui démonftre que ledit Henry de Montefquiou, marié avec laditte Dame de Gaffion, eftoit fon fils.

Contrat de mariage de Noble Paul de Montefquiou, Efcuier d'Henry Roy de Navarre, fils de Noble Manaud de Montefquiou & de Noble Jaumette de Fontaine, Seigneurs de Sales, en Lauraguiës, Dioceffe de Mirepoix, en datte du vingt d'aouft mil cinq cent vingt quatre, avec Damoifelle Jaquette d'Eftang, Dame d'Artaignant, fille de feu Noble Sanfano d'Eftang & de Dame Simono Marrace, Seigneurs dudit Artaignant.

Teftament de Noble Jacquette d'Eftang, Dame d'Artaignant, femme dudit Noble Paulon de Montefquiou, fon mary, en datte du vingt cinq octobre mil cinq cent quarante & un, laquelle n'ayant point d'enfans, fait donation audit Paulon de Montefquiou de fa Terre d'Artaignant.

Second mariage dudit Noble Paul de Montefquiou, Seigneur d'Artaignant, avec Noble Claude de Terfac, fille de Noble Jean de Terfac, Seigneur de Montberraud, paffé au Chafteau de Monberraud, le vingt quatre de feptembre mil cinq cent quarante cinq.

Teftament de Noble Dame Claude de Terfac, Douairiere de la Maifon d'Artaignant, paffé en la Maifon Seigneurialle dudit Artaignant, en Bigorre, le vingt-fix de feptembre mil cinq cent quatre vingt-dix, par lequel elle fait fon héritier univerfel Noble Jean de Montefquiou, Seigneur d'Artaignant, fon fils.

Ce qui prouve que ledit Jean de Montefquiou, Seigneur d'Artaignant, mentionné aux actes ci-devant, eft fils de Paul de Montefquiou & de laditte Dame Claude de Terfac.

Donation du vingt deux de février mil quatre cent quatre-vingt feize, par Exinnet de Montefquiou, Chevalier de l'Ordre de St. Jean de Jérufalem, en faveur de Jean de Montefquiou, fon frere, par lequel acte il eft encore prouvé qu'ils font fils de Noble & puiffant Seigneur Barthelemy de Montefquiou, Chevalier Seigneur de Sales, au Dioceffe de Mirepoix, & de Marfan, au Dioceffe d'Auche, & de Dame Anne de Goulard, leur pere & mere, que Bertrand de Montefquiou, Manaud de Montefquiou, Arnaud de Montefquiou, Jean de Montefquiou, le Vieux, Jean de Montefquiou, dit Gaillardon, auffy bien que ledit Exinet de Montefquiou, avec Jeanne de Montfquiou, Gaillardel de Montefquiou & Marguerite de Montefquiou, tous freres & fœurs, font enfans légitimes dudit Seigneur Barthelemy de Montefquiou, tant de fa premiere que de fa feconde femme.

Acte

Acte de Compulfoire obténu à la requeſte de Noble & puiſſant Seigneur Pierre de Montefquiou, le quinze de juin mil cinq cent dix huit, de certaine Tranſaction faite & paſſée le ſeptième juillet mil quatre cent quatre vingt trois, Charles Roy de France regnant, Jean eſtant Archevefque d'Auch, entre Nobles perſonnes Bertrand de Montefquiou & Manaud de Montefquiou, tous deux fils de Noble & puiſfaut Seigneur Barthelemy de Montefquiou, Chevalier, Seigneur de Marſan & de Sales.

Arreſt du parlement de Touloufe en datte du vingt-fept d'aouſt mil cinq cent foixante fept, dans lequel il eſt exprimé que le Contrat de mariage d'entre Manaud de Montefquiou, fils de Barthelemy, d'une part, avec Jacquette de Fontaine, eſt du vingt neuf de juin mil quatre cent foixante & dix-huit, & que ledit Barthelemy de Montefquiou a fait un Teſtament le ſeptième de juillet mil quatre cent quatre-vingt un.

Teſtament du ſept de juillet mil quatre cent quatre vingt & un, de Noble & puiſſant Seigneur Barthelemy de Montefquiou, Seigneur de Sales & de Marſan, énoncé & datté dans l'Arrêt du Parlement de Touloufe du vingt fept aouſt mil cinq cent foixante fept, cy-devant rapporté, dans lequel il eſt encore porté que ledic Barthelemy avoit pour fils aiſné Bertrand de Montefquiou, à qui il donne la Seigneurie de Marſan, & à Manaud de Montefquiou, la Seigneurie de Sales; il dénomme encore pour ſes autres enfans Arnaud de Montefquiou, Jean de Montefquiou, Jean de Montefquiou, dit Gaillardon, Mathieu de Montefquiou & Exinet de Montefquiou, tous Nobles & Efcuyers, & trois fille, Jeanne de Montefquiou, Gaillarde de Montefquiou, & Marguerite de Montefquiou, tous ſes enfans tant de ſa premiere que de ſa feconde femme.

Autre Acte de Compulfoire du dernier avril quinze cent foixante & dix-fept, à la requête de Jean de Montefquiou, d'un autre Teſtament dudit Noble Seigneur Barthelemy de Montefquiou, Seigneur de Sales & de Marſan, par lequel il fait Bertrand de Montefquion ſon principal héritier, donne la Seigneurie de Sales à Manaud de Montefquiou, un de ſes autres enfans, dénomant Arnaud de Montefquiou, Jean de Montefquiou, Jean, dit Gaillardon de Montefquiou, Mathieu de Montefquiou, & Exinet de Montefquiou, tous Efcuiers; trois filles, Jeanne de Montefquiou, Gaillarde de Montefquiou, & Marguerite de Montefquiou, pour ſes enfans.

Les cinq derniers Titres cy-devant énoncez prouvent que Manaud de Montefquiou, pere de Paul de Montefquiou, Seigneur d'Artaignant, eſtoit frere d'Arnaud de Montefquiou, de Jean de Montefquion, d'Exinet de Montefquiou & autres, & qu'ils eſtoient tous enfans de Barthelemy de Montefquiou.

Ceſſion ou Donation de la terre de Marſan, du vingt neuf avril mil quarre cent foixante & onze, par Noble & puiſſant Seigneur Bertrand de Montefquiou, Chevalier, Seigneur de Montefquiou & de ladite Terre de Marſan, en faveur de Barthelemy de Montefquiou, ſon frere.

Autre Acte de Donation de Jean de Montefquiou, en faveur de Noble Seigneur Barthelemy de Montefquiou, Seigneur de Sales, ſon oncle, de tous les droits qu'il a en ladite Terre de Sales, par lequel Acte il eſt dit que Gaillarde d'Efpagne, jadis Dame de Sales, au Dioceſſe de Mirepoix, Sénefchauſſée de Touloufe, eſtoit en ce temps là femme de Noble Seigneur *Ayſſivius*, Chevalier, Seigneur de Mon

S

tefquiou & d'Angles , & auffi mere de Noble Seigneur Barthelemy de Montefquiou , Chevalier , Seigneur dudit Sales , d'*Ayfinius* de Montefquiou , Chevalier,
Seigneur dud. lieu de Montefquiou ; de Jean de Montefquiou , Archidiacre & Chanoine de l'Eglife Cathédralle de St. Etienne à Touloufe , de Bertrand de Montefquiou , Chevalier , Seigneur dudit Montefquiou ; de Noble Roger de Montefquiou,
Seigneur de Marfan , tous freres & enfans légitimes dudit Seigneur *Aifinius* leur
pere , & de laditte Dame Gaillarde d'Efpagne leur mere , ainfi qu'il eft dit cy-
devant , & que ladite Dame Gailharde d'Efpagne , eftoit Dame de Sales ; cet acte
eft du fept de juillet mil quatre cent foixante & onze.

Autre Arreft du Parlement de Touloufe du huit avril mil quatre cent foixante
& dix , par lequel il eft prouvé que Bertrand de Montefquiou , Barthelemy de
Montefquion , & Roger de Montefquiou , font enfans dudit Meffire *Aifinius* de
Montefquiou , & qu'un autre *Aifinius* de Montefquiou eftoit fils dudit *Aifinius* &
frere defdit Bertrand , *de* Barthelemy & Roger de Montefquiou , & que Gaillarde
d'Efpagne eftoit femme dudit Meffire *Aifinius* de Montefquiou , pere & mere defdit
Aifinius , Bertrand , Barthelemy & Roger , cy-devant énoncés.

Autre Acte du dix huit de juillet mil quatre cent foixante & fept , par lequel il
eft énoncé que Noble & puiffant Seigneur Barthelemy de Montefquiou , Chevalier ,
Seigneur de Sales , eft fils de Noble & puiffant Seigneur *Arfivus* de Montefquiou ,
Chevalier , Baron d'Angle , & de Noble & puiffante Dame Gaillarde d'Efpagne ,
que Noble & puiffant Seigneur Bertrand de Montefquiou , Chevalier , Seigneur
defdit lieux , eftoit fils dudit *Arfivus* & de laditte Dame Gaillarde d'Efpagne , &
auffi frere dudit Barthelemy de Montefquiou.

Autre Arreft du Parlement de Touloufe du dix neuf avril mil quatre cent cinquante neuf , entre Belgarde de Montefquiou , femme de Meffire Simon de Garcie ,
Chevalier , Seigneur de Lavedan , demandereffe , d'une part ; contre Bertrand de
Montefquiou , Chevalier , deffendeur , d'autre part ; où laditte Belgarde de Montefquiou foutient que la Baronnie de Montefquiou luy appartient accaufe qu'elle
eftoit fille d'*Afinius* , Baron de Montefquiou & d'Angle , & icelluy fils aifné d'*Aif-
finius* , Baron de Montefquiou & d'Angle , (que ledit Arreft énonce avoir efté un
Chevalier d'une grande valeur & réputation) & de Dame Gaillarde d'Efpagne ,
grand pere & grande mere de laditte Belgarde ; icelluy Arreft maintient laditte
Dame Belgarde de Montefquiou dans fes droits à l'exception de l'hérédité fubftituée,
dont eft la Baronnie de Montefquiou , qui eft adjugée audit Bertrand de Montefquiou , fon oncle.

Donation en datte du vingt trois de janvier mil quatre cent quarante huit , par
laquelle Noble & puiffant Seigneur *Aifinius* , Chevalier , Seigneur de Montefquiou
& de toute la Terre & Baronnie d'Angle , donné à Noble & puiffant Seigneur
Barthelemy de Montefquiou , Seigneur de Sales , fon frere , toute la Terre de Marfan,
fituée au Dioceffe d'Auch.

Les fix dernieres Pieces ont efté raportées pour prouver que Barthelemy de
Montefquiou , pere de Manaud de Montefquiou , eftoit fils d'*Aifinius* , Baron de
Montefquiou ; que ledit Barthelemy eftoit frere d'*Aifinius* de Montefquiou , de
Bertrand de Montefquiou , de Roger de Montefquiou & d'Exinet de Montefquiou , &
que Dame Gaillarde d'Efpagne , eftoit leur mere.

Et pour plus grande & plus illuftre Preuve de Nobleffe de ladite Maifon de Montefquiou, il nous auroit repréfenté un Extrait d'un Regiftre ou Cartulaire manufcrit repofant dans les Archives du Chapitre de Sainte Marie d'Auch, intitulé : *Compilator feu Collector factorum Capituli Aufcitani, Vici, Nugatolii, Sancti Orientii, tum Archiepifcoporum diverforum.*

Livre ancien de Sainte-Marie d'Auch, *five Liber Honorum Capituli Aufcitani.*

Le premier Chapitre contient les noms de tous les anciens Archevefques d'Auch.

Le fecond Chapitre intituléz : *de Confulibus Gafconiæ,* commence par ces mot :

*Prifcis temporibus cum Gafconia Confulibus effet orbata & Francigenæ timentes perfidiam Gafconum Confules de Francia addiutos * interficere folitorum, Confulatum refpuerunt : maxima pars Nobilium virorum Gafconiæ Ifpaniam ad Confulem Caftellæ ingreffi funt, poftulantes ut unum de filiis fuis eis in Dominum daret. Hic autem quamvis, audita perfidia eorum, fibi & filiis fuis timeret, fi quis ex ipfis venire vellet, conceffit. Tandem Sancius Mitarra, minimus filiorum ejus, cum viris illis Gafconiam venit, ibique Conful factus, filium, qui Mitarra Sancius vocatus eft, genuit. Hic Mitarra Sancius genuit Garciam Sancium Curvum, qui tres filios genuit, Sancium Garciam, & Vuillelmum Garciam, & Arnaldum Garciam, quibus Gafconiam divifit. Sancio Garciæ dedit majorem Gafconiam, Guilleimo Garciæ dedit Fidenciacum, Arnaldo Garciæ dedit Aftaracum. Sancius Garciæ genuit duos filios Manzeres, Sancium Sancium & Guillelmum Sancium. Guillelmus Sancius genuit Nobilem Ducem Gafconiæ Sancium & fratres & forores ejus.*

* Sic. C'eft *adduttos;* le point fur le premier membre de l'u a donné cette mauvaife leçon.

Chapitre 3 intitulé : *de Confulibus Fidenciacii.*

Guillelmus Garcias Conful Fidenciacii genuit Otonem, cognomine Faltam, & Bernardum Lufcum, qui conftruxit Monafterium Sancti Orientii, & divifit eis Confulatum fuum. Otoni dedit Fidenciacum, Bernardo dedit Armaniacum. Oto genuit Bernardum Otonem, cognomine Mancium Tineam, Bernardus Oto genuit Aimericum, Aimericus genuit Guillelmum Aftam Novam, qui, cum Autendo Archiepifcopo, majorem edificavit Ecclefiam Aufcitanam, quæ prius parva erat. Guillelmus Afta Nova genuit Aimericum, qui & Forto nominatus eft. Ifte Aimericus genuit Aftam Novam. Afta Nova filium non genuit, fed filiam nomine Adalmur, matrem Beneatrieis, quæ non genuit.

Chapitre 4 intitulé : *de Confulibus Armaniaci.*

Bernardus Lufcus, Conful Armaniaci, genuit Geraldum Trencaleonem, Geraldus genuit Bernardum Tumapaler, Bernardus Tumapaler genuit Geraldum, Geraldus genuit Bernardum, Bernardus genuit Geraldum & forores ejus.

Chapitre 5 intitulé : *de Confulibus Aftaracii.*

Arnaldus Garcias Comes Aftaraci genuit Garciam Atnaldi, Garcias Arnaldi genuit Arnaldum, Arnaldus genuit duos filios, Guillelmum & Bernardum Pelagos; Vuilelmo dedit Aftaracum, & Bernardo Pelagos dedit, Pardiniacum. Guillelmus genuit Sancium, Sancius genuit Bernardum, Bernardus genuit Sancium; Bernardus Pelagos genuit Otgerium, Otgerius genuit Guillelmum, Guillelmus genuit Boamundum.

Chapitre 37, intitulé : *de Fremozeinx.*

Notú msit omnibus tum presentibus quam futuris quod ego Arsivus de Montes-quivo, filius videlicet Raim undi Eimerici, fratris Comitis Guillelmi Asta Novæ ; dedit Ecclesiam quandam in honore S^{ti}, Laurentii Martiris fundatam, Domino & Sanctæ Mariæ Sedis Ausciensis, nec non & Archiepiscopo Vuillelmo & Canonicis ejudem loci, in Villa mea, quæ vocatur de Fremozeinx, quæ mihi procedebat ex alodio matris meæ Aurianno, nomine de la Mota, pro remissione peccatorum meorum nec non & supra dictorum parentum meorum ; & ut firmior esset concessio accepi à supra dicto Archiepiscopo Guillelmo LXX. Solidos Ausciensis monetæ, & super altare Beatæ Mariæ manu mea, cum Carta ista, donationem feci coram Canonicis ejusdem Eclesiæ & fide mea, nec non & fidejussoribus Oggerio de Montealto & Perdigone de Camarada, illud tenendum promisi. Superdictam Eclesiam ita ab integro donavi, cum omnibus allodiis suis cultis & incultis & cum deciznis & oblationibus, cum donatione Clericorum, ibi manentium, quod nec ego, nec aliquis ex parentibus meis censum vel donationem ibi requirat.

Chapitre 39, intitulé : *de Sancta Christina.*

Ego Aimericus Comes, filius *Asta novæ* Comitis, donum quod pater meus Asta nova de Villa Sanctæ Christinæ Beatæ Mariæ fecerat, per multum temporis calumnians, dicens patrem meum non dedisse ipsius Villæ militiam ; tandem justitiam recognoscens, laudavi donum quod pater meus fecerat, & ex parte mea dedi Beatæ Mariæ predictam Villam, pro peccatis meis, totam & ab integro, sicut pater meus tenuerat & possiderat, nec non Domino Vuillelmo Archiepiscopo & successoribus ejus, Sedisque Ausciensis Canonicis. Est autem ibi honor Vuillelmi Aurioli de Solonez, honor videlicet Arnaltasi Dezpuy & honor de Lostavilla, nec non & honor Hugonis Desgavarred, & quod in predicta Villa habet & Vicaria quam Villicus ibi tenet. De his omnibus dedi Semoratum * & Dominatum Beatæ Mariæ, in manu Vuillelmi Archiepiscopi, sicut pater meus & ego habuimus & tenuimus ; tali conditione ut nullus Episcoporum, Prepositorum vel Clericorum andeat dare vel vendere alicui hominum de honore prædictæ Villæ ; quod si fecerint, heredes mei aufferant quibus datum fuerit, & reddant Beatæ Mariæ absque calomnia & aliqua contradictione. Si quis autem filiorum, vel parentum vel successorum meorum hoc donum quod pater meus & ego pro peccatis nostris fecimus, infringere vel evacuare presumpserit, iram Dei & Beatæ Mariæ incurrat, sit que à Sanctæ Mariæ gremio expulsus & eliminatus, donec ad emendationem & satisfactionem veniat. Factum est hoc donum apud Monasterium Elisanum, sub ulmo, ante Eclesiam scilicet *Lupensis* Martiris, anno ab Incarnatione M.XC.IIII. Residente in Romana Sede Papa Urbano, Regnante Philippo Rege Francorum. Ut autem hoc donum firmum & stabile permaneat dedit predictus Archiepiscopus Comiti Aimerico LX. solidos Morlanos ; Antea dederat enim ipsi Comiti pro eodem honore C. Solidos ejusdem monetæ. Fide jussores ejusdem negotii, Raimundus Bernardi de Montalt & Girardus de Arbeisani, Visores & testes eidem ipsi & uxor Comitis Biverna & Bernardus, frater Comitis, nec non & Petrus de Meo & Bernardus de Casanova, in manu Archiepiscopi Vuillelmi, in urbe Ausciensi, sub ulmo, ante Salam, in presentia patris sui & matris. Valeat in perpetuam. Amen.

Chapitre 72, intitulé : *de Dono Pictavinæ.*

Notum sit tam presentibus quam futuris quod ego Pictavina, dedi, ob remissionem peccatorum meorum, Deo & Beatæ Mariæ filium meum Odonem, cum parte quam habeo in eclesia de la Artiga, & totum Casallum de Laians integre , cum quarta parte Eclesiæ de Pipnins , & cum quarta parte Eclesiæ de Gaubisan & cum quarta parte Eclesiæ de Castellonovo. Super hæc omnia dedi me ipsam Domino & Beatæ Mariæ & Vuillelmo Ausciensi Archiepiscopo & Canonicis ejusdem Eclesiæ , in presentia totius Capituli, ut tam spiritualium quam actualium bonorum illius Eclesiæ particeps fierem. Donum hoc feci xiiij. idibus octobris anno m.cxliij. ab Incarnatione Domini , Regnante Lodoico Rege Francorum. Testes hujus rei fuerunt Bertrandus de Montagud , Bernardus de la Tor , Arnaldus Deiadjuva , Bidal de Priai , Arpinus Arremon de Solzan , Perpetit Perbey & plures alii.

Chapitre 103. intitulé : *De Arsivo de Montesquiu.*

In nomine Domini Jesu Christi. Ego Arsivus de Montesquiu , ob remissionem peccatorum meorum , trado & incano , meum offero hunc filium Bertrandum Domino & Beatæ Mariæ Ausciensis E. lesiæ : dono etiam, cum eo, Deo & Beatæ Mariæ quid quid juris habeo , vel , ex paterna successione habere debeo in Eclesiis ubicumque sint , videlicet in Eclesia Sancti Martini de Berdala , in Eclesia d'Angles , de Basiano Despos , de Fremozeinx. Nullus igitur de posteritate mea Eclesiam Ausciensem ulterius super hic inquietare presumat ; quod si quis , Diabolico furore commotus , donationem hanc in irritum revocare temptaverit , anatematis gladio sevius percellatur & cum Datan & Abiron maledictioni Divinæ in perpetuum subjiciatur ac a terminibus Sanctæ Matris Universalis Eclesiæ longius sequestretur , à Sancta Communione Domini Corporis ac Sanguinis , ut indignus , alienetur , honore sepulturæ privetur , omni que beneficio totius Christianitatis spolietur. Hic Arsivus genuit Bertrandum , cujus filius nomine Raimundus Aimericus per excursum longi temporis in Eclesia Auscitanea , se se canonic*atum* & hujus modi donationem avi sui super sanctum altare Beatæ Mariæ propria manu confirmavit.

On lit sur la fin du livre :

Bertrandus de Monteesquivo originaliter descendit a Rege Castellæ per filium suum Sancium Mitarram , qui venit Vasconiam , ibique Dominus factus , genuit filium quem vocavit Mitarram Sancium & hic Mitarra Sancius genuit Garciam Sancium Curvum, qui tres filios genuit , scilicet Sancium Garciam & Guillelmum Garciam & Arnaldum Garciam , quibus Gasconiam divisit ; Sancio Garciæ dedit majorem Gasconiam; Guillelmo Garciæ, dedit Fidenciacum ; Arnaldo Garciæ dedit, Astaracum. Quod autem per istum Guillelmum Garciæ Comitem Fidenciaci Dominus meus predictus de Monteesquivo descendit sufficiat prosequi de ipso , qui scilicet Garcias genuit duos filios , scilicet Otonem , cognomine Faltam , & Bernardum Luscum, & divisit eis terram suam ; sic que Otoni dedit Fidensiacum & Bernardo , Armaniacum. Oto genuit Bernardum Otonem , cognomine Mancium Tineam ; & Oto genuit Aimericum. Ista omnia patent in principio libri 2. & 3. Capitulis. Aimericus genuit Guillelmum Astam Novam, sicut patet superius in Capitulis, & Raimundum-Aimerici, sicut patet 37. Capitulo , ubi legitur *de Fremozeinx*, qui scilicet Raimundus Aimericus genuit Arsivum de Montesquivo ; patet ibi ; Guillelmus Asta Nova genuit Aimericum qui Forto nominatus est & Cognatus prædicti Arsivi.

Ce*st* Extrait est collationnéz par le Sr. de la Roche, Secrétaire du Roy ; Maison Couronne de France & de Ses Finances, près le Parlement de Toulouse.

Et pour confirmer tout ce que dessus il nous auroit produit un Extrait intitulé :

Natitia utriufque Vafconiæ, tam Iberica quam Aquitanica, Authore Arnaldo Oihenarto, Mauleonenfi, dit Arnaud Dhoyenard, qui exprime tout ce qui eſt advancé cy-devant, au ſujet de laditte Maiſon de Monteſquiou.

Au ſurplus des Donations que les deſcendans de laditte Maiſon de Monteſquiou ont fait à l'Abbaye de Berdoues, au Dioceſſe d'Auch, depuis l'an onze cent cinquante juſques en l'an douze cent ſoixante & dix, tirés par Extrait des Archives de laditte Abbaye de Berdoues, tous collationnés & authentiques, ſçavoir, un Engagement fait audit Monaſtere par Raimond Aimeric, fils de Bertrand de Monteſquiou, l'an 1150, Louis eſtant Roy de France, Sancius Comte d'Aſtarac, Guillaume Archevefque d'Auch. Autre par lequel Raimond Aimeric de Monteſquiou acheprant le Chaſteau d'Eſtipoy, confirme des dons & achapt audit Monaſtere de Berdoues, l'an 1167, ſous les mêmes Regnes. Autre Engagement de Raimond Aimeric de Monteſquiou, Dame *Piĉtavina* ſa femme, & Raimond Aimeric, leur fils, de l'an 1184. Autre de laditte *Piĉtavina*, fille de Piĉtavinoe Matrau, avec Raimond Aimeric de Monteſquiou, ſon mary, ſes fils & filles, de l'an 1185. Donation do 200 ſols Morlas par Raimond Aimeric & par *Arſivus* de Monteſquiou, ſon frere, fils de Raimond Aimeric, de l'an 1204, Philipe eſtant Roy de France, Bernard Archevefque d'Auch. Autre Engagement d'*Arſivus* de Monteſquiou, frere de Raimond Aimeric, fils de Raimond Aimeric, de l'an 1209. Autre dudit *Arſivus* de Monteſquiou, de Braida, ſa ſœur, & de Behel, fille de Braida, de l'an 1210. Autre dudit *Arſivus* de Monteſquiou, fils de Raimon Aimeric, de l'an 1212, s'en allant en Eſpagne contre les Saraſins. Autre dudit *Arſivus* de l'an 1213. Achapt dudit *Arſivus* de l'an 1215. Autre engagement dudit *Arſivus de Monteſquivo*, de l'an 1230. Autre Donation audit Monaſtere par *Arſivus de Monteſquivo*, du conſentement de Raimond Aimeric, ſon fils, & de ſes autres héritiers, en la main de Seguine Conteſſe d'Aſtarac, l'an 1245, Louis eſtant Roy de France, *Centulus* Comte d'Aſtarac, & *Hiſpanus* Archevefque d'Auch. Autre de Raimond Aimeric *de Monteſquivo*, fils de *Arſivus* Seigneur de Monteſquiou, de ſon conſentement & de ceux d'*Aimericus* & de *Gentiſquivus*, ſes freres, dont ſont témoins *Arſivus*, *Aimericus* &. Herſquinus, fils dudit *Arſivus*, de l'an 1258. Autre Vendition de Raimond Aimeric, fils d'*Aſſivius*, de l'an 1269. Autre Confirmation par Raimond Aimeric *de Monteſquivo*, du conſentement d'Aimeric & Hugon ſes freres, de la donation faite par *Arſivus de Monteſquivo*, ſon pere, & par *Braida*, ſa ſœur, de l'an 1270. Tous les titres cy-deſſus prouvant cinq générations.

Avec l'Information des Preuves pour eſtre reçus Chevalier de l'Ordre, de Meſſire Adrien de Monluc, Prince de Chabanois, Comte de Carmain, Baron de Sen Felix, Monteſquiou-d'Angles & autres lieux, Conſeiller du Roy en ſes Conſeils, Maréchal de Camps en Ses Arméz, Capitaine de cent hommes d'Armes de Ses Ordonnances, Séneſchal, Gouverneur & Lieutenant-général pour le Roy en ſon Pays & Comté de Foix, Terres Souveraines d'Omeſſan *, d'Audour *, pour monſtrer que la Maiſon Noble de Monluc-Maſencomme, de laquelle il prend ſon extraĉtion maternelle étant tombé en quenouille il y a plus de trois cent ans, reprins ſon nom en ſa continuation dans la Maiſon Noble de Monteſquiou, de laquelle il prend ſon extraĉtion paternelle, parce que Odon de Monteſquiou, Cadet de laditte Maiſon de Monteſquiou, eſpouſa l'héritiere de Mazencome, à condition d'en porter les Noms & Armes & de quiter le nom de Monteſquiou, comme de telles conventions ſe pratiquoient lors entre les bonnes Maiſons : deux des puiſnés mêmes de Louis le Gros ayant eſpouſés les héritieres de Dreux & de Courtenay, dont ils prirent les Noms & les Armes ; dans le cahier deſquelles Preuves, il eſt dit que laditte Maiſon de Monteſquiou eſt iſſue, il y a ſept ou huit cent ans, des Roys de Caſtille & de Navarre,

i estoient Seigneurs de toute la Gascogne, l'un des puisnéz desquels Roys ayant eu
ur son appanage le pays de Gascogne, qu'il divisa entre ses enfans, dont l'un eut
Comté de Fesensac, lequel eut deux enfans, l'aisné fut Comte de Fesensac, le
det Baron de Montesquiou-d'Angle, dépendant dudit Comté de Fezesensac. Le
ahier desdittes Preuves est du vingt janvier mil six cent vingt-neuf, signé d'un des
ommissaires, l'autre signature se trouvant deschiré.

Veu aussy le Reglement pour l'entrée ausdit Estat à nous envoié à cet effet por-
at que les Prétendans seront tenus de faire Preuve de quatre générations de No-
esse de sang, portant au moins cent ans de même maniere que les Chevaliers
Malthe, d'un seul Chef seulement, & qu'ils seront Seigneurs d'une Terre à Clo-
er des plus Seigneurialles.

Nous Commissaires susdit &, en vertu du pouvoir à nous donnés par ladite
ssemblée de Noblesse, déclarons avoir veu, leu & meurement éxaminé tous les
itrres cy-devant mentionnés, à Nous représentés & rendus, & en conséquence
clarons encor de les avoir trouvés en bonne & deue forme, au moyen de quoy
ous en avons dressé le présent Procès verbal pour estre envoié à M. le Marquis
Hesdigneul, conformément à l'Ordonnance de ladite Assemblée. Fait à Paris le dix
pt d'aoust mil sept cent treize. (*Signés*) Alexandre-Henry de Crequy Hesmon,
ournel, Marquis de Monchy & le Baron Dupire d'Hinge.

Original en papier des Archives de la Maison de Montesquiou.

Testament olographe de Pierre de Montesquiou, Comte d'Arta-
nan, Maréchal de France, & dépôt dudit Testament.

Au nom du Pere, du Fils & du St. Esprit, C'est icy mon Testament, . . que je
rie mon légataire universel, d'accord avec ma femme, mon frere l'Abbé & le Comte
Artagnan, Capitaine Lieutenant de la premiere Compagnie des Mousquetaires du
oy, mon cousin germain, de faire éxécuter suivant sa forme & teneur.
Je donne mon ame à Dieu & mon corps à la terre, & desire d'etre enterré sans
ulle cérémonie . . . . .
Je desire qu'il soit donné aux Pauvres de la Paroisse où je seray enterré, deux cens
ivres, une fois payer . . .
J'institue PAUL ARTAIGNAN, L'AISNÉ DE MES NEVEUX, BRIGADIER D'INFANTERIE,
ILS DE MON FRERE ARTAIGNAN-DE MONCO, mon legataire universel; & en
as qu'il meurt sans enfant, avant moy, je substitue LOUIS, SON FRERE CADET,
u'on nomme MONTESQUIOU, BRIGADIER, CORNETE DE LA PREMIERE
COMPAGNIE DES MOUSQUETAIRES ; . . si celuy-là n'a point d'enfans legitimes, à
eur défaut je substitue LEUR FRERE CADET, qui est MARECHAL DES LOGIS ET
MAJOR DE LA PREMIERE COMPAGNIE DE MOUSQUETAIRES DU ROY . . .
Je donne a MON NEVEU ARTAIGNAN-DE BEUSTE, quinze mille livres, a luy
& à ses enfans; & en cas qu'il meurt sans enfans, je les substitue a SON FRERE
CADET ; mais comme il est destiné à l'Eglise, s'il se trouve pourvu d'une Abbaye,
il n'en jouira pas, & cette somme de quinze mille livres retournera de son frere,
après sa mort, à mon légataire universel.
Je donne a mon NEVEU LOUIS DE MONTESQUIOU, CORNETE DES MOUS-
QUETAIRES, vingt mille livres une fois payer.
J'ay donné en mariage A MA NIECE D'ARTAIGNAN, en se mariant avec
Monsieur de Loigny, par son Contrat de mariage, la somme de trente six mille
livres ; . . c'est une dette que je desire estre payée . . .

Je donne à MES QUATRE NIECES, RELIGIEUSES, en penfions viageres...
favoir, à celle qui eft a Eftrun, près d'Arras, cent cinquante livres par an, cent
livres à celle du Val de Grace, & cinquante livres à chacune des deux qui font
Religieufes en Bearn...

Je donne quinze mille livres à ma niece d'Altermat...

Je prie & defire que la liquidation faite entre ma femme & moy, de nos
reprifes reciproques fur la communauté, faite le vingt fix octobre mil fept cent
dix fept, reconnue devant le Sieur Lefevre, Notaire a Paris, ne reçoive nulle
difficulté....

Comme le Roy m'a accordé un Brevet de retenue de cinquante mille efcus fur mon
Gouvernement d'Arras, j'en donne cinquante mille livres à mon NEVEU MONTES-
QUIOU, CORNETE DES MOUSQUETAIRES DE LA PREMIERE COMPAGNIE...

Fait au Pleffis-Picquet ce vingt feptembre mil fept cent vingt trois, lequel j'ai
écrit & figné de ma main, figné, Pierre d'Artaignan, Maréchal de Montefquiou.

Enfuite eft ecrit:

Madame la Maréchale & moy avons acheté cent mille livres de billets de liquidation, qui nous ont coufté vingt mille livres, dont nous nous fommes faits quatre
mille livres de rente viagere, dont la moitié eft fur fa tefte, & l'autre moitié fur la
tefte DE PIERRE DE MONTESQUIOU, CHEVALIER D'ARTAIGNAN, MARECHAL DES
LOGIS ET AYDE-MAJOR DES MOUSQUETAIRES DU ROY, dont il jouira après ma
mort, figné, M^{al}. de Montefquiou.

Audeffous eft ecrit:

Parafé, *ne varietur*, par le Sieur Jofeph-Louis Le Nain, Secrétaire de mondit Seigneur
le Marechal de Montefquiou, & nous Commiffaire, fouffigné, fuivant notre Procès-
verbal d'apofition de nos fcélez, au Chateau du Pleffis-Piquet, ce douze aouft mil
fept cent vingt-cinq, figné Le Nain & le Comte, avec parafes.

Au dos du verfo du quatrieme feuillet, eft ecrit:

C'eft icy mon Teftament fait en deux feuilles, écrit de ma main. Fait le vingt
feptembre mil fept cent vingt-trois.

Plus bas eft encore ecrit:

Parafé, *ne varietur*, par le Sieur Jofeph Le Nain, Secrétaire de mondit Sieur le Maréchal
de Montefquiou & nous Commiffaire, fouffigné, fuivant notre Procès verbal d'apofition de nos fcélez, au Chateau du Pleffis-Piquet, ce douze aouft mil fept cent
vingt-cinq, figné Le Nain & le Comte, avec parafes.

En l'original du Teftament de TRÈS HAUT ET TRÈS PUISSANT SEIGNEUR
MONSEIGNEUR PIERRE BARON DE MONTESQUIOU, COMTE D'ARTAIGNAN,
MARÉCHAL DE FRANCE, GÉNÉRAL DES ARMÉES DU ROY, GOUVERNEUR
DES VILLE, CITÉ ET CITADELLE D'ARRAS, CHEVALIER-COMMANDEUR
DES ORDRES DE SA MAJESTÉ; contrôlé a Paris par Naleau, & dépofé pour
Minute à Lefevre, l'un des Notaires à Paris, fouffignez, cejourd'hui dix neuf aouft
mil fept cent vingt cinq, fuivant le Procès verbal d'apofition de fcélez dudit Sieur
Commiffaire le Comte, du douze du préfent mois, jour du décès dudit Seigneur
Maréchal, arrivé en fon Chateau du Pleffis-Piquet près Paris.

(*Signés*) de la Balle (&) Lefevre. (*En marge*) *fcellé led. jour.*

Procès verbal des Preuves de Noblesse de M. le Comte d'Artagnan, pour l'Ordre du St. Esprit.

CXCII.

27 Avril 1724.

Extrait des Titres produits par haut & puissant Seigneur Messire JOSEPH DE MONTESQUIOU, Chevalier, Seigneur & Comte d'Artagnan, Lieutenant Général des Armées du Roy, Capitaine-Lieutenant de la 1°. Compagnie des Mousquetaires à cheval de la Garde ordinaire de Sa Majesté, Gouverneur des Ville & Citadelle de Nismes, nommé Chevalier de Ses Ordres, pour les Preuves de sa Noblesse.

Na. Les Armes des Sujets de la ligne directe & celles de leurs alliances sont peintes dans ce Procès verbal, à chaque degré. On a pensé qu'il étoit inutile de les faire graver ici.

DEVANT Monsieur le Duc de Tallard, Mareschal de France, & Monsieur le Marquis d'Huxelles, aussy Mareschal de France, Chevaliers & Commandeurs des mesmes Ordres, Commissaires à ce deputez par Lettres patentes du 22 fevrier 1724.

I°. DEGRÉ.

Joseph de Montesquiou, Comte d'Artagnan, Lieutenant Général des Armées du Roi, Capitaine-Lieutenant de la premiere Compagnie des Mousquetaires de Sa Majesté, Gouverneur de Nimes.

LETTRES PATENTES du Roy, Chef & Souverain Grand Maitre des Ordres de St. Michel & du St. Esprit, adressées à ses très-chers & bien amez Cousins le Mareschal de Tallard, Duc d'Hostun, & le Mareschal

T

d'Huxelles, Chevaliers & Commandeurs de Ses Ordres, portant que
son cher & bien amé le Comte d'Artagnan ayant été élu au Chapitre
du 2 de ce mois pour être reçu Chevalier de Ses Ordres à la premiere
Cérémonie, en satisfaisant aux Preuves requises par les Statuts : Sa
Majesté les a commis pour les éxaminer, sur le rapport qui leur en sera
fait par le Sieur Clairambault, Généalogiste des mêmes Ordres ; & que
s'il les trouvent suffisantes, ils en signeront le Procès-verbal avec lui, & y
feront appliquer le cachet leurs Armes, pour être ensuite remis à son très-
amé & féal * Abbé de Pomponne, Commandeur & Chancelier desdits
Ordres, pour en faire Rapport au premier Chapitre : ces Lettres données
à Versailles le 22 de fevrier 1724. signées Louis, & plus bas Par le
Roy, Chef & Souverain Grand Maître des Ordres de St. Michel & du
St. Esprit, le Bas, à costé, visa, signé, Arnaud de Pomponne, & scellées
du Grand Sceau & Contre-sceau desdits Ordres, en cire blanche.

* On a oublié
les mots : le Sieur.

*MÉMOIRE des Services de Joseph de Montesquiou, Comte d'Artagnan,
Seigneur de Gensac, Barbachin & Masous, donnée pour satisfaire aux
Articles XXIV. & LXIX. des Statuts.*

Le Roi me donna en 1668. la Casaque des Mousquetaires ; je servis
en cette qualité pendant les années 1669. 1670. 1671. & 1672. dans
tous les Sieges que le Roy fit en Hollande.

En 1673. je fus Volontaire avec M. le Marquis d'Hautefeuille au
passage du Canal de Bruges ; il batit l'arriere-garde des ennemis : je fus
ensuite au Siege de Mastrick, à la reprise de la demie-lune, où fut tué
M. le Comte d'Artaignan, Commandant la Premiere Compagnie des
Mousquetaires, & le Roy me donna une Enseigne aux Gardes.

En 1674. je servis au Siege de Gray, qui se fit dans l'hiver : je fus
fait la même année Sous-Lieutenant aux Gardes, & au commencement
de la Campagne je fus au Siege de Besançon, où je fus détaché pour
attaquer la contrescarpe & le retranchement ; en sortant de cette attaque
le Roy me fit Garçon Major : je me trouvai aussi la même année à la
prise de Dole & d'autres postes & Châteaux en Franche-Comté, après
quoy je suivis le Roy à Paris, où il ne fut pas plutôt arrivé que je fus
détaché avec six Compagnies aux Gardes au secours d'Oudenarde, où je
fis les fonctions d'Aide-Major.

En 1675. je me trouvay au Combat de Meulhosen & à la Bataille de
Turquem, sous les ordres de M. le Maréchal de Turenne.

En 1676. je fus de l'attaque des dehors de Condé & à la prise de
Bouchain, & la même année à la Bataille de Treve, sous M. le Maréchal
de Créquy.

En 1677. je fus détaché pour attaquer les dehors de Valenciennes, &
j'entrai dans la Place avec le détachement : on m'envoya en sortant de-là
à Cambray, où je me trouvay à l'attaque de la contrescarpe de la
Citadelle.

En 1678. je fus au Siege d'Ypres & á celui de Gand , & á la Bataille de S. Denis.

En 1680. je fus fait Lieutenant aux Gardes.

En 1681. le Roi me fit Ayde-Major.

En 1682. j'achetai une Compagnie aux Gardes.

En 1683. je fus détaché au Siege de Courtray , pour attaquer la contrefcarpe qui fut prife.

En 1684. le Roi me donna l'agrément de la Cornette des Moufquetaires moyennant 45000. livres.

En 1688. je commandois le détachement des Moufquetaires qui alla avec feu Monfeigneur le Dauphin au Siege de Philisbourg.

En 1690. j'allai avec Monfeigneur le Dauphin , & je commandois le détachement des Moufquetaires en Allemagne.

En 1691. je fis la Campagne en Flandres, je fus détaché avec les Moufquetaires pour reprendre l'ouvrage à corn de Mons , & je fus fait Brigadier la même année.

En 1692. je fervis au Siege de Namur , & je fus détaché avec les Moufquetaires pour reprendre le retranchement de la Caffote ; l'hiver enfuite j'eus le commandement de la Cavalerie fur la Meufe.

En 1693. je commanday le détachement des Moufquetaires qui étoit en Allemagne avec Monfeigneur le Dauphin.

En 1694. je commanday le détachement des Moufquetaires qui étoit avec Monfeigneur le Dauphin en Flandres.

Là, la même année le Roy jugea à propos de doubler les Officiers des deux Compagnies de Ses Moufquetaires ; par fon arrangement il fit paffer M. le Marquis de Mirepoix fecond Lieutenant à la feconde Compagnie, & voulut que je fus fecond Sous-Lieutenant dans la premiere, quoique M. de Mirepoix fut Enfeigne dans la premiere, & que je ne fus que Cornette dans la même Compagnie.

En 1695. je fervis auprès du Roy.

En 1696. je commanday le détachement des Moufquetaires , fous les ordres de M. le Maréchal de Villeroi , & je fus fait la même année Maréchal de Camp.

En 1697. je fervis auprès du Roy.

En 1701. je commanday le détachement des Moufquetaires qui fut en Franche-Comté & en Alface , fous les ordres de M. le Maréchal de Tallard.

En 1702. je fus fur les côtes de Normandie avec la Cornette des Moufquetaires , & je fus fait Lieutenant Général la même année.

En 1703. je fervis en Flandres en qualité de Lieutenant Général , & je commanday le détachement des Moufquetaires , fous les ordres de Mrs. les Marefchaux de Villeroy & de Bouflers.

En 1704. je fervis auprès du Roy.

En 1705. je marchay avec le détachement des Moufquetaires que je commandois fur la Mofelle, où je joignis au Camp de Circq l'Armée que commandoit M. le Maréchal de Villars, où je fervis en qualité de

Lieutenant General, & j'eus ordre la même Campagne de passer en Flandres, où je servis en la même qualité, sous les ordres de M. le Mareschal de Villeroy.

En 1706. je servis auprès du Roy.

En 1707. je fis la Campagne en Flandres sous les ordres de M. le Duc de Vendosme, en qualité de Lieutenant Général & Commandant le détachement des Mousquetaires.

En 1708. je partis, par ordre du Roy, pour aller commander en Provence, où étant arrivé je fis fortifier tous les postes & plages de la mer, depuis Marseille jusques au Broc sur le War, en y faisant disposer plusieurs batteries de canon, ce qui empescha la flotte ennemie de faire aucune entreprise. Je receus ensuitte ordre de M. le Maréchal de Villars de marcher à Vigille avec les troupes que j'avois à Thourame & Colmar; j'y apris que M. de Muret avoit été repoussé du Montgenevre; cela me fit prendre le party de marcher fortement avec les Regiments de Soissonnois & de Castellas, que j'avois avec moi, & je donnay ordre à celui de Hessy de me suivre diligemment; j'arrivay fort à propos au Monestier sous Briançon, où je trouvay le Regiment de Vexin. M. de Savoye étoit campé à la Vachette avec vingt quatre bataillons & quelques escadrons de Houssards; je fis d'abord occuper les postes de Buffere & de Cristoue par le Regiment de Vexin, que les ennemis attaquerent le lendemain avec douze cens Grenadiers; mais ayant hésité long temps à en faire l'attaque, cela donna le temps au Regiment de Hessy Suisse d'y arriver, & dans le moment j'en fis marcher un au poste de Buffere, & dès que les ennemis en virent la teste qui *se* commencoit à se former, après quelques escarmouches, ils prirent le party de se retirer : toutes ces précautions & marches forcées nous firent conserver la petite route, ce qui empescha les ennemis de pénétrer pour faire le blocus de Briançon qu'il auroit été impossible de secourir, & par conséquent de sauver le Dauphiné & la Provence, & donnerent le temps à M. le Maréchal de Villars d'y arriver avec son armée qui étoit dans la Morienne, ce qui fit determiner M. le Duc de Savoie de décamper de la Vachette, où il étoit depuis sept à huit jours, repassa le Montgenevre & brûla les deux villages qui y étoient; & s'étant retirez à Sezanne, on attaqua leur arriere-garde, le pont fut fort contesté, ils y perdirent une centaine d'hommes; je commandois l'Infanterie de cette attaque.

En 1709. & 1710. j'ay servy en Provence & Dauphiné sous les ordres de M. le Maréchal de Barwick.

En 1711. j'ay servy en Flandres en qualité de Lieutenat Général & Commandant le détachement des Mousquetaires, sous les ordres de Mrs. les Mareschaux de Villars & de Montesquiou.

En 1713. j'ay servy en Allemagne en qualité de Lieutenant Général & Commandant le détachement des Mousquetaires, sous les ordres de M. le Maréchal de Villars : nous avons eu pendant le cours de cette Campagne les Sieges de Landau & Frisbourg; je commandois la tranchée au dernier la veille de la Toussaints, je fis attaquer vers les dix heures du foir la demie Lune qui eft dans le foffé , & fut prife le lendemain dès le matin ; les ennemis fe retirent dans le Château, & les Bourgeois fe préfenterent fur le Baftion pour capituler ; j'envoyay avertir M. le Marefchal de Villars, & je donnay ordre en même temps à M. le Duc de Tallard de s'emparer de la breche avec les Grenadiers, & défenfes de laiffer entrer qui que ce foit dans la Place , ce qui empefcha qu'elle ne fut pillée ; j'entray enfuitte, par ordre de M. le Maréchal de Villars, dans la Ville avec cinq Compagnies de Grenadiers ; je commanday dans la Place, & y établis l'ordre jufqu'à ce qu'on commence l'attaque des Forts.

En 1716. je fus fait Capitaine-Lieutenant de la Premiere Compagnie des Moufquetaires par la retraite de M. de Maupertuis.

Je certifie ce que deffus véritable. Signé D'ARTAIGNAN.

RÉCAPITULATION.
SIEGES.

En 1672. tous les fieges que le Roy fit en Hollánde.
En 1673. Maftrick.
En 1674. Gray , Befançon, Dole, & plufieurs autres poftes & Châteaux.
En 1676. Condé, Bouchain.
En 1677. Valenciennes , Cambray.
En 1678. Ypre & Gand.
En 1683. Courtray.
En 1688. Philisbourg.
En 1691. Mons.
En 1692. Namur.
En 1713. Landau & Frisbourg en Brifco.

COMBATS.

Maftrick, à la demie Lune.
A Befançon , la contrefcarpe & le retranchement.
Meülhofen.
Condé, les dehors.
Valenciennes, les dehors.
Cambray , la contrefcarpe de la Citadelle.
Courtray , prife de la contrefcarpe.
Mons, la prife de l'ouvrage à corne.
Namur, les retranchemens de la Cafotte.

BATAILLES.

Turquem.
Treves.
Saint Denis.

BREVET du 29 novembre 1679. le Roy étant à S. Germain en Laïe,

& étant satisfait des services qui lui ont été rendus par le Sieur d'Artagnan dans le Régiment de Ses Gardes Françoises, Sa Majesté lui a donné l'une des Charges de Sous-Aide-Major qu'elle a jugé nécéssaire d'établir dans ce Régiment. Signé Louis, & contresigné le Tellier.

BREVET du 12 février 1681. le Roy étant à S. Germain en Laie, voulant témoigner au Sieur d'Artagnan, Lieutenant au Régiment de ses Gardes Françoises, la satisfaction que Sa Majesté a de ses services, de sa valeur, expérience & bonne conduite, l'a étably en la Charge de Major de ce Régiment, au lieu du Sieur de Varennes; signé Louis, contresigné le Tellier.

COMMISSION de Capitaine-Lieutenant de la Compagnie Colonelle du Régiment des Gardes, vaccante par la mort du Sieur Ollier, accordée par le Roy à son cher & bien amé le Sieur d'Artagnan, Aide-Major du Régiment, du 11 novembre 1682. Signée Louis, & au-dessous, Par le Roy, signé le Tellier, & scellée.

BREVET du 23 décembre 1682. le Roy étant à Versailles, ordonne que le Sieur d'Artagnan, Capitaine-Lieutenant de la Compagnie Colonelle du Régiment des Gardes Françoises de Sa Majesté, & qui a rang de Capitaine, commande suivant l'ancienneté de sa Commission un Bataillon du Régiment préférablement aux Capitaines moins anciens, quoique la Compagnie Colonelle ne soit pas dans le Bataillon, pourvu néanmoins qu'elle soit dans le champ de Bataille ou dans le Camp. Signé Louis, & contresigné le Tellier.

AUTRE brevet du 4 juin 1684. le Roy étant à Cambray, voulant reconnoître les bons & fidels services que lui a rendu pendant plusieurs années le Sieur d'Artagnan, en qualité de Capitaine, & auparavant comme Officier subalterne dans le Régiment de Ses Gardes Françoises, Sa Majesté l'a établi en la Charge de Cornette en la premiere Compagnie de Ses Mousquetaires à cheval servant ordinairement à la Garde de Sa Personne, vaccante par la promotion du Marquis de Mirepoix à celle d'Enseigne. Signé Louis, & plus bas le Tellier.

COMMISSION du Roy à son cher & bien amé le Sieur d'Artagnan, Cornette de la Premiere Compagnie des Mousquetaires à cheval servant à la Garde de Sa Personne, pour avoir rang de Mestre-de-Camp dans la Cavalerie légere du jour de son Brevet de Cornette. Donné à Versailles le 12 aoust 1684. Signée Louis, & au-dessous, Par le Roy, signé le Tellier, & scellée; avec l'attache du Comte d'Auvergne, Colonel de la Cavallerie légere Françoise & Etrangere, du 12 juin 1688. signé le Comte d'Auvergne, contresigné la Peirouze.

BREVET du 25 avril 1691. le Roy étant à Versailles, par lequel il établit le Sieur d'Artagnan, Cornette de la Premiere Compagnie des

Mousquetaires à cheval, dans la Charge de Brigadier en Sa Cavalerrie. Signé Louis, & contresigné le Tellier.

Lettre du Roy à M^r. d'Artagnan pour lui dire de servir dans sa Charge de Brigadier à l'Armée de Flandres, commandée en Chef par M^r. le Dauphin, Fils de Sa Majesté, du dernier avril 1692.

Autre pour servir l'hiver sur la Meuze, sous le Comte de Gacé, Mareschal de Camp, du 29 octobre suivant; toutes deux signées Louis, & plus bas, le Tellier.

Brevet du premier février 1693. le Roy étant à Versailles, & voulant pourvoir à la Charge de Sous-Lieutenant que Sa Majesté a résolu de créer dans la Premiere Compagnie des Mousquetaires à cheval, servant ordinairement à la Garde de Sa Personne, & voulant reconnoître les services que lui a rendus le Sieur d'Artagnan, Brigadier en Ses Armées & Cornette en ladite Compagnie, Elle lui a fait don de ladite Charge de Sous-Lieutenant. Signé Louis, & contresigné le Tellier.

Lettres du Roy à M^r. d'Artagnan, pour lui dire de servir en sa Charge de Brigadier dans son Armée de Flandres, commandée en Chef par son Fils le Dauphin. Escrite à Versailles le 28 & dernier avril 1694. Signées Louis, & contresignées le Tellier.

Brevet du 3 janvier 1696. le Roy étant à Versailles, Sa Majesté a étably le Sieur d'Artagnan Brigadier de Cavalerie & Sous-Lieutenant de la Premiere Compagnie des Mousquetaires de Sa Garde, dans la Charge de Mareschal de Camp en ses Armées. Signé Louis, & contresigné le Tellier.

Lettre du Roy à M^r. d'Artagnan, pour le faire servir de Mareschal de Camp dans l'Armée de Flandres, commandée par M. le Mareschal Duc de Villeroy; escrit à Versailles le 2 may 1696. Signée Louis, & au dessous le Tellier.

Autre pour servir au Camp de Compiegne sous le Duc de Bourgogne, du 13 aoust 1698. Signée de même.

Provisions de la Charge de Gouverneur du Fort d'Exilles en Dauphiné, vaccante par le decez du Sieur de Caumont, accordées par le Roy au Sieur d'Artagnan, Mareschal de Camp en Ses Armées, & Sous-Lieutenant de la Premiere Compagnie des Mousquetaires. Données à Versailles le premier mars 1699. Sur le reply, par le Roy Dauphin, Signé Colbert; & scellées en cire rouge, avec le *même* serment du 21 décembre de la même année, fait entre les mains du Chancelier de France; signé Paraire.

Lettre du Roy à M. d'Artagnan, pour lui dire de servir de Mareschal de Camp dans l'Armée d'Allemagne, sous M. le Duc de Bourgogne, &

ſous lui le Mareſchal Duc de Villeroy; eſcrite à Verſailles le 21 juin 1701. Signée Louis, contreſignée Chamillart.

Pouvoir de Lieutenant-Général des Armées du Roy, en faveur de ſon cher & bien amé le Sieur d'Artagnan, Mareſchal de Camp en ſes Armées, & Premier Sous-Lieutenant de la Premiere Compagnie des Mouſquetaires à cheval de Sa Garde ordinaire, en conſidération des ſervices ſignalez, de ſa capacité & de ſa valeur; donné à Verſailles le 23 decembre 1702. Signé Louis, & ſur le reply, Par le Roy, ſigné Chamillart, & ſcellé.

Lettres du Roy à Monſr. d'Artagnan, pour lui dire de ſervir en qualité de l'un des Lieutenans Généraux dans l'Armée de Flandres, ſous le Maréchal Duc de Villeroy, du 5 avril 1705. ſous le Duc de Vendoſme, du 20 avril 1707. en Provence & Comté de Nice, ſous le Comte de Grignan l'hiver prochain, du 26 decembre de la même année; en Piémont ſous le Mareſchal de Villars, le 10 may 1708. l'hiver ſous le Comte de Grignan en Provence & Comté de Nice, le 15 novembre de la même année; ſur la frontiere de Piémont ſous le Mareſchal Duc de Barwick, du 18 juin 1709. l'hiver ſous le Comte de Grignan en Provence & Comté de Nice, du 25 octobre de la même année; en Piémont ſous le Maréchal de Barwick, du 3 may 1710. en Provence & Nice, du 17 octobre ſuivant; en Flandres ſous le Mareſchal Duc de Villars, le 2 may 1711. ſous les Mareſchaux de Villars & de Beſons ſur le Rhin, du 18 may 1713. toutes ſignées & contreſignées Voiſin.

Commission de Capitaine Lieutenant de la Premiere Compagnie des Mouſquetaires à cheval, ſervant à la garde ordinaire du Roy, accordée par Sa Majeſté à ſon cher & bien amé le Sieur d'Artagnan, Lieutenant Général de ſes Armées, Premier Sous-Lieutenant en ladite Premiere Compagnie, vaccante par la mort de M. de Maupertuis; donnée à Paris le 18 fevrier 1716. Signée Louis, & au-deſſous, Par le Roy le Duc d'Orléans, Régent, preſent, ſigné Phelypeaux, & ſcellée.

Commission du Roy à ſon cher & bien amé le Sieur Comte d'Artagnan, l'un de ſes Lieutenans Généraux de Ses Armées, Gouverneur des Ville & Château de Niſmes, Ville d'Allais & Château Saint Hipolite, pour continuer d'y commander, nonobſtant la démiſſion qu'il en a faite, & le Prince de Montauban pourveu; donnée à Verſailles le 12 ſeptembre 1722. Signée Louis, & plus bas, Par le Roy, le Duc d'Orléans, Régent, préſent, ſigné le Blanc, & ſcellée.

Inventaire des biens de feu Noble Arnauld de Monteſquiou, Seigneur d'Artagnan, fait au Château d'Artagnan le 29 de juillet de l'an 1652. à la requeſte de Dame Anne de Lambès, ſa veuve & heritiere par bénéfice d'inventaire, & en préſence de Noble Henry de Monteſquiou, Lieutenant de Roy au Gouvernement de la Ville de Bayonne, proche parent dudit

feu

eu Sieur d'Artagnan, par lequel il se voit que ledit deffunt par son Teſtament du 25 février dernier, avoit inſtitué lad. Dame ſa femme pour on héritiere univerſele, la priant néantmoins de rendre ſon hérédité à Noble Joſeph de Monteſquiou, leur fils, âgé ſeulement de onze mois, lors du decès dud. Sieur d'Artagnan arrivés le 27 des meſmes mois & an; cet acte receu par la Fargue, Notaire Royal de la Ville de Vic en Bigorre; delivré par Copie collationnée à l'original le 5 de may de l'an 1700. par Beray, Notaire Royal de la même Ville de Vic.

Extrait du Regiſtre des Bateſmes de l'Egliſe de S. Nazaire du lieu d'Artagnan, portant que Joſeph, fils de Noble Arnaud de Monteſquiou, Seigneur d'Artagnan, & de Dame Anne de Marambat ſa femme, naquit le 27 & fut batiſé le 29 de mars de l'an 1651. Cet extrait delivré le 27 de février de l'an 1724, ſigné Caſtelnau, Curé d'Artagnan, & légaliſé.

IIe. DEGRÉ.

Arnaud de Monteſquiou, Seigneur d'Artagnan.
Anne de Lambés-de Marambat, ſa femme, 1638.

Testament de Noble Arnaud de Monteſquieu, Seigneur d'Artagnan; fait le 25 de Fevrier de l'an 1652. par lequel il ordonne qu'on l'enterre dans la Parroiſſe de St. Nazaire du même lieu d'Artagnan & avec ſes predeceſſeurs; il veut que ſon heritier ſoit payé de toute la dépenſe que noble Antoine de Monteſquieu, ſon frere, Seigneur de St. Paſtoux & ſa femme auoient faite dans ſa Maiſon l'eſpace de 14. ans; il fait ſon Legataire Noble Joſeph de Monteſquiou, ſon fils, & il inſtitue ſon heritier Noble Dame Anne Lambés, ſa femme; cet Acte receu par la Fargue, Notaire Royal de la Ville de Vic en Bigorre; Delivré par Copie collationnée a l'Original le 5 May 1700. par Beray Notaire Royal de la même ville de Vic.

Articles du mariage de Meſſire Arnaud de Monteſquieu, Seigneur d'Artagnan, de Maſons & de Barbachin, accordez le 22 de fevrier de l'an 1638. avec Demoiſelle Anne de Lambés, fille de Fréderic de Lambés, Seigneur & Baron de Marambat, de Morede & de la Motte-Giraud, & de feue Demoiſelle Quitteré de Bezolles; ces articles receus par Bernard de Gimart, Bachelier ès Droits, Avocat au Siege Royal de Vic, en qualité de Notaire & de lui ſigné, furent reconnus par les parties le 18 de décembre de l'an 1639. & inſinué aux Greffes des Sénéchauſſées d'Armagnac & de Bigorre.

Testament de Noble Jean de Monteſquieu, Seigneur d'Artagnan, fait le 13 mars de l'an 1608. par lequel il ordonne qu'on l'enterre dans l'Egliſe d'Artagnan, avec ſes predeceſſeurs; il legue à Nobles Jean, Gabriel, Antoine, Léonard & Henry de Monteſquieu, ſes enfans, &

V

de Demoiſelle Claude de Bazillac, ſa femme ; il donne à Françoiſe de Monteſquieu, ſa fille, fiancée avec le Sieur de Caſtelmore, la ſomme de 5000. livres , & à Jeanne & Andrée de Monteſquieu, auſſi ſes filles, la ſomme de 4000. liv. à chacune ; il inſtitue ſon héritier univerſel Noble Arnaud de Monteſquieu, ſon fils aîné, & il nomme pour éxécuteurs Nobles Paul de Bazillac & Hector de Lupé, Seigneurs de Sanſac & de St. Martin : ce Teſtament ſigné de Monteſquieu.

IIIe. DEGRÉ.

Jean de Monteſquiou, Seigneur d'Artagnan.
Claude de Bazillac, ſa femme. 1578.

DON fait par le Roy le 4 may de l'an 1602 au Sieur d'Artagnan ; Enſeigne d'une Compagnie dans le Régiment de ſes Gardes Françoiſes, en récompenſe de ſes ſervices, des biens de Paul de Monteſquiou, Seigneur de Gaillas, & d'Anne de Latréau, ſa femme, confiſquez au profit de Sa Majeſté, à cauſe du meurtre par eux commis en la perſonne de Jean de Gabaret ; ces Lettres données à Blois, ſignées Henry, contreſignées de Neufville.

PACTES du mariage de Noble Jean de Monteſquieu, Seigneur d'Artaignan, accordés le 15 novembre de l'an 1578. avec Noble Demoiſelle Claude dè Bazillac, fille de feu Jean de Bazillac, Seigneur de Bazillac, & aſſiſtée de haut & puiſſant Seigneur Meſſire Eſtienne de Bazillac, ſon frere, Baron de Bazillac ; ces Pactes receus par de Caran , Notaire du lieu de Touſſac, en Bigorre, & de lui ſignés.

TESTAMENT de Demoiſelle Claude de Terſac, Douairiere de la Maiſon d'Artaignan, fait le 26 ſeptembre de l'an 1590. par lequel elle ordonne qu'on l'enterre en l'Egliſe d'Artaignan, auprès de Noble Paul de Monteſquieu, ſon mary ; elle fait des legs aux Egliſes des Convents de Rieux, de St. Girons, de Tarbes, de Rabaſtens & de Marciac ; elle fait ſes légataires Demoiſelle Jeanne de Monteſquieu, ſa fille, Jean & Olivier de Latran, ſes petits fils, & Demoiſelles Catherine & Françoiſe de Monteſquieu, ſes petites filles, & elle inſtitue ſon héritier univerſel Noble Jean de Monteſquieu, ſon fils, Seigneur d'Artaignan, auquel elle ſubſtitue Noble Paul de Monteſquieu, ſon fils aîné ; ce Teſtament receu par Lucia , Notaire de la ville de Tarbes en Bigorre, & de lui ſigné.

IVe. DEGRÉ.

Paul de Monteſquiou, Seigneur d'Artagnan, Eſcuyer d'Eſcurie du Roi de Navarre.
Claude de Terſac de Montberaud, ſa femme.

DON fait par le Roy de Navarre le 8 de fevrier de l'an 1532. à ſon cher & bien amé Paulon de Montesquieu, Sieur d'Artaignan, son Escuier d'Escurie, en considération des grands & utils services qu'il lui avoit rendus, & qu'il continuoit de lui rendre, de la somme de 3000. escus petits ; ces Lettres signées Henry, & sur le reply, Par le Roy de Navarre, d'Affy, & scellées.

SERMENT de fidelité fait le 14 de décembre de l'an 1544. par les Habitans du lieu d'Artaignan, à Noble & puissant Seigneur Paul de Montesquieu, Escuier du Roy de Navarre & Seigneur d'Artagnan ; cet Acte signé d'Aulon, Notaire habitant à Lias, en Bigorre.

CONTRACT de mariage de Noble Paul de Montesquieu, Seigneur d'Artaignan en Bigorre, accordé le 24 de septembre de l'an 1545. avec Demoiselle Claude de Tersac, fille legitime & naturelle de Noble Jean de Tersac, Seigneur de Montberaud ; ce Contract passé devant Vigier, Notaire à Rieux, & de lui signé.

CONTRACT du premier mariage de Noble Paul de Montesquieu, Escuier du Roy de Navarre, fils de Noble Manaud de Montesquiu, Escuier, Seigneur de Salles en Lauraguais, au Dioceze de Mirepoix, & de Noble Jaumette de Fontaines, accordé le 23 d'aoust de l'an 1524. avec Noble Jaumette d'Estang, Dame d'Arstanhan, & fille de Noble Sansfave d'Estang & de Simonne de Majorran ; ce Contract passé devant Roussele, Notaire aud. lieu d'Artagnan, & de luy signé.

Ve. DEGRÉ.

Manaud de Montesquieu, Seigneur de Salles.
Jaumette de Fontaines-Fendilles, sa femme.

TESTAMENT de Noble Hugues de Fontaines, Seigneur de Fendilles, au Dioceze de St. Papoul, fait le 29 décembre de l'an 1533. par lequel entr'autres choses il institue son héritier universel Noble Jean-Jacques de Fontaines, son fils, & il lui substitue Noble Jean de Montesquieu, son neuveu, fils de Noble Manaud de Montesquieu, Seigneur de Salles en Lauraguais, & de Noble Jaumette de Fontaines, sa sœur ; ce Testament receu par Mezeres, Notaire à Castelnaudary.

ACTE du 20 de février de l'an 1496. par lequel Noble homme Aissinet de Montesquiou (*Exinetus de Montesquivo*) Escuier, déclare devant le Notaire de Ste. Savelle, au Dioceze de St. Papoul, qu'il y avoit environ 14 ans que Noble & puissant homme Messire Barthelemy de Montesquiou, son pere, Chevalier, Conseigneur de Salles, au Dioceze de Mirepoix, & de Marsan, au Dioceze d'Auch, étoit mort, & qu'il

avoit laiſſé pour enfans & de Noble Dame Anne de Goulard, ſa femme ;
Nobles hommes Bertrand, Manaud, Jean, l'aîné, Mathieu, Jean, le
jeune, dit Gallardon, Eſcuiers, Jeanne, Gaillarde & Margueritte de
Monteſquiou, tous ſes freres & ſœurs ; que comme il ſe diſpoſoit à ſe
faire recevoir Religieux dans l'Ordre de St. Jean de Jeruſalem, & de
faire le paſſage *au dela* mer, il cede pour le prix de 1200. liv. audit Jean
de Monteſquiou, le jeune, ſon frere, toute ſa legitime & généralement
tout ce qui pourroit lui appartenir dans les ſucceſſions de ſeſd. pere &
mere ; cet Acte reçeu par Gilbert, Notaire à Toulouze ; delivré par
Copie collationnée le 9 de janvier de l'an 1710. par Broguiere, Notaire
à Mirande, ſur une autre copie Collationnée à l'original par Fontbouze,
Notaire au lieu de Fajet, dans la Baronnie d'Auriac, auquel led. original
avoit été repreſenté le 15 de mars de l'an 1681. par Dame Margueritte
de Caſtelnau, femme de Meſſire Alexandre de Monteſquiou-Ste. Colombe,
Seigneur & Baron d'Auriac & de Faget.

VIe. DEGRÉ.

Barthelemy de Monteſquiou, Chevalier, Seigneur de Salles:
Anne de Goulard, ſa femme.

TESTAMENT de Noble & puiſſant Seigneur Meſſire Barthelemy de
Monteſquiou, Seigneur de Salles & de Marſan, fait le 7 de juillet de
l'an 1481. par lequel il veut que Noble Annette de Goulard, ſa femme, ait
la jouïſſance de la moitié des revenus de ſes terres, & il laiſſe à Manaud de
Monteſquiou, leur fils, la moitié du Chaſtel & Seigneurie de Salles &c.
Cet Acte expedié ſur la Minutte originalle trouvée parmy les Eſcritures
de feu Me Guillaume d'Avignon, Notaire au lieu *d'Avignon* & Dioceze
de St. Papoul, par Arnaud Gabaudin, Notaire, collationnaire deſdites
Eſcritures, en vertu d'un Commandement à luy fait le 15 de février de
l'an 1567. par le Sénéchal de Lauraguais, repreſenté par Copie-collationnée
à une Copie de lad. Expédition le 9 de janvier de l'an 1710. par
Brequiere, Notaire à Mirande, & legaliſée par le Juge de la même Ville.

DONATION faite le 23 de janvier de l'an 1448. du lieu de Marſan
en Fezenzac, au Dioceze d'Auch, par Noble & puiſſant homme Meſſire
Barthelemy Aïſſieu de Monteſquiou, Chevalier, Seigneur de Monteſ-
quiou & de la Terre & Baronnie d'Angle, à Noble & puiſſant homme
Meſſire Barthelemy de Monteſquiou, ſon frere, Seigneur de Salles, en
Lauraguais, lequel ſe charge, tant au nom de ſond. frere, que de feue
Noble & puiſſante Dame Gaillarde d'Eſpagne, leur mere, de payer à
Noble Jeanne de Bonnäy, leur niece, le reſtant de la dote qui avoit
été promiſe à ſa mere : cet acte reçeu par Jean *de Furnè*, Notaire
Imperial du lieu de Riquepeu, fut vidimé & groſſoyé par led. Notaire
le 18 de juillet de l'an 1467. en vertu d'un Mandement du Bailly dud.

lieu de Riquepeu & du Juge ordinaire de la Baronnie d'Angle, à la requeſte de Noble & puiſſant homme Bertrand de Monteſquiou, Chevalier, Seigneur deſd. lieu & Baronnie de Monteſquiou, repréſenté par Copie collationnée, ſignée Charron, Conſeiller Secrétaire du Roy en la Chancelerie de la Cour des Aides de Montauban.

V I Iͤ. D E G R É.

Aiſſieu de Monteſquiou, Chevalier, Seigneur & Baron de Monteſquiou d'Angle.

Gailharde d'Eſpagne-de Monteſpan, ſa femme.

TESTAMENT de Noble & puiſſante Dame Gaillarde d'Eſpagne, Dame du lieu de Salles, veuve de Noble & puiſſant homme Meſſire Aiſſieu de Monteſquiou, Chevalier, fait le 29 de mars de l'an 1439. par lequel elle veut que ſes legs ſoient payez ſur la dote à elle conſtituée par feu Noble & puiſſant homme Meſſire Roger d'Eſpagne, Chevalier, ſon pere, & elle inſtitue ſon heritier univerſel, Noble & puiſſant Meſſire Barthelemy de Monteſquiou, Chevalier, ſon fils legitime & naturel.

TRANSACTION faite le 19 de ſeptembre de l'an 1400. entre Meſſire Arſieu de Monteſquiou, Chevalier, Seigneur dud. lieu & de toute la Baronnie d'Angle, & Bernard de Caſtelbayac, le jeune, fils de feu Raimond-Arnaud de Caſtelbayac, Chevalier, ſur les differents qu'ils avoient au ſujet du payement de la dote qui avoit été promiſe à Noble Dame Conſtance de Caſtelbayac, ſa mere : cet acte reçeu par Bernard Trobats, Notaire de la Ville de Vic Fezenzac, & ſcellé.

QUITTANCE donnée le 14 de juin de l'an 1381. par Noble & puiſſant homme Meſſire Aiſſieu de Monteſquiou, Seigneur dud. lieu, à Nobles & puiſſants hommes Arnaud d'Eſpagne, Seigneur de Monteſpan, & Roger d'Eſpagne, pere & fils, de la ſomme de 200. livres, faiſant partie de la dote promiſe à Noble Gaillarde d'Eſpagne, fille dud. Roger d'Eſpagne, lors de ſon mariage avec Aiſſinet de Monteſquiou, petit fils dud. Aiſſieu de Monteſquiou : cet acte paſſé au lieu de Bazan en Fezenſac, & reçeu par Arnaud de Juniac, Clerc du Dioceſe d'Auch, Notaire Impérial.

V I I Iͤ. D E G R É.

Genſes de Monteſquiou.

Conſtance de Caſtelbayac, ſa femme.

TRAITÉ de mariage de Noble & puiſſant Meſſire Genſes de Monteſquiou, fils de Noble & puiſſant Meſſire Aiſſieu de Monteſquiou, & petit fils de Noble & puiſſant Meſſire Raimond-Aimery de Monteſquiou, Chevalier, Seigneur de Monteſquiou & de toute la Baronnie d'Angle, accordé le 15 octobre de l'an 1359. avec Conſtance de Caſtelbayac , fille de Meſſire Arnaud-Raymond de Caſtelbayac : ce contract paſſé devant Fortanier de Condom , Notaire public de la ville de Toulouze , fut groſſoyé le 17 de mars de l'an 1438 par Vital de *Heſterio* , Clerc de Saintrailles , au Dioceze d'Auch , Notaire du lieu de Monteſquiou , ſur les Minutes dud. feu Fortanier de Condom , en vertu d'une Sentence de l'Official d'Auch , du 15 deſd. mois & an.

I Xe. D E G R É.

Aiſſieu de Montesquiou , Chevalier , Seigneur de Monteſquiou & de la
Baronnie Angles.
Margueritte de l'Iſle , ſa femme.

TESTAMENT de Noble & puiſſant homme Meſſire Aiſſieu de Monteſ-quiou , Chevalier, Seigneur de Monteſquiou & de toute la Baronnie d'Angles , Seigneur des Châteaux de Marſan , de Marſac & de Baſignan , fait le 5 de juin de l'an 1387. par lequel il reconnoiſt avoir receu partie de la dote de Dame Marguerite de l'Iſle, ſa femme ; il legue à Meſſire Aiſſinet de Monteſquiou , Chevalier, ſon petit fils , fils de feu Meſſire Genſes de Monteſquiou , ſon fils , outre ce qu'il lui avoit donné lors de ſon mariage avec Gaillarde d'Eſpagne , &c. ce Teſtament receu par Jean *d'Eſtang* , Notaire du lieu d'Aubinet.

TESTAMENT de Noble & puiſſant Baron Raimond-Aimery de Mon-teſquiou , Chevalier, Seigneur dud. lieu & de toute la Baronnie d'Angles, fait le mercredy apres la Pentecôte de l'an 1373. par lequel il inſtitue ſon heritier-univerſel Noble & puiſſant homme Meſſire Aiſſieu de Monteſquiou , Chevalier, ſon fils naturel & legitime ; il confirme les Conventions du mariage de Noble homme Meſſire Genſes de Monteſ-quiou , ſon petit fils , avec Dame Conſtance de Caſtelbayac , & veut qu'après la mort de ſond. fils , Aiſſinet de Monteſquiou , fils dud. Meſſire Genſes de Monteſquiou , lui ſuccede en toute la Terre & Baronnie d'Angles : cet acte paſſé au lieu d'Eſtipoy , & reçeu par Arnaud de Juniac, Clerc du Dioceze d'Auch , Notaire Impérial.

Xe. D E G R É.

Raimond-Aimery de Monteſquiou , Seigneur & Baron de Monteſquiou-
d'Angle.
Belleſgarde d'Aſpect , ſa femme.

QUITTANCE originale en parchemin donnée par Raimond-Aimery , Chevalier , Sire de Monteſquiou , Capitaine de Montreal , à Jean Chauvel, Treſorier des guerres du Roy , ſur ſes gages de lui Banneret , un Chevalier Bachelier, trente-ſept Ecuyers & quatre-vingt Sergens de pied de

159

la Compagnie, employez aux guerres de Gascogne en la garde de Montreal, du 16 mars 1346. au 20 juin 1347. sous le gouvernement de M. Girard de Montfaucon, Chevalier, Sénéchal de Toulouze & d'Albigeois, lors Capitaine pour le Roi esd. Sénéchaussées & Pais de Gascogne, outre la riviere de Garonne : dattée de Toulouze, sous son sceau, le 3 avril 1347. scellée en cire rouge d'un sceau, ainsi figuré :

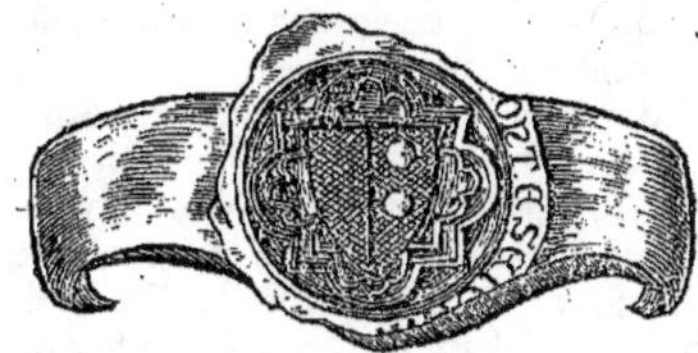

Cabinet de M. Clairambault. vol. 76 des Titres scellés. fol. 5985.

Hommage fait au Comte d'Armagnac le 26 de fevrier de l'an 1343. par Noble & puissant Baron Raimond-Aimery de Montesquiou, Damoiseau, Seigneur du Château de Montesquiou, de la Baronnie d'Angle & du Château de Marsan, a cause desd. Chasteaux & Baronnie & de tout ce qu'il possedoit dans le Comté de Fezenzac, comme heritier de Noble & puissant homme Genses de Montesquiou, son pere, Damoiseau : cet acte passé au lieu de Levignac, dans le Comté de Fezenzac, receu par Estienne Brun, Notaire du Comté d'Armagnac, representé par Extrait collationné sur l'original le 6 de fevrier de l'an 1663. par le Sieur Daspe, Conseiller du Roy, Président & Juge Mage en la Senechaussée d'Auch ; & Commissaire deputé par la Chambre des Comptes de Navarre, pour la Reformation du Domaine d'Armagnac, & de lui signé.

Quittance donnée le 19 janvier de l'an 1322. par Noble homme Messire Genses de Montesquiou, Seigneur de Montesquiou, de la Terre d'Angle & du Château de Marsan, au nom de Noble Raimond-Aimery de Montesquiou, son fils, a Noble homme Messire Arnaud-Raimond d'Aspect, de la dote par lui promise à Noble femme Madame Bellesgarde d'Aspect, sa fille, lors de son mariage avec led. Raimond-Aimery de Montesquiou : cet acte receu par Arnaud du Fortino, Notaire du lieu de Maziere, fut expédié en forme sur le Protocole dud. feu Notaire par Vital Branla, Notaire Royal, en vertu d'une Ordonnance du Sénéchal de Toulouse.

Testament de Noble & puissante Dame Madame Contesse d'Antin, Conseigneuresse de Trie, fait le premier d'aoust de l'an 1340. par lequel elle institue son heritier universel Noble homme Raimond-Aimery de Montesquiou, son cher fils naturel & legitime, & après lui Aissieu de

Montefquiou, fon petit fils, fils dud. Raimond-Aimery : ce Teftament reccu par Jean de *Annefato*, Notaire Royal du lieu de Trie.

XIe. DEGRÉ.

Genfes de Montefquiou, Seigneur & Baron de Montefquiou-d'Angle, Comteffe d'Antin, fa femme.

SENTENCE arbitrale, rendue le 21 fevrier de l'an 1354 par le Cardinal Pictavin, fous le titre des douze Apôtres, fur les differends qui étoient entre Noble homme Raimond-Aimery de Montefquiou, fon neveu, Seigneur de Montefquiou & de la Terre d'Angle, en Fezenzac, fils & heritier de feu Noble homme Genfes de Montefquiou, Seigneur de Montefquiou, & de Noble Guilhem-Arnaud de Montefquiou, fon oncle, frere defd. Pictavin & Genfes de Montefquiou, par laquelle ce Cardinal adjuge audit Guilhem-Arnaud de Montefquiou la Terre de Saint Jean-d'Angle, pour la tenir en baffe Juftice, avec vingt deux arpens de bois & terre noble pour fa legitime & pour tous les droits qu'il pouroit avoir dans les fucceffions de fes pere & mere : cet acte paffé à Avignon, reçu par Vivien Johanneti, Clerc du Dioceze de Tulles, Notaire Apoftolique & Imperial, reprefenté par copie collationnée fur l'original le 15 de juillet de l'an 1619. fignée Barrit & de Buc, Notaires Royaux du lieu de Montefquiou & de la Ville de Mirande.

DONATION faite le 7 de janvier de l'an 1308. par Noble femme Dame Longue de Montault, femme de Noble homme Meffire Raimond-Aimery de Montefquiou, Chevalier, à Genfes de Montefquiou, Damoifeau, fon fils naturel & legitime, de tous les droits qu'elle avoit fur les Chafteaux de Saintrailles & de S. Jean, & fur la Baronnie de Montefquiou, dont elle fe referve l'ufufruit : cet acte reçu par Pierre de *Rejuno*, Notaire public des lieux de Montault & de Marfan.

EMANCIPATION faite le mardy après la fefte de la Purification de l'an 1301. par Meffire Raimond-Aimery de Montefquiou, Chevalier, de la perfonne de Genfes de Montefquiou, fon fils, Damoifeau, auquel il donne toute fa Baronnie, avec les Châteaux de Montefquiou, d'Eftipoy, de Hauterive, de Saintrailles, de Riquepeu, du Château neuf d'Angle, de Poylobon & de Marfan, au Comté de Fezenzac, s'en refervant neanmoins l'ufufruit : cet acte paffé au lieu de Barrau, & reçu par Arnaud-Guillaume de Guifcos, Notaire de la Ville de Vic.

CONTRACT de mariage de Genfes de Montefquiou, Damoifeau, fils de Noble homme Meffire Raimond-Aimery de Montefquiou, Chevalier, prefent, accordé le Dimanche dans l'octave de la S. Martin d'hiver de l'an 1291, avec Conteffe d'Antin, fille de feu Comte Bon d'Antin, Damoifeau,

Damoiſeau, & de Noble Dame Marie de Montlezun, ſa veuve, ſes pere
& mere : ce Contrat paſſé devant Guillaume Morety, Notaire des Seneſ-
hauſſées de Toulouze & d'Alby ; en la Ville de Mirande.

XII.ᵉ DEGRÉ.

*Raimond-Aimery de Monteſquiou, Seigneur & Baron de Monteſquiou
d'Angle., Chevalier.*

Longue de Montault, ſa femme.

Testament de Noble Baron Meſſire Raymond-Aimery de Monteſquiou,
Chevalier, fait le 16 d'aouſt de l'an 1300. par lequel il legue à Dame
Longue, ſa femme, l'uſufruit ſa vie durant des Châteaux de Saintrailles
& de S. Jean ; il fait heritier de tous ſes biens, notamment de ſa Baronnie,
Terres & Châteaux de Monteſquiou & de Marſan, Genſes de Monteſ-
quiou, ſon fils legitime, & il nomme pour éxécuteurs Nobles hommes
Meſſires Otton de Montault, Chevalier, Bernard de Pardailhan &
Arnaud de Podenas, Damoiſeaux : ce Teſtament reçeu par Guilhaume de
Cadelhan., Notaire du lieu d'Aubinet.

Acte de l'an 1270. par lequel Raimond-Aimery de Monteſquiou ,
du conſentement d'Aimery & de Hugon de Monteſquiou, ſes freres ,
confirme pour le ſalut de ſon ame & celle de ſes parents, la donation
que Meſſire Aiſſieu de Monteſquiou, ſon pere, avoit faite du territoire de
l'Homs à l'Abé & Convent de Berdoues : cet Acte paſſé au lieu de
Montcaſſin, du conſentement de Bernard, Comte d'Aſtarac, fut reçeu par
Brun Notaire du Comté d'Aſtarac : Extrait du Cartulaire de ladite Abbaie
de Berdoues, repréſenté par Dom Jacques du Pont, Prieur de cette Abbaie,
& collationné à l'original par Broquiere, Notaire de la Ville de Mirande,
& légaliſé par le Juge de la même Ville.

Acte du 18 des kalen. de fevrier de l'an 1258. par lequel Raimond-
Aimery de Monteſquiou, confirme la donation que Mᵉ. ſon pere Aiſſieu ,
fils de Raimond-Aimery de Monteſquiou, Dame Braide, ſœur dudit
Aiſſieu de Monteſquiou & Behel, fille de ladite Dame, avoient faite
dès l'an 1210. de certains biens à l'Abé & Convent de Berdoues : cet
acte paſſé au lieu de Seiſſan, fut reçeu par Pierre Saubolla, Notaire du
Comté d'Aſtarac, fut extrait le 21 d'octobre de l'an 1619. du Cartulaire
de lad. Abaye de Berdoues, repréſenté par Bernard de Monſegu, Prieur
de cette Abaye, ledit Extrait ſigné du Buc, Notaire Royal de la Ville
de Mirande, & Barrit, Notaire Royal du lieu de Monteſquiou.

XIII.ᵉ DEGRÉ.

Arſieu ou Aiſſieu de Monteſquiou, Seigneur de Monteſquiou, Chevalier.

Acte de l'an 1245. par lequel Aiſſieu, Seigneur de Monteſquiou,
(*Arſivus* ou *Aiſivus de Monteſquivo*) du conſentement de Raymond-

X

Aimery, son fils, & de tous ses heritiers, & aussi du consentement
de Dame Seguine, Comtesse d'Astarac, & de Centoul & Bernard,
enfans de lad. Comtesse, fait une donation à Dieu, à la Sainte Vierge,
à Hugues, Abbé de Berdoues & aux Freres de cette Abbaye, de toute
la Terre de Sansospocis : cet acte scellé du sceau de ladite Comtesse
qui est un écartelé, & sur le contre-sceau un loup rampant, & autour est
escrit ; *S. Seguine Comitisse de Astaraco*, & du sceau dudit Arsieu de
Montesquiou, qui est un parti dont le premier est plein & le second
chargé de 2 bezans ou tourteaux, & sur le contre-sceau un homme à
cheval, tenant l'épée haute & un écu aux mêmes armes, & autour est
escrit, *S. Arcionis de Montesquivo* * : fut extrait du Cartulaire de
ladite Abbaye de Berdoues, representé par Dom Jacques du Pont, Prieur
de cette Abbaye, & collationné à l'original par Broquiere, Notaire de la
Ville de Mirande, & légalisé par le Juge de cette Ville.

*

ACTE du 5 des Ides de septembre de l'an 1226, par lequel Arsieu
de Montesquiou, pour le salut de son ame & celle de ses parents, fait
une donation de plusieurs dimes & droits qui lui appartenoient à l'Eglise

d'Auch, dont il eſt fils & l'un des Chanoines, & ce moyennant 200.
ſols morlas : cet acte paſſé dans le Cloître de l'Egliſe d'Auch, repréſenté
par Extrait collationné le 27 novembre 1619. ſur l'Original étant dans les
Archives du Chapitre de l'Egliſe d'Auch, exhibé par les Sieurs Argué &
Chapuis, Sindics dudit Chapitre ; ledit Extrait ſigné deſdits Sindics &
Aſclaſer & Lafont, Notaires Royaux en la Ville d'Auch.

Acte de l'an 1212, par lequel Aiſſieu de Monteſquiou, fils de
Raimond-Aimery de Monteſquiou ; étant preſt de partir pour aller ſervir
en Eſpagne dans l'Armée contre les Sarrazins, engage à Dieu, à Notre-
Dame de Berdoues, à Guillaume Abbé, & au Couvent dudit lieu de Berdoues, pour la ſomme de 160. ſols morlas, toutes les terres & domaines
qu'il avoit au lieu de la Fitte, près S. Romain : cet acte Extrait le 21 d'octobre de l'an 1619. du Cartulaire de lad. Abbaie, repréſenté par Bernard de
Monſegu, Prieur de lad. Abbaye ; led. Extrait de luy ſigné & Dubuc, Notaire Royal de la Ville de Mirande, & Barrit, Notaire Royal du lieu de
Monteſquiou.

Acte de l'an 1204. par lequel Raimond-Aimery de Monteſquiou,
fils de Raimond-Aimery de Monteſquiou, ſe ſentant accablé de langueur
& reconnoiſſant qu'il avoit beaucoup offenſé Dieu & les hommes, &
meſme les Freres de l'Abbaie de Berdoues, fait une donation à Dieu, à
la Sainte Vierge & auſd. Freres, de toutes les terres que led. Raimond-
Aimery, ſon pere, avoit engagées au profit deſd. Freres, & il ratifie ce
don conjointement avec Aiſſieu de Monteſquiou, ſon frere : cet acte
extrait le 21 octobre de l'an 1619. du Cartulaire de ladite Abbaie, repréſenté par Bernard de Monſegu, alors Prieur de lad. Abbaie ; led. Extrait
de luy ſigné & Dubuc, Notaire Royal de la Ville de Mirande, & Barrit,
Notaire du lieu de Monteſquiou.

XIVᵉ. DÉGRÉ.

Raimond-Aimery de Monteſquiou. Pictavine, ſa femme.

Acte de l'an 1184. par lequel Raimond-Aimery de Monteſquiou,
Pictavine, ſa femme, & Raimond-Aimery leur fils, engagent pour la
ſomme de 1200. ſols morlas au profit de l'Abbaye de Berdoues, toutes
les terres qu'ils avoient au lieu de Mezeras &c. : cet acte extrait le 21
d'octobre de l'an 1619. du Cartulaire de lad. Abbaie, repréſenté par
Bernard de Monſegu, alors Prieur ; led. Extrait de luy ſigné & Dubuc,
Notaire Royal de la Ville de Mirande, & Barrit, Notaire Royal du lieu
de Monteſquiou.

Acte de l'an 1185, par lequel Pictavine, fille de Pictavine de Maraſt,
engage pour la ſomme de 1200. ſols morlas au profit de l'Abbaye de
Berdoues, tout ce qu'elle avoit ou pouvoit avoir, *infra maretas ante
Beizam & retro, & tetras las ſauſidas quæ ſunt infra preſcriptos terminos,*

le tout rachetable par elle, par Raimond-Aimery de Montefquiou, fon mary, & par fes fils & filles, pour la fomme de 1500. fols morlas : cet Acte extrait du Cartulaire de lad. Abbaye de Berdoues, repréfenté par Dom Jacques du Pont, Prieur de cette Abbaie, & collationné à l'original par Broquiere, Notaire de la Ville de Mirande, & legalifé par le Juge de la même Ville.

Acte de l'an 1151, par lequel Raimond-Aimery de Montefquiou, fils de Bertrand de Montefquiou, engage pour la fomme de 400. fols morlas au proffit d'Arnaud, Abbé de Berdoues, & des Religieux de ladite Abbaye, toute fa terre de Villeneuve, de Cazal & de la Gorga : cet Acte extrait le 21 octobre de l'an 1619. du Cartulaire de ladite Abbaie, repréfenté par Bernard de Monfegu, alors Prieur; led. Extrait de luy figné, & collationné par Dubuc & Barrit, Notaires Royaux des Ville & lieu de Mirande & de Montefquiou, & d'eux figné.

XVe D E G R É.

Bertrand de Montefquiou.

* Guillaume, Archevefque d'Auch, depuis 1148 jufqu'en 1170.

Na. Cette remarque ainfi que la fuivante, eft dans la Preuve.

Sentence arbitrale rendue par le Prieur de Sainte Marie de Toulouze, & le Prévoft de S. Eftienne, fur les différents qui étoient entre le Prieur de S. Orens & W * Archevefque d'Auch, au fujet des limites de certaines terres qu'ils pretendoient être de leur jurifdiction, dans laquelle eft fait mention de la Terre, *quam olim poffidebat, hereditario Jure Confulum, Arfivus fenex de Montefquiu, Cognatus Fortoni Comitis de Fedeciacenfis & poftea dedit illam Contrario de Preffag, fuo Cognato & ille vinctis manibus devenit fuus homo. Item. Bertrandus de Montefquiu, filius prædicti Arfivi dedit poftea eamdem terram Odoni de Preffac, filio Contrario & ipfe fimiliter fecit hominium, vinctis manibus;* & il eft dit que Bertrand de Montefquiou étoit préfent à la vifite que lefdits Arbitres firent defd. limites : cet acte paffé fous le Pontificat du Pape Eugene **.

** Eugene III, Pape depuis le 25 février 1145, jufqu'au 9 juillet 1153.

Extrait d'un ancien Manufcrit confervé dans les Archives du Chapitre de Sainte Marie d'Auch, fous le titre de *Compilator feu Collector factorum antiquorum Capituli Aufcitani.* Chap. LVIII. intitulé : *de Parrochia Sancte Marie.*

XVIe & XVIIe D E G R É.

Arfieu de Montefquiou, fils de Raimond-Aimery de Montefquiou & de Aurianne de la Motte, fa femme.

Acte par lequel Arfieu de Montefquiou, fils de Raimond-Aimery de Montefquiou, frere du Comte Guillaume Aftenove (*Arcivus de Montefquivo, filius videlicet Raimondi-Aimerici fratris Comitis Guillelmi Aftanovæ*) donne à Dieu, à Sainte Marie, d'Auch, à l'Archevefque

Guillaume * & aux Chanoines, pour la remiſſion de ſes pechez & de ceux de ſes parents, une Egliſe fondée en l'honneur de S. Laurent, Martir, dans ſa Ville de Fremoſeins, qui luy appartenoit de l'héritage de ſa mere, *Aurianne de la Motte*, *in Villa mea que vocatur Fremozeinx que mihi procédebat ex alodio matris mee, Aurianne nomine de la Mota*: cet acte Extrait comme le précédent du Cartulaire de Sainte Marie d'Auch, chap. XXXVII, intitulé: *de Fremozeinx*.

NOUS CAMILLE D'HOSTUN, Duc d'Hoſtun & de Leſdiguieres, Comte de Tallard, Maréchal de France, Gouverneur & Lieutenant Général du Comté de Bourgogne, Gouverneur des Ville & Citadelle de Beſançon, ci-devant du Conſeil de Régence, & NICOLAS-CHALONS DU BLÉ, Marquis d'Huxelles, Comte de Cormaſtin, Mareſchal de France, Gouverneur & Lieutenant Général de la Haute & Baſſe Alſace, Gouverneur de la Ville & Citadelle de Strasbourg, cy-devant du Conſeil de Régence, Chevaliers & Commandeurs des Ordres du Roy, CERTIFIONS à Sa Majeſté & à tous ceux qu'il appartiendra, que nous avons, en vertu de notre Commiſſion du 22 février dernier, veu & éxaminé, au rapport du Sieur Clairambault, Généalogiſte deſdits Ordres, les Titres produits par Meſſire JOSEPH DE MONTESQUIOU, Seigneur Comte d'Artagnan, Lieutenant Général des Armées du Roy, Capitaine-Lieutenant de la Première Compagnie des Mouſquetaires à cheval de Sa garde, & vérifié qu'il eſt Gentilhomme de nom & d'armes d'une très ancienne Maiſon de Guienne, & digne d'être receu Chevalier des Ordres de Sa Majeſté: en foy de quoi nous avons ſigné le préſent Procès verbal, & fait appoſer le cachet de nos armes. A Paris le 27e jour d'avril mil ſept cens vingt quatre. (*Signés*) CAMILLE, Duc d'Hoſtun, Mal de France, HUXELLES, (&) CLAIRAMBAULT. Et ſcellé en Placards des cachets deſd. Commiſſaires & Généalogiſte.

LES Preuves mentionnées cy deſſus, avec l'Information des vie & mœurs & la Profeſſion de foy, ont été rapportées par M. l'Abbé de Pomponne, Chancelier, & admiſes au Chapitre tenu dans le Cabinet du Roy; enſuitte M. le Comte d'Artagnan à preſté ſerment, & à receu le Collier des mains de Sa Majeſté dans la Chapelle du Château à Verſailles, le ſamedy veille de la Pentecoſte 3e. juin 1724. (*Signé*) Phelypeaux.

Procès verbal des Preuves de Noblesse de M. le Maréchal de Montesquiou, pour l'Ordre du Saint-Esprit.

Extrait des Titres produits par haut & puissant Seigneur Messire PIERRE DE MONTESQUIOU-D'ARTAGNAN, Baron de Graville, Seigneur de Fontaineriant, Escures, la Pilliere, le Bouillon, Hieville, Montchamps, Roste, Berville, Maisy &c., Mareschal de France, Général des Armées du Roi, Gouverneur des Ville, Cité & Citadelle d'Arras, nommé Chevalier des Ordres de Sa Majesté, pour les Preuves de sa Noblesse.

DEVANT Monsieur le Duc de Tallard, Mareschal de France, & Monsieur le Marquis d'Huxelles, aussy Mareschal de France, Chevaliers & Commandeurs des mesmes Ordres, Commissaires à ce députez par Lettres patentes du 22 février 1724.

Ier. DEGRÉ.

Pierre de Montesquiou-d'Artagnan, Mareschal de France, Gouverneur d'Arras.
Elisabeth l'Hermite-d'Hieville, sa femme.

LETTRES patentes du Roy, Chef & Souverain Grand Maitre des Ordes de St. Michel & du St. Esprit, adressées à ses chers & très bien amez

Cousins le Mareschal de Tallard , Duc d'Hostun , & le Mareschal d'Huxelles Chevaliers-Commandeurs de Ses Ordres , portant que son tres cher & bien amé Cousin, le Mareschal de Montesquiou ayant été eslu au Chapitre du 2 de ce mois, pour être receu Chevalier de Ses Ordres à la première Ceremonie , en satisfaisant aux Preuves requises par les Statuts : Sa Majesté les à commis pour les examiner , sur le rapport qui leur en sera fait par le Sieur Clairambault , Généalogiste desdits Ordres , & que s'ils les trouvent suffisantes , ils en signent le Procès Verbal avec lui , & fassent aposer le cachet de leurs Armes , pour être ensuite remis à son tres amé & féal le Sieur Abbé de Pomponne , Commandeur & Chancelier de Sesdits Ordres , pour en faire raport au premier Chapitre : ces Lettres données à Versailles le 22 de fevrier 1724. Signées Louis , & plus bas , Par le Roy , Chef & Souverain Grand Maitre des Ordres de St. Michel & du St. Esprit , le Bas , à costé , visa , Arnaud de Pomponne , & scellées du Grand Sçeau & Contrescçeau desdits Ordres en cire blanche.

MÉMOIRE des Services de M. de Montesquiou, donné pour satisfaire aux Articles XXIV. & LXIX. des Statuts.

J'ay esté eslevé Page du Roy en la Petite Escurie en 1660. dou je sortis en 1665. pour porter le mousquet dans une Compagnie de Cadets à Pignerol pendant 10 mois.

En 1666. le Roi me donna une casaque dans la première Compagnie des Mousquetaires , qui alloient en Hollande dans la guerre contre l'Evesque de Munster , où nous fimes le Siege de Lokem.

En 1667. & 1668. j'ay servi en la mesme qualité aux Sieges de Lille , Tournay , Douay , Besançon , & à tous ceux que Sa Majesté fit en Franche-Comté , & au Combat de Marsin ; le Roi me donna la mesme année une Enseigne aux Gardes , & me fit Sous-Lieutenant.

En 1671. & 1672. j'ay servi à tous les Sieges que Sa Majesté fit en Hollande.

En 1673. le Roy me donna une Lieutenance aux Gardes.

En 1674. je servis à la Bataille de Senef , où j'ay receu sept contusions, & on fut si content de moy qu'on me fit Aide-Major des Gardes.

En 1675. je me trouvai au Combat de Milhosen en qualité de Volontaire, ayant *servy* M. de Turenne , ensuite à la bataille de Tur*quem* sous ce Général , en qualité de Major de Brigade , & à celle de Treves sous M. le Mareschal de Crequi , en celle de Major général.

En 1676. j'eus commission du Roy pour faire les fonctions de Major des Gardes en l'absence de celui qui l'étoit ; je me trouvai la mesme année aux Sieges de Condé & de Bouchain.

En 1677. à celui de Valenciennes ; j'entrai dans cette Place avec des détachemens de la tranchée & celui des Mousquetaires & des Grenadiers à cheval, pelle mesle avec les Ennemis ; je fus ensuite au Siège de Cambray.

En 1678. aux Sieges d'Ypres & de Gand : le Roy me fit la mesme année Capitaine aux Gardes, avec ordre de continuer les fonctions de Major, après quoi la paix se fit.

En 1681. j'eus la Charge de Major des Gardes.

En 1682. Sa Majesté m'envoya dans toutes les places du Royaume pour faire observer à l'Infanterie un exercice uniforme que j'avois composé.

En 1683. la guerre fut déclarée, d'où je fus Major Général du Camp de la Sarre, sous M. le Duc de Villeroy ; de là on m'envoya Major Général de l'Armée de Flandres sous M. le Mareschal d'Humieres : nous fismes le Siege de Courtray, où je fus obligé comme Major Général de conduire la tranchée, les Ingenieurs ayant été blessés ; & en mesme temps je fis prendre la contrescarpe, apres quoy nous fismes le Siege de Dixmude ; ensuite il y eut une Treve qui dura jusqu'en 1688. qu'on me fit Brigadier, & on m'envoya en mesme temps pour deffendre Cherbourg, qui étoit menacé de Siege par le Prince d'Orange.

En 1689. je me trouvai au Combat de Valcourt ; l'hiver ensuite je fus envoyé Inspecteur à Metz.

En 1690. étant Major Général, au Combat & à la Bataille de Fleurus ; l'hiver suivant je fus commander Dixmude, où je fis le projet de passer le Canal du Nord, que j'exécutai entre Bruges & Ostende, où je pris le Fort de Plascandal & un autre Fort de l'autre costé du Canal, avec les garnisons prisonnieres de guerre, au moyen de quoy je mis tout le pais du Nord à contribution.

En 1691. je servis au siege de Mons, apres lequel le Roy me fit Mareschal des Camps ; je me trouvai en cette qualité au Combat de Leuze.

En 1692. au Siege de Namur & à la Bataille de Steinkerque.

En 1693. à la Bataille de Nerwinde, dont j'aportai la nouvelle au Roi ; qui me donna le Gouvernement de la Ville & Citadelle d'Arras, la Lieutenance Générale de la Province d'Artois, un Régiment d'Infanterie qui fut reformé à la paix de Riswick, & me fit Directeur Général de l'Infanterie en Flandres.

En 1694. je fis la Campagne sous Monseigneur.

En 1695. au Combat d'Antreguemme contre M. de Vaudemont, où comme Mareschal des Camps de jour j'attaquai & battit l'arriere garde des ennemis : Sa Majesté me fit Lieutenant Général de ses Armées.

En 1696. je commandai un Corps de troupes pour faciliter la communication des deux Armées du Roy, commandées par Mrs. les Maréchaux de Villeroy & de Boufflers.

En 1697. je servis de Major & de Lieutenant Général au Siege d'Ath ; pendant cette Campagne on fit la paix de Riswick.

En 1698. je quittai le Regiment des Gardes, & le Roi pour marquer la satisfaction qu'il avoit de mes services, me laissa mes pensions,

entrées ;

entrées & mesme mon logement à Versailles, & je servis cette même année de Lieutenant Général au Camp de Compiegne.

En 1699. je fus envoyé en Flandres avec ordre d'entrer dans Mons, avec les Troupes de Sa Majesté, & d'en prendre possession, d'accord avec les Espagnols; ce que j'éxécutai au commencement de l'année 1700. sous M. le Mareschal de Boufflers; après quoi le Roy m'envoya une Commission pour aller commander à Bruxelles, à Anvers, à Malines, dans le païs de Wast, à commencer à Gand & dans tout le Brabant, jusqu'à Namur, non compris; laquelle Commission fut ratifiée par l'Electeur de Baviere qui commandoit dans le pais, & qui me donna des Lettres pour tous les Gouverneurs; j'y ai resté jusqu'en 1702. que la guerre étant déclarée, Sa Majesté m'ordonna de faire la Campagne avec M. le Duc de Bourgogne, de ne prendre jour de Lieutenant Général à l'Armée qu'une fois, & de ne point le quitter le reste de la Campagne; je me trouvai la meme année au Combat de Nimegue.

En 1703. je fis la Campagne en Flandres sous M. le Marechal de Villeroy, en qualité de Lieutenant Général; je fus détaché pour prendre la Ville d'Huy, que j'emportai en deux fois vingt quatre heures, & j'obligeai la garnison à se retirer dans le Chasteau dont M. le Mareschal de Villeroy vint faire le Siege.

En 1704. je fis un Combat avec douze Escadrons contre le Sieur de Trogny, qui s'estoit venu emparer du poste d'Elsem sur nos lignes de Brabant : je lui tuay 200. hommes & pris 500; & comme on craignoit pour Namur que les ennemis menaçoient, j'y fus envoyé pour le deffendre, & j'y commanday pendant l'hiver, aussi bien que toute l'Entre Sambre & Meuze.

En 1705. les ennemis ayant forcé les lignes du Brabant, & se presentant à Louvain, on m'y envoya dans le temps qu'ils étoient devant pour y commander & pour le deffendre; la mesme année sur la fin de la Campagne, j'emportay, l'épée à la main, la Ville de Diest, qui étoit fermée de bonnes murailles, flanquées avec des dehors & un fossé plein d'eau, où il y avoit quatre Bataillons & quatre Escadrons de Dragons, que je fis prisonniers de guerre : cela avoit été jugé impossible par nos Généraux, auxquels je fus obligé d'envoyer un courrier pour leur dire que s'ils me permettoient d'attaquer, je répondrois de l'éxécution sur ma teste, au moyen de quoy ils me l'accorderent.

En 1706. je commandai l'Infanterie à la Bataille de Ramilly; on avoit mis 11 Bataillons dans le Village de ce nom, qui étoit à la teste de ma ligne d'Infanterie; les ennemis l'estant venu attaquer, les Hollandois ayant encore des piques, ils en chafferent nos 11 Bataillons; voyant ce désordre j'y marchay avec 16 Bataillons, & j'en rechaffay les ennemis; après quoi m'estant apperceu que leur Cavalerie s'étoit emparée du flanc de ce Village, & que leur Infanterie marchoit pour s'emparer de l'autre, je poussay à la Brigade des Gardes Françoises & Suisses, & je fus avec eux charger cette ligne d'Infanterie qui s'avançois; je l'a battis & la

Y

repouffay au delà du ruiffeau ; cela me donna le temps d'envoyer un Aide-de Camp aux 27 Bataillons que j'avois laiffé dans le Village, avec ordre d'en fortir & de me venir joindre : je fauvai ainfi ces 27 Bataillons qui fans cette manœuvre étoient pris ; apres quoi la brigade des Gardes ayant été repouffée, & voyant le defordre par tout, je pouffay pour rallier d'autres Bataillons avec lefquels j'arretay la Cavalerie des ennemis qui pourfuivoit chaudement la nôtre, & avec 27 Bataillons je fus affez heureux, faifant tefte aux ennemis, de donner le temps à une partie de notre Cavalerie de paffer le défilé de Jusdogne ; enfuite je fis ma retraite en bon ordre.

En 1707. je fis la Campagne comme Lieutenant Général avec M. de Vendofme.

En 1708. je commandai l'Infanterie à la Bataille d'Oudenarde ; j'eus ordre de M. de Vendofme d'attaquer avec 35 Bataillons les ennemis dans le centre, lefquels avoient percés un bois & étoient dans des brouffailles ; je les en chaffay, les pourfuivant jufqu'au bout du bois ; mais n'eftant point foutenu d'une feconde ligne d'Infanterie qu'on avoit employée ailleurs, je me tins fur le bord du bois ; je n'y fus pas un quart d'heure que je fus rechaffé de ce pofte & ramené au lieu où j'avois commencé l'attaque. La Maifon du Roi qui eftoit derriere moi me donna lieu d'arrefter les fuyards & de ralier toute mon Infanterie ; apres quoi je rattaquai les ennemis avec le mefme fuccez ; enfuite on me ramena de mefme ; je fis ce manége jufqu'à 10 fois, avec les mefmes troupes, chofe que je n'avois point crû jufqu'à lors de la fermeté de notre Infanterie, &, m'apercevant que je n'avois d'autre fecours à attendre que la nuit, je maintins l'affaire par les attaques réitérées jufqu'à la brune ; alors ne recevant nul ordre, & les ennemis noûs entourans de tous coftés, je pris le party de me retirer avec la Maifon du Roy, que je menay avec moy par Dinche jufqu'à Gand, où l'Armée fe raffembla & où je trouvai les efprits fort étonnés de me voir, croyant que j'avois été pris avec toutes leurs Troupes que je ramenois : j'eus dans cette occafion deux chevaux, l'un tué, l'autre, bleffé, fous moi, & je receus deux coups dans mes armes : c'eft la premiere fois que j'en ai porté. Je fus enfuite attaquer le Fort-Rouge fous Gand, que j'emportai : après quoi on me deftina pour me jetter dans Mons & y commander ; mais l'Electeur de Baviere voulant y mettre un Officier des Troupes d'Efpagne, je fus commander à Valenciennes ; delà on m'envoya au Pont-à Marque avec 35 Bataillons & 4 Marefchaux de Camps. Je me rendis maître de ce pofte, après en avoir chaffé les ennemis, & je fis combler la petite riviere de Marque, où pour mieux dire le foffé, car elle étoit à fec, ne doutant point que notre Armée étant campée au Mont en Puel, ne marcha à moi pour faire lever le Siege de Lille ; m'apercevant, apres que j'eus pouffé jufqu'au bout du bois, qu'il n'y avoit rien qui me fepara de l'Armée des ennemis, qui n'eftoit éloignée que d'une portée de canon, paroiffant fort en defordre ; ayant pofé mes gardes de Cavalerie à la portée de piftolet de celles des ennemis, je fis

venir le Sieur de Chérigny, Colonel de Cavalerie, qui commandoit cinq
cens chevaux avec moy, je lui fis remarquer ce qui se présentoit à nous,
apres quoy je l'envoyai à M. de Vendosme pour lui dire l'état où je me
trouvois, & que certainement les ennemis ne tiendroient point dès que
notre Armée se présenteroit dans la plaine; qu'il étoit seure que Lille
étoit secouru par là; je luy marquay mesme que je luy ferois des débou-
chés par les bois, par lesquels il pourroit déboucher dans la plaine avec
cinquante escadrons de front: l'on ne fit point grande attention à mon
ambassade.

Le lendemain un détachement des ennemis de deux mil hommes
d'Infanterie vint attaquer un Chasteau qui estoit a cinq ou six cens pas de
ma droite, dans lequel j'avois mis trois cens hommes; dès que j'entendis
leur premier feu, j'y marchay avec tous les Grenadiers: j'y trouvay en
arrivant qu'ils avoient déja passé le fossé & entrés dans la cour : je les en
chassay & ils y eurent beaucoup de monde de tuez. Les ennemis commen-
cerent vers les quatre heures du soir un retranchement devant tout le front
de leur Armée qu'ils continuerent au flambeau pendant la nuit : le lendemain matin je renvoyai encore mon ambassadeur dire à M. le Duc de
Bourgogne & à M. de Vendosme que ce retranchement étoit fort peu de
chose, & que certainement, si on vouloit faire marcher l'Armée à moy,
je répondois de la levée du Siege; mon avis ne fut point écouté, au grand
regret de M. de Vendosme, qui en estoit au désespoir.

En 1709. je commandée un corps de Troupes vers la Bassée, d'où je fus
envoyé pour attaquer le Fort de Warneton sur la Lys; je l'emportay, l'épée
à la main, & j'y fis 8 à 9 cens prisonniers de guerre; après quoi je
rejoignis l'Armée, & je fus à la Bataille de Malplaquet où je commanday
l'aisle droite de l'Infanterie. J'y eus cinq chevaux tuez ou blessez sous
moy; j'reccus deux coups dans mes armes; j'eus a soutenir le feu de toute
l'Infanterie Hollandoise, qui fut presque entierement détruite par celle
que je commandois, &, comme la gauche de l'Armée & le centre furent
poussés, & ne recevant de mon costé nul ordre des Mareschaux de
Boufflers & de Villars, je pris le parti de me retirer avec toute la droite de
l'Infanterie; ce que je fis en si bon ordre que les ennemis ne purent
m'entamer : c'est apres cette action que Sa Majesté m'honora de la Dignité
de Mareschal de France; ensuite de quoy Elle me laissa commander pendant
l'hiver dans toute la Flandre.

En 1710. & 1711. je commandai l'Armée conjointement avec M. le
Maréchal de Villars. Etant resté l'hiver de 1710. a 1711. Commandant la
Flandre, les ennemis etant maitres de Lille, Douay & Tournay, laisserent
un gros corps entre ces 3 Places, leur dessein etant d'assieger Cambray ou
Arras, & faire avancer toutes leurs provisions sur Douay, je pris le parti
de faire combler ou mettre des grands empeschemens sur les rivieres
d'Escarpe & de la Basse-Deulle; ce que j'exécutay heureusement, après que
le Roy eut aprouvé mon projet. Les ennemis ne purent déboucher ces
rivieres qu'apres 3 ou 4 mois de travail, cela rompit leurs mesures & ils

Y ij

furent obligés de s'attacher à Bouchain : comme ils avoient pris un poste
que nous avions a Arleux fur le Senſé, dans lequel ils avoient mis ſix
cens hommes, après l'avoir fait tres bien fortifier, pour s'aſſurer le paſſage
des Marais, ce Fort étant entouré de deux foſſés pleins d'eau, le tout bien
fraizé & palliſſadé n'eſtant qu'a deux lieues de Douay, où ils avoient une
groſſe garniſon, leur Armée étant du coſté de Bethune, nous jugeames
qu'il étoit néceſſaire de reprendre ce Fort : comme il faloit uſer de pré-
caution & de diligence, ce poſte étant ſeparé de nous par le Senſé, qui a
un quart de lieue de chauſſée pour y arriver, & le Commandant ayant
promis à ſes Généraux de tenir au moins ſix jours, je me chargeay de
l'attaquer moi-meſme : je marchay ſecrettement la nuit avec 16 Bataillons
18 Eſcadrons & 6 pieces de canon ; je paſſay le Senſé au bacq à Bainſeu,
& j'y arrivai à la pointe du jour. Je fis attaquer d'abord les moulins qui
étoient ſur la digue d'Arleux, je les emportai & j'y pris 150 hommes ;
enſuite je fis canoner le Fort ; mais comme il étoit trop raſant, mon canon
n'y faiſoit rien ; cela fit que je l'attaquai de vive force en deux attaques
de mil hommes chacune. Le Commandant de ces détachemens ayant eſté
tué, mes attaques commencoient à ſe rebuter ; alors je pris le parti de
faire marcher une Brigade entiere de 6 Bataillons, M. le Prince d'Iſenghien, Mareſchal des Camps à la teſte. Ils marcherent droit au Fort : cela
ranima mes deux attaques, & M. le Prince d'Iſenghien avec ſes Bataillons
s'étant jetté dans le premier foſſé d'eau, tout le reſte fit de meſme,
paſſerent ce foſſé, ſe jetterent dans le ſecond, & enfin aborderent les
palliſſades qu'ils écarterent avec les mains & entrerent dans le Fort, qui
fut pris, l'épée à la main ; ce qui reſtoit des ſix cens hommes avec le
Commandant fut fait priſonnier de guerre : cette Expédition fut achevée
à deux heures apres midy, apres quoi ce Fort fut entierement raſé.

Eſtant reſté l'hiver ſuivant Commandant en Flandres, faiſant mon
ſéjour à Arras, les ennemis ayant fait deſſein de s'aſſeurer un paſſage ſur
le Senſé, s'aviſerent de vouloir fortifier une vieille Redoute qui eſt à
l'Ecluſe ſur cette riviere, de notre coſté, laquelle eſtoit déja bonne par
elle même : ils y firent porter des palliſſades & tout ce qu'il falloit pour
leur travail : je le laiſſay faire pendant trois jours. Ils avoient mis douze
cens hommes dedans ; comme il etoit de grande importance de leur oſter
ce paſſage, je le fis attaquer par M. le Comte de Broglio & M. de Vieuxpont, que je fis pattir d'Arras & de Cambray ; je l'emportay, l'épée à la
main, & j'y fis les 1200. hommes & 300 chevaux priſonniers de guerre ;
enſuite je fis raſer tous leurs travaux. Leur deſſein étant toujours d'attaquer
Cambray & Arras, ils laiſſerent un corps pendant l'hiver entre la Deulle
& l'Eſcarpe, ſous prétexte des débouchemens des rivieres. Ayant ſçeu
que ce corps s'augmentoit, & qu'ils avoient près de quarante mil hommes,
je faiſois de mon coſté avancer des troupes à portée dans une marche
forcée de ſe porter ſur le Senſé, & fortifier les garniſons d'Arras & de
Cambray qui n'en étoient qu'a trois lieues : comme j'étois fort éveillé ſur
leurs mouvemens, & qu'ils ne pouvoient arriver ſur le Senſé qu'en vingt

quatre heures, dès que j'apris qu'ils se mettoient en marche, je fis partir
de Cambray M. de Vieuxpont avec vingt Bataillons pour se saisir des
postes des passages depuis Palliancourt jusqu'a Oisy, & M. le Comte de
Broglio, d'Arras, avec vingt autres Bataillons, pour s'emparer de tous les
postes qui sont sur cette riviere depuis Oisy jusqu'à Biache, avec la pré-
caution de faire jetter la riviere d'Escarpe dans le Sensé, pour boucher
un passage qui y étoit, & je fis marcher toutes les troupes que j'avois
fait avancer sur la frontiere, au nombre de quatre vingt Bataillons, qui
arriverent sur le Sensé, au moyen d'une marche forcée. Le lendemain
matin les ennemis y étant aussy arrivés avec dessein de passer à l'Ecluse
furent étonnez de trouver tous les postes garnis, & ils n'oserent tenter
le passage : c'est ce qui fut le salut de la Campagne ; car ne pouvant forcer
ce passage, ils resolurent d'aller attaquer le Quesnoy, qu'ils prirent. Ils
allerent ensuite investir Landrecy : ils tiroient tous leurs vivres de Marchiennes, & ils avoient mis un gros corps à Denain qu'ils avoient bien
retranché pour la seureté de leurs convois. J'envoyai reconnoistre les
retranchemens de Denain, & voyant l'importance qu'il y avoit d'enlever
ce Poste, pour oster les vivres aux ennemis, je proposai à M. le Marés-
chal de Villars de l'aller attaquer en passant le Sensé au bacq à Bainseu, par
une marche secrette. Il ne gouta point mon avis, & comme nous estions
campés sur l'Escaut, derriere Cambray, nous eumes ordre du Roi de secourir
Landreci, à tel pris que ce fût. Nous marchames avec l'Armée sur la Sambre
en deux ou trois jours. Les ennemis voyant notre résolution formée de
secourir Landrecy, firent avancer toute leur Infanterie sur cette Place,
preste à se jetter dans leurs lignes de circonvalation qui étoient fort bonnes.
M. le Mareschal de Villars voyant que nous trouverions toute l'Infanterie
ennemie, étoit fort indéterminé sur l'attaque des lignes, la trouvant très
hazardeuse. Je pris ce temps pour lui proposer de nouveau le dessein que
j'avois d'attaquer Denain, en lui disant que par ce moyen on couperoit
les vivres aux ennemis, & qu'on assuroit moralement la levée du Siege de
Landrecy, ce qu'il n'aprouva pas d'abord ; mais après qu'il eut reflechy
pendant une demie heure sur mon avis, il vint à moy & me dit qu'il
acceptoit mon conseil. Je luy repondis que s'il vouloit tenir l'affaire
secrette, & que nous puissions dérober huit heures de marche, l'affaire
seroit certaine, que pour cela il ne le faloit dire à personne, pas mesme à
un Officier Général ; qu'il faloit au contraire faire achever nos ponts sur la
Sambre, & répandre dans le Camp qu'on attaqueroit les lignes de circonvalation, le lendemain matin ; qu'il étoit necessaire de marcher dès le soir
mesme. Apres avoir surmonté quelques difficultez qu'il me proposa,
l'affaire fut resolue. J'avertis seulement quatre hommes pour mener les
colonnes, & sur les cinq heures du soir vingt Bataillons de la gauche
marcherent, suivis de vingt pieces de canon & des pontons pour aller à
Neufville sur l'Escaut. Une heure après toute l'Armée se mit en marche
pour suivre cette avant-garde, qui étoit commandée par M. de Vieuxpont,
qui ayant marché toute la nuit, manda à cinq heures du matin qu'il ne

pouvoit arriver fur l'Escaut que vers les huit heures. Comme il étoit
grand jour, M. le Marefchal de Villars crut que le Prince Eugene, pouvant
voir notre marche, étoit un obftacle invincible, & ordonna à tous Officiers
du campement d'arrefter l'Armée & de la faire camper là ; ce qu'ayant
apris, j'allay joindre M. le Marefchal de Villars, à qui je dis que l'Armée
des ennemis ne pouvant marcher à Denain qu'a notre veue par la hauteur
de Querenain, fur laquelle on ne voyoit perfonne, je le priois de vouloir
toujour marcher fur l'Efcaut, *qui* étant arrivé, nous verrions fi les ennemis
marchoient à Denain, que fi on apercevoit leur Armée marcher & eftre
à portée de fecourir le pofte, nous ferions toujours les maîtres de ne
point paffer l'Efcaut & de camper, moiennant quoi il n'y avoit nulle rifque
à courre. Il fe rendit à mes raifons , & nous continuames notre marche
après avoir perdu une heure de temps. Le Prince Eugene, perfuadé que
nous attaquerions les lignes le lendemain, n'eut le veritable avis de notre
deffein que vers les quatre heures du matin. Nous arrivâmes fur l'Efcaut
à huit heures, & M. le Maréchal de Villars, s'occupant à diligenter
l'Armée, je fis conftruire 3 ponts en 3 quarts d'heure, & fis paffer les
Troupes auffitôt : M. le Maréchal de Villars m'ayant joint, nous paffames
les ponts enfemble, & nous avançames fur les lignes des ennemis qui
s'étoient allongées jufqu'a Marchiennes. Ils quitterent d'abord la premiere
ligne pour fe retirer dans le retranchement où il y avoit 17 Bataillons &
15 Efcadrons ; mais le Prince Eugene, fitôt qu'il fceut la détermination de
notre marche, vint au galot de Landrecy à Denain avec 5 ou 6 Officiers,
& voyant que notre Armée paffoit l'Efcaut, il retira les 15 efcadrons
qui eftoient plus que fuffifants pour deffendre l'eftendue du Pofte. M. le
Maréchal de Villars étant retourné aux ponts pour diligenter les troupes,
me chargea de la difpofition de l'attaque; ce que je fis en formant 11
colonnes d'Infanterie, de 3 Bataillons chacune, les Grenadiers & les Piquets
devant former une efpece de ligne, les colonnes a 25 pas l'une de l'autre.
Comme je commençois à voir la refte de l'Infanterie de l'Armée des ennemis, qui eftoit encore à une demie lieue, & qui venoit au fecours du
Pofte, M. le Marefchal de Villars ne m'ayant pas encore rejoint, je
refolus d'attaquer ; dans le temps que j'eftois en mouvement, M. le
Marefchal de Villars m'envoya M". de Nangis & de Contade pour me
dire de retarder, qu'on lui confeilloit de fe retrancher ; mais ne pouvant
aprouver ce fentiment, je voulus perfifter dans mon attaque, voyant que
le temps preffoit, fur quoy M. de Contade me follicita fi vivement d'amitié
de ne point attaquer, fans parler à M. le Maréchal de Villars, qui n'eftoit
point éloigné , m'affurant que j'eftois un homme perdu fi l'attaque ne
reuffiffoit pas, que j'y confentis, & fus le trouver à cinq cens pas qui
venoit à moy. Il me demanda en m'abordant fi j'eftois encore d'avis
d'attaquer, que les ennemis étoient préparés , & qu'on lui confeilloit de
fe retrancher, & lui dis tout ce qui devoit l'en empefcher; apres quoi
il fe rendit en me difant : puifque vous êtes d'avis d'attaquer, marchons.
L'attaque fe fit avec beaucoup d'ordre & une magnifique difpofition, le

Poſte fut emporté, & on prit Milord d'Albermale, qui commandoit avec 15 Officiers Généraux & les 17 Bataillons, dont il y en a eu beaucoup de tuez & de noyez, un pont, qu'ils avoient, s'eſtant caſſé.

Le lendemain matin à 5 heures, M. le Maréchal de Villars m'ayant fait prier de venir le trouver dans ſa chambre, me fit beaucoup d'amitié ſur la conduite de cette affaire, & me pria de faire le ſiege de Marchiennes, où il y avoit 7 Bataillons & un Régiment de Cavalerie. Je pris la place en 5 jours de tranchée, la garniſon priſonniere de guerre, & me rendis maître de tous leurs magaſins & de 500 Belandes, qui eſtoient ſur l'Eſcarpe, chargées de toutes ſortes de munitions. Le Prince Eugene ſe voyant ſans vivres & ſans munitions, fut obligé de lever le Siege de Landrecy, & tout de ſuite cela nous donna lieu de reprendre Douay, le Queſnoy & Bouchain: cet échec ramolit les propoſitions de Paix que les Plenipotentiaires des ennemis avoient fait, &, dans l'hiver ſuivant, elle fut conclue.

Je reſtay cet hiver en Flandres, où je convins avec le Comte de Tilly, Général des Hollandois, & de l'évacuation des Places qu'on rendoit de de part & d'autre; c'eſt ce qui fut exécuté l'eſté 1713, & j'entray dans Lille avec les troupes du Roy; apres quoy n'eſtant plus néceſſaire en Flandres, Sa Majeſté me rapella & me marqua eſtre très contente de moi, & qu'il m'en donneroit des preuves inceſſamment. Il mourut & m'a laiſſé des eſperances.

En 1717. le Duc d'Orléans, Régent, m'envoya commander en Bretagne, où je rendis un ſervice conſidérable à l'Etat, en découvrant & empeſchant une Révolte générale de toute la Province; on me rappella en 1720. qu'on m'honora d'une place au Conſeil de Régence, & Sa Majeſté vient de me faire l'honneur de me nommer Chevalier de Ses Ordres.

RÉCAPITULATION des ſervices importans & des plus marqués du Mareſchal de Monteſquiou.

Batailles où il s'eſt trouvé; dix, ſçavoir; Senef, Treves, *Turquem*, Fleurus, Steinkerque, Nervinde, *Ramilli*, Oudenarde, Malplaquet & Denain, qui peut bien paſſer pour Bataille.

Combats, huit, ſçavoir; Marſin, Fleurus, *Milhauſen*, Valcourt, Leuſe, d'*Antreguemme*, Nimegue & Alſem.

Sieges où il s'eſt trouvé, vingt & un, ſans compter tous ceux que le Roy a fait en Franche-Comté & en Hollande, auſquels il a ſervy, ſçavoir; Lokem, Lille, Tournay, Douay, Beſançon, Condé, Valenciennes, Cambray, Bouchain, Ypres, Gand, Courtray, Diximude, Mons, Namur, Ath, Huyville & Chateau, Marchiennes, Douay, Queſnoy & Bouchin.

Actions où il a commandé en chef, douze, ſçavoir; le Paſſage du Canal du Nord, la priſe de Plaſcandal & d'une Redoute, la priſe de poſſeſſion de la Ville de Mons, la priſe de Dieſt, celle de la Ville d'Huy, celle de Warneton, celle d'Arleux, celle du Fort-Rouge, celle de la Redoute de l'Ecluſe ſur le Senſé, le comblement des rivieres de la Baſſe-Deulle & de l'Eſcarpe, la priſe des Poſtes du Senſé, où il arriva quatre heures avant les ennemis, & la priſe de Marchiennes.

Il a commandé pendant trois années conſecutives l'Armée de Flandres, conjointement avec M. le Mareſchal de Villars.

Il a auſſi commandé, étant Lieutenant Général, pluſieurs corps détachés de l'Armée.

Retraites qui ont abſolument roulés ſur luy, trois ; ſçavoir ; Ramilli qu'il fit avec vingt ſept Bataillons & une partie de notre Cavalerie, à qui il donna le temps, faiſant teſte aux ennemis, de paſſer le défilé de Jusdogne, Oudenarde & Malplaquet, où apres avoir batu toute l'Infanterie Hollandoiſe, il retira la ſienne en bon ordre, quoiqu'il fut ſuivi de toute l'Armée ennemie ; on trouva cette retraite ſi belle que le Roy le fit Mareſchal de France.

Places & Provinces où il a commandé, à Cherbourg, dans tout le Brabant, païs de Vaaſt, à commencer depuis Gand juſqu'à Namur compris.

A Namur & toute l'Entre Sambre & Meuze.

A Louvain, comme les ennemis ètoient devant.

A Valenciennes.

Toute la Flandre depuis la Meuſe juſqu'a la mer, & le païs d'Artois depuis 1709. juſqu'en 1713.

En Bretagne depuis 1716. juſqu'en 1720. après quoi il fut nommé du Conſeil de Regence.

Il a été plus de 20 ans Directeur de l'Infanterie.

Rapporte pour Preuves.

Brevet du 27 ſeptembre 1674. le Roi étant à Verſailles, & deſirant reconnoiſtre les fidels ſervices du Sieur d'Artagnan, Lieutenant d'une Compagnie au Regiment de Ses Gardes Françoiſes, l'a établi dans la charge d'Aide-Major du meſme Regiment, vaccante par la mort du Sieur de Vernoy. Signé Louis, & contreſigné, le Tellier.

Commission de Capitaine d'une Compagnie dans le Regimènt des Gardes Françoiſes, accordée par le Roy à ſon cher & bien amé le Sieur d'Artagnan, Aide-Major dud. Regiment, vaccante par la mort du Sieur de Pauliac : donnée à S. Germain en Laye le 28 avril 1678. Signée Louis, & au deſſous, Par le Roy, ſigné le Tellier, & ſcellée.

Ordre du Roy pour faire éxercer par le Sieur d'Artaignan, Capitaine d'une Compagnie dans le Regiment de Ses Gardes, la Charge de Sergent Major de ce Regiment, en l'abſence du Sieur de Cezan : fait à S. Germain en Laye le 28 decembre 1678. Signé Louis, & plus bas, le Tellier.

Commission du Roy à ſon cher & bien amé le Sieur d'Artagnan, Capitaine

Capitaine d'une Compagnie au Regiment de Ses Gardes, de la charge de Major au mesme Regiment, vaccante par la mort du Sieur de Cezan, en confidération de fa capacité & des fervices qu'il a rendus : donnée à S. Germain en Laye le 15 fevrier 1681. Signée Louis, & au deſſous, Par le Roi, figné le Tellier, & fçellée. Autre Commiſſion du mefme jour, pour tenir rang de Capitaine : fignée & fcellée comme la précedente.

BREVET du 18 avril 1683. le Roi étant à Verfailles & defirant reconnoiſtre les bons & fidels fervices du Sieur d'Artagnan, ci-devant Capitaine au Regiment de Ses Gardes, & a préfent Major, Sa Majefté l'a eſtabli en la charge de Major général de Son Infanterie. Signé Louis, contrefigné le Tellier.

LETTRE du Roy à Mr. d'Artagnan. pour le faire fervir en qualité de Major général de fon Infanterie dans l'Armée campée fur la Sarre, frontiere de Lorraine, commandée par le Marefchal Duc de Villeroy : écrite à Verfailles le 28 avril 1683. Signée Louis, & plus bas le Tellier.

BREVET du 24 aouſt 1688. le Roy étant à Verfailles, mettant en confideration les bons & fidels fervices que le Sieur d'Artagnan, Major du Regiment des Gardes Françoifes de Sa Majefté, Major général en l'Infanterie, lui a rendus, & des preuves qu'il a données de fa valeur, elle l'a retenu & eſtabli dans la charge de Brigadier en Son Infanterie. Signé Louis, & contrefigné le Tellier.

ORDRE du Roy au Sieur d'Artagnan, Major du Regiment de Ses Gardes Françoifes, Brigadier en Son Infanterie, de fe tranfporter en diligence en la ville de Cherbourg, pour en l'abfence du Sieur Comte de Matignon, Lieutenant général en la baſſe Normandie, Gouverneur particulier de Cherbourg, & fous fon autorité, en fa préfence, commander aux troupes qui font en lad. place, & aux habitans pour la conservation & feureté de la Ville : fait à Fontainebleau le 30 feptembre 1688. Signé Louis, & contrefigné le Tellier.

LETTRE du Roy à Mr. d'Artagnan, pour luy dire de fe rendre en fon Armée de Flandres, commandée par le Marefchal d'Humieres, & y fervir de Major général de l'Infanterie : écrite à Verfailles le 24 avril 1689. Signée Louis, & contrefignée le Tellier.

ORDRE du Roy au Sieur d'Artagnan, Brigadier de Son Infanterie & Major du Regiment de Ses Gardes Françoifes, pour commander dans la ville de Dixmude : à Verfailles le 29 octobre 1690. Signé Louis, & plus bas le Tellier.

AUTRE ordre du Roi au Sieur d'Artagnan, Brigadier de Son Infanterie, pour, en qualité d'Infpecteur général de Ses troupes d'Infanterie Françoifes & Etrangeres, vifiter celles qui font & feront pendant l'hiver en garnifon dans les Villes & Places de Thionville, Metz, Nancy, Pontamouffon, Toul, Marfal & Dieufe, les faire rétablir, & qu'elles foient mifes en état de bien fervir la Campagne prochaine : fait à Verfailles le 16 novembre 1689. Signé Louis, contrefigné le Tellier.

BREVET du 25 avril 1691. par lequel le Roi fait le Sieur d'Artagnan Brigadier de Son Infanterie & Major du Regiment de Ses Gardes Françoifes, Maréchal de Camp en Ses Armées. Signé Louis, & contrefigné le Tellier.

LETTRE du Roi pour faire fervir Mr. d'Artagnan en qualité de Major général dans fon Armée de Flandre, commandée par le Duc de Luxembourg, Pair & Marefchal de France : écrite à Verfailles le 28 avril 1691. Signée Louis, & contrefignée le Tellier.

PROVISIONS de la Charge de Lieutenant Général en Artois, vaccante par le décez du Comte de Montchevreuil, tué à la Bataille de Sainte Croix, accordées par le Roi à Son cher & bien amé le Sieur d'Artagnan, Maréchal de Ses Camps & Armées, & Major du Régiment de Ses Gardes Françoifes, faifant la fonction de Major Général de l'Armée de Flandres, en confidération de fes Services : données à Verfailles le 13 aouft 1693. Signées Louis, & fur le reply, Par le Roi, figné le Tellier, & fçellées; Avec le Serment prefté entre les mains du Roi le 8 décembre, & regiftrées au Confeil Souverain d'Artois, le premier octobre de la mefme année.

AUTRES Provifions de Gouverneur de la Ville, Cité & Citadelle d'Arras, du mefme jour que les précédentes, & fignées & fçellées de mefme; preftation de Serment entre les mains du Chancelier de France, du 14 décembre. Regiftrées au Grand Mémorial de l'Echevinage d'Arras, le 2 octobre 1693. Signé Privat.

POUVOIR de Lieutenant Général dans les Armées du Roy, accordé par Sa Majefté à Son très cher & bien amé le Sieur d'Artagnan, Maréchal de Camp, Lieutenant Général en Artois & Gouverneur d'Arras, en confidération de fa capacité, valeur, bonne conduite & de fes Services: donné à Verfailles le 23 janvier 1696. Signé Louis, & fur le reply, Par le Roy, figné le Tellier & fcellé.

PROVISIONS de l'Etat & Office de Maréchal de France, accordées par le Roy à Son cher & bien amé Pierre de Montefquiou-d'Artagnan, Lieutenant Général de Ses Armées, Gouverneur des Ville & Citadelle d'Arras, & Lieutenant Général en la Province d'Artois, Directeur Général de l'Infanterie, en confidération de fon mérite perfonnel, de fes grandes qualités, de l'ancienneté de fa Nobleffe, &c. : données à Verfailles le 15 feptembre 1709. Signées Louis, & fur le reply, Par le Roy, Phely-peaux, & fcellées ; A ces Provifions eft joint un Brevet de Maréchal de France, du 20 feptembre, figné Louis, contrefigné Voifin : LETTRE du Roy à M^r. d'Artagnan, portant que les Services qu'il a rendus, & parti-culierement à la Bataille du xi de ce mois, l'ont déterminé à le faire Maréchal de France, & qu'il lui en envoye le Brevet : écrite à Verfailles le 20 feptembre 1709. Signée Louis, contrefignée Voifin.

POUVOIR du Roy pour Commander l'Armée de Flandres à fes très chers & bien amez Coufins le Duc de Villars, Pair & Maréchal de France, & le Sieur de Montefquiou, auffy Maréchal de France : donné à Marly le 30 avril 1712. Signé Louis, & fur le reply, Par le Roy, figné Voifin, & fçellé fur double queue en cire jaune.

COMMISSION pour commander en Chef en la Province de Bretagne, en l'abfence du Comte de Touloufe, Gouverneur de la Province, accor-dée par Sa Majefté à fon très cher & bien amé Coufin le Maréchal de Montefquiou : donnée à Paris le premier aouft 1716. Signée Louis, & plus bas, Par le Roi, le Duc d'Orléans, Régent, préfent, figné Phely-peaux, & fcellée. Regiftrée en la Chambre des Comptes de Bretagne à Nantes, le 23 janvier 1717. Signé Barillay, & aux Tréforiers de France, le même jour, figné Mellier & Perrot, & fçellée, & au Parlement de Rennes le 14 du même mois & an, figné Piquet.

CONTRACT de Mariage paffé devant les Notaires au Chaftelet de Paris, de haut & puiffant Seigneur Meffire Pierre de Montefquiou-d'Arta-gnan, Chevalier, Lieutenant Général des Armées du Roi, Gouverneur pour Sa Majefté des Ville, Cité & Citadelle d'Arras, Lieutenant Général de la Province d'Artois, & Directeur Général de l'Infanterie de France ; avec haute & puiffante Demoifelle Elifabeth l'Hermite-d'Hiéville, fille de haut & puiffant Seigneur Meffire François l'Hermite, Chevalier, Seigneur & Patron d'Hiéville, Monchamp, Mezy, Toftes & autres lieux, & de haute & puiffante Dame Dame Catherine d'Angennes, fon époufe, demeurant ordinairement en leur Château de Robillart, Paroiffe de Lieury : en la préfence & de la permiffion & confentement du Roy, & des Princes & Princeffes de la Maifon Royale, & encore en la préfence de Meffire Antoine de Montefquiou-d'Artagnan, Chevalier, Meffire Louis de Montefquiou-d'Artagnan, Abé de Sorde & d'Artoux, freres du futur époux ; Urs Altermat, Chevalier de l'Ordre de S. Louis, Capitaine au Régiment des Gardes Suiffes, Dame Marie de Montefquiou, fon époufe, niéce ; Meffire Jofeph de Montefquiou-d'Artagnan, Cheva-lier, Sous-Lieutenant de la premiere Compagnie des Moufquetaires du Roy, Maréchal de Ses Camps & Armées, coufin germain ; Meffire

Louis de Caſtelmor-d'Artagnan , Chevalier , couſin ; Meſſire Jean de Gaſſion , Chevalier , Lieutenant Général des Armées du Roy , & des Gardes du Corps ; Meſſire Charles de Gaſſion , Marquis de Gaſſion , Meſtre de Camp de Cavalerie , & Sous-Lieutenant des Chevaux Légers de Monſeigneur le Duc d'Anjou , couſins. Fait au Chaſteau de Verſailles & à Paris le 23 mars 1700. Signé Lambon & Mouſle , Notaires , avec l'acte de Célébration fait en la Paroiſſe de Sainte Marie-Magdeleine du Pleſſis-Piquet , le 27 du meſme mois & an : délivré le 14 octobre 1717. Signé Pinchaut de la Marſiliere , Curé.

IIᵉ. DEGRÉ.

Henry de Monteſquiou , Chevalier , Seigneur d'Artagnan.

Jeanne de Gaſſion , ſa femme.

Testament fait le 22 aouſt 1667. à Bayonne devant Notaire , par Meſſire Henry de Monteſquiou , Siéur d'Artagnan , Lieutenant pour le Roi au Gouvernement de la Ville de Bayonne & pais adjacens , & Commandant en l'abſence de M. le Duc de Gramont , pour le Service de Sa Majeſté , lequel étant au lit malade , ordohne d'être inhumé en l'Egliſe de Notre Dame des Carmes de cette Ville ; que ſes honneurs funebres y ſoient faits , ſuivant ſa condition ; ordonne des prieres & des aumones ; déclare avoir été marié avec Dame Jeanne de Gaſſion , qu'il en a eu pluſieurs enfans , dont il lui en reſte cinq vivans , nommez Raimond , Henry , Antoine , Pierre & Louis , à chacun deſquels il laiſſe 3000. livres payables lorſqu'ils auront atteint 25 ans , ou pris le le party du mariage ; inſtitue héritiere la Dame de Gaſſion ſon épouſe ; fait éxécuteurs Mʳ. le Marquis de Gaſſion , & Mʳ. le Chevalier d'Auſſonne : paſſé devant Dereboul , Notaire : délivré le 25 may 1712. ſur l'Original. Signé Pinaquy , Notaire Royal , légaliſé le 27 , ſigné de Leſpes & du Clerc.

Lettres patentes du Roy , portant don à Son cher & bien amé le Sieur d'Artagnan , Lieutenant au Gouvernement de Bayonne de la place & matériaux du Château de Montanés , en Bearn , à condition de l'hommage à chaque mutation , d'un fer de *lance* doré & de l'entretien d'un Archer en temps de guerre : Données à Fontainebleau au mois de fevrier 1642 , ſignées Louis , & contreſignées de Lomenie : regiſtrées à la Chambre des Comptes de Navarre. Collationné à Paris le 25 may 1714. Signé Bouron.

Contract de Mariage du 3 Juin 1632. paſſé devant Notaire dans la Ville de Pau , de Noble Henry de Monteſquiou , Capitaine & Gouverneur de Mantanés , par l'entremiſe de Noble Antoine de Monteſquiou ,

Sieur de Sanpaſtou*t*, ſon frere, fondé de procuration; avec Damoiſelle Jeanne de Gaſſion, aſſiſtée de Meſſire Jean de Gaſſion, ſon frere, Conſeiller du Roy en Ses Conſeils, Préſident au Parlement de Navare, héritier contractuel de feu Meſſire Jacques de Gaſſion, Conſeiller du Roi en Ses Conſeils, Préſident audit Parlement; & *a* Dame Marie Deuſclaus, ſes pere & mere, ſe réſervant de choiſir tel de leurs enfants qu'il leur plaira pour héritier : Fait à Pau devant *Goueix*, Notaire; Ratification par Noble Henry de Monteſquiou, le 11 Juillet 1632. en préſence de Noble Arnaud d'Armagnac, Sieur de la Béirie, Capitaine au Château de Pau. Signé d'*Agoueix*, Notaire. Collationné ſur la Groſſe le 25 avril 1686. Signé de Lapiſeau, Notaire.

IIIe. DEGRÉ.

Jean de Monteſquiou, Seigneur d'Artagnan.

Claude de Bazillac, ſa femme.

TESTAMENT de Noble Jean de Monteſquiou, Seigneur d'Artagnan, fait le 13 mars 1608. ordonne qu'on l'entere à Artagnan avec ſes prédéceſſeurs; legue à Nobles Jean, Gabriel, Antoine, Leonard & Henry de Monteſquiou, ſes enfans, & de Damoiſelle Claude de Bazillac, ſa femme; donne à Françoiſe de Monteſquiou, ſa fille, fiancée avec le Sieur de Caſtelmore, 5000. livres, & à Jeanne & Andrée de Monteſquiou, auſſi ſes filles, chacune 4000. livres : inſtitue ſon héritier univerſel Noble Arnaud de Monteſquiou, ſon fils aiſné, & fait exécuteurs Nobles Paul de Bazillac & Hector de Lupé, Seigneur de Sanzac & de St. Martin : ce Teſtament ſigné de Monteſquiou.

CE Jean de Monteſquiou, Seigneur d'Artagnan, & Claude de Bazillac, ſa femme, étant Ayeuls communs de M. le Maréchal de Monteſquiou & de Meſſire Joſeph de Monteſquiou, Seigneur Comte d'Artagnan, Lieutenant Général des Armées du Roy, Capitaine de la premiére Compagnie des Mouſquetaires à cheval de la Garde de Sa Majeſté, ſon couſin germain, auſſi nommé Chevalier des Ordres, il ſe rapporte ſuivant l'Article XXVI. des Statuts à la Preuve qu'il a faite devant les meſmes Commiſſaires, dans laquelle il remonte la Nobleſſe & l'ancienneté de ſa Maiſon par 18 degrez juſqu'en l'an 1068.

NOUS, CAMILLE D'HOSTUN, Duc d'Hoſtun & de Lesdiguieres, Comte de Tallard, Maréchal de France, Gouverneur & Lieutenant Général du Comté de Bourgogne & des Ville & Citadelle de Beſançon, ci-devant du Conſeil de Régence; & NICOLAS-CHALONS DU BLÉ,

Marquis d'Huxelles, Comte de Cormatin, Maréchal de France, Gouverneur & Lieutenant Général de la Haute & Baffe Alface, & de la Ville de Strasbourg, & cy - devant du Confeil de Régence, Chevaliers & Commandeurs des Ordres du Roy, Certifions à Sa Majefté & à tous, ceux qu'il appartiendra, que Nous avons, en vertu de notre Commiffion du 22 fevrier dernier, veu & éxaminé, au rapport du Sieur Clairambault, Généalogifte defdits Ordres, les Titres produits par Meffire PIERRE DE MONTESQUIOU, Maréchal de France, & Meffire Jofeph de Montefquiou, Seigneur, Comte d'Artagnan, Lieutenant Général des Armées du Roy, Capitaine Lieutenant de la premiere Compagnie des Moufquetaires de Sa Garde, & vérifié qu'ils font Gentilshommes de nom & d'Armes, d'une très ancienne & illuftre Maifon, & que ledit Seigneur Maréchal eft digne d'eftre receu Chevalier des Ordres de Sa Majefté: en foy de quoi nous avons figné le préfent Procès verbal, & fait appofer le cachet de nos armes. A Paris le 27ᵉ jour d'avril mil fept cent vingt quatre. (*Signés*) CAMILLE, Duc d'Hoftun, Mᵃˡ de France, HUXELLES, (*&*) CLAIRAMBAULT, *&* fçellé en placards des cachets defdits Commiffaires & Généalogifte.

Les Preuves mentionnées ci-deffus, avec l'Information des vie & mœurs & la Profeffion de foy, ont été rapportées par Mʳ. l'Abbé de Pomponne, Chancelier, & admifes au Chapitre tenu dans le Cabinet du Roy ; enfuite M. de Montefquiou, Maréchal de France, a prefté ferment & a receu le Collier des mains de fa Majefté dans la Chapelle du Chafteau de Verfailles le famedy veille de la Pentecofte 3ᵉ. juin 1724. (*Signé*) PHELYPEAUX.

Original en papier des Archives de la Maifon de Montefquiou.

CXCIV.
11 Août 1725.

Extrait mortuaire de très haut & très puiffant Seigneur Monfeigneur Pierre Baron de Montefquiou, Comte d'Artagnan, Maréchal de France, Général des Armées du Roi, Gouverneur des Ville, Cité & Citadelle d'Arras, & Chevalier Commandeur des Ordres de Sa Majefté.

Extrait des Regiftres de l'Eglife Parroiffialle de Sᵗᵉ. Marie-Madeleine du Pleffis-Piquet, (au Diocèfe de Paris) pour l'année mil fept cent vingt cinq.

L'an mil fept cens vingt cinq le quatorziefme d'aouft a efté inhumé dans cette Paroiffe, au pied de l'Autel de la Chapelle de la Sainte Vierge, le corps de TRÈS HAULT ET TRÈS PUISSANT SEIGNEUR MONSEIGNEUR PIERRE BARON DE MONTESQUIOU, COMTE D'ARTAIGNAN, MARESCHAL DE FRANCE, GÉNÉRAL DES ARMÉES DU ROY, GOUVERNEUR DES VILLE, CITÉ ET CITADELLE D'ARRAS, CHEVALIER COMMANDEUR DES ORDRES DE SA MAJESTÉ, décédé le douze dudit mois, agé de quatre vingt cinq ans ; à l'inhumation ont efté préfents HAULT ET PUISSANT SEIGNEUR MESSIRE LOUIS DE MONTESQUIOU-D'ARTAIGNAN, ABBÉ DE SORDES, ARTOUS ET MAZAN, HAULT ET PUISSANT SEIGNEUR PAUL DE MONTESQUIOU-

D'ARTAIGNAN ; BRIGADIER D'INFANTERIE , HAULT ET PUISSANT
SEIGNEUR LOUIS DE MONTESQUIOU-D'ARTAIGNAN , BRIGADIER DE
CAVALLERIE ET CORNETTE DE LA PREMIERE COMPAGNIE DES
MOUSQUETAIRES DU ROY , HAUT ET PUISSANT SEIGNEUR PIERRE
DE MONTESQUIOU-D'ARTAIGNAN , MESTRE DE CAMP DE CAVAL-
LERIE ET AIDE-MAJOR DE LA PREMIERE COMPAGNIE DES MOUS-
QUETAIRES DU ROY , Meffire Paul-Charles d'Altermat, Capitaine au Regiment
Suiffe de Brindelé , & Enfeigne de la Compagnie Générale des Suiffes , qui ont tous
figné avec nous . . .

Je fouffigné Preftre Curé du Pleffis-Piquet, Diocefe de Paris , certifie le préfent
extrait conforme à la Minutte de nos Regiftres. Fait au Pleffis-Piquet ce nenvieme
decembre mil fept cent vingt fix. (*Signé*) N. Pinchault de la Marfilliere , Curé du
Pleffis-Piquet.

Original en parchemin des Archives de la Maifon de Montefquiou.

CXCV.
26 Sept. 1726.

Contrat de mariage de haut & puiffant Seigneur Meffire Paul de
Montefquiou-d'Artagnan , Seigneur de Toftes , le Pleffis , & autres
lieux , Brigadier des Armées du Roy , & Chevalier de l'Ordre de
Saint Louis ; avec Demoifelle Anne-Elizabeth Filleul-de Ponts.

Pardevant les Confeillers du Roi , Notaires au Châtelet de Paris ; fouffignez ;
furent préfens haut & puiffant Seigneur Meffire PAUL DE MONTESQUIOU-
D'ARTAIGNAN , SEIGNEUR DE TOSTES , LE PLESSIS , ET AUTRES LIEUX ,
Brigadier des Armées du Roi, Chevalier de l'Ordre Militaire de Saint-Louis , fils
de deffunts haut & puiffant Seigneur MESSIRE HENRY DE MONTESQUIOU,
COMTE D'ARTAIGNAN , & Dame Ruth Fortaner, fon époufe, ... d'une part ; &
Pierre Filleul, Ecuyer, Seigneur & Patron de Ponts, Berniere, Jors, Pierrefitte,
Sainte Honorine-la Guillaume , & autres lieux , Chevalier de l'Ordre de Saint-
Michel , Confeiller , Secrétaire du Roi , Maifon , Couronne de France & de fes
Finances , & Grand-Maître des Eaux & Forêts de la Généralité d'Alençon , ftipulant
pour Damoifelle Anne-Elizabeth Filleul , fille de luy & de deffunte Dame Elizabeth
Maffon, fon époufe, ...d'autre part; lefquelles Parties en la préfence & de l'avis des Sieurs
& Dames leurs parens & amis , cy-après nommez, favoir , de la part dudit Seigneur fu-
tur époux, de haut & puiffant Seigneur Meffire LOUIS DE MONTESQUIOU D'ARTAIGNAN,
BRIGADIER DES ARMÉES DU ROI , ENSEIGNE DE LA PREMIERE COM-
PAGNIE DES MOUSQUETAIRES DE SA MAJESTÉ , frere ; haut & puiffant
Seigneur MESSIRE PIERRE DE MONTESQUIOU-D'ARTAIGNAN , MESTRE
DE CAMP DE CAVALERIE , ET CORNETTE DE LA PREMIERE COM-
PAGNIE DES MOUSQUETAIRES DU ROI , frere , haute & puiffante Dame
DAME MARIE DE MONTESQUIOU - D'ARTAIGNAN , veuve de haut &
puiffant Seigneur Meffire Urs d'Altermat , Maréchal des Camps & Armées du Roy ,
Infpecteur Général d'Infanterie , & Capitaine de la Compagnie généralle des Suiffes ,
fœur ; ... & de haut & puiffant Seigneur , MESSIRE LOUIS DE MONTES-
QUIOU-D'ARTAIGNAN , Abbé de Sorbes , Arthouffe & Mazan ,
oncle ; .... ont reconnu avoir fait entr'elles le Traité de mariage qui fuit ; c'eft à
fçavoir que led. Sieur Filleul promet donner en mariage lad. Damoifelle , fa fille ,
aud. Seigneur d'Artaignan , qui , de fon confentement , la promet prendre pour fa
femme & légitime époufe ; ... en faveur dud. mariage led. Sieur Filleul , pere de

la Damoiselle future épouze, lui donne & constitue en dot la somme de trois cent mille livres.... Fait & passé..... à Paris... le vingt six septembre mil sept cent vingt six ;.. & ont signé la Minute des présentes demeurée à M^e. Dionis, l'aîné, l'un des Notaires à Paris soussignés. (*Signés*) Dupuys (&) Dionis.

CXCVI.
8 Août 1727.

Extrait baptistaire de Joseph-Paul de Montesquiou, fils de haut & puissant Seigneur Messire Paul de Montesquiou, Comte d'Artagnan, Mestre de Camp d'Infanterie, Brigadier des Armées du Roy, & de Dame Anne-Elizabeth Filleul, son épouse.

Extrait des Registres de la Paroisse Saint-Roch, à Paris.

L'an mil sept cent vingt sept le huit aoust, JOSEPH-PAUL, fils de haut & puissant Seigneur MESSIRE PAUL DE MONTESQUIOU, COMTE D'ARTAIGNAN, MESTRE DE CAMP D'INFANTERIE, BRIGADIER DES ARMÉES DU ROY, & de Dame Anne-Elizabeth Filleul, son épouse,... né ce jour, a été baptisé; le parrein haut & puissant Seigneur Messire JOSEPH DE MONTESQUIOU, COMTE D'ARTAIGNAN, CHEVALIER-COMMANDEUR DES ORDRES DU ROY, &c. représenté par Messire de MONTESQUIOU, Brigadier des Armées du Roy; la marreine Dame Marie de Montesquiou-d'Artaignan, veuve de M. d'Altermat, Maréchal des Camps & Armées du Roy, &c. Collationné à l'original par nous Prêtre soussigné, Vicaire de ladite Paroisse, & délivré le 26 Juillet 1783. (*Signé*) de Chantepie.

CXCVII.
23 Avril 1729.

Archives de la Maison de Montesquiou.

Expédition en forme en papier de 1754, d'une

Transaction passée entre haut & puissant Seigneur Messire Paul de Montesquiou, Comte d'Artagnan, Seigneur de Tostes, Brigadier des Armées du Roy, & légataire universel de très haut & puissant Seigneur Monseigneur Pierre de Montesquiou, Comte d'Artagnan, Maréchal de France, Général des Armées de Sa Majesté, Chevalier-Commandeur de Ses Ordres, &c. d'une part ; & très haute & très puissante Dame, Madame Catherine-Elizabeth l'Hermite-d'Hieville, veuve dudit feu Seigneur Maréchal, d'autre part ; sur leurs prétentions respectives.

Furent présens haut & puissant Seigneur Messire PAUL DE MONTESQUIOU, COMTE D'ARTAIGNAN, SEIGNEUR DE TOSSES, BRIGADIER DES ARMÉES DU ROY, héritier, quant aux biens situés en Normandie, & légataire universel dans les autres Coutumes, de deffunt TRÉS HAUT ET TRÉS PUISSANT SEIGNEUR MONSEIGNEUR PIERRE DE MONTESQUIOU, COMTE D'ARTAGNAN, MARÉCHAL DE FRANCE, GÉNÉRAL DES ARMÉES DU ROY, GOUVERNEUR DES VILLE, CITÉ ET CITADELLE D'ARRAS, CHEVALIER COMMANDEUR DES ORDRES DE SA MAJESTÉ, ... d'une part ; & très-haute & très puissante Dame, Madame Catherine-Elizabeth l'Hermite-d'Hyeville, Baronne de Graville, Dame de Fontaineriant, Escures, le Bouillon, Berville, Hyeville,

Hyeville, la Motte, de Tosses, Maizy, Montchamps, & autres lieux, veuve de mond. feu Seigneur le Maréchal de Montesquiou, d'autre part; ... lesquelles Parties voulant terminer à l'amiable les contestations qui sont pendantes entr'elles en la premiere Chambre des Requêtes du Palais, résultantes de leurs prétentions respectives, ..sont convenus ... que ledit Seigneur Comte d'Artaignan se désiste de sa demande .....concernant les améliorations & augmentations faites par ledit feu Seigneur Maréchal de Montesquiou, aux Châteaux de Robillard & de Fontaineriant .... au moyen de quoi lad. Dame Maréchalle de Montesquiou quitte & décharge mondit Seigneur Comte d'Artaignan des ouvrages restans à faire au Château de Robillard, (&c.) .... Fait & passé à Paris... l'an mil sept cent vingt neuf, le vingt trois avril, & ont signé ; ... ainsi signés Elizabeth Lermitte, M^alle. de Montesquiou, avec Tournois & Sellier Notaires.... L'an mil sept cent cinquante quatre, le dix neufvieme jour de juin, ces présentes ont été expédiées, collationnées & délivrées par les Conseillers du Roy, Notaires au Châtelet de Paris, soussignés sur la Minute étant en la possession de M^e. Boulard, l'un d'eux, comme successeur dudit M^e. Sellier, ci-devant Notaire. (*Signés*) Raince (&) Boulard.

Archives de la Maison de Montesquiou.

Autre expédition en forme en parchemin de 1775, d'une

CXCVIII.
14 Sept. 1731.

Autre Transaction passée entre hauts & puissans Seigneurs Paul de Montesquiou, Comte d'Artagnan, Brigadier des Armées du Roy, Louis Comte de Montesquiou-d'Artagnan, Chevalier, Seigneur de Maupertuis, &c., aussi Brigadier des Armées du Roy, & Sous-Lieutenant de la premiere Compagnie des Mousquetaires de Sa garde, & le procureur fondé de haut & puissant Seigneur Pierre de Montesquiou, Chevalier d'Artagnan, Enseigne de la même Compagnie, & de haute & puissante Dame Marie de Montesquiou-d'Artagnan, veuve d'Urs d'Altermat, Maréchal des Camps & Armées du Roy, Inspecteur Général d'Infanterie, &c.; lesdits Seigneurs Comte d'Artagnan, Comte de Montesquiou-d'Artagnan, Chevalier d'Artagnan, & Dame d'Altermat, freres & sœurs, enfans & héritiers de feu Messire Henry de Montesquiou-d'Artagnan-de Moncaup, & de Dame Ruth de Fortaner, son épouse, & ledit Seigneur Comte d'Artagnan, seul représentant haute & puissante Dame Jeanne de Montesquiou, leur sœur commune, au jour de son décès femme de Pierre Gaignat-de Saint Andiol, Baron de Longny, &c.; par laquelle Transaction lesd. Seigneurs Comte de Montesquiou, Chevalier d'Artagnan, & Dame d'Altermat cédent audit Seigneur Comte d'Artagnan, tous leurs droits dans les successions desdits Seigneur & Dame, leurs pere & mere, moyennant la somme de neuf mil livres.

Pardevant les Conseillers du Roy, Notaires au Châtelet de Páris, soussignés, furent présens HAUT ET PUISSANT SEIGNEUR PAUL DE MONTESQUIOU, COMTE D'ARTAIGNAN, BRIGADIER DES ARMÉES DU ROY, ... HAUT

A a

ET PUISSANT SEIGNEUR, LOUIS COMTE DE MONTESQUIOU-D'AR-
TAIGNAN, CHEVALIER, SEIGNEUR DE MAUPERTUIS, LA BARRE &
autres lieux, BRIGADIER DES ARMÉES DU ROI, SOUS-LIEUTENANT
DE LA PREMIERE COMPAGNIE DES MOUSQUETAIRES DE LA GARDE
A CHEVAL DE SA MAJESTÉ, .. haut & puiffant Seigneur, Louis Gilles de
Cardaillac, Abbé Commandataire de l'Abbaye de Saint Savin, ... au nom &
comme fe faifant fort de HAUT ET PUISSANT SEIGNEUR, PIERRE DE
MONTESQUIOU, CHEVALIER D'ARTAIGNAN, ENSEIGNE DE LA PRE-
MIERE COMPAGNIE DES MOUSQUETAIRES DU ROY ... & HAUTE ET
PUISSANTE DAME MARIE DE MONTESQUIOU-D'ARTAIGNAN, veuve de
haut & puiffant Seigneur Urs d'Altermat, Maréchal des Camps & Armées du Roy,
Infpecteur Général d'Infanterie, & Capitaine de la Compagnie générale des
Suifles, ... lefdits Seigneurs Comte d'Artaignan, Comte de Montefquiou, Chevalier d'Artaignan, & Dame d'Altermat, freres & fœur, enfans & héritiers de
deffunt MESSIRE HENRY de MONTESQUIOU-d'Artaignan-de Moncaup, &
Dame Ruitth de Fortaner, fa femme, & encore ledit Seigneur Comte d'Artaignan,
créancier de leurs fucceffions, & feul repréfentant HAUTE ET PUISSANTE
DAME JEANNE DE MONTESQUIOU-D'ARTAIGNAN, fœur commune, au jour
de fon décès, époufe de haut & puiffant Seigneur Pierre Gaignat de-Saint Andriol-
de-la-Couronne, Baron de Longuy, Vicomte de Remalar, Gentilhomme ordinaire
du Roi, laquelle Dame étoit auffi héritiere defdits Seigneur & Dame fes pere &
mere; lefquels Seigneur Comte de Montefquiou, Abbé de Cardaillac, pour ledit
Seigneur Chevalier d'Artaignan, & Dame d'Altermat, ont par ces préfentes cédé &
tranfporté, par forme de Partage & accommodement de famille, ... audit Seigneur
Comte d'Artaignan, .. tous les droits fucceffifs, mobiliers & immobiliers ... qui
peuvent leur ... appartenir ès fucceffions defd. deffunts Seigneur & Dame, leurs
pere & mere .... à la charge d'acquitter .... les frais funéraires defd. deffunts, (&c.)
& outre moyennant la fomme de neuf mille livres ... Fait & paffé à Paris ... l'an
mil fept cent trente un le quatorze feptembre, ... & ont figné ... avec Marchand &
de la Balle, Notaires.

L'an mil fept cent foixante & quinze, le 28 février, Collation & Expédition des
préfentes ont été faites par les Confeillers du Roy, Notaires au Châtelet de Paris,
fouffignés fur la Minute de ladite Tranfaction ... étant en la poffeffion de Me. Dupré
l'aîné, l'un defdits Notaires, comme fucceffeurs aux Office & pratique dudit Maître
de la Balle, Notaire. (*Signés*) Domot (&) Dupré.

CXCIX.
4 Avril 1735.

Archives de la Maifon de Montefquiou.

Expédition en forme en papier de 1737, du

Teftament olographe de Louis de Montefquiou-d'Artaignan, Maréchal de Camp, & Sous-Lieutenant de la premiere Compagnie des
Moufquetaires de la Garde du Roy, par lequel il fait des legs à Paul de
Montefquiou, fon frere aîné, & à Madame d'Altermat, fa fœur, &
inftitue fon légataire univerfel Pierre de Montefquiou, Chevalier d'Artaignan, Enfeigne de la même Compagnie, auffi fon frere ; & Dépôt
dudit Teftament.

Aujourd'hui eft comparu devant les Notaires à Paris fouffignés, HAUT ET PUIS-
SANT SEIGNEUR LOUIS DE MONTESQUIOU-D'ARTAIGNAN, COMTE DE MON-

TESQUIOU , SEIGNEUR DE MAUPERTUIS , & autres lieux ; MARÉCHAL DES CAMPS ET ARMÉES DU ROI , & Sous-Lieutenant de la premiere Compagnie des Mousquetaires de la Garde ordinaire du Roy , . . lequel a déposé pour Minute à Robineau , l'un desdits Notaires . . . . l'original de son testament fait olographe à Paris , le six avril mil sept cent trente-cinq . . . dont acte. Fait à Paris . . . . le treize janvier mil sept cent trente-sept , ...

Suit la teneur dudit Testament.

Je soussigné , LOUIS DE MONTESQUIOU D'ARTAIGNAN , MARÉCHAL DE CAMP , ET SOUS-LIEUTENANT DE LA PREMIERE COMPAGNIE DES MOUS-QUETAIRES DU ROY , dans la vue de la mort , je fais le présent mon Testament olographe ... Je donne & légue à PAUL DE MONTESQUIOU, COMTE D'ARTAIGNAN, MON FRERE AINÉ , le contrat de trois mille livres qu'il me doit ... Je donne & legue à Madame D'ALTERMAT , MA SŒUR , cinq cens livres de rente viagere ... Je déclare que j'ai un fils naturel ... baptisé à la Paroisse de Saint-Sulpice , sous le nom de Louis-Joachin , le 20 Mars 1727. je lui donne & legue trois cens livres de rente viagere ... Quant au surplus de tous mes biens ... j'en fais don & legs à PIERRE DE MONTESQUIOU , CHEVALIER D'ARTAIGNAN , MON FRERE , ENSEIGNE DE LA PREMIERE COMPAGNIE DES MOUSQUETAIRES DU ROY , que je fais & institue mon légataire universel ... Fait à Paris , le six Avril mil sept cent trente-cinq ... (*Signé*) Louis de Montesquiou d'Artagnan . . . . L'original des présentes est annexé à la Minute de l'acte de Dépôt d'iceluy , dont Expédition est des autres parts ; le tout demeuré audit Mᵉ. Robinot , Notaire. (*Signés*) Tournois (&) Robinot.

Original en papier des Archives de la Maison de Montesquiou.

Déclaration faite par hauts & puissants Seigneurs Paul de Montesquiou-d'Artagnan , Comte d'Artagnan , Brigadier d'Infanterie , & Pierre de Montesquiou-d'Artagnan , Chevalier de l'Ordre de Saint-Louis , Enseigne de la premiere Compagnie des Mousquetaires de la Garde du Roy , & par haute & puissante Dame Marie de Montesquiou-d'Artagnan , veuve de M. d'Altermat , freres & sœur , portant qu'ils s'abstiennent de la succession de haut & puissant Seigneur Louis de Montesquiou-d'Artagnan , Comte de Montesquiou , leur frere , Seigneur de Maupertuis , Maréchal des Camps & Armées de Sa Majesté , & Sous-Lieutenant de la même Compagnie des Mousquetaires de Sa Garde , pour s'en tenir aux legs faits en leur faveur par son Testament.

Aujourd'hui sont comparus devant les Conseillers du Roy, Notaires à Paris soussignés , HAUT ET PUISSANT SEIGNEUR PAUL DE MONTESQUIOU-D'AR-TAIGNAN , COMTE D'ARTAIGNAN , BRIGADIER D'INFANTERIE , demeurant ordinairement à Saint-Germain-en-Laye . . . . HAUT ET PUISSANT SEIGNEUR PIERRE DE MONTESQUIOU-D'ARTAIGNAN , CHEVALIER DE L'ORDRE ROYAL ET MILITAIRE DE SAINT-LOUIS , ENSEIGNE DE LA PREMIERE COMPAGNIE DES MOUSQUETAIRES DU ROY , . . . & HAUTE ET PUISSANTE DAME MARIE DE MONTESQUIOU-D'ARTAIGNAN , veuve de haut &

A a ij

puiffant Seigneur . . . . . d'Altermat ; Maréchal des Camps & Armées du Roy, . . . lefquels ont par ces préfentes déclaré qu'ils s'abftiennent purement & fimplement de la fucceffion de HAUT ET PUISSANT SEIGNEUR LOUIS DE MONTES-QUIOU-D'ARTAGNAN, COMTE DE MONTESQUIOU, SEIGNEUR DE MAU-PERTUIS, & autres lieux, LEUR FRERE, MARÉCHAL DES CAMPS ET AR-MÉES DU ROY, ET SOUS-LIEUTENANT DE LA PREMIERE COMPAGNIE DES MOUSQUETAIRES DE LA GARDE ORDINAIRE DU ROY, pour s'en tenir par chacun defd. Seigneurs & Dame comparans, au legs fait en leur faveur par ledit feu Seigneur Comte de Montefquiou, par fon Teftament olographe du 6 avril 1735. dépofé à Robineau, l'un des Notaires fouffignés, le 13 du courant ;... Fait & paffé à Paris ... l'an mil fept cent trente fept, le trente janvier, & ont figné la Minute des préfentes reftée à Me. Robineau l'un des Notaires . . . . fouffignés. (*Signés*) Tournois (&) Robineau.

<table>
<tr><td>CCL.
21 Janv. 1739.</td><td>Original en parchemin des Archives de la Maifon de Montefquiou.</td></tr>
</table>

Contrat de Mariage de haut & puiffant Seigneur Meffire Pierre de Montefquiou-d'Artagnan, Seigneur de Maupertuis, &c. Sous-Lieutenant de la premiere Compagnie des Moufquetaires du Roy, Chevalier de l'Ordre Royal & Militaire de St. Louis ; avec De-moifelle Marie-Louife-Gertrude Bombarde-de Beaulieu.

Pardevant les Confeillers du Roy Notaires au Châtelet de Paris fouffignez furent préfens HAUT ET PUISSANT SEIGNEUR MESSIRE PIERRE DE MONTES-QUIOU-D'ARTAIGNAN, SEIGNEUR DE MAUPERTUIS, FONTAINE, ARCHER & autres lieux, SOUS-LIEUTENANT DE LA PREMIERE COM-PAGNIE DES MOUSQUETAIRES DU ROY, CHEVALIER DE L'ORDRE ROYAL ET MILITAIRE DE ST. LOUIS . . . . & Meffire-Pierre-Paul Bombarde de Beaulieu, Seigneur de Sigognes, Montifon & autres lieux, Confeiller du Roi en fon Grand Confeil, .. ftipulant pour Demoifelle Marie-Louïfe-Gertrude-Bombarde de Beaulieu, fa fille mineure, & de déffunte Dame Marguerite-Françoife Doublet, fon époufe d'autre part ; ... lefquels de l'agrément de Leurs Majeftés, le Roy & la Reine, Monfeigneur le Dauphin, Mefdames de France Louïfe-Elifabeth & Henriette-Anne, S. A. R. Madame la Ducheffe d'Orléans, S. A. S. Madame Louïfe-Adelaïde d'Or-léans, Abeffe de Chelles, S. A. S. Madame Louïfe-Françoife de Bourbon, Ducheffe Douairiere, S. A. S. Madame Caroline de Heffe-Rhinfels, Ducheffe de Bourbon, S. A. S. Madame Louïfe-Elifabeth de Bourbon-Condé, Princeffe de Conty, S. A. S. Mademoifelle Louïfe-Anne de Bourbon-Condé, S. A. S. Mademoifelle de la Roche fur-Yon, Louïfe-Adélaïde de Bourbon-Conty, & de S. E. Monfeigneur le Cardinal de Fleury ; & encore, en la préfence des Seigneurs & Dames leurs pa-rens & amis, cy-après nommés, fçavoir, de la part dudit Seigneur de Montefquiou-d'Artaignan, HAUT ET PUISSANT SEIGNEUR PAUL DE MONTESQUIOU-D'ARTAIGNAN, BRIGADIER DES ARMÉES DU ROY, FRERE, haute & puiffante Dame Anne-Elizabeth Filleul, fon époufe ; haute & puiffante Dame MARIE * MONTESQUIOU, veuve de haut & puiffant Seigneur * d'Altermat, Marechal des Camps & Armées du Roy, Infpecteur Général de l'Infanterie, fœur . . . . . & haute & puiffante Dame Elifabeth l'Hermite, Veuve de HAUT ET PUISSANT SEI-GNEUR * de MONTESQUIOU-D'ARTAIGNAN MARESCHAL DE FRANCE, tante à caufe dudit feu Seigneur Marefchal de Montefquiou : & de la part de ladite Demoifelle Bombarde de Beaulieu, Demoifelle Marguerite-Paule Bom-barde de Beaulieu, fille, fœur, ... ont fait & accordé entre eux, les Traité & conventions de mariage qui fuivent, [*&c.*]

Fait & paffé, ... à l'égard des parties contractantes ..... le 16. janvier ; de Leurs Majeftés le Roy, la Reine, Monfeigneur le Dauphin, les Dames de France, des Princeffes du Sang & de Monfeigneur le Cardinal de Fleury, à Verfailles, le 18 dud. mois de Janvier, & des Seigneur & Dames parens & amis defdits Seigneurs & Demoifelle futurs époux... A Paris le 21 dudit mois de janvier le tout de l'anné 1739. & ont figné la Minute des préfentes demeurée Bouron l'un defdits Notaires ..... fouffignés (*Signés*) Defmeures (&) Bouron.

Extrait Baptiftaire d'ANNE-PIERRE de MONTESQUIOU, fils de Meffire Pierre de Montefquiou, Sous-Lieutenant de la première Compagnie des Moufquetaires de la Garde du Roy, & de Dame Gertrude-Marie-Louife Bombarde-de-Beaulieu, fon époufe.

CCII.
17 Octobre 1739.

Extrait des Regiftres de Baptêmes de l'Églife Paroiffiale de Saint Sulpice de Paris.

Le dix fept du mois d'octobre de l'année mil fept cent trente-neuf a été baptifé ANNE-PIERRE, né d'aujourd'hui, fils de MESSIRE PIERRE de MONTESQUIOU, SOUS-LIEUTENANT DE LA PREMIERE COMPAGNIE DES MOUSQUETAIRES, & de Gertrude-Marie-Louïfe Bombarde de Beaulieu, fon époufe, demeurant rue de l'Univerfité ..... le pere préfent. Collationné à l'original par moi fouffigné, Prêtre & Vicaire de ladite Paroiffe. A Paris ce premier du mois d'Aouft de l'année mil fept cent foixante & quatorze (*figné*) Symon Pr.

Original en parchemin des Archives de la Maifon de Montefquiou.

CCIII.
11 Octobre 1749.

Tranfaction entre haut & puiffant Seigneur Meffire Paul de Montefquiou, Comte d'Artagnan, Seigneur & Patron d'Artagnan, Toftes, le Pleffis, &c., ancien Brigadier des Armées du Roy, Chevalier de l'Ordre Royal & Militaire de Saint-Louis, & haute & puiffante Dame Anne-Elifabeth Filleul, fon époufe, d'une part ; & Meffire Pierre-Antoine Filleul, Chevalier, Seigneur de Ponts, Jors, Bernieres, Pierrefitte, Sainte Honorine-la-Guillaume, d'autre part ; fur le Partage de la fucceffion du Sieur Filleul, leurs pere & beau-pere.

Pardevant les Confeillers du Roy, Notaires au Châtelet de Paris, fouffignés, furent préfens HAUT ET PUISSANT SEIGNEUR MESSIRE PAUL DE MONTESQUIOU, COMTE D'ARTAGNAN, Seigneur & Patron d'Artagnan, Toftes, le Pleffis & autres lieux, ANCIEN BRIGADIER DES ARMÉES DU ROY, CHEVALIER DE L'ORDRE MILITAIRE DE SAINT LOUIS, & haute & puiffante Dame Anne-Elifabeth Filleul, fon epoufe, ... d'une part ; & Meffire Pierre-Antoine Filleul, Chevalier, Seigneur de Pons, Jors, Bernieres, Pierrefitte & Sainte-Honorine la-Guillaume, ... d'autre part ; lefquels ont dit qu'après le déceds du Sieur Filleul, pere commun dud. Sieur Filleul-de-Pont & de lad. Dame Comteffe d'Artaignan, arrivé le vingt-neuf feptembre mil fept cent quarante fix, en fon Château de Pont en Normandie, il a été appofé fcellé à la Requefte dudit Sieur Filleul de Pont, fur les meubles, effets, titres & papiers dudit Sieur Filleul, pere, & procédé enfuite ..... aux Inventaires de ladite fucceffion, en préfence dudit Sieur de

Pont & du . . . . . fondé de procuration . . . . des Seigneur & Dame d'Artaignan ; . . . que pour raifon des droits & prétentions refpectives des Partyes,
tant fur la fucceffion du Sieur Filleul, leur pere, que fur la fucceffion de Dame
Jeanne de la Folie, veuve Maffon, leur ayeulle maternelle, & au fujet de l'éxécution du Contrat de mariage des Seigneur & Dame d'Artaignan, & de la dot à
eux promife, montant à la fomme de trois cens mille livres, il s'eft élevé entre les
comparans des difcurions fur lefquelles ils ont demandé au Roy d'être renvoyés
pardevant des Commiffaires qui ont été nommés par Sa Majefté, par Arreft du Confeil d'Etat, du vingt-quatre juillet mil fept cent quarante fept, à l'effet de juger
toutes les conteftations . . . . en dernier reffort ; qu'en éxécution dud. Arreft lefd.
Comparans ont refpectivement etably leurs droits & prétentions devant lad. Commiffion où font intervenus plufieurs Jugemens, & notamment Arreft deffinitif,
le fix feptembre de la préfente année mil fept cent quarante neuf, qui fixe les maffes
mobiliaires & immobiliaires defd. fucceffions, tant à l'égard des biens foumis à la
Coutume de Normandie, qu'à l'égard des biens foumis à la Coutume de Paris . . . .
lefdites Parties comparantes, de l'avis de leurs confeils & amis, fe font affemblés pour
régler à l'amiable toutes les opérations à faire en éxécution dudit Jugement deffinitif,
auquel elles déclarent fe foumettre ; à cet effet lefdites Parties comparantes ont refpectivement reconnu que la fucceffion de la Dame veuve Maffon, leur ayeulle maternelle, confifte · · · · (&c.) ; que la maffe des biens de la fucceffion du Sieur Filleul,
pere, foumife à la Coutume de Paris, confifte . . . (&c.) ; que la maffe générale des
biens de la fucceffion du Sieur Filleul père, foumife à la Coutume de Normandie,
eft compofée . . (&c.) Fait & paffé à Paris, en la demeure defdits Seigneur & Dame
d'Artaignan · · · · l'an mil fept cens quarante neuf, le vnze octobre ; · · · · ledit
Seigneur d'Artaignan a déclaré ne pouvoir figner ny écrire, attendu l'affoibliffement
de fa vue, & les autres Partyes ont figné, ainfy qu'il eft dit en la Minute des préfentes, demeurée à Mᵉ. de May, l'un des Notaires fouffignez.

  (*Signés*) Ballot (*&*) May, (*En marge eft écrit*), Scellé ledit jour.

Archives de la Maifon de Montefquiou,

CCIV.
15 Juillet 1751.

Expédition en forme en papier de 1754, du

Teftament olographe de PIERRE de MONTESQUIOU, Lieutenant
Général des Armées du Roy, & Sous-Lieutenant de la premiere
Compagnie des Moufquetaires de la Garde de Sa Majefté, &
Dépôt dudit Teftament.

  Aujourd'hui eft compatue devant les Confeillers du Roy Notaires au Châtelet de
Paris fouffignez très haute & tres puiffante Dame Gertrude-Marie-Louïfe Bombar-
des-de Beaulieu, veuve de TRES-HAUT ET TRES-PUISSANT SEIGNEUR PIERRE
COMTE DE MONTESQUIOU, LIEUTENANT GÉNERAL DES ARMEES DU ROY, GOUVER-
NEUR DE FORT-LOUIS DU RHIN, cy-devant, SOUS-LIEUTENANT DE LA PREMIERE COM-
PAGNIE DES MOUSQUETAIRES DE LA GARDE DU ROY, décédé cejourd'huy à unze
heures & demie du matin . . . laquelle a repréfenté à Bouron, Notaire fouffigné & l'a
requis d'annexer à ces préfentes, pour être mife, au rang de fes Minuttes, une demie
feuille de papier, . . . que ladite Dame a déclaré être le Teftament olographe dudit deffunt Seigneur Comte de Montefquiou . . . . Fait & paffé à Paris . . . . le dix huit juillet
mil fept cent cinquante quatre, . . . & a figné la Minutte des préfentes demeurée audit
Bouron, Notaire,

Suit la teneur dudit Teſtament.

Au nom du Pere, du Fils & du Saint Eſprit. Amen. Je souſſigné PIERRE DE MON-
TESQUIOU, LIEUTENANT GÉNÉRAL DES ARMÉES DU ROY, ET SOUS-LIEUTE-
NANT DE LA PREMIERE COMPAGNIE DES MOUSQUETAIRES, dans la vûe de la
mort, je fais le préſent mon Teſtament olographe … ainſi qu'il ſuit. Je veux que mon
Convoy & Enterrement ſoit fait ſans tenture; … mais avec toute la ſimplicité & modeſtie
Chretienne… Je donne & legue cent livres aux pauvres de la Paroiſſe de Maupertuis…
Quant au ſurplus de mes biens … j'en fais don & legs à ANNE-PIERRE DE MONTES-
QUIOU, MON FILS UNIQUE, que je fais & inſtitue mon légataire univerſel… Je ſubſtitue
ma terre de Maupertuis & ſes dépendances à mon dit fils; … mais il pourra en diſpoſer
après lui en faveur de qui il jugera à propos, & autant que cette diſpoſition ne pourra
préjudicier aux droits de Gertrude-Marie-Louiſe de Beaulieu, ma femme. … Je recommande particulierement à mon fils de ne s'éloigner jamais du reſpect & de la ſou-
miſſion qu'il doit à ſa mere, qui ſera ſa tutrice juſqu'à ce qu'il ait atteint l'age preſcrit
par les loix; cette mere tendre lui donnera de bons conſeils tant pour ſa fortune que
pour ſe conduire dans le monde. Fait à Compiegne le quinze juillet mil ſept cent
cinquante deux. Signé Monteſquiou. L'original des preſentes eſt demeuré annéxé à
la Minute de l'Acte de dépôt dont Expédition eſt des autre parts; le tout demeuré audit Bouron Notaire. (Signés,) Nau (&) Bouron.

Original en papier des Archives de la Maiſon de Monteſquiou.

CCV.
2 Juin 1753.

Nomination de M. Joſeph-Paul de Monteſquiou-d'Artagnan,
Sous-Lieutenant dans le Régiment des Gardes Françoiſes, à l'Ordre
Royal & Militaire de Saint-Louis.

Mons. Joſeph-Paul de Monteſquiou-D'artaignan, la ſatisfaction que j'ay de vos
ſervices, m'ayant convié à vous aſſocier à l'Ordre Militaire de Saint-Louis, je vous
ecris cette Lettre pour vous dire que j'ay commis le Sieur de la Courneuſve, Gouverneur de mon Hôtel Royal des Invalides, & Commandeur dudit Ordre, pour, en
mon nom, vous recevoir & admettre à la dignité de Chevalier de Saint-Louis, &
mon intention eſt que vous vous adreſſiés à luy pour prêter entre ſes mains le ſerment
que vous etes tenu de faire en ladite qualité de Chevalier dudit Ordre, & recevoir de
luy l'accollade & la Croix que vous devés doreſnavant porter ſur l'eſtomac, attachée
d'un petit ruban couleur de feu: voulant qu'après cette reception faite, vous teniés
rang entre les Chevaliers dudit Ordre, & jouiſſiés des honneurs qui y ſont attachés;
& la préſente n'eſtant pour autre fin, je prie Dieu qu'il vous ait Mons. Joſeph-Paul
de Monteſquiou-Dartaignan en ſa ſainte garde. Ecrit à Verſailles le deux juin mil
ſept cent cinquante-trois. (Signé) Louis, (& contreſigné) M. P. de Voyer-d'Ar-
genſon.

(La Juſcription eſt:) A Mons. Joſeph-Paul de Monteſquiou-d'Artaignan, Sous-
Lieutenant dans le Régiment de mes Gardes Françoiſes.

Original en papier des Archives de la Maiſon de Monteſquiou.

CCVI.
8 Juin 1753.

Réception de M. Joſeph-Paul de Monteſquiou-d'Artagnan, Sous-
Lieutenant du Régiment des Gardes Françoiſes du Roy, dans l'Ordre Royal & Militaire de Saint-Louis.

Nous Jean-Marie Cormier-de la Courneuſve, ancien Meſtre-de Camp de

Dragons, Commandeur de l'Ordre Militaire de Saint-Louis, Lieutenant pour le Roi des Ville & Château de Foix, & Gouverneur de l'Hôtel Royal des Invalides, &c. Certifions, qu'en éxécution des Ordres dont le Roy nous a honoré le deux juin mil sept cent cinquante trois, nous avons conféré aujourd'hui huit dudit mois, la Croix de Chevalier de l'Ordre Militaire de Saint Louis à M^r. Joseph-Paul de Montesquiou-d'Artaignan, Sous-Lieutenant au Régiment des Gardes Françoises. En foi de quoy nous lui avons délivré le préfent figné de notre main & cacheté de nos armes. Fait à Paris dans ledit Hôtel Royal des Invalides, le huitieme jour de juin mil sept cent cinquante-trois. (*Signé*) de la Courneufve, (*& fcellé du cachet de fes armes en cire rouge.*)

CCVII.
8 Octobre 1755.

Original en papier des Archives de la Maifon de Montefquiou.

Inventaire des biens de haute & puiffante Dame Anne-Elizabeth Filleul, décédée veuve de haut & puiffant Seigneur Paul de Montefquiou, Chevalier, Comte d'Artaignan, Brigadier des Armées du Roy.

L'an mil fept cent cinquante-cinq... le huitieme jour du mois d'octobre, à la requefte de HAUT ET PUISSANT SEIGNEUR JOSEPH-PAUL DE MONTESQUIOU, COMTE D'ARTAIGNAN, SOUS-LIEUTENANT DANS LE RÉGIMENT DES GARDES FRANÇOISES, CHEVALIER DE L'ORDRE ROYAL ET MILITAIRE DE SAINT-LOUIS, & Maitre Jean-Jacques Richard, Avocat au Parlement... au nom & comme tuteur aux actions immobiliaires DE HAUT ET PUISSANT SEIGNEUR LOUIS DE MONTESQUIOU, CHEVALIER D'ARTAIGNAN, ENSEIGNE DE GRENADIERS AU MÊME RÉGIMENT DES GARDES FRANÇOISES, fils mineur émancipé d'age de feu HAUT ET PUISSANT SEIGNEUR PAUL DE MONTESQUIOU, CHEVALIER, COMTE D'ARTAIGNAN, BRIGADIER DES ARMÉES DU ROY, & de feue haute & puiffante Dame Anne-Elizabeth Filleul, fon époufe... & encor ledit Sieur Richard, curateur dudit Seigneur Chevalier d'Artaignan, émancipé d'age par Lettres obtenues en la Chancellerie du Palais à Paris, le unze décembre mil fept cent cinquante un,... en laquelle qualité de tuteur dudit Seigneur Chevalier d'Artaignan & de curateur à ladite émancipation, ledit Sieur Richard a été élu au lieu & place de Maitre Joseph Huby, Avocat au Parlement, par Sentence rendue en la Prévoté de Saint Germain en Laye, le trois octobre mil fept cent cinquante-deux, lefquelles charge & qualité ledit Sieur Richard a accepté par ladite Sentence; à l'égard defdites Lettres d'émancipation elles ont eté enthérinées en ladite Ville de Saint Germain, le dix janvier mil fept cent cinquante deux, par Sentence qui a nommé ledit Sieur Huby, curateur à ladite émancipation; & en la préfence de Maitre Pierre Euftache Meunier, Avocat en Parlement, Confeiller du Roy, Subftitut de Monfieur le Procureur de Sa Majefté au Châtelet de Paris,.... appellé pour l'abfence dudit Seigneur Chevalier d'Artaignan, émancipé d'age;.... ledit Seigneur Joseph-Paul de Montefquiou, Comte d'Artaignan, & ledit Seigneur Louis de Montefquiou, Chevalier d'Artaignan, freres, feuls habiles à fe dire & porter heritiers chacun pour moitié de ladite feue Dame Comteffe d'Artaignan, leur mere;... à la confervation des droits defdites parties efdits noms & qualités, il va être par les Confeillers du Roy Notaires au Châtelet de Paris, fouffignez, fait Inventaire..... de tous les meubles.... vaiffelle d'argent, deniers comptans, titres, papiers & autres renfeignemens dépendans de la fucceffion de ladite feue Dame Comteffe d'Artaignan, trouvés... dans un appartement qu'elle occupoit;... d'un corps de logis dépendant de la Communauté des Filles de la Croix,... dans lequel appartement
ladite

laditte Dame Comtesse d'Artaignan est décédée le jeudy deux du present mois d'octobre (&c.) Du quatorze octobre mil sept cent cinquante cinq... Suivent les papiers, (&c.)
Expédition du Procès verbal d'apposition & levée des scellés mis après le décès dudit
Seigneur Comte d'Artaignan, ... daté au commencement du vingt cinq novembre
mil sept cent cinquante un. ... Ce fait ont signé ... le tout étant en la possession
dudit M° Sauvaige, l'un desdits Notaires. (*Signés*) Judde (&) Sauvaige.

Original en papier des Archives de la Maison de Montesquiou.

CCVIII.
21 Mars 1756.

Ordre du Roi au Sr. Anne Pierre de Montesquiou, de se rendre à
la suite de son Régiment Royal-Pologne Cavalerie, pour y servir
en qualité de Lieutenant Réformé.

De par le Roy.

Sa Majesté ayant jugé à propos d'accorder au Sr. Anne-Pierre de Montesquiou,
une Place de Lieutenant Réformé, & voulant lui donner moyen d'en faire les
fonctions, Elle lui ordonne de se rendre incessament à la suite de Son Régiment
Royal-Pologne de Cavalerie, pour y servir dorénavant en qualité de Lieutenant
Réformé, sans cependant pouvoir prétendre aucuns apointemens. Fait à Versailles
le vingt un mars 1756. (*Signé*) Louis, (& *plus bas*) M. P. de Voyer-d'Argenson.

Original en parchemin des Archives de la Maison de Montesquiou.

CCIX.
10 Sept. 1756.

Congé de la Compagnie des deux cent Chevaux-Légers de la
Garde du Roy, accordé par M. le Duc de Chaulnes, Lieutenant
de cette Compagnie, à Pierre de Montesquiou, Seigneur de
Maupertuis.

Michel-Ferdinand d'Albert-d'Ally, Duc de Chaulnes, Pair de France, Vidame
d'Amiens, Baron de Picquigny & de Briot, Seigneur Châtelain de Vignacourt,
Flexicourt & autres lieux, Chevalier des trois Ordres du Roi, Lieutenant de la
Compagnie des deux cens Chevaux-Légers de Sa Garde ordinaire, Gouverneur &
Lieutenant Général pour Sa Majesté en la Province de Picardie, Artois & Pays
reconquis, Gouverneur particulier des Ville & Citadelle d'Amiens & de Corbie,
Lieutenant Général des Armées de Sa Majesté,

Certifions que Pierre de Montesquiou, Seigneur de Maupertuis, a été reçu dans
la Compagnie des deux cens Chevaux-Légers de la Garde ordinaire du Roi, le 31.
aoust mil sept cent cinquante quatre, & qu'il y a servi Sa Majesté avec beaucoup
de zêle & d'éxactitude jusqu'au 31 août dernier qu'il nous a demandé la permission
de se retirer, ce que nous lui avons accordé. En foi de quoi nous avons fait
expédier le présent Certificat, signé de notre main, scellé du sçeau de nos armes,
& contresigné par notre Secrétaire ordinaire. Donné à Chaulnes le dixieme septembre mil sept cent cinquante six, (*signé*) le Duc de Chaulnes. (*Plus bas*) Par
Monseigneur, Chemeau, (& *scellé du cachet de ses armes en cire rouge.*)

B b

Original en parchemin des Archives de la Maison de Montesquiou.

CCX.
12 Avril 1757.

Commiſſion de Capitaine au Régiment du Roy Cavalerie, accordée par Sa Majeſté au Sr. Anne-Pierre Marquis de Montesquiou, Lieutenant Réformé à la ſuite de Son Régiment Royal-Pologne, Cavalerie.

Louis, (&c.) à notre cher & bien amé le Sr. Anne-Pierre Marquis de Montesquiou, Lieutenant Réformé à la ſuite de notre Régiment Royal-Pologne de Cavalerie, ſalut. La Compagnie dont étoit pourvu le Sr. de Montesquiou dans notre Régiment de Cavalerie, étant à préſent vacante par ſa promotion à la Charge de Lieutenant-Colonel de notredit Régiment, & déſirant la remplir d'une perſonne de qui s'en puiſſe bien acquitter, nous avons eſtimé que nous ne pouvions faire pour cette fin un meilleur choix que de vous, par les ſervices que vous nous avez rendus dans toutes les occaſions qui s'en ſont préſentées, où vous avez donné des preuves de votre valleur, courage, expérience en la guerre, vigilance & bonne conduite, & de votre fidélité & affection à notre ſervice ; à ces cauſes . . . . nous vous avons commis . . . . . . & eſtably . . . . . . Capitaine de ladite Compagnie . . . . . . Donné à Verſailles le douzieme jour d'avril l'an de grace mil ſept cent cinquante ſept, & de notre Regne le quarante deuxieme, (ſigné) Louis, (& plus bas) R. de Voyer.

CCXI.
14 Mars 1758.

Original en parchemin des Archives de la Maiſon de Montesquiou.

Commiſſion accordée par le Roy au Sr. Anne-Pierre Marquis de Montesquiou, Capitaine dans ſon Régiment de Cavalerie, pour tenir Rang de Colonel dans ſes Troupes d'Infanterie.

Louis, (&c.) à notre cher & bien amé le Sr. Anne-Pierre Marquis de Montesquiou, Capitaine dans notre Régiment de Cavalerie, Salut. Mettant en conſidération les ſervices que vous nous avez rendus dans toutes les occaſions qui s'en ſont préſentées, & voulant vous en témoigner notre ſatisfaction, à ces cauſes . . . nous vous avons commis . . . & établi . . . . pour prendre & tenir Rang de Colonel dans nos Troupes d'Infanterie, du jour & datte de ces préſentes, à l'effet de ſervir dans le Régiment des Grenadiers de France, toutes les fois que nous jugerons à propos de vous employer en cette qualité, ſous notre autorité & ſous celle de nos Lieutenans Généraux . . . . Donné à Verſailles le quatorzieme jour de mars l'an de grace mil ſept cent cinquante huit, & de notre Regne le quarante troiſieme. (Signé) Louis, (plus bas) Par le Roy, R. de Voyer, (& ſcellé en cire jaune.)

CCXII.
26 Avril 1758.

Original en parchemin des Archives de la Maiſon de Montesquiou.

Proviſions de Gentilhomme de la Manche de Monſeigneur le Duc de Bourgogne, accordées par le Roy au Sr. Anne-Pierre de Montesquiou, Colonel d'Infanterie au Régiment des Grenadiers de France.

Louis, (&c.) à tous ceux qui ces préſentes lettres verront, ſalut. Voulant pourvoir à ce qu'il y ait toujours près de Notre très-cher & très-amé Petit-Fils le Duc de Bourgogne, des Perſonnes pour le ſuivre par tout, veiller ſur ſes pas & prévenir les

accidents qui peuvent arriver aux enfans de son âge, nous avons fait choix à cet effet
de notre cher & bien amé le Sr. Anne-Pierre Marquis de Montesquiou, Colonel
d'Infanterie au Régiment des Grenadiers de France. Le zele héréditaire dans sa
Maison pour notre Personne & pour notre service, & celui qu'il fait déja paroître,
la sagesse de sa conduite & les autres bonnes qualités que nous connoissons en lui,
nous assurent qu'il remplira dignement la Place dont nous l'honorons. A ces causes...
nous avons ledit Sr. de Montesquiou commis.... & établi... pour suivre notredit
Petit-Fils le Duc de Bourgogne par tout, demeurer assidu auprès de sa personne en
qualité de Gentilhomme de la Manche, ne le point perdre de vue, & prendre éxac-
tement garde qu'il ne lui arrive aucun inconvénient.... Donné à Versailles le vingt
sixieme jour d'Avril l'an de grace mil sept cent cinquante huit, & de notre Regne
le quarante troisieme. (*Signé*) Louis, (*sur le reply*) Par le Roy, Phelypeaux, (&
scellé sur double queue de parchemin en cire jaune).

(*A côté est écrit à droite*) Aujourd'hui premier may mil sept cents cinquante huit le
Sr. Marquis de Montesquiou, dénommé en ces présentes, a prêté le serment accoutumé entre les mains de nous Gouverneur & Premier Gentilhomme de la Chambre
de Monseigneur le Duc de Bourgogne, à cause de la Charge de Gentilhomme de
la Manche de Monseigneur le Duc de Bourgogne, dont Sa Majesté l'a pourvu.
(*Signé*) le Comte de la Vauguyon.

Archives de la Maison de Montesquiou.

Expédition en forme en parchemin de 1774 du

Contrat de Mariage de haut & puissant Seigneur Anne-Pierre
Marquis de Montesquiou, Baron de Montesquiou, Seigneur d'O-
zon, de Maupertuis, &c. Colonel aux Grenadiers de France & Gentilhomme de la Manche de Monseigneur le Duc de Bourgogne; avec
Demoiselle Jeanne-Marie Hocquart de Montfermeil.

Pardevant les Notaires au Châtelet de Paris soussignés furent présens HAUT ET
PUISSANT SEIGNEUR ANNE-PIERRE MARQUIS DE MONTESQUIOU, BARON DE
MONTESQUIOU, SEIGNEUR D'OZON, DE MAUPERTUIS ET AUTRES LIEUX, COLO-
NEL AUX GRENADIERS DE FRANCE ET GENTILHOMME DE LA MANCHE DE MONSEI-
GNEUR LE DUC DE BOURGOGNE, Fils deffunt haut & puissant Seigneur PIERRE
COMTE DE MONTESQUIOU, LIEUTENANT GÉNÉRAL DES ARMÉES DU ROY,
GOUVERNEUR DU FORT-LOUIS DU RHIN, ET ANCIEN PREMIER
SOUS-LIEUTENANT DE LA PREMIERE COMPAGNIE DES MOUSQUE-
TAIRES DU ROI, & de haute & puissante Dame Gertrude-Marie-Louise Bom-
barde-de Beaulieu, son épouse, à présent sa veuve.... autorisé de ladite Dame
Comtesse de Montesquiou, sa mere & curatrice,.... d'une part, & Messire Jean-
Hiacinthe Hocquart, Chevalier Seigneur de Montfermeil, Coubron & autres lieux,
stipulant pour Demoiselle Jeanne-Marie Hocquart, Demoiselle, sa fille & de def-
funte Dame Marie-Anne-Françoise Gaillard-de la Bouexiere, son épouse,.....
d'autre part, & Messire Pierre-Paul Bombarde de Beaulieu, Conseiller honoraire au
Grand Conseil,.... encore d'autre part; lesquelles parties, par la permission & de
l'agrément de très haut, très puissant, très excellent, & très Auguste Monarque
Louïs XV. par la grace de Dieu, Roi de France & de Navarre, de la Reine, de Monseigneur le Dauphin, de Madame la Dauphine, de Mesdames de France, des Prin-

B b ij

CCXIII.
12-16 Avril 1760

ces & Princesses du Sang, & autres Seigneurs parens & amis & Dames, qui ont signé enfin de la Minute du présent Contrat de mariage, ont reconnu avoir fait entr'elles le Traité & les conventions de mariage qui suivent : . . . . lesdits Seigneur & Demoiselle futurs époux sont mariés avec les biens & droits qui leur appartiennent ; ceux dudit Seigneur futur époux consistent en la Terre & Seigneurie de Maupertuis en Brie. (&c.).. ledit sieur Bombarde de Beaulieu donne, . . . par donation. . . . entrevifs, . . . audit Seigneur Marquis de Montefquiou, son petit-fils. . . . la Baronnie, Terre & Seigneurie de Montefquiou . . . . située en Armagnac, ... la Terre & Seigneurie d'Ozon, située en Bigorre ; . . . pour desdites Baronnie Terres & Seigneuries . . . jouir . . . dès à préfent en toute propriété par ledit Seigneur futur époux ; . . . mais n'en avoir la jouiffance que du jour du décès dudit Sieur de Beaulieu, ..., nonobftant l'ufufruit réfervé par ledit Sieur de Beaulieu de ladite Baronnie, . . ledit Seigneur futur époux aura le *droit, place & prééminence de Chanoine honoraire dans l'Eglife Cathédrale d'Auch . . . appartenant de toute ancienneté aux Seigneurs de Montefquiou, Barons dudit Montefquiou, COMME ISSUS DES ANCIENS COMTES DE FEZENSAC,* aussi, *Barons dudit lieu, en qualité de Fondateurs de ladite Eglife d'Auch, & defquels ledit Seigneur futur époux eft issu & defcendu en ligne directe masculine,* suivant & conformement aux titres des anciens & subféquens Seigneurs de Montefquiou, Barons de ladite Terre. Cette donation ainsi faite sous les conditions suivantes : la premiere que lesdites Baronnie, Terres & Seigneuries. . . & dépendances de Montefquiou & d'Ozon demeureront subftitués comme ledit Sieur de Beaulieu les subftitue . . . par subftitution graduelle & perpétuelle, suivant les degrés prefcrits par les Ordonnances, auxquels font sujets les lieux de la fituation desdites Terres, en faveur des enfans mâles dudit Seigneur futur époux. . . . l'ordre de primogéniture obfervé dans tous les degrés ; & en cas de decès des aînés mâles dudit Seigneur futur époux, sans poftérité masculine, il veut que ladite subftitution ait lieu en faveur des enfans mafles des aînés des cadets, à quelques degrés qu'ils foient, & dans le même ordre de primogéniture . . . . & que ladite subftitution ait lieu également en faveur des autres branches mafculines des cadets, toujours dans le même ordre de primogéniture ; . . . la feconde, ledit Sieur de Beaulieu veut . . . . qu'à deffaut de masle dans la defcendance dudit Seigneur futur époux . . . les filles procréées dudit mariage recueillent l'effet de ladite subftitution, fous la condition . . . . d'époufer un homme *du nom & des armes de Montefquiou,* le choix réfervé à l'aînée defdites filles, & aux cadettes fucceffivement, au refus des aînées ; ... & dans le cas où il ne fe trouveroit aucunes filles à marier, ou qu'elles le fuffent, ou hors d'état de l'être par âge trop avancé, avant l'ouverture de ladite subftitution, celui qui fe trouvera alors grevé de ladite subftitution pourra difpofer en faveur de qui bon lui femblera, des biens qui en font chargés, & les charger d'une subftitution telle qu'il jugera à propos en faveur de ses parens *du nom de Montefquiou.* . . . &c. Fait & paffé, à l'égard du Roy, de la Reine, de Monfeigneur le Dauphin, de Madame la Dauphine, Princes & Princeffes de Maifon Royale, à Verfailles, dans le Château de Sa Majefté, le douze, & pour les Princes & Princeffes du Sang, tant au Chateau de Verfailles, qu'en leurs palais & hôtels à Paris, le * . . . & pour les Parties contractantes, & aucuns des Seigneurs ; Dames . . . . leurs parens & amis, en la Maifon dudit Sieur Hocquart, le feize . . . . le tout du mois d'avril de l'année mil fept cent foixante, (&) ont figné . . . avec . . . Garcerand & Bricault, Notaires.

* Il y a des points dans l'Expédition.

L'an mil fept cent foixante quatorze, le cinq ao*ut,* Collation des préfentes, a été faite par les Confeillers du Roy, Notaires au Châtelet de Paris, fouffignés sur la Minute dudit Contrat de mariage, demeurée en la poffeffion de M^e. Quatremere, l'un defdits Notaires, comme fucceffeur aux Office & pratique dudit feu M^e. Bricault, Notaire.

(*Signés*) de Herain (&) Quatremere.

Original en papier des Archives de la Maison de Montesquiou.

CCXIV.
16 Janvier & 9
Février 1761.

Liquidation & Partage des biens de haut & puissant Seigneur Paul de Montesquiou, Comte d'Artagnan, Brigadier des Armées du Roy, & Chevalier de l'Ordre Royal & Militaire de Saint-Louis, & de haute & puissante Dame Anne - Elisabeth Filleul, son épouse, entre haut & puissant Seigneur Joseph-Paul de Montesquiou, Comte d'Artagnan, & Louis de Montesquiou, Chevalier d'Artagnan, leurs fils, le premier, Lieutenant, & le second, Sous-Lieutenant au Régiment des Gardes Françoises.

Pardevant les Conseillers du Roy Notaires au Châtelet de Paris, soussignés, furent présens HAUT ET PUISSANT SEIGNEUR JOSEPH-PAUL DE MONTESQUIOU, COMTE D'ARTAIGNAN, LIEUTENANT DANS LE RÉGIMENT DES GARDES FRANCOISES, CHEVALIER DE L'ORDRE ROYAL ET MILITAIRE DE ST. LOUIS , ... ET HAUT ET PUISSANT SEIGNEUR LOUIS DE MONTESQUIOU, CHEVALIER D'ARTAIGNAN, SOUS-LIEUTENANT DANS LE MÊME RÉGIMENT, seuls & uniques héritiers, chacun pour moitié sous bénéfice d'Inventaire, ... de feue haute & puissante Dame Anne Elisabeth Filleul, veuve de HAUT ET PUISSANT SEIGNEUR PAUL DE MONTESQUIOU, COMTE D'ARTAIGNAN, BRIGADIER DES ARMÉES DU ROY, CHEVALIER DE L'ORDRE ROYAL ET MILITAIRE DE ST. LOUIS, leur pere & mere, l'un & l'autre décédés, savoir, led. Seigneur Comte d'Artaignan, à St. Germain en Laye, le vingt-cinq novembre mil sept cent cinquante un; & lad. Dame Comtesse d'Artaignan, à Paris, le deux octobre mil sept cent cinquante cinq; lequel Seigneur Comte d'Artaignan étoit héritier, quant aux biens scitués en Normandie, & légataire universelle des autres biens de feu TRES HAUT ET TRES PUISSANT SEIGNEUR MONSEIGNEUR PIERRE BARON DE MONTESQUIOU, COMTE D'ARTAIGNAN, MARÉCHAL DE FRANCE, GÉNÉRAL DES ARMÉES DU ROY, GOUVERNEUR DES VILLE CITÉ ET CITADELLE D'ARRAS, CHEVALIER DES ORDRES DE SA MAJESTÉ, décédé le douze aoust mil sept cent vingt cinq, oncle dud. feu Seigneur Comte d'Artaignan, institué par son Testament olographe du vingt septembre mil sept cent vingt trois... & déposé pour Minute à Me. Lefebvre, Notaire à Paris, le dix neuf dud. mois d'aoust... duquel legs universel délivrance a été faite par acte du vingt neuf janvier mil sept cent vingt six, passé devant led. Me. Lefebvre, Notaire, d'une part ; & Noel-Blaise Troussard, Bourgeois de Paris, au nom & comme Curateur créé par Sentence du Châtelet de Paris du premier avril mil sept cent soixante ... à la succession dud. Seigneur Comte d'Artaignan, pere, devenue vacante par les renonciations qui y ont été faites tant par led. Seigneur Comte d'Artaignan, fils ainé, que par led. Seigneur Chevalier d'Artaignan ; lesquels Seigneurs Comte & Chevalier d'Artaignan desirans fixer avec led. Troussard en lad. qualité, tant les droits, créances & indemnités qu'ils ont à exercer, du chef de lad. De. leur mere contre & sur les biens délaissés par led. feu Seigneur Comte d'Artaignan, tous procédans du legs universel dud. feu Seigneur Maréchal de Montesquiou, .. que ce qui leur revient personnellement, soit à cause du tiers coutumier sur les biens de Normandie, ou pour raison de partie du fonds du douaire constitué par led. Seigneur Comte d'Artaignan à lad. Dame son épouse, à prendre sur les autres biens, suivant le Contrat de leur mariage... l'un & l'autre à eux acquis ;.... lesdits Seigneurs Comte & Chevalier d'Artaignan ont observé... que par le Contrat de mariage desdits Seigneur Comte

& Dame Comteſſe d'Artaignan, paſſé devant Me. Dionis l'ainé & ſon Confrere, Notaires à Paris le vingt ſix ſeptembre mil ſept cent vingt ſix il a été ſtipulé communauté des biens entr'eux . . . . (&c.)

D'après ces obſervations il va eſtre procédé

1º Au Compte tant en Recette que Dépenſe du bénéfice dudit Inventaire.

2º. A la liquidation des droits de créances & indemnités que leſdits Seigneur Comte & Chevalier d'Artaignan ont à éxercer du chef de ladite Dame , leur mére , comme ſes ſeuls héritiers ſous bénéfice d'Inventaire , ſur les biens de la ſucceſſion dudit feu Seigneur leur pere.

Et 3º. à l'Etat qui contiendra le Compte des ſommes qui devoient être imputées & déduites ſur leſdites créances & indemnités.

Compte du Benefice d'inventaire :

La dépenſe du préſent Compte eſt de la ſomme de cent quatorze mille ſept cent ſoixante trois livres. . . .

Et la Recette de cent quatorze mille cinq cent dix neuf livres quatre ſols trois deniers.

Liquidation des créances que leſdits Seigneurs Comte & Chevalier d'Artaignan ont à éxercer du chef de lad. Dame leur mere . . . . ſur les biens procédans de la ſucceſſion dud. feu Seigneur Comte d'Artaignan , leur pere , ... montantes à la ſomme de deux cent cinquante cinq mille vingt ſept livres trois ſols deux deniers . . . . . Fait & paſſé ez Etudes l'an mil ſept cent ſoixante un , le ſeize janvier apres midy & ont ſigné la Minute des préſentes , demeurée audit Me. Sauvaige , Notaire. (Signés) Marechal (&) Sauvaige.

Et le neuf fevrier audit an mil ſept cent ſoixante un ſont comparus pardevant les Notaires à Paris ſouſſignés ; ledit Seigneur Joſeph-Paul de Monteſquiou , Comte d'Artaignan , & ledit Seigneur Louis de Monteſquiou , Chevalier d'Artaignan , leſquels deſirans procéder au Partage tant des biens immeubles à éux délaiſſés par led. acte ci-devant , en leurd. qualité de ſeuls héritiers ſous bénéfice d'Inventaire de lad. Dame Comteſſe d'Artaignan , leur mere , que de ceux procédans directement de la ſucceſſion de lad. Dame à eux appartenans dans la même qualité.

Il en a été dreſſé la maſſe qui ſuit , dont les biens y mentionnés ſont eſtimés la ſomme de deux cent quarente trois mille neuf cent ſoixante dix livres ſix ſols huit deniers. . . .

Pour fournir aud. Seigneur Comte d'Artaignan la ſomme de cent vingt neuf mille deux cent ſoixante cinq livres trois ſols deux deniers à lui revenante. . . . .

Il aura & lui appartiendra . . . la terre & ſeigneurie de Toſte. . . . . .

Et pour fournir aud. Seigneur Chevalier d'Artaignan les cent vingt mille ſept cent cinq livres trois ſols deux deniers à lui revenant . . .

Il aura & lui appartiendra . . . 1º . . . deux mille livres de rente au principal au denier vingt de quarente deux mille livres due par la Compagnie de Mrs. les Secretaires du Roi .. (&c.)

Fait & paſſé à Paris ès Etudes . . . . . & ont ſigné la Minute des préſentes , étant enſuite de celle de l'acte des autres parts , expedié ; le tout demeuré aud. Me. Sauvaige. (Signés) Marechal (&) Sauvaige.

Original en papier des Archives de la Maifon de Montefquiou.

Ordre du Roy au S^r. Marquis de Montefquiou , Colonel dans le Régiment des Grenadiers de France ; pour s'employer dans les fonctions de la Charge d'Ayde-Maréchal Général des Logis furnuméraire en l'Armée commandée par M. le Maréchal Prince de Soubife.

CCXV.
20 Mars 1761.

De par le Roy.

Sa Majefté ayant choify le S^r. Marquis de Montefquiou , Colonel dans le Régiment des Grenadiers de France , pour remplir la Charge d'Ayde-Maréchal Général des Logis furnuméraire de l'Armée dont elle a donné le commandement au Maréchal Prince de Soubife , pendant la campagne prochaine, à commencer du premier may prochain , Elle a ordonné & ordonne ledit S^r. Marquis de Montefquiou pour s'employer dans les fonctions de ladite Charge , felon & ainfy qu'il lui fera ordonné par le Maréchal Prince de Soubife , auquel Sa Majefté mande & ordonne de faire reconnoître ledit S^r. Marquis de Montefquiou en ladite qualité d'Ayde-Maréchal Général des Logis furnuméraire de laditte Armée , de tous ceux & ainfy qu'il appartiendra. Fait à Verfailles le vingt mars 1761. (*Signé*) Louis , (*& plus bas*) le Duc de Choifeul.

Original en parchemin des Archives de la Maifon de Montefquiou.

CCXVI.
30 Nov. 1761.

Commiffion de la Charge de Colonel-Lieutenant du Régiment Royal des Vaiffaux , accordée par le Roy au S^r. Anne-Pierre Marquis de Montefquiou , Colonel dans le Régiment des Grenadiers de France.

Louis , (*&c.*) à notre cher & bien amé le S^r. Anne-Pierre Marquis de Montefquiou , Colonel dans le Régiment des Grenadiers de France , Salut. La Charge de Colonel-Lieutenant de notre Régiment Royal-Vaiffeaux , dont étoit pourvu le S^r. Comte de Civrac , étant à préfent vacante par fa promotion au grade de Maréchal de Camp de nos Armées , & défirant la remplir d'une perfonne qui s'en puiffe bien acquitter , nous avons eftimé que nous ne pouvions faire un meilleur choix que de vous , pour les fervices que vous nous avez rendus dans toutes les occafions qui s'en font préfentées , où vous avez donné des preuves de votre valleur, courage, expérience en la guerre , vigilance & bonne conduite , & de votre fidélité & affection à notre Service. A ces caufes . . . . nous vous avons commis . . . . . . & eftably . . . Colonel-Lieutenant de notre dit Régiment , lequel vous commanderez.... fous notre autorité & fous celle de nos Lieutenans Généraux. . . . Donné à Verfailles le trentieme jour de novembre l'an de grace mil fept cent foixante un , & de notre Regne le quarante feptieme. (*Signé*) Louis , (*plus bas*) Par le Roy, le Duc de Choifeul , (*& fcellé fur fimple queue de parchemin en cire jaune.*)

CCXVII.
13 Fév. 1763.

Original en papier des Archives de la Maison de Montesquiou.

Nomination de Mons. Anne-Pierre Marquis de Montesquiou, Colonel du Régiment Royal des Vaisseaux, à l'Ordre Royal & Militaire de St. Louis.

Mons. Anne-Pierre Marquis de Montesquiou, la satisfaction que j'ay de vos services, m'ayant convié à vous associer à l'Ordre Militaire de St. Louis, je vous écris cette lettre pour vous dire que j'ay commis le Sr. Comte de la Serre, Lieutenant Général en mes Armées, Gouverneur de mon Hôtel Royal des Invalides, & Grand'Croix dudit Ordre, pour, en mon nom, vous recevoir & admettre à la dignité de Chevalier de St. Louis, & mon intention est que vous vous adressiés à luy pour prêter en ses mains le serment que vous êtes tenu de faire en ladite qualité de Chevalier dudit Ordre, & recevoir de lui l'Accollade & la Croix que vous devés doresnavant porter . . . Fait à Versailles le treize février 1763. (*Signés*) Louis, (*& plus bas*) le Duc de Choiseul.

(*La suscription de cette lettre est*) : à Mons. le Marquis de Montesquiou, Colonel du Régiment Royal des Vaisseaux.

CCXVIII.
15 Fév. 1763.

Original en papier des Archives de la Maison de Montesquiou.

Réception de Monsieur Pierre-Anne Marquis de Montesquiou, Colonel du Régiment Royal des Vaisseaux, Infanterie, dans l'Ordre Royal & Militaire de St. Louis.

Nous François d'Azemard-de-Panat, Comte de la Serre, Seigneur de la Motte-la Brosse, Lieutenant Général des Armées du Roi, Inspecteur Général d'Infanterie, Grand'Croix de l'Ordre Royal & Militaire de St. Louis, & Gouverneur de l'Hôtel Royal des Invalides, &c. Certifions qu'en éxecution des Ordres dont le Roi nous a honoré le treize février mil sept cent soixante trois, nous avons conféré aujourd'hui quinzieme de février de la même année, la Croix de Chevalier de l'Ordre Militaire de Saint Louis, à Monsieur Pierre-Anne Marquis de Montesquiou, Colonel du Régiment d'Infanterie de Royal Vaisseaux. En foi de quoi nous lui avons délivré le présent, signé de notre main & cacheté de nos armes. Fait à Paris, dans ledit Hôtel Royal des Invalides, le quinzieme jour du mois de février mil sept cent soixante & trois. (*Signé*) la Serre, (*& scellé du cachet de ses armes en cire rouge.*)

CCXIX.
21 Août 1764.

Original en parchemin des Archives de la Maison de Montesquiou.

Provisions de Gentilhomme de la Manche de Messeigneurs les Ducs de Berry & Comtes de Provence & d'Artois, accordées par le Roy, au Sr. Anne-Pierre Marquis de Montesquiou, Colonel du Régiment Royal des Vaisseaux.

Louis, (*&c.*) à tous ceux qui ces présentes lettres verront, Salut. Les mêmes motifs qui nous ont déterminé à faire choix de notre cher & bien amé le Sr. Anne-Pierre Marquis de Montesquiou, Colonel du Régiment Royal-Vaisseaux, pour remplir

plir

Charge de Gentilhomme de la Manche de nos très chers & très amés Petits *
c de Berry & Comte de Provence, nous déterminent à luy confier les mêmes
ns près notre très-cher & très amé Petit-Fils le Comte d'Artois, perfuadés
épondra toujours dignement à notre confiance. A ces caufes . . . nous avons
. Marquis de Montefquiou commis . . . . & établi . . . pour fuivre nofdits
Fils les Duc de Berry, Comte de Provence & Comte d'Artois, par tout où ils
, demeurer affidus près de leurs Perfonnes en qualité de Gentilhomme de la
e, . . & fans qu'il puiffe être tenu de prêter un nouveau ferment dont nous le
fons, . . . attendu celuy qu'il a déja prêté entre les mains de notre . . . . Coufin
: de la Vauguyon, pour raifon de pareille Charge dont il a été revêtu près feu
Petit Fils le Duc de Bourgogne. . . . Donné à Verfailles le vingt deuxieme
aouft l'an de grace mil fept cent foixante quatre, & de notre Regne le qua-
neuvieme, (fignés) Louis, (fur le reply) Par le Roy, Phelypeaux, (& fcellé
uble queue de parchemin en cire jaune.)

Archives de la Maifon de Montefquiou.

Expédition en papier en forme de 1783. de l'

trait Baptiftaire de Henry de Montefquiou, fils d'Anne-Pierre
n & titré, Marquis de Montefquiou, &c. & de Dame Jeanne-
ie Hocquart, fon époufe.

u Regiftre dépofé au Greffe de la Chambre Civile du Châtelet
aris, aux termes de la Déclaration du Roy du 9 Avril 1736. &
s Déclarations antérieures, fervans de feconde Minute pour les
s de Baptêmes faits dans la Paroiffe de Saint Sulpice, à Paris,
ant l'année mil fept cent foixante-huit ; à la page deux dudit
ftre recto, a été tiré l'Acte dont la teneur fuit.

n mil fept cent foixante huit, le trois janvier, a été baptifé HENRY, fils de très-
& très-puiffant Seigneur ANNE PIERRE DE MONTESQUIOU, PREMIER BARON
MAGNAC ET DE NORMANDIE, BARON DE MONTESQUIOU, CHANOINE HO-
AIRE DE L'EGLISE CATHÉDRALE D'AUCH, SEIGNEUR DE LA BARONNIE,
TE-JUSTICE ET VIRDERIE DE PONT-SAINT-PIERRE, SEIGNEUR D'AUSON,
PERTUIS ET AUTRES LIEUX, GENTILHOMME DE LA MANCHE DE MONSEIGNEUR
AUPHIN, COLONEL DU RÉGIMENT ROYAL DES VAISSEAUX, CHEVALIER DE
DRE ROYAL ET MILITAIRE DE SAINT-LOUIS, & de très-haute & très puif-
Dame Jeanne-Marie Hocquart, fon époufe, demeurant Quay des Théatins . . .
: audit Regiftre . . . de Gruel, Prêtre.
ollationné & délivré pour Copie, comme conforme audit Regiftre, fervant de
de Minute, étant en la poffeffion de nous fouffigné Avocat en Parlement, Gref-
es Chambres Civile & de Police dudit Châtelet de Paris, dépofitaire des dou-
Minutes des Regiftres de Baptême, Mariages, Sépultures, Vêtures & Profef-
de la Ville, Prévôté & Vicomté de Paris, cejourd'hui ving huitieme jour
ft mil fept cent quatre vingt trois. (Signé) Moreau.

* Le mot Fils
eft obmis dans l'o-
riginal.

CCXX.
3. Janv. 1768.

CCXXI.
20. Avril 1768.

Original en parchemin des Archives de la Maison de Montesquiou.

Brevet de Brigadier d'Infanterie dans les Armées du Roy, accordé
par Sa Majesté au Sr. Anne-Pierre Marquis de Montesquiou, Colonel-
Lieutenant du Régiment Royal des Vaisseaux.

Aujourd'hui vingtieme du mois d'avril 1768. le Roi, étant à Versailles, mettant
en considération les bons & fidels services que le Sr. Anne-Pierre Marquis de Montesquiou, Colonel-Lieutenant du Régiment Royal des Vaisseaux, lui a rendus en
diverses Charges & Emplois de guerre, qui lui ont été confiés, dans lesquels il a
donné des preuves de sa valeur, courage, expérience en la guerre, diligence & bonne
conduite, ainsi que de sa fidélité & affection à Son service, & voulant lui en marquer
Sa satisfaction, Sa Majesté l'a retenu ... & établi en la Charge de Brigadier d'Infanterie en Ses Armées, pour dorénavant en faire les fonctions, en jouir & user aux
honneurs, autorités, prérogatives & prééminences qui y appartiennent, ... & aux
appointemens qui lui seront ordonnés par les Etats de Sa Majesté, Laquelle, pour
témoignage de Sa volonté, m'a commandé de lui expédier le présent Brevet, qu'Elle
a signé de sa main & fait contresigner par moi son Conseiller Secrétaire d'Etat & de
ses Commandemens & Finances. (*Signé*) Louis, (*& plus bas*) le Duc de Choiseul.

CCXXII.
1er. Janv. 1771.

Original en parchemin des Archives de la Maison de Montesquiou.

Provisions de la charge de Premier Ecuyer de Monseigneur le
Comte de Provence accordée par le Roi au Sieur Anne-Pierre
Marquis de Montesquiou, Brigadier des Armées du Roy, Colonel
du Régiment Royal des Vaisseaux.

LOUIS, (*&c.*) Notre tendresse pour Notre très-cher & très-amé Petit-Fils le Comte
de Provence nous a déterminé à penser de bonne heure à un mariage qui pût remplir nos vœux & ceux de notre dit Petit-Fils ; & voulant qu'il soit servi avec la dignité
convenable, Nous avons résolu de former sa Maison des personnes les plus dignes de
cet honneur ; .... & à cet effet Nous avons fait choix du Sieur ANNE - PIERRE
MARQUIS DE MONTESQUIOU, Brigadier es nos Armées, Colonel du Regiment
Royal Vaisseau, pour remplir la Charge de Premier Ecuyer de Notre dit Petit-Fils.
Nous ne pouvions en revêtir personne plus capable de la remplir dignement, Nous
trouvons en lui le même zéle pour notre service & la même valeur qui ont distingué
ses Ancêtres dans toutes les occasions les plus intéressantes où ils ont été employés, &
il réunit toutes les autres qualités que nous pouvions attendre de sa naissance ; A CES
CAUSES ... Nous avons audit Sieur Marquis de Montesquiou donné & octroyé ...
donnons & octroyons l'Etat & Charge de Premier Ecuyer de notredit Petit Fils ....
Donné à Versailles le premier jour de janvier l'an de grace mil sept cent soixante
onze & de notre regne le cinquante sixieme, (*Signé*) LOUIS, (*Sur le reply*) Par
le Roy, Phelypeaux. (*Ces Provisions, scellées sur double queue de parchemin du
Grand Sceau de cire jeaune, & à côté est écrit,*

(*à droite.*)

Aujourd'huy cinq may mil sept cent soixante onze, le Roy étant à Versailles, le Sieur
Marquis de Montesquiou, Premier Ecuyer de Monseigneur le Comte de Provence

dénommé en ces préfentes a fait & preté entre les mains de Monfeigneur le ferment
dont il étoit tenu pour raifon de ladite Charge , moy Confeiller du Roy en tous Ses
Confeils, Miniftre & Secretaire d'Etat de Ses Commandemens & Finances , Commandeur de Ses Ordres , préfent. (*Signé*) Phelypeaux.

(*Et à gauche.*)

Enregiftrées ès Regiftres du Contrôle Général de la Maifon de Monfeigneur le
Comte de Provence , par Nous Confeiller du Roy en Ses Confeils , Contrôleur
Général de la Maifon & Chambre aux deniers de Monfeigneur. Fait à Verfailles ,
Monfeigneur le Comte de Provence y étant , le vingt-neuf may mil fept cent
foixante & onze. (*Signé*) Charlain.

<table>
<tr><td>Original en parchemin des Archives de la Maifon de Mon-
tefquiou.</td><td>CCXXIII.
9. Mai 1771.</td></tr>
</table>

Commiffion accordée par le Roy au Sieur Louis de Montefquiou-
d'Artagnan , Lieutenant de Grenadiers dans Son Régiment des Gardes
Françoifes, pour tenir Rang de Colonel dans fes Troupes d'Infanterie.

Louis, (*&c.*) à notre cher & bien amé le Sieur Louis * Montefquiou-d'Artaignan ,   * L'article *de* eft
Lieutenant de Grenadiers dans le Régiment de nos Gardes-Françoifes , Salut. Mettant   obmis dans l'ori-
en confidération les fervices que vous nous avez rendus dans toutes les occafions qui   ginal.
s'en font préfentées, & voulant vous en témoigner notre fatisfaction , à ces caufes ...
nous vous avons commis .... & établi , commettons ... & établiffons .... pour
prendre & tenir Rang de Colonel dans nos Troupes d'Infanterie .., Donné à Verfailles le neuvieme jour de may l'an de grace mil fept cens foixante onze , & de
notre Regne le cinquante fixieme. (*Signé*) Louis, (*plus bas*) Par le Roy, Mon-
teynard. (*& fcellé en cire jaune.*)

<table>
<tr><td>Original en parchemin des Archives de la Maifon de Mon-
tefquiou.</td><td>CCXXIV.
31. Août 1777.</td></tr>
</table>

Commiffion de Capitaine en fecond d'une Compagnie de Grenadiers dans le Régiment des Gardés-Françoifes , accordée par le Roy
au Sieur Louis de Montefquiou-d'Artagnan , Lieutenant , avec rang
de Colonel.

Louis , (*&c.*) à notre cher & bien amé le Sieur Louis * Montefquiou-d'Artagnan ,   * L'article *de* eft
Lieutenant avec rang de Colonel , falut. Étant néceffaire de pourvoir à la charge de   encore obmis dans
Capitaine en fecond de la Compagnie des Grenadiers de Daldar dans le Régiment   l'original.
de nos Gardes Françoifes , vacante ... & defirant de la remplir d'une perfonne qui
s'en puiffe bien acquitter, nous avons eftimé que nous ne pouvions faire .... un
meilleur choix que de vous, pour les fervices que vous nous avez rendus dans toutes
les occafions qui s'en font préfentées, où vous avez donné des preuves de votre valeur,
courage , expérience en la guerre, ... de votre fidélité & affection à notre
fervice; à ces caufes .... nous vous avons commis ... & eftabli, commettons ... &
eftabliffons ... Capitaine en fecond de ladite Compagnie .... Donné à Verfailles
le trente unieme jour d'aouft, l'an de grace mil fept cent foixante dix fept , & de notre
Regne le quatrieme. (*Signé*) Louis, (*plus bas*) Par le Roy, le Prince de Montbarey.
(*& fcellé en cire jaune.*)

Cc ij

CCXV.
9. Nov. 1777.

Original en papier des Archives de la Maison de Montefquiou.

Permiffion accordée par le Roy à M. le Marquis de Montefquiou, Premier Ecuyer de Monsieur, Frere de Sa Majefté, & à toutes les Perfonnes de fa Maifon, de joindre au nom de Montefquiou celui de Fezenfac, comme leur nom véritable & originaire, & à l'aîné de s'appeller Comte de Fezenfac.

Fontainebleau, 9. Novembre 1777.

J'ai, Monfieur, l'honneur de vous prévenir que j'ai mis, fous les yeux du Roi, les titres relatifs à VOTRE DESCENDANCE DES COMTES DE FEZENZAC & que Sa Majefté ayant reconnu que cette defcendance étoit autentiquement juftifiée, m'a chargé de vous marquer qu'Elle vous permet, ainfi qu'à toutes les perfonnes de votre Maifon, de joindre à leur nom celui de Fezenzac, comme leur nom veritable & originaire, & qu'elle permet à l'aîné de s'appeller le Comte de Fezenzac. Je dois vous ajouter qu'afin que le Public puiffe être inftruit des intentions de Sa Majefté, elle m'a chargé de faire inférer dans la Gazette de France un article qui les faffe connoître. C'eft avec un veritable plaifir que je vous l'annonce, en vous renouvellant les affurances du très parfait attachement avec lequel j'ai l'honneur d'être, Monfieur, votre très humble & très obeiffant ferviteur. (*Signé*) Amelot.

(*Au bas eft écrit* :) M. le Marquis de Montefquiou, Premier Ecuyer de Monfieur.

CCXXVI.
20. Déc. 1778.

Original en parchemin des Archives de la Maifon de Montefquiou.

Provifions de la Charge de Chancelier Garde des Sceaux des Ordres de Notre Dame du Mont-Carmel & de St. Lazare de Jerufalem accordée par MONSIEUR, Fils de France, Frere du Roy, Grand Maître defdits Ordres, à Anne-Pierre Marquis de Montefquiou-Fezenfac.

LOUIS-Staniflas-Xavier, Fils de France, Frere du Roi, Grand Maitre Général, tant au fpirituel qu'au temporel, des Ordres Royaux, Militaires & Hofpitaliers de Notre-Dame du Mont-Carmel & de St. Lazare de Jérufalem Bethleem & Nazareth, tant deçà que delà les mers. A tous ceux qui fes préfentes Lettres verront, falut. La Charge & Dignité de Chancelier, Garde des Sceaux de nofdits Ordres devenant vacante par la démiffion volontaire qu'en a fait entre nos mains notre cher & bien amé Frere Antoine-René de Voyer-d'Argenfon, Marquis de Paulmy, Miniftre d'Etat, &c. qu'il nous a prié inftament de recevoir, Nous eftimons qu'il eft important pour le bien & & l'avantage de nofdits Ordres de choifir, pour remplir cette Charge & Dignité, une perfonne qui, comme notre dit Frere de Paulmy, joigne à une Naiffance Illuftre une probité, un mérite, une capacité & une expérience reconnue ; & toutes ces qualités fe trouvant réunies en la perfonne de notre cher & bien amé Frere ANNE-PIERRE MARQUIS DE MONTESQUIOU-FEZENSAC, CHEVALIER DE NOSDITS ORDRES ET DE CELUI DE SAINT LOUIS, BRIGADIER D'INFANTERIE ÈS ARMÉES DU ROY, Notre Premier Ecuyer ; étant d'ailleurs fuffifamment informé de fes bonnes vie & mœurs, Religion Catholique, Apoftolique & Romaine, de fa fidélité au fervice du Roy, du zéle avec lequel fes Anceftres ont fervi l'Etat dans les différens Em-

lois importans qui leur ont été confiez & de son attachement pour Nosdits Ordres
& pour notre Personne, dont il nous a donné des preuves dès Notre plus tendre jeu-
nesse, en qualité d'un de nos Gentilshommes de la Manche & qu'il continue de nous
donner dans la Charge de notre Premier Ecuyer. A ces causes . . . nous avons donné
conferé, donnons & conférons . . . . à notredit Frere Anne-Pierre Marquis de Montesquiou - Fezenzac la Charge & Dignité de Chancelier Garde des Sceaux des
Ordres Royaux, Militaires & Hospitaliers de Notre Dame de Mont-Carmel & de
St. Lazare de Jérusalem. . . . Donné à Versailles le vingtieme jour du mois de décembre l'an de grace mil sept cent soixante dix huit. (*Signé*) Louis-Stanislas-
Xavier. (*Sur le reply* ,) Par Monseigneur le Grand Maitre, Dorat-de Chameulles,
Visa, de Voyer de Paulmy. (*Ces provisions scellées sur lacs de soie rouge &*
verte du Grand Sceau desdits Ordres en cire rouge ;) (*& à côté est écrit* :)

Aujourd'hui vingt décembre mil sept cent soixante & dix huit, le Sieur Marquis de
de Montesquiou-Fezenzac., dénommé es présentes, a fait & presté entre les mains
de Monseigneur le Grand Maitre le serment de fidélité pour raison de la Charge
& Dignité de Chancelier Garde des Sceaux des Ordres Royaux, Militaires &
Hospitaliers de Notre-Dame du Mont-Carmel & de Saint Lazare de Jérusalem,
moy Chevalier Commandeur & Secrétaire général desdits Ordres présent.

(*Signé*) Dorat de Chameulles.

Original en parchemin des Archives de la Maison de Montesquiou.

Contrat de mariage de très haut & très puissant Seigneur Monseigneur Anne-François de Lastic, Chevalier, Marquis de Lastic,
Capitaine d'Infanterie au Régiment de Beaujollois ; avec très-haute
& très-puissante Demoiselle, Mademoiselle Anne-Louise-Hiacinthe-
Augustine de Fezensac-de Montesquiou.

Pardevant les Conseillers du Roi Notaires au Châtelet de Paris, soussignés,
furent présents très haut & très puissant Seigneur Monseigneur François de Lastic,
Chevalier, Comte de Lastic & d'Aleuze, Vicomte de Murat, Baron de Buisson,
Seigneur de Sieujac, Neuve-Eglise, Lastic, Cistrieres, Runies-Corbieres, Tana-
velie-Larga, la Tremaliere, Vabres, St. Georges, Varillettes, Laval en haute
Auvergne, Baron de Peitus, la Fouillouse, le Broc, Bergonne., Gignac & St.
Yvoine, Seigneur de Parantignac en basse Auvergne, de Behoust au Pays Char-
train & autres lieux, Maréchal des Camps & Armées du Roy, & très-haute &
très-puissante Dame Madame Anne Charron de Menars, Comtesse de Lastic,
Dame de Madame Sophie, son épouse, . . . stipulans pour très haut & très puissant Seigneur Monseigneur Anne-François de Lastic, Chevalier, Marquis de
Lastic, Capitaine d'Infanterie au Régiment de Beaujollois, leur fils . . . . mineur . . .
à ce présent . . . d'une part ; & TRÈS-HAUT ET TRÈS-PUISSANT SEIGNEUR MON-
SEIGNEUR ANNE-PIERRE DE FEZENSAC., MARQUIS DE MONTESQUIOU, Seigneur de Maupertuis, Coulommiers, Touquin, Pezarches, Meilhan, Valentés &
autres lieux, BARON DE MONTESQUIOU, ET EN CETTE QUALITÉ CHANOINE
HONORAIRE DE L'EGLISE MÉTROPOLITAINE D'AUCH, PREMIER BARON D'AR-
MAGNAC, Brigadier des Armées du Roi, Premier Ecuyer de Monsieur, Frere du
Roi, Chancelier Garde des Sceaux des Ordres Royaux, Militaires & Hospitaliers
de Notre-Dame de Mont-Carmel & de Saint-Lazare de Jérusalem, & Capitaine
des Chasses de la Capitainerie Royale de Senars, & très-haute & très-puissante
Dame Madame Jeanne-Marie Hocquart, Marquise de Montesquiou, son épouse...

CCXXVII.
31. Janv. 2. 4;
5. 8. 9. 10. & 18,
Mars 1779.

ſtipulans pour très-haute & très-puiſſante Demoiſelle Mademoiſelle Anne-Louiſe-Hiacinthe-Auguſtine de Fezenſac-de Monteſquiou, leur fille … mineure … à ce préſente … de ſon conſentement, d'autre part, leſquelles parties par la permiſſion & de l'agrément de très haut, très puiſſant, très excellent & très auguſte Monarque Louis Seize, par la grace de Dieu, Roi de France & de Navarre ; de très haute, très puiſſante, très excellente & très auguſte Princeſſe Marie-Antoinette, Reine de France & de Navarre ; de très haut, très puiſſant & très excellent Prince Monſei-gneur Louis-Staniſlas Xavier Monſieur, Frere du Roi ; de très haute, très puiſſante & très excellente Princeſſe, Madame Marie-Joſephine-Louiſe de Savoie, Madame, ſon épouſe ; de très haut, très puiſſant & très excellent Prince Monſeigneur Charles-Philippes Comte d'Artois, Frere de Sa Majeſté ; de très haute, très puiſſante & très excellente Princeſſe, Madame Marie-Théreſe de Savoie, Comteſſe d'Artois ; de très haute, très puiſſante & très excellente Princeſſe Madame Elizabeth-Philippe-Marie-Helene de France, Sœur du Roi ; de très haute, très puiſſante & très excel-lente Princeſſe Madame Marie-Adelaïde de France, tante du Roi ; de très haute, très puiſſante & très excellente Princeſſe Madame Victoire-Louiſe-Marie-Théreſe de France, tante du Roi ; de très haute, très puiſſante & très excellente Princeſſe Madame Sophie-Philippine-Elizabeth-Juſtine de France, tante du Roi ; de très-haut, très puiſſant & très excellent Prince Monſeigneur Louis-Philippe Duc d'Orléans ; de très haut, très puiſſant & très excellent Prince Monſeigneur Louis-Philippe-Joſeph d'Orléans, Duc de Chartres, ſon fils ; de très haute, très puiſſante & très excellente Princeſſe Madame Louiſe-Marie-Adelaïde de Bourbon-Penthievre, Ducheſſe de Chartres ; de très haut, très puiſſant, très excellent Prince Monſeigneur Louis-Joſeph de Bourbon, Prince de Condé ; de très haut, très puiſſant, très excellent Prince Monſeigneur Louis-Henry-Joſeph de Bourbon, Duc de Bourbon, ſon fils ; de très haute, très puiſſante & très excellente Princeſſe Madame Louiſe-Marie-Thereſe-Bathilde d'Orléans, Ducheſſe de Bourbon ; de très haut, très puiſſant & très excellent Prince Monſeigneur Louis-François-Joſeph de Bourbon, Prince de Conty ; de très haute, très puiſſante & très excellente Princeſſe Madame Fortunée-Marie d'Eſt, Princeſſe de Conty ; & en préſence de leurs parens & amis … ſavoir, du côté dudit Seigneur futur époux, de très haute & très puiſſante Dame Anne Caſteras-de la Riviere, veuve de très haut & très puiſſant Seigneur Jean-Baptiſte Charon, Marquis de Menars, ayeule maternelle ; de très haut & très puiſſant Seigneur Monſeigneur Charles-Antoine Vicomte de Laſtic, Brigadier des Armées du Roi & Gouverneur de Carcaſſone ; & de très haute & très puiſſante Dame Madame Françoiſe-Pauline-Jeanne-Renée le Prêtre, Vicomteſſe de Laſtic, oncle & tante paternels ; de très haute & très puiſſante Demoiſelle Mademoiſelle Charlotte-Helene de Laſtic, ſœur ; de Meſſire Dominique de Laſtic, Prêtre, Vicaire général du Dioceſe de Rouen, Archidiacre de Vexin-François, Official à Pontoiſe, oncle ; de très haute & très puiſſante Dame Antoinette de Laſtic, veuve de très haut & très puiſſant Seigneur Antoine de Montagnac, Comte de Montagnac, tante paternelle ; .. de très haut & très puiſſant Seigneur Monſeigneur Victurnien-Jean-Baptiſte-Marie de Rochechouart, Duc de Mortemart, Pair de France, Colonel du Régiment de Lorraine Infanterie, couſin ; de très haut & très puiſſant Seigneur Monſeigneur Victurnien-Bonaventure-Victor de Rochechouart, Marquis de Mortemart, Colonel en ſecond du Regiment de Brie Infanterie, couſin ; de très haut & très puiſſant Seigneur Monſeigneur Victurnien-Henry-Elzear de Roche-chouart, Vicomte de Mortemart, Enſeigne de Vaiſſeau, couſin ; … de très haut & très puiſſant Seigneur Monſeigneur Antoine-Louis-François Comte de la Rocheaymon, Marechal des Camps & Armées du Roy, Chevalier de Ses Ordres, & Gouverneur de S. Venant, couſin ; de très haut & très puiſſant Seigneur Monſei-

gneur Guillaume-Marie Vicomte de la Rocheaymon, Gentilhomme d'honneur de
Monseigneur le Comte d'Artois, Mestre en second du Regiment de Belsunse,
Dragons, cousin; de très haut & très puissant Seigneur Monseigneur Antoine-
Charles-Guillaume Marquis de la Rocheaymon, Mestre de Camp Commendant du
Regiment Royal Navarre, ancien Menin de Monseigneur le Dauphin, aujourd'hui
Roi, cousin; . . du côté de la future, de Messire Pierre-Paul Bombarde de Beaulieu,
Conseiller honoraire au Grand Conseil, bisayeul maternel, de très haute & très
puissante Dame Madame Gertrude-Marie-Louise Bombarde-de-Beaulieu, veuve de
TRES HAUT ET TRES PUISSANT SEIGNEUR MONSEIGNEUR PIERRE DE FEZENSAC,
COMTE DE MONTESQUIOU, Lieutenant Général des Armées du Roi, Lieutenant
de la premiere Compagnie des Mousquetaires de la garde de Sa Majesté, &
Gouverneur du Fort-Louis du Rhin, ayeulle paternelle, de TRES HAUTS ET TRES
PUISSANTS SEIGNEURS ELISABETH-PIERRE DE FEZENSAC, BARON DE MONTES-
QUIOU, & HENRY DE FEZENNSAC DE MONTESQUIOU, SES FRERES . . . . de
MONSIEUR LE COMTE D'ARTAGNAN, oncle à la mode de Bretagne (&c.) . . . . En
faveur dudit mariage led. Seigneur Comte de Lastic . . . institue led. Seigneur futur
époux, son fils, son héritier contractuel universel dans tous ses biens . . . . & . . . . .
constitue dès à present en dot audit Seigneur futur époux, 1°. les terres & Seigneuries de Sieujac, Neuve-Eglise & leurs dépendances . . . dans la propriété desquelles
ledit Seigneur de Lastic a été grévé de substitution par défunt très haut & très
puissant Seigneur Monseigneur François Marquis de Lastic, son pere, Lieutenant
Général des Armées du Roy & Commandeur de l'Ordre Royal & Militaire de
S. Louis, & à laquelle substitution led. Seigneur futur époux a été appellé par led.
feu Seigneur Marquis de Lastic, son ayeul . . . aux termes du Contrat de mariage
dud. Seigneur Comte de Lastic, son pere, passé devant Vanin & de la Manche,
Notaires à Paris, le vingt huit avril mil sept cent cinquante cinq; 2°. & la terre &
Vicomté de Murat, . . toutes lesd. terres situées dans la Coutume d'Auvergne; . . .
de sa part mad. Dame Comtesse de Lastic aussi en faveur dud. mariage, institue
pareillement led. Seigneur Marquis de Lastic, son fils, pour son heritier contractuel
universel dans tous ses biens . . . & constitue dès à present en dot audit Seigneur
futur époux, son fils, les terres & Seigneuries de Lastic, Cistrieres, Ruines-
Corbieres, Tanavelle-Latga . . . . . & dépendances, situées dans ladite Coutume
d'Auvergne . . . . Fait & passé, l'égard du Roi, de la Reine & de la Famille Royale
au Château de Versailles, le trente un & dernier jour de janvier mil sept cent
soixante dix neuf; à l'égard des parties contractantes & d'aucuns des Seigneurs &
Dames parens & amis en l'Hôtel desdits Seigneurs Marquis & Dame Marquise de
Montesquiou, le même jour trente un dudit mois de janvier . . . & à l'égard des
Princes & Princesses du Sang & des autres Seigneurs & Dames parens & amis en
leurs Palais, Hôtels & demeures, les deux, quatre, cinq, huit, neuf, dix &
dix huit mars audit an, & ont signé la minute des présentes, demeurée à M' Quatremere, l'un des Notaires soussignés.

(Signés) Griveau (&) Quatremere.

Original des Archives de la Maison de Montesquiou.

CCXXVIII.
5. Déc. 1772.

Provisions accordées au Sieur Elizabeth - Pierre de Fezensac,
Baron de Montesquiou, de la Charge de Premier Ecuyer de Monsieur,
Frere du Roy, en survivance du Sieur Anne-Pierre de Fezensac,
Marquis de Montesquiou, son pere.

Louis-Stanislas-Xavier, fils de France, Frere du Roy, Duc d'Anjou, d'Alençon, de Vendôme & de Brunoy, Comte du Maine, du Perche & de Senonches, à tous ceux qui ces préfentes verront; falut. Le Sieur Anne-Pierre de Fezénfac, Marquis de Montefquiou, pourvû de la Charge de notre Premier Ecuyer, nous ayant fupplié de vouloir bien agréer fa démiffion de ladite Charge, en datte du vingt un novembre dernier, & à condition de furvivance en faveur du Sieur Elizabeth-Pierre de Fezenfac, Baron de Montefquiou, fon fils, nous nous fommes d'autant plus volontiers déterminés à accorder cette grace audit Sieur Marquis de Montefquiou, que fans le priver de continuer à nous donner dans cette Charge les preuves du zêle qu'il a toujours fait paroître pour tout ce qui peut intéreffer notre fervice, elle nous procure l'occafion de lui faire connoître l'eftime & la bienveillance dont nous l'honorons, & que nous nous perfuadons que le Sieur Baron de Montefquiou, fon fils, remplira les fonctions de ladite Charge d'une manière à mériter notre confiance : a ces caufes..... nous avons donné ... audit Sieur Baron de Montefquiou, fils, l'Etat & Charge de notre Premier Ecuyer, vacant comme dit eft; pour par lui l'avoir tenir & éxercer en l'abfence & furvivance du Sieur Marquis de Montefquiou, fon pere; .... car tel eft notre plaifir; en témoin de quoy nous avons fait mettre notre Scel à cefdites préfentes. Donné à Verfailles le cinquieme jour du mois de decembre mil fept cent foixante dix neuf. (*Signé*) Louis-Staniflas-Xavier, (*fur le reply*) par Monfieur, Taillepied-de la Garenne, (*fcellé en cire rouge fur double queue de parchemin*; *& à coté*) Aujourd'hui huitieme jour du mois de décembre mil fept cent foixante dix neuf, Monfieur, étant à Verfailles, le Sieur Elizabeth-Pierre de Fezenfac, Baron de Montefquiou, a prêté, entre fes mains, le ferment dont il étoit tenu pour raifon de la Charge de Premier Ecuyer dont il eft pourvû ... en furvivance du Sieur Anne-Pierre de Fezenfac, Marquis de Montefquiou, fon pere, moi Confeiller de Monfieur en tous Ses Confeils, & Secretaire de Ses Commandemens, Maifon & Finances & de Son Cabinet, préfent. (*Signé*) Taillepied-de la Garenne.

Original en papier des Archives de la Maifon de Montefquiou.

Extrait du

Contrat de mariage de très haut & très puiffant Seigneur Monfeigneur Elifabeth-Pierre de Fezenfac-de-Montefquiou, Baron de Montefquiou, Premier Ecuyer de MONSIEUR, FRERE DU ROI, en furvivance ; avec très haute & très Puiffante Demoifelle Louife-Charlotte-Françoife le Tellier-de-Montmirail-de Creufy.

Par Contrat paffé devant Mᵉ Quatremere, l'un des Notaires fouffignés, qui en a la Minute & fon Confrere; le quatre janvier mil fept cent quatre vingt, figné au Château de Verfailles le deux du même mois.

Entre TRÈS HAUT ET TRÈS PUISSANT SEIGNEUR MONSEIGNEUR ANNE-PIERRE DE FEZENSAC, MARQUIS DE MONTESQUIOU, Seigneur de la Châtellenie-Pairie de Coulommiers en Brie, Maupertuis, Touquin, Pezarches, Longmarchais, Malvoifine, Meillan, Valentés & autres lieux, BARON DE MONTESQUIOU, PREMIER BARON DU COMTÉ D'ARMAGNAC, CHANOINE HONORAIRE DE L'ÉGLISE MÉTROPOLITAINE D'AUCH, BRIGADIER DES ARMÉES DU ROY, PREMIER ÉCUYER DE MONSIEUR, FRERE DU ROY, CAPITAINE DE LA CAPITAINERIE ROYALE DES CHASSES DE SENARS, CHANCELIER GARDE DES SCEAUX DES ORDRES ROYAUX, MILITAIRES ET HOSPITALIERS DE NOTRE DAME DU
MONT-

MONT-CARMEL ET DE SAINT LAZARE DE JÉRUSALEM, & très haute
& très puissante Dame Madame Jeanne-Marie Hocquart, Marquise de Montesquiou,
son épouse, ... ayant stipulé pour TRÈS HAUT ET TRÈS PUISSANT SEIGNEUR
MONSEIGNEUR ELISABETH-PIERRE DE FEZENSAC-DE MONTESQUIOU; BARON DE
MONTESQUIOU, PREMIER ÉCUYER DE MONSIEUR, EN SURVIVANCE DUDIT
SEIGNEUR MARQUIS DE MONTESQUIOU, SON PERE, leur fils encore mineur, présent
audit acte .... & de son consentement, d'une part ; très haute & très puissante Dame
Madame Charlotte-Benigne le Ragois-de Bretonvilliers, Marquise de Montmirail,
Dame des Terres & Seigneuries de Saint Christophe, la Jobtière, Binanville, Arnou-
ville, Boinville, le Breuil, Boisrobert, la Brosse, Chevanne & autres lieux, veuve de
très haut & très puissant Seigneur Monseigneur Charles-François-César le Tellier,
Marquis de Montmirail, Seigneur de la Ferté-Gaucher & autres lieux, Capitaine-
Colonel des Cents Suisses de la Garde ordinaire du Corps du Roi, Brigadier de Ses
Armées & Mestre de Camp du Régiment Royal-Roussillon Cavalerie, ayant stipulé
pour très haute & très puissante Demoiselle Mademoiselle Louise-Charlotte-Françoise le Tellier-de Montmirail-de Creusy, sa fille mineure, & dudit feu Seigneur
Marquis de Montmirail, son mari, présente audit contrat & de son consentement, ...
d'autre part ; & très haut & très puissant Seigneur Monseigneur François-César le
Tellier, Duc de Doudeauville, Marquis de Courtanvaux, de Villequier & de Creusy,
Comte de Tonnere, Premier Baron du Boulonnois, Baron de Montmirail, d'Ancy-
le-Franc, Chaunes & Laigues, Seigneur de Tourpes, de Beaugy, Bonnevaux, Vancé,
la Cour-du-Bois & autres lieux, Grand d'Espagne de la Première Classe, & Capitaine
Colonel des Cent Suisses de la Garde ordinaire du Corps du Roi, ayant stipulé tant en
son nom que comme ayeul paternel & tuteur honoraire, conjointement avec ladite
Dame Marquise de Montmirail, de lad. Demoiselle de Montmirail-de Creusy, sa
petite fille, aussi d'autre part; ledit Contrat fait de l'agrément & par la permission du
Roy, de la Reine, de Monsieur, de Madame, de Monseigneur Comte d'Artois, de
Madame Comtesse d'Artois, & de Mesdames Elisabeth, Adelaïde, Victoire & Sophie
de France; plus en présence de très haut & très illustre Seigneur Monseigneur
Ambroise-Policarpe de la Rochefoucauld, Duc de Doudeauville, & de très haute &
très illustre Dame Madame Benigne-Augustine-Françoise le Tellier-de Montmirail,
son épouse, Duchesse de Doudeauville, beau frere & sœur de ladite Demoiselle
future épouse, de Monseigneur le Marquis de Lastic & Madame la Marquise de
Lastic, beau frere & sœur dudit Seigneur futur époux ; appert avoir été stipulé les
différentes clauses & conditions civiles du mariage dudit Seigneur Elisabeth-Pierre
de Fezensac-de Montesquiou, Baron de Montesquiou, avec laditte Demoiselle Louise-
Charlotte-Françoise le Tellier-de Montmirail-de Creusy. Extrait par les Conseillers
du Roi Notaires au Châtelet de Paris, soussignés, cejourd'hui vingt six aoust mil sept
cent quatre vingt trois de la Minute dudit Contrat de mariage, demeurée audit
Me Quatremere, l'un desdits Notaires.

(*Signés*) Aleaume (&) Quatremere.

Original en parchemin des Archives de la Maison de Montesquiou.

Brevet de Maréchal des Camps & Armées du Roi, accordé par
le Roi à ANNE-PIERRE MARQUIS DE MONTESQUIOU-FEZENSAC.

Aujourd'hui premier du mois de Mars 1780. le Roi étant à Versailles, mettant en
considération les bons & fideles services que le SIEUR ANNE-PIERRE MARQUIS
DE MONTESQUIOU-FEZENSAC, BRIGADIER D'INFANTERIE, lui a rendus

en diverſes Charges & Emplois de guerre qui lui ont été confiés, dans leſquels il a donné des preuves de ſa valeur, courage, expérience en la guerre, diligence & bonne conduite, ainſi que de ſa fidélité & affection à Son ſervice ; & voulant lui en marquer ſa ſatisfaction, Sa Majeſté l'a retenu, ordonné & établi en la Charge de Maréchal de Camp en Ses Armées &c. (*Signés*) Louis , (& *plus bas*) le Pce. de Montbarey.

CCXXXI.
16. Avril 1780.

Original en papier des Archives de la Maiſon de Monteſquiou.

Lettre du Roi à M. le Maréchal de Biron, Colonel du Régiment des Gardes Françoiſes, pour faire reconnoître le Sieur Louis de Fezenſac - de Monteſquiou - d'Artaignan, Capitaine eu ſecond, en la Charge de Capitaine - Commandant de Grenadiers du même Régiment.

Mon couſin, ayant donné au Sieur Louis de Fezenſac de Monteſquiou-d'Artaignan, Capitaine en ſecond, la Compagnie vacante dans le Régiment de mes Gardes Françoiſes, qui eſt ſous votre charge, par le changement du Sieur *Daugny* à une charge de Capitaine - Commandant de Grenadiers, je vous écris cette lettre pour vous dire que vous ayiés à le recevoir & faire reconnoître en qualité de Capitaine de ladite Compagnie, de tous ceux & ainſi qu'il appartiendra, avec le rang qu'il a tenu juſqu'à préſent dans ledit Régiment & dans mes Troupes d'Infanterie, & la préſente n'étant pour autre fin, je prie Dieu qu'il vous ait, mon Couſin, en ſa ſainte & digne garde. Ecrit a Verſailles le ſeize avril mil ſept cent quatre vingt. (*Signé*) Louis. (*Et contreſigné*) le Pcr. de Montbarey.

(*La ſuſcription eſt*) A mon Couſin le Mal. Duc de Biron, Colonel du Régiment de mes Gardes Françoiſes.

CCXXXII.
23. Juillet 1781.

Original en parchemin des Archives de la Maiſon de Monteſquiou.

Brevet de Sous - Lieutenant au Régiment Dauphin de Dragons, accordé au Sieur Elizabeth-Pierre de Monteſquiou, Garde du Corps de Monſieur, Frere du Roy.

Aujourd'huy treizieme du mois de juillet mil ſept cent quatre vingt un, le Roy étant à Verſailles, prenant une entiere confiance en la valeur, courage, expérience en la guerre, vigilance & bonne conduite du SIEUR ELIZABETH-PIERRE DE MONTESQUIOU, ci devant Garde de Monſieur, & en ſa fidélité & affection à Son ſervice, Sa Majeſté lui a donné . . . la charge de Sous-!ieutenant en pied ſans appointement, de la premiere Compagnie du Régiment Dauphin de Dragons, de nouvelle création . . . m'ayant Sa Majeſté pour témoignage de ſa volonté, commandé de lui en expédier le préſent Brevet qu'elle a ſigné de ſa main, & fait contreſigner par moi ſon Conſeiller-Secrétaire d'Etat & de ſes Commandemens & Finances.

(*Signé*) Louis, (& *contreſigné*) Segur.

Extrait baptistaire de Charles-Eugene de Fezensac-Montesquiou, fils d'Elisabeth-Pierre, Baron de Montesquiou, & de Dame Louise-Charlotte-Françoise le Tellier de Montmirail, son épouse.

Extrait des Registres des Baptêmes de l'Eglise Paroissiale de Saint Sulpice de Paris.

Le seize du mois d'août de l'année mil sept cent quatre vingt deux, a été baptisé CHARLES - EUGENE, né d'hier, fils de TRÈS HAUT, TRÈS PUISSANT SEIGNEUR MONSEIGNEUR ELIZABETH-PIERRE DE FEZENSAC, BARON DE MONTESQUIOU, PREMIER ECUYER DE MONSIEUR EN SURVI-VANCE, Sous-Lieutenant au Régiment Dauphin Dragons, & de très haute, très puissante Dame Madame Louise-Charlotte-Françoise le Tellier de Montmirail, son épouse ; . . . . . le parein TRÈS HAUT, TRÈS PUISSANT SEIGNEUR MONSEIGNEUR ANNE-PIERRE DE FEZENSAC, MARQUIS DE MON-TESQUIOU, Maréchal des Camps & Armées du Roi, PREMIER ECUYER DE MONSIEUR, CHANCELIER GARDE DES SCEAUX DES ORDRES ROYAUX MILITAIRES ET HOSPITALIERS DE NOTRE DAME DU MONT-CARMEL ET DE S. LAZARE DE JERUSALEM, &c. grand pere paternel de l'enfant ; la mareine très haute, puissante Dame Madame Charlotte-Benigne de Bretonvilliers, veuve de très haut, très puissant Seigneur François-Cesar le Tellier, Marquis de Montmirail, grand'mere de l'enfant, le pere présent, & ont signé.
Collationné à l'original par moi soussigné Prêtre & Vicaire de ladite Paroisse, à Paris ce dix du mois de septembre de l'année mil sept cent quatre vingt trois.
(Signé) Pichot, Vic.

Original en parchemin.

Arrêt du Parlement de Paris qui fait défenses aux Sieurs la Boul-bene de prendre à l'avenir les Noms & Armes de Montesquiou, & de se dire directement ou indirectement issus par mâles de la Maison de Montesquiou, autorise la Radiation du nom de Montesquiou de tous Régistres & Actes, dans lesquels lesdits Sieurs la Boulbene pourroient l'avoir pris, ordonne que les Mémoires des mêmes Sieurs la Boul-bene seront & demeureront supprimés, &c.

Louis, par la grace de dieu, Roi de France & de Navarre : Au premier Huis-sier de notre Cour de Parlement, ou autre notre Huissier ou Sergent sur ce requis : Sçavoir faisons, qu'entre MESSIRE ANNE-PIERRE DE MONTESQUIOU-FEZENZAC, MARQUIS DE MONTESQUIOU, Seigneur Châtelain de Coulommiers, d'Ozon, Touquin & autres lieux, Baron de Montesquiou, & en cette qualité Chanoine Honoraire de l'Eglise Métropolitaine d'Ausch, Baron d'Armagnac, Maréchal de nos Camps & Armées, Commandeur de nos Ordres, Premier Ecuyer de notre

D d ij

Frere, MONSIEUR, Chancelier Garde des Sceaux de nos Ordres Militaires & Hospitaliers de Saint Lazare de Jérusalem, & de Notre-Dame de Mont-Carmel, Capitaine des Chasses de notre Capitainerie de Senart; MESSIRE JOSEPH-PAUL DE MONTESQUIOU-FEZENZAC, COMTE D'ARTAIGNAN; MESSIRE LOUIS DE MONTESQUIOU-FEZENZAC, CHEVALIER D'ARTAIGNAN; MESSIRE PHILIPPE DE MONTESQUIOU-FEZENZAC, COMTE DE MARSAN ET AUTRES LIEUX; MESSIRE MARC-ANTOINE DE MONTESQUIOU-FEZENZAC, BARON D'AUBIET ET AUTRES LIEUX; MESSIRE PHILIPPE-ANDRÉ-FRANÇOIS DE MONTESQUIOU-FEZENZAC, COLONEL EN SECOND DU RÉGIMENT DE LYONNOIS; MESSIRE FRANÇOIS-JOSEPH DE MONTESQUIOU-FEZENZAC, SOUS-LIEUTENANT DE NOS GARDES-DU-CORPS; MESSIRE FRANÇOIS-XAVIER-MARC-ANTOINE DE MONTESQUIOU-FEZENZAC, ABBÉ DE BEAULIEU, ET VICAIRE-GÉNÉRAL D'AIX; MESSIRE JEAN DE MONTESQUIOU-FEZENZAC-POUYLEBON, VICAIRE GÉNÉRAL DU DIOCÉSE DE LIMOGES; ET MESSIRE PIERRE DE MONTESQUIOU-FEZENZAC-XAINTRAILLES, Curé d'Amades, tous Appellans de Sentence des Requêtes du Palais du vingt mars 1783, & Intimés, d'une part; & les Sieurs François la Boulbene, Capitaine d'Infanterie, Jean-Henri la Boulbene, Vicaire Général du Diocèse d'Aire, & Jean la Boulbene, notre Garde du Corps dans la Compagnie de Villeroy, Intimés & Appellans de la même Sentence dudit jour vingt mars dernier, en ce que par icelle leurs fins de non recevoir ont été jointes au fonds d'autre part; & entre ledit Sieur Marquis de Montesquiou & Consorts, Demandeurs en Requête du 26 juillet dernier, tendante à ce que les appellations & ce dont étoit appel fussent mis au néant; émendant, évoquant le principal, en recevant lesdits Philippe de Montesquiou, Comte de Marsan, Marc-Antoine de Montesquiou, Baron d'Aubiet, Philippe-André-François de Montesquiou, François-Joseph de Montesquiou, François-Xavier-Marc-Antoine de Montesquiou, de Montesquiou, Comte d'Artaignan, de Montesquiou, Chevalier d'Artaignan, Jean de Montesquiou-Puoylebon, & Pierre de Montesquiou-Xaintrailles, Parties intervenantes, & faisant droit, tant sur ladite intervention & demandes y portées, que sur la demande du Marquis de Montesquiou, portée aux Committimus & Exploits des 13, 15, 18 mars & 4 mai 1782, il leur fût donné acte de la déclaration par eux faite par acte du...... dernier, & qu'ils réitéroient qu'ils n'entendoient plus se servir des actes des 16 août 1667. & 20 décembre 1669. attendu l'inutilité desdits actes pour la décision de la Cause; en conséquence, sans s'arrêter aux Requêtes & demandes des Sieurs la Boulbene, dans lesquelles ils seroient déclarés non recevables, ou dont, en tous cas, ils seroient déboutés; il leur fût fait défenses de prendre le Nom & Armes de Montesquiou, de se dire directement ou indirectement issus par mâles de la Maison de Montesquiou; qu'il fût ordonné que le Nom de Montesquiou seroit rayé dans tous les Registres de baptêmes, mariages & sépultures, & dans tous Actes de quelque espece qu'ils fussent, dans lesquels on auroit pu donner auxdits Sieurs la Boulbene, & dans lesquels lesdits Sieurs la Boulbene auroient pu prendre le Nom de Montesquiou, & que mention seroit faite en marge desdits Actes de baptêmes, mariages & sépultures, sur les Registres qui les contenoient & sur les Minutes de tous lesdits Actes, de l'Arrêt qui interviendroit, par tous Huissiers porteurs d'icelui, aux frais & dépens desdits Sieurs la Boulbene, qu'il fût ordonné que les Mémoires imprimés pour les Sieurs la Boulbene seroient supprimés, & que l'Arrêt qui interviendroit seroit imprimé, publié & affiché aux frais des Sieurs la Boulbene, & que lesdits Sieurs la Boulbene fussent condamnés aux dépens des causes principales d'appel & demandes, dans lesquels entreroient les frais desdites mentions à faire, ainsi qu'il étoit demandé plus haut, de l'Arrêt qui interviendroit, d'une part; & les Sieurs la Boulbene, Défendeurs & Demandeurs en Requête du 29 dudit mois de juillet, tendante à ce qu'ils fussent reçus incidemment appellans de ladite Sentence du 20 mars dernier, par laquelle leurs fins de non recevoir avoient été jointes au fond, que l'appel fût tenu pour bien relevé, & faisant droit sur lesdits appels en ce qui touchoit celui interjetté par le Marquis de Montesquiou & Consorts de ladite Sentence, l'appellation fût mise au néant, il fût ordonné que ce dont étoit appel sortiroit son plein & entier effet, & que le Marquis de Montesquiou & Consorts fussent condamnés en l'amende ordinaire de douze livres; & en ce qui touchoit l'appel par eux interjetté de la même Sentence, l'appellation & ce dont étoit appel fussent mis au néant, émendant que le Marquis de Montesquiou & Consorts fussent déclarés non recevables dans leur Demande, à ce qu'il leur fût fait défenses de prendre le Nom & les Armes de Montesquiou, & à ce que ledit Nom fût rayé de tous les Actes & Registres où ils pourroient l'avoir pris; en conséquence, qu'ils fussent maintenus dans le droit & possession desdits Noms & Armes, comme aussi faute par le Marquis de Montesquiou & ses Consorts d'avoir prouvé qu'ils fussent issus par mâles de la Maison de Montesquiou, de laquelle descendoit Bernard; qui épousa l'héritiere de la Maison Xaintrailles, ils fussent déclarés non recevables dans leurs Demandes à ce qu'il leur fût fait défenses de se dire directement ni indirectement issus par mâles de la Maison de Montesquiou, qu'il leur fût donné acte de la Déclaration faite par le Marquis de Montesquiou & ses Consorts, qu'ils adoptoient la Généalogie des prétendues Branches de la Maison de Montesquiou, qui étoit imprimée au tome 7 de l'Histoire Généalogique des Grands Officiers de la Couronne, édition de 1733, page 262 & suivantes : & à cause de l'indue vexation, que le Marquis de Montesquiou & ses Consorts fussent condamnés conjointement & solidairement en cent mille livres de dommages & intérêts envers chacun d'eux, & aux dépens des causes d'appel & Demandes, d'autre part; & le sieur Marquis de Montesquiou & Consorts, Défendeurs encore d'autre part.

Après que Treilhard, Avocat du Marquis de Montesquiou, du Comte d'Artaignan, de l'Abbé de Poylobon, Montesquiou-Marsan, de l'Abbé de Montesquiou-Saintrailles & autres; Delamalle, Avocat de l'Abbé de Montesquiou la Boulbene, Henry, Avocat de Montesquiou la Boulbene, & Polverel, Avocat du Chevalier de Montesquiou la Boulbene, ont été oüis pendant *onze Audiences :* ensemble Séguier pour notre Procureur Général, & qu'il en a été délibéré.

NOTREDITE COUR faisant droit sur les appels respectifs des Parties, a mis & met les appellations & ce dont est appel au néant; émendant, évoquant le principal & y faisant droit, reçoit les intervenans Parties intervenantes; faisant droit sur ladite Intervention, sur les Demandes des Parties de Treilhard, ensemble sur les Conclusions de notre Procureur-Général, donne acte aux Parties de Treilhard de leur Déclaration qu'elles n'entendent point se servir des deux pieces arguées de faux; sans avoir égard aux fins de non recevoir proposées par les Parties de Delamalle, Polverel & Henry, fait défenses auxdites Parties de prendre à l'avenir le Nom & Armes des Parties de Treilhard, & de se dire directement ou indirectement issus par mâles des Auteurs desdites Parties de Treilhard; en conséquence, autorise lesdites Parties de Treilhard à faire rayer le Nom de Montesquiou de tous Registres de baptêmes, mariages & sépultures, & de tous Actes dans lesquels lesdites Parties de Delamalle, Polverel & Henry auroient pu prendre ledit Nom de Montesquiou, & à faire faire mention en marge desdits Registres & Minutes d'Actes du présent Arrêt; à cet effet, tous dépositaires desdits Registres & Actes, contraints de les représenter, quoi faisant déchargés : donne acte à notre Procureur-Général des réserves & protestations qu'il fait contre les Noms & qualités de Fezensac & Baron d'Armagnac prifes par aucunes des Parties de Treilhard, dans les différentes Requêtes fignifiées en la Caufe, toutes défenfes au contraire réfervées auxdites Parties de Treilhard : ordonne que les Mémoires des Parties de Delamalle, Polverel & Henry, feront & demeureront fupprimés ; & néantmoins permet auxdites Parties de Treilhard de faire imprimer & afficher le préfent Arrêt à leurs frais & dépens ; condamne les Parties de Delamalle, Henry & Polverel aux dépens des Caufes principales d'appel & demandes ; fur le furplus des demandes, fins & conclufions des Parties, les met hors de Cour : Si MANDONS mettre le préfent Arrêt à éxécution. FAIT en Parlement le trente-un Juillet, l'an de grace mil fept cent quatre vingt-trois, & de notre regne le dixieme. Collationné BRION. Par la Chambre, (*Signé*) DUFRANC.

A cet Arrêt font attachées fous le contre-fcel de la Chancellerie les Lettres de Paréatis expédiées fur icelui le 13 août fuivant, fignées, Par le Roy, en fon Confeil, (Lhéritier.)

Sous l'article, Montesquiou — Fézenzac, (Anne Pierre
Marquis de) dans la Biographie universelle, tome 29, page
523, on lit la note suivante :

" Soutenant un procès avec des Sieurs de la Boulbène
qui prétendoient porter le nom *et les armes* de Montesquiou, il avoit établi
dans un Mémoire, qu'il descendoit de Clovis, en ligne directe. Il
gagna son procès par arrêt du 31 juillet 1783. " Maintenant, lui
" dit alors le Comte de Maurepas, nous espérons qu'au moins
" vous voudrez bien ne pas retraire le royaume de France. "

Quelque soit le motif de cette note, on doit en relever les
erreurs.

1° Le Comte de Maurepas étoit mort dès le 21 novembre
1781 ; c'est à dire, plus de vingt mois avant l'arrêt du 31 juillet
1783 : D'ailleurs, il n'auroit pas hasardé la plaisanterie
qu'on veut lui prêter ; car, comme on le voit, il ne s'est point agi
de la descendance de Clovis, et l'arrêt est absolument contraire
à cette idée.

2° MM. de Montesquiou n'ont pas prétendu qu'ils
descendoient de ce Roi, mais seulement d'Aymery, Comte de
Fézenzac ; ou dont l'ascendance très incertaine, même dans le
10ᵉ siècle, n'a été qu'alléguée par eux. (vid. sup.)

3° Le Parlement loin de reconnoître que MM. de Montesquiou
avoient établi qu'ils descendoient d'Aymery, a donné acte au
Procureur général de ses réserves et protestation contre le nom
et qualités de Fézenzac et Baron d'Armagnac prises par

quelques unes d'eux. On considèra donc comme surprise, la
Lettre écrite par le Ministre Amelot, le 9 novembre 1777,
(page 204), et qu'ils présentèrent comme une reconnoissance
de leur prétention.

Depuis l'impression de la Généologie et quel'on connut
la cause de la Lettre ministérielle, l'incrédulité étant devenue
générale à leur égard, MM. de Montesquiou ont réuni tous
leurs moyens pour parvenir à justifier leur descendance
d'Aynery, par des titres suffisans et dans les formes usitées
au Conseil d'État et au Parlement. La révolution est arrivée
avant qu'ils aient pu y réussir; et M. de Montesquiou (de
fut l'un des premiers à ~~abandonner~~ oublier la chimère que sa famille
propose, sans doute, de reproduire:

Voir les Mémoires de Bachaumont, tome 23,
pages 93 et 126.

SUITE

DE L'EXTRAIT DES TITRES

SERVANT DE PREUVES

A LA GÉNÉALOGIE

DE LA MAISON

DE MONTESQUIOU-FEZENSAC.

SUPPLÉMENT.

Original du Cartulaire en vélin in 8°. de l'Eglise Métropolitaine de Notre Dame d'Auch, d'une écriture du XIIIe. siecle, intitulé : *Cartulaire noir de l'Eglise Sainte Marie d'Auch, coté Y, N°. 11, fol. 32. R°. & V°.* d'une cotte moderne.

CCXXXV.
Environ 1036.

Reftitution à l'Eglise Métropolitaine d'Auch par Guillaume Comte (d'Auch ou de Fezenfac,) & par Conftance, fa femme, entre les mains de l'Archevêque Raymond, oncle dudit Comte, d'un alleu fitué au territoire d'Auch, & donation par le même de ce qu'il poffede dans la terre de Sainte Chriftine.

(Chap. ou N°.) XI.

Gilelmus Comes.

Ego in Dei nommine GILELMUS COMES ET UXOR MEÁ CONSTANCIA reddimus Alodium cum Rufticis quod eft in Pago Aufcienci, Deo & Sanête Marie fupradiête Civitatis que eft Metropolitana, pro peccatis & negligenciis meis, que ego feci pro uxore meâ quam dimifi & accepi aliam fupradiêtam. Ego reddo & firmo in palam altari Sanête Marie atque Raimundo Archiepifcopo, Avunculo meo, pro penitentia quam ego indignus accipio, & dono in alia Villa que eft Sanêta Xpina, omnem cenfum meum & proprietatem terrarum & vinearum, pro remedio anime mea, five pro patre meo & aliis parentibus meis. Si quis vero ex heredibus noftris hanc redditionem atque donationem infringere voluerit, damnatum fe fciat cum Jada traditore & Acar filio Carini Anathemate perpetualiter damnato.

CCXXXVI.

Environ 1040.

Original du Cartulaire en vélin in fol. de l'Eglife Métropolitaine de Notre Dame d'Auch, d'une écriture du XIIIe. fiecle, intitulé : *Cartulaire blanc de l'Eglife Sainte Marie d'Auch , cotté Y , N°. III.* fol. LXVIII. V°. de la cotte ancienne, & 62 V°. de la cotte moderne.

Dotation des Chanoines Réguliers du Chapitre d'Auch par l'Archevêque Raymond , & par Guillaume (Aftanove) Comte (de Fezenfac.)

(*Chap.* ou *N°.*) C.

De Inftitutione Canonicorum.

Pridie Kalendas Marcii apud Civitatem Auxiorum , W. Comes & Raimundus Archiepifcopus, inftitue:unt Canonicam in fede Archiepifcopali per manus Rainardi Presbiteri & Gramatici, per Aquitaniam & Gociam ad predicandum a Deo acciti, hec pro victu fuo & Canonicorum donantes Archiepifcopus dedit V. Archidiachonatus Juliages, Savanes, Angles, Armarag, Maioag & mediatem oblationis penitentium; mediam partem mercati ad eum pertinentem & terram que ad fedis Ecclefiam pertinet. Comes vero dedit Ecclefias de Spans , fieut in prelibata feripta continet, de Seran ; mediam partem Ecclefie de Oodezan in Villa de Sancta Xpina , XV. denaratas de vineas , unum Rufticum , & totam vineam & terram de Gafant , vineam & terras de Panicas.

CCXXXVII.

Vers 1046.

Original du Cartulaire en vélin in fol. de l'Eglife Métropolitaine de Notre Dame d'Auch, d'une écriture du XIIIe. fiecle , intitulé : *Cartulaire blanc de l'Eglife Sainte Marie d'Auch , cotté Y. N°. III.* fol. XIII. R°. & V°. de la cotte ancienne, & fol, 15 R°. & V°. de la cotte moderne.

Etabliffement des fépultures dans l'Eglife Métropoiltaine d'Auch , par l'Archevêque Raymond , du confentement de Guillaume Comte (d'Auch ou de Fezenfac) & autres.

(*Chap.* ou *N°.*) XXIIII.

De Cimiterio.

Cunctis Ecclefie Fidelibus pateat Raimundum Metropolis Aufcie Sedis Prefulem , cum confenfu five favore Comitis Guilelmi feu Clericorum , nec non tocius populi , conveniffe Matrem Ecclefiarum, que , favente fupradicto Comite vel Prefule, jam adornata Canonicorum regula extiterat, confecrari, quo Canonici vel Principes terre five tocius Urbis vel Regionis Plebs , qui vellent corpora fua poft mortem in eadem facra fede tumulari, effet licitum ac abfolutum ; ita tamen ut non folum a prefente Epifcopo , fed a cunctis etiam fucceftoribus, talis & tam magna abfolutio conceffa & ordinata fit, quo omnes qui hunc locum Deo dicatum fui Corporis tumulatione honoraverunt, cunctis careant peccatis & infuper benedictione omnium Epifcoporum locupletentur cum Patriarchis & Prophetis & Apoftolis , Martiribus ,

& Confefforibus ac Virginibus, collocati in fuperna Polorum fede. Conftituta funt hec II. Nonas novembris, Regnante Henryco nobiliffimo Francorum Rege. Signum Raimundi, Prefulis. Signum GUILELMI COMITIS. Signum Mach. Abbatis. Signum Ginardi Burgundini. Signum Auftindi, Clerici Burdigalenfis Ecclefie.

Original du Cartulaire en vélin in 8°. de l'Eglife Métropolitaine de Nôtre Dame d'Auch, d'une écriture du XIII°. fiecle, intitulé : *Cartulaire noir de l'Eglife Sainte Marie d'Auch*, cote Y. N°. II. fol. 66 V°. & 67 R°. d'une cotte moderne.

CCXXXVIII. De 1068 à 1096.

Privilege accordé par Aimery Comte d'Auch, aux Habitans de cette Ville.

(*Chap. ou N°.*) XLV.

De Securitate Civitatis.

Notum fit omnibus hominibus tam prefentibus quàm futuris quod ego AIMERICUS COMES AUSCIENSIS fub jurejurando promitto falvationem Deo, omnibus hominibus infra muros Aufcie manentibus vel manfuris, quod nec ego nec aliquis pro me auferat res illorum, vi diripiendo, ultra precium XII. denariorum, & illos emendare faciam infra fpatium quindecim dierum. Si vero aliquis, quod abfit, ex meis vel aliorum hoc infringere temptaverit, fecundum poffibilitatem meam reddere aut emendare illud faciam. Si quis autem extraneis hanc meam falvationem violaverit, fidelis adjutor ero Archiepifcopo prefenti W. & fucceftoribus ejus; fic me Deus adjuvet, & ifte Sanctæ Reliquie.

Original du Cartulaire en vélin in fol. de l'Eglife Métropolitaine de Nôtre Dame d'Auch, d'une écriture du XIII°. fiecle, intitulé : *Cartulaire blanc de l'Eglife Sainte Marie d'Auch*, cotté Y. N°. III. fol. IIII. V°. de la cotte ancienne, & fol. 6 V°. & 7 R°. de la cotte moderne.

CCXXXIX. De 1068 à 1096.

Reftitution faite à l'Eglife Cathédrale d'Auch par Forton Comte (de Fezenfac,) d'un fief mouvant de lui.

(*Chap. ou N°.*) VII.

Bernard Aricard.

In publica via que vadit ad pontem Aufone & vocatur Guarda, Berardus quidam Miles de Pertgeda, fevium, quod habebat DE COMITE, dedit Sanctæ Marie Aufcienfi, in manu Archiepifcopi Auftindi & Arnaldi ejufdem Sedis Prepofiti, pro penitentia & remiftione peccatorum fuorum; poftea venit COMES FORTO & abftulit fupra dictam terram Sanctæ Marie & dedit illam Bernardo Ricardo de Marambad. Poft mortem vero Archiepifcopi Auftindi fucceffit W. B. Archiepifcopus & fecit clamationem de fupra memorata terra & jam dictum Comitem Fortonem, & accepto ab Archiepifcopo equo fexaginta folidorum, abftraxit illam de Bernardo Ricardo & reddidit Sanctæ Marie & Canonicis ejus in manu Archiepifcopi in alodium. Deinde venit Guilelmus filius fupradicti Bernardi Ricardi, dicens prefatam terram effe fui juris, acceptis XX. fol. firmavit eam fuper altare Sanctæ Marie. Iterum Guarnerius quidam nepos fupradicti Bernardi, conquerens fuper illa, moriens, pro remedio anime fue, dimifit ac dedit Sanctæ Marie, quicquid ibi jufticie habebat, in qua terra Archidiaconus Eicius vineam ad opus Sanctæ Marie optimam plantavit.

E e

CCXL.
1088.

Original du même Cartulaire fol. XXIX. R°. & V°. de la cotte ancienne, & fol. 31 R°. & V°. de la cotte moderne.

Donation, avec quelques réserves, par Aimery Comte (de Fezensac) fils d'Astanove, à l'Archevêque & aux Chanoines de l'Eglise de Sainte Marie d'Auch, des moulins qu'il a fait conſtruire dans la Ville d'Auch, &c.

(Chap. ou N°.) XLVI.

De Molendinis.

Placitum hujuſmodi fecit COMES AIMERICUS, FILIUS ASTENOVE, cum Archiepiſcopo W. & Canonicis Sanctæ Marie, de Moliudinis quos fecerat, contra voluntatem eorum, in villa Auſcie. In manu Archiepiſcopi W. & Arnaldi-Aimerici, Prepoſiti & aliorum Canonicorum reliquit eos, Beate Marie, poſt mortem ſuam; & interim ſi ipſe irèt in Jeruſalem, eſſent Beate Marie & Archiepiſcopi & Canonicorum, tali tenore, ut ſi ipſe rediret de Jeruſalem, reccuperaret eos, ſi vellet, & poſt mortem ſuam eſſent Beate Marie; ita tamen ut partem quam cuidam Judeo Beneviſco dederat, non prenderet, ſcilicet, ſeptenam concam, & interim in vita ſua dedit Comes decimam Beate Marie. Viſores hujus negocii, fuerunt Poncius Epiſcopus Bigorre, Raimundus-Bernardus de Montalt, Bernardus, Decanus, Bernardus Capellanus Archiepiſcopi, Sancius Archidiaconus, W. Archidiaclonus, Eicius Archidiachonus & alii quam plures. Facta eſt autem Carta hec anno Incarnationis Domini M. LXXXVIII. vi. vente * Gregorio Papa VII. Regnante Philippo Rege Francorum. Sigillum AIMERICI COMITIS.

Sic.

CCXLI.
De 1088 à 1896.

Original du Cartulaire en vélin in 8°. de l'église Métropolitaine de Notre Dame d'Auch, d'une écriture du XIIIe. ſiecle, intitulé: *Cartulaire noir de l'Egliſe Sainte Marie d'Auch, cotte Y. N°. II. fol. 46 V°. & 47 R°.* d'une cotte moderne.

Donation de l'Egliſe de Marceillan à la Cathédrale d'Auch, de laquelle eſt témoin Forton Comte (de Fezenſac.)

(Chap. ou N°.) XXVII.

De Marcelano.

Mulier Palumma & Guilelmus Garſia & Leofrancs, filii ſui, dederunt Eccleſiam Sancte Marie de Marcilan, que eſt ſuper flumen Roſſo, cum filio ſuo Vidiano, Domino Deo & Sancte Marie Sedis Auxienſi & Metropolitane, hoc eſt decimas & honores eccleſiaſticos & totam dominationem illius Eccleſie & que ad illam pertinent ſcilicet de ipſa ſilva padoentiam ad Eccleſiam faciendam & ad omnes manſiones & officinas & ad ignem & ad porcos & ad omnes beſtias & unum Ruſticum, cum toto honore ſuo ubi vocant ad Cellam: iſta omnia dederunt ſuper altare Sancte Marie in manu Guilelmi Archiepiſcopi & Stephani Archidiachoni & aliorum Canonicorum. Viſores

& teſtes ſunt Forto Comes, in tempore Urbani Papę, & Bertrando de Marrencs,
Giraldo de Arbeiſano, & ceteris omnibus qui fecerunt ſupraſcripta ſigna.

Original du Cartulaire en vélin in fol. de l'Egliſe Métropolitaine
de Notre Dame d'Auch, d'une écriture du XIIIe. ſiecle, intitulé : *Cartulaire blanc de l'Egliſe Sainte Marie d'Auch, cotté Y. No. III.* fol. CI. Vo. CII. Ro. & Vo. de la cotte ancienne, & fol. 95. Vo. &
96 Ro. & Vo. de la cotte moderne.

Notice de la Confirmation par Aimery ſurnommé Forton, Comte
(de Fezenſac) de la Reſtitution de l'Egliſe de S. Pierre de Vic à l'Egliſe
Métropolitaine d'Auch, dans laquelle ſont rappellés Aimery Comte
(de Fezenſac,) & Guillaume Aſtanova, ſon fils.

CCXLII.
Environ 1096.

Adnotatio brevis de honore Sancti Petri de Big, ſicut fama veritatis vulgante ad nos pervenit ex relatu quorumdam, Eccleſiam Sancti Petri de Big, jure hereditate in alodium poſſidere videbatur Eccleſia Sancte Marie de Aucxis, ſcilicet Aimericus Comes, pater W. Astanove in ſua cuidam ſuo Militi nomine Garſiaſans de Mazeras, in feodum dedit & poſt mortem ipſius filii ejus nomine A. Garſias de Pradneron & Sans Garſias de Mazeras & Etz Garſias de Big ſimiliter injuſticiam faciente in feodum poſſederunt a ſucceſſoribus ſupradicti Comitis Emerici. Petrus vero de Big qui fuit filius Etz Garſie jam dicti, fuit oblatus Deo & Sancte Marie & in ſubdiachonis ordinatus per manum W. B. Archiepiſcopi, qui relinquens ſuum propoſitum, armatulit, uxorem duxit, qua, propter ab Archiepiſcopo ſuo excomunicatus, medietatem Eccleſie Sancti Petri de Big in manu W. Archiepiſcopi dimiſit, preſentibus Arnaldo Eimerico, Prepoſito & Sancio Armaniacenſi Archidiachono & Eicio de Jaurencs & multis aliis. Poſt multos vero annos, Deo volente, Jeroſolimitanum iter arripiens, penitentiam accipiens, alteram medietatem vuerpivit Deo & Beate Marie, accipiens a ſupradicto Preſule multitudinem denariorum C. ſcilicet ſolidos, retinendo ſibi medietatem cenſûs Ville ipſius & medietatem lerde mercati ; rediens vero, accipiens penitenciam, uxorem quam injuſte diu habuerat dimiſit, dans Deo & Sancte Marie, pro ſuis peccatis, quendam filium ſuum nomine W. B. in Canonicum & Eccleſiam de Lugaiano & medietatem Eccleſie de Caſtelpuliot & Culturam que eſt ante frontem Eccleſie Sancti Petri de Big, ſuper caput pontis & molendinum & vineam que eſt ante Clauſtrum, tali tenore ut ſi aliquando, Diabolo ſuadente, quod abſit, infans ille ſuum relinquit propoſitum, omnia que ſupra diximus ex integro poſſideat Sancta Maria & infans ille alienus ſit a poſſeſſione honoris iſtius ſupra dicti, In hora vero mortis ſue vepitiones illas quas in vita fecerat, moriens firmavit, adiciens inſuper & dans Deo, & Sancto Petro de Big, medietatem illius lerde quam ſibi in vita retinuerat & medietatem cenſûs Ville, reliquid & quendam filium ſuum nomine Arnaldum in Bailia Dompno Archiepiſcopo W. cum parte illius honoris qui ſe contingebat, ſcilicet Baginaguit & Culturam de Molino Chamléng & Culturam de Buier & plantam ſuper Eccleſiam & Franchetatem de Gieſtar, cum aliis de ipſa Villa, & ſic mortuus eſt. Eodemque mortuo, Comes A. cognomento F. omnia in bannium. Veniens autem Dompnus W. Archiepiſcopus a Clarmontenſi Concilio, dedit Comiti Cavallum, C. ſol. & firmavit Comes donationem illam : tali pacto ut ſi puer ille A. vellet habere partem iſtam inferioram, C. ſol. Morlan. monete perſolveret Archiepiſcopo ; quod ſi obiſſe contingeret eum, pars illa eſſet alterius fratris Canonici ; quod ſi uterque obierit, ſint Sancte Marie de Auxis & Sancti Petri de Big. Omnia hec que ſuperius adnotata habentur, preſente & adſiſtente

Archidiachono Sancio cognomento Nigoros , facta fuerunt. Benedictus Deus in omnibus. Amen.

CCXLIII.
1134.

Original du Cartulaire en vélin, in fol. de l'Abbaye de Berdoues , d'une écriture du XIIIe. siecle , fol. XXXI, col. 1 & 2.

Donation par Bernard Comte d'Astarac & Sanche son fils , à Vautier , Abbé de Morimond , de la Terre , Eglise & Casal de Berdoues , pour y bâtir une Abbaye & Monastere de l'Ordre de Cîteaux , de laquelle est témoin Bernard de Montesquiou , Archidiacre.

De Comite.

Sciendum est quod Bernardus Comes Astaracensis & Sancius dictus ejus filius , bono animo & bona voluntate , bona fide & sine omni retentione , pro se & pro omnibus successoribus suis presentibus & futuris , pro salute animarum suarum & tocius sui generis , donaverunt , concesserunt & absolverunt Deo & Beate Marie Morimundi & Vualcherio Abbati & Conventui ejusdem loci presenti & futuro , terram de Berdonis & Ecclesiam , ejusque Casale , cum omnibus ex integro pertinentiis eorum , quas habebant vel habere debebant per se vel per aliam personam , cultas & incultas , ut ibi construeretur Abbatia , Cisterciensis Ordinis. Donaverunt & bono animo & bona voluntate , bona fide & sine omni retentione , pro se & pro omnibus successoribus suis presentibus & futuris , totum ex integro nemus de Buolas , cum omnibus pertinentiis ejus. Hoc totum , ut predictum est , predicti donatores donaverunt predicto Abbati & predicto Conventui , cum omnibus terris cultis & incultis , cum ingressibus & egressibus , aquis , pascuis & nemoribus , cum decimis & primiciis , & cum omnibus ad venatum pertinentibus , ut habeant & possideant libere & quiete , sine omni sua & suorum contradictione in perpetuum & debent inde facere bonam & firmam garentiam de omnibus amparatoribus , predictis habitatoribus Morimundi & Berdonarum. Hoc totum factum est in presentia Guillelmi Auxiensis Archiepiscopi & Romane Ecclesie Legati & Fortonis de Vico. Hujus doni & absolutionis sunt testes BERNARDUS DE MONTEESQUIL , ARCHIDIACONUS , Arnaldus de Petrucia , Assivus de Marrast. Factum est hoc anno ab Incarnatione Domini M°. C°. XXXIIII. Regnante Lodovico Rege Francorum , Bernardo Comite Astaracensi , Guillelmo Auxitano Archiepiscopo.

CCXLIV.
1135 & années suivantes.

Original du Cartulaire en vélin in fol. de l'Eglise Métropolitaine de Notre Dame d'Auch , d'une écriture du XIIIe. siecle , intitulé : *Cartulaire blanc de l'Eglise Sainte Marie d'Auch , cote Y. N°. III.* fol. LXVII. R°. & V°. & LXVIII. R°. de la cotte ancienne , & fol. 61. R°. & V°. & 62. R°. de la cotte moderne.

Notice énonciative de la Restitution faite à l'Eglise Métropolitaine d'Auch , par Adalmur Comtesse de Fezensac , des moulins de Chêlers , & de la moitié de l'Eglise de Notre Dame d'Euze ; & de la Confirmation de cette Restitution par Geraud Comte d'Armagnac , après la mort de la même Comtesse , & de Beatrix sa fille , dont il prétend l'hérédité.

(Chapitre ou N°.) XCVIIII.

De Molendino de Felera.

Ad Noticiam universorum tam presentium quam futurorum pervenire volumus ;

quòd COMITISSA FEZECIACENSIS NOMINE AZALMUS, pénitentia ductâ, cùm adhuc effet fana & incolumis, reddidit Deo & Beate Marie, Molendina de Felera, que anteceffores ejus & ipfa poft eos, Canonicis Auxienfis Ecclefie violenter & injufte abftulerant & in hac aperta & injufta violentia pertinaciter diu perduraverant ; tandem hec, voluntate fpontanea fe male egiffe recognovit, divinitus infpirata & Canonicos quos per multum temporis fpoliatos tenuerat, plene refinveftivit de Molendinis, in manu Domni Willelmi Archiepifcopi, reddidit quoque, hec eadem Comitiffa eidem Archiepifcopo, medietatem Ecclefie Sancte Marie in Civitate Elifana, Archiepifcopus autem femper conquerebatur, femper reclamavit pro reliqua medietate ejufdem Ecclefie, & ut hec redditio firma ac rata effet atque in feculum feculi illibata permaneret, adjecit Comitiffa ut nulli fuccefforum fuorum liceret ulterius manum poteftatis reponere fuper illa, omnibus tam prefentibus quam fecuturis parentibus fuis, omnem in eis reclamationem refcindens, ut pote in quibus nichil juris haberent aut habere deberent. Si quis autem huic devotioni, huic voluntati, contrarie attemptaret, gladio anathematis feverius plecteretur ufque ad integram & condignam fatisfactionem. Nec eft fub filentio pretereundum quod oportuit Canonicos perfolveret prius centum folidos Arnaldo d'Efcoz, pro quibus a Comitiffa jure pignoris obligatos fibi habebat molinos. Vifores & teftes hujus rei funt Raimundus de Podio, Willelmus de Sancto Petro, Arnaldus de Montpuei, Arnaldus d'Efcoz, Sanctus Bigorra & plures alii qui redditioni illi prefentes interfuerunt.

Deinde poft mortem iftius Comitiffe fimul & filie ejus Benetricis Geraldus Comes Armaniacenfis, Confulatum Fezenciaci habere defiderans fupra-fcriptam redditionem, una cum filio fuo primogenito Bernardo, confirmare curavit, & circumftante populo innumero, fuper altare Beate Marie, propria manu uterque juravit, fcilicet, pater & filius & tam pro fe quam pro fuis gurpivit in perpetuum regreffum omnem in molinos.

Original du Cartulaire en vélin in 8°. de l'Eglife Métropolitaine de Notre Dame d'Auch, d'une écriture du XIIIe. fiecle, intitulé : *Cartulaire noir de l'Eglife Sainte Marie d'Auch*, cote Y. N°. II. fol. 101. V^o. & 102. R^o. d'une cotte moderne.

Donation à l'Eglife Métropolitaine d'Auch, par Pictavine, (de Marraft, femme de Raymond-Aimery de Montefquieu,) d'Odon fon fils, & de diverfes parties de plufieurs Eglifes à elle appartenantes.

CCXLV.
18 Octob. 1143.

(Chap. ou No.) LXXII.

De dono Pictavine.

Notum fit tamen prefentibus quam futuris, quòd ego PICTAVINA, dedi, ob remiffionem peccatorum meorum Deo & Beate Marie, FILIUM MEUM ODDONEM, cum parte illa quam habeo in Ecclefia de la Artiga, & totum Cafallum de Lajans integre, cum quarta parte Ecclefie de Pipuins & cum quarta parte Ecclefie de Gaubifan & cum quarta parte Ecclefie de Caftellonovo ; fuper hec omnia dedi me ipfam Deo & Beate Marie & W. Auxienfi Archiepifcopo & Canonicis ejufdem Ecclefie, in prefentia tocius Capituli, ut tam fpiritualium quam actualium bonorum illius Ecclefie particeps fierem. Donum hoc feci XIIII. Kalendas octobris anno M. C.

XLIII. ab Incarnatione Domini , Regnante Lodoïco Rege Francorum. Testes hujus rei fuerunt Bertran de Montagud , Bertran de la Tor , Arnaldus Deiadjuva , Bidal de Priai , Arpinus Arremon de Solzan , Perpetit Perbeg , & plures alii.

CCXLVI.
De 1177 à 1191.

Original du Cartulaire en vélin in. fol. de l'Eglise Métropolitaine de Notre Dame d'Auch , d'une écriture du XIIIe. siecle , intitulé : *Cartulaire blanc de l'Église Sainte Marie d'Auch , cotté Y. No. III.* fol. LVIII. Vo. LIX. Ro. de la cotte ancienne ; & fol. 52. Vo. & 53. Ro. de la cotte moderne.

Donation du lieu d'Asclens à l'Eglise Métropolitaine d'Auch , par Raymond-Aimery de Montesquiou.

(*Chap. ou No.*) LXXVIIII.

De Villa de Asclens.

Notum habeat tam presens etas quam futurorum posteritas , quod R. AIMERICI DE MONTESQUIVO , devotionis studio , pro redemptione anime sue & parentum suorum , cum consensu CONSANGUINEE SUE ANGLESE , dedit Deo & Beate Marie Auciensi & Ge. ejusdem Sedis Archiepiscopo & Apostolice Sedis Legato , totam Villam de Asclens , liberam & francam & in omni pace & quiete in perpetuum possidendam , in presentia plurium Canonicorum , F. Prioris , A. de Logorzano , Oddonis de Arbexano , Bertrandi Birano & Bonihominis , Archidiachonorum , G. de Piano , Sacriste , Fortonis de Angles , Abbatis de Idrac , Petri de Antissano , & Eicii de la Serra. Fidejussores hujus rei existerunt Bernardat d'Arbexano & Trincier del Bruel. Ad hec notandum quod Domnus prefatus Archiepiscopus pro hoc dono numeravit prelibato Raimundo-Aimerici D. solidos morl. monete. (*&c.*)

CCXLVII.
1200.

Original du Cartulaire en vélin in folio de l'Abbaye de Notre Dame de Gimont , Ordre de Cîteaux , au Diocese d'Auch , d'une écriture du XIIIe. siecle , intitulé : *Hic liber est Monasterii Sancte Marie Gimontis ,* &c. coté A. fol. 48. Ro. & Vo.

Donation à l'Abbé & au Monastere de Gimont , au Diocese d'Auch , par Raymond-Aimery de Montesquiou , du droit d'usage & pascage dans toutes ses terres.

(*Chap. ou No.*) CXXXIIII.

De Raimundo-Aimerico de Montesquivo.

Sciendum est quod RAIMUNDUS-AIMERICUS DE MONTESQUIVO , bono animo & bona voluntate , bona fide , sine omni retentione , pro se & pro omnibus successoribus suis presentibus & futuris , pro amore Dei & redemptione anime sue & parentum suorum donavit , concessit & absolvit Deo & Beate Marie & Sancio Abbati Gemundi & habitatoribus-ejusdem loci presentibus & futuris , paschua & herbagges & expletam & liberum introitum & exitum per omnes terras suas , exceptis terris bladatis , ortis , & vineis cultis & debet inde facere bonam & firmam guirentiam de omnibus amparatoribus , predictis habitatoribus Gemundi promisit etiam & dixit ut sit fidelis amicus

& amparator omnium habitatorum Gemundi ; & totius suburbie ejusdem loci. Omnium predictorum testes sunt Bernardus Desparvers , Prior Gemundi , Johannes Signarius , Willelmus Petri , qui hanc cartam scripsit , Arnaldus de Mormont , Willelmus Bernardus de Ponteiac , Monachi Gemundi , Bertrandus de Panasac & Aimericus d'Esclazano , fratres ejus. Factum est hoc anno ab Incarnatione Domini M. C.C. Regnante Philippo Rege Francorum. Giraldo Comite de Fezanzac. Auxitana Sede vacante.

Original en parchemin des Archives de l'Abbaye de l'Escalle-Dieu, Ordre de Cîteaux, au Diocese de Tarbes.

Donation par Arsieu de Montesquiou, à l'Abbaye de l'Escalle-Dieu , de tout ce qu'il posséde dans le terroir de Domian , & Confirmation du don de l'Hôpital de Bastan, & des pâturages , de Sabarte , avec droit de chasse , &c.

Noverint tam presentes quam futuri quod ego Asiu de Montesquiu , pro redemptione peccatorum meorum , dedi in /helemosinam Deo & Beate Marie & Fratribus Scale-Dei , quicquid habeo vel aliqua ratione habere debeo in omni territorio de Domaia. Insuper confirmavi eisdem Fratribus Scale-Dei per me & per omnes successores meos Hospital de Bastan, in quo Ospitali Fratres Scale-Dei jam pridem accomadaverant C. sol. Nunc vero super his & etiam super pascua de Sabarta , accomadeverunt michi unum bovem valentem XXX. sol ; in quibus pascuis quandiu predicti Fratres, cum suis fuerint animalibus, habeant liberum ingressum in aquis , in pascuis , in nemoribus , in omni venatione tam in apibus quam in aliis venationibus. Insuper si aliquid dampnum per me vel per meos quamdiu ibi fuerint, aliquo modo incurrerint , ego teneor illis integre restituere & ipsi Fratres pro amore Dei fecerunt me participem omnium bonorum suorum spiritualium. Testes hujus rei sunt Fr. S. de Garda, Grangiarius, & Fr. R. de Sentmarti & Fr. W. Garsias de Cartada, & R. de Gital & Arnaldi & B. de Panasac & A. fr. ejus. Fidejussores Vitalis de Zacorcia , Bajulus ejus & R. filius ejus dicti Bajuli. Hoc fuit factum anno ab Incarnatione Domini M. CC. XI.

Original en parchemin des Archives de l'Abbaye de Berdoues.

Donations , ventes & engagemens de diverses terres, faites à l'Abbaye de Berdoues par Arsieu de Montesquiou , fils de Raymond-Aimery de Montesquiou, par Braide , sa sœur , & par Behes fille de ladite Braide ; & Confirmation d'icelles par Raymond-Aimery de Montesquiou , fils dudit Arsieu de Montesquiou.

In Xpi nomine. Notum sit cunctis presentibus & futuris quod ego Ramundus Aimerici de Montesquivo, de consilio & assensu amicorum meorum, qui ad hoc erant vocandi per me ... cum hac presenti carta firmiter in perpetuum valitura, non vi , non metu , nec ab aliquo deceptus, sed mea ac propria spontanea voluntate , pietatis intuitu & remissione omnium peccatorum meorum & omnium parentum meorum , laudo , approbo & concedo Domino Deo & Beate Marie Berdonarum & omni Conventui ejusdem loci presenti & futuro , omnes illas donationes omnium terrarum possessionum, decimarum & pascuorum , quas Dominus Pater meus Assivus et Domina Braida , soror ejus et Behes , filia ejusdem Domine , dederunt monasterio jam dicto , prout in Instrumento inde confecto donatio eorum plenissime continetur , cujus tenorem de verbo ad verbum in hoc publico Inftrumento ad majorem rei firmitatem conceffi & volui apponi, cujus tenor talis eft.

In Dei nomine. Ego Assivus de Montesquivo, dictus filius Ramundi Aimerici de Montesquivo & ego Braida, soror predicti Assivi & ego Behes, filia Domine Braide predicte, nos omnes infimul per nos & per omnes noftros ... donamus & concedimus & in prefenti tradimus per proprium alodium Deo & Beate Marie Berdonarum & tibi Guillelmo Abbati ejufdem loci & omni Conventui illius loci tam prefenti quam futuro, totum hoc quod habemus & habere debemus & aliquo modo ad nos pertinere videtur, cultum videlicet & incultum, in Abbatia Berdonarum & in omnibus terminis fuis & in omnibus grangiis Berdonarum, cultis fcilicet & incultis. &, in omnibus terminis & totum hoc quod habemus & habere debemus & aliquo modo ad nos pertinere videtur de Mazeras en fus ufque ad Tels, exceptis Caftris de Paders & de Serris & de Bellog, & exceptis hominibus & feminis predictorum Caftrorum & ferviciis & ufaticis eorum, & exceptis honoribus quos homines predictorum Caftrorum tenebant ... quando hec Carta facta fuit. Alia vero omnia jura noftra aliquo modo ad nos pertinentia de Mazeras enfus ufque ad Tels donamus & concedimus firmiter Deo & Beate Marie Berdonarum & tibi Guillelmo Abbati & omnibus Fratribus illius loci prefentibus & futuris, videlicet ante Baifam que tranfit per Berdonas ... retro Baifam & Cafale Abbatie de Paders & Cafale Sancti Johannis & Cafale des Caftai & Cafale de Samarea & Cafale de Spanicamp, & Cafale d'Eftrei & Cafale de * .... & tocius terre que eft ante Baifam & retro, & totas culturas de Ulmis .... & decimas etiam * ... Ecclefiarum, videlicet duarum Ecclefiarum de Ulmis, quarum una eft ante Baifam & altera retro Baifam, tertia vero eft ad Sanctum Clementem. Donamus etiam ... totas las lauffedads que modo funt & in antea effe poterunt infra predicta loca. ... & omnes Begarias & omnes donationes omnium cafalium & de Biole, & omnium terrarum culturam fcilicet & incultarum quas in predictis locis & in prefcriptis terminis habemus ..... Donamus etiam ... pafcua & erbagges & omnem efplettam & liberum introitum & exitum & quicquid ad venatum pertinet, per omnes terras noftras cultas & incultas, exceptis terris bladatis, ortis, & vineis cultis, falva tamen pace Fratrum de Marrencs, quibus ante jam dedimus pafcua in terris de Bafies .... Et eft verum quod Fratres Berdonarum tenebant & poffidebant olim prefcriptos honores ab Affivo & ab Antecefforibus fuis, quibus per partes quondam Fratres Berdonarum jam dederant tria milia fol. Morl. fuper honores predictos tam pro pignoribus quam pro donis & vendicionibus; fed quod cumque Fratres Berdonarum ufque modo tenuerunt & poffederunt five pro pignore five pro dono, five pro vendicione, in prefcriptis honoribus, & in predictis locis a me dicto Affivo & ab Antecefforibus noftris, illud totum five fit pignus, five fit donum, five fit venditio, ego predictus Affivus & ego Braida prefcripta & ego Behes jam dicta donamus, relinquimus & abfolvimus fine omni retencione... Et ego Guillelmus Abbas predictus, recipio vos predictos donatores pro fratres & facio vos participes omnium beneficiorum fpiritualium que fiunt in domo Berdonarum. Hoc totum fuit factum & firmatum in manu Petri de Maceriis, Bajuli Montifcaffini, qui hoc totum debet facere bonum & firmum predictis Fratribus Berdonarum. Hujus rei funt teftes Bertrandus de Panafac & Guillelmus de Saurag, & Guillelmus Gaffie, de Sancto Romano & Bernardus de Siurag, & Fr. Gafto de Saing, & Fr. Arnaldus de Vallecava, & Fr. Petrus de Bilfano, & Fr. Petrus de Montealto, & Fr. Arnaldus de Logorfano, & Fr. Ramundus de Spinos, Monachi Berdonarum. Factum eft hoc anno ab Incarnatione Domini MCCX. Philippo Rege Francorum Regnante. Bernardo Auxitano Archiepifcopo. Bernardo Comite Convenarum, vicem Comitis in Aftaraco tenente. Et eft verum quod predictus Affivus accepit pro prefcriptis donis ccccros. fol. morl. ab Abbate predicto & a predictis Fratribus Berdonarum,

Omnia

* Il y a un mot emporté de vétufté dans l'original.

* Idem.

ia supra dicta singula & universa distributive & in unum collecta & etiam
onem territorii de Sansospoeis & pignus de Paders & omnes alias dona-
venditiones, impignorationes, permutationes, libertates & immunitates
ctus Dominus Assivus, pater meus & Domina Braida, ejus soror & etiam
alii eorum predecessores in toto Comitatu Astaracensi & alibi, dicto Monas-
onaverunt, vendiderunt, impignoraverunt & concesserunt cum hoc publico
ento, ego supradictus Ramundus-Acimerici, filius supradicti Assivi per me
omnes meos, presentes & futuros, laudo, approbo & concedo & pascua dono
i terra mea omnibus animalibus cabanarum dictorum Fratrum & hoc sine eorum
, damno & impedimento . . . & in omnibus supradictis eos veros Dominos
m in rem propriam constituo & facio veros possessores . . . . Actum est hoc
Kalendas februarii, apud Saissanum, anno Domini M. CC. LVII. Regnante
co Francorum Rege & Domino B. Astaraci Comite. & Domno Ispano
no Archiepiescopo. Hujus rei sunt testes DOMINUS ASSIVUS DE MONTESQUIVO
raldus de Marrencs, & Arualdus de Marrast & Fortonetus de Massabas &
rius de Marrencs, & Fr. W. A. de Saviaco, Prior Berdonarum, & Fr. P.
rtada, Procurator Berdonensis, & Fr. Deusadjuva, & W. den Bernadet, & W.
naia; & P. A. de Dors, & P. Saubola, & Brunus, Scriptor publicus, Notarius
ci, qui de mandato & voluntate utriusque partis, hanc Cartam scripsit & signavit,
monio premissorum.

(Signé de la marque dudit Notaire.)

iginal en parchemin des Archives de l'Abbaye de Berdoues.

nation de la terre de Sansospouy, à l'Abbaye de Berdoues,
rsieu de Montesquiou, du consentement de Raymond-Aimery,
ls.

CCL.

Avril 1245.

verint omnes prese *   paginam inspecturi quod ego *   de *
assensu Ra *   A * nerici, filii mei & omnium heredum meorum,
u Domine Seguin Com * e As * ci, laude & ass * s *
lli & Bernardi & aliorum heredum suorum, in remissione *   donavi
n eam de Sanzos p *   extenditur in latitudine a territorio de
ont & del Pel, quod territorium Fratres Berdonenses possident in proprium
m & de cetero, jure perpetuo, possidebunt usque ad * iam que de sanc * lice
ad Sanctum Romanum & in medio cadit in guttam; in longum vero exten-
a Serra que respicit Occidentem usque ad Terram de la Fite & de Tre-
; hanc inquam terram donavi ego dictus ARSIVUS, laude & assensu, tam
am meorum, quam *   aracensium, Deo & Beate Virgini Marie &
ni Abbati Berdonarum & Fratribus ibidem Deo famulantibus presentibus &
s, libere & quiete, absque omni retentione & contradictione, bona fide, prout
s intelligi vel dici potest, ad utilitatem dictorum Fratrum Berdonensium, jure
tuo, in proprium alodium, possidendam. Si quis vero heredum meorum,
ia animi ductus, quod absit, in posterum aliquid reclamare voluerit, primo
Fratribus Berdonensibus donet duo milia sol. Morl. . . preterea si in posterum
s homo vel femina in dicto territorio aliquid reclamare voluerit, ego dictus Arsivus
redes mei firmam garentiam dictis Fratri * portare debemus & ad plenam defen-
a dicte terre ad utilitatem sepedictorum Fratrum, nos & nostros obligamus
petuum. Hujus rei testes sunt Domnus Hyspanus Auxitanensis * rchiepis-
, Bernardus de Panesac, Petrus dez Barads, Oddo de M*rencs, Petrus d'Es-
s, Bertrandus de Las, Bernardus de Saviag, Milites, Vitalis de Marrencs,

F f

* *Nota.* La cuti-
cule du parche-
min de cette Char-
te est enlevée en
plusieurs endroits
qu'on a marqués
ici d'astériques.

Guillelmus de Ma* , Frater P. de Cortade, Prior, Frater J. de Saviag, Cellarius, Frater Deusadjuva, Monachus, Frater Forgue, Grangiarius Sancti Felicis & Frater R. Calvetus, Grangiarius d'Al*is. Ut autem istud donum nostrum ratum & illibatum maneat in futurum, presentem paginam Sigilli nostri & Sigilli Domine Seg* supradicte Com* ille *staraci, fecimus *unimine roborari. Actum anno Domini M. cc. xLv. mense aprili. Regnante Lodovico Rege Francorum, Centullo Comite Astaraci. Hyspano Auxitano Archiepiscopo.

Nota. A cette Charte pendent deux sceaux en cire jeaune, sur lacs de soie rouge; le premier, qui est celui d'Arsieu de Montesquiou, le représente à cheval, tenant d'une main l'épée haute, & de l'autre, un écu parti, le premier, vuide, & le second, chargé de deux tourteaux posés l'un sur l'autre, avec cette légende, ✠ S. ARCIONIS DE MONTESQUIVO ; le contre-sceau est aux mêmes armes, & contient la même légende. Le second, qui est celui de Seguine, Comtesse d'Astarac, est un escartelé & a pour legende . . VINE COMITISSE DE ASTARACO : au contre sceau est un loup rampant, avec cette légende : S. SEGUINE Com. . . e . . . raco.

Nota encore. Cette Charte est imprimée ci-devant pages 21 & 22, d'après le Cartulaire de Berdoues. On a donné à cette derniere page la description des sceaux d'Arsieu de Montesquiou & de Seguine Comtesse d'Astarac, d'après une Expédition faite le 27 avril 1724. sur le présent original, & on y a renversé, par inadvertance, l'ordre dans lequel se trouve ces sceaux.

CCLI.
Juin 1259.

Original en parchemin des Archives de l'Eglise Métropolitaine de Notre Dame d'Auch.

Vente aux Chanoines de l'Eglise Métropolitaine d'Auch, d'une terre située au Comté d'Astarac, par Arnaud-Bernard de Bedcave, de laquelle est témoin Arsieu de Montesquiou, Chevalier.

Conegude cause sia aus presentzs & aus abinedors, que nos Arnaud B. de Badcave avem tetre eu Comtad d'Est arach, près la Barte de Gavere, ladite terre benom. . . aus Canonies de ma Daune Sencte Marie d'Auxs, aus présentzs & aus abiedors els diiz Canoinhes, au nom d'ads & bonemenz pagads ccc. sol. de bos morl. . . ho Ugh da Rochelaure, cosin deldit Arnaud-Bernaud, rechonet que tot artant quant jo tein ni deus aver por a razon de pair ni de mair en ladicte terre. . . . avi venude al dit Arnaud-Bernard. . . . per que jo lauzi lautregit ladite terre, pér mi e per toz los mees . . . e peus abieders aus dits Canonihes . . . ho Na Pelegrie cosie delt Arnaud-Bernaud, e sor del dit Ugh, rechonet quel dit Arnaud-Bernard a a drect faire ladite vende . . . Testimoins son d'aizo G. deu Bas, Sacrista Auxitanus. . . P. de Betos, Archiacine Maioag ; . . AYSIU DE MONTESQUIU, MILES . . . . Ego R. Sancii Molier, Notarius Auxitanus, qui hanc Cartam scripsi feria III. post festum Sancti Johannis Baptiste anno Domini M. CC. L. nono, Regnante Lodoico Rege. Francie. Domno Ispano existente Archiepiscopo Auxitano. G. Comite Fedenciaci & Armaniaci.

Original du Cartulaire en vélin in 8°. de l'Eglise Métropolitaine de Notre Dame d'Auch, d'une écriture du XIII°. fiecle, intitulé: *Second Cartulaire blanc de l'Eglife d'Auch., cote Y. N°. IV. fol.* XXI. R°.

Engagement au Chapitre de l'Eglife Métropolitaine d'Auch, de la dixme de l'Eglife de Saint Michel de Ler, dans l'Archidiaconé de Pardiac, par Guillaume Garfie de Ler, duquel eft témoin Arfieu de Montefquiou, Abbé d'Idrag.

D_eu Ler. a

Noverint univerfi prefentes litteras infpecturi quod Guillelmus-Garfie deu Ler obligavit Capitulo Beate Marie Auxitane, decimam Ecclefie Sancti Michaelis deu Ler, Archidiaconatûs Pardiniacenfis, pro LXXX. fol. Morl. de quibus fe tenuit pro pacato, & promifit per facramentum dicto Capitulo de dicti obligatione pro fe & fuis portare bonam & validam garentiam, fed tamen dictam decimam rehabere, quantumcumque fibi placuerit, de Fefto omnium Sanctorum ad Pafca, cum pecunia fuperius nominata. Teftes hujus rei funt ARSIVUS DE MONTEESQUIVO, ABBAS YDRACI, J. de Befûas, Abbas Sellefracte .... & Ego Seguinus de Thogeto, publicus Auxis Notarius, qui prefentem Cartam fcripfi. Datum apud Auxim Dominica poft Feftum Decollationis Beati Johannis anno Domini M. CC. LX. IIII. Regnante L. Rege Francorum. Domno A. Archiepifcopo Auxitano. G. Comite Armaniaci & Fezenciaci.

Original du même Cartulaire, fol. X. R°. & V°. & fol. XI. R°.

Vente à l'Eglife Métropolitaine d'Auch par le Seigneur Raymond-Aimery de Montefquiou, & par Dame Longue, fon époufe, fœur d'Odon de Montaut, de la dixme de l'Eglife de S. Jean de Bretos, & de la moitié de celle de l'Eglife de S. Pierre de Prechac, donnée en dot à ladite Dame par Arnaud-Guillaume de Biran, le Vieux, fon pere.

Notum fit quod Dominus Guillelmus-Arnaldi de Birano, Senior, recognovit quod dederat in dotem & pro dote Domine Longue, filie fue, uxori DOMINI RAYMUNDI-AYMERICI DE MONTESQUIU, decimam Ecclefie Sancti Johannis de Britos & medietatem decime Ecclefie Sancti Petri de Preychog; & quicquid juris habebat vel habere poterat in decimis fupradictis; qua recognitione fic facta, Dominus Raymundus-Aymerici & Domina Longua predicti dictas decimas & quicquid ratione decimarii habent, tenent, feu poffident quæquemodo vel alius feu alii nomine eorumdem in territoriis predictarum Ecclefiarum, Archidiaconatûs Savanenfis, vendiderunt Domino Forcio deu Coftau, Canonico Auxitano & in perfonam ejus, Deo & Ecclefie reddiderunt & quitaverunt per in perpetuum ipfas decimas pro fe & fuis heredibus, abjurantis Sacrofanctis Evangeliis fuper hoc manu tactis per ipfos venditores & Dominum Guillelmum-Arnaldi de Birano predictum & Dominum Odonem de Monte-

F f ij

alto ; filium ejus & fratrem Domine Longue predicte, pro quingentis quinquaginta fol. Morl. quos dictus Dominus Forcius folvit ipfis venditoribus feu redditoribus fupradictis, pro dictis decimis, ut eas poffet convertere in ufum Ecclefie & de manu eripere laycali ; quam totam pecuniam ipfi venditores feu redditores recognoverunt fibi folutam fore & etiam numeratam ; de quibus, inquam, decimis, juribus & pertinenciis earumdem Dominus Raymundus - Aymerici & Domina Longua predicti fe deveftierunt & prefatum Dominum Forcium, nomine fuo, Dei & Ecclefie inveftierunt.... Teftes hujus rei funt Magifter Sancius Archidiaconus Pardiniacenfis, Guillelmus de Sedelaco, Miles, Hugo de la Fite, Guillelmus-Bernardi de Montelauro, Guillelmus-Sancii, frater ejus, Bernardus Tore, Vitalis Tore, Dominicus de Tornefod, Vitalis de Graulaas, Clerici, & Ego Seguinus de Thogeto, publicus Auxitanus Notarius, qui omnibus predictis interfui & ea, de mandato & affenfu communium dictarum partium, in publicam formam redegi & huic Inftrumento fignum meum appofui. Datum & actum apud Montemaltum in Correnfaguefio, in die Beati Jacobi Apoftoli, anno Domini MCCLX. feptimo, Regnante L. Rege Francorum. A. Archiepifcopo Auxitano. G. Comite Fezenciaci & Armaniaci.

CCLIV.
Mars 1268.

Original du même Cartulaire fol. III. V°. & IIII. R°.

Engagement à l'Archidiacre de Pardiac, d'une partie de la dixme de l'Eglife de Montagudet, par Bernard de Montagut, Damoifeau, duquel eft témoin Arfieu de Montefquiou, Sacriftain d'Auch.

De Monteacuto, de Pardiniaco.

Notum fit cunctis, quod Bernardus de Monteacuto, Domicellus, impignoravit Magiftro Sancio, Archidiachano Pardiniaci, quartam partem decime Ecclefie de Montaguded, dicti Archidiaconatûs, pro viginti fol. Morl, quos dictus Bernardus de Monteacuto recognovit fe habuiffe a predicto Magiftro Sancio in pecunia numerata; ita tamen quod dictus Archidiachanus vel quicumque alius qui predictam quartam decime teneret vel poffideret, ejus nomine, teneretur reddere dicto Bernardo, vel ejus ordinio aut mandato, dictam quartam partem decime, quantumcumque ipfi voluerint eandem cum pecunia fupradicta .... Hujus autem rei teftes funt DOMNUS ARSIVUS DE MONTESQUIVO, SACRISTA AUXITANUS, Guillelmus-Arnaldi de Montealto, Canonicus ejufdem loci, ... & Ego Johannes deu Bas, publicus Auxis Notarius, qui Cartam iftam fcripfi & eidem fignum meum appofui. Factum fuit hoc Auxis die Lune ante Feftum Beati Gregorii, anno Domini MCCLXVIII. Regnante Lodovico Rege Francorum. Amanevo Archiepifcopo Auxitano, & Geraldo Comite Fezenfiaci & Armaniaci.

Original en parchemin des Archives de l'Abbaye de Berdoues.

CCLV.
28 Février 1269.

Vente du Cafal de Sanfofpouy à l'Abbaye de Berdoues, par Raymond-Aimery de Montefquiou, du confentement d'Aimery & de Hugues, fes freres.

In Xpi nomine. Notum fit cunctis prefentibus & futuris quod ego RAMUNDUS-AIMERICI DE MONTESQUIVO, DICTUS FILIUS DOMINI A. SIVI DE MONTESQUIVO, non feductus, neque deceptus in aliqua parte ab aliquo ; fed mea propria ac fpontanea voluntate inductus, cum confilio, affenfu & voluntate AEIMERICI ET UGONIS, FRATRUM MEORUM, per me & per omnes meos ... vendidi tibi R°. Abbati Monafterii Berdonarum & toto Conventui ejufdem loci prefenti & futuro, totum Cafale de Sanzof poeis, cum omnibus pertinentiis, adjacentiis, scilicet, cum terris cultis & incultis, pascuis, aquis, nemoribus, arboribus fructiferis & non fructiferis & etiam introitibus, staribus & exitibus & quicquid ad dictum Casale de Sanzospocis spectat, ab abisso usque ad celum, sicut includitur territorium dicti Casalis infra terminos subscriptos, quod extenditur in latitudine, scilicet, a parte meridiana a territorio Casalis deu Pelo, usque ad territorium de Marmont, in longum vero extenditur a Serva que respicit Occidentem & est ante Grangiam Sancti Felicis, usque ad territorium de la Fita & de Tremoled, quod est versus orientem & versus Castrum Sancti Romani, & de Rivo qui descendit dez Marmont versus Tremoled & est versus aquilonem, usque ad dictum territorium deu Pelo, quod est versus meridiem : sic dictum territorium Casalis dicti terminatum... vendidi vobis supradictis Domnis... & vos in stabilem & perfectam juris & facti possessionem, tanquam veros Dominos & possessores induco, & omne illud quod ad usum hominis & animalium spectat, quocumque modo appelletur vel censeatur, quod est infra dictos terminos vel fuerit in futurum, dictis Fratribus dicti Monasterii omnino absolvo.... ita quod non sit alicui hominum licitum de cetero infra dictos terminos, sine voluntate Fratrum Berdonarum, terras dictas excolere nec quicquam operis ibidem facere.... Acta sunt hec omnia de voluntate & assensu Domini B. Comitis Astariaci, II. Kalendas marcii apud Montemcassinum, anno Domini M.CCLXIX. Regnante Ledovico Francorum Rege & Domino B. Astariaci Comite & Domno A. Auxitano Archiepiscopo. Hujus rei sunt testes Dominus Azemarius de Maloleone, & Dominus Giraldus de Marrencs, & B. de Marrast, & Vitalis de Sancto Romano, & Willelminus Bajulus Montiscassini, & N. Bresq. Milites, & W. de Mauro, & Arnautorius & Giraldus de Burgano, & W. de Santo Jermano. En Esacle de Montesquivo... & ego Brunus scriptor publicus, Notarius, Astariaci, qui hoc vidi & audivi, & de mandato assensu & voluntate utrarumque partium, hanc Cartam scripsi & signavi, in testimonium premissorum.

(Signé de la marque dudit Notaire.)

Original en parchemin des Archives de l'Abbaye de Berdoues.

CCLVI.
30 Mai 1274.

Sentence arbitrale entre le Noble Baron le Seigneur Raymond-Aimery de Montesquiou, Chevalier, Seigneur du Château de Montesquiou; & les Dames Religieuses & le Prieur du Monastere du Brouilh, de l'Ordre de Fontevrault, au sujet de certains droits d'usage sur plusieurs terres, pacages, eaux & bois y désignés, &c.

* universi presentes pariter & futuri, hoc presens Instrumentum publicum inspecturi seu adituri, quod NOBILIS BARO DOMINUS RAIMUNDUS-AIMERICI DE MONTESQUIVO, MILES, DOMINUS CASTRI DE MO * QUIVO, pro se * rater Johannes de Montepagano, Prior Domûs & Monasterii de Brolio & Soror Galicia de Berduzano, Priorissa de Claustro ejusdem Monasterii, & Soror Gensors de Lobadetz, Priorissa de Celario, ejusdem Domûs... de voluntate & consensu totius Conventus predicte Domûs seu Monasterii, ex altera, compromiserunt gratis in Dominum Geraldum de Berduzano, & Bernardum de Siuraco, Milites, tanquam in Arbitros.. super omnibus actionibus, controversiis, petitionibus que inter eos vertebantur...., ratione terrarum cultarum & incultarum, possessionum & aquarum * erbarum & folliarum & nemorum, vel aliarum rerum, ita scilicet quod quicquid dicti Arbitri inde fecerint, dixerint vel cognoverint, ... dicte partes promiserunt se perpetuo firmiter & inviolabiter servaturas, & hoc sub pena mille solidorum.... Arbitri, deliberato prudentium consilio, concorditer in presentia partium predictarum,.... pronuntiaverunt seu diffinierunt dictum suum seu arbitrium, pro bono

* On a marqué ici par des astériques plusieurs mots ou parties de mots qui sont emportés ou effacés dans l'original par la vétusté du parchemin.

pacis, *   in hunc modum videlicet, quod dictus Dominus Raimundus-Aimerici de Montesquivo, pro se & omnibus suis in perpetuum quictat, & absolvat & gurpiat, & relinquat predicte Domui & Monasterio de Brolio *   terras cultas & incultas, quas dictus Dominus Raimundus-Aimerici de Montesquivo habebat *   infra terminos inferius assignatos, & omnia jura & omnes rationes & actiones .... quas & que ipse Dominus Raimundus-Aimerici de Montesquivo habebat & habere debebat...... in illis terris cultis * herbis, aquis currentibus vel non currentibus, montibus seu cumbis, planis & decimis, que sunt in Parrochiis Sancti Sigismundi, Sancte Marie de la Bena, Sancti Andree, & Sancti Laurentii de Speroos & Sancti Patr * Sancti Orientii de Maseras, Dyocesis Auxitanensis, inter Rivum de Tabula, sicut dictus Rivus mardat usque ad Serram que dividit terram Domini Oddonis de Birano, a predictis terris, qui vadit & cadit in aquam que vocatur la Ossa, ex parte una, & Rivum de Pradets, qui cadit in * sicut aqua Rivus mardat usque ad dictam Serram, ex altera; & inter dictam Serram ex parte una, & dictam aquam vocatam la Ossa, ex altera; ... excepto tamen quod voluerunt, dixerunt & diffinierunt * Arbitri quod dictus Dominus Raimundus-Aimerici de Montesquivo & ejus ordinium, possit & ei liceat quocumque & quotienscumque ei placuerit, immittere animalia in predictis terris ad pascendum... Item voluerunt & dixerunt predicti Arbitri quod si forte contingeret quod in pre* committeretur aliquid homicidium, quod predictus Dominus Raimundus-Aimerici & ejus ordinium habeat & recipiat totum illud quod pro predicto homicidio daretur; & si forte accideret quod in terris predictis essent asturcones vel cetvi, vel apri, vel alia animalia agralia * Dominus Raimundus-Aimerici & ejus ordinium habeat & habere debeat predictos asturcones & cerverios & spatulas de predictis animalibus, sicut dantur in Fezensiaco, vel dari consuetum est ab antiquo, excepto tamen quod si Fratres vel eorum familia predicta animalia *   invenirent seu ... caperent, non teneantur..... dare predicto Domino Raimundo-Aimerici .... quod superius est expressum. Item dixerunt & voluerunt predicti Arbitri.....quod si aliquis Miles, Domicellus vel aliquis alius dederat, legaverat, vendiderat seu feodaverat predicte Domui & Conventui de Brolio, aliquas terras vel res alias que a dicto Domino Raimundo-Aimerici tenerentur in feodum, vel alio modo, quod ipse Dominus Raimundus-Aimerici pro se & omnibus suis in perpetuum quitet & confirmet predictas donationes, legationes, venditiones seu feodationes.... Item dixerunt & voluerunt prenominati Arbitri quod idem Prior & Priorisse Conventus de Brolio pro istis sic factis concessis superius & expressis, dent solvant & dare & solvere teneantur dicto Domino Raimundo-Aimerici de Montesquivo vel ejus ordinio, DCCCL. sol. Morl..... Et ibidem dicte partes presentes, scilicet, dictus Dominus Raimundus-Aimerici pro se & omnibus suis & Prior & Priorisse & Conventus dicti Monasterii pro se & dicto Monasterio & omnibus Fratribus & Sororibus ejusdem de Monasterii presentibus & futuris, omnia predicta & singula ...... laudaverunt, acceptaverunt & approbaverunt...... Recognoscens insuper * Dominus * Aimerici ... si ... haberet aliquod jus in predictis rebus superius expressis, quocumque modo ... dictis Priori & Priorissis ... quitavit... ad faciendum & complendum inde omnes eorum proprias voluntates, videlicet, pro dictis DCCCL. sol. Morl. quos dictus Dominus Raimundus-Aimerici recognovit... recepisse... Predicta omnia & singula fuerunt facta, posita & concessa infra dictum Conventum de Brolio, secunda die in exitu mensis maii. Testes sunt Dominus Oddo de Birano, Domicellus, Dominus Bresca, Dominus Bertrandus de Gardera, Milites ... & Ego Foncius de Birano, ... Notarius Vicensis, qui, de voluntate & concensu utriusque partis * Anno Domini MCCLXX. quarto. Dominante Amaneyo Archiepiscopo Auxitano. Geraldo, Comite Fezensiaci & Armaniaci.

(Signé de la marque dudit Notaire.)

Original du Cartulaire en vélin in fol. de l'Eglise Métropolitaine d'Auch, d'une écriture du XIIIe. siecle, intitulé : *Cartulaire blanc de l'Eglise Sainte Marie d'Auch, cote Y. No. III. fol. CXVII. Ro. & Vo.* de la cotte ancienne, & III. Ro. & Vo. de la cotte moderne.

Inféodation d'une place située dans la Paroisse de l'Eglise Métropolitaine d'Auch, par les Dignitaires du Chapitre de cette Eglise, dont le premier est Arsieu de Montesquiou, Sacristain, à Raymond de Preneron.

Notum sit quod Religiosi ac discreti viri Capitulum Beate Marie Auxitane, videlicet, Domnus Arsivus de Monteesquivo, Sacrista, Magister Vitalis de Stella, Lector in Teologia, Dominus Bernardus de Monteacuto, Archidiachonus Armaniaci, Bernardus de Panasaco, Archidiachonus Corrensaguesii, Raymundus-Guillelmi, Archidiachonus Astaraci, Magister Geraldus de Boneto, Archidiachonus Elisone, Guillelmus-Raymundi, Archidiachonus Suipodii, Bertrandus-Guillelmi, Archidiachonus d'Anglées, Guillelmus de Besuas, Archidiachonus de Manyaacho, Guillelmus-Arnaldus de Montealto ; Archidiachonus Pardiniaci, Guillelmus-Arnaldus de Narbieu, Abbas Sellefracte, Petrus de Baulato, Canonicus Ecclesie Auxitane, pro se & successoribus suis infeudaverunt. …Raymundo de Pratonerone …illam Placeam … que est in Parochia Beate Marie Auxitane … pro duobus solidis Morl. reddendis inde annuatim in Festo Beati Johannis Baptiste …… Capitulo Auxitano. ; … Testes Johannes de Serra, Capellanus de Reqnie (&c.) & ego Seguinus de Thogeto, publicus Auxitanus Notarius, qui premissis interfui & ea in publicam formam redegi & huic Instrumento signum meum apposui, cui etiam Instrumento sigillum suum apposuit Capitulum Auxitanum … Datum Auxis in Festo Beati Johannis Baptiste anno Domini MCCLXXX. Amanevo existente Archiepiscopo Auxitano. G. Comite Fezenciaci & Amarniaci.

Original en parchemin des Archives de l'Eglise Métropolitaine d'Auch.

Acte par lequel Centul Comte d'Astarac donne le Seigneur Aimery de Montesquiou, Chevalier, & d'autres Chevaliers & Damoiseaux, pour pleiges de l'exécution d'une Sentence arbitrale qui doit être prononcée sur un différend mû entre lui & Amanieu Archevêque d'Auch, son Eglise, &c.

Noverint universi quod cum Nobilis vir Centullus Dei gratia Comes Astariaci, ratione & causa compromissi & facti inter ipsum, ex parte una ; & Reverendum in Xpo Patrem Amanevum Dei gracia Archiepiscopum Auxitanum & Bernardum de Maurieto, Canonicum in Ecclezia Auxitana & Procuratorem & Syndicum Ecclesie predicte & Abbatem de Pessano & de Fageto & nomine Capitulorum suorum ….. ex altera ; super omnibus questionibus, controversiis, causis seu litibus quas habebant inter se … ratione aliqua sive causa, de jure vel de facto, in Nobiles & discretos viros Dominum Hotonem de Lomania, Militem, & Reverendum Patrem Domnum Arnaldum-Othonis Dei gracia Abbatem Condomii, promisisset inter cetera pro predictis & singulis & *singulis* * in Instrumento dicti Compromissi, manu mei Notarii infra scripti, confecti, attendendis & complendis … plures fidejussores dare, preter illos nominatos in predicto Instrumento dicti Comptromissi & plura alia Castra, preter nomi-

CCLVII.
24 Juin 1280.

CCLVIII.
Déc. 1291.

* Sic.

nata & tradita dictis Arbitris ; . . . volens attendere quod promisit pro parte ejusdem Domini Comitis, pro predictis omnibus & singulis in Instrumento dicti Compromissi per ipsum Dominum Comitem & ejus partem promissis & concessis ; attendendis, complendis & firmiter observandis, & pro solutione pene in predicto Instrumento dicti Compromissi contente, si in totum vel in parte in contrarium ageretur; ad preces & instanciam dicti Domini Comitis ad requisitionem ejusdem per dictos Arbitros eidem factam, obligaverunt se principaliter & in solidum constituentes se super hoc principales, scilicet, Dominus Bernardus d'Orbassanis, DOMINUS AYMERICUS DE MONTESQUIVO, Dominus Arnaldus de Sancto Roma, Dominus Hugo de la Serra, Dominus Caudero, Milites ; Arnaldus-Bernardi de Vallecava, Do. de Sabalhano, Domicelli, se suaque bona omnia pro predictis specialiter obligando, qui se facturos & curaturos cum effectu & sub pena predicta in predicto Instrumento dicti Compromissi contenta, comitenda & solvenda pro medietate alteri parti & quo ad aliam medietatem Domino nostro Regi & michi Notario infrascripto stipulanti sollempniter vice & nomine ipsorum, quod pars predicti Comitis tenebit & observabit omnia predicta & singula in Instrumento dicti Compromissi contenta, nec non . . . Sententiam seu Sententias dictorum Arbitrorum . . . que ipsis inter partes predictas pronunciari contigerit super predictis omnibus & singulis vel aliqua de predictis in predicto Instrumento contentis, & quod nulla ratione vel modo adversus & contra . . . predicta, vel aliquod predictorum, dictus Dominus Centullus per se vel per alium, restitutionem aliquam implorabit . . . Item pro dicta exactione & exequtione facienda per dictos Arbitros Arbitratores de eorum laudo, Sentencia seu pronunciatione proferendis inter partes predictas, auctoritate Compromissi predicti, ad requisitionem dictorum Arbitrorum, dictus Dominus Comes & alii sponsores principales superius nominati tradiderunt . . . Arbitris antedictis, Castra & loca de Labeiano & de Altaripa & de Silva . . . & se tradituros die crastina juxta mandatum per dictos Arbitros eis factum promiserunt . . . . possessionem . . . eorumdem Castrorum, scilicet, dicti Castri de Labeiano, Guillelmo Boias, & de Altaripa, Guiraudo de Savinhaco, & de Silva, Hotoni de Lalanda, quos ibidem ad recipiendum possessionem Castrorum predictorum & receptam retinendum & recipiendum sacramenta fidelitatis hominum Castrorum predictorum & colligendum fructus & redditus eorumdem, procuratores constituerunt in predictis Arbitri memorati ad habendum, tenendum & possidendum . . . quousque exactionem & exequtionem ad plenum fecerint de predictis in dictis Castris & eorum pertinenciis, juxta Instrumento dicti Compromissi concessam per dictum Dominum Comitem eis formam, . . . volentes & concedentes tam idem Dominus Comes, quam alii sponsores seu principales quod Curia Sigilli Domini Regis Senescallie seu Vicarie Tholose, Jurisdictioni, cujus ex certa sciencia se sub posuerunt . & . compellat ipsos . . . ad tenendum & servandum . . . Sententiam seu pronunciationem dictorum Arbitrorum . . . & ad solvendum dictam penam . . . per captionem & venditionem bonorum suorum & specialiter dictorum Castrorum & per captionem suorum corporum ad tenendum hostagia infra Castrum Narbonensem Domini Regis Tholose, & quod ipsis existentibus vel non existentibus in dictis hostagiis, Curia dicti sigilli possit bona & res ipsorum specialiter dicta Castra occupare . . . & garnisionem Servientum in domibus, terra & bonis eorum ponere, & tenere quousque predicta omnia & singula in Instrumento dicti Compromissi contenta & . . . Sentenciam dictorum Arbitrorum . . . ad effectum duxerint, prout in eorum dicto & pronunciatione videbetur contineri . . Hoc ita factum apud Pabiam die Sabbati post festum Beati Andree Apostoli, Regnante Philippo Francorum Rege. Hugone Episcopo Tholosano, anno ab Incarnatione Domini M. CC. XC. primo. Hujus rey sunt testes Dominus Fredolus de lo Lobenquis, . . . Stephanus de Nigrostanno, & Vitalis Aycardi, publicus Tholose Notarius qui de predictis ad faciendum inde Cartam receperat mandamentum ;

mandamentum ; feu morte preventus , eam perficere non potuit , poft cujus mortem Venerabiles viri Domini de Capitulo Urbis & Suburbii Tholofe . . . receptis in parte papiris materiis & protocollis dicti quondam Magiftri Vitalis Aycardi , tradiderunt eas Paulo de Cafanova, Notario Tholofe publico , cognofcentes eorum judicio & dicentes... fedentes pro tribunali in eorum Confiftorio quod dictus Paulus de Cafanova faciat & facere poffit Inftrumentum feu etiam Inftrumenta de omnibus illis materiis & protocollis fibi collatis, quas dictus Magifter Vitalis Aycardi receperat . . . & quod . . . illa Inftrumenta confecta per dictum Paulum , habeat illam efficaciam . . . ac fi ab eodem Magiftro Vitali Aycardi fierentur & manu fua propria fcriberentur. Hoc fuit datum , cognitum & aprobatum a predictis Dominis de Capitulo XVI. die exitûs menfis augufti , Regnante Domino Karolo Francorum & Navarre Rege , & Johanne Archiepifcopo Tholofano , anno ab Incarnatione Domini M. CCC. vicefimo fexto.... Et Paulus de Cafanova predictus publicus Tholofe Notarius, qui Cartam iftam . . . . fcripfit tam ex cognitione dictorum Dominorum de Capitulo quam de mandato Domini Jacobi de Lathorongia, Legum Doctoris, Judicis ordinarii Tholofe ac cuftodis Sigilli majoris Regii Senefcallie & Vicarie Tholofane, literatorie fibi facto, prout inferius continetur; verum cum dictum Inftrumentum videtur fuiffe receptum ad vires dicti Sigilli , per dictum Magiftrum Vitalem Aycardi quondam , prout in materia ejufdem videbatur contineri & comode ex mandato dictorum Dominorum de Capitulo , predictus Paulus de Cafanova, Notarius Tholofe publicus, Inftrumentum predictum groffare nec conficere non poffet, nifi mediante mandato Superioris & fpecialiter Judicis Ordinarii, cui regimen dicti Sigilli pertinebat, prefatus Dominus Jacobus de Lathorongia , Judex predictus , ad requifitionem & fuplicationem Difcreti viri Magiftri Bernardi de Noguayroffo, Jurifperiti, procuratoris Reverendiffimi in Xpo Patris Domni Archiepifcopi Auxitanis . . . . mandavit dicto Magiftro Paulo ut dictum Inftrumentum groffaret . . . . . Tenor vero litere mandati facti per dictum Dominum Jacobum dicto Magiftro Paulo, de qua fupra fit mentio, talis eft: Jacobus de Lathorongia, Legum Doctor, Judex ordinarius Cuftofque Sigilli majoris Regii Senefcallie & Vicarie Tholofane, dilecto Magiftro Paulo de Cafanova, Notario Tholofe falutem & dilectionem : cum Magifter Vitalis Aycardi, Notarius ad Sigillum predictum quondam , dum vitam ducebat in humanis, quedam Inftrumenta Compromiffi & Arbitragii receperit . . . & quedam alia pertinencia Domno Auxitano Archiepifcopo , que recepta ad dictum Sigillum in fuis libris notavit , cumque vos ejdem fubrogatus fueritis . . . dicta Inftrumenta in formam publicam eidem Domno Archiepifcopo feu ejus certo procuratori reftituatis . . . . Datum Tholofe fecunda die feptembris anno Domini M. CCC. XXXI.

(Signé de la marque dudit Notaire.)

Original en parchemin des Archives de l'Eglife Métropolitaine d'Auch.

CCLIX.
16 Mai 1301.

Conceffions des nouvelles Coutumes d'Auch données par l'Archevêque Amanieu (d'Armagnac) & par Bernard (VI.) Comte d'Armagnac, delaquelle eft témoin Genfes de Montefquiou, Damoifeau, &c.

In nomine Patris & Filii & Spiritus Sancti. Amen. Noverint univerfi quod anno Domini M. trecentefimo primo die veneris in craftinum feftivitatis Afcenfionis Domini , Nobilis vir Dominus Odo de Maffanis, Miles , & Arnaldus Willelmi de Arconis, Burgenfis Civitatis Auxitane , Arbitri . . . . . electi . . . . . amicabiliter per Reverendum in Xpo. Patrem Domnum A. Dei gratia Archiepifcopum Auxitanum

& Dominum B. eadem gratia Comitem Armaniaci & Fezenciaci & per Consules Universitatis Auxitane, super controversia mota inter ipsos Dominos Archiepiscopum & Comitem & Consules ac Universitatem predictos, sicut in quodam Compromisso facto per me Notarium infrascriptum plenius continetur, super Consuetudinibus de novo in predicta Civitate Auxitana per dictos Dominos statuendis. Dixerunt & pronunciaverunt super predictis Consuetudinibus & Statutis, prout inferius continetur; primo fuit pronunciatum quod Domini dicte Civitatis Auxitane, scilicet, Domnus Archiepiscopus Auxitanus & Dominus Comes Armaniaci & Fezenciaci & Universitas & Consules Civitatis Auxitane & successores eorum habeant Domum communem per medium & in emendo eam, edificando vel reparando, teneantur per medium ad expensas quas ob hoc facere oportet vel in posterum oportebit, (&c.) ... Presentes Consuetudines fuerunt laudate & approbate & etiam confirmate per Magnificium virum Dominum B. Dei * Comitem Armaniaci & Fezenciaci... & per Venerabiles & discretos viros Dominos Guillelmum-Arnaldi de Montealto, Pardiniaci & B. de Maurieto, Suipodii, Canonicos & Archidiaconos in Ecclesia Auxitana, habentes super hoc speciale mandatum a Reverendo Patre in Xpo. Domno A. divina miseratione Archiepiscopo Auxitano ... nec non & per Venerabilem & discretum virum Domnum P. de Baulaco, Canonicum & Archidiaconum Savenesii in eadem Ecclesia Auxitana, Syndicum ... Venerabilis Capituli Auxitani & nichilominus per Bertrandum de Fabrica, P. Destrabo, Cives Auxitanos, procuratores Sindicos & autores Consulum & Universitatis Civitatis & Ville Auxitane ... Hoc vero presens publicum Instrumentum retentum fuit per me Notarium infrascriptum, in Claustro Beate Marie Auxitane, anno & die quibus supra ..... Hujus prononciationis & compositionis & rei sunt testes ... Domnus B. de Monteacuto, Abbas Fageti, EN GENCLS DE MONTEESQUIVO, Domicellus, Dominus B. de Balermo, Miles, B. de Pardelhano, A. de Podenas, Hugo de Arbeyssano, Domicelli .... Dominus Guillelmus de Sedelhaco, Miles. ... & ego Oliverius de Spina, publicus Auxitanus Notarius, qui requisitus per dictum Dominum Comitem & per ... procuratores predicti Domni Archiepiscopi Auxitani... & per supradictum ... Sindicum ... Venerabilis Capituli ejusdem Ecclesie Auxitane & per .... Sindicos & procuratores Universitatis Civitatis & Ville Auxitane, de predictis omnibus ..... hoc presens Instrumentum publicum retinui, manu propria scripsi, signoque meo solito consignavi.

(Signé de la marque dudit Notaire.)

* Le mot *gratia* a été oublié dans l'original.

CCLX.
14 Avril 1368.

Archives de la Maison de Montesquiou.

Grosse en parchemin expédiée judiciairement en 1406, des

Conventions & Traité de Mariage de Noble & puissant Seigneur Odon, Seigneur de Montaut, Chevalier ; avec Noble Bellegarde de Montesquiou, fille d'Arsieu de Montesquiou, dans lesquelles ladite Bellegarde est assistée dudit Arsieu, son pere, du Seigneur de Montesquiou, son ayeul, & de Genses de Montesquiou, son frere.

Nota. On a marqué ici par des astériques divers mots ou parties de mots de cet acte effacés ou emportés par la vétusté de l'original.

In Dei nomine. Amen. Noverint universi presentes pariter & futuri quod anno M°. quadringentesimo sexto die octava mensis januarii, presentatis pro parte NOBILIS DOMINE BELESGART DE MONTEZQUIVO, uxor Nobilis & potentis viri Domini Oddonis de Montealto, Militis, Domini de Montealto, michi Arnaldo Mutonis, Notarii Auxis publici, quibusdam patentibus litteris a Venerabili & circumspecto viro Magistro Philippo de Maseriis, Bacallario in legibus, Judice ordinario Fezenciaci citra Baysiam, pro Illustrissimo Principe & Domino nostro Domino Bernardo Dei gratia Comite Ar-

maniaci , emanatis , in papiro script*as*, manuque propria dicti Domini Judicis in
fine earum cum incausto , ut in ipsis apparebat , consignatis & sigillo dicte sue
Judicature auctentico in dorso earum , cera rubea sigillatis , quarum tenor talis est :
Philippus de Maseriis , Bacallarius in Legibus , Judex ordinarius Fezensiaci citra
Baysiam , pro Domino nostro Comite Armaniaci ; Dilecto nostro Magistro Arnaldo
Mutonis , Notario Auxis , cui Collacio librorum , notularum & Prothocollorum
defuncti nuper Magistri Arnaldi de Astuga , Notarii , per nos facta , extitit , salutem.
Ad supplicacionem & Requestam Nobilis Belesgart de *   squivo , vobis , tenore
presencium , precipimus & mandamus quatenus quoddam Instrumentum dotale sive
Matrimoniale & Convencionum matri *   contracti inter Dominum de Montealto,
ex una parte , & Nobilem Belesgart de Montesquivo , ejus uxorem , partibus ex
altera , in *   libros & notas dicti deffuncti Notarii reppertum & per Magistrum
Fortanerium de Condomio , Notarium quondam , ut in Protocollo dicti Instrumenti...
ut premicitur , invento non cancellato noscitur , sumptum & retentum , a Prothocollo
predicto dicti Instrumenti non *non* cancellato , abstrahatis , grossetis & in publicam
formam redigatis , ... & signo vestro publico & consueto signetis , abstractumque in
publicam formam redactum & signo vestro solito signatum , dicte Supplicanti tradatis
& liberetis ... volentes insuper & discernentes harum serie dicto Instrumento Matrimoniali sic per vos abstracto & in publicum redacto ac signo vestro consueto signato
& contento in eodem tot & tantam adhiberi fidem .... in quocumque judicio &
extra , ac si per dictum quondam Fortanerium de Condomio , Notarium , abstractum ,
grossatum , in publicum redactum & signo suo publico , tempore quo vivebat , signatum ,
extitisset ; presens vero nostrum mandatum in predicto Instrumento , ad plenum
inserentes. Datum Auxis die VIIIe. mensis januarii anno Domini millesimo quadringentesimo sexto. (*Signé*) de Maseriis , (&) de Solla. ... Et vigore & auctoritate
earumdem licterarum & contentorum in eisdem ad abstractionem , grossationem &
in publicam redactionem dicti Instrumenti Matrimonialis & Conventionum ejusdem ,
de quo in prescriptis licteris mentio habetur , sive Protocolli , ejusdem inter libros
dicti quondam *   gistri Arnaldi de Astuga quondam , reperti , & per dictum quondam
Magistrum Fortanerium de Condomio", Notarium ... recepti & scripti in Romancio
& non ampliati , a nota sive dicto Protocollo originali ... processi in hunc modum ,
& tenor dicte , note .... dicti Instrumenti Matrimonialis facti inter dictum Dominum
de Montealto & dictam Nobilem Belesgart de Montes *   talis est :

L'an M.cccL.xiiii. lo dia xiiii. d'abriu fon scriutas las Convenensas sober lo
Tractament deu *   ter Moss. de Montaut e Belesgart , filha de Moss. Ayssiu de
Montesquiu , enter lodit Moss. Ayssiu e Moss. de Gr*   e Moss. Galin de
Montaut , tuto deudit Moss. de Montaut , & los Nobles & los Cossolatz de la
Terra deudit Moss. de *   taut. Prume que lodit Matrimoni se celebre en Sancta
Gleysa can sera temps e hora e a Moss. Ayssiu & los tutos deudit Moss. de
Montaut sera vist. Item que lodit Moss. Ayssiu e Senhor de Montesquiu pay de
ladita Belesgart prometon da en dot audit Moss. de Montaut , per causa deudit Ma-
trimoni , coate milia floris d'aur e arnes nuptiau. .... Item que sia feyta
reconeycenssa de la dita suma per lodit Moss. En Galin e a quera assignara sober
tota la terra que Moss. de Montaut ten de Moss. lo Compte d' *   hac e a quera
terra obligara , en cas de restitution deudit dot , e otra a sola terra que lodit
Moss. de Montaut a hen Comdat de Comenge .... Item que si convien deudit
Matrimoni fer enfans mascles hun o trops , que lo prume engendrat si es hun o si
son trops aia a succedi en tota la terra que lodit Moss. de Montaut ... ten deudit
Moss. lo Compte . : . e en la terra que ten en *   dat de Comenge. Item que
si convien deudit Matrimoni sia enfans famellas femnas , que la prumiera engendrada
sia dota de quatre milia floris d'aur , e las autras cum semblara a lo pay. Item que

totas las caufas fobreditas e ordenadas juren *   de obferva lodit Moff. de Mon-
taut & Moff. En Galin de Montaut, tuto foberdit . e los Nobles, fo es affaber,
Moff. Galin de Montaut, Senhor de Gramont, Moff. Amaubin de la Ylha. lo
Senhor de Priuhau, lo Senhor d'Arnés, Arman d'Efparbes, Arnaut-Guilhem d'Arnés,
Bernat de Gaudos, Ymbert deus Angres, lo Senhor deu Malartic, Ar. Bertran,
Manaut de Betloc, Item Guilhem de Lafferan . BERTRAN DE MONTESQUIU,
Gaute d'Arrigapeu, Donzels; por la part de Moff. Ayffiu de Montefquiu, los
Coffolatz Br. de Robert, Guilhem Arnaut d'Augas, Coffelhs de Montaut, Ber-
tran Deuffoles, Maeftre Johan de Leftanh, Coffelhs d'Aubiet, Odet deu Pi,
Guilhem Daymrit, Coffelhs de Nogaro, de procura per los pode ab lodit Moff.
de Montaut, que las caufas foberditas obfervara. .... Item que lodit Moff. de
Montefquiu & lodit Moss. AYSSIU E GENSES, SON FILH, e ladita Belefgart e los
autres Nobles de la terra deud. Moff. de Montefquiu, deu caus lodit Moff. Ayffiu
per lodit Moff. de Montaut fera requirit, juraran las foberditas caufas de tenir fere
& obferva e ladita Belefgart lodit Matrimoni fere e compli. Item que la fumma
dotau prometens de paga lodit Moss. DE MONTESQUIU, Moss. AYSSIU, SON FILH,
GENSES, FILH DEUDIT MOSS. AYSSIU, E LADITA BELESGARDA e fe obligaran
a obliganfas de Saget e en autra maneyria à la voluntat de Moff. de Montaut e
deudit fon tuto. Teftimonis de totas aqueftas caufas Moff. Sans de Belloc. .... Moff.
Vidau de Aufon. ....

L'an defufdit lo dia de Dimenches d'avant la-fefta de Sent Marc, Moff. de Montefquiu, Genfes, fon filh, Peytevin de Mon * , Donzels, juren l'article en cau es con-
tengut lo Matrimoni fere & procura. Item ladita Belefgart prometor.... & juret fere lodit
Matrimoni. ... Item *   de Montefquiu, Moff. Ayffiu, fon filh, & de fa licenta,
e Genfes de Montefquiu, filh deudit Moff. Ayffiu, e de fa licencia & lad *.
Belefgart, de licencia deudit pay fon, prometon paga ladita fumma audit Senhor
de Montaut ... e volon efte compellitz per totas Cortz .... e fpeciaument per la
Cort de Moff. lo Officiau d'Aux, e per la Cort. ... de Moff. lo Compte, & per la
Cortt. ... de Moff. lo Princep de Gala e deu Dugat de Guiayna, & per ... la Cort
de Tholofa... Teftimonis BERTRAN DE MONTESQUIU, DONZEL, ... Frater Petrus
de Refpalhes, Canonge dela Cafa-Diu. ... Item fo convent enter lofditz Moff. de
Montefquiu e Moff. de Montaut *   l'an LXVIII. e lo jorn que lo Matrimoni fe
celebret en loc de Montefquiu, que fi ladita Belefgart convie de mori fes enfans,
que en *   pofqua tefta e fer teftament entio la fumma de miau floris d'aur. ....
Item l'an e lo dia foberditz, lodit Moff. de Montefquiu, e Moff. Ayffiu, fon filh,
e de fa licen *   de Lafferan, Senhor de Mancencoma, Johan de Ferraboc,
Senhor de Plefot; PEYTEVIN DE MONTESQUIU, totz enfemps & cafcun. ... de la
prumera obliganfa feyta per lofditz Moff. de Montefquiu, Ayffiu, fon filh, &
Genfes, fon filh, e lodit Peytevin, paga e compelli las cau *. ... das beus prefens
artigles, a las foberditas caufas volon efte compellitz, ayffi cum defus es dit a las
forfas deu Saget de *   Compte d'Armanhac, e a las forfas deu Saget deu Princip
de Guiayna, e deu Rey de Franfa. ... & tie hoftatges hen Caftet d'Aux o ça
autre loc de la terra de Moff. lo Compte à la leyta deudit *   de Montaut o
de fon procuray. ... Teftimonis lo Noble Od de Prinhan, Arnaut-Guilhem d'Arnes,
Manaut de Betloc ... e jo Fortane de Condom, Notari, en las foberditas obliganfas
e Convencios prefent fu e affi me fcriptu. (Signé) de Condom.

Verumtamen quia dicti Magiftri Arnaldus de Aftuga & Fortanerius de Condomio,
Notarii quondam, divina voluntate procedente, morte preventi, dictum Inftrumentum
Matrimoniale feu Convencionum ejufdem dictorum Nobilium Conjugum a dicta ipfius
Magiftri Fortanerii quondam, nota five Protocollo, mann ipfius, ut in ipfo nocitur
fcripto, abftrahere, groffare & in publicum redigere nequiverunt, ego Arnaldus

Mutonis, Notarius predictus *   gore & auctoritate dicti   preinfenti Mandatis
dicti Domini Judicis ordinarii . . . . dictum Inftrumentum Matrimoniale a pre *
originali feu nota ejufdem dicti quondam Magiftri Fortanerii, & per ipfum fcripto
nundum cancellato five cancellata, abftraxi groffavi *   modo & forma quibus
in ipfo continetur Protocollo & hoc pro parte Nobilis Domine Belefgart de Montefquivo tantum & figno meo *   quo utor in publicis Inftrumentis per me retentis,
fignavi, quod eft tale.   (*Signé*) A. M. (*avec fa marque.*)

Original du Cartulaire en papier in fol. de l'Eglife Métropolitaine
d'Auch, d'une écriture du milieu du XVe. fiecle, intitulé : *Vieux
livre vert*, *cotté* ⊕ *N°. III.* fol. IIII^{xx}. R°. d'une cotte ancienne.

CCLXI.

Les pieces pré-
cédentes font de
l'année 1441.

Hommage & ferment de fidélité fait au Chapitre de la Cathédrale
d'Auch, par Noble Seigneur Arfieu de Montefquiou, Seigneur de
Montefquiou, en qualité de Chanoine d'honneur du même Chapitre,
& Confirmation par le même Seigneur, de la donation des dixmes
d'Yos, faite par le Seigneur Arfieu, fon pere.

Juramentum fidelitatis per Dominum de Montefquivo preftitum Capitulo.
Item anno quo fupra & die XXIIII. menfis martii, hora prime, in Clauftro, Capitu-
lantibus Domnis Bernardo de Montelugduno, Savanefii; Bertrando de Joculatore,
Soffii; Johanne Combrerii, Correnfaguefii; Archidiaconis; Bernardo de Aqua, Abbate
de Ydraco, Ramundo de Ripperia, Priore de Montefquivo, in decretis Baccallariis,
Manaldo de Befola, Sacrifta, Johanne Barreae, Archidiacono Aftariaci, Johanne de
Monteclaro, Baptifta de Bofco, Johanne de Ruppe, Bernardo de Borrolhanno,
Bernardo de Abbatia, Canonicis in dicta Ecclefia; Nobilis Dominus Ayssivus
de Montesquivo, Dominus de Montesquivo, exiftens, genu flexo, coram
dictis Domnis Canonicis & tenente librum Martilogii dicti Venerabilis Capituli,
predicto Domno Ramundo de Ripperia, nomine totius Capituli, recognovit quod
predeceffores fui Domini de Montefquivo tenebantur & erant aftricti preftare, feque
etiam teneri preftare dicto Venerabili Capitulo & Domnis Canonicis ejufdem predicti
Venerabilis Capituli nomine, homagium & fidelitatis juramentum femel in vita; &
ibidem ipfe Dominus Ayffivus volens fervare & tenere ea adque eft aftrictus, fuique
predeceffores fervarunt, manibus ambabus pofitis fuper Martilogium predictum juravit
& juramento medio promifit dicto Venerabili Capitulo & Domnis Canonicis ejufdem,
effe bonus & fidelis ac legitimus, utilia procurare, inutilia evitare, fecreta tenere, finiftra
propalare, &c. & dicti Domni Canonici Capitulantes recognoverunt dictum Venerabile Capitulum teneri predicto Domino de Montefquivo, quicumque fit, refpondere
fingulis diebus quibus ipfe Dominus de Montefquivo advenit & intrat prefentem
Civitatem, illa tamen die quam aliunde ad prefentem venit Civitatem & non alia, de
una Prebenda panis & vini, tali ficuti unus ex Prebendariis dicte Ecclefie; eam quolibet
die recipit & recipere confuevit, eaque fibi teneri dare & folvere recognoverunt, ac
promiferunt prout acthenus predeceffotibus fuis refpondere & folvere confueverant. Et
ibidem cum Dominus Ayssivus quondam pater dicti Domini Ayssivi, dediffet
donatione pura & inter vivos facta irrevocabili, dicto Venerabili Capitulo & Domnis
Canonicis ejufdem, decimas fructuum recolligendorum, perpetuis temporibus, in territorio vocato de Yos, fcito in pertinenciis de Montefquivo, mediante Inftrumento per
me recepto; dictus Dominus Ayffivus volens, contemplatione patris fui & dilectione,
peracta per ipfum teneri & fervari gratis &c. ratifficavit & approbavit dictam donationem & noviter, quantum in ipfo erat & poterat, dedit, &c. dicto Venerabili Capitulo &

Domnis Canonicis predictis presentibus, &c. dictam decimam, &c. per omnes voluntates
Capituli faciendis eis modo & forma quibus ejus pater eam dederat ; de quibus partes
requisierunt Instrumentum. Testes Domni Bernardus de Gardia, Vitalis de Ponsano,
Arnaldus-Guillelmi de Atahano , Presbiteri Auxis & Magister Ramundus-Bertrandus
de Guarrossio , Notarius qui de premissis Instrumentum retinuit.

CCLXII.
21 Mai 1484.

Original en parchemin des Archives de l'Eglise Métropolitaine d'Auch.

Réception de Charles Comte d'Armagnac , de Fezensac, &c. comme
Comte de Fezensac, en qualité de Chanoine d'honneur de l'Eglise Mé-
tropolitaine d'Auch , de laquelle est témoin Jean de Montesquiou ,
Baron de Montesquiou.

In Dei nomine. Amen. Noverint universi . . . quod anno ab Incarnatione Domini
millesimo quadringentesimo octuagesimo quarto & die veneris intitulata vicesima
prima mensis may . . . in nostrorum Notariorum publicorum ac testium infrascriptorum
presentia , hora prime seu circa, Illustris ac prepotens Princeps Dominus Karolus
Comes Armaniaci, Fezenciaci , Ruthene , & Insule, Vicecomes Leomanie ,
Fezensaguelli, Brulhesii, Creysselli, Altivillaris & Gimoesii ac Dominus terrarum
Riparie , Vallis Aure, Manhoaci, Monthanorum Ruthene & Baroniarum de Seuraco &
Calciata , ut Comes dicti Comitatûs Fezenciaci, fecit suum novum ingressum &
intravit Capitulum Ecclesie Metropolitane Beate Marie Auxis in immensa multitudine
& copiosa Prelatorum & Nobilium & in Capitulo ipsius Ecclesie, tanquam Canonicus,
ad prebendam panis & vini locum recepit ; & assistentibus ibidem & Capitulantibus
Veneralibus ac magne Religionis Viris Domnis Petro de Armaniaco, Sancte Sedis
Apostolice Prothonotario Anglesii , Petro de Rocurio , Bernardo de Barrano ,
Armaniaci & decretorum Professoribus , Baptista de Bosco , Sossii , Johanne de
Rupe , Astaraci, Aymerico de Vico , utriusque juris Baccalaureo, Manhoaci, Merigono
Manhani , Vici, Archidiaconis, Petro Lari, in decretis Baccalaureo, Sacrista, Arnaudo
de Baradato , etiam in decretis Baccalaureo, Abbate Ydraci, Sancio de Area , Ber-
nardo de Birano, Johanne de Forcesio ,. Petro Roche, Balthazare de Belloforii &
Oddone de Montelugduno , Canonicis dicte Ecclesie Auxitane , supradictus Dominus
Comes accedens ad Altare majus ipsius Ecclesie, assignatis sibi prius stallo in choro
& loco in Capitulo , ut de consuetudine cujuslibet Canonici intrantis canonice ,
dictam Ecclesiam de novo se ipsum Beate Virgini Marie comendavit, prestito prius per
eundem Dominum Comitem in dicto Capitulo corporali juramento supra Sancta
Dei Evangelia . . . quod ipse Dominus Comes Fezenciaci libertates , usus , consuetudines & privilegia ipsius Ecclesie & jura Capituli ejusdem servabit , custodiet &
amparabit, atque sustinebit, servare, custodire, amparare & substinere faciet, & dictus
Dominus Comes . . . . . . ante dictum Altare majus & reiterans dictum juramentum
quod ibidem Beate Virgini Marie sua gratia , & spontanea voluntate offerendo ,
genibus flexis, ante dictum altare suppliciter exhibuit , licet & esto offere teneretur
tummodo unum turonensem argenteum , & ibidem ac confestim prefati Domni
Archidiaconi & Canonici . . . . statuerunt quod a modo in perpetuum in missa majori
que decantabitur ante Corpus Xpi. ipsius Ecclesie & post elevationem Corporis Xpi.
post *Pater noster* , dum rogatur pro Ecclesia & Rege, ipsi Canonici & Prebendati
ipsius Ecclesie teneantur rogare Deum pro dicto Domino Comite & ejus bono statu
ac vita successorum suorum . . . De quibus omnibus & singulis premissis dictus Dominus
Comes pro se, & dicti Domni Canonici pro se & toto predicto Capitulo perierunt
& requisiverunt sibi fieri publicum Instrumentum per nos Notarios publicos infrascriptos
quod & fecimus. Acta fuerunt hec in dicto Capitulo ac Ecclesia predicta , presentibus

in premiffis Reverendis Patribus Domnis Clemente de Brilliaco , Sancti Papull ; Hugone de Yfpania, Lectorenfis . . . . Epifcopis , . . . Nobilibus & potentibus viris Dominis Bernardo de Riperia , Domino de Lebatuto , Senefcallo Armaniaci pro Domino noftro Rege, Philipo de Montealto, Baronie de Montealto, JOHANNE DE MONTESQUIVO, BARONIE DE MONTESQUIVO, Johanne de Pardelhano, Baronie de Pardelhano, Guafpardo de Infula, terre de Infula, Baronis & Militibus, & Nobis Johanne Louzenge, Clerico Cenomanenfis Diocefis, auctoritate Imperiali ac dicti Domini Comitis Notario & Secretario preftati Domini Comitis & Bernardo de Ferris , auctoritate Nobilium virorum Dominorum de Capitulo Tholofe Notario publico infrafcriptis. Subfequenter vero dictus Dominus Comes Fezenciaci & tanquam Canonicus ipfius Ecclefie, dicta die, in domo Archiepifcopali Auxitanea, fuam de dicto Capitulo panis & vini recepit prebendam, in eademque domo Archiepifcopali ftetit & cubuit per certos dies], femper in premiffis teftibus prenominatis & me Bernardo de Ferris , publico fupradicto Notario , Curie Archiepifcopalis Auxitane Jurato , Civitatis Auxitane habitatore , qui premiffis omnibus . . . prefens fui . . . . . una cum fupranominato. . . . Johanne *de* Louzenge . . . in hac parte Collega meo , notam fumpfi, ex quaquidem nota hoc prefens publicum Inftrumentum in hanc publicam formam per alium michi & dicto de Lozenge fidelem redigi feci & facta debita collatione cum originali & dicto Collega , meo figno . . . inftrumentali folito fignavi , in fidem omnium & fingulorum premifforum.

(Signé) Ber   dus, (avec fa marque.)

Et me fupradicto Johanne Louzenge . . . Notario publico atque Secretario dicti Domini Comitis, qui premiffis omnibus . . . una cum . . . Magiftro Bernardo de Ferris, Notario publico, in hac parte Collega meo, prefens fui . . . & de hils notam fumpfi, una cum dicto Collega meo, a qua hoc prefens publicum Inftrumentum extraximus & in hanc publicam formam, manu aliena fideliter fcriptam, reddigimus, ideo hic figno meo auctentico . . . . quo . . . . utor, fubfcripfi & fignavi, in fidem & teftimonium premifforum requifitus & rogatus.

(Signé) J. L. (avec fa marque.)

Original en parchemin des Archives de l'Eglife Métropolitaine d'Auch.

CCLXIII.
6 Juillet 1507.

Procuration à Vénérable & Religieux homme Meffire Bertrand de Montefquiou, Chanoine & Archidiacre de Pardiac, dans l'Eglife Métropolitaine d'Auch, pour poftuler François de Clermont, Archevêque de Narbonne, Cardinal du titre de Saint Adrien, pour Archevêque de ladite Eglife.

In nomine Domini. Amen. Noverint univerfi & finguli quod cum ibidem dictum fuerit... per Venerabilem & Religiofum virum Dominum BERTRANDUM DE MONTESQUIVO, Canonicum & Archidiaconum Archidiaconatûs Pardiaci, in Ecclefia Metropolitana Auxis, condam Reverendiffimum in Xpo. Patrem & Dominum Dominum Johannem de Tremolia, Archiepifcopum dicte Ecclefie Metropolitane Beate Marie Auxis, a paucis diebus citra, diem fuam clauferat extremum, per cujus deceffum Ecclefia erat viduata & carebat Paftore, Canonicique Ecclefie decreverunt de futuro eligendo feu poftulando in dicta Ecclefia Paftore, ipfique Canonici feu eorum Vicarii ab eis, fede vaccante, depputati, contra Canonicos dicte Ecclefie tam abfentes quam prefentes & dicte future electioni feu poftulationi intereffent, concefferunt citationem exequtioni contra ipfum de Montefquivo demandari fecerunt, prout dixit, ipfoque conftituente exiftente apud locum de Baffoa, fuit fibi notifficatum & legitime intimatum per Difcretum virum Magiftrum Petrum de Fontana, Prefbiterum, quod per alios Canonicos; die jovis proxima que intitulabitur octava menfis julii, debebat fieri electio, provifio, feu poftulatio futuri Paftoris in ipfa Ecclefia Metropollitana Beate Marie Auxis & quod veniret ad dictam electionem, provifionem feu poftulationem ad id agendum, cum intimatione quod aliter in fui abfencia, alii Domini Canonici procederent ad dictam electionem, provifionem feu poftulationem & rationis dicti futuri Paftoris; prout juris ordo dictaret & rationis; ipfeque, inquam, de Montefquivo, nolens fuam abfenciam effe ipfi Ecclefie dampnofam, fed ipfius Ecclefie volens utilitatem, quantum in ipfum eft & ipfius tangit, & tangere poteft & ipfe de Montefquivo, certis legitimis impedimentis fibi occurrentibus, quod ad dictam Ecclefiam Metropollitanam & Capitulum accedere & dicte electioni, provifioni feu poftulationi intereffe non vallet nec poteft prout affernit. Hinc eft quod anno ab Incarnatione Domini millefimo quingentefime feptimo & die fexta menfis julii . . . in mei Notari publici & teftium infrafcriptorum prefentia exiftens & perfonaliter conftitutus prefatus Dominus Bertrandus de Montefquivo, Cannonicus & Archidiaconus predicte Ecclefie Metropollitane Beate Marie Auxis, qui gratis & fponte conftituit . . . . procuratorem generalem ac nuncium fpecialem, videlicet, Venerabilem & Religiofum virum Dominum Bernardum Fabri, Prefbiterum, Canonicumque & Archidiaconum de Sevanefio in dicta Ecclefia Metropollitana Auxis, fpecialiter quidem & expreffe dedit & conceffit eidem procuratori fuo poteftatem & mandatum ad poftulandum, vice & nomine ipfius continuentis, in Archiepifcopum & Paftorem dicte Ecclefie Reverendiffimum in Xpo. Patrem & Dominum Dominum Francifcum de Claromonte, Archiepifcopum Narbonenfem ac Cardinalem Sancti Adriani tituli, Sancte Romane Ecclefie, & nichilominus dedit . . . conceffit . . . dicto fuo procuratori mandatum . . . jurandi . . . . prout ipfe juravit . . . . quod . . . eft taliter impeditus quod predicte poftulationi feu provifioni non poteft intereffe . . . Acta fuerunt hec . . . . prefentibus . . . . teftibus . . . . & me Petro de Langonefches Apoftolica & Regia auctoritatibus Tholofe Notario, qui requifitus . . . Inftrumentum retinui & in hanc publicam formam, manu mea propria redegi & . . . figno meo auctentico, quo in meis actibus publicis utor, fignavi, in fidem & teftimonium omnium & fingulorum premifforum.

(Signé) P. de Langonefches, (avec fa marque.)

Original en parchemin des Archives de l'Eglife Métropolitaine d'Auch.

Defcription de l'Entrée folemnelle de Henry d'Albret, Roi de Navarre, & de Marguerite de France, fon époufe, Comte & Comteffe d'Armagnac, de Fezenfac, &c. dans la Ville d'Auch, & de la Cérémonie de la Réception de ce Prince en qualité de Chanoine d'honneur de l'Eglife Métropolitaine de cette Ville, en préfence du Seigneur de Montefquiou, l'un des premiers Barons du Comté d'Armagnac.

In nomine Domine. Amem. Noverint univerfi, ... quod anno ab Incarnatione Domini millefimo quingentefimo viceimo feptimo & die quadam martis computata ultima menfis decembris, in vigilia Circumcifionis Domini noftri Jhefu Xpi, venerunt Sereniffimi Enricus Rex & Margareta de Francia, Regina Navarre, Conjuges & Comites Armaignaci & Fidenciaci & Domini multarum aliarum Terrarum, qui digreffi à Patria Biarnii verfus prefentem Civitatem Auxis, que eft prima & Capitalis Comitatus Armaignaci & Fidenciaci, & ibidem dum fuerunt Clerus & Populus obviaverunt

verunt dictis Regi & Regine honorifice & proceſſionaliter cum Cappis Eccleſie &
veſtibus conſularibus, recipientes eoſdem valde honorifice .... primo Sereniſſimus
Rex intravit & Crucem humiliter oſculatus eſt & juramentum ſupra librum Civitatis
preſtitit, jurando ſtatuta, privilegia & conſuetudines Civitatis obſervare ; quiquidem
Clerus & Populus comitaverunt illum uſque ad Templum Beate Marie & altare majus ;
& demum reverſi ſunt Clerus & Populus ſimili modo proceſſionaliter ad obviandum
Sereniſſime Regine & eandem recipiendum in eorum Dominam & Comitiſſiam, que
ſimiliter intravit Civitatem & Templum Beate Marie, concomitata dictis Clero &
Populo ; & deinde receſſit ad domum Archiepiſcopalem, ubi ambo fuerunt hoſpitati.
Conſequenter vero die ſequenti, que fuit prima menſis januarii & Feſtum Circumciſionis
Domini Noſtri Jheſu Xpi, venerunt ambo, circa horam prime de mane, ad Templum
Beate Marie & intraverunt venerabile Capitulum ſeu locum capitularem Eccleſie
Metropollitane Civitatis predicte, capitulantibus ibidem & in dicto Capitulo ....
exiſtentibus ... Venerabilibus & magne Religionis viris Dominis Bernardo Fabri, Sancte
Sedis Apoſtolice, Prothonotario, Priore Sancti Orientii Auxis, Archidiacono
Savaneſii .... Johanne de Tremoleto, decretorum Doctore, Vitali de Fageto,
Sacriſta, ... Canonicis Eccleſie predicte, ibidem etiam preſentibus & aſſiſtentibus
honorabilibus & egregiis viris Dominis & Magiſtris *   de Brayſſio,
Cancellario Navarre, *   Liſeti, Procuratore Regio in Parlamento
Pariſienſi .... ac potentibus & Nobilibus viris Johanne de Vicinis, de Montealto
& * DE MOTESQUIVO, PRIMIS BARONIBUS DICTI COMITATUS &
Johanne de Pardelhano, Scutifero, Domino de Pauyanis & pluribus aliis Nobilibus ...
& dictis Dominis Comite & Comitiſſa in dicto Capitulo ſupra quadam ſede parata ſeden-
tibus ; ... Venerabilis vir Dominus Bernardus Fabri, Prior Sancti Orientii ac Canonicus & Archidiaconus predictus tanquam Sindicus dicti Venerabilis Capituli Eccleſie predicte ..... eiſdem Dominis Comiti & Comitiſſe dixit & verbo narravit quomodo
quilibet Comes Armaignaci, & Fidenciaci in eorum primo & jocundo adventu ac prima
intrata dicti Capituli :.. & ante illius receptionem, tenebatur ... jurare ... in libro
Martilogii ... de tenendo & obſervando jura, privilegia & conſuetudines dicte Eccleſie ... & premiſſis ſic in modum predictum, eiſdem Dominis Comiti & Comitiſſe, per
dictum Dominum, Fabri, ... ipſe idem Fabri, ... nomine tocius Capituli ... ſupplicavit
& requiſivit eoſdem Dominos Comitem & Comitiſſam quathinus dictum juramentum
juxta formam in dicto libro Martilogii deſcriptam, preſtare ... & obtulit eundem Illuſ-
triſſimum Dominum Comitem recipere in Canonicum .... & obtulit eidem Domino
Comiti dare ... prebendam panis & vini, prout uni ex Canonicis Eccleſie, ... ipſi
Domini Comes & Comitiſſa ... juraverunt & dictam formam juramenti in dicto libro
Martilogii deſcriptam ... perlegerunt ... & dicto juramento ſic in modum premiſſum
per dictos Dominos Comitem & Comitiſſam preſtito .... ipſi Canonici eoſdem
Comitem & Comitiſſam ... in dicto Capitulo & Eccleſia receperunt, aſſignando
eidem Domino Comiti ... ſedem in Capitulo predicto & ſtallum ſeu Catedram in Choro,
dictuſque Fabri, ... in ſignum poſſeſſionis, ſuperpellicium ſeu habitum Sancti Auguſtini
per eoſdem Canonicos portari ſolitum, eidem Domino Comiti tradidit & illo eundem
Dominum Comitem inveſtivit, Almuſſiamque etiam ..... eidem tradidit & in ſuo
brachio poſuit ; deinde vero & premiſſis ita factis, dicti Domini Comes & Comitiſſa
exiverunt dictum Capitulum, ipſo tamen Domino Comite cum Superpellicio induto
& Almuſſia in brachio, & dicti Fabri & de Tremoleto Canonici cum cappis induti,
adduxerunt eum ad altare majus dicte Eccleſie per brachia & ibidem Dominus Comes,
Capite diſcoperto, dictum Altare humiliter oſculatus fuit, & eſt ; & ſimiliter dicta
Domina Comitiſſa dictum altare majus benigne & humiliter oſculata eſt, ibidem ſe
commendantes Deo, & Virgini Marie offerendo prout & quilibet ipſorum obtulit
& dicto de Fageto Sacriſte dicte Eccleſie tradidit unum ſcutum auri cugni ſolis,

H h

deinde dictus Dominus Comes ad chorum Ecclesie predicte accedens, dicti Fabri & Tremoleto eundem Dominum Comitem in possessionem predictam posuerunt, illum in dicto Choro & parte sinistra veniendo ab altare predicto & ad dictum Chorum accedendo, in Cathedra & sede, ubi ejus Predecessores Comites sedere consueverunt; stallando & sedere faciendo in signum vere possessionis adhepte, ubi idem Dominus Comes indutus dicto superpellicio & cum Almussia in brachio, stetit, durante... missa;.... & deinde, finita Missa, idem Dominus Comes dictos superpellicium & almussiam dimisit, quos receperunt dicti Fabro & Tremoleto, cum honore;... & premissis sic peractis, dictus Dominus Comes simul cum dicta Domina Comitissa recesserunt ad Domum Archiepiscopalem, ubi erant hospitati. De quibus..... dictus Domnus Fabri, Sindicus, petiit... retineri publicum Instrumentum per me Notarium infrascriptum, quod & feci presentibus... testibus... & me Bernardo de Picamora, Notario publico, dicte Civitatis Auxis habitatore, qui de premissis Instrumentum retinui & in notam sumpsi, a qua hoc presens Instrumentum abstraxi & in hanc formam publicam.... redegi, indeque... hic me subcripsi & signo meo auctentico consueto, in fidem premissorum, signavi, requisitus.

(*Signé*) de Picamora. (*avec sa marque.*)

Original en papier des Archives de l'Eglise Métropolitaine d'Auch.

CCLXV.
4 Janvier 1577.

Réquisition faite par le Chapitre de la Métropole d'Auch à Noble & très puissant Seigneur N. de Montesquiou, Baron de Montesquiou, & Sénéchal d'Aure, de lui prêter secours, en conséquence de son serment de fidélité, contre les Hugenots, qui se proposent de venir détruire leur Eglise, comme ils ont détruit celle de Lectoure.

Réquisition faite par le Sindic du Chapitre d'Aux à Monsr. le Baron de Montesquieu.

L'an mil cinq cens soyxante ung & le cinquiesme jour du moys de julhet en Aux & dans la mayson du Prieuré de Sainct Orens dud. Aux, personnellement estably Monsr. Jacques Gauray, Bachelier & come Sendic du Venerable Chapitre de l'Esglise Metropolitaine dud. Aux, lequel parlant à la personne de NOBLE ET TRÈS PUISSANT SEIGNEUR * DE MONTSQUIEU, SENESCHAL D'AURE ET BARON DUDIT LIEU, luy a dict & remontré comme par cy-devant icelluy Seigneur avoir presté le serment de fidélité auxd. Messrs. *de* Chanoynes dud. Chapitre & que au temps où nous somes, attendu qu'il y a certaine congrégation de Gentz, appellés Huganaux qui journellement se jactent venir en la presente Ville & Cité d'Aux, pour ruyner & destruyre leur Eglise, ainsi que dernierement ont faict en la Cité de Lectoure & que lesd. Messrs. craignent qu'ilz viengnent en la presente Ville & Cité d'Aux & fassent semblablement come ilz ont faict aud. Lectore, parquoy led. Gauray come Sendic & au nom dud. Chapitre a requis aud. Seigneur de Montsquieu leur vouloir bailler secors, faveur & ayde tant de sa persone, Gentz que de Arnoys, suyvant la fidelité par luy prestée aud. Chapitre; lequel Seigneur a dict & respondu aud. Gauray que suyvant le serment de fidelité & promesse qu'il a presté aud. Chapitre, qu'il estoit prest de bailler secors, faveur & ayde aud. Chapitre, & au cas susd. de leur fournir de Gentz & de Arnoys, le tout à leurs despens, suyvant sad. promesse, saufz & réservé que là & quant playroit au Roy, Nostre Sire ou à Monst. le Compte d'Armanhac là où il est premierement obligé, le commander, que en ce cas plairoyt auxd. Messrs. le tenir pour excusé; maint faictes lesd. reservations, s'est offert fere en la forme & maniere qu'il a promis & est tenu fere; led. Gauray en cas que led. Seigneur ne le voulsist fere en a protesté & aussi pareilhement led. Seigneur, la & quant l'on le vouldroiet conftraindre contre lefd. refervations, en a protefté. De quoy led. Gauray au nom que deffus en a requis acte luy en eftre retenue par moy Notaire Royal foubzfigné, ce que ay faict, ez préfences de honorable perfonne Monsr. Pierre Compena, Docteur en la Saincte Thelogie & Aumofnier dud. Sainct Orens d'Aux, Maiftres Guilhaume Seres, Notaire, Andrée Legniere, Clerc & Bertrand de Señar, Brodeur, dud. Aux habitanz & de moy,

(Signé) L. de Sahuro; Not. R.

Minute originale du Regiftre de Me. Jean Maffiot, Notaire Royal de la Ville de Touloufe, de l'année 1577, fol. 19. Ro. & Vo. 20. Ro. & Vo. & 21. Ro. & Vo.

C C L X X V I.
8 Janvier 1577.

Accord fur procès pendant au Parlement de Touloufe, pour raifon de la Place & Baronnie de Salles, en Lauragais, paffé entre Jean de Montefquiou, Seigneur d'Artagnan, fils de Paul de Montefquiou, petit fils de Manaud de Montefquiou & de Jacquette de Fontaines, & arriere petit-fils de Barthelemy de Montefquiou, Seigneur & Baron de ladite Baronnie de Salles, d'une part; & Michel de Pontaut (dit) de Montefquiou, Seigneur de Pontaut, d'autre; par lequel ledit Seigneur d'Artagnan cede audit Seigneur de Pontaut fes droits fur ladite Baronnie, moyennant la fomme de 4000 livres; dans le préambule duquel Accord il eft dit qu'Arnoul de Montefquiou avoit obtenu en cette Cour un Arrêt, (C'eft celui du 27. Août 1567. rapporté ci-devant page 73. qui lui avoit adjugé la moitié de la même Baronnie.) fur les fauffes allégations faites par lui, & par Mathieu de Montefquiou, fon pere, portant que toute la poftérité mafculine dudit Manaud, premier fils du fecond mariage dudit Barthelemy, étoit éteinte, & que par cette extinction, ainfi que par celle des autres mâles du même Barthelemy, lui Arnoul étoit appellé à fa fucceffion; que ledit Jean de Montefquiou, Seigneur d'Artagnan, avoit obtenu des lettres d'oppofition à l'exécution dudit Arrêt; que Michel-Bernard de Pontaut, (frere dudit Seigneur de Pontaud,) avoit auffi obtenu des lettres en forme de Requête civile, fur le *retractement* du même Arrêt, &c.

Au nom de Dieu comme ainfi foit que procès foit pendent en la Court de Parlement de Tholofe, pour raifon de la Place & Baronie de Sales, ENTRE JEHAN DE MONTSQUIEU, FILS DE FEU PAUL, ET NEPVEU * DE FU MANAUD DE MONTSQUIEU, impetrant lettres en oppofition, & à ce que l'Arreft qui avoit efté donné par ladite Court au proffit D'ARNOULPHE DE MONTSQUIEU, FILS A MATHIEU, pour raifon des biens, fucceffion & hérédité de feu BARTHELEMY DE MONTSQUIEU, quand vivoit SIEUR ET BARON DUDIT SALES, fuft éxécuté au PROFIT DUDIT JEHAN en la moitié defdits biens; comme ayant efté obtenu ledit Arreft fur faulces allegations dudit Arnoulphe, & dudit feu Mathieu, fondit pere, qui auroient foubftenu que toute la pouftérité mafculine dudit fu Manaud, premier fils du fecond mariage dudit feu Barthelemy, eftoit decédée; & que par le deces de ladite poftérité, & des autres mafles dudit feu Barthelemy, qui eftoient premierement appellés par la fubftitution mentionnée au Teftament dudit feu Barthelemy, il eftoit appellé à ladite fucceffion, comme de ce

* C'eft-à-dire, petit fils.

aparoiſſoit par la lecture & narré dudit Arreſt, & que Michel de Pontaud - de Montſquieu, Sieur dudit lieu de Pontaud, diſoit ledit Arreſt ne pouvoir ni debvoir eſtre éxécuté, au proffit dudit Jehan, ny dudit Arnoulphe, en ce qu'il y avoit lettres en forme de requête civille ſur le retractement dudit Arreſt obtenues par feu Michel-Bernard de Pontaud, fondées en mynorité, & ſur ce que par iceluy Arreſt ne luy auroit eſté faict droict ſur la diſtraction des biens donnés aux Pactes de mariaige, AUDIT FU MANAUD DE MONTSQUIEU, PAR LEDIT FEU BARTHELEMY en faveur dudit mariage contracté, avec FUE JACQUETTE DE FONTAINES ; leſquels biens n'eſtoient aulcunement ſubject à AULCUNE SUBSTITUTION, & leſquels luy apartenoient par preſiput comme eſtant heritier dudit feu Manaud, par vertu du Teſtement de FU FRANÇOIS DE MONTSQUIEU NEPVEU * D'ICELUY FU MANAUD ; ſurquoi parties, pour vivre en paix & amitié, & pour obvier aux frais de procès, traitans aulcuns leurs parens & amys, ont tranſigé & accordé comme s'enſuit, ſoubs le bon plaiſir du Roi, & de ladite Cour.

* C'eſt-à-dire, petit fils.

Pour ce eſt-il que cejourd'hui huictiéſme du mois de janvier mil cinq cens ſoixante dix ſept, regnant très Chreſtien Prince Henry par la grace de Dieu Roi de France & de Poloignie, en Tholoſe, & dans la maiſon des heritiers de feu Mc. Antoine Parvy, quant vivoit Procureur en la Court, en la preſence de moy Notaire Royal & teſmoings bas nommés eſtablys en leurs perſonnes leſdits Michel de Pontaud-de Montſquieu, Sieur dudit lieu de Pontaud, & LEDIT JEHAN DE MONTSQUIEU, SIEUR D'ARTANHAN, leſquels, de leur gré & franche volonté, ont renuncé audit procès & procédures entre eulx, pour raiſon de ladite Place & BARONIE DE SALES faictes, eſt accordé que pour tous droicts, noms, voix & actions que ledit Jehan de Montſquieu pourroit ou prethendoit avoir de préſant, ou à l'advenir ſur ladite Place & Baronie de Sales, appartenances & deppendances, que iceluy Michel de Pontaud-de Montſquieu ſera teneu, & a promis paier & ſatisfaire audit Jehan de Montſquieu, dans deux ans prochains, à conter du jour & datte du préſent, la ſomme de quatre mil livres tournoiſes, à peine de tous dépens, domaiges & intereſts, moienant laquelle ſomme, ledit JEHAN DE MONTSQUIEU A MIS ET SUBROGÉ ledit Michel de Pontaud & de Montſquieu en ſon lieu, place, droicts, noms, voix & actions qu'il a & pouvoit avoir, comme dict eſt, à l'advenir ſur ladite Place, ET BARONIE DE SALES, en quelque façon & maniere que ce ſoit, conſentant que ledit Michel de Pontaud & de Montſquieu les puiſſe pourſuyvre, ou autre qu'il apartiendra & de faire d'iceulx à ſes plaiſirs & volontés, auquel de Ponthaud-& de Montſquieu icelluy JEHAN DE MONTSQUIEU, tant pour lui que pour les ſiens a l'advenir, moiennant ladite ſomme de quatre mil livres, à quicté, & quicte tous leſdits droicts, & actions que deſſus ; prometant ne rien plus quereler ny prethendre ſur iceulx ; eſt accordé que ſi ledit Michel de Pontaud-& de Montſquieu dans ledit terme de deux ans obtenoit Arreſt en ladite inſtance, à l'encontre dudit Arnoulphe de Montſquieu, ou qu'il s'accordaſt avec iceluy & que ladite Place & Baronie de Sales ſe vendiſt, audit cas, dezlors que ledit Arreſt ſera obtenu, en ſuivant iceluy, ou accord, qui pourroit eſtre faict, ladite Place ſeroit vendue, ladite ſomme de quatre mil livres ſera paiée par ledit de Pontaud-de Montſquieu audit Jehan de Montſquieu, ores ledit terme de deux ans ne fuſt eſchéu ; & à tenir, garder, obſerver & accomplir tout ce deſſus leſdits de Ponthaud-de Montſquieu, & Jehan de Montſquieu parties ſuſdites, lung envers l'autre & chacun en droict ſoy reſpectivement, ont obligés & yppotequés tous & chacuns leurs biens meubles, immeubles, préſans & advenir, que ont ſoubmis aux forces & rigueurs de toutes Courts, & Scels royaulx du preſent Royaulme, par chacune des quelles veullent eſtre conſtraints par prinſe & vente deſdits biens & autres voyees de juſtice dues & rayſonables, renuntieans à toutes exceptions de droicts par leſquels pourroient venir au contre ;

& ainſi l'ont juré ſur les Saints Evangilles de Dieu, de quoy leſdites parties reſpectivement ont requis à moy Notaire Royal leur retenir Inſtrument, ce que ay faiét; &
à ce que le préſent Inſtrument d'Accord, Tranſaction & ſurrogation ſoit auctoriſé leſdites
parties ont faiétz & conſtitués leurs procureurs en ladite Court de Parlement de
Tholoſe, ſcavoirs ledit de Pontaud-de Montſquieu, Me. Giles de la Mote, & ledit
Jehan de Montſquieu, Me. Galhardi, Procureurs en ladite Court, auſquels leſdites
parties ont donné & donnent plain pouvoir, & mandement faire toutes requiſitions,
& conſentemens néceſſaires pour le faict de ladite auctoriſation, prométant avoir pour
agréable tout ce que par eulx ſera faict, dict & convenu & les relever indempnes
de toute charge de procuration, ſoubz-meſmes obligations, ſoubmiſſion, & ſerment
que deſſus, ez préſences de Nobles Meſſire Bertrand de Pontaud, Sieur de Sainte
Heremye, Jehan de Gavarret, Sieur de St. Leon, François de Gavarret, Sieur de
Parneville, Jehan de Galans, Sieur du Pin, & ARNAUD DE MONTSQUIEU, Sieur de
Pons; Me. Pierre Ramond, Praticien au Palais, Martin Dronot, de Carcaſſone &
Pierre Raheu dudit Tholoſe habitans, teſmoings à ce appellés ſoubzignés avec leſdites
parties, & moy. De Montçſquieu, Michel de Pontaut-de Monteſquiu, B. Pontaut,
de Galans, A. de Monteſquieu, Panonₓvile, Jehan du Pin, Raymond, teſmoing,
P. Ravolz, Dronot & Maſſiot Nore. Royal. (Ainſi ſignés à la Minutte.)

Original inſéré au Regiſtre des Minutes du même Me. Jean Maſſiot,
Notaire Royal de la Ville de Touloſe, de la même année 1577, fol. 244,
Ro. & Vo. 245, Ro. & Vo. 246, Ro. & Vo. 247, Ro. & Vo. 248,
Ro. & Vo. 249, Ro. & Vo. & 250 Ro.

CCLXVII.
14 Avril 1577.

Tranſaction paſſée entre Noble Arnoul de Monteſquiou, Seigneur
du Vernet, repréſenté par Noble Simon-Roger de Monteſquiou,
Vicomte de Sadirac, ſon fils aîné & procureur, d'une part; & Noble
Michel de Pontaut, Seigneur de Pontaut, d'autre; par laquelle ledit
Seigneur du Vernet cede audit Seigneur de Pontaut, moyennant la
ſomme de 10000 livres, tous les droits à lui appartenans ſur la place
& Seigneurie de Salles, en Lauraguais, tant en vertu de la légitime de
Mathieu de Monteſquiou, ſon pere, de celles de Paul de Monteſquiou
& de Jean de Monteſquiou, dit Grillardon, le premier, neveu, & le
ſecond, frere dudit Mathieu, par lui acquiſes; qu'en vertu de deux
Arrêts du Parlement de Touloſe, des 31. Mars 1565. & 27. Août
1567; dans le préambule de laquelle Tranſaction il eſt dit que Barthelemy de Monteſquiou, Seigneur & Baron de Salles, laiſſa trois
fils, ſçavoir, Manaud, ledit Mathieu & Jean, dit Gaillardon; que ledit
Manaud, Seigneur & Baron de Salles, épouſa par contrat du 29. Juin
1478. Jacquette de Fontaines, & en eut 1°. Jean de Monteſquiou, auſſi
Seigneur de Salles, pere de François, également Seigneur de Salles,
mort ſans poſtérité, & Gabrielle, mere de Michel, Seigneur de
Pontaut, & 2°. ledit Paul de Monteſquiou; que lors du procès ſur
la poſſeſſion de la Baronnie de Salles, commencé entre leſdits Jean &
Paul de Monteſquiou, & ſuivi par François, fils du même Jean, &

ledit Mathieu , Chaude de Terfac, mere d'autre Jean ; Seigneur d'Artagnan , (Ce Jean eft dit fils de Paul dans l'Accord du 8. Janvier 1577. rapporté ci-deffus page 243.) s'étoit mife en inftance, foutenant que dans le cas où il y auroit une fubftitution de la Terre de Salles , François de Montefquiou n'ayant pu difpofer de cette Terre, cette fubftitution devoit être ouverte au profit du même Jean fon fils, *comme appellé le premier en icelle , &c.*

Comme foyt ainfin que pour raifon de la Place & Seigneurie de Salles, en la Sénefchauffée de Lauragois, & des cottités & portions préthendues en icelle, inftance euft été long-tems y a introduiéte, pardevant M. le Sénefchal de Tholofe ou fon Lieutenent, entre FEUS PAUL DE MONTSQUIEU, FILS PUISNÉ DE MANAUD DE MONTSQUIEU, quand vivoit SIEUR ET BARON DUDIT SALLES, ET JEHAN DE MONTSQUIEU, FILS AYSNÉ, ET HÉRITIER UNIVERSEL DUDIT MANAULT, fut ce que LEDIT PAUL foubftenoit avoir fuccédé à l'hérédité & fucceffion dudit feu MANAULD PERE, par moytié; & que pendent ledit procès, feu MATHIEU DE MONTSQUIEU, FRERE DUDIT FEU MANAULD euft acquis les droiéts dudit feu PAUL, SON NEPVEU; comme auffi de JEHAN DE MONSTQUIOU, DIT GAILHARDON, PLUS JEUNE SON FRERE, ET DUDIT FEU MANAULD, & la deffus, par ledit Mathieu euffent efté obtenues Lettres Royaulx de la Chancellerie pour eftre joinét à ladite inftance, tant à demander fon droiét de légitime fur ladite PLACE DE SALLES & autres biens paternels , que pour eftre fubrogé au lieu & droiét dudit PAUL, SON NEPVEU, & dudit JEHAN DIT GAILHARDON, SON DIT FRERE, par le moyen des ceffions & tranfport à lui faiét par lefdits neveu & frere ; & que depuys par Ordonnance dudit Senefchal ou fondit Lieutenent ledit Mathieu euft été joinét & en aprez de ladite demande appel fuft efté rellevé en la Court Souveraine de Parlement à Tholofe, par ledit JEHAN DE MONTSQUIEU, FRERE DUDIT PAUL , & en icelle depuys par Arreft la cognoiffance de la caufe & inftance principale retenue, eftant cependent ledit Mathieu, avant le Jugement dudit procès, décédé, délaiffant ARNULPHE DE MONTESQUIEU, SIEUR DU VERNET, SON FILS, héritier univerfel en bas eaige de puppilarité, comme auffi pareillement eftant auparavant décédé ledit JEHAN DE MONTSQUIEU, FILS ET HÉRITIER DUDIT FEU MANAULD, délaiffé FRANÇOIS DE MONTSQUIEU, SON FILS ET SUCCESSEUR UNIVERSEL ; & que long-tems après ledit Arnulphe adverti defdites inftances euft icellés reprinfes, comme héritier dudit feu Mathieu fon pere, & faiét affigner aufdites fins en ladite Court ledit François, fils audit feu Jehan, qui pareillement auroit reprinfes lefdites inftances, comme héritier de fondit feu pere ; enfin par autre Arreft de ladite Court du dernier de mars mil cinq cens foixante cinq, entre autres chofes euft efté adjugé audit Arnulphe , comme fils & héritier dudit feu Mathieu , & comme eftant au lieu dudit FEU PAUL DE MONTSQUIEU , la légitime qu'apartenoit audit PAUL fur les biens dudit MANAULD, SON PERE, avec les *effruiéts* d'icelle depuis le décez dudit feu Manauld, extimés & évalués lefdits légitime & fruiétz par le mefme Arreft, déduit & détrait tout ce que faifoit à defduire, à la fomme de quatre mil livres ; comme auffi par mefme Arreft fuft adjugé audit Arnulphe la fomme de quatre cens efcus petits, pour les fruiéts des légitimes qu'apartenoient aufdits feus Mathieu , & Jehan , dit Gallardon , fes pere & oncle, que lui avoient efté auffi adjugés fur les biens dudit feu Barthelemy de Montfquieu, leur pere, & ayeul dudit Arnulphe, pour lefquelles fommes éxécution auroit efté depuis faiéte, à la requête dudit Arnulphe, fur les biens tenus & poffédés par ledit François depuis décédé ; & fur l'interpofition de décret , Michel-Bernard de Pontauld & GABRIELLE DE MONTSQUIEU, mere & fils, comme héritiers & fucceffeurs dudit FRANÇOIS, leur frere & oncle, affignés en ladite

Court de Parlement ; estant depuis conclud en ladite instance, pendent laquelle ayant icelluy Arnulphe obtenu autres Lettres Royaulx de la Chancellerie, dressées à la- dite Court, à ce que disant. droiét sur ladite instance d'interposition de decret, lui fust faiét pareillement droiét par ladite Court sur la maintenue diffinitive qu'il requé- roit à son proffiét de tous les biens de ladite Baronie & Seigneurie de Salles, comme advenue à luy par les dispositions dudit feu Barthelemy, son ayeul, par luy produiétes & employées à ces fins audit procés ; aufquelles instances tant procédé que par autre Arrest de ladite Court du vingt septieme d'aoust mil cinq cens soixante sept, auroiét esté diét & ordonné, sans avoir esgard à ladite adjudication dudit decret requise par ledit Arnulphe, & ayant esgard ausdites Lettres par luy obtenues & présentées, que celuy Arnulphe estoit maintenu diffinitivement en la possession & saysine de ladite Baronie & Place de Salles, ses apartenances & dépen- dances, de laquelle estoit maistre & Seigneur ledit feu Barthelemy de Montsquieu, au temps de son trépas ; & ledit Michel-Bernard de Pontauld, comme hérétier dudit François en l'autre moytié, & ce pour la légitime, & carte trebellianique dues & apartenans audit feu François, son oncle maternel, saufs & réservé l'usufruiét de la- dite moitié adjugée audit de Pontauld, lequel auroit esté adjugé à ladite Gabrielle de Montsquieu, sa mere, pour en jouyr, sa vie durant, suyvant le Testement dudit François, & sans despens & restitutions des fruits ; contre lequel Arrest ledit Michel- Bernard de Pontauld ayant depuys obtenues Lettres en forme de Requeste civilles & retraétement d'icelluy, & tant luy que ladite Gabrielle de Montsquieu, rellevé appel de l'éxécution dudit Arrest faiéte par feu Messire Antoine de Paulo, Che- valier, Conseiller du Roy & second Président en ladite Court de Parlement, & de feu Me. Guilhien Doujac, aussi Conseiller en ladite Court, son subrogé, & ledit de Pontauld en seul * . . . obtenues autres Lettres Royaulx en opposition contre ledit Arrest, le tout fondé sur ce que ledit feu Barthelemy de Montsquieu ayant, en faveur & contemplation du mariage *contraété* par ledit feu MANAUD, SON FILS, AVECQUES JACQUETE DES FONTAINES, le VINGT NEUFVIESME DE JUING MIL QUATRE CENS SEPTANTE HUIT, donné à icelluy MANAUD, LADITE PLACE ET SEIGNEURIE DE SALLES, avec ses apartenences & dépendences, SANS LE CHARGER D'AULCUNE SUBSTITUTION, reservé seulement l'usufruit sa vie duran*d*, & la somme de mil escus pour pouvoir tester en faveur de ses autres enfens, seroit advenu que ledit MANAUD AUROIT PROCRÉÉ DUDIT MARIAGE LESDITS FEUS JÉHAN ET PAUL DE MONTSQUIEU, SES ENFENS, duquel Jehan qui auroit recully dudit Manauld l'hérédité de ladite Place & Seigneurie de Salles, auroit esté en après procréé ledit François, qui auroit aussi pareillement succédé en toute ladite Place de Salles, & auquel François lesdits Gabrielle de Montsquieu & Michel-Bernard de Pontauld, mere & fils, auroient par disposition testementaire succédé esdits biens, l'ung en propriété & l'autre en l'ususfruiét, & que c'estoit en conséquent à eulx à qui ladite succession & hérédité de ladite Place & Seigneurie de Salles appertenoit, & non audit Arnulphe ny autres ; combien que au contraire ledit Arnulphe défendent ausdites Lettres diét & soubztint que c'estoit luy seul qui estoit substitué & appellé à ladite succession universelle de ladite maison & biens contencieulx par le trépas dudit feu François de Montsquieu, comme estant décédé sans enfens & icelluy Arnulphe estant le plus prochain masle en degré descendent de la droiéte ligne dudit feu Barthelemy, son ayeul paternel, & en conséquence substitué & appellé par le Testement d'icelluy, mesmes par vertu de la clause portant perpétuelle exclusion des filles, & voccation des masles par ordre de primogeniture, & en deffault des enfens masles des collatéraulx mâles dudit testateur, par plusieurs & divers degrés de substitution faicts pour la conser- vation du NOM ET ARMES DE LADITE MAISON, tous en faveur desdits masles ; laquelle substitution ledit Barthelemy auroit ainsi peu fere par ledit Testement nonobstant ladite donnation faicte audit Manauld, fondit fils, de la moytié de fes biens par les Pactes de fon mariage, veu mefmes que par iceulx ledit pere & donnateur c'eftoit réfervé faculté de pouvoir fubftituer efdits biens donnés; pendant laquelle inftance de retractement eftant ledit Michel-Bernard de Pontauld décédé, & par le moyen dudit decez, ayant autre Michel de Pontauld-de Montfquieu, frere dudit Michel Bernard, efté appellé à la fucceffion & hérédité dudit feu François, leur oncle, fuivant le Teftement dudit François, icelluy Michel de Pontauld-de Montfquieu auroit obtenues autres Lettres Royaulx, tant en pourfuicte & reprinfe de ladite inftance de retractement & appellation interjectée defdits Sieurs de Paulo & Doujac, que pour eftre receu, par tant que befoing feroit, à oppofition envers l'éxécution dudit Arreft, laquelle oppofition ledit de Pontauld fondat principallement fur les fufdits Pactes de mariage dudit feu Manauld, par le moyen defquels ledit feu François auroit peu tefter defdits biens contencieulx en fa faveur, & dudit feu Michel-Bernard, fondit frere, & en difpoufer à fon plaifir, de tant que par lefdits Pactes il ny auroit aulcune fubftitution, voire moingz par le Teftement dudit feu Barthelemy, en ce que concerne ladite Place de Salles, pour avoir icelle auparavant & audit Contract de mariage dudit Manauld, donné audit feu Manauld, fans le charger d'aucune fubftitution, comme dict eft, finon de pouvoir tefter jufques à mil efcus. en faveur de fefdits autres enfens, fi que la claufe de fubftitution oppofée audit Teftement ne regardoit que le bien que reftoit audit feu Barthelemy qu'eftoit le bien & hérédité de Marfan, pour lequel il eftabliffoit ladite loy de fubftitution, & non en conféquent pour ladite Seigneurie de Salles, & par ainfin au fufdit Arreft y auroit eu équivocation de l'ung bien prins pour l'autre, feul moyen & occafion que lefdites Lettres auroient efté obtenues non-feulement en reftitution en entier envers ledit Arreft par ledit feu Michel-Bernard, mays principallement en oppofition par ledit Michel de Pontauld-de Montfquieu envers l'éxécution dudit Arreft, non-feulement comme héritier dudit feu Michel-Bernard, fondit frere, mays pour foy & *jure proprio*, appellé à ladite hérédité & fucceffion par ledit feu François, laquelle exécution depuys PAR AUTRE ARREST DE IADITE COURT DONNÉ JUDICIELLEMENT LE TRETZIESME DE MARS MIL CINQ CENS SEPTANTE DEUX, en playdant les appellations defdits Sieurs de Paulo & Doujac AUROIT ESTÉ CASSÉ, fans préjudice feulement dudit Arreft dudit jour vingt feptiefme aouft mil cinq cens foixante fept, & éxécution d'icelluy contre les y nommés & comprins, & pour ainfin cogneu par ladite Court en partie la civillitté defdites Lettres d'oppofition dudit de Pontauld-de Montfquieu, n'ordonnant ladite éxécution que contre les y comprins & nommés, joinct, qu'advant ledit Arreft, & playdant lefdites appellations, CLAUDE DE TERSAC, DAMOYSELLE, COMME MERE ET LÉGITIME ADMINISTRARESSE DE JEHAN DE MONTSQUIEU, Sieur d'Artaignan, fon fils, fe feroit mife en inftance, difant & foubtenant qu'au cas qu'il y auroit lieu de fubftitution, & que ledit feu François de Montfquieu n'auroit peu difpoufer, que ladite fubftitution debvoit eftre ouverte au profict dudit Jehan, fon fils, comme appellé le premier en icelle, & non ledit Arnulphe, avec lequel Jehan de Montfquieu, Seigneur d'Artaignan, depuys ledit de Pontauld & de Montfquieu, auroit, pour fortir de procès, tranfigé & accordé, & par ledit accord il auroit efté mis en fon lieu, droict & caufe; contredifant aufquelles Lettres d'oppofition & droit que ledit Michel de Pontauld prethendoit avoir acquis & obtenu dudit Jehan de Montfquieu, Seigneur d'Artaignan, difoict & infiftoict ledit Arnulphe de Montfquieu, icelluy de Pontauld-de Montfquieu ne fere recevoir comme oppofant, & ce par les mefmes raifons qu'eftoient defduictes & propofées contre ledit Michel-Bernard, fondit frere, & autres à plain contenues ez plaidés faicts & intervenu fur la reprinfe defdites inftances, appellations & préfentations defdites Lettres, fur lefquelles ledit Arreft dudit jour tretziefme de mars mil cinq cens feptante deux, feroit

intervenu,

Intervenu , par lequel l'appellation & ce dont avoict esté appellé mys au néant ;
demeurant certaine enqueste, faicte à la requeste dudit Arnulphe , par ledit Sieur de
Paulo, les Parties pour le regard desdites aultres instances auroient esté receues à
mettre & produire devers ladite Court ce que bon leur sembleroit dans huictaine , &
au Conseil , sans préjudice cependent dudit Arrest dudit jour vingt septiesme aoust
mil cinq cens soixante sept , & exécution d'icelui contre les y comprins & nommés ,
comme dict est ; laquelle exécution n'auroit pas esté depuys poursuivie ny effectuée
par ledit Arnulphe , tant pour raison des troubles survenus bientost après en ce
Royaulme, que pour aultres occasions & empêchemens ; auquels procès & différends
vollant lesdites Parties metre fin tant pour esviter plus grands fraiz & dépens , que
pour vivre en paix & amytié, comme parens & cousins , eu esgard à la difficulté
qu'ils ont trouvé en leur Conseil sur le succez du Jugement desdites instances , &
par eulx & leurs amys & paranz conseillées , elles seroient venues en accord & tranfaction en la forme & maniere que s'ensuis , saufs & réservé le bon plaisir de ladite
Court de Parlement.

Pour ce est il que ce jourd'huy quatorziesme jour du mois de avril mil cinq cent
septante sept, regnant très Chrestien Prince Henry , par la grace de Dieu , Roi de
France & de Poloigne, en Tholose, & Boctique de moy Notaire soubsigné, establis en
présence de moy dit Notaire & témoings bas nommés en leurs personnes , lesdits
Michel de Pontauld - de Montsquieu , Sieur dudit lieu de Pontauld , & Simon-
Rougier de Montsquieu, Visconte de Sadirac , fils aysné dudit Arnulphe de Montsquieu , Seigneur du Vernet, comme procureur expressément fondé & constitué à
ce dessus par sondit pere, ainsin qu'apert par ladite Procuration icy incérée , de
teneur.

Scaichent tous présens & advenir que le pénultiesme jour de mars l'an de grace mil
cinq cens soixante dix sept, regnant Henry , par la grace de Dieu , Roi de France
& de Poloigne , dans le lieu de Madiran ; en Rivierebasse , Diocese de Tarbe , Séneschaussée d'Armaignac, ez présence de moi Notaire & témoings soubs nommés , personnellement establis Noble Arnulphe de Montsquieu , Seigneur du Vernet & autres
Places , lequel sans révocquation de ses autres procureurs cy debvant ordonnés , de
nouveau par teneur de la présente & de son bon gré , cessant tout dol & fraude ,
fait & constitue son procureur expécial & général , si que l'expécialité ne dérroge
à la généralité ny au contraire , scavoir est Noble Symona-Rougier-de Montsquieu ,
son fils aysné , expécialiement & expresse, pour & au nom dudit Sieur constituant, aller
où besoing sera , transiger & accorder avec noble Michel de Pontauld-de Montsquieu,
Seigneur dudit lieu de Pontauld , des droicts adjugés audit Sieur constituant par
Arrêt de la Court de Parlement de Tholose , sur la Terre & Seigneurie de Salles ,
en Lauragois , & qui pour le présent luy peuvent competer & apartenir , & mesmes
présenter & donner consentement audit Sieur de Pontauld de vendre , aliéner ou
engaiger ladite Place & Seigneurie de Salles , apartenénces & deppendences d'icelles
à qui & pour tel pris que bon luy semblera , moyenant que icelluy Sieur de Pontauld
soit tenu paier & satisfere audit Sieur constituant ou metre ez mains d'autre ayant
expresse charge de luy, la somme de dix mil livres tournoiz, les trois mil , dans le
mois de may prochain , & les sept mil restantes , dans cinq mois après en suyvant ,
& que pour à ce satisfere icelluy Sieur de Pontauld par mesme Contract de Transaction affecte & oblige ses biens, avec condition expresse que à faulte de payement, les
termes expirés , ladite Transaction ne pourra de rien préjudicier aux Arretz que ledit
Sieur constituant a obtenus desdits droictz ny à l'éxécution d'iceulx , ains demeureront en leur entier & validitté , & tout autrement sere , & procurer comme seroit
ledit constituant , & sere pourroit, si present & en personne y estoit , encores le cas
requist plus expécial mandement , promettant avoir pour agréable & ne revocquer ce

que par ledit fon fils & procureur aura pour ceft effaict efté tranfigé, convenu &
accordé & l'en rellever indempne, & pour ce a obligé tous & chacuns fes biens,
les foubfmectant tant aux rigueurs de ladite Court de Parlement que autres du préfent
Royaulme, toutes renonciations de droict & de faict, & avec les claufulles à ce né-
ceffaires & requifes; & ainfin l'a juré. Ce faict & paffé en préfence de Jofeph de
Mefmes, de Lectore, figné à la Note, & Peyrot de Corron, du lieu de Madiran,
lequel ne fcait efcripre, ledit Seigneur conftituant c'eft auffi figné à la Note, & de
moy Bernard de Prelié, Notaire inftitué audit Rivierebaffe, qui par ledit Seigneur
conftituant requis ay retenu la préfente extraicte de fa Cede originalle, & figné de ma
main, en tefmoing de ce de Prielié, Notaire Royal, ainfin figné.

Lefquels de leur bon gré pure & franche volonté, ledit de Pontauld faifant pour
foy & ledit Symon-Rogier de Montfquieu, Vicomte-de-Sadirac, au nom & comme
procureur dudit Arnulphe de Montfquieu, fondit pere, ont rennuncé & rennuncent
audit procès & procédure faictes pour raifon de ladite Place & Seigneurie de Salles,
fes apatenences & deppendences, confentens refpectivement que icelles prennent
fin & demeurent de nul effaict & valleur, moyennant le contenu du préfent Inftrument d'Accord & Tranfaction, par lequel eft pacté, & convenu & accordé entre lefdites
Parties, que ledit Michel de Pontauld-de-Montfquieu pour tous droicts, noms, voix &
actions que pourroient competer & apatenir audit Arnulphe de Montfquieu, Sieur
du Vernet, fes hoirs & fucceffeurs quelconques à l'advenir fur ladite hérédité &
fucceffion de ladite Place & Seigneurie de Salles, fes apatenences & deppendences, tant pour le droict dudit feu Mathieu, fondit pere, que pour les droits de
légitimes & autres préthendus, par le moyen defdits feus Paul & Jehan de
Montfquieu, dit Gailhardon, ou autrement pour fon chef, par vertu defdits
Arrêtz, ou en toute autre maniere qu'il pourroit préthendre droict à préfent ou par
l'advenir ezdits biens, fera tenu comme a promis & promet par la tenneur du préfent Inftrument, payer, bailler & délivrer audit Arnulphe de Montfquieu, abfent,
ledit Symon-Rougier, fondit fils, comme fon procureur préfent, ftipullant & acceptant pour luy, fcavoir, eft la fomme de dix mil livres tournoiz, payables, trois mil
livres par tout le mois de mai prochain venant, & les fept mil livres reftantes pour
fin de paye, dans fix mois lors & après en fuyvant, & lefquelles fommes ledit
Michel de Pontauld-de-Montfquieu promect & fera tenu à ces propres coftz &
dépens, apporter ou fere apporter en cefte Ville de Tholofe, où lefdits payemens
feront faictz, moyenant laquelle fomme ledit Symon-Rougier, audit nom, a promis
& promet que ledit Arnulphe, fon pere, ne pourra rien plus demander, prethendre,
ny quereller, luy ny fes hoirs & fucceffeurs à l'advenir fur ladite Place & Seigneurie
de Salles, apartennances & dépendences d'icelle, ains le tout par le préfent Inftrument,
quicte, cede & remect en faveur & entre les mains & pouvoir dudit Pontauld,
confentent à ces fins qu'icellui de Pontauld, fi bon luy femble, pour le payement de
ladite fomme, vende, aliene, ou engaige ladite Place & Seigneurie de Salles, ces
apartennances & dépendences à telles perfonnes & pour tel pris qu'il pourra & bon lui
femblera; plus eft accordé & convenu que fi dans ledit moys de may prochain, & dans
lefdits cinq mois après en fuyvantz, termé fur ce convenus & accordés, ledit de Pontauld-
Montfquieu ne paye, baille & délivre lefdites fommes de trois mil livres, d'une
part, & fept mil d'autre, audit Sieur du Vernet, ou autre ayant de luy fouffifente
charge & procuration, qu'en ce cas le préfent Accord & Tranfaction fera pour non
faict & advenu & demeurera de nulle valeur, & ledit Sieur du Vernet fera remys en
fon entier & en fes premiers droits, & pourra pourfuivre, fi bon lui femble, lefdites
inftances & éxécutions defdits Arreftz, tout ainfin & en la forme & maniere qu'il porroit
fere à préfent, ne s'en départant à ces fins aulcunnement d'iceulx, jufques à l'effectuel
payement & fatisfaction de ladite fomme de dix mil livres tournoiz, fans que ledit

Sieur de Pontauld puysse demander ny prethendre aulcune prorogation de temps
ezdits payemens pour quelconque cause & raison que ce soit ; convenu aussi &
accordé que jusques à l'entiere satisfaction & payement de ladite somme de dix mil
livres tournoiz, que toutes & chascunes les pieces dudit procès & procédures demeureront devers ladite Court de Parlement où elles sont, & lors d'icelluy payement
lesdites parties ou leurs Procureurs porront retirer respectivement leurs productions
& partir les sacs au Greffe, comme ayant lors ledit procès entiérement prins fin par
l'acomplissement du présent Accord : est en oultre convenu & accordé que ledit Seigneur du Vernet sera teneu, comme ledit Symon-Rogier a promis fere ratiffier à sondit
pere, lors de la réception desdits deniers, tant que besoing seroit, le contenu du présent
Instrument d'Accord & Transaction, & pour tenir, garder & observer ce que dessus,
ledit de Pontauld-de Montsquieu & ledit Symon-Rogier ont soubmis & obligés,
scavoir, ledit de Pontauld, tant ladite place & Seigneurie de Salles, que tous & chascuns
ses autres biens, meubles & immeubles présens & advenir, & ledit Symon-Rogier,
ceulx dudit Sieur du Vernet, que ont soubmis aux forces & rigueurs des Courts & Scel
maige de la Séneschaussée & Viguerie dudit Tholose, & autres Courts & Scels du
présent Royaulme, par chescune desquelles veulent estre constrainats par prinse &
vente desdits biens & autres voyes de Justice deues & raisonnables, renuntians à toutes
exceptions & droicts par lesquels pouroient venir au contrez ; & ainsi l'ont juré sur les
Saincts Evangilles de Dieu, de quoy lesdits de Pontauld – de Montsquieu & Symon-
Rogier, audit nom que procede, ont requis à moy Notaire Royal leur retenir Instrument, ce que ay faict ez présences de Sires Arnauld Cormier, François Tholas,
Mes. Chausseriers, & Charles Raynal, Praticien dudit Tholoze habitans, soubzsignés
avec lesdites parties, M. de-Pontauld-de Montsquieu, S. R. de Montsquieu, comme
Procureur ; A. Cormier, tesmoings, Fr. Tholas & Raynal présent : ainsi signés à la Cede
originelle, & de moy Jehan Massiot, Notaire Royal dudit Tholose, requis soubzsigné.
Massiot, Notaire Royal. (*Ainsi signé.*)

Minute originale du Registre de M^e. Jean Massiot, Notaire
Royal de la Ville de Toulouse, de l'année 1577, fol. 244. R°. &
245. R°. & V°. & 246. R°. & V°.

CCLXVIII.
10 Mai 1577.

Ratification de la Transaction précédente faite par Noble Paul
de Montesquiou, Baron de Crosilhes, au nom & comme procureur
de Noble Arnoult de Montesquiou, son pere, Seigneur de Vernet,
Sadirac, & autres places.

Ce jourd'huy dixiesme du mois de may mil cinq cens septante sept en Tholose & dans
la maison des heritiers de feu M^e. Jehan de Plin, Licentier & Advocat, en la presence de
moy Notaire Royal & temoings bas nommés, personellement establi NOBLE PAUL DE
MONTSQUIEU, BARON DE CROSILHE, FILS A NOBLE ARNULPHE DE MONTSQUIEU,
SEIGNEUR DE VERNET, lequel comme comis & expéciallement & expressement fondé par
ledit Seigneur Arnulphe, son pere, ainsi qu'il a monstré par sa Procuration du penultiesme
d'avril dernier, retenue par Mc. Bernard de Prielé, Notaire de Rivierebasse,
habitant de Madiran, éstant de la teneur : Scachent tous que le penultieme jour d'avril
mil cinq cens septante sept, regnant Henry par la grace de Dieu Roy de France
& de Poloigne, au lieu de Madiran, en Basseriviere, Seneschaussée d'Armagnac, pardevant moy Notaire, présens les temoings soubs nommés, a esté personnellement establi
Noble Arnulphe de Montsquieu, Sieur de Vernet, Sadirac & autres places, lequel, sans

Ii ij

revocation de ſes autres procureurs, de nouveau, par la teneur de la preſente faict &
conſtitue, de ſon bon gré, ſon procureur eſpécial & général ſi que l'expéciallité ne
deroge a la généralité, ny au contre, c'eſt Noble Paul de Montſquieu, ſon ſecond
fils, expécialement & par exprés, pour au nom dudit Sieur conſtituant, ratiffier, agréer
& eſmologuer le Contract de Tranſaction faict & paſſé par Noble Symon-Rogier de
Montſquieu, ſon fils ayſné, & comme procureur à ces fins par luy conſtitué, avec
Noble Michel de Pontauld & de Montſquieu, Sieur du lieu de Pontaud, tochant les
droicts adjugés audit Sieur conſtituant ſur la terre & Seigneurie de Salles en Lauragois retenu le 14e. du preſent mois d'avril par Me. Jehan Maſſiot, Notaire Royal.
de Tholoſe, néantmoins auſſi pour & au nom dudit Sieur conſtituant recepvoir paiement
dudit Sieur de Pontaud de la ſomme de trois mil livres tournoiz, que luy eſt obbligé par
le meſine Contract & raiſon y contenues: & d'icelle ſomme de trois mil livres
tournoizes lui fere reçeu & quictance, ainſi que le cas le requiert; & généralement en
ce que deſſus eſt dict fere excerſer & procurer tous actes en appres néceſſaires &
requis, tout ainſi que le meſme Sieur conſtituant fere pouroit ſi preſent en perſonne y
eſtoit, jaçoit que le cas reſquiſt mandement plus expécial, promectant tenir faict &
agréable tout ce que par ledit ſon fils & procureur ſera procédé, faict & procuré, faict
& negotier, & ni le revocquer à jamais, ains le rellever indempne, ſoubz obligation de
ſes biens, que pour ce ſoubſmet aux rigneurs de juſtice, avec toute renunciation de
droict & de faict à ce requis & néceſſaires, ainſi l'a juré; ce faict ez preſences de Noble
Martin de Donemele, Sieur de Sarrant, Jehan de Faur, de Monfaucon, ſignés à la Cede
avec ledit Sieur Conſtituant & moy Bernard de Prielé, Notaire inſtitué en Rivierebaſſe
qui requis, l'ay retenu, extraict de ſa Cede originelle, collationné deuement; & en teſmoing de ce, ſigné de mon ſeing auctentieq coſtumé. B. de Prielé, Note. Royal, ainſi
ſigné &lequel Paul de Montſquieu fils, & procureur ſuſdit ayant entendu la teneur &
contenu de l'Inſtrument d'Accord & Tranſaction faict & paſſé entre Symon-Rogier de
Montſquieu, Viſcomte de Sadirac, ſon frere, fils audit Sieur Arnulphe, au nom &
comme procureur dudit Arnulphe, d'une part; & Michel de Pontaud-de Montſquieu,
Sieur dudit lieu, d'autre, retenu par moy Notaire ſoubzſigné le quatorzieſme dudit mois
d'avril, par la lecture que luy en a eſté faicte, de ſon bon gré, ſuyvant ladite Procuration,
& contenu en icelle, pour & au nom dudit Arnulphe, ſondit pere, a ratifié, approuvé,
eſmologué, & confirmé ledit Inſtrument d'Accord & Tranſaction & par ceſtuy preſent
Inſtrument le ratifie, approuve, eſmologue & confirme, promet audit nom iceluy
tenir garder & accomplir de point en point, ſelon ſa forme & teneur, & aulcunement
ny y contrevenir, ſoubz les meſmes ſoubmiſſions, obligations, renunciations & ſerment,
& clauſulies contenues en ladite procuration; & a l'inſtant ledit Seigneur de Pontaud
preſant & acceptant ladite Ratiffication & eſmologation, a, ſuyvant la teneur dudit Inſtrument d'Accord & Tranſaction, réellement & comptant payé, baillé & delivré audit Paul de
Montſquieu, fils & procureur dudit Arnulphe, ſondit pere, la ſomme de trois mil livres
tournoiz, pour le paiement premier contenu audit Inſtrument d'Accord, qui eſt à la
ſin du preſent mois de may, en déduction de la ſomme de dix mil livres tournoiz y
contenues, lequel paiement de la ſomme de trois mil livres luy a faict en ſix cens
quatrevingt huit eſcus ſol, cent vingt quatre eſcus piſtoletz, vingt ſix doubles ducatz
à deux teſtes & le demeurant en teſtons, & monoye, faiſant ladite ſomme de trois
mil livres tournoiz, bien comptée, nombrée, receüe réellement & embolſée par ledit
Paul de Montſquieu, audit nom, comme procureur dudit Arnulphe, ſondit pere, preſent
moy dit Notaire & teſmoings bas nommés, tellement que d'icelle ſomme de trois mil
livres s'en tient pour bien content & paié & audit nom, en a quicté & quicte ledit
Sieur de Pontaud & les ſiens à l'advenir, promect à raiſon d'icelle ſomme de trois mil
livres ne luy rien plus demander, ſoubz leſdites obligations & ſubmiſſions faictes par
ſondit pere de ſes biens contenues en ladite Procuration, & ainſi l'a juré, de quoy ledit

Sieur de Pontaud a requis à moy Notaire luy retenir acte, ce que ay faict, ez presenfes de Sieur Jehan Paris, Marchand de Tholofe, Me. Jehan Engelbert, Notaire de la Garde, en Lauragois & Me. Pierre Ramond, Praticien de Tholofe, foubzfignés, avec lefdites parties & moy P. de Montefqnieu; Pontault de Montefquiu, Engelbert, Raymond, tefmoing, Paris, & Maffiot Nore. (Ainfi fignés.)

Original en papier des Archives de la Maifon de Montefquiou.

Extrait Baptiftaire de Philippe-André-François, (Vicomte) de Montefquiou-Marfan.

Extrait des Regiftres de l'Eglife Paroiffielle St. Pierre du lieu de Marfan, au Dioceze d'Auch, pour l'année 1753.

Ce trentieme jour du mois de novembre a été baptizé par moi Curé fouffigné, Noble Philippe-André-François de Montefquiou-Marfan, né d'aujourd'hui du légitime mariage de Meffiré Marc-Antoine Conte de Montefquiou-Marfan, Chevalier de l'Ordre de Saint Louis, préfent à la Cérémonie, & de Noble Dame Ma ie Catherine de Narbonne, Conteffe de Montefquiou de Marfan, de cette Paroiffe; le Parrein a été Meffire Philippe de Montefquiou, Conte de Marfan, & la Marreine Noble Dame Angélique-Olive du Gout, Conteffe de Narbonne (&c.) Signés ... Barris, Curé.

Expédié au fufdit Marfan, fans y avoir rien ajouté ni diminué, le dixieme feptembre mil fept cens quatre vingt trois. (figné) Barris, Curé de Marfan.

(Au dos eft écrit) Louis-Apollinaire de la Tour-du-Pin-Montauban, ... Archevêque & Seigneur d'Auch, Primat de la Novempopulanie & du Royaume de Navarre, Confeiller du Roi en Ses Confeils, &. Confeiller d'honneur du Parlement de Lorraine &c. certifions que la fignature cy-contre eft du Sieur Barris, Curé de Marfan, en notre Dioceſe. Donné à Auch fous le feing d'un de nos Vicaires Généraux, le fçeau de nos armes & le contre-feing du Secrétaire de notre Archevêché, le treize feptembre mil fept cent quatre-vingt trois. (Signé) Campardon, Vic. Gén. (Plus bas) Par Monfeigneur, Dulme, Secrétaire, (& fcellé en placard.)

Original en papier des Archives de la Maifon de Montefquiou.

Extrait Baptiftaire de François-Xavier-Marc-Antoine, (Abbé) de Montefquiou-Marfan.

Extrait des Regiftres de la même Eglife, pour l'année 1755.

Noble François-Xavier-Marc-Antoine de Montefquiou-Marfan, fils légitime de Meffire Marc-Antoine de Montefquiou-Marfan, Chevalier de l'Ordre de Saint Louis, & à Dame Marie-Catherine de Narbonne, Conteffe de Montefquiou-Marfan, eft né le trife août mil fept cent cinquante cinq, & fut baptizé dans l'Eglife de Marfan, le vingt un dudit mois: ayant été Parrein Noble François de Narbonne, Prêtre, Vicaire-Général du Dioceze d'Agen, ... & Marreine Dame Catherine de Montefquiou-Marfan-d'Eftaufan, Seigneureffe de Sariac, . qui ont figné avec moy; l'Abbé de Narbonne, Montefquiou-d'Eftaufan, Barris, Curé, ainfi fignés à l'original.

Expédié au susdit Marsan, sans y avoir rien ajouté ny diminué, le dixieme septembre mil sept cent quatre-vingt trois. (*Signé*) Barris, Curé de Marsan.

(*Au dos est écrit*) Louis - Apollinaire de la Tour - du Pin - Montauban , ... Archevêque & Seigneur d'Auch , Primat de la Novempopulanie & du Royaume de Navarre , Conseiller du Roi en ses Conseils , & Conseiller d'honneur du Parlement de Lorraine , &c. certifions que la signature cy-contre est du Sieur Barris , Curé de Marsan , en notre Diocese. Donné à Auch sous le seing d'un de nos Vicaires Généraux , le sceau de nos armes , & le contre-seing du Secrétaire de notre Archevêché , le treize septembre mil sept cent quatre vingt trois. (*Signé*) Campardon , Vic. Gén. (*Plus bas*) Par mandement , Dulme , Secrétaire , (*& scellé en placard.*)

Original en papier des Archives de la Maison de Montesquiou.

Extrait Baptistaire de Mademoiselle Jeanne Anne de Montesquiou-Marsan.

Noble Jeanne-Anne de Montesquiou , fille légitime de Messire Marc-Antoine Comte de Montesquiou , Seigneur de Saint Aroman , & de Dame Catherine de Narbonne-Lara , Comtesse de Montesquiou , mariés ensemble , est née & baptisée , le vingt deux octobre mil sept cent cinquante huit , dans l'Eglise du susdit Saint Aroman ; elle a eu pour Parrein Noble Jean-Denis de Boussaus , Marquis de Campels , & pour Marreine Dame Anne Chalus , Comtesse de Narbonne , non présens , qui par procuration ont fait tenir la susdite Noble Jeanne-Anne de Montesquiou sur les fonts baptismaux. . . (*Signé*) J. Lacoste , Vic.

Je soussigné certifie avoir tiré mot à mot , sans avoir rien ajouté ni diminué l'Extrait ci-dessus , du Regiftre des Baptêmes de l'Eglise de Saint Aroman , à la Garde-noble le 30 Novembre 1778. (*Signé*) Cenac , Curé de Saint Aroman.

(*Au dos est écrit*) Claude-Marc-Antoine d'Apchon , ... Archevêque & Seigneur d'Auch , Primat de la Novempopulanie & du Roiaume de Navarre , &c. certifions que la signature cy-contre est du Sieur Cenac , Curé de St. Aroman , en notre Diocese. Donné à Auch le premier décembre mil sept cens soixante dix huit , sous le seing d'un de nos Vicaires Généraux. (*Signé*) Duprat , Vic. Gén. (*plus bas*) Par Monseigneur , Lartet , (*& scellé en placard du sceau des armes dud. Seigneur Archevêque.*)

Original en papier des Archives de la Maison de Montesquiou.

Extrait Baptistaire de Demoiselle Marie-Philippine-Jacquette de Montesquiou-Marsan.

Extrait des Regiftres de l'Eglise Paroissielle St. Pierre du lieu de Marsan , au Diocèse d'Auch , pour l'année 1762.

Noble Demoiselle Marie-Philippine-Jaquette de Montesquiou-Marsan , fille légitime à Messire Marc-Antoine de Montesquiou-Marsan , Chevalier de l'Ordre de Saint-Louis , & à Dame Marie-Catherine de Narbonne , Contesse de Montesquiou-Marsan , eſt née le deux juillet mil ſept cens ſoixante deux, & a été baptiɀée le trois dudit mois, dans l'Egliſe de Marſau ; ayant été Parreins Nobles Philippe & Jacquette de Monteſquiou-Marſan, frere & ſœur, le Parrein a ſigné . . . de Monteſquiou, Barris, Curé, ainſi ſignés à l'original.

Expédié au ſuſdit Marſan, ſans y avoir rien ajouté ny diminué, le dixieme ſeptembre mil ſept cens quatre vingt trois. (*Signé*) Barris, Curé de Marſan.

(*Au dos eſt écrit*) Louis-Apollinaire de la Tour-du Pin-Montauban, . . . Archevêque & Seigneur d'Auch, Primat de la Novempopulanie & du Royaume de Navarre, Conſeiller du Roy en Ses Conſeils, & Conſeiller d'honneur du Parlement de Lorraine, &c. certifions que la ſignature cy-contre eſt du Sieur Barris, Curé de Marſan, en notre Dioceſe. Donné à Auch ſous le ſeing d'un de nos Vicaires Généraux, le ſceau de nos armes & le contre-ſeing du Secrétaire de notre Archevêché, le treize ſeptembre mil ſept cents quatre vingt trois. (*Signés*) Campardon, Vic. Gén. (*plus bas*) Par mandement, Dulme, Secrétaire, (*Scellé en placard.*)

Original en papier des Archives de la Maiſon de Monteſquiou.

Extrait Baptiſtaire de Charles-Eugene de Monteſquiou-Fezenſac.

CCLXXIII.
16 Août 1782.

Extrait des Regiſtres des Baptêmes de l'Egliſe Paroiſſiale de Saint-Sulpice de Paris, fol. Vº. Rº.

Le ſeize du mois d'aouſt de l'année mil ſept cent quatre vingt deux, a été baptiſé CHARLES-EUGENE, né d'hier, fils de TRÈS HAUT, TRÈS PUISSANT SEIGNEUR, MONSEIGNEUR ELISABETH-PIERRE DE FEZENSAC, BARON DE MONTESQUIOU, PREMIER ECUYER DE MONSIEUR, EN SURVIVANCE, Sous-Lieutenant au Régiment Dauphin-Dragon, & de très haute, très puiſſante Dame, Madame Louiſe-Charlotte-Françoiſe le Tellier-de Montmirail, ſon épouſe ; . . . . . . le parein TRÈS-HAUT, TRÈS PUISSANT SEIGNEUR, MONSEIGNEUR ANNE-PIERRE DE FEZENSAC, MARQUIS DE MONTESQUIOU, Maréchal des Camps & Armées du Roy, PREMIER ECUYER DE MONSIEUR, CHANCELLIER-GARDE DES SCEAUX DES ORDRES ROYAUX, MILITAIRES ET HOSPITALIERS DE NOTRE-DAME DU MONT-CARMEL ET DE SAINT-LAZARE DE JERUSALEM, &c., grand-pere paternel de l'enfant ; la mareine, très haute, très puiſſante Dame, Madame Charlotte-Benigne de Bretonvilliers, veuve de très haut, très puiſſant Seigneur François-Céſar le Tellier, Marquis de Montmirail, grand'mere de l'enfant, le pere préſent, & ont ſigné.

Collationné à l'Original par moi ſouſſigné Prêtre & Vicaire de ladite Paroiſſe. A Paris ce dix du mois de Septembre de l'année mil ſept cent quatre vingt trois.

(*Signé*) Pichot, Vic.

Original en parchemin des Archives de la Maison de Montesquiou?

Commiſſion de Meſtre de Camp en ſecond du Régiment d'Infanterie de Lyonnois, accordée par le Roi, au Sieur Philippe-André-François de Fezenſac, Vicomte de Montesquiou-Marſan.

Louis, (&c.) à notre très cher & bien amé le Sr. PHILIPPE-ANDRÉ-FRANÇOIS DE FEZENSAC, VICOMTE DE MONTESQUIOU-MARSAN, Capitaine Commandant dans le Régiment de Lorraine, Dragons : Salut. La charge de Meſtre de Camp en ſecond du Régiment d'Infanterie de Lyonnois, dont étoit pourvu le Sr. Marquis de Guerchy, étant à préſent vacante par ſa promotion à la Charge de Meſtre de Camp Commandant du Régiment d'Infanterie d'Artois ; & deſirant la remplir d'une perſonne qui ait toutes les qualités requiſes. (&c.) A ces cauſes nous vous avons commis, ordonné & établi, commettons, ordonnons & établiſſons, par ces préſentes, ſignées de notre main, Meſtre de Camp en ſecond dudit Régiment d'Infanterie de Lyonnois . . . . ; notre intention étant que vous teniez & preniez rang parmi les Meſtres de Camp, à compter du 13. avril 1780. (&c.) Donné à Verſailles, le onzieme jour de novembre, l'an de grace mil ſept cent quatre vingt deux. (Signé) Louis. (& plus bas), Par le Roy. Ségur.

(En marge eſt l'attache de Son Alteſſe Séréniſſime Monſeigneur le Prince de Condé, Prince du Sang, Colonel Général de l'Infanterie Françoiſe & Etrangere, datée du 15 Mai 1783. (Signée) Louis-Joſeph de Bourbon, (& contreſignée) Boulogne de Laſcours.

Original en parchemin des Archives de la Maison de Montesquiou.

Commiſſion de Lieutenant Colonel de Cavalerie accordée par le Roi au Sieur François-Joſeph de Fezenſac, Comte de Montesquiou (Marſan), Sous-Lieutenant des Gardes du Corps du Roi dans la Compagnie de Luxembourg, pour tenir rang de Lieutenant Colonel de Cavalerie.

Louis, (&c.) à notre cher & bien amé le S. FRANÇOIS-JOSEPH DE FEZENSAC, COMTE DE MONTESQUIOU, SOUS-LIEUTENANT EN LA COMPAGNIE DE LUXEMBOURG DES GARDES DE NOTRE CORPS, Salut. Mettant en conſidération les ſervices que vous nous avez rendus dans toutes les occaſions qui s'en ſont préſentées, & voulant vous en témoigner notre ſatisfaction, ... nous vous avons commis, ordonné & établi, commettons, ordonnons & établiſſons par ces préſentes, ſignées de notre main, pour prendre & tenir rang de Lieutenant-Colonel dans nos Troupes de Cavalerie, du jour & datte de ces préſentes, & ce ſous notre autorité & ſous celle du S. Marquis de Bethune, Colonel Général de notre Cavalerie Legere, & du S. Marquis de Caſtries, Meſtre de Camp Général d'icelle, la part & ainſi qu'il vous ſera par Nous ou nos Lieutenans Généraux commandé & ordonné pour notre ſervice ; de ce faire vous donnons pouvoir, commiſſion, autorité & mandement ſpécial. Mandons à tous qu'il appartiendra de vous recevoir & faire reconnoître en ladite qualité & qu'à vous en ce faiſant ſoit obei : car tel eſt notre plaiſir. Donné à Verſailles le vingtieme jour de décembre l'an de grace mil ſept cens quatre vingt deux & de notre Regne le neuvieme, (Signé) Louis, (plus bas) Par le Roi, Segur.

Procès

Original en parchemin des Archives de la Maison de Montefquiou.

CCLXVI.
15 Décembre 1783.

Procès verbal des Preuves de Nobleffe de M. le Marquis DE MONTESQUIOU-FEZENSAC, pour l'Ordre du S. Efprit.

Extrait des Titres produits par haut & puiffant Seigneur Meffire ANNE - PIERRE DE MONTESQUIOU - FEZENSAC, appellé Marquis DE MONTESQUIOU, Chevalier, Baron de Montefquiou, & en cette qualité, l'un des Premiers Barons d'Armagnac & Chanoine d'honneur de l'Eglife Métropolitaine d'Auch, Seigneur de la Châtellenie-Pairie de Coulomiers, de Maupertuis, de Touquin, &c. Maréchal des Camps & Armées du Roy, Premier Ecuyer de MONSIEUR, Frere de Sa Majefté, Chevalier-Commandeur-Chancelier-Garde des Sceaux des Ordres Royaux, Militaires & Hofpitaliers de Notre Dame du Mont-Carmel & de Saint Lazare de Jérufalem, Capitaine en Second de la Capitainerie Royale des Chaffes de Senard, nommé Chevalier - Commandeur des Ordres de Sa Majefté, pour les Preuves de fa Nobleffe.

DEVANT Monfieur le Maréchal Duc de Duras, Pair de France, & Monfieur le Maréchal de Levis, Chevaliers-Commandeurs des Ordres de Sa Majefté, Commiffaires députés pour la vérification de ces Preuves, par Lettres Patentes du 8 juin 1783.

LETTRES PATENTES du Roy, Chef & Souverain Grand Maître des Ordres de St. Michel & du St. Efprit; du 8 juin 1783, adreffées à fon très cher & bien amé Coufin le Duc de Duras, Pair & Marechal de France, premier Gentilhomme de Sa Chambre, & à fon cher & bien amé Coufin le Marechal Marquis de Levis, Gouverneur Général de la Province d'Artois, & Capitaine des Gardes du Corps de Monfieur, Frere de Sa Majefté, Chevaliers-Commandeurs de fes Ordres; portant que fon cher & bien amé Anne-Pierre de Montefquiou de Fezenfac, Premier Ecuyer de Monfieur, ayant eté élu au Chapitre tenu le même jour pour être affocié auxdits Ordres à la Premiere Cérémonie, en fatisfaifant par lui aux Preuves réquifes par les Statuts de l'Ordre du St. Efprit, Sa Majefté les a commis pour les éxaminer fur le rapport qui leur en fera fait par le Sieur Chérin, Généalogifte des mêmes Ordres; & que, s'ils les trouvent fuffifantes, ils en fignent le Procès verbal avec ledit Sieur Chérin, & y faffent appofer le cachet de leurs Armes, pour être enfuite le tout remis à fon très amé & féal Commandeur-Chancèlier-Garde des Sceaux defdits Ordres & Sur-Intendant des deniers d'iceux, le Sieur Georges-Louis Phelypeaux-d'Herbaut, Patriarche Archevêque de Bourges, Primat des Aquitaines, qui en fera rapport au premier Chapitre : ces Lettres données à Verfailles, Signées Louis, & fur le repli, Par le Roi, Chef & Souverain Grand Maître des Ordres de St. Michel & du St. Efprit, Amelot; à côté, Vifa, Geor. Louis Phelypeaux, P. P. Arch. de Bourges, & fçellées du grand Sçeau & contrefceau defdits Ordres en cire blauche.

Ier. DEGRÉ.

Anne - Pierre de Montefquiou - Fezenfac, appellé Marquis de Mon-
tefquiou, Chevalier, Baron de Montefquiou, Maréchal des Camps
& Armées du Roy, Premier Ecuyer de MONSIEUR, Chevalier,
Commandeur - Chancelier - Garde des Sceaux des Ordres Royaux de
Notre Dame du Mont-Carmel & de Saint-Lazare de Jérufalem,
nommé Chevalier-Commandeur des Ordres de Sa Majefté.

Dame Jeanne - Marie Hocquart-de Montfermeil, fon époufe.

Hocquart-de Montfermeil, de gueules, à 3. rofes d'argent.

Mémoire des Services de M. le Marquis de Montefquiou, pour fatisfaire
à l'article XXIV. des Statuts de l'Ordre du Saint-Efprit, portant
qu'en

1752. le 17. octobre il entra dans la premiere Compagnie des Moufquetaires de la Garde du Roy, & y fervit jufqu'au 30. août 1754.

1756. le 21. mai, étant Chevau-Léger de la Garde ordinaire du Roi, où il fervoit depuis le 31. août. 1754., fut fait Lieutenant Réformé à la fuite du Régiment Royal-Pologne Cavalerie.

1757. le 12. avril, nommé Capitaine dans le Régimeut du Roy Cavalerie.

1758. le 14. mars, obtint une Commiffion pour tenir rang de Colonel d'Infan-terie, & le 26. avril fuivant fut nommé Gentilhomme de la Manche de Monfeigneur le Duc de Bourgogne.

1761. fit la Campagne d'Allemagne fous M. le Maréchal Prince de Soubife, en qualité de Maréchal des Logis furnuméraire de fon Armée, & le 30. novembre fut nommé Colonel du Régiment Royal des Vaiffeaux.

1763. le 13. février, Chevalier de l'Ordre Militaire de Saint Louis, & reçu le 25. fuivant.

1764. le 12. aouft, nommé Gentilhomme de la Manche de Monfeigneur le Duc de Berry, (aujourd'huy le Roy) de Monfeigneur Comte de Provence, (à préfent Monfieur) & de Monfeigneur Comte d'Artois.

1771. le 1er. janvier, pourvu de la Charge de Premier Ecuyer de Monfeigneur le Comte de Provence.

1777. le 9. novembre, obtint du Roy la permiffion de joindre à fon nom celui de Fezenfac, comme étant fon nom véritable & originaire.

1780. le 1er. mars nommé Maréchal de Camp des Armées de Sa Majefté.

Brevet de Maréchal de Camp dans les Armées du Roy, accordé par Sa Majefté le 1 mars 1780. au Sieur Anne-Pierre Marquis de Montefquiou-Fezenfac, Brigadier d'Infanterie, en confidération des bons & fideles fervices qu'il lui a rendus en diverfes Charges & Emplois qui lui ont été confiés : datté de Verfailles ; figné, Louis ; & plus bas, le Prince de Montbarey. Original.

Provisions accordées par Louis-Staniflas-Xavier, Fils de France, Frere du Roy, Grand Maître Général tant au fpirituel qu'au temporel des Ordres Royaux, Militaires & Hofpitaliers de Notre Dame du Mont-Carmel & de Saint-Lazare de Jérufalem, Bethleem & Nazareth, tant deçà que delà les mers, le 20. décembre 1778., à fon cher & bien amé frere Anne-Pierre Marquis de Montefquiou-Fezenzac, Chevalier de fefdits Ordres & de celui de Saint-Louis, Brigadier d'Infanterie des Armées du Roy, fon Premier Ecuyer, de la Charge & Dignité de Chancelier-Garde des Sçeaux des mêmes Ordres de Notre Dame du Mont-Carmel & de Saint Lazare de Jérufalem, vacante par la démiffion volontaire qu'en a faite entre fes mains fon cher & bien amé frere Antoine-René de Voyer-d'Argenfon, Marquis de Paulmy, Miniftre d'Etat : ce Prince ayant eftimé qu'il eft important pour le bien & l'avantage de fefdits Ordres de choifir, pour remplir cette Charge & Dignité, une perfonne qui, comme fondit frere de Paulmy, joigne à une naiffance illuftre, une probité, un mérite & une expérience reconnue ; & toutes ces qualités fe trouvant réunies en la perfonne de fondit frere de Montefquiou, & étant d'ailleurs informé de fa fidélité au fervice de Sa Majefté, de fon attachement pour lefdits Ordres & pour fa perfonne, dont il lui a donné des preuves dès fa plus tendre jeuneffe en qualité d'un de fes Gentilshommes de la Manche, & qu'il continue de lui donner dans la Charge de fon Premier Ecuyer, & du zéle avec lequel fes ancêtres ont fervi l'Etat dans les différens emplois importans qui leur ont été confiés. Ces Provifions dattées de Verfailles ; fignées, Louis-Staniflas-Xavier ; fur le reply, Par Monfeigneur le Grand Maître, Dorat-de Chameulles ; à côté, vifa, R. de Voyer de Paulmy ; & fcellées fur lacs de foye rouge & verte du grand Sçeau defdits Ordres en cire rouge ; avec la Preftation de ferment dudit Sieur Marquis de Montefquiou-Fezenfac, du même jour, entre les mains de Mondit Seigneur le Grand Maître, pour raifon de ladite Charge ; figné, Dorat-de Chameulles. Original.

Lettre de M. Amelot, (Secrétaire d'État ayant le Département de la Maifon du

Roy) à M. le Marquis de Montefquiou , Premier Ecuyer de Monfieur , dattée de Fontainebleau , du 9. Novembre 1777. , & conçue en ces termes : « J'ai , Monfieur , » l'honneur de vous prévenir que j'ay mis fous les yeux du Roi , les titres relatifs à » votre defcendance des Comtes de Fezenzac , & que fa Majefté ayant reconnu que » cette defcendance étoit autentiquement juftifiée , m'a chargé de vous marquer qu'Elle » vous permet , ainfi qu'à toutes les perfonnes de votre Maifon , de joindre à leur » nom celui de Fezénfac , comme leur nom véritable & originaire , & qu'Elle » permet à l'aîné de s'appeller le Comte de Fezenzac ; je dois vous ajouter qu'afin que » le Public puiffe être inftruit des intentions de Sa Majefté , Elle m'a chargé de faire » inférer dans la Gazette de France un article qui les faffe connoître. C'eft avec » un véritable plaifir que je vous l'annonce , en vous renouvellant les affurances du » très parfait attachement avec lequel j'ai l'honneur d'être , Monfieur , votre très » humble & très obéiffant ferviteur , figné , Amelot. Au bas eft écrit : M. le Marquis » de Montefquiou , Premier Ecuyer de Monfieur. Original.

Procès verbal des Preuves de Nobleffe de Meffire Anne-Pierre de Montefquiou , appellé Marquis de Montefquiou , Baron de Montefquiou , Seigneur d'Ozon , de Maupertuis , de Touquin , &c. , Brigadier des Armées du Roy , Premier Ecuyer de Monfieur , Frere de Sa Majefté , nommé Chevalier des Ordres Royaux , Militaires & Hofpitaliers de Notte Dame de Mont-Carmel & de Saint-Lazare de Jérufalem , faites à Paris le 16. mars 1775. , devant M. le Comte d'Angiviller & M. le Chevalier de la Ferriere , Chevaliers-Commandeurs defdits Ordres , Commiffaires à ce députés par Lettres-Patentes de Monfieur , Fils de France , Frere du Roy , Grand Maître des mêmes Ordres , du 20. octobre précédent ; par lequel lefdits Commiffaires certifient à Monfieur , qu'en vertu de leur Commiffion , ils ont vu & examiné en préfence de M. Dorat-de Chameulles , Chevalier-Commandeur , Secrétaire Général defdits Ordres , au Rapport du Sieur Chérin , Généalogifte des Ordres du Roy , & commis à l'examen des Preuves de Nobleffe de ceux qui fe préfentent pour entrer dans les fufdits Ordres de Notre Dame de Mont-Carmel & de Saint-Lazare de Jérufalem , les titres produits par ledit Sieur Marquis de Montefquiou , qu'ils ont vérifié qu'il a prouvé huit races de Nobleffe paternelle ; qu'ainfi il a fatisfait aux articles III. & IV. du Réglement concernant le Régime & l'Adminiftration des mêmes Ordres , donné par le feu Roi , en qualité de Souverain Chef Fondateur & Protecteur d'iceux , le 20. mars 1773. , lû , publié & enregiftré au Chapitre des mêmes Ordres le 17. décembre fuivant , tenu par Monfieur , Grand-Maitre , & qu'ainfi il eft fufceptible par fa naiffance d'être reçu Chevalier-Commandeur des mêmes Ordres. Ce Procès-verbal , figné Flahaut de la Billardie , Comte d'Angiviller , de Maffo , Chevalier de la Ferriere , Dorat-de Chameulles , & Chérin , & fcellé des cachets de leurs armes. Ces Preuves rapportées & admifes au Chapitre tenu par Monfieur , dans la maifon des Miffionnaires deffervans l'Eglife Royale & Paroiffiale de Saint-Louis de Verfailles le 27. du même mois de mars , & fuivies de la Réception dudit Sieur Marquis de Montefquiou auxdits Ordres , par Monfieur , dans la même Eglife , à l'iffue de la Grand'-Meffe. Original.

Provifions accordées par le Roy le premier janvier 1771. , au Sieur Anne-Pierre Marquis de Montefquiou , Brigadier de Ses Armées , Colonel du Régiment Royal Vaiffeaux ; de la Charge de Premier Ecuyer de Son très cher & très amé Petit-fils le Comte de Provence : Sa Majefté ayant jugé ne pouvoir revêtir de ladite Charge perfonne plus capable de la remplir dignement , trouvant en lui le même zele pour fon fervice & la même valeur qui ont diftingué fes ancêtres dans toutes les occafions les plus intéreffantes où ils ont été employés , & qu'il réunit auffi en lui toutes les autres qualités qu'Elle pouvoit attendre de fa naiſſance. Ces Proviſions dattées de Verſailles ; ſignées, Louis ; ſur le reply, Par le Roy, Phelypeaux ; ſcellées ſur double queue en parchemin en cire jaune ; & enregiſtrées le 29. mai ſuivant au Contrôle général de la Maiſon de Monſeigneur le Comte de Provence, ſigné Charlain ; avec la Preſtation de ſerment dudit Sieur Marquis de Monteſquiou , du 5. du même mois de may , entre les mains de Monſeigneur le Comte de Provence, pour ladite Charge. Signé , Phelypeaux. Original.

Brevet de Brigadier d'Infanterie dans les Armées du Roy , accordé par Sa Majeſté le 20. avril 1768. , au Sieur Anne-Pierre Marquis de Monteſquiou , Colonel-Lieutenant du Régiment Royal des Vaiſſeaux , en conſidération des bons & fideles ſervices qu'il Lui a rendus en diverſes charges & emplois de guerre qui lui ont été confiés , dans leſquels il a donné des preuves de ſa valeur , & Sa Majeſté voulant lui en marquer ſa ſatisfaction : datté de Verſailles , ſigné , Louis , & plus bas , le Duc de Choiſeul. Original.

Proviſions accordées par le Roy le 22. aouſt 1764. , à ſon cher & bien amé le Sieur Anne-Pierre Marquis de Monteſquiou , Colonel du Régiment Royal-Vaiſſeaux , de la Charge de Gentilhomme de la Manche de ſes très chers & très amés Petits-fils les Ducs de Berry , Comte de Provence & Comte d'Artois ; pour par lui en jouir aux honneurs , autorités , prérogatives & prééminences qui y appartiennent , & ſans qu'il ſoit tenu de prêter un nouveau ſerment , attendu celui qu'il a déja prêté entre les mains de ſon très cher & bien amé Couſin le Duc de la Vauguyon , leur Gouverneur , pour raiſon de pareille Charge dont il a été revêtu près ſeu Son Petit-fils le Duc de Bourgogne. Ces Proviſions dattées de Verſailles , ſignées , Louis ; ſur le reply , Par le Roy , Phelypeaux , & ſcellée ſur double queue de parchemin en cire jaune. Original.

Lettre du Roy à Mons. Anne-Pierre Marquis de Monteſquiou , Colonel du Régiment Royal des Vaiſſeaux , du 13. février 1763. , par laquelle Sa Majeſté lui mande que la ſatisfaction qu'Elle a de ſes ſervices l'ayant conviée à l'aſſocier à l'Ordre Militaire de Saint Louis , Elle a commis le Sieur Comte de la Serre , Lieutenant-Général en Ses Armées , Gouverneur de Son Hôtel Royal des Invalides , & Grand Croix dudit Ordre , pour le recevoir & admettre à la Dignité de Chevalier de Saint-Louis , & que Son intention eſt qu'il s'adreſſe à lui pour prêter en ſes mains le ſerment accoutumé : dattée de Verſailles ; ſignée Louis ; & plus bas , le Duc de Choiſeul ; avec le Certificat de M. le Comte de la Serre du 15. du même mois de février , portant que le même jour il a conféré la Croix de Chevalier de l'Ordre Militaire de Saint-Louis à Monſieur Pierre-Anne Marquis de Monteſquiou , Colonel du Régiment d'Infanterie de Royal Vaiſſeaux ; datté de l'Hôtel Royal des Invalides , ſigné la Serre , & ſcellé du cachet de ſes armes en cire rouge. Originaux.

COMMISSION de la Charge de Colonel-Lieutenant du Régiment Royal-Vaiſſeaux, vacante par la promotion du Sieur Comte de Civrac au grade de Maréchal de Camp, accordée par le Roy le 30. novembre 1761. , à ſon cher & bien amé le Sieur Anne-Pierre Marquis de Monteſquiou , Colonel dans le Régiment des Grenadiers de France : dattée de Verſailles ; ſignée Louis ; plus bas , par le Roy , le Duc de Choiſeul ; & ſcellée en cire jaune. Original.

ORDRE du Roi du 20. mars 1761. , portant que Sa Majeſté ayant choiſi le Sieur Marquis de Monteſquiou , Colonel dans le Régiment des Grenadiers de France, pour remplir la Charge d'Ayde-Maréchal général des Logis furnuméraire de l'Armée dont Elle a donné le commandement au Maréchal Prince de Soubife, pendant la campagne prochaine, à commencer du premier may prochain, Elle lui enjoint de s'employer dans les fonctions de ladite charge, felon & ainfi qu'il lui fera ordonné par le Maréchal Prince de Soubife, auquel Sa Majefté mande de le faire reconnoître en ladite qualité. Cet ordre datté de Verfailles; figné, Louis; & plus bas, le Duc de Choifeul. Original.

PROVISIONS accordées par le Roy le 26. avril 1758. à fon cher & bien amé le Sieur Anne-Pierre Marquis de Montefquiou, Colonel d'Infanterie au Régiment des Grenadiers de France, de la Charge de Gentilhomme de la Manche de Son très cher & très amé Petit-fils le Duc de Bourgogne : Sa Majefté étant affurée par la connoif-fance qu'Elle a du zéle héréditaire dans fa Maifon pour fa perfonne & pour fon fer-vice, & de celui qu'il fait déja paroître, qu'il remplira dignement la place dont elle l'honnore. Ces provifions dattées de Verfailles; fignées, Louis; fur le reply, Par le Roy, Phelypeaux; & fçellées, fur double queue de parchemin, en cire jaune : avec la preftation de ferment dudit fieur Marquis de Montefquiou, du premier mai fuivant, entre les mains de M. le Comte de la Vauguyon, Gouverneur & Premier Gentil-homme de Monfeigneur le Duc de Bourgogne, pour raifon de ladite Charge; figné, le Comte de la Vauguyon. Original.

Commiffion accordée par le Roy le 14. mars 1758., à fon cher & bien amé le Sieur Anne-Pierre Marquis de Montefquiou, Capitaine dans Son Régiment de Cava-lerie, pour prendre & tenir rang de Colonel dans Ses Troupes d'Infanterie, à l'effet de fervir dans le Régiment des Grenadiers de France, toutes les fois que Sa Majefté jugera à propos de l'employer en cette qualité; Sa Majefté voulant lui témoigner la fatisfaction qu'Elle a des fervices qu'il lui a rendus dans toutes les occafions qui s'en font préfentées : dattée de Verfailles; fignée, Louis; plus bas, Par le Roy, R. de Voyer; & fçellée en cire jaune. Original.

Autre Commiffion de Capitaine d'une Compagnie dans le Régiment du Roy Cava-lerie, dont étoit pourvu le Sieur de Montefquiou, & vacante par fa promotion à la charge de Lieutenant-Colonel du même Régiment, accordée par Sa Majefté, le 12. avril 1757., à fon cher & bien amé le Sieur Anne-Pierre Marquis de Montefquiou, Lieu-tenant réformé à la fuite de fon Régiment Royal-Pologne Cavalerie; dattée de Verfailles; fignée, Louis; & plus bas, Par le Roy, R. de Voyer. Original.

Certificat de M. le Duc de Chaulnes, Pair de France, Chevalier des trois Ordres du Roy, Lieutenant de la Compagnie des 200. Chevaux-Légers de Sa Garde ordi-naire, du 10. feptembre 1756., portant que Pierre Montefquiou, Seigneur de Maupertuis, a été reçu dans ladite Compagnie, le 31. aouft 1754, & y a fervi Sa Ma-jefté avec beaucoup de zele & d'exactitude jufqu'au 31 aouft de la même année 1756. datté de Chaulnes; figné, le Duc de Chaulnes; plus bas, Par Monfeigneur, Che-meau; & fçellé en cire rouge du cachet de fes armes. Original.

Ordre du Roy du 21. may 1756., par lequel Sa Majefté ayant jugé à propos d'accorder au Sieur Anne-Pierre de Montefquiou, une place de Lieutenant réformé; & voulant lui donner moyen d'en faire les fonctions, Elle lui enjoint de fe rendre à la fuite de fon Régiment Royal Pologne Cavalerie, pour y fervir en ladite qualité; datté de Verfailles; figné, Louis; & plus bas, M. P. de Voyer-d'Argenfon, Original.

Certificat de M. le Comte de Carvoifin , Brigadier des Armées du Roy , Sous-Lieutenant - Commandant la Premiere Compagnie des Moufquetaires à cheval fervant à la Garde ordinaire de la Perfonne de Sa Majefté , &c. , du 30. avril 1754. , portant que M. Anne-Pierre de Montefquiou a très bien fervi dans ladite Compagnie en qualité de Moufquetaire , depuis le 17. octobre 1752. jufqu'audit jour 30. aouft, qu'il lui a été accordé fon congé : datté de Paris ; figné , de Carvoifin , & fcellé du fceau de fes armes en cire rouge. Original.

Contrat de mariage paffé au Château de Verfailles le 4. janvier 1780. , devant Quatremere & Aleaume , Notaires au Châtelet de Paris , de très haut & très puiffant Seigneur Monfeigneur Elizabeth-Pierre de Fezenfac-de Montefquiou , Baron de Montefquiou , Premier Ecuyer de MONSIEUR , en furvivance , fils de très haut & très puiffant Seigneur Monfeigneur Anne-Pierre de Fezenfac , Marquis de Montef-quiou , Seigneur de la Châtellenie-Pairie de Coulomiers en Brie , Maupertuis , Touquin , Pezarches ; Longmarchais , Malvoifine , Meillan , Valentés , &c. Baron de Montefquiou , Premier Baron du Comté d'Armagnac , Chanoine honoraire de l'Eglife Métropolitaine d'Auch , Brigadier des Armées du Roy , Premier Ecuyer de Monfieur , Frere de Sa Majefté , Capitaine de la Capitainerie Royale des Chaffes de Senard , Chancelier-Garde des Sceaux des Ordres Royaux , Militaires & Hofpitaliers de Notre Dame du Mont Carmel & de Saint Lazare de Jérufalem , & de très haute & très puiffante Dame Madame Jeanne-Marie Hocquart , Marquife de Montefquiou , fon époufe ; avec très haute & très puiffante Demoifelle Mademoifelle Louife-Charlotte-Françoife le Tellier-de Montmirail-de Creufy , fille de défunt très haut & très puiffant Seigneur Monfeigneur Charles-François-Céfar le Tellier , Marquis de Montmirail , Seigneur de la Ferté-Gaucher , &c. Capitaine-Colonel des Cent Suiffes de la Garde ordinaire du Corps du Roy , Brigadier de Ses Armées & Meftre de Camp du Régiment Royal Rouffillon , Cavalerie , & de très haute & très puiffante Dame Madame Charlotte-Benigne le Ragois-de Bretonvilliers , Marquife de Montmirail , Dame de Saint-Chriftophe , la Jobliere , Binauville , Arnouville , Boinville , le Breuil , Bois-Robert , la Broffe , Chevaine , &c. , fa veuve ; de l'agrément & par la permiffion du Roy , de la Reine , de MONSIEUR , de MADAME , de Monfeigneur Comte d'Artois , de Madame Comteffe d'Artois , & de Mefdames de France ; & affiftés ; fçavoir , ledit Seigneur futur époux , defdits Seigneur & Dame Marquis & Marquife de Montefquiou , fes pere & mere , & de Monfeigneur le Marquis de Laftic , & de Madame la Marquife de Laftic , fes beau frere & fœur ; & ladite Demoifelle future époufe , de ladite Dame de Bretonvilliers , fa mere , & de très haut & très illuftre Seigneur Monfeigneur Ambroife Policarpe de la Rochefoucauld , Duc de Doudeauville , & de très haute & très illuftre Dame Madame Benigne-Auguftine-Françoife le Tellier de Montmirail , Ducheffe de Doudeauville , fon époufe , fes beau frere & fœur. Groffe par extrait.

Contrat de mariage paffé les 12. & 16. avril 1760. devant Bricault & fon confrere , Notaires au Châtelet de Paris , de haut & puiffant Seigneur Anne-Pierre Marquis de Montefquiou , Baron de Montefquiou , Seigneur d'Ozon , de Maupertuis , &c. Colonel aux Grenadiers de France , & Gentilhomme de la Manche de Monfeigneur le Duc de Bourgogne , fils de défunt haut & puiffant Seigneur Pierre Comte de Montefquiou , Lieutenant-Général des Armées du Roy , Gouverneur du Fort-Louis-du Rhin , & ancien Premier Sous-Lieutenant de la Premiere Compagnie des Moufquetaires de Sa Majefté , & de haute & puiffante Dame Gertrude-Marie-Louife bombarde de Beaulieu , fa veuve ; avec Demoifelle Jeanne-Marie Hocquart , Demoifelle , fille de Meffire Jean-Hiacinthe Hocquart , Chevalier , Seigneur de Montfermeil , Combron , &c. , & de défunte Dame Marie-Anne-Françoife

Gaillard-de la Bouexiere, fon époufe ; par la permiffion & de l'agrément du Roy, de la Reine, de Monfeigueur le Dauphin, de Madame la Dauphine, de Mefdames de France, des Princes & Princeffes du Sang ; & du confentement des Seigneurs & Dames leurs parens & amis ; favoir, de la part dudit Seigneur futur époux, de ladite Dame fa mere, de Meffire Pierre-Paul Bombarde de Beaulieu, Confeiller honoraire au Grand Confeil, fon aïeul, &c. ; & de la part de ladite Demoifelle future époufe, dudit Seigneur de Montfermeil, fon pere, &c. ; par lequel lefdits Seigneur & Demoifelle futurs époux fe marient refpectivement avec les biens & droits à eux appartenans ; & ledit Sieur de Beaulieu fait donation audit Seigneur Marquis de Montefquiou, fon petit-fils, de la Baronnie, Terre & Seigneurie de Montefquiou, fituée en Armagnac, & de la Terre & Seigneurie d'Ozon, affife en Bigorre, & les fubftitue aux enfans mâles à naître du préfent mariage, fuivant l'ordre de primogéniture. Expédition délivrée le 5. aouft 1774. par Me. Quatremere, Notaire au Châtelet de Paris, détenteur des Minutes de feu Me. Bricault fufdit Notaire, fignée, de Herain & Quatremere.

Extrait des Regiftres des Baptêmes de l'Eglife Paroiffiale de Saint-Sulpice de Paris, portant qu'Anne-Pierre de Montefquiou, fils de Meffire Pierre de Montefquiou, Sous-Lieutenant de la premiere Compagnie des Moufquetaires, & de Gertrude Marie-Louife Bombarde-de Beaulieu, fon époufe, né le 17. octobre 1739. y a été baptifé le même jour ; délivré par le Prêtre Vicaire de ladite Paroiffe, le premier avril 1774. Signé, Symon. Original.

I Ie. DEGRÉ.

PERE ET MERE.

Pierre de Montefquiou, appellé Comte de Montefquiou, Seigneur de Maupertuis, &c., Lieutenant-Général des Armées du Roy, Gouverneur du Fort-Louis-du Rhin, & Premier Sous-Lieutenant de la Premiere Compagnie des Moufquetaires de la Garde ordinaire de Sa Majefté.

Dame Gertrude-Marie-Louife-Bombarde-de Beaulieu, fon époufe.

Bombarde-de Beaulieu, d'azur à un canon d'or fur un affut de gueules ; les roues d'or, accompagné en chef d'une fleur de lys d'argent.

Provifions accordées par le Roy le 23. avril 1751., à fon cher & bien amé le Sieur Comte de Montefquiou, l'un de Ses Lieutenans Généraux en Ses Armées, & Sous-Lieutenant en la Premiere Compagnie des Moufquetaires de Sa Garde ; de la Charge de Gouverneur du Fort-Louis-du Rhin, vacante par la promotion du Sieur Comte du Roure à celle de Gouverneur des Ville & Citadelle du Pont-Saint Efprit ; Sa Majefté ayant jugé par la connoiffance qu'Elle a de fa valeur, courage, expérience en la guerre, activité, fage conduite, zele, fidélité & affection à fon fervice, que perfonne n'eft plus capable que lui de remplir ladite Charge & de veiller à la défenfe & confervation d'une Place de cette importance. Ces Provifions dattées de Verfailles ; fignées Louis ; & fur le reply, Par le Roy, M. P. de Voyer-d'Argenfon ; avec la Preftation de ferment fait par ledit Sieur Comte de Montefquiou, du 8. may fuivant, entre les mains de M. le Garde des Sceaux, pour ladite Charge. Signé, Langloys. Original.

Pouvoir.

Pouvoir de Lieutenant Général des Armées du Roy, accordé par Sa Majesté le 10. mai 1748, à Son cher & bien amé le Sieur Comte de Montesquiou, Maréchal de Ses Camps & Armées, & Sous-Lieutenant en la Premiere Compagnie des Mousquetaires de Sa Garde, en considération des bons & fideles services qu'il Lui a rendus en qualité de Maréchal de Camp, ainsi qu'en diverses charges & employs de guerre qui lui ont été confiés, dans lesquels il a donné des preuves distinguées de sa valeur, de sa capacité & expérience en la guerre ; & Sa Majesté desirant lui témoigner l'estime particuliere qu'Elle fait de sa personne, & le mettre en état de la servir de plus en plus utilement : datté de Versailles ; signé, Louis ; sur le reply, Par le Roy, M. P. de Voyer-d'Argenson. Original.

Brevet de Maréchal de Camp dans les Armées du Roy, donné par Sa Majesté le 2. may 1744., au Sieur Comte de Montesquiou, Brigadier de Cavalerie, Sous-Lieutenant de la Premiere Compagnie de Ses Mousquetaires : datté de Versailles ; signé & contresigné, comme le précédent.

Autre Brevet de Brigadier de Cavalerie des Armées du Roy, accordé par Sa Majesté le premier janvier 1740., au Sieur Chevalier d'Artaignan, Sous Lieutenant de la Premiere Compagnie des Mousquetaires : datté de Versailles ; signé, Louis ; & plus bas, Phelypeaux. Original.

Autre Brevet de la Charge de Sous-Lieutenant en la Premiere Compagnie des Mousquetaires du Roy, vacante par la promotion du Sieur de Jumillac à celle de Capitaine-Lieutenant de ladite Compagnie, accordé le 24. may 1738. par le Roy au Sieur d'Artaignan, Premier Enseigne de la même Compagnie : datté de Versailles ; signé, Louis ; & plus bas, Bauyn. Original.

Autre-Brevet de la Charge d'Enseigne de la Premiere Compagnie des Mousquetaires à cheval servant à la Garde ordinaire de la Personne du Roy, vacante par la promotion du Sieur de Montesquiou à une Charge de Sous-Lieutenant en ladite Compagnie, accordé par Sa Majesté, le 9. février 1729., au Sieur Chevalier d'Artaignan, Cornette en la même Compagnie : datté de Marly ; signé & contresigné comme le précédent. Original.

Autre Brevet de la Charge de Cornette de la Premiere Compagnie des Mousquetaires à cheval servant à la Garde ordinaire de la Personne du Roy, vacante par la promotion du Sieur de Montesquiou à une Charge d'Enseigne de ladite Compagnie, accordé par Sa Majesté le 25. janvier 1726., au Sieur Chevalier d'Artaignan-de Montesquiou, Maréchal des Logis de la même Compagnie : datté de Versailles ; signé, Louis ; & plus bas, de Breteuil. Original.

Testament olographe fait à Compiegne le 15. juillet 1752., de Pierre de Montesquiou, Lieutenant Général des Armées du Roy, & Sous-Lieutenant de la Premiere Compagnie des Mousquetaires, par lequel il demande à être inhumé avec toute la simplicité & la modestie chrétienne ; ordonne qu'il soit célébré cent Messes dans l'Eglise de Maupertuis ; fait des legs pieux & institue Anne-Pierre de Montesquiou, son fils unique, son légataire universel ; substitue à sondit fils sa terre de Maupertuis ; lui recommande particuliérement de ne s'éloigner jamais du respect & de la soumission qu'il doit à Gertrude-Marie-Louise de Beaulieu, sa mere, & nomme éxécuteur de son Testament Monsieur de Beaulieu, son beau-pere. Ce testament, signé de Montesquiou, & déposé le 18. juillet 1754. à Bouron, Notaire au Châtelet de Paris, par très haute & très puissante Dame Gertrude-Marie-Louise Bombarde-de Beaulieu, veuve de très haut & très puissant Seigneur Pierre Comte de Montesquiou, Lieutenant Général des Armées du Roy, Gouverneur du Fort Louis du Rhin, cy-devant Sous-Lieutenant de la Premiere Compagnie des Mousquetaires de la Garde du Roy, décédé ledit jour 18. juillet. Expédition signée Nau & Bouron.

Contrat de mariage paffé le 21. janvier 1739., devant Defmeure & Bouron, Notaires au Châtelet de Paris, de haut & puiffant Seigneur Meffire Pierre de Montefquiou-d'Artaignan, Seigneur de Maupertuis, Fontaine, Archer, &c., Sous-Lieutenant de la Premiere Compagnie des Moufquetaires du Roy, Chevalier de l'Ordre Royal & Militaire de Saint Louis; avec Demoifelle Marie-Louife-Gertrude de Bombarde-de-Beaulieu, fille de Meffire Pierre-Paul Bombarde-de-Beaulieu, Seigneur de Sigognes, Montifon, &c. Confeiller du Roy en Son Grand Confeil, & de défunte Dame Marguerite-Françoife Doublet, fon époufe; de l'agrément de Leurs Majeftés, le Roy & la Reine, de Monfeigneur le Dauphin, Mefdames de France, S. A. R. Madame la Ducheffe d'Orléans, S. A. S. Madame Louife-Adelaide d'Orléans, Abbeffe de Chelles, S. A. S. Madame Louife-Françoife de Bourbon, Ducheffe Douairiere, S. A. S. Madame Caroline de Heffe-Rhinfeld, Ducheffe de Bourbon, S. A. S. Madame Louife-Elifabeth de Bourbon-Condé, Princeffe de Conty, S. A. S. Mademoifelle de Bourbon-Condé, S. A. S. Mademoifelle de la Roche-fur-Yon; & de S. E. Monfeigneur le Cardinal de Fleury; & encore en la préfence des Seigneurs & Dames leurs parens & amis, favoir, de la part dudit Seigneur de Montefquiou, de haut & puiffant Seigneur Paul de Montefquiou-d'Artaignan, Brigadier des Armées du Roy, frere, haute & puiffante Dame Marie de Montefquiou, veuve de haut & puiffant Seigneur ... Altermat, Maréchal des Camps & Armées du Roy, Infpecteur Général d'Infanterie, fœur; & haute & puiffante Dame Elifabeth l'Hermite, veuve de haut & puiffant Seigneur ... de Montefquiou-d'Artaignan, Maréchal de France, tante à caufe dudit feu Seigneur Maréchal de Montefquiou; & de la part de ladite Demoifelle future époufe, dudit Sieur fon pere, Demoifelle Marguerite-Paule Bombarde-de-Beaulieu, fœur, Meffire Paul-Céfar-Fabrice Bombarde de Beaumé, ancien Capitaine de Cuiraffiers de S. A. E. l'Electeur de Baviere, oncle, & autres fes parens; par lequel ledit Sieur de Beaulieu donne en dot à ladite Demoifelle, fa fille, la fomme de 372900 livres, tant pour fes droits maternels qu'en avancement fur fa fucceffion à écheoir; & ledit Seigneur futur époux déclare fes biens confifter en fa terre & Seigneurie de Maupertuis, en fa Charge de Sous-Lieutenant des Moufquetaires, en penfions de Sa Majefté, &c. Groffe fignée defdits Notaires.

Testament olographe fait à Paris le 6. avril 1735., de Louis de Montefquiou, Maréchal de Camp & Sous-Lieutenant de la Premiere Compagnie des Moufquetaires du Roy, par lequel il ordonne qu'il foit célébré 100. Meffes en l'Eglife paroiffiale de Maupertuis, & 50. dans celle du Couvent des Capucins de Coulommiers; fait divers legs pieux; legue à Paul de Montefquiou, Comte d'Artaignan, fon frere aîné, différentes fommes d'argent qu'il lui doit, entr'autres, celle de 5000. livres reftante du legs fait à lui teftateur par feu M. le Maréchal de Montefquiou, fon oncle; à Madame d'Altermat, fa fœur, une rente viagere de 500. livres; à Mademoifelle d'Altermat, fa niece, une pareille rente; à Mademoifelle d'Artaignan, fa fœur, Religieufe à l'Abbaye d'Eftrun en Artois, une penfion viagere; inftitue fon légataire univerfel Pierre de Montefquiou, Chevalier d'Artaignan, fon frere, Enfeigne en la Premiere Compagnie des Moufquetaires du Roy, & le nomme éxécuteur de fes dernieres volontés. Ce Teftament figné Louis de Montefquiou-d'Artaignan, & par lui dépofé le 13. janvier 1737. à Robineau, Notaire au Châtelet de Paris, dans lequel acte de dépôt il eft nommé & qualifié haut & puiffant Seigneur Louis de Montefquiou-d'Artaignan, Comte de Montefquiou, Seigneur de Maupertuis, &c., Maréchal des Camps & Armées du Roy, & Sous-Lieutenant de la Premiere Compagnie des Moufquetaires de la Garde ordinaire de Sa Majefté. Expédition originale, fignée Tournois & Robineau.

Transaction paffée à Paris le 14. feptembre 1731., devant Marchand & de la Balle, Notaires au Châtelet de la même Ville, entre haut & puiffant Seigneur Paul de Montefquiou, Comte d'Artaignan, Brigadier des Armées du Roy, d'une

part ; haut & puiſſant Seigneur Louis Comte de Monteſquiou-d'Artaignan , Chevalier., Seigneur de Maupertuis , la Barre , &c. , Brigadier des Armées du Roy , Sous-
Lieutenant de la Première Compagnie des Mouſquetaires de la Garde à cheval de Sa
Majeſté , & haut & puiſſant Seigneur Louis-Gilles de Cardaillac , Abbé Commendataire de l'Abbaye de Saint Savin , Ordre de Saint Benoît , au Diocèſe de Poitiers , au
nom & comme ſtipulant pour haut & puiſſant Seigneur Pierre de Monteſquiou ,
Chevalier d'Artaignan , Enſeigne de la première Compagnie des Mouſquetaires , & pour
haute & puiſſante Dame Marie de Monteſquiou-d'Artaignan , veuve de haut &
puiſſant Seigneur Urs d'Altermat , Maréchal des Camps & Armées du Roy , Inſpec-
teur Général d'Infanterie , & Capitaine de la Compagnie Générale des Suiſſes , d'autre
part ; leſdits Seigneurs Comte d'Artaignan , Comte de Monteſquiou , Chevalier d'Artaignan , & Dame d'Altermat , enfans & héritiers de défunt Meſſire Henry de Monteſquiou-d'Artaignan-de Moncaup , & Dame Ruth de Fortaner , ſon épouſe , & encore ledit Seigneur Comte d'Artaignan , comme leur créancier & ſeul repréſentant
de haute & puiſſante Dame Jeanne de Monteſquiou-d'Artaignan , ſa ſœur , décédée
épouſe de haut & puiſſant Seigneur Pierre Gaignat-de Saint Andriol-de la Couronne , Baron de Longny , Vicomte de Remalar , Gentilhomme ordinaire du Roy ;
ſur la demande en Partage faite par leſdits Seigneurs Comte de Monteſquiou , Chevalier d'Artaignan , & Dame d'Altermat , audit Seigneur Comte d'Artaignan , leur
frere , des biens des ſucceſſions deſdits feus Seigneur & Dame leurs pere & mere ,
dont, depuis leur ouverture, ils n'avoient touché aucuns revenus , & n'en avoient pu
prendre aucune connoiſſance , à cauſe de leur éloignement , & de leur attachement
au ſervice du Roy ; par laquelle les mêmes Seigneurs Comte d'Artaignan & Abbé
de Cardaillac , au nom dudit Seigneur Chevalier d'Artaignan & de ladite Dame d'Altermat , cedent audit Seigneur Comte d'Artaignan tous leurs droits dans leſdites
ſucceſſions , moyennant la ſomme de 9000 livres , & à la charge de les acquitter des
dettes de l'une & de l'autre ſucceſſion , &c. Enſuite de laquelle Tranſaction eſt la Ratification qui en a été faite par ledit Seigneur Chevalier d'Artaignan , le 4 avril 1732.
devant les mêmes Notaires. (Expédition délivrée le 28 février 1775 , par les Conſeillers du Roy Notaires au Châtelet de Paris , ſur la Minute de ladite Tranſaction &
acte de Ratification étant en la poſſeſſion de Me. Dupré , l'un deux , comme ſucceſſeur
aux office & pratique dudit Me. de la Balle , ſignée , Doillot & Dupré).

TESTAMENT olographe fait au Château du Pleſſis-Piquet , le 20 ſeptembre 1723.
de très haut & très puiſſant Seigneur Monſeigneur Pierre Baron de Monteſquiou ,
Comte d'Artaignan , Maréchal de France , Général des Armées du Roy , Gouverneur
des Ville , Cité & Citadelle d'Arras , Chevalier-Commandeur des Ordres de Sa Majeſté ; par lequel il demande à être enterré ſans nulle cérémonie ; legue à ſon neveu ,
Artaignan-de Beuſte , la ſomme de 15000 livres , & à Louis de Monteſquiou , ſon
neveu , Cornette des Mouſquetaires , celle de 20000 livres ; ordonne qu'il ſoit payé à
ſa niece d'Artaignan , la ſomme de 36000 livres , qu'il lui a conſtituée lors de ſon mariage avec Monſieur d'Aloigny ; donne des penſions viageres à ſes quatre nieces
Religieuſes , l'une , à Eſtrun près Arras , l'autre , au Val de Grace , & les deux dernieres en Bearn ; donne à ſon neveu Monteſquiou , Cornette des Mouſquetaires de la
Première Compagnie , la ſomme de 50000 livres , à prendre ſur le Brevet de retenue
de 50000 écus que le Roy lui a accordé ſur ſon Gouvernement d'Arras ; déclare
qu'il a acquis avec Madame la Maréchale , ſa femme , des billets de liquidation de
valeur de 100000 livres , & les avoir employés en une rente viagere de 4000 livres ,
ſçavoir , moitié ſur la tête de ladite Dame , & l'autre moitié ſur celle de Pierre de
Monteſquiou , Chevalier d'Artaignan , Maréchal des Logis & Ayde Major des Mouſquetaires du Roy , ſon neveu ; inſtitue ſon héritier univerſel Paul Artaignan , Brigadier d'Infanterie , l'aîné de ſes neveux , fils de ſon frere Artaignan , de Monco ,

& le nomme exécuteur de son Testament, conjointement avec ladite Dame ; son épouse, son frere l'Abbé & le Comte d'Artaignan, son cousin germain, Capitaine Lieutenant de la Premiere Compagnie des Mousquetaires du Roy. Ce Testament, signé Pierre d'Artaignan, Maréchal de Montesquiou, & déposé le 12. août 1725., jour de son décès, arrivé audit Château du Plessis-Piquet, à Lefevre, Notaire au Châtelet de Paris, conformément au Procès verbal d'apposition des scellés fait au même Château le même jour, par le Sieur le Comte, Commissaire audit Châtelet. Expédition originale signée, de la Balle & le Febvre.

IIIe. DEGRÉ.

A Y E U L X.

Henry de Montesquiou, Chevalier, Seigneur d'Artagnan, &c.

Dame Ruth de Fortaner, son épouse.

De Fortaner, d'or, à un fort à 4. bastions de gueules.

DONATION faite le 6. octobre 1686., devant Moullineau & Lauverdy, Notaires au Châtelet de Paris, par Messire Pierre de Montesquiou, Chevalier, Seigneur d'Artagnan, Capitaine & Major des Gardes Françoises du Roy, à Messire Henry de Montesquiou, Chevalier, Seigneur d'Artaignan, son frere, de sa part & portion à luy appartenante dans la légitime de défunte Dame Jeanne de Gassion, leur mere, décédée veuve de Messire Henry de Montesquiou, Chevalier, Seigneur dudit Artagnan, Lieutenant de Roy de la Ville de Bayonne & Gouverneur du Château de Montaner ; cette donation motivée de l'amitié que ledit Seigneur donateur porte audit Seigneur d'Artaignan donataire, son frere. Grosse. Cette donation insinuée le 21. novembre suivant au Châtelet de Paris, signés, Hindre & Garnier, lue & publiée le 22. avril 1687., ès Plaids de Montaner, tenus par les Baile & Jurats dudit lieu, à la requête dudit Sieur Henry d'Artaignan, signé desdits Baile & Jurats.

PROCURATION donnée en la Maison Abbatiale de la Ville de Sorde le 29. septembre 1685., devant de Verges, Notaire Royal, par Messire Louis de Montesquiou-d'Artagnan, Seigneur Baron & Abbé de Sorde, à Noble Henry de Montesquiou-d'Artagnan, Escuyer, son frere, pour en son nom poursuivre devant tous Juges le payement de ses droits sur les successions de feu Messire Henry de Montesquiou-d'Artagnan, Lieutenant pour le Roy de la Ville de Bayonne, & de Dame Jeanne de Gassion, ses pere & mere. Minute originale signée Artaignan, Abbé de Sorde, Verges, Notaire Royal, & de trois témoins.

ARTICLES de Mariage passés à Moncaup le 18. février 1671., devant Jean de la Forcade, Notaire public de Lembeye, de Noble Henry d'Artaignan, habitant à Montaner ; avec Demoiselle Ruth de Fortaner, fille du Sieur de Fortaner & de Demoiselle Magdalenne de la Puyade, sa femme ; par lesquels ledit Sieur de Fortaner institue ladite Demoiselle future épouse, sa fille, son héritière en tous ses biens, & ledit Sieur d'Artaignan se marie, avec la somme de 6000 livres que la Dame Jeanne de Gassion, sa mere, lui a payée en cessions par acte du 6. novembre 1670. & avec les droits à lui appartenans sur la dot de ladite Dame sa mere, après son décès. Grosse signée dudit Notaire.

QUITTANCE donnée à Montaner le 6. novembre 1670., devant Pierre de Peyragud, Notaire de ladite Ville, par Noble Henry d'Artaignan, à Dame Jeanne de Gassion, sa mere, veuve & héritiere testamentaire de feu Messire Henry d'Artaignan, Lieutenant de Roy de la Ville de Bayonne ; 1°. de la somme de 3000 livres que ledit Seigneur, son pere, lui a léguée par son Testament ; & 2°. de pareille somme pour la légitime que ladite Dame sa mere lui a constituée sur ses biens ; lesquelles sommes montantes enfemble à celle de 6000 livres, il reconnoît lui avoir été payées en différens contrats fur particuliers. Groffe fignée defdits Notaires.

Procès verbal des preuves de Nobleffe de haut & puiffant Seigneur Meffire Pierre de Montefquiou d'Artaignan, Baron de Graville, Seigneur de Fontaineriant, Efcures, la Pilliere, le Bouillon, Hieville, Montchamps, Rofte, Berville, Maify, &c., Maréchal de France, Général des Armées du Roy, Gouverneur des Ville, Cité & Citadelle d'Arras, nommé Chevalier des Ordres de Sa Majefté, faites à Paris le 27. avril 1724., devant M. le Duc de Tallard, Maréchal de France, & M. le Marquis d'Huxelles, auffi Maréchal de France, Chevaliers - Commandeurs des mêmes Ordres, & Commiffaires à ce députés par Lettres-Patentes du 22. février précédent, par lequel lesd. Commiffaires certifient à Sa Majefté, qu'en vertu de leur commiffion, ils ont vu & éxaminé, au Rapport du Sieur Clairambault, Généalogifte defdits Ordres, les titres produits par ledit Seigneur Maréchal de Montefquiou, qu'ils ont vérifié qu'il eft fils de Henry de Montefquiou, Seigneur d'Artaignan, Lieutenant pour le Roy au Gouvernement de la Ville de Bayonne, & de la Place & Matériaux de la Ville de Montauer, en Bearn, & de Dame Jeanne de Gaffion, & frere de Raymond, d'Antoine, d'Henry, de Pierre & de Louis, petit-fils de Jean de Montefquiou, Seigneur d'Artaignau, & de Dame Claude de Bazillac, & coufin germain de Jofeph de Montefquiou, Seigneur Comte d'Artagnan, Lieutenant-Général des Armées du Roy, Capitaine-Lieutenant de la Premiere Compagnie des Moufquetaires à cheval de la Garde de Sa Majefté, auffi nommé Chevalier des mêmes Ordres, lequel a fait devant eux une Preuve dans laquelle il remonte fa Nobleffe & l'ancienneté de fa Maifon par 18. degrés (faute : c'eft 17.) jufqu'à l'année 1068., & qu'il eft digne d'être reçu Chevalier defdits Ordres. Ce Procès verbal, figné, Camille, Duc d'Hoftun, Maréchal de France, Huxelles & Clairambault, & fcellé des cachets de leurs armes. Lefdites Preuves rapportées & admifes au Chapitre tenu par le Roy, dans fon Cabinet à Verfailles, le 3 juin 1724, fuivies de la Preftation de ferment dudit Seigneur Maréchal entre les mains du Roy, & de fa Réception audit Ordre par Sa Majefté dans la Chapelle du Château, du même jour ; auquel on joint le

Procès verbal fufmentionné des Preuves de Nobleffe dudit Sieur Comte d'Artagnan, dans lefquelles on voit qu'il a remonté fa filiation par 17. degrés à Raymond-Aimery de Montefquiou, frere de Guillaume-Aftanove, Comte de Fezenfac.

M. le Marquis de Montefquiou ayant prouvé qu'il eft petit neveu de Pierre de Montefquiou, Maréchal de France, reçu Chevalier des Ordres du Roy le 3 juin 1724, lequel étoit coufin germain de Jofeph de Montefquiou, Comte d'Artagnan, auffi reçu le même jour, Chevalier des mêmes Ordres, & qu'ainfi il a fatisfait à l'article XXVI des Statuts de l'Ordre du Saint-Efprit, on ajoute que la branche des Seigneurs de Montluc, puifnée de la fienne, a donné trois autres Sujets nommés Chevaliers des mêmes Ordres, & morts fans avoir été reçus, fçavoir, Charles Seigneur de Caupene, en 1595, tué, l'année fuivante, à la deffenfe d'Ardres ; Jean Seigneur de Balagny, Maréchal de France, auffi en 1595. ; & Adrien Comte de Carmain, Prince de Chabanois, en 1613.

Nous Emmanuel-Félicité de Durfort de Duras, Duc de Duras, Pair & Maréchal de France, Prince de Bournonville, Marquis de Blanquefort & de Richebourg, Comte de Rozan & de Henin-Lietard, Baron de Pujol-Landerouet, le Cypreffac & Caumont, Seigneur de la Châtellenie de la Broye, Tamife, Saint-Amand, Bafferode, Saint Gilles, Belle, Suiwique & autres lieux, Chevalier des Ordres du Roi & de celui de la Toifon d'or, Premier Gentilhomme de la Chambre de Sa Majefté, Gouverneur de la Province de Franche Comté & du Comté de Bourgogne, & Gouverneur particulier des Ville & Citadelle de Befançon, & François de Lévis, Marquis de Lévis, auffi Maréchal de France, & Chevalier-Commandeur des Ordres du Roy, Gouverneur Général de la Province d'Artois, Grand Bailly d'Epée de

Villers-la-Montagne, en Lorraine , Capitaine des Gardes du Corps de MONSIEUR ;
Fils de France , Frere de Sa Majefté , cy-devant Premier Gentilhomme de la Chambre
du Roy de Pologne , Duc de Lorraine & de Bar , Certifions au Roy que nous avons,
en vertu de notre commiffion du 8. juin dernier , vu & éraminé , au Rapport du Sieur
Chérin , Généalogifte des mêmes Ordres , les Titres produits par haut & puiffant
Seigneur Meffire Anne-Pierre de Montefquiou-de Fezenfac, appellé Marquis de
Montefquiou , Chevalier, Baron de Montefquiou , & , en cette qualité, l'un des Pre-
miers Barons d'Armagnac, & Chanoine d'honneur de l'Eglife Métropolitaine d'Auch,
Seigneur de la Châtellie-Pairie de Coulomiers , de Maupertuis , de Touquin , &c. ,
Maréchal des Camps & armées de Sa Majefté , Premier Ecuyer de Monfieur , Frere
du Roy , Chevalier-Commandeur-Chancelier-Gardé des Sceaux des Ordres Royaux ,
Militaires & Hofpitaliers de Notre Dame du Mont-Carmel & de Saint Lazare de
Jérufalem , Capitaine en fecond de la Capitainerie Royale de Senard , nommé Cheva
lier des mêmes Ordres de Sa Majefté , & vérifié qu'il eft petit neveu de M. le
Maréchal de Montefquiou , reçu Chevalier-Commandeur defdits Ordres , le 3. juin
1724. , qu'il eft le fixieme de fa Maifon , également ancienne & illuftre , deftiné à en
porter les marques , & qu'il eft digne d'être reçu Chevalier-Commandeur des mêmes
Ordres : En foi de quoy nous avons figné ces préfentes avec ledit S. Chérin , & y
avons fait appofer les cachets de nos armes , à Paris ce quinzieme jour du mois de
décembre de l'an mil fept cent quatre vingt trois , (Signés) le Maréchal Duc de Duras,
le Maréchal de Lévis , (&) Chérin , & fcellées des cachets de leurs armes en placard.

Les Preuves de Nobleffe mentionnées cy-deffus , avec l'Information des vie &
mœurs , & la Profeffion de foi ont été rapportées par M. le Patriarche Archevêque de
Bourges , Chancellier , & admifes au Chapitre tenu dans le Cabinet du Roy ; enfuite
M. le Marquis de Montefquiou a prêté Serment , & a reçu le Collier de l'Ordre des mains
de Sa Majefté , à l'iffue de la Meffe , dans la Chapelle du Château à Verfailles , le premier
de l'an mil fept cent quatre vingt quatre. (Signé) Amelot.

NOUS SOUSSIGNÉS , après avoir éxaminé 1°. un Cartulaire
de l'Eglife d'Auch , in 8°. en parchemin , contenant 199.
feuillets , cotté fur la couverture Y. n°. II. avec ce titre : *Cartulaire noir de l'Eglife S^{te}. Marie d'Auch &c.* commençant par
ces mots : *Incipiunt nomina Archiepifcoporum &c.* & finiffant
par ceux-ci, au bas du feuillet 199. dont une partie, ainfi que
du précédent , a été déchirée & enlevée : *Qui Forto nominatus
eft & Cognatus predicti Arfivi de Montefquivo. p. C. LVIII.....
Capituli.* 2°. Un autre Cartulaire de la même Eglife , in fol. en
parchemin, contenant 113. feuillets, cotté fur la couverture Y. n°.
III. intitulé : *Cartulaire blanc de l'Eglife S^{te}. Marie d'Auch &c.*
commençant par ces mots : *Incipiunt nomina Archiepifcoporum
&c.* & finiffant par ceux-ci: *Anno Domini M°. CC°. LX°. octavo.*

3°. Un autre Cartulaire de la même Eglise, in 4°. en parchemin, contenant 48. feuillets, cotté sur la Couverture Y. n°. IV. avec ce titre : *Second Cartulaire blanc de l'Eglise d'Auch &c.* commençant par ces mots : *De Sancto Xpoforo*, & finissant par ceux-ci : *Reg. Alfonso Tholᵒ. Coῖ. Aug. Abbat. Condom̄.* 4°. Un Cartulaire in fol. en parchemin, contenant 263. feuillets, intitulé au dos : *Cartulaire de l'Abbaye de Berdoues*, commençant par les mots *Abbie*, en titre, & ensuite, *Sciendum est &c.* & finissant par ceux-ci : *glandinem, faginam & omnes fructus* 5°. Un Cartulaire de l'Abbaye de Gimont, in fol. en parchemin, contenant 158. feuillets, cotté A. intitulé : *Hic liber est Monasterii Sancte Marie Gimontis &c.* commençant par ces mots : *Incipiunt Capitula proprietatum terre Abbatie Gemundi &c.* & finissant par ceux-ci : *Ramundo Comite Tolose, Fulcone Episcopo.*

Certifions que ces cinq Cartulaires, dont on a extrait plusieurs pièces qui sont imprimées parmi les Preuves ci dessus de la Généalogie de la Maison de Montesquiou-Fezensac, réunissent tous les caractères diplomatiques requis pour en établir l'authenticité. Nous certifions aussi que les Originaux des autres pièces imprimées dans lesdites Preuves, réunissent pareillement tous les caractères diplomatiques propres à en établir l'authenticité. Nous certifions encore que toutes les pièces imprimées dans ces mêmes Preuves, soit d'après les Cartulaires, soit d'après les Originaux susdits, sont conformes aux pièces sur lesquelles elles ont été copiées, avec la seule différence que dans la plûpart on a retranché, pour abréger, tout ce qui dans le texte est étranger ou inutile à la susdite Généalogie, mais sans se permettre d'intervertir l'ordre de la pièce, ni d'en changer aucune des expressions. Nous certifions de plus que les pièces employées dans les susd. Preuves, d'après des Ouvrages imprimés, en sont extraites avec fidélité.

En foi de quoi nous avons signé le présent Certificat, &

l'avons joint à un Exemplaire des fufdites Preuves, contenant 270
pages in 4°. d'impreffion, qui a été collationné par Nous fur les
Cartulaires, Titres originaux & Ouvrages imprimés, ci-deffus
mentionnés, & paraphé, à la marge de chacune des pièces, par
l'un de Nous ; lequel Exemplaire eft refté dépofé au Cabinet
de l'Ordre du S^t. Efprit. Fait à Paris le treize février mil fept
cent quatre-vingt-quatre.

(Signés,)

Fr. ZACHARIE MERLE, Prieur des Blancs-Manteaux, Continuateur de l'Hiftoire de Bourgogne, Affocié à l'Académie de Dijon.

Fr. FRANÇOIS CLÉMENT, de la Congrégation de S. Maur, Editeur de l'Art de vérifier les dates, & Continuateur de la Collection des Hiftoriens de France.

Fr. GERMAIN POIRIER, l'un des Continuateurs du Recueil des Hiftoriens de France, Garde des Archives de l'Abbaye Royale de S. Germain des Prés.

BRÉQUIGNY, l'un des quarante de l'Académie Françoife, de l'Académie des Infcriptions & Belles-Lettres.

GARNIER, Hiftoriographe du Roi, de l'Académie des Infcriptions & Belles-Lettres.

BEJOT, Garde des Manufcrits de la Bibliothéque du Roi, Membre de l'Académie des Infcriptions & Belles-Lettres.

DACIER, Secrétaire perpétuel de l'Académie des Infcriptions & Belles-Lettres, Commiffaire au Tréfor des Chartes de la Couronne.

Fin des Preuves.

I

Fautes à corriger dans les Preuves.

Page 8. ligne 4. en remontant, *pretexata*, lisez *pretaxata*. Pag. 13. lig. 4. *accesserant*, l. *accesserunt*. Ibid. l. 8. *Mirimontes*, l. *Mirimontis*. P. 15. l. 17. *paĉti*, l. *paĉto*. Ibid. l. 24. *liena*, l. *linea*. Ibid. l. 25. *flumen*, l. *flumen*. P. 17. l. 26. *conderent*, l. *crederent*. P. 19. l. 8. après le mot *loci*, mettez des points... Ibid. l. 2. en remontant, *Aimerici Montesquiu*, l. *Aimerici de Montesquiu*. Ibid. à la marge, 1205. l. 1204. P. 20. l. 1. après *Berdonarum* mettez des points... Ibid. l. 21. après *habebant* mettez des points.... Ibid. *terra*, l. *terris*. Ibid. l. 23. après *preterea* mettez des points... P. 23. l. 5. *fol.* 210. l. 201. Ibid. l. 8. en remontant, *dono deo*, l. *Domino deo*. P. 24. l. 5. en remontant, *illa*, l. *alia*. P. 25. l. 15. après *morlanensium*, mettez des points... Ibid. l. 9. en remontant, *Epipododio*, l. *Estipodio*. P. 26. l. 5. *Blanquelori*, l. *Blanqueflori*. Ibid. l. 13. *Mertereto*, l. *Martoreto*. P. 27. l. 10. après *quondam*, des points... Ibid. l. 7. en remontant, *suam*, l. *Judiciariam*. P. 28. l. 13. après *fuit*, ajoutez *hoc*. P. 29 l. 9. après *Oddonem*, aj. *de Montesquivo*. Ibid. l. 23. après *Oddon*, aj. *de Montesquiu*. Ibid. l. 38. par *Raymond-Aimery de Montesquiou son mari*, l. *Genses de Montesquiou son beau-pere*. Ibid. l. 5. en remontant, après *Gentilez*, aj. *Dominum*. Ibid. l. pénult. après *de Aspello*, aj. *Domicellum*. P. 30. l. 16. *Constituta*, l. *Constitutus*. Ibid. l. 29. après *sunt*, mettez des points... Ibid. l. 30. *domicello*, l. *domicellus*. P. 31. l. 17. après *Albiensens*, mettez des points... Ibid. l. 22. après xxii°. mettez des points... Ibid. l. 23. *Notarius*, l. *Notario publico*. P. 32. l. 15. après *tur*, mettez des points... Ibid. l. 42. *fille*, l. *sœur*. P. 33. l. 22. *eidem Magistro*, l. *ejusdem Magistri*. Ibid. l. 23. *Arnaldo*, l. *Arnaldi*. Ibid. l. 25. *hinc*, l. *huic*. P. 35. au bout des 5. premieres lignes, ajoutez des points... Ibid. l. 28. après *testamento*, aj. *ultimo*. Ibid. l. 30. après *militi*, aj. des points... P. 36. l. 11. après xxxviii. aj. des points... Ibid. l. 13. après *conventionem*, aj. des points... P. 37. l. 11. en remontant, *in nomine Domini*, l. *in dei nomine*. P. 38. l. 12. après *Nobilem*, aj. *Dominum*. Ibid. l. 13. après *Eyschivum*, mettez des points... Ibid. après *dignetur*, mettez des points... Ibid. l. 14. après *Nobilis*, aj. *Dominus*. Ibid. l. 16. après *quod*, aj. *ego*. Ibid. l. 18. après *consuetudines*, mettez des points... Ibid. à la marge, après la cotte LXVI. aj. 14. *Juin* 1381. Ibid. l. 6. en remontant, après *Nobilis*, aj. *Domini*. P. 39. à la marge après la cotte LXVIII. aj. 15. &. P. 40. l. 8. après *requiem*, mettez des points... Ibid. l. 13. après *constituti*, mettez des points... Ibid. l. 18. après *quarto*, mettez des points... Ibid. l. 22. après *quod*, mettez des points... Ibid. l. 32. après *aliam*, des points... Ibid. l. 39. après *meum*, aj. *hic*. P. 41. l. 14. en remontant, après *mundi*, mettez des points... P. 42. l. 25. après *auri*, mettez des points... P. 44. l. 5. après *Dei*, aj. *gratia*. Ibid. l. 22. après *solidum*, mettez des points... Ibid. l. 32. après *censu*, des points... Ibid. l. 35. après *qui* des points... Ibid. l. 37. 5. *juin*, l. 1. *juin*. P. 45. l. 29. après *Montesquivo*, mettez des points... P. 46. l. 3. après *testatorem*, aj. *diĉtum testamentum*. P. 49. l. 27. après *deputato*, mettez des points... Ibid. l. 44. après *concessa*, mettez des points... Ibid. l. 45. après *Comissarii*, des points... P. 51. l. 10. après *racione*, mettez des points... Ibid. l. 13. après *Johanne*, mettez des points... P. 52. l. 9. en remontant, après *procuratores* mettez des points... Ibid. l. 13. après *quod*, des points... P. 53. l. 17. après *Marsano*, des points... Ibid. l. 32. après *utor*, des points... P. 54. l. 20. après *quod*, des points... Ibid. l. 44. après *hoc*, des points... Ibid. l. 47. après *premissis*, des points...

Page 55. ligne 3. M^{re}. *Bertrand*, lisez *Barthelemy*. Ibid. l. 8. après *Octobris*, mettez des points... Ibid. l. 12. après *vendidit*, des points... Ibid. l. 13. après *Mauta*, des points... P. 57. l. 33. *Serre*, l. *Sales*. Ibid. l. 39. *exécution*, l. *expédition*. Ibid. l. 40. *sette*, l. *sec se*. P. 59. à la marge de la cotte CXI. mettez XCI. Ibid. l. 25. *ducentarum*, l. *centarum*. P. 60. aj. à la cotte XCII. 10. *novembre* 1492. Ibid. l. 9. en remontant, *die septima*, l. *die decima septima*. P. 61. l. 20. après *Avinhone*, aj. *Notarium*. Ibid. l. 36. *virum*, l. *Dominum*. P. 62. l. 4. en remontant, après *Amen*, mettez des points... P. 63. l. 4. en remontant, après *vendiderit*, des points... P. 64. l. 6. en remontant, *Mabsano*, l. *Marsano*. P. 66. l. 1. après *Marsano*, des points... Ibid. l. 22. après *condidit*, des points... Ibid. l. 31. après *omnia*, des points... P. 71. l. 6. en remontant, après *mariage*, des points... Ibid. l. 15. & 16. *retenu*, l. *reçus*. Ibid. l. 39. *se expouserent*, l. *se expouzeront*. P. 72. l. 6. *Donningue*, l. *Dominique*. P. 77. l. 4. en remontant, après *dépendances*, des points... Ibid. l. 6. après *lesquels*, des points... P. 80. l. 4. en remontant, *parte*, l. *predicte*. P. 81. l. 33. après *Sieur de*, l. *la Serre*. P. 83. l. 1. après *présens*, aj. *Noble*. P. 85. l. 7. en remontant, après *appel*, aj. *eut impétré lettres royaux*. P. 89. l. 25. après *Catherine*, aj. *Anne*. P. 90. l. 19. après *Ordonnance*, des points... Ibid. l. 22. après *assigner*, des points... Ibid. l. 24. *Lescheanx*, l. *Lischeaux*. Ibid. à la marge, 24. *octobre*, l. 6. *octobre*. P. 91. l. 4. après *Montesquiout*, aj. *aussi*. Ibid. l. 5. après *Montesquiout*, aj. *aussi*. P. 93. l. 1. après *procureur*, des points... Ibid. l. 5. après *Dame*, des points... Ibid. l. 7. *Barres*, l. *Barris*. Ibid. l. 27. *Sapon*, l. *Papon*. P. 96. l. 18. après *la Bruere*, aj. *du Comté de Chessy*. P. 103. l. 18. *tratactum*, l. *tractatum*. Ibid. l. 20. avant *Montesquivo*, aj. *de*. P. 105. l. 4. en remontant, après *venerabilem*, aj. *virum*. P. 106. l. 3. *redigere*, l. *redigi*. Ibid. l. 18. après *scutiferum*, des points... Ibid. l. 29. après *se*, des points... P. 109. l. 16. *sieur*, l. *Seigneur*. P. 111. l. 1. *papier*, l. *parchemin*. P. 113. l. 12. en remontant, *Arnoult Dandrest*, l. *Arnaud Dandrest*. P. 114. l. 13. *de mil escus*, l. *desdits deux mil escus*. P. 123. l. 8. en remontant, après *ledict*, aj. *feu*. P. 128. à la marge, 25. *novembre*, l. 16. *novembre*. Ibid. l. 23. *cet*, l. *cent*. P. 129. l. 17. *Sansorroy*, l. *Sansarroy*. Ibid. l. 30. *public*, l. *propre*. P. 130. l. 27. après *Dame*, aj. *d'Artaignan*. P. 131. l. 14. *du holde*, l. *du halde*. P. 132. l. 8. *une maison*, l. *toute icelle maison*. Ibid. l. 11. *de Lembaie*, l. *dudit Lembaie*. Ibid. l. 16. au titre *Louis*, l. *Henry*. P. 136. l. 9. *de ses enfans*, l. *de ses autres enfans*. P. 156. l. 4. en remontant, *de Bonnay*, l. *de Bannay*. P. 192. l. 15. en remontant, *en ladite ville*, l. *en la Prévôté de ladite ville*. P. 193. à la marge, 21. *mars*, l. 21. *mai*. Ibid. l. 17. *mars*, l. *mai*. P. 107. l. 2. après *Mestre*, aj. *de Camp*. P. 224. l. 12. en remontant, *pro*, l. *per*. P. 227. l. 9. *Deu Ler*, l. *Deu Ser*. Ibid. l. 10. & 11. P. 234. en marge, 14. *avril* 1368, l. 1364. P. 237. en remontant, après *ibidem*, aj. *quod*. P. 238. l. 1. *per omnes voluntates*, l. *pro omnibus voluntatibus*.